想象另一种可能

理想国
imaginist

西方　WESTERN CLASSICS
人文经典　LECTURES
讲演录

I

徐贲　著

西方文明的　The Cradle of
起源　Western Civilization

上海三联书店

目录

总 序

西方人文经典阅读

　　这套书由给大学生（或从来没有接受过人文教育的研究生）准备的讲稿编辑整理而成，共分为四册：一、希腊；二、罗马；三、从中世纪到文艺复兴；四、17世纪和18世纪启蒙。

　　这四册的内容提供的是西方人文经典阅读的必要知识，挑选的文本在文学或思想史上有其重要性，在文化和社会变革时期尤其能显示充沛的思想能量。对阅读来说，文本必须同时兼顾原始性（权威性）和可解释性（创造性），创造性就是读者自己的理解、感悟和联想，是对文本意义的补充，从而使得文本能历久弥新，长远留存。这四册不仅会介绍经典作品或作家，而且着重于启发和激励读者阅读过程中的思考；这不只是一个单纯的阅读课程，而是一个阅读和思考的课程。

　　因此，这套书也是一种人文启蒙。强调人文，是因为这个世界上有强大的力量还在贬低人的价值，蒙蔽人的智慧；倡导启蒙，是因为还存在着普遍的知识限制和愚昧；主张思考，是因为普遍的思想懒惰还在生产大量的行尸走肉；提供指导，是因为这在现实教育中是普遍缺乏的。许多人虽然读了许多年书，但对人文知识仍然不得其门而入，不得不靠个人在黑暗中摸索，对他们来说，这些都代表着学习的逆境和知识的衰退，英裔美国犹太历史学者伯纳德·刘易斯（Bernard Lewis，1916—2018）曾经指出，人们对逆境和衰退的反应有两种基本方式。他在《哪里出了问题》（"What Went Wrong？"，The Atlantic Monthly，2002）一文中写道，第一种方式是问"谁把我们害成这样？"，第二种方式是问"我们做错了什么？"，前一种提问方式导致自怨自艾，后一种提问方式引至自强自立。前一种提问方式放弃个人责任，而专注于学校教育的失败和制度环境的恶劣；后一种提问方式则要求我们一起自我省视和共同努力，以便找到一些更好的知识和道德的提升方法。人文启蒙要追问、反思的是第一种提问方式，而经典阅读就是为它找到的一种应对方式，虽说不一定是成功的秘诀，但却已经有了前人的成功经验。

刚进大学的学生处于人生的一个特殊年龄段，他们虽然知识准备可能还不充分，但却最好学和最愿意动脑筋思考。对于阅读思考来说，好学和勤思比已有的知识更重要。

在准备这套书的内容时，我借用自己在美国大学教授人文阅读课上使用的一些教案，但也做了调整和补充，因为中美两国大学生在阅读西方经典著作时的知识准备和需要是不完全相同的。

例如，希腊经典中修昔底德（Thucydides，前460或前455—约前400）的《伯罗奔尼撒战争史》（History of The Peloponnesian War）在中国是研究生课程的内容，被当作一种专门知识。但在美国中学里，它已经被当作普通历史知识的一部分。并且在美国，11岁左右的初中生在他们的"社会学习课"（Social Studies）上就开始接触这一历史。美国六年级的《世界历史：古代文明史》（California Social Studies, World History: Ancient Civilization）教科书也包括这部分的历史。

当然，中学教科书对学生的要求是比较简单的，这个六年级的网上教案扼要地列出学生需要掌握的五个要点。

　　第一个要点：是什么导致雅典和斯巴达的战争？

　　雅典和斯巴达这两个城邦国家有很多差异。例如，雅典有民主的政府形式，斯巴达则崇扬军事化的理想，两者都想成为该地区最强大的城邦国家，这场竞争导致两个城邦国家及其盟友发生冲突。战争爆发有三个主要原因：首先，一些城邦国家害怕雅典，因为雅典在争夺权力和声望；其次，在伯里克利（Pericles，前495—前429）的领导下，雅典从一个城邦成长为一个海军帝国；最后，一些雅典定居者开始向其他城邦国家移居。

　　第二个要点：为什么其他城邦国家不喜欢雅典？因为对雅典花费提洛同盟（Delian League）资金的方式不满。雅典不是用这些钱来保护所有其他的城邦国家，而是用其中一部分来美化雅典这个城市。因此，一些城邦国家就试图摆脱雅典的权力控制。伯里克利的政策是，惩罚任何抵抗雅典的城邦。而斯巴达领导着另一个城邦联盟，以对抗提洛同盟的力量。斯巴达领导的联盟之所以被称为伯罗奔尼撒联盟，是因为它的许多城邦都位于伯罗奔尼撒半岛。最后，在公元前431年，斯巴达向雅典宣战。这场冲突被称为伯罗奔尼撒战争。

　　第三个要点：伯罗奔尼撒战争期间发生了什么？战争双方各有优势：斯巴达拥有更强的陆基军事力量，其位置不会受到海上攻击；而雅典的海军更强大，可以在海上打击斯巴达的盟友。这些差异决定双方不同的战争策略。

　　斯巴达的战略是通过破坏农作物来切断雅典的粮食供应，斯巴达人通过控制雅典周围的乡村来做到这一点。雅典的战略是避免在陆地上进行战斗，并依靠海上力量。伯里克利说服雅典人由着斯巴达人摧毁乡村，他则带领雅典周围地区的人们退入雅典城内……雅典城人满为患。在战争的第二年，由于人口稠密，瘟疫暴发，夺走许多雅典人的生命。鼠疫是一种容易传播并大量致死的疾病，雅典

iv

因此损失多达三分之一的人民和武装力量，伯里克利也死于这场瘟疫。公元前421年，雅典签署休战协定，终于在公元前404年向斯巴达投降。

第四个要点：伯罗奔尼撒战争的结果是什么？伯罗奔尼撒战争持续了27年以上。城市和农作物被毁，成千上万的希腊人丧生。希腊所有的城邦国家都遭受经济和军事力量的损失。

在希腊城邦的北部，马其顿的菲利普二世国王（Philip II of Macedon，前382—前336）于公元前359年登上王位。他计划建立一个帝国，于是开始削弱南方的希腊城邦。

就这场战争，总结如下：雅典的财富、威望、政策和权力引起其他城邦国家的不满；一场导致许多雅典人死亡的瘟疫帮助斯巴达击败雅典；伯罗奔尼撒战争削弱了所有希腊城邦国家达50年之久。

第五个要点：伯罗奔尼撒战争对今天有什么意义？它揭示，发动战争的国家可能失去权力和威信，而不是获得权力。

我为什么要这么不厌其烦地讲述美国六年级学生的伯罗奔尼撒战争课呢？因为这是对可能缺乏早期人文阅读的中国学生的一个示例。中国学生在阅读西方人文经典时，起步迟，起点低，知识储备不如美国学生，这是很自然的。其实，美国大学的东亚系里开设的中国文学和文化课程中也有类似的问题，课程里学习的很多内容都是中国学生有的10岁以前就掌握了的。

《西方人文经典讲演录》这套书的一个重要目的，就是帮助中国学生在较短的时间里弥补这方面知识起点低的问题，可以称之为"文化或知识补课"。也正是考虑到读者知识起点不齐的现实，这套书的目标设定可以用三句话来概括：对于那些对西方经典一点也不了解的读者，我希望能够让他们知道一点大概，并了解西方人文经典的价值和阅读方法；对于已经知道一点儿的读者（听说过，或稍有了解），我希望可以让他们知道得更多一点，进而对西方人文经典获得连贯、整体的知识；即便对一些专门从事这个领域某个方向研究的专家人士或教师，我也希望他们能在这四册书中发现一点有意思的、新鲜的东西，也就是人文阅读中可能的方法、想法和看法。

不管你是第一次接触西方人文经典，还是已经有了一些零碎的初步了解，或者甚至对某个作家、作品已经有了多年的研究，我希望这四册书都能让你发现一些有益于思考和联系现实的东西。不说别的，相比起随机且孤立地阅读，这八九十章整体连贯的处理本身就能给阅读带来一种不同的理性体验和思考动能。人文阅读应该成为理性生活的一部分，也是理性生活的一种方式。

理性，用美国哲学家乔治·桑塔亚纳（George Santayana，1863—1952）的话来说，是指一切以意识性成果为依据的现实考虑和行为，理性是被我们意识到的人的本性。人文阅读训练和提升这样的理性，同时也需要有对知识的好奇和热情，因为理性"是两种因素——冲动和观念的美满结合，如果将两者完全分开，人便会沦为禽兽或疯子，而理性的动物则是这两种怪物的结合，不再虚幻的观念和不再轻浮的行为共同成就了他"。[1]

我在美国大学教授西方人文经典超过四分之一个世纪，是我教授生涯中感受最深的部分。我在《阅读经典：美国大学的人文教育》（北京大学出版社，2015）里介绍了我在这方面的教学体会，也介绍了人文教育理念和我任教学校的教育方法与要求，后来在《人文的互联网：网络时代的读写与知识》（北京大学出版社，2019）一书中又有所补充。我是以一个有经验的"教师"，而不是"专家"的身份来准备这四册书里的内容的。

英国教育学家凯利（A. V. Kelly）在《课程：理论与实践》（*The*

1　威尔·杜兰特著，蒋剑峰、张程程译，《哲学的故事》，新星出版社，2013 年，第 390 页。

Curriculum: Theory and Practice）[1] 一书里说,一切课程的成功与否首先在于教师。教师的素质、理念、见识,甚至人品都直接影响课程的性质和质量。那么,美国的人文教育课程是由怎样的教师来教的呢?美国没有高教部,每个学校有自己的一套运作方式。我参加过美国全国性的"伟大著作"协会教师培训,它的要求和我们学校是一致的。就我任教的这个人文学院(美国加州圣玛丽大学)而言,大致是这样的:

人文教育是大学里一项专门的课程,称为"大学讨论班"(Seminar Program)。任教的教授来自全校各科系,每人每学期教一门,四门课(希腊、罗马和早期基督教、17—18 世纪、19—20 世纪)轮着教,两学年一轮。在"大学讨论班"任课的有数学教授、物理教授、化学教授、政治学或社会学教授、宗教和神学教授,当然还有像我这样的英语教授。教授的任务不是灌输专门的希腊、罗马知识,而是引导学生们讨论。所以,希腊课不一定要由希腊学专家来教,罗马课也不需要由罗马学专家来教,以此类推。这是因为,人文教育课堂上阅读的经典著作本来就不是我们今天意义上的"专业"作品。教授与学生一起阅读,而且教授还要有效地引导学生有自己的思考和判断。

人文教育的目标是提高学生的智识能力。所谓智识(又称"智性",nous),是从希腊语(νοῦς)来的,经常被作为智能(intellect)和智力(intelligence)的同义词。它被认为是人类心智所具备的一种能分辨对与错的直觉能力,所以特别与价值判断有关。在柏拉图(Plato,前 429?—前 347)那里,智识一般指"见识"(good sense)或者"明智"(awareness),是人的"心智"(mind)的特殊能力,也是智慧的一种体现。

---

1 A. V. Kelly, The Curriculum: Theory and Practice, California: SAGE, 2009.

就提升学生的智识能力来说，人文教育课和公民教育课是联系在一起的。人文教育从读写开始，读写是公民教育的基础。人文教育注重学生提问和批判性思维的能力，而不是要把他们培养成行走的百科全书，更不是期待他们成为未来的希腊、罗马文学或历史专家、学者。绝大部分学生今后的人生道路可能与荷马、埃斯库罗斯、柏拉图一点关系都没有，但人文教育课却可以帮助他们成为有历史文化意识的能自由思考和独立判断的合格公民。

在我任教的大学里，人文经典阅读课是每个学生在入学后第一和第二学年里必须修满的四门课程，文科生和理科生都一样。阅读的书单和阅读进程都在《阅读经典：美国大学的人文教育》一书的附录里。书里有四个教学大纲（syllabus）的样本，这些教学大纲是由教授委员会决定的。因此，全校学生在学习要求上是一律平等的，谁也不能例外。我粗略算了一下，四个学期，一共会要求学生阅读六十来位作者的六十来部著作（或节选），平均每学期十四五个。以每学期 15 周计算，平均每周阅读一本。学生们一般每学期修三四门课，人文阅读只是其中的一门。与这样的课程相比，我这四本"西方人文经典讲演录"在体量上大体相当，或稍多一点，其中包括的作家约七十位，作品近百种，分为三百多个小节。考虑到一般读者的阅读习惯，每一节都控制在 3500—4500 字（个别稍长一些）。

有人也许会怀疑，这么多书怎么读得过来，或者说这么难读的书真的读得懂吗？我想，这可能是对阅读的神秘感和畏惧感所造成的一种误解和偏见。休谟（David Hume，1711—1776）在《人性论》（*A Treatise of Human Nature*）里有一个观点：人的情绪会影响人对事物的认知和判断。他举了一个"杀人"的例子：一般人会把杀人视为罪行，但这个罪行其实并不存在于一个人死在刀下这件事情本身，而是存在于旁观者心里由于情绪而产生的对"杀人"这个行为的性质判断上。一个人的情绪影响着他对某一件杀人行为是否有罪的道德判断。

同样，你认定《奥德赛》或《伯罗奔尼撒战争史》是难啃的"大部头"，不是因为它们有五六百页，而是因为你心里已经先有畏难的情绪。要是你以前被人"吓着"，说这本书有多难，多么深奥，你的情绪就影响你对这本书是大是小的判断。若你一开始对《伯罗奔尼撒战争史》有神秘感，你的判断就很可能是这书太"大"太"难"，一般人根本阅读不了，其实可能并不是这样。你如果读懂了，也许会说修昔底德怎么只写到公元前 411 年就不写了？你会希望他把书写完，而不嫌他的书"大"。《红楼梦》够"大"了吧？但你不会觉得它太"大"，甚至还会希望再有一个高鹗，接着再续写 40 回。

你也许会说，《伯罗奔尼撒战争史》比《红楼梦》难读。这个"难"是你的感觉，并不是原著的本质。俗话说，会就不难，难就不会。难不难取决于一个人会不会读它，或者会到什么程度。让学生的感受能够从难变得不那么难，甚至不难，这是人文阅读教育的一项任务，首先要做的就是帮助他们破除可能的神秘感和畏惧感。这当然不是靠说几句励志的或鼓励的话就能办到，得有适当的教学方法。最基本的还是要根据读者对象确定知识层次，开始的时候，浅一点无妨，由浅入深，也就渐渐不难了。

有的读者会有疑惑，如果不从"专业"的角度来阅读那些被称为"西方经典"的著作，会不会造成时间或精力上的浪费？这样的想法本身就是出于对古代经典著作的无知。

书可以大致分为两大类，一是专业的，二是非专业的。就人文学科的著作而言，像《西方文论选》《西方哲学史》《中世纪历史与文化》这样的著作有严格的专业属性，是为少数专业人士写的。当然，作为非专业的读者，如果你有兴趣且有能力，也可以阅读。

但是，广大的社会读者面向非专业的书，只要他有足够的阅读能力和经验，掌握恰当的阅读方法，就能阅读。这样的阅读需要有老师的指导，导读就是这样的指导。《西方人文经典讲演录》中所包括的所有著作——历史、文学、哲学、社会或政治论著——都是非专业性的著作。我讲解的重点之一，就是介绍那些与有效地阅读经典有关的古老的分类传统——史诗、教诲诗、抒情诗、悲剧、喜剧、讽刺、历史叙述、传奇故事、哲学对话、随笔和随笔式论述等。这样的分类是不同于我们今天所谓的"专业"分类的。

我们今天使用的知识专业分类系统是在过去不到 200 年的时间里发展起来的，如果用它们"硬套"古代的著作，只能是削足适履、隔靴搔痒。例如，在希罗多德（Herodotus，约前 484—前 425）的《历史》（Historia）中，"historia"的意思不是我们今天以为的"过去的事情"，而是"询问""调查"（enquiry）。他的《历史》不是为"专家"在研究生班上"研读"的，而是在宗教庆典和体育活动时对公众朗读的。这样的朗读成为雅典一项很受欢迎的公共文化娱乐。

我们今天阅读古代经典，与古代人的"听读"（用耳朵）或"阅读"（用眼睛）显然是不同的。因此，这套书在需要的时候会介绍一些与阅读史和写作史有关的知识。由于我在《人文的互联网》一书中已经有所论述，所以在这里会尽量简明扼要。

阅读与写作互有联系，却又是不同的。正如费希尔（Steven Roger Fischer）在《阅读的历史》一书里所说："写作是一种技巧，阅读是一种智能。写作始于精心撰写，经几易其稿方可杀青，阅读的演进与人类对文字潜能的认知水平协同。写作史基于人类的观念借鉴和升华，阅读史关乎社会不断走向成熟的各个阶段。写作是表达，阅读是感染。写作是公共行为，阅读是个人行为。写作拘泥受限，阅读无拘无束。写作把瞬间凝固，阅读把瞬间延绵。"[1]

---

1 史蒂文·罗杰·费希尔著，李瑞林等译，《阅读的历史》，商务印书馆，2009 年，第 2 页。

经典阅读的目的不是成为一个好作者，而是成为一个好读者。同样，学习和训练阅读，是为了成为一个有阅读智能的对文本有理解和思考能力的成熟读者，不是成为某个方面的专门知识人士。因此，对于阅读经典来说，关键不在于经典著作本身有什么"专业性"——因为它们本来就不是专业的读物——而在于我们自己有没有足够的阅读兴趣和能力。

兴趣和能力都是可以通过普通的阅读本身来培养的，这套《西方人文经典讲演录》就是为了尽可能地培养和提高这样的阅读兴趣与能力。今天，网络阅读改变许多人的阅读意愿并限制他们的阅读能力。在互联网平台上，各类主题的论坛、公众号铺天盖地地生产、传播大量信息。其中最为突出的趋势是，快速的、越来越短小的文本成为一种趋向。因此，我们就愈加需要有严肃的、思考型的经典阅读。

人文经典阅读贵在读者自己的独立思考。每个读者的知识准备情况都是不一样的，不管你开始的阅读程度如何，都会在阅读和思考的过程中，发觉哪些问题对你重要，需要补充什么知识，从什么知识渠道得到需要的知识信息，这些本身就是思考过程的一部分。我这里可以给你一些引导和建议，但不能代替你去进行或完成。

阅读是必须的准备，但思考才是人文阅读真正的目标。阅读很重要，因为没有阅读的基础，个人的看法或观点会游谈无根，不可能形成共同的话题。你说你的，我谈我的，不可能产生有效的讨论和交流。阅读主要由个人独自完成，在网络时代，获得与阅读文本有关的知识变得非常便利，因此更有理由把学习的重点放到阅读的思考上。

阅读思考最好是一种合乎经典人文传承的思考。传承在英语里叫 tradition，经常翻译成"传统"。其实，"传统"一词并不能把"传承"的丰富涵义完全呈现出来。tradition 一词来自拉丁文

traditio，与希腊文中 paradosis 的意思相同，指"传递"。所以，"关乎所有人类的人文传承"才是这个词的本义。不过，用在阅读教学中，我们说的 tradition 往往是指课堂教育中关乎知识的传递，所以会把这个词理解为某种文化的传统。这是一种狭隘的理解，它很容易形成诸如"西方文化不适合中国读者"这样的偏见。

人文传承应该是指人类思想和交流的传承，一种是人就不能不与自己有关的传承。人文传承可以有三层意思：

第一层意思包涵最广，指的是文明在整个人类共同体范围内的传递，即我们如何把从古代到现代由无数思考者所获得和阐发的观念与价值观——如自然、神、正义、法、道德、人性、自由、平等、友谊、同情、权力、权威、政府、权利、民主、共和等——一直传递下去。当中主要强调的是"传递"这个行动本身，而不是单纯指向观念和价值观的内容。我们在这里讲经典思考，就是这样的一个行动。

第二层意思就是我们文本阅读所传递的内容。这可以是经典文本的选择与标准、不同的诠释和评注、历史过程阅读方式的变化与演变等。这些是人文传承的重要部分，从这个层次来理解人文传承，强调的是人文经典与阅读集体（如文学和历史的爱好者、人文经典的评注者和研究者、有经验并记录心得的读者等）的关系，这个集体可以跨越许多个世纪，并在这个意义上形成一个传统，也就是阅读的一些基本思想背景。学生不容易通过独自的文本阅读来了解这个传统，因此需要有经验和专长的老师来进行指导。

至于第三层意思，是指不同时代或社会的读者之间可能出现的有共性的关注或问题意识。例如莎士比亚（William Shakespeare，1564—1616）的《恺撒》（Julius Caesar），不同时代的读者都关注如何看待其中"弑君"的问题。17 世纪的英国读者与 21 世纪的中国读者，由于他们的生存环境不同，会在阅读中联系和思考不同的现实问题，这种思考会有很强的文化、社会和时代特色。今天我们阅读《恺撒》，与 17 世纪弥尔顿（John Milton，1608—1674）的阅读可能有相似或对立的关系，也可能完全没有，这种若即若离的关系本身就是一种传承。今天的阅读便是今天的阅读，后世的专业研究者有可能，但又未必一定会把他们的阅读思考纳入经典阅读的整体传承之中。但是，对于活在当下的中国个体阅读者来说，这种阅读思考却是最迫切、最重要的。我在这里提供和示范的就是这样一种阅读思考。

最后，这套书里的一些内容是我在其他著作中也曾讨论过的。事实上，我的许多著作也都是从我平常的教学和阅读思考中产生的，我在这里就不一一指明出处了。

一 古希腊经典，是普罗米修斯之后的又一火种

阅读西方人文经典，从希腊文学和思想开始，我想大概不外乎三个基本的需要。

第一个是知识的需要。希腊被公认为西方思想的源头，对于认识西方经典来说，我们需要关于这个源头的知识。从荷马史诗、古代抒情诗，到历史著作和戏剧，再到哲学，古希腊的文学和思想魅力无穷，是一个知识的宝库。为此，在这本书中，我们将要阅读荷马、赫西俄德、萨福、品达和西蒙尼德斯的诗作，伊索的寓言，埃斯库罗斯、索福克勒斯、欧里庇得斯、阿里斯托芬的戏剧，希罗多德、修昔底德和色诺芬的历史著作，柏拉图和亚里士多德的哲学著作。

第二个是了解人类历史的普遍经验或教训的需要。一些人们耳熟能详的西方习语，如潘多拉魔盒（Pandora's box，指没有预料到的祸害和灾难）、卡珊德拉的预言（Cassandra's metaphor，指被忽视的预言和坏消息的报告者）、阿喀琉斯之踵（Achilles's heel，指致命弱点）、纳西索斯（Narcissus，指自恋情结）等，都包含着人类普遍的经验教训。我们今天讲批判性思维，经常会追溯到苏格拉底（Socrates，前470—前399）的辩诘方法；他还有许多流传了千百年

的智慧之言，如"认识你自己""无知即罪恶""人可以犯错，但是不可犯同一个错""这个世界上有两种人，一种是快乐的猪，一种是痛苦的人。做痛苦的人，不做快乐的猪"。

第三个是思索如何关联当下的需要。这要求我们从以上历史的普遍经验或教训中，再提炼出与我们的问题意识特别相关的部分。例如，柏拉图和亚里士多德雄心勃勃的政治构建虽然是基于人类普遍能够驾驭的假定，但很大程度上，是旨在抵御无所不在的暴政威胁和人类激情的狂暴力量。又例如，修昔底德认为，伯罗奔尼撒战争是当时国家间等级结构发生变化的结果：雅典想要扩充帝国，超过斯巴达，实力增长后引起斯巴达的恐惧和敌意，使得战争不可避免。一个国家的崛起反而会招致强敌的打击，强大未必就安全，这就是修昔底德的"安全悖论"，也是人们现在关心的"修昔底德陷阱"（Thucydides Trap）。

这本书将会兼顾这三个需要，后两个需要对独立思考的要求会更高，这两种需要也经常是交织在一起的。是否能激活问题意识取决于每个人对问题的关注和敏感，也取决于他在特定时代和环境中的特殊体验和感受。你对现实状况的感受能够让你感觉到自己的人生是否有意义，或需要怎样的意义，从而也就能对你的群体提出相同的问题。只要有心，你一定可以从古希腊的经典中找到一些有用的答案，虽然不完整或有时代的隔阂——比如，我们今天在思考自由宪政和法治民主的时候，也不宜期待希腊思想给予我们它不能给予的东西，但比你自己独自在纯粹的黑暗中摸索总要好得多。

正如美国思想家拉塞尔·柯克（Russell Kirk，1918—1994）在讨论古希腊思想对美国经验的意义时所说："在哲学、战争、早期的科学、诗歌、礼仪、修辞、诈术诸方面，希腊人超越了他们之前的所有文明人。在希腊城邦国家失去自由以来的两千多年时间里，希腊人在某些方面的成就尚未被超越。可是，古希腊人没有做到这一点：他们从未学会如何在一起过上和平正义的生活。"[1]而和平与正义恰恰是我们今天最宝贵的东西。

　　柯克还说："对大部分美国宪法起草者来说，古希腊城邦国家没有什么先例值得遵循，唯一的例外是希腊失败的政治经验提供了某些有益的负面教训。在哲学和艺术方面，我们要向光荣的希腊学习……不过，在政治模式方面，（古希腊）并没有什么可模仿的。创建美利坚合众国的那些人清楚地知道，他们继承和发展的这一社会秩序要优于雅典、叙拉古、斯巴达或哥林多所了解的那种秩序。他们在希腊经验或秩序中发现的有价值的东西是提醒他们要避免什么：阶级冲突、不团结、内部的暴力、私域和公域的傲慢与自私、妄自尊大的虚荣以及公民价值的崩溃。"[2]

　　因此，对我们今天的启蒙和政治改良需要来说，希腊思想中最相关也是最有活力的部分，正是其人文主义自我批评的那一部分，包括反思阴暗的人性、反对战争、剖析暴政和邪恶政体、认识善和公民美德的脆弱、揭示人的傲慢和野心、思考正义和非正义的实践区分、探究什么是幸福、平衡法的必要和威胁、分辨知识与智慧等。这些都是本书特别关注，并将系统介绍的。人文主义是启蒙的基础，也是《西方人文经典讲演录》这套书一以贯之的关怀和主题。

　　古希腊向我们呈现的并不是一幅温柔、美妙、优雅文明的图景，而是充满暴力、战争、不义和帝国野心的真实世界。这些危险是现实的，今天也仍威胁着我们的世界，古希腊暴政和暴君的子孙仍在我们今天的世界里施虐。古希腊思想家、历史学家、哲学家、剧作家对这些危险的察觉和剖析，深刻的程度令人惊讶，也超过许多现代思想家。这是古希腊思想能够历久弥新的一个重要原因。

1　拉塞尔·柯克著，张大军译，《美国秩序的根基》，江苏凤凰文艺出版社，2018年，第 52 页。
2　同上。

古希腊的时代离我们已经非常遥远，你也许会觉得要阅读的那个世界是非常陌生的，这需要慢慢熟悉。譬如，希腊人的名字很长，读一两遍都未必能记住，但渐渐地就会适应。又譬如，会听到不少陌生的地名，那就不妨找一张地中海地图或者希腊地图来看，这样，你会直观地了解到希腊文本中的特洛伊战争、希腊—波斯战争、伯罗奔尼撒战争，还有像雅典、斯巴达、底比斯这样的城邦在哪里。

在阅读古希腊经典的时候，还会遇到许多神明，有的是听说过的，有的也许是完全陌生的。对神与神之间的关系，你也会感到困惑。譬如，本书的第一个文本，荷马的《奥德赛》（Odyssey）里就有神的故事。在希腊神话中奥林匹斯是神的山，"奥林匹斯"的原意指"光之处"，在希腊神话中它的地位相当于天堂，众神、半神和他们的仆人都居住在这里。《奥德赛》第一卷就是描写神明们在奥林匹斯山讨论如何决定奥德修斯（Odysseus）的命运，有大神宙斯（Zeus），也有雅典娜（Athena）、赫尔墨斯（Hermes），故事里还有海神波塞冬（Poseidon）、太阳神阿波罗（Apollo）、酒神狄俄尼索斯（Dionysus）等。这些名字你在阅读中慢慢就会习惯。

古希腊人的神明观念会贯穿在所有我们将要阅读的文本之中，因此，在讲述开始前，我先介绍一下神明与古希腊人的关系，以及古希腊人是如何对待他们的神明的。

对神明的虔诚和崇拜构成古希腊人的宗教信仰，这样的宗教与我们现在熟悉的一神宗教是不同的。它并不局限在一个特别的神学领域内，而是融合到所有私人和公共生活之中。在神圣与世俗之间，并不存在截然的、简单的对立。它既没有什么先知，也没有什么救世主。法国希腊学家韦尔南（Jean-Pierre Vernant，1914—2007）在讨论希腊文化的《神话与政治之间》（Entre Mythe et Politique）一书中指出，古希腊人与神明的关系体现在构成希腊文明的所有其他因素和传统中，并与它们混为一体，这些因素有语言，有动作，有生活、感觉、思考的方式，还有种种标准和价值，总之，古希腊人对神明的虔诚无时无刻不在影响着他们的集体生活习惯和规则。

从崇拜和献祭礼仪到神庙中神人同形的雕像，从史诗和传说故事到悲剧和喜剧，希腊的传统宗教没有教义的特征，没有神职人员的等级，没有教会，没有特殊的教士。它的祭司也就是行政官，而行政官就有宗教方面的责任和义务。希腊的宗教里没有什么让真理永远确立于其中的神圣经书，它没有任何明确规定的信经（credo），也不给信徒强加一整套无可辩驳的信仰。这样的宗教，无教义特征比它的多神特征更加重要。

希腊的宗教也没有神秘的教义，所以它的神一点也不神秘，神明是自然秩序的一部分，不是这个秩序的创造者。美国人文学者赫歇尔·贝克（Herschel Baker，1914—1990）在《人类的尊严》一书中讨论希腊人文主义时说，希腊人"不受基督教意义上那种良心或罪孽的煎熬；希腊人甚至没有一个说'罪'（sin）的字词……希腊人也没有基督徒们的那种'内向'特征。希腊的神在外形和欲望上都是被驯化了的，与希腊的人无异。希腊的人与神之间也不存在一种灵魂束缚和自觉有罪的关系"。[1]

古希腊人对神的义务是契约性的。人遵守祭祀、献牲、庆典的传统，神就通过神谕或预言来照顾人的需要。人的献祭是为了让神有好心情，甚至是为了避免神的忌妒，不是为了赎罪，也不是为了忏悔。贝克说得好，在希腊人那里，"宗教仪式……不过是一种与纳税一样的公民义务。神明不是至高无上的，在神明之上还有神也必须服从的 moira（命运、宿命、正义）和 dike（公正、道德），至高无上的大神宙斯也不过是正义和道德的执行者而已"。[2]

1　Herschel Baker, *The Dignity of Man*, Cambridge: Harvard University Press, 1947, 24.
2　Baker, *The Dignity of Man*, 24.

不难发现，希腊的神不同于基督教的神，希腊的神体现出一种人文主义的理性，人对神虔诚恭敬，但不匍匐在地。神不能使不该发生的事发生，也不能使该发生的事不发生。因此，人必须为自己做的事情负责，特别是人在做错事情的时候，不要把责任推到神的头上。希腊的神明与人类相通，但与人类的愚蠢或妄为无关。他们是与人类的愚蠢切割，但与人类保持联系的神明。

荷马在《奥德赛》第一卷里就让我们看到一个与人类的愚蠢切割，而不是与人类无关的大神宙斯。宙斯说，人自己做出邪恶之事，反倒来怪神明，真是愚蠢透顶。人的苦难都是自找的，不是神降的。神不能直接毁人，也不能直接助人。

为了方便接下来的阅读，你只需先知道下面几位主神，文本中出现其他神明时，我会另外介绍。希腊的神明具有人性特征，他们有类似人类的家庭关系，也跟人一样有脾气和欲望。首先，在奥林匹斯山山顶统治世界的，是至高无上的宙斯，他是天界之主，众神与人类之父。与他相伴的合法妻子赫拉（Hera）是一位暴躁易怒、爱嫉妒吃醋的女神，她也是宙斯的亲妹妹——希腊神话里有许多乱伦和性强暴，可能会令现代人不快。

宙斯还有两个兄弟，一个是发起怒来可以撼动大地的海神波塞冬，另一个是统治地下世界的哈迪斯（Hades）。注意，这个地下世界不是基督教所说的"地狱"，而是有点像阎罗王管辖的那个地界。这三位兄弟分担掌管世界的职责。除了赫拉之外，他们还有另外两位姐姐，大姐是炉灶女神和家宅的保护者赫斯提（Hestia），二姐是得墨忒耳（Demeter），她是主掌收获的女神。

宙斯、波塞冬、哈迪斯、赫拉、赫斯提和得墨忒耳是同一代的六位大神。这里附上一张希腊众神家族树图片。与宙斯一排的是他的五个兄弟姐妹，他头上一排的是他八个最有名的子女。

宙斯是一个花心男神。他和情人勒托（Leto）生了一个男孩，名叫阿波罗。阿波罗是受神启的预言家、音乐师，能帮助人清洗龌龊的污浊、血腥的罪恶，以及宗教的过错。阿波罗能言善辩，手中握着弓箭和竖琴，能让人莫名其妙地坠入爱河。阿波罗有个姐妹，名叫阿耳忒弥斯（Artemis），是狩猎女神，同时也是野兽的女主人与荒野的女领主。宙斯还与一位凡人女子生了一个儿子，那就是酒神狄俄尼索斯。他性格叛逆，大概是因为血统不纯。宙斯最喜欢的女儿是雅典娜。雅典娜非常聪慧，在所有需要谨慎考虑、精细思索、运用智慧的工作中，无论是和平的还是战斗的，她都能做得很成功。接下来，在《奥德赛》的开始，就能见到这位聪明伶俐的女神。

希腊众神家族树

二 荷马《奥德赛》

1. 古希腊的待客之道和宾客友谊

前文提到，希腊人相信一种永恒的宇宙秩序。大神宙斯不是这个秩序的创造者，作为至高无上的神，宙斯扮演的只是道德法则（Themistes）的导师角色，他的责任是清洗和监督社会的和政治的秩序，保持它的清洁，让它免于蒙尘。而雅典娜聪明伶俐，是宙斯最宠爱的女儿。在荷马史诗《奥德赛》中，故事一开始，就是雅典娜劝说父王宙斯，允许奥德修斯回到他的家园伊萨卡（Ithaca）。

史诗《奥德赛》讲述的就是奥德修斯回家路上的坎坷经历和遭遇。从中有许多奇奇怪怪的故事：食人的怪物、美貌善歌的仙女、能把人变成猪的女巫、海怪和海妖、奥德修斯的地狱之行、足智多谋的奥德修斯和他忠贞不渝的妻子、帮助他渡过难关的女神雅典娜、海神的复仇（因为他的儿子被奥德修斯刺瞎眼睛）……奥德修斯历经千难万险之后回到家里，并报了向他妻子求婚者的侮辱和轻慢之仇。

奥德修斯是荷马史诗《奥德赛》里的主要人物，也是另一部荷马史诗《伊利亚特》（Iliad）里的重要人物，在两部史诗里，奥德修斯的人物特征是连贯的。如果你读过《伊利亚特》，你也许记得奥德修斯对远征特洛伊城的希腊军队有多大的帮助，尤其是当希腊联军处于危急的时刻。他对阿伽门农忠心耿耿，在自相残杀的紧张局势威胁到希腊军队团结的时候，他深明大义、顾全大局。他很聪明，也很有外交手腕，总是能帮助希腊人化解危机。在许多战斗紧张的时刻，尤其是在《伊利亚特》第十一卷里，奥德修斯是机智勇敢的战士，能同时面对不同的敌人，与巨人阿贾克斯（Ajax）背靠背作战，战斗在希腊军队最需要他的地方。

由于奥德修斯在多方面的杰出能力，荷马史诗不断用 poli-（"多"）开头的希腊词来描绘他的"多才多能"：polymētis，拥有多种智力和社会技能；polytlas，能够承受很多东西；polymechanos，拥有多样深邃的才华；poikilomētis，擅长多种技能。他的技能就像阳光照射下的树叶和枝丫，斑驳地散落一地——可以移动、变化、融合、消散不定、变幻莫测。[1] 在整个《奥德赛》中，奥德修斯的才能确实难以估量，有时深藏不露、善于伪装，有时锋芒毕露、英姿雄武，但总是在见机行事、移动变化、审时度势，绝不拘泥于一时一地或一人一事。他总是能胜在智谋而不是蛮力，他虽然没有希腊冠军阿基里斯那样强大的战斗力，但韬略过人，人也有趣得多。阿基里斯可以杀很多人，但奥德修斯可以赢得战斗。就像我们在《奥德赛》里看到的那样，他虽然历经磨难，但最终全身而退，回归家乡，来到他妻子的身旁。

奥德修斯的故事听起来很刺激很有趣，但要阅读整部《奥德赛》并不是一件容易的事情，这部一万两千多行的巨型史诗融合了古希腊的历史、神话和传说。那么，我们今天该如何去阅读和理解它，又能从中知道些什么？

1　参见 Adam Nicolson, "Homer's Odyssey," *Why Homer Matters,* New York: Henry Holt and Co., 2014.

首先需要知道，它创作于公元前 8 世纪，离我们已将近三千年。史诗起初是用来吟诵和听的，不是用来阅读的；它起初的传播载体也不是印有文字的书本，而是行吟诗人的嘴巴，这些吟游诗人叫"rhapsodes"，今天已经没有这样的诗人了。

今天人们一般认为，《奥德赛》的作者是一位叫荷马的盲眼诗人，但我们并不确切知道他是真人还是传说中的人物。最初提起他名字的时候，已经离他那个时代过去好几个世纪。这部以荷马为作者的史诗，据信形成于公元前 750 年，而有文字的文本是在很久之后才出现，已经被后人改动过不知多少次。今天所用的英文译本中最权威的，可以说是罗伯特·法格勒斯（Robert Fagles，1933—2008）的译本，美国大学一般都用这个译本。

其实，"rhapsodes"的原意就是"缝合"，行吟诗人（歌者）们总是把已有的故事、玩笑、段子、神话、传说、歌谣等糅合成一个看似连贯的叙事。在吟诵故事时，他们运用现成的程式、诗歌韵律、描述套路、景象描绘、英雄人物写生等来帮助记忆，而这些吟诵的程式、套路和手法也是希腊听众在口头文化的熏陶下所熟悉的。到了今天，这些曾经帮助沟通诗人和听众的共同文化手段对读者已经非常陌生，甚至反而成了我们理解荷马史诗的障碍。

看上去最便于我们理解长篇史诗的角度，似乎是它的"故事"，但故事需要有一个能安置于时间顺序中的"情节"，而在口语文化中形成的荷马史诗并不是按照这样的时间顺序创作的。著名的传媒文化学者沃尔特·翁（Walter J. Ong）在《口语文化与书面文化》一书里指出："也许，荷马在创作荷马史诗之前，已经听过数十位歌手吟唱数以百计的、长短不等的有关特洛伊战争的诗歌，他拥有大量的场景去串联成故事；然而在没有文字的情况下，他绝对没有办法按时间顺序去组织这些素材。他没有现成的场景清单，在没有文字的情况下，他也不可能想到这样的清单。……史诗素材本身并不能够轻而易举地产生渐入高潮的线性情节。如果把《伊利亚特》和《奥德赛》里的场景按照严格的时间顺序重新安排，整个史诗固然可以循序展开，但它还是不可能获得典型戏剧里那种紧凑的高潮结构。"[1]

口语史诗研究专家伯克莱·皮博蒂（Berkley Peabody，1885—1967）在对史诗记忆和情节关系的研究中发现，线性情节与口头记忆在一定程度上是不可兼容的，诗人的歌咏并不是要把"信息"从歌者传达给听众，歌者以一种奇妙的公共方式演唱，他吟唱的不是他记得的文本，因为根本就没有文本之类的东西，也不是靠记住一连串的语词，而是用他从其他歌者那里听来的主题和套路。他记住的主题和套路随时在变，因而他以自己特有的方式因时、因地、因人制宜，即兴发挥，编织唱词，诗歌是对吟唱过的歌谣的记忆。[2]

因此，我们今天阅读《奥德赛》不能只是停留在故事情节的层面上，而是应该更多地关注史诗里出现的主题和套路，包括神、虔敬、命运、习俗、正义、勇敢、狡黠、伪装、记忆、悲伤、荣誉、光荣、羞耻、骄傲、节制等，这些应该成为我们阅读《奥德赛》的关注点。在后文中，我会挑选一些主题和套路来讨论，包括待客之道和宾客友谊、虔诚和自由意志、乡愁和异乡漂泊的代价、正当的首领权力、开化和野蛮等。

今天，我们会对吟游诗人的超人记忆力感到惊讶，所以怀疑盲人荷马怎么能在头脑里装进这部一万两千多行的长诗。这还不算，据信他还是另一部长篇史诗《伊利亚特》的作者，有人精确地计算过，《伊利亚特》有 15693 行，是否准确不说，反正是够长的，你

1　沃尔特·翁著，何道宽译，《口语文化与书面文化》，北京大学出版社，2008 年，第109—110 页。

2　Berkley Peabody, *The Winged Word: A Study in the Technique of Ancient Greek Oral Composition as Seen Principally through Hesiod's Work and Days*, New York: SUNY Press, 1975, 176, 216.

我一辈子也别想记住这么长的史诗。把吟诵诗歌故事当作一种谋生的职业，荷马当然必须比我们更努力地运用他的记忆力，但他毕竟是个凡人，不是我们今天使用的计算机存储器。他是怎样获得如此惊人的记忆力的？这就是著名的"荷马问题"，我们放到后面来细说。

可以设想，在荷马的时代，《伊利亚特》或《奥德赛》里的许多故事都是听众所熟悉的，不必从头一五一十地讲到尾，事实上也没有这个可能。随便挑一段都可以讲得有板有眼，而听众也会听得津津有味，这就像今天人们听评书或评弹故事，不光是听故事，而且还品味说故事的表演。《三国演义》《水浒传》《隋唐演义》也是这样讲的，但这些已经不是荷马时代的口语艺术，而是二次加工过的口语艺术，也就是有了书面文字之后的。我们之后还会详细介绍这二者的区别。

或许是到了有书面文字之后，当有人把《奥德赛》的故事原原本本写下来的时候，它的叙述形式才固定下来，结构才成为故事的一个有机部分。今天我们阅读的《奥德赛》故事是从一连串事件的中间讲起的，也就是从中间倒叙。评论家们认为这种讲故事的结构方式非常巧妙。但是，可以设想，这未必是荷马当年讲故事的方式。因为很难想象，作为一个吟游诗人，他能在一个地方住很久，对同一批听众，一天接一天，用倒叙的方式完整地讲述他的故事。如果不是完整地听完故事，听众是感悟不到从中间开始说故事的巧思和创意的。然而，正如沃尔特·翁所说："从来就没有人完全按照时序演唱特洛伊战争的诗歌，甚至没有一位荷马式的诗人能够想象这样的演唱方式。"[1]

由于今天的世界与荷马的时代已经相隔将近三千年，我们对《奥德赛》的许多文学分析虽然可以说得头头是道，但如果从文本

---

[1] 沃尔特·翁著，何道宽译，《口语文化与书面文化》，第112页。

到文本，脱离古代口语文化的时代背景，那么对这部史诗的理解可能就会不得要领。《奥德赛》是荷马的另一部史诗《伊利亚特》的后续。《伊利亚特》讲的是特洛伊战争的故事，据信发生在公元前1193年至公元前1183年。而《奥德赛》说的是十年后，特洛伊战争结束，出征的各路英雄好汉都满载着战利品高高兴兴地回家了，唯独奥德修斯屡遭不顺，《奥德赛》说的就是他"回家"的坎坷经历。

"漂流、归途、回家"是《奥德赛》的主题之一，也成为后来作家，特别是流亡或漂泊异乡的作家所喜爱的一个文学题材。古巴裔美国作家德雷克·帕拉西奥（Derek Palacio）就很喜欢这个题材，他曾推荐过10本当代的"回家"题材小说，包括美国著名黑人女作家托妮·莫里森（Toni Morrison）的《所罗门之歌》（*Song of Solomon*）、智利的亚历杭德罗·桑布拉（Alejandro Zambra）的中篇小说《回家之路》（*Ways of Going Home*）、巴斯克裔美国作家罗伯特·拉克索尔特（Robert Laxalt）的《甜蜜的应许之地》（*Sweet Promised Land*）等。对许多漂泊在外已久的人来说，他们心目中的那个"家"不只是代表熟悉的面孔或地方，而且是一个让他们知道已经变成另外一个人的地方。

"回家"是《奥德赛》独特的主题，但《奥德赛》还与《伊利亚特》有一个共同的主题，那就是"不管在什么情况下都不要惹神生气"。奥德修斯就是因为弄瞎海神儿子的眼睛，惹恼海神，才遭受这么多的磨难。为什么这是大忌？因为神掌控着人的命运，在神的面前，人太渺小、太无力，而神有神力。海神不能直接杀死奥德修斯，但可以在他回家的路上处处设置障碍。

前文说到，希腊人信奉多神，在希腊的多神殿堂里，各种各样的神都拥有不同的神力——这比我们今天熟悉的权力更没有约束。诸神有神力，所以可以任性。这已经够糟的了，但更糟的是，诸神还有凡人的七情六欲和种种坏脾气，比如嫉妒、仇恨、贪婪。因为有神力，他们的坏脾气造成的伤害和破坏也就远远超过凡人。这就像权力越大，所能作的恶就越大一样。

希腊有许多城邦，不同城邦的希腊人并非供奉同一个万神殿，每一个城邦都有它的万神殿，这是希腊宗教的一个特点。在荷马和他的同时代人那里，史诗具有泛希腊的性质，不同城邦的希腊人都熟悉其中的内容。荷马史诗也体现了一种泛希腊的宗教信仰，它所包含的道德原则也具有泛希腊的性质。其中两个原则相当突出，一个是人的骄傲（hubris）会招致灾难，另一个则是必须遵守好客之道和宾客友谊。

《奥德赛》里许多灾祸和磨难的起因都是人的自大和骄傲。希腊史诗是一种英雄史诗，颂扬的是像奥德修斯那样的英雄故事，英雄人物的自大和骄傲自然会形成这个主题。然而，这个主题的意义并不限于古希腊，它也是一个具有普遍人文意义的主题：人因为自大而过度骄傲和骄横，觉得自己是神人，甚至比神还伟大。这种妄自尊大可能给个人和集体带来灾难性的后果，所以必然会受到惩罚。

在古希腊，人们相信，神总是装扮成陌生人来到人间，怠慢陌生人很可能会在无意中冒犯神。因此，普通的希腊人都对神十分虔敬，虔诚是他们奉行的美德。欢迎一切陌生的来客原本是一种讨神喜欢的方式，也成为一种美德。这种古老的好客在希腊语里叫"xenia"（殷勤）。殷勤是一种双向的义务，它要求主人要慷慨地接待远离家乡的客人，也要求受到如此接待的客人要对主人表示最大的善意和感激。此外，好客之道还涵盖众神之间的娱乐，这也是古典艺术中流行的主题。文艺复兴时期有很多描绘众神盛宴的作品，表现"众神之间的娱乐"。

好客礼仪在宾客和主人之间创建一种互惠的友谊关系。这种友谊可以体现在物质赠予上，如向对方赠送礼品，提供保护、住所。它也可以是非物质的，如表示友好和关切、提供建议性的帮助。客人则有义务对主人表示感激、尊重和赞扬。无论是物质的还是非物质的，这种双向互惠都是我们今天所说的"礼尚往来"和"礼物关系"。

在古希腊，大神宙斯有时也被称为"好客的宙斯"（Zeus Xenios），他保护旅客，体现对旅行者热情好客的宗教义务。在《奥德赛》里，履行这一义务的是好人或善良的仙女，否则就是妖怪、恶灵或坏人。奥德修斯一路流浪，在待客无道的食人魔、独眼怪物或其他妖怪那里吃尽苦头，历经千难万险。但是，在好心的女仙、精灵或善良人类那里，他又始终是一位被款待的宾客。欧矶吉岛（Ogygia）上的女神卡吕普索（Calypso）甚至对他以身相许，要跟他永世厮守。奥德修斯回报殷勤主人的办法就是给她们讲自己的奇怪故事。谁都爱听故事，尤其是外面世界的故事。他还以一种我们今天看起来很别扭的方式回报帮助他的女神，那就是成为她们的性伴侣。

奥德修斯不在家的十年间，他妻子珀涅罗珀（Penelope）一直在扮演一个好客女主人的角色。许多男性宾客到她家里又吃又喝，还打她的主意，要娶她为妻。珀涅罗珀也一直在用计策敷衍他们，从不对他们发火，可以将此解释为珀涅罗珀的隐忍和拖延策略。宾客们都是身强力壮的男子，而珀涅罗珀只是一介女流，儿子还没有成人，无法反抗他们在她家里的胡作非为。但古希腊的好客之道习俗，恐怕也是珀涅罗珀不得不忍耐那些坏客人的重要原因。那些骚扰她的坏客人不守宾客之道，惹怒神明，所以最后要惨死于奥德修斯的弓箭和刀剑之下，这是他们该受的惩罚。

然而，《奥德赛》最后那一幕血肉横飞的厮杀场面太过残忍和血腥，这时雅典娜阻止了奥德修斯和他儿子的杀戮。也许在神的眼里，那些坏宾客虽然行为不当，但罪不至死，不应该被赶尽杀绝。

2. 口语文化和记忆能力

两千多年来，人们一直在研究荷马与荷马史诗。一百多年来，卓有成效的研究者提出并试图回答"荷马问题"。这不是一个，而是一组问题，其中包括：荷马是一个人还是若干人？如果有一位名叫荷马的行吟诗人，他是不是盲人？他如何能够创作、记住并吟诵数万行的史诗？

荷马生活在公元前9至前8世纪，那时还没有希腊字母表，也就是没有书面文本。荷马去世两三百年后，即公元前700—前650年，荷马史诗才被写下来，以书面形式流传于后世。荷马那时的行吟诗人没有文字依傍，其中有些还是盲人。他们是什么天才，居然能够"编织"数万行的巨型史诗？即使编织出来，又怎么可能记住这么长的史诗？怎么能够几天几夜一口气唱完？既然那些吟诵的诗人不是"文人"，他们又如何能"编织"出韵律整齐、生动感人、结构完整、语言优美的史诗？他们依靠天然的诗才还是依靠"死记硬背"？

在中国，也有仍然活跃在今人的口头传统之中的远古史诗，一些在世的吟诵诗人仍然能够演唱它们。这三大史诗是蒙古族的《江格尔》、柯尔克孜族的《玛纳斯》和藏族的《格萨尔王传》，均在世界上最长史诗之列。《江格尔》长达十万行，《玛纳斯》二十余万行，《格萨尔王传》一百多万行，长度远远超过荷马的《伊利亚特》和《奥德赛》。古今各地的史诗演唱人多半是文盲，如今活跃在我国几个少数民族中的史诗吟诵人多半也是文盲，但他们又是民族文化的传承者和"圣人"。

在古希腊的社会和文化背景中，有三种人物拥有与其社会角色不同但有关系的特权：吟游诗人、占卜人和正义的国王。他们共有的特权便是掌握着"真理"（Veritas），一种凡人觉察不到的、深刻的神或宇宙的真理。他们因此也被视为不同凡俗的"圣人"。

在这三种人中，正义的国王依靠的是神授的权威，他的统治决定代表神意的裁判，国王的"旨意"具有近乎神谕的分量：它不容争辩地了断诉讼争端，使倒下的重新站立，让被破坏的得以重建。"旨意"以它正义的话语，在实在公正的事实中让所有人各得其所，各居其位。

与国王的"旨意"不同，诗人和占卜人拥有的则是"记忆"（Mnemosyne）的宗教力量。这种奇异的能力能直通上界，觉察看不见的事物，并说出"过去曾有，现在正有，未来将有的事"。这种天启本领使诗人或预言者能用一种对正义满怀崇敬的赞扬，叙述值得赞颂的功绩。要是没有他们这种吟唱的话语，那些功绩恐怕永远会隐藏在沉默和黑暗之中，甚至消失在诽谤和恶语之下。行吟诗人就这样为人类行为赋予光辉的记忆、生命的活力、存在的延续。

吟诵者的这种特异功能让人惊讶，弄不清楚诗人吟唱时是"神灵附体"还是"神经错乱"。荷马史诗被写定后便不再由盲人传唱，虽然在宗教庆典上被吟诵，但作为"行吟"的诗，却已经死亡。这是好事还是坏事？

也正因为事实上已经不再有凭记忆"行吟"的荷马史诗，前面提到的"荷马问题"才成为千百年间难以求解的问题。但是，近百年来，似乎峰回路转，关于荷马史诗这些谜团的谜底逐渐被揭开。沃尔特·翁的名著《口语文化与书面文化》一书中对荷马史诗和口语文化如何传播有非常精彩的阐述。

荷马史诗不是用希腊人日常生活的语言，而是用诗人之间的"行话"创造而成的，因此不能用日常语言的语义去理解。这一点非常重要。

荷马史诗的语言是具有伊欧里斯方言（Aeolic）和伊奥尼亚方言（Ionic）的早期和晚期特征的混合体，十分奇特。这种语言不是多种新老文本的叠加，而是经过史诗作者在漫长岁月中的加工形成，他们保存了一整套习惯用语，根据音律的需要予以加工。这些都是口语的加工，而不是现代书面语言的效果；荷马对古希腊人的影响是口头文学的影响，"作为一个来自遥远的过去的声音，甚至是一个来自沉默的声音，伟大的声音不受任何与我们现在的世俗的联系的约束。荷马并没有描述英雄的世界；他就是英雄的世界。正如他的墓志铭所说，他创造了他们的 Kosmos，这个词在希腊语中可以指'秩序''世界''美'和'荣誉'。在《伊利亚特》中，当指挥官把他们的人安排到战场上时，就使用这个词。这些品质都是一个事物的不同层面。人们可能会联想到英雄的一切——高贵、直接、活力、规模、对真理的坚定不移、勇气、冒险性、连贯性——都是宇宙的一个方面，所有这些都是'荷马'的意思"。[1]

如果荷马确有其人的话，那么他所歌唱的世界并不是他自己生活的那个世界，他所歌唱的是一个更古老、更粗糙、有更多种元素的世界。这个时间上的差距使许多历史研究者认为，公元前 1800 年左右的那个暴力和陌生的远古世界，在公元前 1300 年左右那个相对宁静的希腊世界里成为回忆的内容，并通过希腊黑暗时代被保存下来，而形成书面形式（如果不是最终形式）则又是 6 个世纪以后的事了。荷马散发着好几个世纪的诗歌气息，他的智慧，他所讲述的故事及其神圣而神秘的存在，是后人回顾的产物，而不是即时的报告。他的诗歌体现一个漫长时代的气息，就像河床上圆润的玉石，是不知多少个世纪的时间里被河水冲刷的结果。

尽管确切的日期和持续时间还不确定，《伊利亚特》可能写于公元前 750—前 700 年，而历史学家们一致认为《奥德赛》写于公元前 750—前 650 年。这些作品的碎片随着时间的推移被重建，并

---

1 参见 Adam Nicolson, "Seeking Homer," *Why Homer Matters*, New York: Henry Holt and Co., 2014.

在许多地方被发现，从泥板到希腊埃及木乃伊的石棺。有研究显示，这些作品最古老的手稿大约写于 900—1100 年的中世纪时期。但即使在书写语言的荷马史诗里，史诗的语言也有自己的套路，不是普通人日常交流所用的语言，而是口语诗人们通过世代传授和相互学习形成的语言。

直到今天，像昆曲、苏州评弹以及其他地方戏曲里的特殊语言套路也有类似的特征，是一种很专门的语言。

既然荷马的两部史诗如此铺张地使用套语、如此广泛地使用"预制的构件"，它们又如何达到如此美妙的境界？

美国史诗学者，口头传统学科的奠基人米尔曼·帕利（Milman Parry，1902—1935）对此做了开拓性的研究。他认为，后世读者大多会贬低习惯用语、套路、预期中的修饰词，以为那些不过是没有原创性的陈词滥调。然而，对作品的原创要求是现代人才有的，而古代人没有。

荷马时代的希腊人之所以依赖程式化的语言即人们所说的"陈词滥调"，是因为他们就是用这种话语来构建思维的。这是他们的思维方式，不只是诗人，整个口语文化中所有知识人都是如此。在口语文化里，已经获得的知识必须要经常重述，否则就会被遗忘。固化的、套语式的思维模式是智慧和有效管理所必需的。不过，到了柏拉图时代，情况为之一变。希腊人终于有效地内化文字，此时距他们的祖先于公元前 720—前 700 年发明希腊字母表的时期已经过去好几百年。进入书面文字时代，储存知识有了新方式，记忆中的套语也就被书面文字的原创思维所代替。希腊人的脑子从大量的记忆中解放出来，去进行更加具有原创性的抽象思考。哲学思考就是这样发展起来的，这是一个革命性的发展。

在文字语言得到普遍运用之前，古人拥有远远优于我们今天人类的记忆力，出众的记忆力始终代表着出众的智慧。智慧是储存在智者头脑里的知识，任何时候都会在他们的教谕或与他人的交谈中自然流露出来，智者不需要借助技艺，一切都是了无痕迹，浑然天成。在智者那里，任何技艺都不仅不是对智慧的辅助或加强，而且是对智慧的贬低和削弱。

智者的智慧完好无缺地保存在他头脑的记忆里，任何辅助记忆的手段——文字记下的备忘录——都只能显示智慧的缺损。柏拉图的《斐德若篇》（*Phaedrus*）里就有一个这样的故事。埃及神明特泰（Theuth，主司数字、几何、文字和游戏）发明了书写技艺，他对国王赛穆斯（Thamus）说，应该让埃及人分享这一福祉，因为书写"会让埃及人更有智慧，并能增强他们的记忆力"。国王赛穆斯不以为然，他提醒特泰，对一项发明的价值，发明人本人不是最可靠的裁判。他说，一旦埃及人学会书写，"遗忘就会侵入他们的灵魂，他们的记忆训练必将到此为止，因为他们会过于依赖书面记录，不再依靠自身的记忆，而是依靠外部符号去想事情"。赛穆斯又说，书写的字词"不能替代记忆，顶多只是提醒记忆而已。你为自己的弟子提供的不是真正的智慧，而是智慧的伪装"。靠文字阅读获取知识"貌似知识渊博，其实在很大程度上一无所知"。他们的头脑将会"装满对智慧的自负狂妄，而不是装满智慧"。

苏格拉底讲述赛穆斯的故事，是因为他赞同赛穆斯的看法。他对斐德若说，只有"头脑简单之人"才会以为文字记录"胜过同样内容的见闻和记忆"。他认为，通过口头演说"铭记在学习者灵魂中的智慧词句"永远胜过用笔写下的字词。

今天，人们早已不这么看待记忆力。美国传媒学者波兹曼（Neil Postman，1931—2003）在《娱乐至死》（*Amusing Ourselves to Death: Public Discourse in the Age of Show Business*）一书里说，今天，智力主要被定义成人掌握事物真理的一种能力。一种文化的智力就取决于其重要交流方式的性质。书面文字是一种交流方式，网络文字或图像亦是。在一个纯粹口语化的文化里，智力常常与创造警句即具有广泛适用性的精辟俗语的能力相关。据说，所罗门知道三千条谚语。在一个印刷文字的社会里，有这样才能的人充其量被看作怪人，甚至是自大的讨厌鬼。在一个纯粹口语化的社会里，人们非常看重记忆力。由于没有书面文字，人的大脑就必须发挥"流动图书馆"的作用。忘记一些事该怎样说或怎样做，对于社会是一件危险的事，也是愚蠢的表现。但在印刷文字的文化里，记住一首诗、一张菜单、一条法规或其他大多数东西只是为了有趣，而绝不会被看作高智商的标志。

今天，记忆能力与知识能力的关系是反过来得到验证的。例如，汉字是一种很难学习的语言，你得一个一个地记住每个汉字的写法和读音，和一千年以前相比，今天的学习方式并没有太大的变化。文盲不是不会说汉语，而是不会阅读或写汉语。现代教育基本上消除了文盲，那么是不是每个人对汉语文字都具备同样充分的记忆能力？一个人老年痴呆，往往是从忘字开始的。

古希腊时期，教育的终极目标与其说是获取知识，倒不如说是培养口才。即使在有文字记录以后，我们今天所理解的这种文字"阅读"仍然是一件非常特殊的事情。人们在日常生活中仍然以使用口头文字为主。有身份地位的人会向别人口授信函，听别人诵读或说新鲜事。有意思的是，给主人大声朗读是奴隶或仆人的差事。阅读都是出声朗读，默读要到 5 世纪之后才渐渐推广开来。

绝大多数希腊人一生很少或者根本没有接触过阅读和写作，即便是间接的接触，也不曾有过，频繁接触阅读和写作的贵族一般都喜欢让别人做这样的事情。由于他们没有阅读的积极性，他们的阅读能力尚停留在初级水平。正如公元前 1 世纪希腊历史学家西西里的狄奥多罗斯（Diodorus Siculus，约前 90—约前 30）所言，居于统治地位的精英阶层每天都会接触阅读和写作，最终确已达到普及的程度，他们追求的只是阅读赋予的"崇高无上的感觉"。然而，读写普及只是在极少数人当中才能实现的，这些人居然大多是奴隶身份，他们的工作就是为其近乎半文盲的贵族主子阅读。

用眼睛阅读，还要出声，是件很辛苦的事情，而听别人朗读要惬意得多。今天，音频节目的一种主要目的就是让人们能够用听来代替读，不用自己阅读也能获得一些知识。音频节目是互联网的产物，可以说互联网时代把我们又部分地带回口语时代。关于互联网口语化的特征，还有历史上发生的从出声朗读向默读的变化，我在《人文的互联网》一书里都有所讨论，这里就不细说。今天我们听音频，享受的简直就是古代贵族的待遇。但得小心，不要让自己的阅读能力因此而退化，得不偿失。

我们今天阅读荷马史诗，需要记住的是，荷马史诗的书面文本并不是从一开始就有的，它的不同文字文本都有一个形成史，而这个历史决定了读者今天可以看到的是怎样的荷马文字文本。英语读者所看到的那个荷马，会与中文读者所接触到的荷马有很大的不同。第一部印刷的希腊荷马书籍于 1488 年出现在佛罗伦萨，由一位雅典人德米特里乌斯·查康迪勒斯（Demetrius Chalcondyles）出版，他来到意大利向意大利文艺复兴时期的人文主义者教授希腊语。很快，其他副本在米兰、海德堡、莱比锡、巴黎和伦敦印刷。而在这些最早的印刷书背后，是漫长的手稿历史。许多中世纪的荷马手稿很晚才被迁移到欧洲的图书馆。在中世纪早期，荷马在欧洲无人阅读，因为欧洲人已经失去阅读希腊文的能力，即使伟大的 14 世纪人文主义者彼特拉克（Francesco Petrarca，1304—1374）——据说他拥有一本《伊利亚特》——曾经以崇敬的态度亲吻它，但他却无法理解它所说的任何一个词。他写道，荷马"对我来说是哑巴，我对它来说是聋子"。[1] 那时候的意大利人不懂希腊语，他们习惯于保

1　E. H. Wilkins, *Life of Petrarch*, Chicago: Chicago University Press, 1962, 136.

留《伊利亚特》的副本，并亲吻它们以获得好运。

把荷马神圣化和神秘化，似乎从亚里士多德的时代就已经有了。罗马国家图书馆（the Biblioteca Nazionale）里有一部9世纪的荷马生平，作者是匿名的，他引用了亚里士多德在一本名为《论诗人》的书中的话（这本书现在已经遗失了）："亚里士多德说，伊奥斯岛（Ios）的人们记录了荷马是由一个精灵，一个与缪斯女神一起舞蹈的精灵所生。"[1] 荷马的母亲，一个来自伊奥斯岛的女孩，与精灵怀孕了。就像耶稣和阿基里斯一样，荷马也是半人。他的肉体不是被注入单纯的神性，而是被注入诗歌的灵性。荷马是他的世界为诗歌所起的名字。希腊语中的"舞蹈"（synchoreuo）是音乐和动作的结合，从本质上讲，它是任何美丽的旋转运动，特别是星星的运动。因此在这个神秘的舞蹈中的意思也许是，荷马的诗是宇宙的音乐。

据说1世纪历史学家普鲁塔克（Plutarchus，约46—125）在一部今天已经失传的书籍里写过，荷马的祖国不在地球上；他的祖先来自"伟大的天堂"（great heaven）。荷马"不是由凡人的母亲所生，而是由卡利奥普（Calliope）所生"。卡利奥普是史诗的缪斯，这个名字的意思就是"美丽的声音"，她是全能的众神之王宙斯和记忆女神姆尼莫西恩（Mnemosyne）的女儿。[2] 今天我们听起来也许会觉得离奇，但古人这么认为也许不是没有道理，毕竟《伊利亚特》和《奥德赛》的第一句话都是把缪斯当作自己神圣的母亲，权威和力量的源泉，来呼唤即将开始的故事。要讲述这样辉煌的故事，凡人怎么能有神人那样的记忆能力呢？一直到今天，我们不是仍然在试图解开这个谜吗？也许我们也不应该只是把荷马当作远古时代的某

1　M. L. West, ed. and trans., "Lives of Homer," in *Homeric Hymns (Loeb classical library 496.)*, Cambridge, MA and London: Harvard University Press, 2003, 433.

2　M. L. West, ed. and trans., "Lives of Homer", 433.

个个人，而是不妨把他当作"诗歌"这个概念的化身，并把他的史诗看作很久以前人类一次集体创作的伟大成就。

3. 敬神是义务，不是奴役

行吟诗人在古希腊有着独特的社会作用，受到神启的行吟诗人在某种程度上代表群体的集体记忆，他们同时还是书写文字之外的"书本"。这样的"书本"里积聚了构成群体和社会纽带的整个知识，那就是集体的神话。他们讲述故事，而所有人都知道他们讲述的故事。他们是一种与今天的诗人完全不同地位的"诗人"，因此不要把他们误会为人们印象里的诗人祖先。今天的诗人有的是歌功颂德的人肉喇叭，有的是无病呻吟的风雅人士，或者不过是"诗歌写作班"里训练出来会"做诗"的文字匠人，他们无法担负群体记忆承载者的重任。

对于古希腊人来说，《伊利亚特》与《奥德赛》不仅是有趣的冒险故事，而且是至关重要的道德故事；对我们来说，今天仍然如此。《奥德赛》里，一起离开特洛伊、踏上归途的战士当中，只有奥德修斯活着回到家里，因为他知道，应该照着神告诉他的话去做，而且他也这么做了，虽然犯过错误。

因此，荷马史诗并没有给世人留下可以在普遍正确行为方面效仿的楷模，就连奥德修斯这样杰出的人物，也只不过是显示他的"足智多谋"而已，并不是让人崇拜和仿效他，把他当作道德或行为榜样。因此，我们在理解和描述奥德修斯时，应该谨慎地使用"英雄"这个词。在古代地中海人的道德观念中，奥德修斯远非是一个完美的人物，他的性格和人品有阴暗的一面。他在任何情况下都可以为某个"高尚"目的撒谎，同样，为了达到目的，他可以不择手段，做出残忍和不义的事情，这个我们在阅读索福克勒斯的《菲罗克忒忒斯》一剧时还会讲到。残忍和残暴的行为在特洛伊战争最血腥的日子里可能是正常的，但一旦被带回文明社会，就会成为与神的正义相违背的恶行。在《奥德赛》结尾处，奥德修斯对所有在他家里吃吃喝喝的求婚者无区别的屠杀就是一个例子。

在关于奥德修斯的其他希腊文学里，奥德修斯的残忍和冷酷更加明显地暴露出来。他在攻陷特洛伊时，将特洛伊冠军赫克托耳（Hector）的幼子阿斯提那克斯（Astyanax）从城墙上扔下来摔死，并在一场辩论中让他的同胞希腊战士阿贾克斯蒙羞，以至于阿贾克斯因无颜面对战友而自杀——索福克勒斯的《阿贾克斯》和欧里庇得斯的《特洛伊的女人们》讲述了这两个故事。

当然，我们在阅读荷马史诗或其他古代地中海文学作品时，不能用我们今天的道德标准去衡量当时人物的行为。荷马的世界是一个尚处于希腊黑暗时代的多神世界，其根源可以追溯到青铜时代晚期，因此那个世界的人物自然是按照他们那个时代的习惯行事。即便如此，我们在阅读《奥德赛》故事的时候，还是应该记住，奥德修斯不只是一位满脸胡子的聪明海员，在他深谋远虑的眼睛里闪烁着善意的光芒，在他的内心怀抱着对妻儿的柔情。他还是一个经历过极端创伤、犯下暴行的人，他只是因为有过人的聪明才智和劝说口才，在需要时能表现出令人不寒而栗的冷酷无情，才在一个险恶的世界里生存下来。尽管奥德修斯并不完美，但他能够服从神明。在古希腊人那里，人服从神明，因为人的一生是短暂的，恰如没头没尾的故事，它的意义藏在它的开始和结尾之中，而头和尾都是故事最重要的部分。人从哪里来，到哪里去，只有神才知道这些人生旅程中的实情。人所能知道的不过是，对每一个个体来说，他的诞生就已经指向他自身之外的事情——他的父母、祖先，他突然出现的地方，或他是由某个神孕育的氏族创始人。每一个人从睁开眼看到第一线光明时起，就处于一种已然的秩序之中，就得遵守祖先传统的礼仪。我们在前文中说到的希腊人的好客之道和宾客友谊，并不是他们从基因里带来的，而是在神授予祖先的礼仪传统中学习来的。因此，希腊人相信，他还必须以真诚的虔敬，小心谨慎地把神明有权要求的崇敬归还给神明。

古希腊人的虔敬信仰因为包含着一种人由于生存忧虑而产生的敬畏，从而带有另一种与我们今天意识形态信仰完全不同的生存意识。直到今天，有传统信仰的民族仍然会通过与神明建立接触，让神明以某种方式出现在凡间。这样的信仰，把对神明的敬拜以及人与神的和谐一致引入普通人的日常生活中，但对神的敬拜与后来政治性的领袖崇拜或个人崇拜是绝然不同的。

人对神的敬拜中有人的喜悦。在古老的神明崇拜中，人们以献祭、游行、歌唱、舞蹈、竞技、游戏，还有共享食物、公众宴会，来赞美神明。正如荷马的史诗是在希腊人的宗教庆典上诵读的，希腊的悲剧和戏剧也是为宗教庆典表演的。史诗的吟诵者从长篇巨著中挑选一小部分，开始时可能先咏唱几行，作为开场白的诗句，结尾时也有收场的诗句，表明故事的道德含义。

希腊的宗教庆典是为了向神传递虔诚的敬意，因此，对所有参加礼仪的人来说，崇拜盛典中的悦人场景、欢快气氛、互相协调的场面，都能让他们的心灵获得一种照亮人生的光辉。如同柏拉图所说，为了长大成人，儿童们从幼年时起就必须学习"游戏着生活，玩那些诸如祭祀、歌唱、舞蹈之类的游戏"（《法律篇》，803c）。柏拉图解释说，这是因为对我们凡人来说，"神明不仅仅是在分享我们的节日，而且也是在给予我们一种伴有欢乐节奏与和谐的意义。神明使我们活跃起来，参加我们的合唱队，通过唱歌和跳舞与我们彼此交织在一起"（《法律篇》，653d）。

世上的凡人敬拜神，是因为没有神的同意，人间的任何事都成不了气候。因此，人必须保证不出差错地履行对神的义务。但是义务（service）并不是奴役（servitude）。希腊人的英雄史诗之所以代表他们的宗教情怀，是因为其中表明希腊人与野蛮人的区别。希腊英雄之所以是英雄，是因为他们是一种与野蛮人不同的自由人（eleutheroi）。在其他民族中存在着"人是神的奴隶"的观念，但希腊人那里没有。这在《奥德赛》中奥德修斯那里体现得非常清楚。

奥德修斯足智多谋，遇事变通灵活。在《伊利亚特》里，想出用木马攻入特洛伊城这个主意的就是他。后面我们阅读索福克勒斯《菲罗克忒忒斯》一剧时，还会看到最后把战将菲罗克忒忒斯请到特洛伊战场助战的也是奥德修斯。但是，他也有凡人的弱点，成功了就会得意忘形。他去招惹独眼巨人，就是犯下这样的错误。

如果说《伊利亚特》是关于力量的故事，那么《奥德赛》就是关于计谋的故事；前者的主角是勇猛无比的阿喀琉斯，后者的主角则是老谋深算的奥德修斯。奥德修斯在故事里确实能够拉开别人拉不开的硬弓，但他的能力在智不在勇。例如，他知道自己无法战胜独眼巨人，即使能够做到，他也无法移开巨人用来挡门的巨石，从而脱身。他利用独眼巨人的愚蠢，精心谋划，以弱制强，最后取得胜利。又例如，他回到家乡伊萨卡后，发现家里有一大群纠缠他妻子的求婚者。他知道他们人多势众，自己无法与他们硬拼，就用伪装和欺骗的办法，隐瞒真实身份。然后经过周密的准备，联络好所有该联络的帮手，在求婚者们毫无防备的情况下，乘机与他的儿子一起向他们发动进攻。

奥德修斯最大的过人之处，就在于他知道该怎么管住自己，不让难以克服的自身弱点坏了他返回家园的大计。管住自己，体现的是人的终极自由，《奥德赛》里有一个著名的关于海妖塞壬（Sirens）的故事，正是体现这一点。塞壬是几个美丽的女海妖，居住在西西里岛附近海域的一座遍地是白骨的岛屿上，她们用自己天籁般的歌喉使得过往的水手倾听失神，于是航船触礁沉没。

奥德修斯从女神喀耳刻（Circe）那里得知塞壬的危险，非常想听听她们的歌声有多么美妙，但又不愿意让他的水手和船只遭受不幸。所以，他用白蜡封住水手们的耳朵，让他们把自己捆绑在大船的桅杆上。船经过塞壬的海湾时，奥德修斯果然因为歌声疯狂，他大喊大叫，要水手们为他松绑，命令他们把船驶向岸边。水手们既听不到塞壬的歌声，也听不见奥德修斯的命令，驾驶着船安然渡过险滩。

这是奥德修斯战胜诱惑的故事。他睿智卓见，在自己还有能力与诱惑保持安全距离的时候，就预先设计在未来管制自己的办法，并安排好管制的执行人，对他们也采取稳妥的防范措施。

奥德修斯充分估计自己的弱点，那就是他的自然欲望。他本来是一个自控能力很强的英雄，如果凭着以往的光辉经历，对自己的自控能力深信不疑，那么他就会因为准备不足而失败。和所有人一样，如果他无视自己的欲望，就会在诱惑来袭时措手不及。人永远没有办法充分预估自己在欲望遭到诱惑时会有怎样的行动，因为他无法预估诱惑会有多么强大，拒诱惑而不沾是多么艰难的任务。当你说"拒"的时候，对你自然欲望的诱惑已经潜伏在那里——那些你都不敢对自己承认有多么强大的诱惑。这也许就是奥德修斯战胜诱惑的故事对我们今天的启示。

我们经常说，求人不如求己。遇到事情，我们会觉得谁也不如自己可靠。但是，我们知道自己并不总是可靠的。因此，人类才发明了闹钟，也设计出把权力关进笼子里去的制度，这些都是为了帮助我们克服自己的不可靠。

越是在关键的时候，我们就越会需要借助外力借助制度，不让自己睡过头，不让自己因为手里有权就腐败起来。睡眠和控制他人是自然欲望，我们需要借助外力来管制我们的自然欲望。

在诱惑面前，谁没有难以抵抗的自然欲望呢？但许多人未必愿意承认。但奥德修斯不是这样，他承认自己的自然欲望，并设法去控制，是一个真正智慧又勇敢的人物。

奥德修斯为了不被诱惑击倒，先承认自己不是诱惑的对手。他先信不过自己，因此才借助他人之手把自己捆在桅杆上。奥德修斯知道，为了战胜自己的欲望弱点，他必须先承认自己的弱点。决定捆绑自己，这是解决问题的唯一办法，之后才是如何捆绑的问题。用自行捆绑手脚的办法，我们可以把诱惑拒斥在一个安全的距离之外，趁自己还有意志力，对未来那个意志力薄弱的自我早做防范。例如，为了有效使用闹钟，我们不仅需要设定闹铃响起的时间，还需要把闹钟放在一个不能一伸手就够得到的地方，以免自己因为贪睡，蒙蒙眬眬地按掉已经响起的闹钟。这就像挥霍无度的太太在逛商场时让先生保管自己的钱包，或者戒烟者对朋友们宣布自己已经戒烟，以此来借助他们的监督力量。这样断自己的退路，有点破釜沉舟的意味。

自捆手脚在政治上就是权力监督和平衡的机制，对付专断权力的笼子不仅仅是用来关别人的，也是用来关自己的。这样的制度首先承认人的弱点，然后设计出不让这些弱点冒出来捣蛋的办法。如果说美国宪法设计了民主制度，那么它并不认为民主是为实现高尚道德理想而产生的制度。它是针对人性的有限性而构想的一种制度。根据这种观点，人基本上是一个自私自利的、道德上不可靠的东西，你无法对他期待过高。这种看法对于人性有一种切实的现实感。站在这个立场上，美国建国之父之一的汉密尔顿（Alexander Hamilton，1755—1804）说："我们应该假定每个人都是会拆烂污的瘪三，他的每一个行为，除了私利，别无目的。"

这样理解并不是以失败主义或犬儒主义的态度看待人性，而是对人性有一种"抑郁现实主义"（我们可以称之为"忧患意识"）的认识。抑郁现实主义（Depressive realism）是美国心理学家劳伦·阿洛伊（Lauren B. Alloy）和林·阿伯拉姆森（Lyn Y. Abramson）于1979年提出的。他们认为，抑郁者（忧思者）比非抑郁者能够做出更为现实的推理："比起非抑郁者（他们经常高估自己的能力）来，抑郁者在判断自己处理事情的把握时更准确。他们是那些'吃一堑，长一智'（'sadder but wiser'）的人，非抑郁者太容易屈从于自己的错觉，用美好的眼光看自己和环境。"[1] 因此，抑郁现实主义反而比较接近真实。

美国神学家、思想家雷茵霍尔德·尼布尔（Reinhold Niebuhr，1892—1971）说："人行正义的本能使得民主成为可能，人行不义的本能使得民主成为必需。"这是一个对人性卑劣和高尚的双重观察。上帝（或自然）给人良知，于是人能做好事。可是人性中还有不完善和软弱的一面，需要有所制约。人可以认识自己的弱点，也有能力设计克服这些弱点的办法。人不仅能发明闹钟，而且还能学会如何更有效地使用闹钟：把它放得远一点，不要让自己一伸手就可以方便地把铃声关掉。同样，我们得把权力的笼子做得结实一些，不要让蹲在笼子里的人手里拿着钥匙，而要把钥匙交到笼子外的人手里，那么该蹲笼子的才会真正蹲在笼子里。

4. 乡愁和乌托邦的代价

前面讲到古希腊人对神的虔诚并不意味着"人是神的奴隶"，对神的虔诚是一种义务，不是奴役。还谈到奥德修斯是一个能够认识自己的欲望，并设法限制这种欲望的人。这在今天对我们的启示

---

1 Lorraine G. Allan, et al., "The Sad Truth about Depressive Realism." *Quarterly Journal of Experimental Psychology*. 2007, 60 (3): 482-495, 482.

就是：人的自由意志不是随心所欲、想干什么就干什么，而是知道如何限制自己做什么、不做什么。谁是自由的，谁就不是奴隶，或者说，只要你不让自己处于不自由的状态，谁都不能让你成为思想和人格上的奴隶。

我们刚看到奥德修斯的时候，他在海滩上哭泣，他是一个生活在天堂般世界里但失去自由的人。他开始讨厌卡吕普索的岛。他在那里待得太久，他渴望回家，远离花草和卡吕普索的诱惑。就在这个时候，赫尔墨斯作为宙斯的信使来到这里，带来了自由生命的震撼：

> ……从高空落到海上，
> 然后有如海中的鸥鸟掠过波涛，
> 那海鸟掠过咆哮的大海的惊涛骇浪，
> 捕捉游鱼，海水沾湿了强健的羽翼，
> 赫尔墨斯有如那飞鸟掠过层层波澜。（《奥德赛》第五
> 卷，第 50—54 行）

赫尔墨斯代表奥德修斯可能向往的所有事情：他是小偷、牧羊人、工匠、预言家、音乐家、运动员和商人的神。他对各种狡猾和诡计、符咒和法术都很在行。他是发明音乐和发现火的神。危险的魔法和阳刚的能量像静电一样在他周围闪闪发光。他在常态和稳定的界限之外，所以他是边界和门槛之神，是道路和门之神，是过渡和异地之神，是矿山和矿工之神，是制造和改变世界的固定性和预先安排的能力之神。他是政治和外交之神，是伟大的说服者，是变身的大师，所有这些都使他成为奥德修斯的神。

赫尔墨斯像自由的精灵一般降临卡吕普索的仙岛，预示着大海和仙岛不是监狱，而是一个比其他地方更有可能展现活力和寻找机会的地方。赫尔墨斯告诉卡吕普索，奥德修斯必须离开她的岛屿，

开始他的回家之旅。卡吕普索知道，把自由还给奥德修斯的时刻到了。

选择对于一个渴望自由的人来说，是至关紧要的。今天，我们将对选择的理解与对理性的理解联系在一起。奥德修斯选择把自己绑在桅杆上，这是一个理性的选择，因此是正确的。奥德修斯选择离开美妙如天堂的欧矶吉岛和岛上美貌温柔的神女卡吕普索，踏上回家的坎坷之途，是不是理性和正确的？他又为什么做出这样一个选择？不同的人对这样的问题会有不同的回答。这就像舒适的小日子能让人满足吗？日子过得无忧无虑、衣食不愁就代表"幸福"吗？不同的人肯定会有不同的回答。

我在美国大学教授希腊思想课程的时候，有一位学生就这个问题写过一篇学期论文，讨论的就是奥德修斯为什么不愿意永远留在欧矶吉岛过一种"神仙的日子"，给我留下很深的印象。这个学生论文的题目是《〈奥德赛〉中被拒绝的天堂》。文章开头是这样的："这学期在同时阅读了《圣经》和荷马的《奥德赛》后，我对伊甸园和神女卡吕普索之岛欧矶吉的相似留下深刻的印象。伊甸园和欧矶吉岛都是天堂般的地方。但是，更令我感兴趣的是，居住在这两个地方的人物却遭遇不同的事变。亚当和夏娃被逐出伊甸园，而奥德修斯却自己选择离开欧矶吉岛。奥德修斯的选择令我困惑。有生以来，人们一直对我说，亚当和夏娃被逐出伊甸园是一件可怕的事情，然而奥德修斯却确实要离开一个与伊甸园相似的地方。奥德修斯做了这样的决定，到底是为了什么？"

《奥德赛》里的欧矶吉岛与《圣经·创世记》里的伊甸园至少有四个非常相似的地方。

第一，这两个地方的环境和景色都非常美丽，令人赏心悦目。《创世记》里，上帝令"树从地上长起"，那是一些"好看而结美味果实的树"。有一条河"流进伊甸，灌溉花园"，然后分流成四条

"小溪"。伊甸是一座花园，是一个所有的植物和动物和谐相处的快乐地方。而荷马对欧矶吉岛的动人景致描写得比《圣经》更细致入微：

> 洞穴周围林木繁茂，生长茁壮，
> 有赤杨、白杨和散逸浓郁香气的柏树。
> 各种羽翼宽大的禽鸟在林间栖息作巢，
> 有枭、鹞鹰和舌头既细又长的乌鸦，
> 还有喜好在海上翱翔觅食的海鸥。
> 在那座空旷的洞穴岩壁上纵横蜿蜒着
> 茂盛的葡萄藤蔓，结满累累硕果。
> 四条水泉并排奔泻清澈的流水，
> 彼此相隔不远，然后分开奔流。
> 旁边是柔软的草地，堇菜野芹正繁茂。
> 即使不死的天神来这里见此景象，
> 也会惊异不已，顿觉心旷神怡。（《奥德赛》第五卷，
第63—74行）

欧矶吉岛和伊甸园的第二个相似之处是，住在那里的人都安逸快乐，全无痛苦。亚当、夏娃和奥德修斯都不用为生活有任何劳作。亚当和夏娃虽然不可以"从分辨善恶的智慧之树"上采食果实，但他们的食物非常充足。上帝确实把亚当放置在花园里"令他耕作、照料"，但亚当的劳动并不累人。亚当被逐出伊甸园以后，劳动才真正成为他不得不操劳的事情，"你必须以额头的汗水换取面包"。亚当和夏娃都从未受到过痛苦。待到他们偷食禁果后，上帝对夏娃说，会叫她在分娩时痛苦，而亚当则必须在大地上"披荆斩棘"。

至于奥德修斯，女神卡吕普索也为他准备了充分的食物："我

会为你准备足够使用的食物、淡水 / 和香甜美酒。"女神卡吕普索也告诉奥德修斯，一旦他离开欧矶吉岛，等待他的便是磨难和痛苦，他总有一天也会像所有的凡人一样死去，而且她自己比奥德修斯的妻子更加漂亮。女神说：

> 拉埃尔特斯之子，机敏的神裔奥德修斯，
>
> 你现在希望能立即归返，回到你那
>
> 可爱的故土家园，我祝愿你顺利。
>
> 要是你心里终于知道，你在到达
>
> 故土之前还需要经历多少苦难，
>
> 那时你或许会希望仍留在我这宅邸，
>
> 享受长生不死……（第 203—209 行）

　　欧矶吉岛和伊甸园的第三个相似之处是，亚当有夏娃做伴，而奥德修斯则有女神卡吕普索做伴。上帝在创造了亚当之后，怕他孤独，所以又先创造了动物，然后创造了夏娃，于是亚当就有了伴。亚当和夏娃是第一对结合的人类伴侣，"合为一体"，赤裸时彼此不感觉羞耻。奥德修斯虽然想念自己的妻子珀涅罗珀，但他有可爱的女神卡吕普索做伴，而且很喜欢她。卡吕普索非常美丽，她对奥德修斯说："我不认为我的容貌、身材比不上 / 你的那位妻子，须知凡间女子 / 怎能与不死的女神比赛外表和容颜。"（第 211—213 行）就在奥德修斯向卡吕普索说明归意之后，他们还共度良宵，"享受欢爱，互相偎依，卧眠在一起"（第 227 行）。

　　欧矶吉岛与伊甸园最重要的第四个相似之处是，这两个地方都没有死亡。上帝告诉亚当和夏娃说，如果吃了智慧树上的果子，就会死亡，果然如此。他们在偷食苹果后，上帝对他们说："你们从尘土中来，也将回到尘土中去。"我们可以想象，如果他们不偷食

禁果，本是长生不死的。卡吕普索对叫她给奥德修斯放行的信使赫尔墨斯说："被飓风卷到我这里来的时候，是我，把他从水中拯救出来，/ 给他可口的美食，细心照料他，并劝他住在这里，和我做伴。/ 这样就能够永远快乐，长生不老。"（第 134—136 行）

在仙女卡吕普索的欧矶吉岛上，奥德修斯可以永远享受美景如画的环境，他可以过上无忧无虑、安逸舒适的生活，还有可爱的仙女在旁相伴。更重要的是，他可以长生不老，天长地久地过神仙的日子。古今中外，多少帝王想尽办法，不就是为了拥有这样的幸福吗？

但是，奥德修斯却偏偏拒绝了这样的天堂生活，为什么？两个答案，一个是乡愁，另一个是天堂生活的自由代价过于高昂。

我们在前文中谈到《奥德赛》的"回家"主题，奥德修斯爱他的妻子珀涅罗珀，想回家与她团聚。卡吕普索初见奥德修斯的时候，他正坐在波涛汹涌、一望无际的大海边，思念着故乡，思念着亲人，泪珠不断。

女神卡吕普索竭力挽留奥德修斯，但是，奥德修斯对卡吕普索说，他妻子珀涅罗珀：

> 无论是容貌或身材都不能和你相比，
> 因为她是凡人，你却是长生不衰老。
> 不过我仍然每天怀念我的故土，
> 渴望返回家园，见到归返那一天。
> 即使有哪位神明在酒色的海上打击我，
> 我仍会无畏，胸中有一颗坚定的心灵。
> 我忍受过许多风险，经历过许多苦难，
> 在海上或在战场，不妨再加上这一次。（第 217—224 行）

尽管卡吕普索美丽端庄，温柔体贴，但奥德修斯想要离开神仙世界的欧矶吉岛，因为他"想家"了。不管会遭遇怎样的艰难险阻，他都一定要回家。

人类很早就认识到，"想家"这种乡愁是一种"病"。在英语里，乡愁叫"homesick"，法语里是"le mal du pays"，都是"病"的意思。乡愁是一种古老的现象，在《旧约》的《出埃及记》和《诗篇》中都提到过（"在巴比伦的河边，我们坐下来，是的，哭泣，当我们想起锡安的时候"）。荷马的《奥德赛》开篇，雅典娜对宙斯说，让奥德修斯回家吧，因为他想家了（"思念他的妻子，想回家"）。希腊医师希波克拉底（Hippocrates，约前460—前377）认为乡愁（也称为"heimweh"或"怀旧反应"）是由血液中过多的黑胆汁引起的，这恐怕是医学对乡愁最古老的科学解释。

近现代人对乡愁的认识可以追溯到17世纪科学主义时代，那时候瑞士有许多人在不少欧洲国家充当雇佣兵，他们多年回不了自己的国家，非常想家。1651年，有人认为思乡是一种瑞士人特有的病，后来发现是一种普遍的人类心理需要，因此到了19世纪，这成为德国医学界研究的专门问题。美国历史学家苏珊·J.马特（Susan J. Matt）在《美国的乡愁史》（*Homesickness: An American History*）一书里，描绘了美洲大陆殖民者、移民、淘金者、士兵、探险者和其他不同人的乡愁。她指出，开始的时候，人们以为乡愁是一种脑损伤，后来才发现是一种正常的心理病症，从思乡的强烈程度可以判断一个人对家庭和故乡的依恋程度，也可以评估他的压力积累效应（如士兵的厌战）或对新环境的适应能力。《奥德赛》里的奥德修斯经常是现代乡愁研究中的一个古代例子。

除了乡愁，奥德修斯不愿意留在仙女卡吕普索的欧矶吉岛上，是因为他不愿意在那个小岛上浑浑噩噩地过一辈子。他机敏过人，有勇有谋，富于冒险精神，是一个自由自在、精力充沛的人。《奥德赛》就是一部他凭勇气和智慧，勇往直前、不断历险、不断化险为夷的故事。但在神仙居住的欧矶吉岛上，他将无所施展，再无可能在行动中展示和实现他自己。

像奥德修斯这样的人，又怎么能一辈子都待在欧矶吉岛这样的"天堂"里呢？欧矶吉岛确实可以像伊甸园一样让人安逸舒适，无忧无虑。但是，这种地方有一个问题：没有挑战，也没有可以克服的困难。在这样的地方，奥德修斯会无聊，会心灵不得安宁，甚至会疯掉。这就是他选择离开欧矶吉岛的缘由。他似乎早已感觉到，欧矶吉岛只不过是一个懒汉的天堂，在那里注定只能过一种永无变化、永无奋斗的生活，而这样的生活并不是他心目中的天堂生活。

奥德修斯离开乌托邦一般的欧矶吉岛，这一选择提出了一个普遍性的问题：如果在人间建立起一个绝对完美的乌托邦社会，你会选择成为这个乌托邦的国民吗？要知道，这个选择又包含着另一个问题：如果选择成为乌托邦的国民，那么你就要选择改变自己，选择在你的生命中不再有自由选择，你愿意付出这样的代价吗？

这不是一个抽象的哲学问题，而是现实已经向我们提出的生活哲理问题。

我们当然不是要把《奥德赛》当一个 21 世纪的反乌托邦故事来阅读，如果我们在荷马史诗里看到某种对自由的向往，那么我们看到更多的是暴力。我们看到奥德修斯回家后，为清算旧账，报复"敌人"而对所有求婚者进行的冷血屠杀。他走出来，穿过他的房子，寻找求婚者的任何生命迹象、任何肢体的搅动，为的是不让任何人有机会逃脱。他发现他们一个个倒在血泊和尘土中，就像渔民用网兜从灰色的海里拉到海滩上的鱼。所有的鱼儿都渴望大海的波浪，但动弹不得，火热的太阳照耀着，夺走它们的生命。

对我们今天来说，以正确的价值观来阅读荷马史诗也许比任何时候都更加重要。在我们生活的世界里，暴力——对外的战争和对内的压迫——对人类的威胁并不亚于荷马的世界，如果从荷马史诗得出的教训是"暴力是英雄、强权即真理、杀人不悔、奴役和买卖妇女、战争叫嚣的'男子汉'精神、在放下武器的城市里消灭所有的人"，或是"正义存在于个人复仇之中"，那么荷马就不可能为我们提供任何有价值的指导。凭着武力强大就自以为代表真理，就可以横行于世，这种暴力崇拜在今天比任何时候都令文明世界感到不安。《伊利亚特》的英译者波普（Alexander Pope，1688—1744）对"《伊利亚特》中显而易见的残酷精神"感到震惊。威廉·布莱克（William Blake，1757—1827）批评荷马用战争使欧洲荒芜。托马斯·潘恩的美国朋友、启蒙运动美德的倡导者乔尔·巴洛（Joel Barlow，1754—1812）虽然称赞荷马的伟大诗才，但同时也指出，"他赋予军事生活一种很少有人能抗拒的魅力，用荣耀的云彩装点屠杀的场景，让每一个看客眼花缭乱"。[1] 在一个暴力肆虐世界的时代，人文阅读者在诗学审美之外应该有明确的道德判断，不是为了非议作者，而是为了深化自己的现实感和增强自己的问题意识。

5. 远古希腊文明开化的窗口

荷马大约活动于公元前 9 或前 8 世纪，在荷马之后至公元前 480 年，也就是波斯帝国第二次入侵希腊那一年，被称为古风时期（Archaic Period），但也有人从公元前 650 年（波斯洗劫雅典）算起，直到公元前 480 年。无论怎么划分，它都与从公元前 480 年算起的"雅典时代"形成前后关系。荷马时代（约公元前 12 世纪至公元前 9 或前 8 世纪）之前又被称为"太古时代"。阅读荷马史诗时，

1　参见 Adam Nicolson, "Conclusion: The Bright Wake," in *Why Homer Matters*.

我们关注的是荷马时代以及之后的古风时期的文化主题，这是一个包括荷马史诗在内，并以荷马史诗为主要文化形态的古希腊文化时期。

历史学家们关于荷马的一个争论是：荷马史诗是否真实描绘或反映了荷马生活的时代或之前的希腊社会？史诗里与政治有关的或者可以做政治解读的内容，是否只是表达象征意义的文学虚构？在多大程度上我们可以用今天的政治概念去理解或参照那个遥远时代的权力关系？

荷马史诗被称为古希腊人的"圣经"，在大多数有争议的问题上，都可以拿它来做正反两面的印证。这是因为史诗文字中有许多含混其词和自相矛盾的地方，不亚于基督教的《圣经》。两千多年来，各个时代的人们都把《圣经》当作一个与他们现实社会和政治有关的文本，用诠释和引述《圣经》来表达他们时代的政治和社会观念。如果荷马史诗也能多少起到类似的作用，应该是一件不奇怪的事情。前文讲到《奥德赛》中神女卡吕普索之岛欧矶吉与乌托邦的联想关系，就是这样一种诠释和引述。它的特征是，思考的重心从史诗本身向当下现实问题倾斜，形成当下的荷马史诗语境。这样的阅读比单纯讲荷马故事要有意思得多。

一直到今天，人们仍然把"城邦政治"（polis）视为古希腊人的自由意识对后世最重要的文明遗产。古希腊城邦政治的特点就是没有不受限制的王政，没有不受制约的国王权力，而制约的力量则主要来自希腊人的自由传统以及来源于此的强烈自由意识。

当"polis"这个词最初出现在荷马史诗里时，它还不是后来的"自治群体"的意思，而似乎仅指一个加固设防的居住地。这个名称曾经用于特洛伊，虽然特洛伊的统治者是普里阿摩斯（Priams）国王和他的王后赫卡柏（Hecuba）。但是，正如美国作家和记者斯东（I. F. Stone，1907—1989）在《苏格拉底的审判》（*The Trial of*

Socrates）一书中所说，在希腊人这一方，"特洛伊城下的希腊军队已经显示出'polis'和现代议会制度及总统制度共同特点的雏形。阿伽门农（Agamemnon）是主持会议的长官。他有一个由贵族地主和战士组成的元老会议向他提供咨询。在这个会议下面，还有一个战士大会。因此《伊利亚特》给我们看到的不是绝对的王政，而是执行长官、参议院和平民大会这三大分支组成的政府"。[1]斯东进一步指出，荷马史诗中的平民大会虽然职权含混不清，但似乎很有权威，"甚至元老会议同阿伽门农打交道时也得轻声地说话"。部落首领们不能作威作福，他们必须像"人民的牧人"那样照料看顾"羊群"，"他不是路易十四。国家不是他。他不能只下命令，以为这些命令一定会获得服从"。阿伽门农、阿喀琉斯、奥德修斯都是"人民的牧人"，并在这个意义上被称为"国王"。[2]

阿伽门农之所以能成为希腊大军的统帅，不是因为他的血统高贵，也不是因为他尤其具有领袖天才，而是因为他带来参加的"兵"最多。《伊利亚特》和《奥德赛》描写的几乎全部都是军事领袖及其家人的活动，基本上没有提到普通民众或士兵，因此对军事领袖的描述非常详细。在荷马笔下，首领的地位都是由他手下士兵的数量决定的。若首领自己不是个杰出的战士，他便招募不到愿意追随他的士兵。例如，在"海船的数目"部分，苏墨岛（Syme）国王尼柔斯（Nireus）只带来三条海船。尽管尼柔斯是特洛伊城下最俊美的男子（容貌仅次于阿喀琉斯），但"此人体弱，只带来寥寥无几的兵丁"。相比之下，阿伽门农带领着从迈锡尼（Mycenaeans）周边各地招募的一百条海船，"带来了最多的士兵"，因此被公认为攻打特洛伊的希腊全军统帅。

1　斯东著，董乐山译，《苏格拉底的审判》，生活·读书·新知三联书店，1998年，第23—24页。
2　同上。

加入希腊大军的头领们——部落酋长或国王——都有自己的兵丁。跟随头领的人们互称"友伴"（hetairoi）。就像中国军队里互相称呼"弟兄"或"同志"一样，古希腊军中的"友伴"互称表达了将士之间彼此的忠诚和深厚情感。一个由部落自由民构成的"部队"由若干独立的"友伴队"构成，这种"友伴队"大概就相当于今天军队中的"连"，因为"友伴"在英语中就是"company"，"company"也是军队"连"建制的意思。

每一个"友伴队"都有一个头领，同时又接受最高统帅的指挥，不过在敌人大举进攻时，自由民部队就会由最高统帅召集到一起来保护城邦。千百年来，首领们招募兵丁，收买他们，靠的主要就是让他们大吃大喝，以此显示慷慨并笼络人心。例如，奥德修斯——他是来自克里特（Crete）的将领——描述了他袭击埃及的经历。他准备了九条海船：

> 一连六天，豪侠的伙伴们开怀
>
> 吃喝，由我提供大量的牲畜，
>
> 让他们敬祭神明，整备丰足的宴餐。
>
> 到了第七天上，我们登坐船板，从宽阔的克里特出发……
>
> （《奥德赛》第十四卷，第 247—250 行）

抢劫是荷马时代的生活方式。掠夺财物不仅充实了将领和士兵的腰包，而且还证明了他们有男子气、有本领、有斗志，是荣耀的象征。不管是抢劫还是打仗，首领受到的挑战最大，因为他是统帅，必须站在"前列"。为了感谢首领，城邦百姓有义务向他表示敬意并赠送礼物。

希腊军队的首领和士兵之间有一个"有差别的共产"关系。分发战利品时必须做到公平。掠夺得来的物品集中在一起，头领先拿他那一份，包括作为"统帅"的额外奖赏，之后，在他监督下，作战勇敢的可获得特别的奖励。余下的留给士兵，"分配，人人平等，不得欺诈"。若是头领获的利超过应得，或是分配不公，就有可能失去兵丁的尊重。对首领而言，被人叫作"贪婪者"跟被叫作"懦夫"一样糟糕。

虽然古希腊军事首领的地位赋予他们很大的权力，但他们并不能强迫他人成为臣属。他们只是自由民的军事统帅，并不是国王。在《奥德赛》里，奥德修斯的"友伴"几次拒绝听从他的指挥，奥德修斯只得接受他自己作为"个体"必须服从集体的意志。奥德修斯的行为证明，他这个首领只有有限的领导权。

在荷马时代，新一任的首领并不一定由世袭的继承人担当。实力的重要性高于血统，无能的继承人会受到其他想当首领者的挑战。

《奥德赛》详细描绘了首领更替可能遭遇的麻烦。身为伊萨卡和邻近诸岛最高统帅的奥德修斯离开故土二十年——十年攻打特洛伊，十年返乡，许多人都认为他已经死了。奥德修斯的老父、前首领莱尔特斯（Laertes）早已退位。奥德修斯的儿子特勒马库斯（Telemachus）年仅二十岁，又没有统帅经验，缺少支持者，因为他父亲的支持者都已前赴特洛伊战场。一些来自附近诸岛的贵族公子认为，奥德修斯留下的孤儿寡母已经完全失去靠山，所以纷纷向奥德修斯的妻子珀涅罗珀求婚。这些人根本不把年轻的特勒马库斯放在眼里，公然在他家大吃大喝，抢他家的牲口，还诱奸他家的女奴。他们希望通过迎娶珀涅罗珀成为代替奥德修斯的新首领。

他们还动用武力威胁特勒马库斯。特勒马库斯则召集民众会议，控诉这些歹徒的恶行。几位长老出面维护这位年轻的继承人，却遭到求婚人的恐吓。求婚人还威逼伊萨卡人，宣布民众会议解散。后来他们又试图伏击并杀死特勒马库斯，幸好珀涅罗珀和她丈夫奥德修斯一样足智多谋，才不至于弄出人命来。

珀涅罗珀巧施计谋，化解了那些求婚者的野心。她宣称自己正在为公公莱尔特斯织一匹做寿衣的布料，织完布料后就会改嫁给他们中的一个，求婚者因此在她家逗留数年。珀涅罗珀相信奥德修斯一定会回来，因此她白天织布，夜晚又偷偷把布拆掉。最后，奥德修斯终于返回家园，杀死众多求婚者，执掌伊萨卡和其他岛屿的最高统治权，继续在那里正当地拥有他的首领权力。

《奥德赛》让我们看到荷马如何看待首领权力的"正当"和"非正当"的区别。不仅如此，荷马还在"开化"和"未开化"之间做了区分，这个区分出现在奥德修斯遭遇独眼巨人的时候。荷马时代的社会群体形式虽然还不是一个"城邦"，却已经不仅仅是一伙"人群"，而独眼巨人甚至还没有形成一伙人群。他们每个人都带着妻儿和羊群，在自己潮湿发臭的洞穴中单独过活。荷马说，独眼巨人不知农作或航海，也就是说还未开化。

独眼巨人好吃人肉，这更是未开化的一个象征性特征。独眼巨人与其说是人，不如说是怪物。他们只有一只眼睛，长在高大前额的中央，而且好吃人肉。奥德修斯和他的手下被一个叫波吕斐摩斯（Polyphemus）的独眼巨人抓去关在他的洞穴里。波吕斐摩斯开始吃两个希腊人当早饭，再吃两个希腊人当午饭。但是，足智多谋的奥德修斯很快就发现他的弱点，引诱他喝酒把他灌醉，弄瞎他的独眼，逃了出去。奥德修斯瞧不起未开化的人，因为不开化的人除了自己的家庭之外，"对别人一点也不关心"。

荷马描写普通百姓甚至养猪的和奴隶的时候，经常表现得十分亲切，但有一个条件，那就是他们"守自己的本分"。奥德修斯回到伊萨卡，第一个碰见的老熟人就是他以前的牧猪奴欧迈俄斯（Eumaeus），他对老主人忠心耿耿，看到主人归来，老泪纵横，场面十分感人。

实际上，希腊人对奴役其他希腊人多少会感到不安，当然不是没有希腊人奴隶，但他们更愿意贩卖非希腊人奴隶。牧猪奴欧迈俄斯幼年时被腓尼基（Phoenicia）商人所掳，后卖给奥德修斯的父亲，老人这样概括残酷堕落的奴隶制度："宙斯取走他一半的美德，/一旦此人沦为别者的奴工。"但《奥德赛》故事里的牧猪奴却是一位不失美德的忠仆。

相比之下，荷马对"不知尊敬"的人似乎就没那么同情了。《伊利亚特》中有好几次战士大会，但有一次相当特别，是荷马史诗《伊利亚特》（第二卷）中第一次也是仅有的一次有普通士兵发言的大会。发言的士兵叫提尔塞特斯（Thersites）。提尔塞特斯当着阿伽门农的面直接嘲笑他："你的屋子里尽是战利品和女人，那是咱们阿坎亚人每次攻克一个城池后给你的最精选的战利品。难道你已贪婪到要接受善于驯马的特洛伊人为了要赎取被我或者别的阿坎亚人俘虏的子弟而送来的黄金吗？或者是那个陪人睡觉的年轻姑娘，你要把她据为己有？这样做是不光彩的。"一个平民战士如此当众训斥军队的统帅，除了在希腊人那里，恐怕再也找不到。[1]

但这是非常罕见的，因为站在一旁的奥德修斯见状火冒三丈。他当着大会众人之面殴打提尔塞特斯，打得他流血才止，同时还辱骂他，威胁说如果再敢"口出狂言侮辱国王"，就要把他的衣服剥光，让他"哭着上船去"。在荷马史诗里，这是普通百姓士兵第一次运用言论自由权利的尝试。

荷马对提尔塞特斯相貌的描绘非常耐人寻味。希腊人都喜欢他们的英雄长得英俊。荷马笔下的提尔塞特斯可绝对不是一位英雄，他身体畸形，几乎形同残废。荷马说，提尔塞特斯是希腊军中最丑的一个士兵。他长着一双"罗圈腿"，一只脚还是瘸的，鸡胸驼背，额角尖尖，几乎光秃秃的头顶上只长着稀疏的几根毛。

1　*The Iliad,* Trans. Robert Fagles, Penguin, 1998, Book II, ll. 245 ff, 107-109.

荷马的读者能不注意到提尔塞特斯这副奇丑无比的样子吗？这么一个丑陋又近于残废的人是怎么被征召进希腊人的英雄队伍的？

公元 2 世纪罗马讽刺作家琉善（Lucian，125—180）调侃荷马对提尔塞特斯的描写说，这个刺头到了冥府后，一定会控告荷马诽谤他。这倒很符合提尔塞特斯的刺头性格。12 世纪拜占庭希腊文学学者，身为塞萨洛尼卡（Thessalonica）大主教的尤斯塔修斯（Eustathius，1115—1195）以他的荷马评论而闻名。他认为，允许提尔塞特斯参加远征的唯一原因是，担心如果把他留在国内，他会煽动一场革命！这么说来，荷马对危险分子的描述与后来的文学作品中会把反派描绘得长相丑陋和行为猥琐倒是很相像，听起来像个笑话，但却有着同样的创作偏见。荷马是人，不是圣贤，显然也不例外。

6. 荷马世界和文化主题的"疯癫"

从这一节起，我将从三个有趣的文化主题谈谈"荷马世界"以及古代和现代文化概念的区别与参照问题：疯癫、做梦和羞耻。在《奥德赛》（当然还有《伊利亚特》）里有许多这样的文化主题，可以参考科琳娜·帕什（Corinne Ondine Pache）等人编撰的《剑桥荷马指南》（The Cambridge Guide to Homer），这三个文化主题仅仅是一些例子，其他的可能性还有待大家自己发现。

"荷马世界"（the Homeric world）有两个不同的意思，第一个当然是与荷马史诗中人物生活和行动有关的世界——一个由英雄传说、神话或想象构成的世界。第二个是我们今天所知道的那个公元前 8 世纪的远古希腊，一个实际存在于历史中的世界，荷马史诗可能与这个历史上的世界相关。这两个"荷马世界"都是我们在阅读荷马时会遇到的。

首先是英雄的世界，这个世界是由荷马和其他诗人在一次又一次的英雄故事讲述中创造和重塑出来的，它在多个层次上激励后人深入研究荷马史诗，以进一步理解其中的诗歌特征、叙事艺术和人物行为。例如英雄和他们的动机：阿伽门农该不该拿亲生女儿的年轻生命为神献祭？阿喀琉斯为什么发怒？奥德修斯为什么选择回到妻子珀涅罗珀身边并面对最终的死亡，而不是与女神卡吕普索一起在她的神仙岛上永生？

要回答这些问题以及诗中提出的许多其他问题，需要了解史诗人物所处的文化世界，许多在现代人看来"古怪"的英雄行为都需要放回那个世界里去理解，否则便难以明白指导他们行动的原则。例如，我们需要知道，荷马史诗中呈现的是一种非常态的战士社群，并不等于真实历史中常态的部落社群。《伊利亚特》中希腊人生活在特洛伊海岸的战营里，特洛伊城则被他们团团围住；《奥德赛》中虽有不同性质的社群，但主要还是非常态的，例如独眼巨人和海仙、海妖的社群，还有在伊萨卡向奥德修斯妻子珀涅罗珀疯狂求婚者的社群。

因此，我们在认识和理解荷马史诗的文化主题时，还需要把它们放回远古希腊的真实世界里去——这个世界主要是由历史学家和人类学家向我们揭示的，其真实的程度在不断被修正。他们向我们揭示了古希腊人的信仰方式：古希腊人相信，一个人疯癫是因为被神灵侵犯，或因为被恶神附体。这不是简单的迷信或愚昧，因为他们就是这样理解人类与神灵的互动的，而这样的理解则决定了他们会以什么方式讲述他们看到的事情。美国弗吉尼亚大学古典学教授珍妮·施特劳斯·克莱（Jenny Strauss Clay）指出，我们可以从史诗叙述者和故事中的人物所宣称的事情中看出一种相当有凝聚力的"荷马神学"。荷马史诗所创造的这种神学在古代世界具有关键的重要性，因为古希腊人认为是"诗人"，而不是任何宗教权威，奠定了希腊宗教的基础。虽然史诗确实不是"神学论文"，然而诗人对古希腊人宗教想象的影响是巨大的。[1]

荷马史诗因此也被称为名副其实的"古希腊人的宗教"，这也是为什么荷马史诗里的故事，包括疯癫故事，被当作真实的故事流传下来。

"埃阿斯（Ajax）的癫狂"就是这样的故事。他是希腊联合远征军的主将之一，作战勇猛。有一次，他因为没有得到自认为应得的战利品，就想去把主持战利品分配的奥德修斯砍成碎片。奥德修斯的保护神雅典娜使埃阿斯发狂，他在癫狂中把羊群当作希腊军左砍右杀。清醒后他明白过来，觉得自己已经成为全军的笑柄，所以就拔剑自刎了。在神话世界里，埃阿斯是神灵附身；在真实世界里，那不过是"气得发疯"，与神力附体无关。这是我们今天区分两个"荷马世界"后的看法，但在古希腊人那里，这两个世界是相通的，神话造就了他们看待现实的方式。

在古希腊，"疯癫"（Madness）被视为女性的特征。当她处于狂热或狂暴的愤怒中时，则被称为"丽萨"（Lyssa）。在希腊神话中，丽萨指疯狂的愤怒、狂热和动物狂犬病的灵魂，她与梅妮（Maniae）密切相关，后者是疯狂和精神错乱的精灵。作为一个人物，她在欧里庇得斯的《疯狂的赫拉克勒斯》（*The Madness of Heracles*）中亮相。在神话里，丽萨与恶魔（Daimon）和神（Theos）经常可以互换，因为"恶魔"也是一种神灵力量，能够影响人类（甚至是神）的思想、情感、言语和行动。无论好坏，作为一个恶魔，疯狂是一种强大的魔力，能使人癫狂，甚至还能使神因冲动（如狂怒）而失去自我把持，被非理性的激情控制。

---

1 Corinne Ondine Pache, *The Cambridge Guide to Homer*, Cambridge: Cambridge University Press, 2020, 245-257.

疯癫被古希腊人想象为一种原始的，在地球上有人类之前，就早已有的存在。人类没有发明疯癫，但疯癫制造了疯子。疯子在人类中是常见的，他们的灵魂破碎、不安、混乱，全是因为有外力的疯癫在作祟。当恶魔神灵降临在某个人身上时，他就会丢失魂魄，别人认不出他来，他也认不得自己。他五迷三道、失魂落魄，一旦清醒过来，自己都会感到惊恐万分，奇怪"我居然做了这个"。因此，疯子会拒绝为自己的疯狂承担任何责任。当疯狂造成危害他人的恶果时，疯子非但没有内疚，反而会把自己也当作受害者。在今天的人们看来，这种对疯狂的理解虽然可笑，其实并没有完全离我们远去。

神和神灵控制人的例子，在荷马史诗里比比皆是。在《伊利亚特》的故事里，特洛伊战争是因为神而不是人才没完没了地打下去的。为了打破阿凯亚人（Achaeans）和特洛伊人（Troians）之间的休战，女神雅典娜施展神力，引诱潘达鲁斯（Pandarus），"趁他愚蠢之机，说服了他的心"（《伊利亚特》第四卷，第104行），向斯巴达国王墨涅拉俄斯（Menelaus）射出一箭。潘达鲁斯是著名的弓箭手，是利卡翁（Lycaon）的儿子，他在特洛伊战争中站在特洛伊一边，并带领一支来自泽雷亚（Zeleia）的队伍，首次出现在《伊利亚特》第二卷里。在第四卷中，他被雅典娜欺骗，用箭射伤了墨涅拉俄斯，破坏了本来有可能导致海伦（Helen）回归斯巴达的休战协议。

在《奥德赛》第二十三卷中，老保姆欧丽克蕾雅（Eurycleia）告诉珀涅罗珀，她丈夫奥德修斯已经回来。珀涅罗珀觉得难以置信，认为这位老保姆一定是被神灵逼疯了，因为他们可以"把混乱放到最清晰的脑袋里，或者把一个疯子带到人间"（《奥德赛》第二十三卷，第12—13行）。神话世界里的人并不受自己的自由意志支配，出现亲人归来的幻觉，不是因为当事人日思夜盼，而是因为受到外界力量的入侵；个人的精神痛苦不是源于他自己的思想和灵魂，而是源于神灵侵犯；疯癫更是人自己无法控制的，全然是因为神灵附体，这才表现出突发性的愤怒和恶意……这在古希腊文学中相当常见，是古希腊人对精神疾病的前理性理解。

前理性不等于我们今天所说的"非理性"，古希腊人对精神疾病的理解不能用我们今天的医学知识来衡量。荷马史诗中经常描述人阵发性的狂躁和沮丧的爆发，这种爆发在今天可以被认定为精神疾病发作，但作为精神疾病的"疯狂"，这个概念在荷马时代并不存在。事实上，疯狂有时是受到尊重的，甚至被认为可能是有益的。狂怒也是自然的，神和凡人都会毫无羞耻地沉溺其中。古代的疯狂并不像今天这样被污名化，相反，它是最高和最受尊敬的权力的一个特征。神明因怒不可遏做出普通人类想都不敢想的事情，这才显示出神明的权威。

在冲突不断、注重荣誉的荷马世界里，英雄和神灵都需要这种狂怒来获得成功，这符合逻辑，也顺理成章。毕竟，正是通过战争能力和经常异常残酷的冲突，英雄战士们才获得超人的威严和威名。因此，在荷马的作品中，最伟大的英雄总是最容易发怒，因怒而狂的，按照现代的定义，是最有精神问题的。希特勒和其他极权独裁者就是这种性质的"神经病患者"，只是像"皇帝的新衣"一样，没有人敢对他们说出这个真相。

荷马史诗里首次出现了在现象上可识别的疯狂，虽然对它的成因解释是前理性的，但对现象的观察和描述却是客观的：疯癫是一种改变人常态的非正常精神状态。谁坠入这种非正常的精神状态，谁就完全被某些外部力量（"一些神"）掌控和驱使。用今天的话说，就是被外力蛊惑、洗脑和煽动，陷入狂热而盲目的冲动。这种冲动成为进入人体内的精神力量，就像风进入肺部、温暖进入皮肤、声音进入耳朵、光进入眼睛一样。

在古希腊文学中我们可以看到，当冲动到来时，人就被照亮或蒙蔽；当冲动离开他时，他的思想和感觉又会恢复。然而，不管他是快乐还是痛苦，勇敢还是懦弱，同情还是残忍，都是不稳定的，因为下一阵疯狂冲动随时还可能袭来。史诗和悲剧里充满了这种悲惨的景象和哀鸣，例如：阿尔戈斯（Argos）城的长老们对预言家卡珊德拉（Cassandra）说："你的灵魂很狂热，被某个神附身了。"（《阿伽门农》，第1140行）特罗森（Troezen）的妇女们问痴情的菲德拉（Phaedra）："亲爱的姑娘，有什么神附在你身上吗？"（《希波吕托斯》，第141行）克瑞翁（Creon）在造成他的家庭毁灭之后感叹道："我想，某个神用压迫性的重量敲打我的头，把我赶到了野蛮的道路上。"（《安提戈涅》，第1272行）

无论是毁灭性的错误还是明智的决定，古希腊人都将其视为被外部力量左右的结果。这些力量本身被人格化为神灵，它们甚至能入侵众神，连宙斯都不能例外。宙斯把自己的盲目发誓归罪于阿特（Aite）——阿特是一个神灵化身，代表妄想或盲目的愚蠢——宙斯说自己是因为上了阿特的当。阿伽门农同样也承认："我也是如此……不能忘记阿特，我起初是为了他才失明的。但看到我被弄瞎了，而宙斯又夺走了我的智慧。现在我准备弥补。"（《伊利亚特》第19章，第135行）由于外力神灵的入侵，人会一反常态，对自己的思想、言语和行动感到陌生，像在旁观另外一个人似的。

荷马并没有把史诗里的人物就此写成神手里简单、被动的提线木偶。史诗里的人物还是会有自己的想法和独立行动，与干预他们的神互相配合。《奥德赛》里就有这样的情节：传令官告诉珀涅罗珀说，那些心怀叵测的求婚者正在对她儿子特勒马库斯发动阴谋，而特勒马库斯并没有坐以待毙，她说"我不知道是否有神在催促他，还是他自己的心被打动了，他去了皮洛斯"（《奥德赛》第4章，第802—803行）。其实女神雅典娜已经在暗中帮助特勒马库斯，她伪装成一名酋长，拜访特勒马库斯，敦促他去探寻他父亲的消息，于是特勒马库斯采取了配合的行动，他还是有自己的想法和行动决心的。

希腊悲剧比荷马史诗要晚三四个世纪，虽然公元前 5 世纪的希腊悲剧中经常有人说到那种来自神灵的"疯癫"（当然是出于戏剧表现的真实需要），但在雅典已经出现了对疯癫的理性看法，这说明前理性时代已经开始向理性时代转移。这表现在人们越来越频繁地用人的情绪而不是神的词汇来谈论疯癫。大卫·巴特洛姆（David Bartolome）指出，"随着历史从荷马向前发展，雅典进入公元前 5 世纪，用于描述情绪的词汇的丰富程度急剧加深；在前 5 世纪的雅典，受过教育的希腊人有相对大量的表示愤怒的希腊名词可供选择（以拉丁文的标准来看）。像'orge、cholos、thumos'这样的词语已经取代荷马史诗中的词汇，不仅代表强烈的愤怒，而且代表一般的强烈情绪"。[1]

这类关于人的情绪的词汇证明雅典人开始有了心理学的认识，而且还对人的心理特征有了内省思考。这是雅典时代与荷马时代一个重要的区别。虽然荷马时代的希腊人经常表达他们自己的心情或感受，但他们并不像公元前 5 世纪的雅典人那样全神贯注地内省。雅典时代的希腊悲剧有了对人的心理健康和道德的深度思考，正是因为出现了有意识的自觉内省。

不只是雅典悲剧，雅典的哲学和政治冲突也都是促使"疯癫""狂怒"等观念从荷马时代向新时代转化的重要因素。公元前 4 世纪，雅典在哲学和文学方面蓬勃发展，并产生了一些西方传统中影响最持久的知识作品。哲学变得越来越丰富，它试图用一种普遍的、理性的自然概念，而不是用神灵来描述世界。这些学科与那个

1　David Z. Bartolome, "The Notion of Madness in Literature, Philosophy, and Tragedy: Evolving Conceptions of Mental Illness in Athens," Young Historians Conference (2017): 4.

时代动荡的政治交织在一起，例如希腊—波斯战争、伯罗奔尼撒战争，以及在这个时代出现的僭主专制和灾难性的改革。[1] 在所有这些变化中，出现了一个重要的文化主题，那就是人的自控和自我克制。这对认识疯癫和狂怒有决定性的影响，也孕育了现代的疾病概念：疯癫是一种心理的和精神的疾病。

随着雅典社会越来越强的政治自由意识和利益斗争需要，希腊人对愤怒的概念也开始发生变化：发怒，尤其是暴怒或狂怒，不再被视为自然的、有益的或必要的情感。这一转变开始使希腊脱离在史诗时代占主导地位的"可敬的愤怒"概念。不幸的是，这种"可敬"和"正当"愤怒的概念，至今仍然在现代世界的一些地方驱使着人类各种疯狂的暴力行为——从纳粹屠犹、恐怖分子杀戮平民，到革命暴力和延续内战仇恨的集体报复与残害。

随着理性的上升，越来越多的人认识到，不能克制暴怒可能是一种心理疾病，而一发怒就肆意残害他人更是一种疯狂的行为。著名希腊、罗马专家威廉·哈里斯（William V. Harris）指出，在这一时期，雅典人"似乎在很大程度上已经内化这样一种观念：只有当他们能够限制自己的激情，特别是包括自己的愤怒（thumos）时，他们的自由才能生存下去……如果有太多的愤怒，可怕的内部冲突（停滞）就可能是一个后果"。[2]

希腊医学的伟大成就之一，就是对疯癫有了朝科学方向的认识发展。从公元前 5 世纪末开始，希腊医学对疾病的生理和神性原因进行了推测。医生作者（如希波克拉底）深入描述了精神疾病的身体和生理迹象，有些人将疯狂归咎于手上的血迹，有些人则用复杂

1　Mortimer Chambers et al., *The Western Experience*, 7th edition, New York: McGraw-Hill Companies, 1999, 74.

2　William V. Harris, *Restraining Rage: The Ideology of Anger Control in Classical Antiquity*, Cambridge MA: Harvard University Press, 2009, 158.

的体液理论研究身体。这些理论的出现表明，人们对疯病的身体来源越来越感兴趣，然而这并不是说神灵的解释已经完全失去影响力。即便是在今天，我们也还是常听人说，"上帝要人灭亡，必先使其疯狂"，虽然这是在比喻的意义上的说法，但也包含着对疯狂的神灵解释。

7. 史诗里的梦和现实中的梦

在荷马史诗里有多个梦境描写，梦是史诗叙事中超自然交流的一个重要媒介。关注《奥德赛》中的梦境，需要审视故事里人物对自身梦境体验的态度，从而大致推断古希腊人是如何看待梦和做梦的。

为此，我们可以尝试通过做梦者自己的眼睛来看待梦，从而尽可能地重建梦对他们清醒意识的意义。这个方法的当下意义就是，如果一个人对你说他做了一个梦，你不用太在意他做的是好梦或噩梦，也无须关注梦预示什么私人意义的兆头，他对做梦这件事的态度才是最重要的。如果他对无论做什么梦都能不当一回事，一笑了之，那他可能是一个豁达、理性的人；相反，如果他做了好梦就手舞足蹈，做了坏梦便郁郁不乐，那么他很可能是一个情绪不稳定的人。当别人拿白日梦来欺骗他，撺掇他做这个梦、那个梦的时候，他也就非常容易上当受骗。

古希腊人和现代人对梦的态度是有差异的。古人缺乏科学知识，他们比今人对梦有更多的神秘感和畏惧感。这不仅表现在古人和今人在解释同一类型经验时的不同方式，而且也反映了经验本身的特征变化。除了人类普遍的焦虑梦（被追赶、逃命）和愿望实现梦（吃喝、性满足）之外，梦的内容有许多是梦者所属的文化模式决定的。现代人可能会梦见乘坐飞机旅行，而原始人则会梦见自己被老鹰叼上天。古希腊人梦到神，中国人梦到祖先。在许多原始或古代社会里，梦境结构在很大程度上取决于宗教或民俗的信仰模式，当这种信仰不再被接受时这种梦就会停止发生。这对理解我们今天现实生活中的梦应该有启发作用。

著名德国历史学家莱因哈特·科塞莱克（Reinhart Koselleck，1923—2006）在《梦与恐怖》一文中就特别关注第三帝国时代德国人在纳粹恐怖统治下的梦境结构，而这种梦境结构现在已经改变了。科塞莱克指出，"梦是对过去现实的一种证明，其方式也许是任何其他证明方式都无法超越的……梦证明了一种不可抗拒的虚构的事实性，为此历史学家不应该没有它们"。[1] 我们正需要用这样的历史学家的眼光来看待荷马世界里的梦。

这种视角可以反过来帮助理解现代一些极端社会里人们仍然还在做的恐怖之梦。科塞莱克分析了通过日记、访谈等方法得到的梦境叙述后，得出这样的结论："它们是关于恐怖的梦，或者更确切地说，是关于恐怖本身的梦。恐怖不是简单的梦，梦本身就是恐怖的组成部分。两者都叙述了一个生动的内心真相，这个真相不仅被实现了，而且被后来第三帝国的现实不可估量地超越了。因此，这些梦中的故事不仅证明了恐怖和它的受害者，而且在当时还具有预言性的内容。"[2]《奥德赛》里的三个完整梦境都有预言作用，与科塞莱克关于第三帝国噩梦的分析形成互证关系。

把特定环境下许多人所做的具有共性的梦，当作一种有预言价值的虚构事实，这开拓了对极权统治研究的"微观"领域。对此，

1　Reinhart Koselleck, "Terror and Dream: Methodological Remarks on the Experience of Time during the Third Reich," in *Futures Past: On the Semantics of Historical Time*, Trans. Keith Tribe, Cambridge MA: MIT Press, 1985, 218.

2　Koselleck, "Terror and Dream," 218.

科塞莱克写道："对于从事第三帝国历史研究的历史学家来说，这些梦境的记录提供了一个最高质量的（信息）来源，这些梦境所披露的内容甚至连日记都没有涉及。所收集的梦境是恐怖浪潮渗入日常生活洼地的典范。这些梦境证明了最初是公开的，后来是隐蔽的恐怖，并预示着暴力的加剧。梦境并不属于历史学通常采用的资料来源，也许是出于方法上的谨慎，也许是因为不易得到这类资料。"[1]如果说历史学家可以通过梦来窥视背后的那个经验世界，那么荷马史诗中的梦境也可以让今天的读者窥视古希腊人的经验世界和传统认识模式。

古典学者 E. R. 多兹（E. R. Dodds，1893—1979）在对荷马史诗梦境的研究中发现，不仅是对梦境符号（飞机和老鹰都是"飞"的符号）的选择，而且是梦境本身，"似乎都符合一个严格的传统模式。显然，这种梦与神话密切相关，关于神话，有人说得好，它是人们的梦境思维，因为梦是个人的神话"。[2]荷马史诗中的梦境是公式化的，最常见的类型是"探访梦"。在这种梦中，梦被设想为一个人——通常是梦者所熟知的人——站在梦者床头传递信息。梦醒后，梦者回忆起梦中的信息并采取适当的行动。与主导现代思维的梦理论相比，荷马的梦完全外在于做梦者自身，更像是通灵的顿悟，而不是个人的心理表现。

史诗故事中的梦推动故事的发展，因为梦是神明命令做梦者采取行动的方式，梦使故事按照神明认为合适的方式展开。梦境与预言不同，梦并不总是真实的，梦的含义可能与梦看起来相反，即所谓的"反梦"。然而，在某种程度上，梦也可以被认为是一种预言，因为梦给做梦者带来对未来的隐秘预报。在荷马的两部史诗中，共

1　Koselleck, "Terror and Dream," 219.

2　E. R. Dodds, *The Greeks and the Irrational*, Berkeley: University of California Press, 1951, 104.

有五个详细的梦境，其中三个在《奥德赛》里，对《奥德赛》的叙述有明显影响。

在《伊利亚特》中，梦境总是由男性接收，并由宙斯呈现；而在《奥德赛》中，梦境总是由女神雅典娜呈现，并托梦给女性。珀涅罗珀经历了雅典娜的两个梦，分别在第四卷和第十九卷里。第一个梦是雅典娜伪装成珀涅罗珀的妹妹伊佛提墨（Iphthime），来向她保证她儿子特勒马库斯会安全远行，求婚者们伤害不了他，但这个梦拒绝谈及奥德修斯（《奥德赛》第四卷，第796—841行）。这个梦是用来安抚珀涅罗珀的，让她不要担心，也不要采取任何愚蠢的行动。

在珀涅罗珀从雅典娜那里经历的第二个梦里，她看见一只老鹰俯冲下来，杀死了在她家门口觅食的二十只鹅。这只鹰说："这些鹅都是求婚者，而这只鸟就是我。/ 现在看，我不是鹰，而是你的主人回来了，/ 把不光彩的死亡带给他们所有人！"（《奥德赛》第十九卷，第548—550行）珀涅罗珀为这些鹅被杀死而哭泣，要求乔装打扮的奥德修斯为她解释这个梦。雅典娜所托的这个梦是为了告诉珀涅罗珀：奥德修斯实际上还活着，并已经在伊萨卡会有所行动。这是一个象征的预言，它预示着未来要发生的事情，起到推动故事情节发展的作用。这也是荷马史诗中唯一以象征性方式解释的梦。

《奥德赛》里的第三个详细梦境是雅典娜给公主瑙西卡（Nausicaa）的，在第六卷里。雅典娜伪装成与瑙西卡同龄的女孩，说服她去河边洗衣服，说有男人会因此而想娶她。第二天瑙西卡在河边遇见了奥德修斯。雅典娜的计划是让瑙西卡给他提供一些衣服，并邀请他回到宫中。雅典娜还在奥德修斯身上施法，使他比以前更英俊，这让瑙西卡爱上了他。王后和国王也对他产生好感，并承诺派人护送他回伊萨卡的家（《奥德赛》第6章，第15—51行）。这个梦对故事情节发展很重要。

H. J. 罗斯（H. J. Rose，1883—1961）在《希腊的原始文化》一书中区分了三种关于梦的预知方式：一、"将梦境视为客观事实"；二、"假定梦……是灵魂在暂时离开身体时看到的东西，是发生在精神世界的事情，或类似的事情"；三、"用或多或少复杂的象征主义来解释它"。罗斯教授认为这是三个连续的"进展阶段"。[1]从逻辑上是可以这么说的，但如果读一下荷马史诗，我们就会发现，罗斯的第一个和第三个"阶段"在两部史诗中并存，没有明显的不协调意识，而第二个"阶段"却完全没有出现。

在大多数关于梦的描述中，荷马史诗都把所看到的东西当作"客观事实"来对待。形式通常是一个梦中的人物拜访一个熟睡的人。这个来到梦中探访的人物可以是神，也可以是其他超自然的灵者，或专门为这个场合创造的"形象"（eidolon）。不管是哪一种，在古人眼里，探访者都是客观存在的，是一个"梦体实在"，不是做梦者的头脑幻觉。

这个"梦体实在"独立于做梦者，它从钥匙孔进入（荷马史诗中的卧室既没有窗户也没有烟囱），它在床头站定，传递信息，完成后，它又以同样的途径离开。与此同时，做梦者几乎完全是被动的，他看到一个身影，听到一个声音，这几乎就是全部。有时，做梦者会在睡梦中回答，甚至伸出手臂拥抱梦中的探访人，他也不认为自己是在床上以外的任何地方，事实上他知道自己在床上睡觉，因为梦中的人物会不厌其烦地向他指出这一点。例如，《伊利亚特》第二卷中的"噩梦"说，"你睡着了，阿特柔斯的儿子"（第23行）；《奥德赛》第四卷里奥德修斯的"影子"说，"你睡着了，珀涅罗珀"（第804行）。

以上这些与我们自己的梦境经验几乎没有相似之处，学者们倾

1　H. J. Rose, *Primitive Culture in Greece,* London: Methuen & Co., 1925, 151.

向于把史诗里的梦当作"诗的惯例"（poetic convention）或"史诗机制"（epic machinery），是高度文学形式化的。古希腊人不会像我们一样说"做了一个梦"（have a dream），而总是说"看到一个梦"（see a dream）。我们今天把梦当作虚幻的事物，但古希腊人却把它当成一种隐秘的真实。那种客观的、能预见未来的梦不仅在古希腊文学传统中根深蒂固，而且在大众的想象中也是如此，甚至更加得到强化。见过梦中情景的人，通常会在梦境过后发现某个留下来的物件，以证明梦境的客观性和真实性，这就是神灵专家所称的"神证"（apports）。

《奥德赛》里的预言并不总是以梦来显示，人在醒着的时候也能得到预言，其作用似乎比梦更重要。一开始，雅典娜以人形化身出现在特勒马库斯面前，指示他航行到外国去打听他父亲的消息，但让他放心，他父亲还活着。她接着又告诉他，一旦打听到父亲的消息，就该考虑如何对付那些可恶的求婚者了。雅典娜让特勒马库斯外出打探他父亲的消息，是为了让他得到历练，远离宫廷，免遭求婚者们的伤害，这样奥德修斯回来时他就能帮助父亲打败求婚者们。

《奥德赛》里的预言并非都来自雅典娜，也可能来自先知（预言家）。当奥德修斯在第十一卷里遇到先知忒瑞西阿斯（Tiresias）时，忒瑞西阿斯告诉他，旅行可能有两种结局：第一，如果他或他的手下贪婪，那么除了他之外，所有人都会死；第二，如果他们走正义之路，所有人都会活下来，并返回伊萨卡。忒瑞西阿斯警告奥德修斯，为了报复他弄瞎了独眼巨人的眼睛，他和手下的人都将在一个小岛上搁浅。奥德修斯被告知了未来，所以他知道该期待什么。由于他知道自己和手下的人会遇到什么考验和磨难，所以能提前制订应对方案。这个预言推动了情节的发展。

"预兆"（omens）也是《奥德赛》里预告未来的一种方式，预兆是来自神的。例如，特勒马库斯拜访了墨涅拉俄斯，在他离开时，他们看到一只鹰用爪子抓住了一只大白鹅（《奥德赛》第15章，第180行）。这预示着奥德修斯很快就会回家，并对家里那些卑鄙的求婚者掀起一场腥风血雨。这是个来自神灵的好预兆，表明父子俩做的事是正确的，受到神灵的祝福。《奥德赛》里的梦境、预言和预兆是结合着出现的，一同创造了《奥德赛》里的故事。其中，由于古希腊人认为神灵高于一切，梦和预兆都被看作神灵与社会沟通的方式。而预言似乎最有意义，因为预言推动了故事发展、创造了悬念，也显示了人性的缺陷。

《奥德赛》中的梦服务于叙事的需要，这和真实人生中的梦是不同的。我们做的梦并不推动故事发展，而是经验的延伸。它不是人的自然经验，而是社会经验，甚至是政治经验对人心灵纠缠和压迫的心理反应。这样的梦在人沉睡时都不松开套住他潜意识的枷锁，它以一种无法超越的方式证明现实盘踞在人的意识里，无论如何都挥之不去，因此研究梦也就成为研究现实的一种方式。解这样的梦其实并不需要神话故事里占卜师或先知的特殊技艺，一般人动动脑也就能把梦的起因和含义解释得八九不离十。

美国加州伯克利大学斯拉夫文学和文化教授伊琳娜·帕佩尔诺（Irina Paperno）在《苏联经验的故事：记忆、日记和梦境》一书里记录了一个1937年的案例，其中就有一个含义明显的梦。尼古拉·伊万诺维奇·布哈林（Nikolai Ivanovich Bukharin，1888—1938）被斯大林逮捕，在他的牢房里等待审判（这将判处他死刑）。他梦见了斯大林，与绝大多数对斯大林朝思暮想的普通苏联人不同，布哈林认识斯大林，并且对他非常熟悉，这使得他的梦具有了真实的意义。布哈林在写给斯大林的一封信中讲述了他的梦境（这封信被保存在秘密警察"内务人民委员部［NKVD］"档案中，解密后被刊登出来）。[1]

布哈林对梦的讲述栩栩如生，可以与《奥德赛》里任何一个梦境媲美，"当我产生幻觉时，我看到了你几次，还有一次是娜杰日达·谢尔盖耶夫娜（斯大林的妻子）。她走过来对我说：'他们对你做了什么，N. I.（尼古拉·伊万诺维奇）？我会告诉约瑟夫（斯大林），让他负责保释你。'这一切是如此真实，以至于我几乎跳起来开始给你写信，以便……你能保释我！在我的脑海中，现实与谵妄就是这样交织在一起的。我知道 N. S.（斯大林妻子）不会相信我谋害你，所以我这个可怜的'我'的潜意识幻化出这些谵妄的梦境并非偶然。我和你谈了好几个小时……上帝啊，要是有一种设备能让你看到我整个被撕碎和被折磨的灵魂就好了！你能看到我与你的关系是多么亲密无间……对不起。现在已经没有天使可以抵挡亚伯拉罕的剑了，所以不祥的命运将不得不实现"！[2]

梦成为布哈林向斯大林精心告白的方式，任何"破解"对这样的梦都是多余的。布哈林受过良好教育，他从弗洛伊德那里得到启发，运用一种混合了精神分析和基督教象征主义的语言，向斯大林提供他的梦，作为证明自己无罪的无可辩驳的证据，表白他对斯大林的热爱。为什么布哈林要召唤斯大林的妻子作为证明他清白的梦中证人？帕佩尔诺教授解释说，斯大林的妻子 1932 年自杀后，斯大林就好像被她的鬼魂纠缠着一样，要求布哈林夫妇与他交换公寓。1937 年，布哈林在即将被捕前的几个月里，大部分时间是在斯大林以前的卧室里度过的。布哈林知道，斯大林不可能接受幽灵或下意识心理的证据，但他还是给斯大林写了最后的"述梦"信，以表白自己最纯粹的自我和对这位"梦中战友"的真情热爱。

---

1 Irina Paperno, *Stories of the Soviet Experience: Memoirs, Diaries, Dreams*, Ithaca: Cornell University Press, 2009, 171-172.

2 Paperno, *Stories of the Soviet Experience*, 171-172.

在生活被彻底政治化之前，人们做的大多是"春梦"。法国历史学家阿兰·科宾（Alain Corbin）在《私人生活史》一书里认为，法国大革命使梦的内容发生巨大的变化，政治主题侵入梦境，甚至连色情的春梦也被政治化。[1] 如果我们了解，在远古社会中（包括荷马时代的希腊社会）的梦境结构取决于信仰模式，那么我们也许就更容易理解，为什么在一些现代极权社会中（如纳粹德国和 20 世纪 30 年代的苏联）一些梦境结构取决于政治模式。在远古社会里，梦与神话密切相关，神话是人们的梦境思维，梦是个人的神话。而在现代极权社会里，梦与恐怖的政治密切相关，政治恐惧成为人们的梦境思维，因为这样的政治本身就是所有人的噩梦。

8. 羞耻文化中的英雄和英雄主义

希腊学者们大多同意古典学者多兹对荷马时代希腊"羞耻文化"（shame culture）的说法。他从美国人类学家鲁思·本尼迪克特（Ruth Benedict，1887—1948）的《菊与刀》（*The Chrysanthemum and the Sword*）一书中借用这个说法，将它运用于对古希腊的价值观分析。多兹在《希腊人与非理性》（*The Greeks and the Irrational*）一书的前两章中分析了早期希腊社会的"羞耻文化"，他认为，在荷马史诗的社会里，人们不知道什么是内疚（guilt），促使他们有"好行为"的动力是避免耻辱（羞耻）。耻辱的反面是荣誉，避免耻辱的力量甚至比追求荣誉更加强大。荷马英雄对在同侪或下级面前"失去面子"（丢脸）特别敏感，他们也害怕公众的鄙视和愤怒，这

1　Alain Corbin, "Dream Imagery," in *A History of Private Life*, ed., Philippe Ariès and Georges Duby, Trans., Arthur Goldhammer. Harvard: Harvard University Press, 1990, 14-15.

些都是他们头脑中"职责所在"的制约。荷马时代之后，尤其是到了公元前 5 世纪的希腊启蒙时代，古希腊人的内疚感变得明显，但并没有完全取代早期羞耻文化的影响。

古希腊人的"精灵"（Psyche，或神灵）观念是他们不能形成主体意识的一个重要原因，而没有主体意识的人也就不可能成为道德个体。古希腊人相信神明或精灵对人的行为有"精神干预"（psychic intervention）。神明或精灵从外入侵人的身体，影响和左右人的思想和行为。多兹的"羞耻文化"区别于"内疚文化"（guilt culture，即行为受制于个人"良心"而非他人目光），他解释说，"首先，我只是把它们作为描述，而没有假设任何特定的文化变化理论。其次，我认识到这种区分只是相对的，因为事实上许多羞耻文化的行为模式在整个古代和古典时期都持续存在。有一个过渡，但它是渐进的和不完整的"。[1]

古希腊文明中缺乏为自己做决定并采取行动的主体。这个观点得到不少其他研究者的认同，他们相信，即使是那种将人理解为"神的代理人"的基本能力，也是荷马史诗所不能达到的。布鲁诺·斯奈尔（Bruno Snell，1896—1986）认为，"荷马的人还没有认为自己是决定的来源"。克里斯蒂安·沃伊格特（Christian Voigt）说，在荷马那里，"人还不具备……为自己决定，为自己做主的概念"。[2] 在古希腊人自己的概念中，他们也并不是我们今天所认可的那种自觉、独立、自我完整的个体，那时的人还不具备现代人的独立自我意识。

那么，古希腊人是否就不是完整的人？是否就没有"做决定"的行为？是否就没有作为行为依据的价值观或道德意识（对错、应

1　Dodds, *The Greeks and the Irrational*, 28.
2　Bernard Williams, *Shame and Necessity,* 2nd edition, Berkeley: University of California Press, 2008, 21, 22.

该不应该）？

显然不是。从荷马史诗里可以看到，远古时代的希腊人是有价值观的，但却是一种与我们今天不同的"荷马式价值观"（Homeric values）或"荷马精神"（Homeric ethos）。"精神"（ethos）这个词的意思是"性格"（character），用来指一个社群（社会、国家）里对人们的行为起指导作用的信念或理想。"精神"体现为传统、习俗或风气，是生活方式，也是行动规范。"精神"指导一种因不断重复和互相模仿而产生的行为，这种行为经常发生，但并非普遍发生，如"有样学样"，但有样未必人人都学样。"精神"所代表的并不是人的自然需要（自然欲望）。在这种情况下，羞耻文化的道德规范可能是一种与欲望冲动相对立的行动规则（道德限制自然欲望的冲动），完全靠习惯或从众的力量在维持。

荷马世界中有英雄和英雄崇拜（英雄主义），但没有规范人类行为的普遍道德准则或理论。事实上，荷马英雄展示"英雄美德"（arete）的社会空间是不可复制的，因为它的"精神"不是在普遍性的反思中产生，而是通过具体的英雄事迹固化而成。这种英雄观念的形成机制在现代社会中仍然起作用，经常以向某某英雄学习的形式出现。例如，1932 年 9 月 3 日，在苏联西伯利亚一个叫吉拉西摩夫卡（Gerasimovka）的村庄附近的树林里，发现了两个男孩的尸体，其中较大的一个叫帕夫利克·莫罗佐夫（Pavlik Morozov），15 岁，是少年先锋队队员。帕夫利克曾向警察检举过父亲特罗费姆·莫罗佐夫（Trofim Morozov）的罪行，他父亲因此被送去劳改。据报纸报道，特罗费姆家的人因为怨恨帕夫利克揭发他父亲而将他杀害，同时遭害的还有他 9 岁的弟弟。这件事在当时被定性为阶级报复。帕夫利克被表彰为大义灭亲的"英雄"，成为苏联广大青少年学习的榜样。20 世纪 30 年代，有许多家庭出身不好的苏联青少年效仿"英雄"帕夫利克，他们在报纸上刊登声明，与反动父母划清界限，脱离关系。这种"革命美德"就是通过具体的模范事例得到固化的，而并非基于具有普遍意义的道德伦理。

荷马英雄的楷模意义也是这样，"英雄"是由群体的"精神"来检验和肯定的，个人的一举一动都必须十分在意集体的目光。每个人都察觉到自己的行动是融入群体的，被千百双眼睛盯着，必须扮演好某种由外力设定的"角色"。个人存在于社群之中，是那个社群不可分割的一部分。事实上，荷马史诗里的英雄人物并不是作为心理主体出现，而是作为一个被规定了的社会成员（例如，他们是希腊人或特洛伊人），就像帕夫利克·莫罗佐夫是一个"苏维埃人"一样。

同样是荷马史诗，《伊利亚特》和《奥德赛》中的"集体"是不同的。德国著名希腊学家维尔纳·耶格（Werner Jaeger，1888—1961）指出，从历史的角度来看，《伊利亚特》更加古老。《奥德赛》反映了希腊太古文化史的一个晚期阶段。[1] 不仅是时间的早晚，而且是集体性质的不同，这就导致了"精神"的价值观差别。

《伊利亚特》发生在一个将希腊船只与特洛伊城墙分开的中间地带，战争是它的背景。因此，英雄（aristoi，指最佳者）的美德就是战士的美德。《伊利亚特》中的英雄们几乎全都是战士，他们必须在观察他们战斗、失败和征服的人们面前表现自己的强大、无畏、勇敢和睿智。相比之下，《奥德赛》的叙事空间则显得无限宽广，主人公奥德修斯从战场回归家庭，直观地表现对和平生活的向往和艰难实现。《奥德赛》描写了英雄战后的生存状态以及他回归和平所遭遇的艰险、诱惑和失败的可能。为了实现这个目标，奥德修斯必须用其他美德取代战士的卓越，其中特别重要的就是与运用语言有关的出色美德。讲述经历成为奥德修斯每到一处争取好感和

1　Werner Wilhelm Jaeger, *Paideia: The Ideals of Greek Culture*, Oxford: Oxford University Press, 1960.

与他人善处的基本方式。听众不同，他讲述的语言也不同，有时直言，有时说谎。这种交谈意识促成了一种新的社会交往形式，《奥德赛》的英雄是一个在任何场合都知道该怎么说话和说服他人的"能人"，这种语言的美德将使后荷马时代的希腊人有可能越过战争的黑暗地平线，并通过逻各斯（logos）建立一种新的理性生活和政治秩序。雅典的悲剧、哲学便是因为新的生活方式需要而被创造出来。

尽管有这样的差别，但"英雄主义"终究是荷马时代"精神"最重要的部分。英雄主义对古希腊人至关重要，因为"英雄"为人们的生活提供模式。"英雄"一词的希腊语"ἥρως"有三个含义，分别与血统、时代和行为相联系。首先，从狭义上讲，英雄不是神，而是一个凡人，其父母有一个是人，一个是神。阿喀琉斯的父亲是凡人佩琉斯（Peleus），但他的母亲忒提斯（Thetis）是一位海神；埃涅阿斯（Aeneas）的母亲是爱神阿佛洛狄忒（Aphrodite），但父亲是凡人安喀塞斯（Anchises）；赫拉克勒斯（Hercules）的父亲是宙斯，但母亲是凡人阿尔克墨涅（Alcmene）。

其次，英雄的标签可能与一个特定的时代有关。希腊人把英雄们生活的时代称为"英雄时代"。在一个较宽泛的意义上，任何生活在英雄时代的人都是英雄。奥德修斯的母亲和父亲都是人，而不是神，但他却因为生活在英雄时代而被认为是一个英雄。

最后，一个人可能因其杰出行为而成为英雄，如伟大的功业、个人牺牲、超越的眼光或愿景。我们今天也还在这个意义上称颂英雄，他们可能是战争、政治、科学的天才人物，也可能是被粉丝追捧的富豪或体育、娱乐明星。

荷马史诗里的英雄们身材英俊强健，因为他们即使没有神的父母，也是诸神的后代。瑙西卡的曾祖父是海神波塞冬，阿伽门农的曾祖父是宙斯。所有这些都形成所谓的"史诗距离"，即认识到英雄们生活在不同的时代。尽管如此，英雄主义的本质是行动，英雄需要完成一般人做不成的事情。

英雄所成就的事迹是多种多样的。往返于人间和阴间就被认为是英雄的行为，这种能耐象征着战胜死亡的胜利：赫拉克勒斯在一次摔跤比赛中真的打败了死神；杰森（Jason）去了世界的尽头，取回金羊毛。荷马的许多英雄在战斗中展示他们的英雄主义，这是勇士们赖以成名并展示其英雄主义的规则。在《伊利亚特》中，特洛伊人的领袖赫克托耳阐明英雄的准则，"我已经学会了勇敢 / 我学会了永远勇敢，并在特洛伊人的队伍中战斗。/ 为我父亲赢得了巨大的荣耀，也为我自己赢得了荣耀"（《伊利亚特》第六卷，第444—446行）。

英雄行动的本质是敢于冒生命危险。赫克托耳学会在最危险的地方战斗，这是英雄尤其赢得巨大荣耀的地方。《伊利亚特》里宙斯的儿子萨尔佩顿（Sarpedon）就是这么夸耀的（第十二卷，第310—328行）。英雄主义的前提就是人会有一死，即使有一个神为父或为母。因此，不怕死，能在战斗中奋不顾身，成了英雄的决定性特征。

英雄受到人民的尊敬，甚至可能获得荷马所说的"不朽的荣耀"，在他们死了很久之后，诗人歌手们还在追忆他们的伟大功绩。英雄的准则由公众的压力，也就是公众耻辱来执行，在一个公众普遍没有是非感或羞耻心的社会里，不会有真英雄。在一个社会中，公众压力能够发挥主导作用，往往就被称为"羞耻文化"。

区分"羞耻文化"和"内疚文化"的关键是，在"内疚文化"中，如果你做错了什么——即使没有人知道，你也会良心不安或感觉"有罪"——你的良知就会困扰你。而在"羞耻文化"中，重要的是公众的看法。如果你在战斗中表现英勇，有目共睹，你就会受到尊敬和奖励。如果你不想战斗，哪怕你有理由，也会被众人视为贪生怕死，受到他们的指责，你也会因此觉得羞耻。

虽然在《伊利亚特》和《奥德赛》中，公共行动比个人内心感受更重要，但荷马并不只是在单纯描绘一个"羞耻文化"的世界，他似乎也察觉到这种文化世界的局限性和矛盾性，他对"违反"英雄准则的行为很着迷。事实上，《伊利亚特》和《奥德赛》中的主要人物阿喀琉斯和奥德修斯，都不是服从社会规则的典型英雄。在《伊利亚特》中，没有比阿喀琉斯更伟大的英雄，他是最好的战士，然而，荷马讲述的却是阿喀琉斯"退场"的故事。这位英勇的战士离开战场，威胁要回家，不在乎他自己的盟友希腊人，开始在战斗中失败。当绝望的希腊人来到他的营地，通过提供礼物乞求他的帮助时，阿喀琉斯回答说，任何礼物都无法与他的生命价值相比。他不会再为报酬和荣誉而冒生命危险。他不想再继续作战，不想当什么公众英雄；他想回家，再次见到他的父亲，结婚，并安顿下来，过他个人的生活（《伊利亚特》第九卷，第412—416行）。你可以问，这样厌战的战士还是英雄吗？

奥德修斯也是一个谜。他是一个战士，也喜欢钱财，他善于战斗并赢得许多财富。然而，在《奥德赛》中，他为了成功——成功永远是一个英雄的目标——会选择谨慎行事，甚至忍受侮辱。他在战斗中证明自己的英勇，但同时也通过不同的方式证明自己的其他优势和天赋，所以他不惜使用诡计和欺骗的手段。他头脑清醒，知道高喊战斗口号，奋不顾身地冲向前方不是取胜的办法（《奥德赛》第十二卷，第116—119行），所以他会选择智取而不是强攻。心机和计谋往往被英雄主义轻视甚至蔑视，但却是奥德修斯的专长。因此，他更像是一个"另类英雄"。他为了争取成功而暗使诡计、欺瞒哄骗，这时候，他既不在乎旁人的眼光，也没有内疚，"羞耻文化"和"内疚文化"似乎都与他无关。

最后，做几个简短的结论，供有心的读者继续思考。第一，虽然我们都钦佩和赞扬英雄，但英雄主义并不是一种普世价值，当英雄也不是一个具有普遍意义的人生目标。

第二，不同的群体由于不同的主流"精神"，能产生荷马史诗里的英雄，也能产生像帕夫利克·莫罗佐夫那样的"英雄"。不同的社会有不同的英雄标准和不同的楷模。

第三，在一个健康的道德环境里，"羞耻文化"可能就是绝大多数人所需要的。哲学家和伦理学家不需要一味强调"内疚文化"的优越性。但是，"羞耻文化"不能退化为"部落文化"（即关起门来论英雄），而是必须参照现有的普世人权标准。

第四，道德环境与个人良知的关系类似于制度与人性的关系。大多数人不会自动成为圣人，因此，就优化道德环境而言，建设制度是比改变人性更务实的设想。

第五，只有在道德环境严重恶化的情况下，才特别需要坚持和呵护"内疚文化"。人们不是没有是非感和羞耻心，但要"坚持有"才能特别产生道德意义。"内疚文化"同样不应该是个人或少数人的文化，而应该体现康德所说的"普遍道德律令"，与现有的普遍人权标准一致。

第六，在群体价值观不起作用的社会道德环境中，必须由个人来对社会行为的对错、是非做出价值和道德判断，"人云亦云"和"随大流"无异于道德自杀。由于整个群体可能对错误的行为（如说假话、无诚信、趋炎附势、阿谀奉承）熟视无睹或麻木冷淡，正直的个人必须有独立的决断。他会鄙视违反普遍道德的行为，但这还不够，当他自己不小心或不得已也有这种行为的时候（如说违心的话，做违心的事，"在人屋檐下，怎敢不低头"），他会有一种罪感（sense of guilt），觉得内疚和良心不安。这时候，我们可以说他是生活在一种由他独立维护的"内疚文化"中。这并不意味"内疚"或"罪感"会对大多数人的价值和道德观念产生实际的影响（实际上他们是麻木的，并没有罪感），而是意味着，如果谁要坚持有良心与良知的人生，他就必须用罪感而不只是羞耻来检验和指导自己的行为。

三 赫西俄德

1.《工作与时日》：农民诗人眼里的世界

赫西俄德（Hesiod）大约生活在公元前 750 年至前 650 年，与荷马是同时期的人。荷马不是用他个人的声音说话，而赫西俄德则是西方传统中第一个用他个人的"我，赫西俄德"来说话的。古代作家们称赞赫西俄德和荷马奠定了希腊的宗教习俗，而现代学者更重视赫西俄德，因为在他那里能够找到许多希腊神话、耕作技术、天文知识、计时方式以及远古经济思想的信息来源，他有时甚至被认为是人类历史上第一位经济学家。

赫西俄德是一位农民诗人，日子过得很艰难，所以他对世界的看法并不乐观。今天，在那不勒斯国家考古博物馆（Museo Archeologico Nazionale di Napoli）有一尊于 1754 年发现的公元前 1 世纪晚期的罗马青铜头像，它有一个奇怪的名字：假塞内卡（Pseudo-Seneca，Pseudo 意为"假的"，人们原先以为那是古罗马著名作家塞内卡的头像）。现代学者认为，这可能是赫西俄德的头像。这个头像有一张吃苦耐劳的农民面孔，满脸布满深深浅浅的皱纹，一副饱经沧桑的样子。

对于赫西俄德的生活细节我们今天所知甚少，大多来自他的诗作《工作与时日》（*Works and Days*）。据他自己说，有一天他在放羊时，缪斯赐予他写诗的本领，要他写两部伟大的作品。一部写神，一部写人。关于神的那部叫《神谱》（*Theogony*），讲的是诸神的谱系和他们的神奇故事。关于人的这部叫《工作与时日》，讲的是人如何生存、受苦和为什么受苦。

先看《工作与时日》。英国古典文化学者埃里克·哈维洛克（Eric A. Havelock，1903—1988）指出，赫西俄德生活在荷马口语时代和文字成熟时代之间，他用含大量套语的诗歌形式写出准哲学著作，并把这样的著作嵌入口语文化；赫西俄德就是在这样的口语文化里脱颖而出的。[1]

沃尔特·翁则认为，套语有助于增强话语的节奏感，同时又有助于记忆，套语是固定词组，容易口耳相传。口语里套语的常见形式就是警句、格言。"这一类搭配固定、节奏平衡的表达法和其他表达法，偶尔也出现在印刷品中，实际上在收录箴言和谚语的书里，你也能够查到这样的表达法。但在口语文化里，这却不是偶尔发生的现象，套语纷至沓来，不断涌现。它们构成思想的实质。没有这些套语，大段口语的表达绝不可能成立，因为思想就寓于这些语言形式中。口语模式的思维越复杂，灵巧使用的固定表达法越成为明显的标志。"[2]

赫西俄德的许多"名句"都属于这种从口语套语——其实就是民间谚语——中灵活变化而来的"警句"，在中国谚语中大多能找到对应说法。这些在《工作与时日》和《神谱》里比比皆是。

先举几个《工作与时日》里对应中国谚语的例子："一个恶人，

---

1 Eric A. Havelock, *Preface to Plato*, Cambrige MA: The Belknap Press of Harvard University Press, 1963, 97-98.
2 沃尔特·翁著，何道宽译，《口语文化与书面文化》，第 26 页。

全城遭殃"（第 240 行）（"一粒老鼠屎，坏了一锅粥"）；"没有地方
像家这么甜蜜"（第 365 行）（"在家千日好，出门一时难"）；"勤劳
增加辛苦的果实，懒惰永远只有损失"（第 412 行）（"勤是摇钱树，
俭是聚宝盆"）；"万事要适度，时机最重要"（第 694 行）（"水满自
流，箍紧必炸"）；"好事不如好妻子，坏事莫如坏妻子"（第 702 行）
（"公不离婆，秤不离砣"）；"年龄适合，娶妻回家，三十娶妻刚刚
好"（第 695 行）（"男子三十杨柳青，女子三十老婆娘"）；"最好的
财富是少说话的舌头"（第 719 行）（"好把式不在嘴会说"）。[1]

《神谱》中也有类似的对应："我们可以把谎言当真话来说，也
可以只说真话"（第 27—28 行）（"好人不说骗人话，明人不做暗事
情"）；"舌上流蜜，口说好话"（第 82 行）（"好话不背人，背人没
好话"）；"不可能欺骗宙斯"（第 613 行）（"举头三尺有神明"）；"眼
目对视，眼帘流出爱情"（第 910 行）（"眉目传情"）；"少不娶妻老
无照顾"（第 603 行）（"少年夫妻老来伴"）。

《工作与时日》是一首 800 多行的长诗，结构也不复杂。开始
是"序曲"（Proem），这部分是献给诗神缪斯的，诗人求助于也感
激诗神的眷顾。然后是"引言"（Introduction），是献给诗人的兄弟
佩耳塞斯（Perses）的，诗人对他说，世界并不和谐，人世多艰。

引言之后是《工作与时日》里最著名的部分，讲述种种神话和
寓言，如普罗米修斯（Prometheus）、潘多拉，特别是关于人类五
个时代的演变。这五个时代分别是：黄金时代（the Golden Age）、
白银时代（the Silver Age）、青铜时代（the Bronze Age）、英雄时代
（the Heroic Age）和黑铁时代（the Iron Age）。

赫西俄德描绘的人类时代更替呈现出一代不如一代的态势。据

---

1 赫西俄德著，张竹明、蒋平译，《工作与时日 神谱》，商务印书馆，1991 年。

他的说法，人类经历了前面四个时代的变化，已经进入当代的黑铁时代。在黑铁时代，神惩罚人类日日夜夜地做着辛苦的劳动，而人们的性格也更为复杂，尽管混杂着善良，但更多的是邪恶。

黑铁时代的人类妄图统治一切，儿童不再信任父母，朋友不再相互信任，主人对待客人不再热情，婚姻中的人们不再相爱，誓言被视为尘埃，善良与公正也不再是人们行为的准则。由于人类的失德和暴力，神对人类失去希望，公平之神与善良之神永远离开人类。而人类只能过着饥饿而痛苦的生活，再也得不到神的庇护。赫西俄德说他自己就是生活在这样一个"黑铁时代"，人类必须依靠"劳作"为生。《工作与时日》告诫读者：辛苦劳作才能带来人生中的宝贵东西。这是赫西俄德道德观的核心，也是他这首劝谕诗的主题。他说："人类只有通过劳动才能增加羊群和财富，而且也只有从事劳动才能备受永生神灵的眷爱。劳动不是耻辱，耻辱是懒惰。但是，如果你劳动致富了，懒惰者立刻就会忌羡你。"（第 309—311 行）善德、声誉、财富都是招人嫉恨的东西。

赫西俄德认为，如果辛勤劳动，普通农民也可以获得三大奖赏：财富、神的恩宠和好名声。这些奖赏在荷马史诗中只属于英雄人物，但赫西俄德认为，和在战场上勇敢作战一样，在农田里辛勤劳作也是一种美德。当然，乡村生活简单淳朴，因此奖赏的额度相应减少。对赫西俄德和他的邻人而言，"财富"就是在收获季节"谷仓里堆满维持生计的口粮"，不需要焦急求人；"名声"就是受到村中所有人的尊重。人们以"劳动，劳动，再劳动"为座右铭，古风时期随处可见这种实用的"劳动致富"，这是一种劳苦平民的价值观。

劳动是很辛苦的，懒惰比勤劳更接近于人的天性偏好，所以赫西俄德说，恶习容易，美德难得。普通人可以因勤劳获得美德，这在他那个时代是一个了不起的观念转变，因为美德一直被当作某些社会高等群体才具备的内在品格和素质。但是，赫西俄德认为，包括普通农夫在内的所有人都能自我完善，达到美德的境界。"干什么活都不丢脸，只有游手好闲才丢脸"，这是他的著名诗句。这听起来有点像当年号召知青下乡插队的口号："我们也有两只手，不在城市里吃闲饭。"

赫西俄德还认为，实用的好建议可以帮助实现劳动致富的目标，因此他提出一些他认为有用的建议，如"农夫年历"向农夫解释一年中的每个季节该干怎样的农活（春天修剪葡萄，秋天砍木材等）；"航行年历"告知出航的最好日子，需要做什么准备，如何"小心驶得万年船"等。当然还有关于家庭的建议，尤其是如何挑选妻子。

婚姻是社会组织中最为重要的习俗体制，不同阶层对于婚姻有不同的观点。对上层阶级而言，婚姻首先是建立同盟、增加家族名望的手段。如荷马所述，贵族家庭通常寻求城邦以外对自己有利的家族结婚，待婚女子的追求者们互相比拼昂贵的聘礼，并在体育竞赛中竞相展示他们的男子气概。贵族女性的生活范围非常狭窄，但是社会地位很高，追求她们不是一件容易的事情。

相比之下，赫西俄德婚姻观里的女性地位就低得多，也比较狭隘。他对婚姻的建议反映农民阶层的观念，与贵族阶层的观念截然不同。他写道："你应该在风华正茂的 30 岁左右娶妻完婚，别太早也别太迟了。这是适时的婚姻。女性在青春期之后四年才发育成熟，在第五年应娶她过门。要娶一位少女，以便你可以教会她谨慎为人。最好娶一位邻近的姑娘，但是要谨慎，免得你的婚姻成为邻居们的笑柄。娶到一位贤惠的妻子胜过获得其他任何东西，没有比娶一位品行恶劣的老婆更糟糕的了。好吃懒做，不顾丈夫死活的妻子会促使其夫过早地衰老。"（第 695—707 行）

赫西俄德认为，一个人的名声是最重要的。对农民而言，名声一样重要，但是农民的名声仅限于他的村庄之内。好名声不易取得，坏名声却是不请自来。要娶一位好妻子，首先要考虑的就是不能让她带来坏名声，而不是会给自己带来多少好处。他要娶的不能是一个贪吃的女人，或是有懒惰、不忠的毛病，因为这样他会失去别人的尊重。赫西俄德的看法代表着他那个时代对女性的轻视。

在赫西俄德的时代，以及在这之后的漫长世纪中，轻视女人是很平常的，更不用说在古风时期。古希腊的婚姻习俗是逐渐变化和发展的，正如亚里士多德所指出的那样，希腊人原来都通行买卖婚姻，妻子都是出钱买来的。有一个漂亮的女儿，犹如获得一头"母牛"那样宝贵，因为求婚者必须付出一笔代价，才能把她娶来。在古典文学时期，这种习俗完全改变，做父亲的不但不收这笔钱，相反，要给女儿备一套嫁妆。要出了钱才能把女儿嫁出去。但嫁妆是否代表待嫁女子身价的提升，这是很可疑的。

赫西俄德笔下最有代表性的女性似乎是潘多拉。潘多拉是世上第一个女人，她的故事在《神谱》（第571—612行）和《工作与时日》（第60—105行）中均有描述。据赫西俄德说，宙斯为了惩罚普罗米修斯为人类偷盗火种，命令创造出这个"美丽的罪恶"（指潘多拉）。潘多拉手里有个瓶子，她一打开瓶盖，瓶子里装着的世间所有的不幸和疾病都飞散出来。所有人类都继承潘多拉"不知羞耻的心和欺诈的天性"和她的"谎言和能说会道"。诗人认为，女人靠男人生活，"其禀性就如无刺的雄蜂，只吃不做，白白浪费工蜂的劳动"，"你千万不要上当，让淫荡的妇女用甜言蜜语蒙骗了你，她们的目光盯着你的粮仓。信任女人就是信任骗子"（第373—375行）。

从时代上看，赫西俄德与荷马几乎不分前后，但他的作品与荷马史诗呈现出完全不同的风貌。荷马史诗的故事发生在遥远的英雄时代，叙述的是军事首领的丰功伟绩和悲剧命运，反映的是贵族的观点。而赫西俄德是个辛勤劳作的农民，他所表达的是像他那样的农民反对大地主的感情。《工作与时日》是第一部社会抗议诗，国王和贵族地主经常是他抗议的目标，他们解决自己辖地之内农民的纠纷，但赫西奥德并不认为他们总是能公正裁决，正直可靠。他把他们称为"大把接受贿赂"和"以曲断错判来欺压同胞"的人。跟赫西俄德打官司的他的兄弟，就是因为行贿才从没理变成有理的。赫西俄德警告他们，宙斯派来的"监督人"隐身在浓雾背后，在地球上到处巡视，把他们的不法行为记录下来，由神给予报应。

和荷马的英雄史诗不同，赫西俄德的《工作与时日》反映诗人生活年代的社会面貌，描述普通人及其日常生活。在《伊利亚特》和《奥德赛》中，普通人仅仅是社会背景的一部分，他们总是以集体的身份出现，如兵团或在公民大会上聚合的全体民众。农民、牧猪人、女仆、主妇、手工艺匠这些在史诗中的点缀性角色，在赫西俄德的作品中成为主角。

赫西俄德区别于荷马以及其他史诗作者的另一个特点是，他宣称诗中所写都是"我，赫西俄德"的经历。许多学者认为，这个"我"可能是赫西俄德在诗作中创作的一个"角色"（persona）。"我"是诗歌的讲述者，未必就是赫西俄德本人，其中描述的诗人的个人生活也可能是杜撰的。赫西俄德所写的是否就是他的个人经历，这无关紧要，没有人会质疑他笔下古风时期农村生活场景的真实性。

《工作与时日》里，除了"我"，还有另外一个人物——诗人的兄弟佩耳塞斯。兄弟俩住在波奥提亚（Boeotia）的阿斯克（Asca），是底比斯（Thebes）的一个地方。父亲死后，兄弟俩在分割父亲留下的土地时产生矛盾。佩耳塞斯靠贿赂地方法官巴昔琉斯（Basileus）从赫西俄德手里骗走一部分土地。赫西俄德写道，此后，佩耳塞斯变得游手好闲，奢靡享乐，终于变穷了，于是又前来祈求他救济。

这个兄弟间争端的故事，引出一个教诲，即不要为争夺财产走入歧途。这是赫西俄德用来规劝佩耳塞斯的，所以《工作与时日》也被看成是教谕诗这种文学种类的最早典型。

教谕诗和荷马史诗大不相同，明显受到古代近东地区"智慧文学"（Wisdom Literature）的影响。教谕诗旨在劝导、教诲和警示，其对象多为诗人子女或亲朋，后来也有以君主或世人为教谕对象的。

罗马时期最有名的教谕诗就是卢克莱修的《物性论》，在谈罗马文学和思想那一册里会讲到。赫西俄德的教谕里有种种指导区分善恶的故事和俗语，表面上看是写给佩耳塞斯的，但也适用于所有的小康农家。值得注意的是，这部诗作某些部分是诗人站在普通农民的立场上，对统治阶层的"巴昔琉斯们"的劝谕。在底比斯城邦，执政官员和法官很可能就叫"巴昔琉斯"，不过赫西俄德在此用"巴昔琉斯"来指各地区的统治者。赫西俄德对"巴昔琉斯们"毫不恭敬，语气相当严厉。他称呼这些人为"侵吞贿赂"的"巴昔琉斯"，一针见血地指责他们肆意做出"不公正的判决"。他警告他们说，宙斯正在监视他们，宙斯有一个女儿名叫狄刻（Dike，正义女神），任何有辱正义女神的不义行为都将遭到报应。由此看来，赫西俄德已经形成最基本的公民道德观，即一个好政府的基础是通过法律实现公正。

赫西俄德是一个农夫诗人，对公元前 5 世纪的雅典有着非常重要的宗教和社会道德影响。他来自民间，用史诗综合并提炼古代希腊农业社会和传统的神话、信仰、习俗和民间文化，集合为作品，因此成为一位很容易让古希腊人亲近和受益的智慧先知。这是他与荷马不同的地方。他也让我们看到古风时期特殊的劳动价值观，进而思考这样的劳动价值观对我们今天是否还有意义。

2.《工作与时日》：辛苦劳作，从高尚变卑下

赫西俄德是以"诗人"而不是"农夫"的身份写作《工作与时

日》的，他在落笔之前首先要呼唤的是"善唱赞歌的缪斯神女"。在《神谱》一开始，他更是祈求诗神缪斯赐给他知识、智慧和语言的技能。他把自己的诗作归功于神恩，"当赫西俄德正在神圣的赫利孔山下放牧羊群时，缪斯教给他一支光荣的歌。也正是这些神女——神盾持有者宙斯之女，奥林波斯的缪斯，曾对我说出如下的话，我是听到这话的第一人"。[1]

在古代希腊，正如法国希腊学专家维尔南所说，诗人保持对过去的记忆，拥有把过去、现在和未来联系起来的能力，这种能力来自神的启示。赫西俄德唱道，"来吧，让我们从缪斯开始。她们用歌唱齐声述说现在，将来及过去的事情，使她们住在奥林波斯的父神宙斯的伟大心灵感到高兴。从她们的嘴唇流出甜美的歌声，令人百听不厌；她们纯洁的歌声传出来，其父雷神宙斯的殿堂也听得高兴"。[2]诗人从神明那里接受了和占卜者不同的礼物，"占卜者通常是预言未来，而诗人则几乎完全是在吟唱过去。这里所谓的过去不是个人的经历，也不是那种与历史事件无关的笼统概念，而是内容充实、具有自身特点的'往昔'：英雄时代或比这更遥远的远古和太初时期"。[3]

记忆将诗人置身于过去，身临历史事件的现场。亲临过去、即时的启示、神的赐予，"所有这些都是缪斯诸神的灵感召唤，但这并不排除诗人所必须经历的艰苦训练，这是他获得预见力所需的学习阶段。诗歌中的即兴创作并不过多地排斥诗人引用代代相传的诗歌传统。相反，口头诗歌创作的规则恰恰要求诗人不仅要掌握叙述主题范围内的知识，而且要求他掌握严格的措辞技巧，其中包括习

1　赫西俄德著，张竹明、蒋平译，《工作与时日　神谱》，第 26—27 页。
2　同上，第 27 页。
3　让-皮埃尔·维尔南著，黄艳红译，《希腊人的神话和思想》，中国人民大学出版社，2007 年，第 113 页。

惯表达法的应用，以及既定词语和既定韵律方面的结合"。[1]《工作与时日》里所运用的许多谚语就是属于这种主题范围内的知识和习惯表达方式。

远古希腊农业社会的道德规范是这种知识主题的另一个方面。在赫西俄德那里，辛勤的"劳作"特指农民的劳作。劳作不仅是为了致富，更是获得美德的方式。赫西俄德是一位劝谕者，他所劝谕的当然不是让大家都去务农，向贫下中农学习，"滚一身泥巴，炼一颗红心"，而是从劳作里学会做人的道理。他要感化他的兄弟，劝他专心劳作、不要贪心，不应该同自己的兄弟争吵，更不应该无端告状。当然这一兄弟对兄弟、农夫对农夫的劝告也同样适用于君主。君主的分内职责是平息争端、裁决案件、施行正义。所以应该主持公正的判决，以此来敬奉正义。这样的好君主与贪婪的国王之间存在着巨大的差异。好君主是繁荣之父、财富的施予者，而坏君主则祸害所有人。君主是否能履行正义职责关系到全体农夫的生计好坏：或让他们安居乐业，或使他们民不聊生。

这可以说是"工作"的部分。至于"时日"，赫西俄德也有许多告诫。古希腊人有一套相当复杂的迷信体系，用以判断每个农历月的哪几天最适合做哪些事情，类似中国人的"黄历"。例如，要剪羊毛吗？赫西俄德说，那就在一个月的第 11 天和第 12 天剪吧，不过第 12 天更好一些。想决定哪一天让女婴出生吗？那就尽量不要在第 16 天，这一天是不吉利的。如果想怀上一个女孩，第 13 天做爱是个不错的选择，那一天也是驯服驴子和斗狗的好日子，所以可能是很忙的一天。现在，如何安排男婴的出生日呢？那就应该选择每个月的第 10 天。第 9 天是打开葡萄酒桶的最佳日子。当然，第 9 天不要喝得太多，以免耽误了第 10 天该办的事情。

---

1 让-皮埃尔·维尔南著，黄艳红译，《希腊人的神话和思想》，第 113—114 页。

《工作与时日》还向我们展示一种远古希腊农夫的田间法则，即每件事情都应当以合适的形式按时完成。当布谷鸟开始鸣叫时，播种的季节就到了，这时，农夫手握犁柄向宙斯和得墨忒耳祷告，祈求小麦成熟时能有沉甸甸的麦穗。农夫在一年的什么时候，该做什么不该做什么，都有礼数：不要在一个月上旬的第 13 天撒播，因为这天是移栽的日子；如果想要给猪和羊做阉割手术，那就得选一个月的第 8 天来做，因为这一天适宜于磨刀和动刀。知晓这些事理的农夫会不辞辛苦，努力劳作，"为了不致冒犯神，/ 他向神咨询，/ 以避免所有过错"（第 826—828 行）。

这听上去有点滑稽，却代表着一种古代农业社会的智慧。凡事都有该做和不该做的时间，这是顺应自然秩序。人不要跟自然秩序不一致。《旧约·传道书》里说："天下万物都有一个季节，一个万事俱备的时间。一个出生的时间，一个死亡的时间，一个种植的时间，和一个连根拔起的时间。"（3：1—8）

在《工作与时日》里，一个好农夫的"好"，全在于他能身体力行一种与自然一致的秩序。这就要求一个好农夫不只是会种田，农夫劳作的意义也不全在于能多打粮食，多生产果蔬，为国家多做贡献。一个真正的好农夫是行天道之人，不是替君主完成生产任务的奴隶，那与牲口没有太大的区别。事实上，坏君主也总是这样对待农民的。

维尔南在《希腊人的神话和思想》一书的"希腊的劳动与自然"这一小节中有精彩论述。他指出，赫西俄德的农夫美德必须要被放到古希腊宗教信仰的背景中去理解。在古希腊，农民的劳动与工匠的劳动是不同的，甚至是对立的。只有农民的劳动才具备营造美德的作用。[1]

1　让-皮埃尔·维尔南著，黄艳红译，《希腊人的神话和思想》，第 274—291 页。

农民的劳作是融合在细致入微的宗教礼仪观念中的。农民的保护神是得墨忒耳，她是司掌农业、谷物和母性之爱的地母神，也是奥林匹斯十二神之一。她是克罗诺斯（Kronos，古希腊神话中的第二代众神之王）和瑞亚（Rhea）的第二个女儿，是宙斯、赫拉、哈迪斯、波塞冬的姐姐。农夫的劳动又称"得墨忒耳的劳动"。

得墨忒耳是黑铁时代的神，与黄金时代的种植之神不同，她的职责与其说是分发馈赠品，不如说是通过她与人的联系来保障一种规则性的秩序：无论是在打谷场上簸扬打麦，还是在石磨中磨粉，有劳动才有收获，一滴汗水一粒禾。

农夫以自己的辛劳使小麦增收，他并不觉得是在土地上运用某种耕种技术，也不觉得他是在从事某种职业。他深信自己是在服从一种严格的人和神的关系法则。对他而言，劳动是精神生活的形式，也是一种为祈求正义而履行的宗教体验。这种体验不是在节日的盛典中激发起来的，没有热烈的场面。劳动的宗教感是通过恪尽日常劳作渗透到整个生活中。

这样的劳作者对神的正义怀有信心，这就是农事活动的内在精神。农事活动并不是一种旨在通过技术手段生产实用价值的行为，毋宁说它是新的宗教行为和体验方式。人通过自己的辛劳和努力生产谷物得以与神沟通。人因为劳动而受到神的眷爱。

公元前 5 至前 4 世纪的雅典军事家和文史学家色诺芬（Xenophon，前 427—前 355）在他对话体的《经济论》（Economique）中表达类似的看法：农夫从事的不是一种"职业"，农业首先是可让人表现某种善和美德的事业，仅有才能和天赋还不行，重要的是能运用它们，只有实践才能称为美德。因此，积极的德行不可能来自懈怠、懒惰、无所用心的生活，要避免如此。积极的德行来自充沛的精力和忙碌的劳动。

为了理解农夫积极劳动的精神层面，必须把他们和工匠的劳作区分开来——农夫与工匠的劳作是对立的。工匠的活计迫使他们过一种居家的生活，待在作坊里或炉火旁。这使得他们身体衰弱、精神懈怠。农活与工匠活相反，与当兵的战斗或军事生活比较像，二者都是男儿做的事情。田野里从事劳作的人不会害怕疲劳和艰辛。波斯帝国创建者、阿契美尼德王朝第一位国王居鲁士大帝（Cyrus the Great，前 600—前 530）曾对人说："我没有一次不是在战场或田间挥汗如雨之后才用餐的。"（*Economique*, IV, 24）

每到战争之时，农民和工匠更是两类不同的人。农夫会以武器来保卫自己的土地，而工匠则不想战斗。由于职业环境的影响，他们会选择平静地待在家里，既不用付出什么努力，也没有什么危险。

对于干制造活的工匠来说，技术绝对重要，但是农活或打仗则正好相反。农活和打仗都要依赖于神的恩典，神的眷顾对于田间劳作和战事都起着决定性作用。出征之前若不向神献祭、不通过神谕寻求神的意向，战争便成为不可想象的事情。农事活动也是如此，明智之人应向神行祭奠之礼，祈求神关照果树和谷物。

这种祭礼不是从外部附加于农业劳动之上的，因为耕种土地本就是一种地道的祭礼，一种与众神交流最恰当的形式。土地具有神性，它将正义授予那些能够懂得正义的人。耕种土地最好的人，就是行祭礼最好的人，神就赐予他最多恩典。

古希腊人对农活的看法，无法被复制到我们今天所知道的农民劳作中去。只有在古希腊的宗教背景下，农业劳动才具有特殊意义。这也就是赫西俄德在《工作与时日》里说的，恪尽自己的职责，从事艰苦紧张的劳动能使人获得声望，取得自身价值，因为这些活动将劳作的人与神联系起来，身体的劳作和美德如同相互作用的纽带，就像用脑的智慧和美德是相互作用的纽带一样。

这对我们今天理解劳动，尤其是繁重的农业劳动，特别重要。

一旦失去其宗教特性，农业劳动就丧失它特殊的尊贵地位，与土地打交道的农作不再被视为善和美德。一旦如此，农作也就变成一种奴役性的劳作，甚至沦落为一种人身操控的政治手段。农作所要求的无非是消耗体力，付出极大的劳动，以换取极其微薄的酬劳，又因为如此造成的贫穷，没有办法通过获得教育来改善生存处境，所以一代又一代人不得不在卖苦力和贫穷之间恶性循环。这就是绝大多数农民的宿命。

劳动甚至还会成为一种惩罚和迫害的手段，被关押在"劳动改造营"里的罪犯进行的就是奴役劳动。索尔仁尼琴（Aleksandr Isayevich Solzhenitsyn，1918—2008）的《伊凡·杰尼索维奇的一天》里对这种残忍劳动惩罚的描绘触目惊心，令人恐惧。这样的劳动总是与极度的食品克扣同时进行，让劳改人大量消耗体力且得不到补充，这样才能提高体力疲劳的惩罚效应。再加上看管人员的体罚和打骂，高压下的劳动改造可以摧毁任何一个人的自尊和道德感、有效地训练奴性和奴隶，哪里还会有赫西俄德所说的善行和美德？

我们生活的现代世界在劳动观念上是分裂的。一方面我们赞美劳动的光荣，另一方面我们心里其实看不起劳动，尤其是那种吃苦流汗但报酬微薄的辛苦劳动。

《圣经》里的亚当和夏娃因为犯了错被逐出伊甸园，从此以后，必须在劳动的重轭下求生存。上帝对他们说："你必须以额头的汗水换取面包。"这是一种惩罚，而不是荣耀。上帝不是给他们戴上大红花，让天使们敲锣打鼓把他们从伊甸园送到下界去劳动的。

可悲的是，现代世界似乎处在一个与《圣经》时代相比，没有太多进步的时代。达林·麦马翁（Darrin M. McMahon）在《幸福的历史》一书里指出，千百年来，劳苦工作一直被视为一种惩罚，一件不得不去做的事情，"是上帝对亚当之罪的诅咒。人们脸上的汗水是永恒的提醒，标志着上帝对人类的惩罚，那就是必须在伊甸园外布满荆棘的贫瘠大地上劳苦耕种，才得饱足"。[1]欧洲社会因此曾经禁止贵族用双手劳作，因为真正的上流生活是无须劳动的。一直到马克思时代，才出现了一个新的观念：人类的劳动可以带来救赎，"因此，一般人竟然会认为——甚至期望——工作能够维系他们的幸福，即工作以其自身的理由成为满足之源泉"。这并不是现实，即使不是一个谎言，至多也不过是一个渺茫的希望。

因此，我们在把这种"劳动分工说"运用于古代世界时，必须十分谨慎。当有人将"劳动光荣说"运用于今天世界时，我们更不应该轻易就信以为真。这样的说法所包含的讽刺和欺骗掩盖了不同劳动的性质区分。今天，劳动的组织化和条理化已经十分发达，也被视为人类活动的唯一形式。但是，今天任何一个社会里都还存在一些事实上的下等群体，即便人们不公然表现出歧视，也还是会在心里瞧不起"贱业者"。

很多时候，农民被认为"贱业"中的"贱业"，它不是一种职业，而是一种跟种姓差不多的不变身份，世代相传，祖祖辈辈拴在土地上，永远是低人一等的劳动力。他们从来没有机会成为赫西俄德在《工作与时日》中所说的农夫，他们只是君王眼里那种与马、牛、骡子、毛驴同类的生产力资源。君王对他们欺骗利用，予取予求，但从来没有把他们当真正的人来对待过。这就是农民的悲惨宿命。

3.《神谱》：诸神起源与世界

和《工作与时日》一样，《神谱》虽然是写下来的史诗，却是

1　达林·麦马翁著，施忠连、徐志跃译，《幸福的历史》，上海三联书店，2011年，第352页。

介于古代口语文学与文字文学之间的作品。为什么这么说？

这是因为，古代的希腊文字运用的是一种"连续书写"（Scriptio continua），是一种在单词或句子之间没有空格或其他标记的书写形式。该形式也没有标点符号、变音符号或大小写字母的区分。这种情况要到罗马帝国灭亡后，才逐渐改变，至 7 世纪方始完成。连续书写是诗体在古代文学中占主导地位的一个重要原因，因为诗歌的韵律和格律帮助确定阅读的停顿之处，便于文学阅读的传播。

连续书写拼写出来的单词是一个连着一个的，当写满一行的时候，随时都可以停下来，换到下一行，不必考虑一个单词拼写结束没有。这样的书写形成的是一连串无休无止的拼音符号，尤其在非韵文的时候，非常难阅读，朗读也十分困难。但是，只要朗读出来，文字变成声音，却又能让大家完全听懂，就像听人说话一样。因此，阅读——经常是一个人朗读给一群人听（the symposium）——实际上就是以口头表演的方式把写下来的文字转化为声音。这就像从乐谱符号演奏出音乐的声音一样。如果没有声音，那么符号就几乎没有意义。这也就是为什么古代的史诗写作是一种介于口语和书写语之间的作品。这个特征对戏剧影响不大，因为古希腊的悲剧都是先写定，再背诵，然后在舞台上表演的。

《神谱》充满了乱伦、暴虐、杀戮、权力斗争。这些几乎是所有古代史诗故事叙述的标配元素。《神谱》描述了大神宙斯的崛起，他全凭自己的足智多谋、凶残无情，还有无止境的权力欲和性欲，坐上诸神之王的宝座。这也几乎是每一个成功的开国君主的性格要素和权力故事。但是，我们今天不把它当一个夺权和掌权的寓言来阅读，而是要把它放在古希腊的文化史和神话史里，看看它是怎样的一部开山之作。它所显示的人类神话历史和心理文化内涵远在它所讲述的那些神话故事之上。

今天我们所知的希腊神话里的诸神都是奥林匹斯诸神大家族

里的成员，他们构成一个庞大的复杂的神权家族网络，大家都沾亲带故，谁是谁的长辈，谁与谁是兄弟姐妹或平辈，谁与谁有什么样的近亲或远亲关系，大体上就是赫西俄德在《神谱》中描绘的样子。

在赫西俄德之后，几千年来，以这些神话人物和情节为题材的戏剧、故事、雕刻、绘画已经不计其数。诗人、戏剧家只能运用这些神话来创造，要不然也顶多是翻出一些不那么为人所知的神明故事，才能有更新鲜的事情可说。他们已经没有创造神话本身的机会或可能，希腊神话已经在赫西俄德手里固定下来，成了正统的神话。

赫西俄德写《神谱》的时候，希腊神话还没有被正统化。在希腊不同的地方流传着不同的神话，有的相似，有的相异，各说各话，既不连贯也不统一。赫西俄德所做的开创性工作就是把零零散散的神话收集起来，极大地运用他的想象，综合加工成为一个连贯的故事。就这样，他的《神谱》成了地中海东岸人们的共同神话。如果说远古的许多传说成了古希腊人的神话"圣经"，那么《神谱》就是"创世记"。公元前 5 世纪的希腊悲剧，尤其是埃斯库罗斯悲剧里的神话故事受到赫西俄德很深的影响。

在赫西俄德的时代，神话还处在一个可以想象可以创作的时刻。我们可以把这个时刻称为一个历史的窗口期。在这之前，神话是口头的文学，是流动变化的。但是，《神谱》标志着这些神话被用文字固定下来，这是公元前 776 年奥林匹斯竞技大会之后的事情。在这之后，希腊语有了可以用来书写的新字母系统，走出所谓的"希腊黑暗时代"（the Greek Dark Age），进入地中海文化的新时代。同时，我们也可以把《神谱》看成一个文化转变的征兆和标志。赫西俄德并没有创造宙斯、赫拉、波塞冬的神话，这些神话早在赫西俄德出生前七八百年就已经存在。

《神谱》这部作品并不大，一共不过 1022 行，以六音部格律（Hexameter）写成，是迄今最早的也是仅存的完整神谱诗。那么，它是如何描述古希腊诸神的起始和谱系的？

开始的 115 行是歌颂缪斯的序曲。叙述诗人如何遇见缪斯，祈求缪斯赐予诗篇。接下来是神的三代故事，分为三个部分：第一部分讲原始混沌的一代；第二部分讲泰坦巨人的一代；第三部分讲宙斯的这一代。这三代神的故事描述神从哪里来，又如何在短短三代的时间里，通过乱伦、血亲相残、互相杀戮，编织成一张权力的大网，最后成为宇宙秩序和正义的维护者。

故事是这样的：宇宙开始的时候是一片混沌，后来有了大地。大地是女性，名叫盖亚（Gaia）。在混沌的外面出现一个叫"深渊"（Tartaros）的黑暗区域，又出现一种叫欲望的力量，名字是情欲（Eros）。于是，从大地、黑暗和情欲中产生后来的一切。过了不知多久，大地盖亚生了一个儿子，叫乌拉诺斯（Uranus），他就是天空。大地和天空这对母子成为夫妻，先是生育 11 个孩子，后来又生育一个儿子，他叫克罗诺斯（Kronos）。大地和天空的这 12 个子女就是泰坦们（Titans），意思是巨人。

在今天看来，盖亚和乌拉诺斯这一对母子生了一大堆子女，已经够离奇了，但更离奇的故事还在后面。

盖亚对乌拉诺斯情欲太旺盛而无休无止地跟她生孩子感到厌烦，于是怂恿子女们去推翻他们的父亲。只有最小的儿子克罗诺斯敢于挑战自己的父亲，方式非常奇特，完全是弗洛伊德心理分析理论里的故事：他用一把大镰刀将他父亲阉割了。

父亲乌拉诺斯被迫退隐，儿子克罗诺斯代替他的位置成为众神之王。克罗诺斯与姐姐瑞亚（Rhea）结婚，生出奥林匹斯诸神（赫斯提、得墨忒耳、赫拉、波塞冬和宙斯等），后来成为诸神之王的就是宙斯。

有一个预言说，巨人克罗诺斯将来的下场会和他的父亲乌拉诺斯一样，被自己的孩子推翻。为了避免发生这种事，克罗诺斯把瑞亚生出来的每一个孩子都吞进肚子。父亲吞噬自己的子女是《神谱》里又一个骇人听闻的故事。瑞亚听取了盖亚也就是宙斯的奶奶的建议，用小孩的衣服包着一块石头，对丈夫克罗诺斯说这就是他们的儿子宙斯。克罗诺斯信以为真，把石头当作婴儿吞下肚子。宙斯因而得救，存活下来。

宙斯长大后，迫使克罗诺斯把被吞掉的孩子又吐了出来，然后带领他的一帮兄弟姐妹，与正在统治天国的泰坦们作战。这些泰坦本是宙斯和他兄弟姐妹们的大伯和婶婶。这两代神祇之间的大战就是希腊神话中著名的泰坦之战（Titanomachia）。泰坦众神中也有没参加这场战争的，大多是些女神。

老一辈的泰坦们以俄特律斯山（Othrys）为根据地，年轻一辈的宙斯和他的兄弟姐妹们则占据着奥林匹斯山。双方激战十年仍没有结果，地母老奶奶盖亚就出了个主意，她让宙斯到"深渊"去放出一个百臂巨人。百臂巨人也是这位老奶奶和她儿子乌拉诺斯生的孩子，一生下来就因丑恶不堪而被乌拉诺斯扔进"地狱"。

百臂巨人战力强大，他帮助宙斯打败前辈泰坦神祇们。神二代终于取得胜利，夺得全部权力。至于泰坦那一辈的老神祇，除了没有参战的少数以外，全被关进一个相当于监狱的地方，并由百臂巨人看守。

在战争中，盖亚和别的神曾劝说那些主战的泰坦与宙斯讲和，但他们刚愎自用，听不进任何建议，所以他们的失败是咎由自取。宙斯成为神中之王后，跟他祖父乌拉诺斯一样，性欲特别旺盛，跟不同的女神和女人生了一大堆孩子。《神谱》最后就是一个长长的宙斯子女的名单，神的繁殖代替神的战争，繁殖的控制比战争更加有效，于是神的故事也就在皆大欢喜中结束。

有些神话学者认为，《神谱》中的故事不只是反映赫西俄德时代的希腊神话，而且与更古老的神话有关，因为巨人泰坦代表的是前希腊时代的神祇。"泰坦"一词本身不能用希腊语很好地解释，荷马很少提到泰坦，希腊语的泰坦（Τιτᾶνες）一词的词源也不确定，赫西俄德在《神谱》里为"泰坦"提供了两个意思："titaino"（to strain，拧巴）和"tisis"（vengeance，复仇）。赫西俄德说，乌拉诺斯把他的子女叫作"泰坦"是"怪罪他们拧巴，会做出可怕的事情。以后会有报应"。[1] 但现代学者并不同意这样的词义借用。

还有些学者认为，泰坦与奥林匹斯诸神之间的战争代表一种模糊的古老文化记忆，表明在历史的某一时刻，说希腊语的民族在与其他民族的战争中取得胜利。但也有学者认为泰坦之战的神话不是希腊人独立发展起来的，而是大量借鉴近东的一些神话（例如神分成两组并进行斗争的情节）。不管怎么说，从此希腊人的奥林匹斯诸神便成了主神，荷马的《奥德赛》开篇之时，一些奥林匹斯的诸神在开会决定奥德修斯的命运，这时就已经没泰坦们什么事。

希腊的神话代表希腊人的多神宗教，多神宗教与泛神宗教有所不同。人类开始对神的观念是很具体很狭窄的。猎人在野外打猎，被一块石头绊倒，摔断了腿，他以为是因为自己没有好好敬拜这块石神附体的石头，受到了惩罚。每一条溪流、每一座山也都可以有一个神在那里掌控，而泛神敬的是当地的神。随着人的生活世界扩大，单是地方的神灵已经力量不够，因此需要有在相当大范围里被认可的神灵，于是多神论便开始代替泛神论。《神谱》里的诸神是在东地中海沿岸这个大范围里被认可的神灵，是泛神论的产物。

在泛神论者眼里，如赫拉利（Yuval Noah Harari）在《人类简史》一书里所说："世界由一群神威浩荡的神灵控制，有的掌管生

1　赫西俄德著，张竹明、蒋平译，《工作与时日　神谱》，第 207—208 页。

育，有的掌管雨水，有的掌管战争。人类向这些神灵祈祷，而神灵
得到奉献和牺牲之后，就可能赐予人类健康、雨水和胜利。多神教
出现之后，泛神论并非完全消失。几乎所有的多神教，都还是会有
恶魔、精灵、鬼魂、圣石、圣泉、圣树之类的神灵，虽然这些神灵
的重要性远不及那些重要的大神，但对于许多一般人民的世俗需求
来说，它们也还算实用。某个国王可能在首都献上几十只肥美的羔
羊，祈求打败野蛮人、赢得胜利；但同时某个农夫是在自己的小屋
里点根蜡烛，向某位无花果树仙祷告，希望它能治好儿子的病。"[1]

赫西俄德的《神谱》显现出希腊多神论的一个特点，那就是
许多神灵之间都有沾亲带故的关系。宙斯是他妹妹赫拉的丈夫，又
与别的女神生了孩子。他统治其他的神明，但这个秩序似乎不是
很稳定。基本上，希腊的神明虽然被称为"不死者"（Athanatoi），
但神明们的关系仍然受了"生生灭灭"与"相生相克"原则的影
响。赫西俄德的《神谱》在这一点上毫不含糊，他交代神明的"来
源"和"诞生"，描述父亲乌拉诺斯和儿子克罗诺斯之间以及克罗
诺斯又和自己的儿子宙斯之间的相互争斗、彼此残杀。三代神明之
间虽然都有父子关系，但都不能和平共处。他们看重的是权力，因
而彼此钩心斗角，互相仇恨。神明之间的厮杀成为人类权力斗争的
缩影。

而且，他们打的都是"内战"，内战也成为人类最恶毒的诅咒。
内战总是比国家之间的战争更加残酷，它的仇恨和灾难性的后果也
持续得更久。所谓的"血浓于水"不过是双方拼杀到精疲力竭之时
为了叫停和修整才使出的神话谎言。

希腊神话所讲的并不是一个充满灵性、美妙有趣的远古故事，
而是一个与希腊人真实生活世界有关的权力寓言。生活在这样一种

1 尤瓦尔·赫拉利著，林俊宏译，《人类简史》，中信出版社，2014年，第206—207页。

诸神权力的掌控之下，凡人又怎能不时时感到不安、无助和害怕？人们必须不断地进行祭祀来讨好这个女神，奉承那个男神。他们必须小心翼翼地避免得罪神，因为神明的报复是非常严厉又可怕的。惹神生气，后果很严重。这也就是孔子所说的"获罪于天，无所祷也"。荷马《奥德赛》里的奥德修斯得罪海神波塞冬，波塞冬就想方设法要害死奥德修斯。幸亏有女神雅典娜帮助，奥德修斯最后才得以化险为夷。

《神谱》可以理解为赫西俄德对希腊如何走出黑暗和混乱的过去时代的一个想象性速记：原始的混乱让位于世代的诸神争斗，最后在宙斯的监督下形成有序的万神殿。远古希腊社会的变化同样也经历过这样的转变，希腊人世世代代过着分散的自给自足的农耕生活，由于经济的发展，渐渐转变为一个由协作的城邦组成的希腊世界。在神话和社会之间似乎存在着一种平行关系，而贯穿于这个平行关系的是我们在《工作与时日》和《神谱》中可以看到的两个思想主题：正义和秩序。在《神谱》中，除了其他的女性，宙斯还娶了代表正义和道德秩序的女神狄刻；《工作与时日》不断重申正义和公平审判的重要性，并强调是宙斯给了人类法律和正义，这就是人类与动物的区别所在。赫西俄德的两首长诗都以不同的方式将无政府状态与正义和秩序进行对比：只有通过人类的纪律和勤奋，以及宙斯的神圣领导，才能维护正义和秩序。今天，历史学家将远古希腊这种混乱与秩序的对立和转变放到公元前 700 年，并推测赫西俄德的两首伟大诗作都是其历史时间和地点的产物，但这不代表赫西俄德那个时代的古希腊人就是这样看待他们自己的。

今天看来，由诸神主宰人类生存的古代世界是一个恐怖的世界，但是古人也许并不这么以为。在他们看来，世界本该这样。他们不敢离开这个世界，不敢批评它。他们无法用另一种思维方式来解释天地万物，不能设想人可以有一种不同的活法。神话规定了他们如何看世界的意识形态。直到今天，所有生活在这类或其他意识形态桎梏下的人还是一样，还是过着那种跟古希腊人差不多的在莫名恐惧中祈求神明或别的权威开恩的日子。

四 希腊诗歌

1. 萨福：爱欲和幸福

本章要谈三位希腊的诗人，第一位是早期女诗人萨福（Sappho，约前 630—约前 560）；第二位是中期诗人西蒙尼德斯（Semonides of Amorgos，约前 556—前 468），他差不多比萨福晚了一个世纪；第三位是后期大诗人品达（Píndaros，约前 518—前 438）。品达诞生的那一年，西蒙尼德斯已经 36 岁了，他比西蒙尼德斯晚去世 30 年，可以说是西蒙尼德斯的晚辈。

我会调整一下讲解这三位诗人的先后顺序，先讲萨福，再讲品达，最后讲西蒙尼德斯。因为萨福和品达是两位抒情诗人，而西蒙尼德斯则不那么抒情。对于本书，西蒙尼德斯还有另外一层重要意义：他是后面要讲的希腊思想家色诺芬的《论暴政》对话中的一位主角。这里先把他当诗人来讲。

我选了这三位诗人来谈古希腊诗歌，是从希腊诗歌与我们今天的相关性，以及可能提出的问题来着眼的。人们当然可以为了研究诗歌而研究诗歌，为了研究文学而研究文学，但这不是本书的目的。单纯从文学史的角度来看古希腊诗歌以及它在古希腊文学中的重要性，与在本书中注重的"相关性"并不同。我关心的，首先不是如何欣赏古希腊诗歌，而是那些诗歌告诉我们哪些与我们今天有所关联的人文内容，我们可以从中思考和感悟到什么有用的东西。

许多古希腊诗歌已经有了中文译本，如水建馥翻译的《古希腊抒情诗选》，或王扬翻译的德国学者恩斯特·狄尔编的《古希腊抒情诗集》全4册（上海人民出版社，2018年）。内容在此暂不赘述。

第一位女诗人萨福，与今天最有关联的人文内容恐怕莫过于她抒情诗里的"幸福观"。前文已经提到，古希腊诗歌都是用乐器伴奏着咏唱表演的，不是用来阅读的。萨福的抒情诗就是一种在私人范围内咏唱表演的个人抒情诗。她所抒发的个人爱情，说得直白一点，就是情欲。情欲在希腊抒情诗里是至关重要的，我想，一直到今天，在大多数的个人抒情诗里也还是这样。个人抒情的"爱"与爱国主义抒情的"爱"完全不是一回事，前者是情爱，是人的自然本能。

为什么要强调萨福的个人抒情？因为这种抒情的个人意识在她那个时代极为不寻常。古希腊人的个人是与城邦联系在一起的，只有在城邦的公共关系中，个人才能找到自己的位置。但是，萨福在诗歌里营造了一个由个人之间的关系形成的私密世界，这不是一个古希腊人可以轻易做出的选择。

研究者们认为，萨福的诗歌代表着"独唱颂歌"（monodies）的诞生，这是一种由单个歌手独自吟诵的诗歌。而当时希腊诗歌的代表形式是"歌队"的合唱（choruses）。从萨福开始，独唱要与合唱平分天下，这是希腊诗歌的一个重要过渡。美国肯扬学院（Kenyon College）古典文学教授威廉·麦肯罗（William C. McCulloh）在《萨福和希腊抒情诗人》一书的序言里指出，荷马时代与萨福时代的区别在于："国王政治与贵族政治的冲突已经开始……对诗歌来说，最重要的是，诗人开始为他个人说话，而不只是担任一个对光荣和命运的无个性的颂扬者角色。"[1]

萨福颂扬情爱，发出的是她个人的声音，但她并非是唯一一个颂扬厄洛斯（Eros，即情爱）的诗人。在柏拉图的《会饮篇》里，喜剧家阿里斯托芬（Aristophanes，约前448—前380）根据一则著名的寓言，指称人类原本是在某个时候由两个人结合在一起而构成的完整个体。不过，这种四脚生物因为能力过于强大而引起神祇的猜忌，结果被一分为二，以减弱他们的力量。因此，现在世界上的人类都只是完整个体的一半，要不断找寻自己的另一半。这个寓言为我们的性取向提出解释：为了找回自己的完整性，原本和男人结合在一起的男人会寻求同性伴侣，原本和女人结合在一起的男人则会寻求异性伴侣。这个寓言也可以解释我们的渴望和失落感：因为我们都漫游于世上，寻觅自己原本的另一半。阿里斯托芬总结说："人类唯有寻找到爱，才能获得幸福。"这种爱就是厄洛斯。阿里斯托芬还说："厄洛斯对我们有伟大的恩惠，因为他会让我们重返自然，治愈我们，使我们变得快乐，享福不尽。"所以，情欲之爱对于人的幸福是必不可少的，就算是庙里的和尚、尼姑庵里的尼姑、修道院里的修士也都有情欲之爱的需要，只不过被强行压抑住，不让它迸发出来而已。

萨福经常觉得情爱给人带来"甜蜜的苦涩"（sweetbitter），而不是让人享福不尽。欧洲有的现代语言中把这个词倒过来，叫"苦涩的甜蜜"（bittersweet）。萨福常常以厄洛斯为对象来倾诉她"甜蜜的苦涩"。例如，在她的《残卷·130》（Fragment 130）有这样两句："爱神，现在又一次震动我的身体，/ 讨人喜欢却又烦人，像蛇一样飞到我身上，却再也无法抓住。"有研究者认为，萨福是第一位用"甜蜜的苦涩"来看待情欲之爱的诗人。

1　Willis Barnstone, *Sappho and the Greek Lyric Poets*, New York: Pantheon, 1988. 2.

事实上，后人对萨福的生平所知甚少，关于她的故事，不少是后世的传说和演绎。一般认为她出生于莱斯沃斯岛的一个贵族家庭，莱斯沃斯（Λέσβος）的古希腊语转写为拉丁拼法就是"lesbos"，今天的"女同性恋"（lesbian）就从这个词根而来，据说就是因为萨福。

萨福家在莱斯沃斯当地很有影响力，殷实的家境使她能自由地决定自己的生活方式，而她选择了专攻艺术。她的父亲喜好诗歌，在父亲的熏陶下，萨福也迷上吟诗写作。她被认为是第一个描述个人爱情和失恋的诗人。她在青年时期曾被逐出故乡，流亡至西西里，原因可能同当地的政治斗争有关。被允许返回后，她曾开设女子学堂，担任"女子导师"之类的职位，据说她教授女子礼仪、修养、诗歌，还有如何勾引男人的方法。古代流传过不少有损于她的声誉的说法，但从一些材料看，她实际上很受乡人敬重。当然，也有学者质疑这些记载。

这位女诗人的形象，被后人演绎得越来越丰富多彩，在整个西方世界有传奇效应。一位美女，一位诗人，一位七弦琴演奏者，一位神秘主义者，一个男诗人的情人，一个"有失检点"的妇人，一个美貌的母亲生有美貌的女儿，一个失恋投海自杀的女诗人，一个女同性恋者，我们所知道的萨福，大致就是这些，但能引发人们的许多遐想。

宗教渗透在古希腊人意识的细胞里，这也可以从他们对"爱"和"爱欲"的意识中看出来。

我们今天把爱欲当作一个抽象的概念，但在古希腊人那里，爱欲是一个叫厄洛斯的神，苏格拉底不承认他是一个神，但至少是个精灵。据希腊神话说，有一次，主掌美丽和爱情的女神阿佛洛狄忒开生日派对，一个女乞丐珀尼阿（Penia）不请自来。宾客中最受欢迎的丰盈之神波若斯（Plutus）醉酒后来到花园，倒下睡着了，便和珀尼阿有了男女之事，由此而生下一个"非人非神"的儿子，那就是厄洛斯。

厄洛斯长大后很像他的母亲，总是与贫穷为伴，"个性冷酷，不修边幅，赤着双脚四处流浪"。但另一方面又像他的父亲，"勇敢积极，热切坚忍"。这倒似乎有点像上山下乡时热恋中的青年男女，他们再穷，再绝望，也能有爱情，就能找到快乐，因此显现出一种外人难以理解的"积极生活"的态度，至少一些描写知青的文艺作品是这样讲述的。

萨福的抒情诗有的是直接写给厄洛斯的，而不是她爱的男人或女人。一个人居然能爱上爱欲本身，也许这才是得到爱欲的精髓。萨福这样热烈地咏唱厄洛斯，已经不单纯是出于青春期年轻人的儿女之情，而是代表着一种更具普遍意义的希腊人的幸福观。著名的历史学家雅克布·布克哈特（Jacob Burckhardt，1818—1897）说："我们一直无法肯定究竟诗人在此谈的是性爱本身呢，还是泛指那些希望能得以实现的愿望。"[1]

萨福的《残卷·5》里有这样一首诗：

致安纳托利亚

有人道，世间最美之物

孰水军，孰步兵，孰骑士？雅克旁边

余之见，最美之物就属

人心中之所爱。

此中道理明白不费解，

---

1 Jacob Burckhardt, *History of Greek Culture,* Trans. Palmer Hilty, Chelmsford MA: Courier Corporation, 1963, 368.

凡人皆知此言近情理；
海伦虽已尽览天下美，
却偏爱此郎君。

他扫尽特洛伊之威风。
她竟忘却孩儿爹娘亲；
痴心痴情之爱意，犹如
塞浦路斯爱之神。

妇道本来意志弱，
况已轻抛家事累；
安纳托利亚，我今
在心底把你深深怀念。

我爱听你步履巧轻轻，
我爱见你笑脸喜盈盈；
我恨利迪亚战车隆隆，
我恨步兵刀剑闪闪。

我深知人生在世
多有不尽人意事
苍天若为有心人
定有如愿以偿时。

　　有研究者指出，诗中的第三和第四行"最美之物就属人心中之所爱"是暧昧含糊和故意模棱两可的措辞。这里的含义可以是女人追求女人，或是男人追求女人，也可以是男人追求男童。但这样的语义模糊也可以指爱欲本身。

爱欲不是专指男女之情，也可以代表古希腊人所渴望得到的幸福，包括所有被古希腊诗人视为人生理想的生活乐趣。虽然古希腊人视青春年华为人生最宝贵的财富，视享乐，特别是其中的爱欲，为一生中最大的幸福，但在爱欲之外，他们还有其他最爱的东西。

在荷马史诗《奥德赛》里，涅斯托耳（Nestor）是希腊联军内最受人尊敬的老者，当雅典娜消失在晴空中的时候，他喊道："可是，哦，尊贵的女神，祝您顺利，也请您赐好名声给我和我的孩子们以及我尊敬的妻子。"（第三卷，第 380—381 行）可以说，这一席话表达了希腊人的幸福理想。主人公在此同时提到他的爱妻和孩子们，这表明，希腊人的幸福感里不仅包括战士的荣誉和英明，还有一般生活中的各种愿望，这当然包括普通的男女情爱。

在古希腊人的眼里，一般生活中的各种愿望都值得他们为之奋斗，所以他们祈求上苍将这些好处赐给他们。泰奥格尼斯（Theognis of Megara，约前 585—前 540）是一位比萨福稍晚一些的古希腊诗人，他最先提出"健康是一种幸福"，但健康的幸福仍然比不上一个人的好名声。当然，他也有对不同幸福条件的排序。有这样一首小诗：

> 世人健康为第一，
> 可人容貌为第二，
> 第三生财且有道，
> 第四友人见你总年少。

古希腊人最根本的性格就是追求普通生活和与肉体有关的享受。这种追求还没有普遍演变成古罗马人那样的兽欲。这种享受在古希腊人的生活中打下烙印，在萨福的诗歌中也是一样。情欲在古希腊生活中有着至高地位，即便是天神，也会为了满足情欲而做出让步。在《伊利亚特》里，赫拉为了帮助危难中的希腊人，决意不惜利用淫荡的手段对自己的丈夫宙斯施行魔法。她精心梳妆打扮，还找借口向爱神阿佛洛狄忒借了她"那一条情爱与渴慕的魔法腰带，（因为）它能征服所有的天神和地上的一切人"。阿佛洛狄忒听命于这位高贵的天上女王，"并从胸前解下绣花腰带，其中蕴藏着全套诱惑魔力。那里面有爱情、渴慕和甜言蜜语等一整套能使聪明人失去理智的骗术"（第十四卷，第 152 行）。随后，赫拉立刻前往寻找睡神修普诺斯（Hypnos），请求睡神在她与宙斯做爱之后，让宙斯入眠，她自己好趁机去帮助希腊人。

在古希腊文化里，女性展现女子的"性感"，用色相或别的手段勾引男性不是丢脸的事情，更不是一桩罪过。在古希腊人那里，"端庄"与"风骚"，或"贞洁"与"放荡"之间并没有道德意义上的区别。情欲本来就比道德学家想象的要复杂和矛盾得多，岂能简单地分出好坏或正邪？只要不背弃忠诚和承诺，不管什么样的情欲都有其正当性。传说萨福在她办的女校里教女学生如何勾引男子。不管是否确实，在她那个时候的希腊文化中这是完全可能的。

2. 品达的"体育颂歌"

抒情诗歌是希腊悲剧的前身。公元前 5 世纪，有许多最出色的作家都在从事抒情诗的写作。其中名声最响的大概要数品达。这与他的诗才有关，也与他的出生背景有关。品达是彼奥提亚（Boeotia）的贵族后裔，他在希腊各地四处游历，各地的君主都对他表示热烈欢迎。他最出名的诗歌中有几首是献给西西里叙拉古的僭主希耶罗（Hiero I of Syracuse，前 478 年至前 467 年统治叙拉古）的。关于这位僭主，我们在下一节里还会讲到。

　　品达的贵族身世大概是他持有贵族主义政治观念的一个重要原因。他崇尚贵族的荣誉和高贵精神，所以并不支持独裁的僭主政治。叙拉古的希耶罗是一位僭主，但也是一位开明的僭主。品达也不喜欢全然由民众做主的"民主"，但他并不一味排斥民主，认为有权威和秩序的民主也不是一件坏事。他主张稳定的、有公民美德的秩序。阅读品达的诗，第一反应也许是：他属于贵族时代。但事实并非如此，他在雅典伯里克利时代（Age of Pericles，前461—前429）享有盛名，当时许多希腊人崇尚的是民主政治。品达一生的大部分时间都在底比斯度过。亚历山大三世，也就是亚历山大大帝（Alexander the Great，前356—前323）于公元前335年打败底比斯，破坏这座城市时，特别指示士兵们不要破坏品达的故居（可能因为诗人曾经在诗作中赞美过马其顿的亚历山大一世）。这也是承认品达在所有希腊人那里享有的崇高声誉。

　　他的诗歌在诗体上被称为"品达颂歌"（Pindaric ode），目的和作用是"颂扬"（encomiastic），颂扬的对象是奥林匹亚竞技的胜利者。公元前580年，希腊有两个人气十足的奥林匹亚体育竞赛大会，一个是皮媞亚竞技会（Pythian Games），另一个是伊斯特米亚竞技会（Isthmian Games）。品达就相当于这个竞技时代的歌手，他也因此成为一位体育诗人。众所周知，莎士比亚以写戏和演戏闻名。有人建议说，想要知道品达因何闻名，不妨设想莎士比亚改行当了体育记者，跟着体育赛事到处跑，写颂诗表扬各路胜利的体育英雄。品达最著名的强项就是这个，他的颂歌也被人叫作"胜利颂歌"（Epinikion），现存的有45首。

　　品达的颂歌赞美体育竞赛胜利者的英雄精神。英雄是有高尚情操和荣誉感、体魄健壮、精神昂扬的"勇士"。在奥林匹亚竞技大会上力挫对手、脱颖而出的好手就是这样的勇士。放到中国文化中，这也许就是"壮士"或"好汉"。

叙拉古的希耶罗曾经在奥林匹亚战车竞技中获胜。他是君王，但更是勇士。在品达看来，像希耶罗这样的杰出人物，他们的"优势"是与生俱来的。品达的大量颂歌寓意高远、气势宏伟，表达了根植于内心深处的对古典英雄主义的信仰。他认为，杰出的人必出于显贵之家，他们是神的后人。他还认为，人的功德和力量是与德行紧密相随的。他在诗中常常追溯他所颂扬者的先祖，把他们的成就与神的血统联系在一起，并在诗中生动详细地叙述古代神和英雄的传奇。他的诗风格庄重，形式严谨，辞藻华丽。柏拉图在论及人的最高德行和高贵时常常引用品达的诗句。

这样的内容特征并不都是诗人的独创，而是当时颂歌文学样式的惯例。胜利颂歌要求包括一些基本的内容，如竞赛胜利者的名字、他的出生地及其保护神、英雄传说等。竞赛胜利者（或是他的家族或有钱的亲友）会付费请诗人代写纪念胜利的颂歌。颂歌完成后，由男性成人或儿童（经常是胜利者的朋友或业余演员）组成一个歌队来表演颂歌。胜利者也会对颂歌的写作提出一些具体要求，如要提到什么神话人物或故事，包括哪些个人或家庭的细节。这些都会写进预约颂歌写作的合同里。因此，如果我们在颂歌里读到胜利者本人之外的其他人，或他的祖先，那很可能是按照合同要求所写的。

品达颂扬的很多是当时人们熟悉并认可的体育竞技英雄。他们有强健的体魄和坚强的意志。他们在体育竞技中勇敢胜出，便是高人一等的辉煌体现。颂歌由合唱队表演，有音乐伴奏，能产生合唱特有的那种雄浑和庄重感，其表演形式与内容和作用一致。受到歌颂的体育英雄大多在当时家喻户晓，受万民崇拜。对今天的读者来说，品达的诗相当难懂，因为他大量引用现在读者已经不熟悉的神明、地名、政治或军事事件。

品达为尼米安运动会（Nemean Games）上的胜利者创作过

多首"尼米安竞技胜利者颂歌"（"Odes to the Winner of Nemean Competition"，称 Nemean Odes）以志庆贺。第 6 首是为来自爱琴那的阿尔西米达斯（Alcimidas of Aegina）在少年摔跤比赛上获胜而作。他以阿尔西米达斯的胜利为切入点，进而引入更大的主题，即神人与凡人永远是有区别的，不能用同一个标准去对待。这样的主题是品达诗歌的一个显著特征。下面就是这首颂歌：

世上有凡人，亦有神祇，

但是赋予我们气息的母亲

是同一个

不同的是，她赋予了

两者不同的力量。

要是青铜的天空——

他们永恒的居所

永不消失

那我们便只是凡人。

然而，虽然我们无法获知

命运如何安排日夜流转，

凡人也可以像不朽的神祇

无论心智，无论天性

阿尔西达马斯显然证明了

血肉之躯的力量。

盛产果实的大地连年丰饶

如今它又孕育了

人类的伟大力量。

……

普拉克赛达马斯（Praxidamas），

奥林匹亚的胜利者，

追随着先人的足迹，第一次

从阿尔斐斯（Alpheos）为埃阿西达人（Aeacidae）

赢得花环。

……

来吧，缪斯，带着

这族人称颂歌唱

凡人终究一死，

但这歌咏壮举的歌谣和传奇

永世流传……（Nemean 6）

  品达所说的"凡人"指与神有别的人类。如果我们不知道品达的英雄主义，那么就很容易把诗中的"凡人"理解为普通人。这是因为我们今天有民主平等的观念，自然而然、不知不觉就会用这样的观点去理解品达的诗作，这是一种错误的理解叫"时代错置"（Anachronism）。同样一个词，在远古时代和在今天经常有完全不同的意义。

  今天的许多凡人其实不是英雄，而是庸人。他们庸庸碌碌、萎靡不振、奴性十足，见到权力便膝盖发软。品达说的不是这样的凡人。凡人是相对于神而言的，神永生不死，人是会死的，但人可以在活着的时候不当庸人。人可以平凡，但不能平庸。

  品达是一位道德家，虽然他的道德说教在我们今天看来没有什么太高明的东西（例如他规劝贵族争取荣誉与乐善好施），他的理想完全立足于贵族传统思想。根据他的看法，一个人必须出身名门，勇敢壮健，才能做两件事：工作与付出。为了追求"善良的品德"，成为勤劳、勇敢、不屈不挠、永不倦怠地反对敌人的战士，人的身心均须勤劳不懈，花时间、金钱、力量，争取达到高尚的目的。这是真正优秀者的全部优良品质，这些品质是从天神那里来的。一个人不一定要富有，也不一定要长相英俊，但是他必须渴望荣誉与名望，这样才会积极进取。

阅读品达，我们不仅需要知道他的道德理想，还需要了解他那个时代诗歌的特点。了解他创作的是何种类型的诗，这些是很重要的。这是关于"文类"的知识。

我们阅读一部文学作品，要紧的是知道正在阅读什么样的作品，哪一类作品。你不会用读红色小说的方式去读雨果的《悲惨世界》，虽然你在雨果的小说里能看到底层人的不幸和专制权力的压迫。品达的诗歌应该当作怎样的诗歌种类来阅读？我们今天用"抒情诗"这个文学种类概念去理解他的诗歌是否恰当？"抒情诗"这个概念又可能如何误导我们的理解？

伦敦大学学院希腊学和拉丁文学教授彼得·阿古切（Peter Agócs）在《品达导言：早期古典歌队的歌和文类语言》一文中就指出，由于多种原因，包括文类理解的原因，阅读品达诗歌对今天的读者是特别具有挑战性的。[1]

公元前 5 世纪，古希腊社会仍然处在歌文化（Song culture）的时代，在这个时代，社会中用于表达和沟通最重要的情感和观念的首要方式是"表演性的歌"（performed song）。这种歌不是我们今天经常在比喻意义上理解的"歌"，如《青春之歌》《唱支山歌给党听》，而是用乐器伴奏的唱出曲调的歌。例如，古希腊的挽歌诗（elegiac poetry）是用笛子伴奏的，而歌唱诗（melic poetry）则是用七弦琴伴奏的。品达特别擅长的颂歌就是用来歌唱的诗。

在品达的时代，诗歌还是一种口头文化，后来发展成戏剧中

1　Peter Agócs, "Preface to Pindar: Early Classical Choral Songs and the Language of Genre." CHS Research Bulletin 4, no. 1 (2015).

"歌队"唱的诗，也是在舞台上唱出来的。美国学者约翰·海灵顿（John Herington）在《从诗歌到戏剧：早期悲剧和希腊诗歌传统》（*Poetry into Drama: Early Tragedy and the Greek Poetic Tradition*）一书中指出，对今天研究古希腊的人们来说，这是最困难的。

因为我们早已不用耳朵去听诗歌的吟唱，我们是用眼睛去"看"诗歌的。诗歌在我们今天社会中的功能已经与在古希腊社会中完全不同。今天，我们是独自"阅读"品达的诗歌，而不是在公共场景中听一支歌队来唱出对奥林匹克竞技胜利选手的颂扬。在古希腊，这样的诗歌是唱给"大众"听的。今天，只有少数文化程度较高的人才会试图或有能力去理解这样的诗歌，一般人对它是一点兴趣都没有的。

因此，正如阿古切教授所说："你必须努力重新评估你自己关于什么是阅读和文本阐述的观念，重新评估到底什么是我们称为'诗歌'或'文学'的文本，它构成我们分析和阐释的对象。"[1]我们今天阅读品达或萨福的作品，把它们当作"经典"来对待，不光要阅读它们，还要弄清楚它们的意思。由于时代和文化的隔阂，往往需要许多注释和说明。这样的阅读越理性，也就越会缺少直接的情感魅力。

下面是一首品达的《献给卡玛里那城的普骚米斯的颂歌》（*An ode to Pusomis of Kamarina*）。卡玛里那城在西西里岛，该城的贵族普骚米斯参加公元前452年的那次奥林匹亚竞技，在赛车竞技中获得冠军，荣归故乡。卡玛里那城组织起游行的歌舞队，前来庆祝。品达为此写了这首赞美他的颂歌。

这首品达颂歌的中文译者是著名的希腊语文学研究者、翻译家水建馥先生。读者不妨看看，如果没有注释，从诗歌本身能理解多少。水建馥先生为这首诗做了好些注释，在网上很容易查到，这

1　Agócs, "Preface to Pindar: Early Classical Choral Songs and the Language of Genre."

里就不一一赘述。我要说的是，这是一首典型的品达颂诗。品达颂诗的结构是相对固定的，由三个部分组成：第一部分是"前奏"（prelude），是诗人自己讲述在竞技中取胜的勇士；第二部分是"神话"（myth），是与勇士有关的神话或故事；第三部分是"尾声"，（epilogue）给出一个道德规训。

下面是水建馥先生的译文，读者不妨尝试用这三个部分的主题结构去理解：

首节

雷霆的投掷者——脚步不倦的至高宙斯！
你的女儿"时光"在华彩的竖琴声中旋舞，
送我来为那最崇高的竞赛作赞歌。
朋友成功后，高尚的人听见甜蜜捷报
立刻就会兴高采烈。
克罗诺斯的儿子，你拥有那习习多风的埃特纳，
你在那山下囚禁过百首的巨怪台风，
请你快来欢迎这位奥林匹亚胜利者，
为美惠女神们而来欢迎这支庆祝队伍，

次节

这队伍象征一种强大力量的不朽光辉，
这队伍来庆祝普骚米斯的赛车，他头戴橄榄桂冠，
一心为卡玛里那城争光。愿天神慈悲，
照顾他的祈求，因为我所称颂的人
热心培养骏马，
喜欢接纳四方的宾客，
他纯洁的心集中于热爱城邦的和平。

我要说的话不掺假，

"考验能测验出一个人"。

末节

因此，楞诺斯岛的妇女

后来对克吕墨诺斯的儿子

才不再不尊重。

他穿上铠甲赛跑获得胜利，

他戴上花冠对许西庇说：

"瞧，我跑得最快，心和手都跟得上。

还未到中年，年轻人

时常也会白头。"

　　品达写这么长的一首诗，当然不只是为了给听众一个"人不要未老先衰"的道德规训，而是要他们感受到诗歌咏唱的魅力，你感觉到了这种魅力吗？恐怕很难吧。这并不奇怪，我们今天确实已经不可能像公元前 5 世纪的希腊人那样被品达的体育颂诗焕发出自然而强烈的激情了。但我们可以从他的"体育诗"来思考我们自己的体育，也思考我们在观看体育比赛时那种难以抑制的激情。

　　古希腊人崇尚体育所体现出来的那种健康的"身心皆美"（καλός καγαθός），而最能展现人健康体魄的便是各种竞技和体育活动。"gymnasium"（体育馆）一词就源自"gumnos"（意即"裸体"）。体育和竞技场所是最适合裸体的地方，古希腊以体育运动为主题的绘画中有无数这样的形象。品达的诗歌其实就是对这种"身心皆美"的赞美。

　　不幸的是，我们今天已经不再这样看待体育。有的运动员为了金牌可以弄虚作假，甚至使用违禁药品。在大多数体育赛事的观众那里，民族主义的激情代替真正的体育精神。现代奥运会一直无法摆脱来自民族主义和体育国家政治化的困扰，最让人难忘的例子便是 1936 年在纳粹德国举办的柏林奥运会。冷战时期，"金牌"被一些国家用作与敌对意识形态进行斗争和显示某种政治制度优越性的宣传工具，使得体育成为国家政治的一个重要组成部分。在意识形态的作用下，奥运不止一次成为分裂而不是融合世界的运动会。体育国家政治化使得奥运发生了不仅可悲而且有害的异化，也损害了从古希腊传承下来的"身心皆美"的精神。

法国传媒研究专家戴扬（Daniel Dayan）指出，体育竞赛有一种双重机制，让观众同时扮演两种实际上相互矛盾的角色：一个是"党派"的角色，也就是我们今天所说的"粉丝"，对竞赛中的一方有强烈的喜爱、同情、偏好或偏袒；另一个是"裁判"角色，要求竞赛有公平的规则，反对在场的裁判人员受情绪影响，偏袒竞赛的某一方。[1] 品达可以说是一位很好的裁判，他赞美的是优秀的运动员，而不是"我们国家"的运动员；是体育本身，而不是能为国争光的体育。他对体育竞赛中胜利者的颂扬，对我们今天仍然有示范作用。

3. 西蒙尼德斯：诗人要吃饭，要钱不丢人

在古希腊诗人当中，西蒙尼德斯不是中国读者最熟知的一位，但我们可能听过这样一句话："画是静默的诗，诗是语言的画。"这就是西蒙尼德斯说的。中国古人也强调"诗画同源"，诗歌与绘画都是宏丽的创造活动，是作者对自然、宇宙、人性的思考和表达。

1　参见：丹尼尔·戴扬、伊莱休·卡茨著，麻争旗译，《媒介事件：历史的现场直播》，北京广播学院出版社，2000 年。

诗人常从画作里汲取灵感，画家也会以写诗的方法作画；画里不乏诗歌甜蜜的温柔，诗句里也能有造型热烈的观感。

西蒙尼德斯是希腊抒情诗人，出生于塞奥斯（Ceos）的伊欧利斯（Ioulis）。希腊亚历山大主义（Alexanderism）的学者将他列入他们认为最值得研究的九位抒情诗人的名单，前面谈过的萨福和品达也都位列其中。

西蒙尼德斯以聪明才智闻名。他声名远播，与他兴趣广泛、多才多艺、阅历丰富有关。他是 4 个希腊语字母（ω、η、ξ、ψ）的发明者，他还发明了如何在头脑里用想象宫殿布局的方法来帮助增强和训练记忆能力，发展出后来的"罗马房间记忆法"（The Roman Room System）。据说传教士利玛窦（Matteo Ricci，1552—1610）快速学习汉字，也是用的这个办法。美国史学家史景迁（Jonathan D. Spence，1936—2021）在他写的《利玛窦的记忆宫殿》（*The Memory Palace of Matteo Ricci*）一书里介绍了利玛窦所运用的记忆方法，据说特别有效。

增强学习记忆能力在罗马和文艺复兴时期都是一项基本的学校教育内容，所以可以说西蒙尼德斯对后世的教育事业也是有贡献的。他是个很实在的人，诗歌文字简单明了，不像品达那么晦涩，因此特别受到讲究实际的罗马人尊崇。罗马修辞学家昆体良（Quintilian，35—96）就曾说过："西蒙尼德斯风格简单，但他的语言恰当有魅力，受人推崇。然而，他的主要优点在于激发怜悯的力量，以至于有些人在这方面喜欢他，胜过其他作家。"

西蒙尼德斯年轻时就离开自己的家乡，去往雅典，在那里度过大部分的人生。他也在叙拉古国王希耶罗的宫廷里度过许多时光，也许在那里遇见过品达。西蒙尼德斯其实是最早为奥林匹亚竞技优胜者写颂歌的诗人，但后来品达在这方面的成就和声誉都超过他，成为体育竞技颂歌写作最有名的诗人。西蒙尼德斯还擅长于写"铭文"（epigrams），许多都是纪念牺牲战士的墓志铭，行文哀伤、诚挚，动人心弦。

铭文是一种简短精悍的文学体裁，类似于警句，后来人们把特定人物写作的铭文或警句汇编成册，一般不会附有任何关于背景的解说，因此不同的阅读者往往会做不同的理解，产生歧义。西蒙尼德斯写的铭文大多数都与希腊的光荣战绩有关，放到今天来说，就是充满爱国的骄傲，所以容易博得一致的称赞。例如：

1. 这把弓箭，是从饱含泪水的战争中休息下来的，悬挂在雅典娜神庙的屋顶下。在人类的斗争中，战斗的吼声经常用波斯骑士的血洗净。

2. 这些盾牌是由狄奥多鲁斯（Diodorus）的水手从仇敌梅迪斯人（Medes）那里赢得的，这些盾牌专门纪念莱托（Leto）参加的萨拉米斯（Salamis）海战。

3. 雅典的儿子们在战争中征服彼奥提亚（Boeotia）人和哈尔基斯（Chalcis）人，使他们在可悲的铁链下不能再傲慢自大。这些是他们仇敌的战马雕像，奉献给帕拉斯（Pallas）作为十分之一的赎金。

4. 你的光芒熄灭了，年迈的索福克勒斯，诗人们中的花朵，戴着酒神紫色花簇的冠冕。

西蒙尼德斯还写过不少碑文，下面这两首都是这样的碑文，颇有英雄主义的豪迈气概：

烈士纪念碑

　　由于这些人的英勇，辽阔的忒盖（一座伯罗奔尼撒半岛上的古城）

　　虽遭兵燹浓烟并未冲上云霄，

　　因为他们要给子孙留下一个繁华

　　自由的城邦，宁愿死在前方。（水建馥 译）

英雄墓

> 这些战士我们永不忘，这是他们坟墓
>
> 为了保卫多羊的忒盖他们战死，
>
> 为了保卫城邦他们拿起长矛，决不让
>
> 声名远扬的希腊头上被夺走自由。（水建馥 译）

西蒙尼德斯虽然不是雅典人，但他热情歌颂希波战争（前499—前448）中的希腊英雄和战绩，因而在雅典声名鹊起。希波战争中，在一个叫温泉关（Thermopylae）的地方有过一场著名的战役，那是公元前480年的事情。一支几千人的希腊部队（包括著名的斯巴达三百勇士）在此迎战数量远远超过他们的波斯大军。双方在此战斗两天，希腊人成功地封锁隘道，以防止波斯人利用巨大的骑兵部队迂回出击。从那时起，"温泉关"就成了一个具有历史意义的代名词，用来指以少数的兵力英勇抵抗强大的敌人。据说为温泉关所撰写的多处铭文都是出于西蒙尼德斯之手，其中之一是"四千伯罗奔尼撒人曾在这里迎战三百万野蛮人"。他有这样一首悼念温泉关阵亡将士的"悼歌"：

> 温泉关的阵亡将士
>
> 生时光荣，死时高尚，
>
> 祭坛作坟墓，哀思作祭碗，赞歌作祭酒，
>
> 这样的墓葬不会摧朽，
>
> 销毁一切的"岁月"无法使它没灭。
>
> 这些勇士的陵墓
>
> 用希腊的威名
>
> 作卫士，由斯巴达王
>
> 勒翁尼达斯作见证，他的英勇和名声

也是永垂不朽。(水建馥 译)

相比之下，西蒙尼德斯在诗里咏唱对人生的感叹，语调经常消极悲观，例如：

> 既生而为人，就莫说明天必将如何，
> 若看见某人幸福，也莫说会有多久，
> 因为即使那霎时飞走的长翅膀蜻蜓
> 也比不上人生变化无常。(水建馥 译)

又例如：

> 人力微小，忧虑无益，
> 短促人生，苦辛相续，
> 死常当头，无可逃躲，
> 一旦命尽，良莠同一。(水建馥 译)

据说西蒙尼德斯文思敏捷，非常高产，但今天能看到的遗作却很少。他倡导宽容和人道，赞扬普通人的善良，并认识到生活给人带来的巨大压力。柏拉图在他的《普罗泰戈拉》(Protagoras)里攻击西蒙尼德斯的一首诗(《残卷·542》)，因为他非常不同意西蒙尼德斯诗里表达的道德哲学。西蒙尼德斯认为，行善是非常困难的，人在某些压力下必定会道德失败，顶多只能得到平庸而有瑕疵的善，因此，一切希望更好的努力，都不过是徒劳。下面就是西蒙尼德斯的《残卷·542》，放到今天来看，也许比他那个古希腊道德理想仍有可能存在的时代更加现实：

对于人来说，要做真正的好人肯定非常困难

——要想一个人的手、脚和头脑都很完美，

完美得没有丝毫缺陷；

只有神才能获得这样的美妙奖赏；

然而，区区凡人，

每当一场灭顶的灾难把他打倒，

根本就没有办法变得不坏。

人总是日子过好了才会善良，

别人对他狠，他就对别人坏，

我们中最好的人，也就是神最爱的人。

在我听来，庞塔库斯（Pittacus）的这个说法并不正确，[1]

（尽管他是一个聪明的人，）他说："做好人很难。"

在我看来，人只要不犯法就已经够好，

如果他还有是非对错的常识。

这就是一个有益于城邦的人，一个正派体面的家伙。

对这样的人我当然不会吹毛求疵。

因为这世界上毕竟还有太多愚人和傻瓜。

按照我的看法，

如果没有太可耻的事情，

那就已经相当不错。

所以我不会在徒劳无益的愚蠢希望上

浪费我短暂的生命，

去寻找那些根本不可能存在的东西——

去当一个完美无瑕的好人——那不是我们凡人能够做到的。

1　庞塔库斯，古希腊政治家和军事领导人，出生于米蒂利尼（Midilli），古希腊七贤之一。

凡人都必须在这个广阔的世界里吃饱肚子。

（当然，如果我碰巧见到一个完美的好人，

我一定会让您知道。）

只要一个人不故意做错事，

我就对他表示赞赏和爱意。

唉，就连神都有被逼急了的时候。

　　西蒙尼德斯在诗里表达的是一种道德现实主义，虽然低调，但符合实际的人性。人性是软弱的，因此不能指望人有太大的道德定力。在崇尚道德理想的柏拉图或任何道德主义者看来，西蒙尼德斯对人性和道德的务实观点恐怕与道德虚无主义或悲观主义没有什么区别。然而，我们今天知道，人性就是这么软弱，在外力的压迫下，人性之善对人世间的恶几乎完全没有抵抗能力。因此，比起柏拉图的"理想的善"，我们更能认同西蒙尼德斯的低调道德观念。这种低调的道德观念不是要取消道德的作用，而是要务实地看待道德的可能，并适当调整对道德行为的期待。尽管不可能人人都成为道德上的英雄，但避免成为道德上的恶棍，却是每一个人都可以做到的。例如，在说真话会遭受迫害的环境下，我们至少应该，也可以把嘴巴闭紧，不说假话，不说违心的谎话，拒绝跟着谎言翩翩起舞。

　　西蒙尼德斯是叙拉古僭主希耶罗宫廷里受欢迎的客人。上节说到品达写过献给希耶罗的颂歌，但西蒙尼德斯与希耶罗之间似乎更有一层信任和知心的关系。公元前4世纪的历史学家色诺芬写过一篇西蒙尼德斯与希耶罗之间的对话，其中，希耶罗对西蒙尼德斯抱怨说，当专制君王简直是活受罪，还不如老百姓过得快乐。西蒙尼德斯劝希耶罗不要这么想，他向希耶罗证明，君王的日子过得再不舒心，也比普通老百姓好得多。那么，叙拉古又是怎样一个希腊城邦？希耶罗又是怎样一位僭主？

摊开一张地中海地图，我们会发现，叙拉古所在的西西里岛几乎位于地中海的正中间。西西里离意大利和北非都不算太远，岛的东北角几乎与意大利半岛的"脚指头"连在一起，西部的一角又与北非突尼斯隔海相望。这样的地缘，使得西西里注定成为各方势力竞逐的舞台。早在公元前550年，已经有三方势力盘踞岛上：东岸和北岸的伊奥尼亚人（Ionians）、南岸的多利斯人（Dorians），及西部的迦太基人（Carthagians）。如果算上中部不为各方所掌控的原住民，则总共有四方势力。其中，伊奥尼亚人和多利斯人是四大族群中最强大的两支，雅典人属于伊奥尼亚人，斯巴达人则属于多利斯人。迦太基人则在很久以前便从小亚细亚的腓尼基殖民到北非、西西里和西班牙。不同势力之间的博弈，造成持久的战争，战争造就强人领袖。因此，僭主在西西里特别盛行。

今天，僭政（tyranny）基本上都翻译为"暴政"，僭主（tyrant）则翻译为"暴君"，暴政或暴君都是严重的贬义词。一个是"作恶的制度"（专制），另一个是"作恶的人"（专制者或独裁者）。但是，公元前7世纪，"tyrant"这个词最初出现在古希腊诗人阿尔奇洛克斯（Archilochus，前680—前645）的诗作里的时候，它只是"僭主"的意思，并没有贬义。僭主指的是"夺位之人"，即不是通过子承父权或人民拥戴而得到王位的人。到了公元前6世纪，僭主开始有了"暴君"的贬义，但远没有今天这么臭名昭著。

雅典也有过僭主庇西特拉图（Peisistratus，约前600—前527），他在雅典两度遭到流放，三度成为僭主。他制定过一系列奖励农工商的政策，以及与大规模海外贸易、建设雅典和文化支持相关的举措。亚里士多德称他为僭主的模范。但他的儿子继位后却未能继续其父的"仁政"，专制的黑暗、奢侈、傲慢引起人民越来越大的不满，终于在公元前510年被群众推翻。在这之后，雅典建立民主制度，西蒙尼德斯也是在这之后来到雅典的。

　　希耶罗是一个有两面性的独裁僭主。他是西西里岛叙拉古城邦的绝对统治者，在他的统治期间，叙拉古的力量大大增强。他最重要的军事成就是在库迈战役（Battle of Cumae，公元前 474）击败伊特鲁里亚人（Etruscans）和迦太基人，从而使坎帕尼亚的希腊人摆脱伊特鲁里亚人的统治。今天，在大英博物馆里还可以看到一个刻有纪念这一事件的铭文的青铜头盔。希耶罗也建立了希腊历史上第一个秘密警察统治，在世界上也是首创。希耶罗时期的叙拉古在文化上达到可以与雅典齐名的顶峰。希耶罗是一位文学和文化的爱好者和保护人，他宫廷里的客人许多都是当时的文化名人，包括戏剧家埃斯库罗斯，诗人品达、西蒙尼德斯、巴库利德斯（Bacchylides，前 516—前 451）、喜剧家埃庇卡摩斯（Epicharmus of Kos，前 530—前 440），还有色诺芬。希耶罗还是一位体育竞技好手，他在奥林匹亚竞技大赛的马赛和战车赛中均获得过胜利。公元前 470 年他在德尔斐（Delphi）战车比赛中获胜时，品达就献给他一首颂歌，庆祝他的胜利，后来还献给他别的颂歌，可见品达对这位君王很有好感。西蒙尼德斯也不止一次去希耶罗的宫廷做客。

　　在雅典，西蒙尼德斯大概是靠写诗为生。他认为，谁要求诗人为他写诗，都应该公平地付给诗人报酬，在中国古代，这叫"润笔"。因此有人说他贪财，"有辱斯文"。西蒙尼德斯似乎不在乎，谁要是不愿意付"润笔"，尽可以让别人免费给他写，但又觉得没有西蒙尼德斯写得好，所以回过头来还得去找他。这叫"一分价钱一分货"，"货卖识家"。在西蒙尼德斯那里，诗作是体面又优雅的商品，即使用付费人的名字为诗署名，那也是体面的付费写作。

　　君子不言财，写诗不为钱，这也许是古老的文人风尚，虽然令人称羡，但也让他们因陷入贫困而不得不仰人鼻息。诗人能够在经济上自主，也就能把腰板挺得更直。西蒙尼德斯的经济观念比较接近我们对脑力劳动者自食其力和有价提供知识服务的想法。后来，公元前 5 世纪出现收学费的"智辩者"（Sophists）教书匠，也可以说是西蒙尼德斯经济观念的传人。

当然，任何新观念都不是容易被接受的，西蒙尼德斯也被人嘲笑为见钱眼开，坊间还流传不少关于他贪财的故事。其中最有名的一个是这样的：有一个叫斯科帕斯（Scopas of Thessaly，约前 6 世纪）的人约他写一首诗，他交稿的时候，斯科帕斯只肯付给他一半讲好的酬金。斯科帕斯的理由是，在这首诗里，西蒙尼德斯还称赞了另一个名叫迪奥斯库尼（Dioscuri）的人，所以另一半稿费该由迪奥斯库尼来付。吃饭的时候，有两位年轻来客请西蒙尼德斯到屋外面谈，西蒙尼德斯走到屋外，却不见那两位年轻人的踪影。就在这时候，屋子坍塌了，里面的人全都压死了，西蒙尼德斯成了唯一的幸存者。这时他才明白过来，原来把他叫到屋外的年轻人中有一个就是迪奥斯库尼。

西蒙尼德斯向斯科帕斯追讨稿酬，用今天的话来说，这是他的知识产权所应得的报酬，而斯科帕斯想赖账，则是一种欺诈行为。以这个故事来看，讲述者是同情西蒙尼德斯的。知识分子"煮字疗饥"，如果不能真正做到经济独立，至少也是在争取经济独立。诗人要吃饭，要钱不但不丢人，而且还是一种尊严的表现。诗人只要坚持自己的信念，卖文不卖人，卖文就不失为一种保持人格独立的做人手段。启蒙运动时代，洛克强调保护私人财产，休谟和斯密主张市场经济，反对国家经济，都是从个人自由和政治自主来着眼的。人只有在经济上先独立，才谈得上政治和人格的独立。西蒙尼德斯不可能有启蒙时代的想法，但他却这么做了，可以说是一个不简单的先例。

五 《伊索寓言》

1. 一个奴隶怎么讲智慧的故事

本章要讲一本我们小时候念过的书,《伊索寓言》(*Aesop's Fables*)。即使没有念过全书,我们至少也会知道一些里面的故事,如《龟兔赛跑》《农夫和蛇》《酸葡萄》《狼来了》《北风和太阳》等。

作者伊索的生平没有确切的记载,据说他生活于约公元前 7 世纪至前 6 世纪。伊索的名字最早出现在希腊历史学家希罗多德的史学名著《历史》的第二卷中。希罗多德,生活在公元前 484 年至前 425 年,比伊索晚大约一个半世纪,下文也会专门谈到。希罗多德推测,伊索是一个叫伊德蒙(Iadmon)的主人的奴隶。

现在一般认为,伊索来自弗里吉亚(Phrygia)或利迪亚(Lydia),曾在萨摩斯(Samos)当奴隶。传说伊索相貌丑陋且有语言障碍,但由于机智,他被主人伊德蒙释放,成为自由人。这之后,他可以参与公共事务,曾经游历希腊各城邦,有一段时间住在科林斯湾(Gulf of Corinth)。

还有传说,伊索因亵渎神灵而被判死刑;另一种说法是,一群愤怒的德尔斐人(Delphians)在他身上放了一个金碗,栽赃他偷窃,把他从悬崖上扔进海里，杀死了他。

《伊索寓言》是口语文化的产物，虽然人们一般认为是伊索创造了"寓言"这种文学形式，但早在伊索出生前一两千年，苏美尔人（Sumerians）和阿卡德人（Akkadians）就已经有了动物寓言。除动物之外，植物、工具和自然现象也是寓言故事的主角。根据目前的资料和研究成果推测，苏美尔人的动物寓言很有可能是《伊索寓言》的原型。

伊索讲寓言故事全凭记忆，没有所谓的文稿。故事的主角多为动物，讲述动物之间的互动，如鹰和夜莺、龟和兔、蚂蚁和蚱蜢等。哲学家法勒鲁姆的德米特里（Demetrius of Phalerum，约前350—约前280）编写了世界上第一部《伊索寓言》，原书收有故事约两百则，但早已失传。德米特里是亚里士多德的再传弟子。

1世纪初有菲德洛斯（Phaedrus，前15—50）用拉丁文撰写的《伊索寓言》五卷。2世纪又有拔勃利乌斯（Babrius）以希腊韵文写的寓言共122则。罗马人亚微亚奴斯（Avianus，约4世纪）又以拉丁韵文写了寓言42首。15世纪君士坦丁堡的修道士普拉努得斯（Maximus Planudes，1260—1330）收集的《伊索寓言》有150则，后由巴勒斯（Bonus Accursius，？—1485）印刷出版，普拉努得斯并因此被教会迫害。教会认为普拉努得斯根本没见过《伊索寓言》，只是以伊索的名义自行编造。季羡林在《佛经故事》序里认为，《伊索寓言》故事本源出自佛经。《伊索寓言》在中国的介绍和翻译经历也值得一提：据维基百科介绍，利玛窦在著作《畸人十篇》（徐光启笔录，1608）引用过一些伊索寓言，但中国最早的《伊索寓言》译本是1625年由比利时传教士金尼阁（Nicolas Trigault，1577—1628）口授、教友张赓笔录的《况义》（"况"指"比喻"）。该书在西安出版，共收寓言22篇，据记载，巴黎国立图书馆藏有两件手抄本。

1837 年，广州一家教会出版了英汉对照的《伊索寓言》，名为《意拾蒙引》（"意拾"即"伊索"的另一种译法），译者署名"蒙昧先生"，共收寓言 81 篇，不知何故一度遭禁，但于 1840 年重印。此版本附有汉字的罗马化拼音，主要是供外国人学习中文之用。19 世纪 60 年代，香港英华书院曾经翻译此书，名为《汉译伊苏普谭》，将伊索的"Aîsôpos"翻译成伊苏普，"谭"即故事集（如《天方夜谭》）。1876 年原书经日本翻刻，在东京出版。 最早使用"伊索寓言"这个书名的是林纾，他的版本于 1902 年出版，由严璩（严复的长子）口授。1949 年后，出版社组织了几个从古希腊语直接译出的《伊索寓言》：周作人（周启明）独力完成的译本、罗念生等多人合作的译本。

传说中伊索的长相"黝黑，高大，结实，短臂，厚唇，是典型的军人"。后来因为才学而被主人释放，成为自由人，以善讲寓言故事闻名。他曾经面会过梭伦（Solon，前 630—前 560）、泰勒斯（Thales，约前 624—约前 546）等古希腊七贤。他到雅典时，对雅典人讲了《请求国王的蛙》的寓言。

若以为伊索的故事大多是儿童读物，这就可太看低了伊索。他对雅典人说的《请求国王的蛙》就有深刻的政治哲学意味：

> 蛙因为自己没有元首，很不高兴，派代表到宙斯那里去，请求给他们一个国王。宙斯看出来他们的蠢笨，将一枝木橛投向那池塘里去。那些蛙最初（听了木头落下的声音）大为惊骇，都钻到池塘的底里去了。可是后来因为木头一点不动，那蛙游到水面来，终于看他（木头）不起，大家爬上去，坐到他的上面了。他们觉得有这样一个"王"很不体面，又走到宙斯面前去，请求给他们换一个国王，因为前回的一个太迟钝了。宙斯对他们生了气，便差一条

水蛇往他们那里去，那些蛙就都被它抓来，吃了下去了。

为什么伊索要对雅典人讲这个故事？这得从公元前 6 世纪的雅典政治生态说起。这个故事明显地影射雅典民众在民主政治和僭主政治之间的摇摆不定。

前文讲到，僭主政治是一个人独掌权力的专制独裁。公元前 6 世纪下半叶，雅典出现僭政，这是雅典政治的一个特殊时期。在这之前，公元前 594 年，以睿智闻名的贵族梭伦曾受雅典人委托为雅典立法，这是雅典历史上一件划时代的大事。

梭伦写诗为他的改革正名。其中很多段落流传至今，反映其改革的基本理由。他一方面谴责有钱人为富不仁，一方面控制穷人过火的反抗行动。他认为人类生活的诸多问题来自对金钱的贪欲。他经常告诉听众：财富稍纵即逝。他说："作恶的人每每致富，而好人往往受穷。"他接下来又说，他不会拿自己的德行去和有钱人的财富交换，"因为道德是永存的，而财富每天都在更换主人"。[1]

梭伦的律法铭刻在一种特殊的木板上（称为 axones），置于集会（agora）场所中央公之于众。公元前 6 世纪初期，能识文断字的人并不多，所以这也就显得特别神圣。雅典人同意该法律的有效期为一百年，每一位执政官都必须宣誓，如果他违反了这些法律中的任何一条，就要在德尔斐城献立一座金像。这些都完成以后，梭伦就离开雅典四处云游了。他这样做一方面是想要游历世界各地，另一方面则是防止有人企图说服他修改法令。

梭伦并不是一位民主主义者，他的改革也无意改变雅典社会各阶层之间的关系。然而，在公元前 5 至前 4 世纪的雅典，人们称梭伦为"民主之父"却也是有道理的。

1　参见：普鲁塔克著，黄宏煦主编，陆永庭、吴彭鹏译，《希腊罗马名人传》第五章，商务印书馆，1990 年。

　　然而，就在梭伦立法 34 年后，公元前 560 年左右，庇西特拉图通过政变，篡夺了雅典的权力，成为一位僭主，也就是一切由他说了算的独裁者。他是梭伦的一位远亲，他的支持者中有不少是贫穷的城市居民。根据希罗多德在《历史》中的记载，庇西特拉图是一位心计很深的人，懂得如何蛊惑民众。有一次，他故意弄伤自己和骑坐的骡子，然后佯称是敌党分子所为。这是我们今天早已熟悉了的苦肉计，用阴谋论和制造敌人的方式来攫取权力。1933 年 2 月 27 日，德国纳粹党策划国会纵火案（焚烧柏林国会大厦）借以打击德国共产党和其他反对纳粹主义与法西斯主义的力量，使的就是这一招。

　　据说梭伦云游归来后，曾试图警告雅典人不要受他这位亲戚的愚弄，但丝毫没有起到作用。庇西特拉图在公民大会里安插许多自己人，之后通过公民大会选举组建卫队，并依靠这支武装力量占领雅典卫城，掌握政权。尽管如此，没有雅典民众的支持，这仍然是难以办到的。

　　民众总是在民主和专制之间摇摆不定，他们既向往民主，也期盼有英明领袖和政治强人为他们做主。雅典的僭政是在民众的支持下才得以实现的。我们无法确切知道，伊索对雅典人说的这个《请求国王的蛙》的故事，是不是直接针对这样的民众心理，但用来了解和解释这样的心理却是非常贴切。

　　民主政治的效率比不上个人独裁，雅典人就像故事中那个池塘里的青蛙，他们需要领袖。民主领袖就像是一枝木橛，他们嫌这样的领袖没用，要求一个强人领袖，于是便有了一个。这就像第一次世界大战后的德国，德国人嫌民主的魏玛政府太软弱，没有效率，成不了大事。于是，他们拥戴希特勒。希特勒就像是宙斯丢进水塘的水蛇，结果青蛙被水蛇吃掉了。这样的故事一直在人类历史中重演，能说《请求国王的蛙》不是一个充满政治智慧的故事吗？

当然，这样的故事儿童是听不懂的，但他们仍然会觉得有趣。即使是成人，也不一定会明白它作为政治寓言的含义。这是因为不同年龄或不同思考能力的人，阅读理解的层次和联想是不同的。这在动物寓言这种形式的文学中似乎表现得更加突出一些。因为动物寓言很简短，没有多少上下文的语境，解释也就可深可浅。

有的人觉得《伊索寓言》太"浅"，只能用作儿童读物，但也有人认为它其实是"儿童不宜"的，会教坏儿童，使他们太老于世故，心术不正。钱钟书有一篇《读〈伊索寓言〉》的文章，就半真半假地表达这样的意见。其实，大人给小孩阅读《伊索寓言》或让他们自己阅读，就像阅读中国古代的成语故事。开始经常不过是讲些有趣的故事，孩子能理解的相当有限，但随着年龄和阅历的增长，不少故事会在他们的记忆里发酵，理解也会逐渐加深，变得越发真切。当遇到有关的情境或事情，就会觉得有一种自然而然的表述语言，可以用来诉说自己的情感，分享自己的感受。

例如，一个人小时候读过《农夫与蛇》或者《东郭先生》的故事，长大后成为老师。他为自己的学生付出心血，却被学生恩将仇报，告发或举报他的"罪行"。这时，那些寓言故事就会自然而然地涌上他的心头，产生一种宣泄，心情或许会因此稍有舒缓。这也是人们在抑郁苦闷的时候，独自回味历史或文学故事的心理平复和慰藉。

《伊索寓言》的英文翻译者劳拉·吉布斯（Laura Gibbs）认为，伊索寓言的儿童读物化是从 1692 年罗杰·莱斯特兰奇（Roger L'Estrange）的英译本开始的，该译本的"目的是'让孩子们对他们的责任有一定的认识和理解'"。而在古代，"希腊和罗马的伊索寓言是由成年人讲的，也是为成年人讲的，而不是儿童。然而，这并不意味着古代寓言不具有说教的目的。事实上，恰恰相反：寓言中的说教道德是该类型的最有特色的元素之一"。劳拉·吉布斯指出，虽然没有关于伊索寓言的严格定义，"但故事的寓意最能将寓言与其他类型的幽默轶事或笑话区分开来：笑话有打趣，但寓言有道德。通常情况下，故事的寓意由故事中的一个人物在故事的最后一句话中表达出来，这与笑话的打头语所占据的位置相同。然而，与打趣话不同的是，寓言传达的是一个信息或教训。故事里宣讲道德者纠正的错误，可能是他自己的错误判断，也可能是故事中另一个人物的错误判断"。[1]

伊索的《野驴或和驯化驴的故事》（寓言 4）就是一个例子。"一头野驴看到一头家驴站在阳光下。野驴走近家驴，祝贺它身体状况良好，饮食也很好。后来，野驴看到那头家驴背上驮着东西，一个人在后面用棍子赶着它走。这时，野驴说：'好吧，我当然不会再羡慕你的好运气了，因为你为你的好日子付出了如此高的代价！'"故事是从野驴的角度叙述的，野驴做了一个错误的判断：它以为站在阳光下的家驴过着令人羡慕的生活，就像 20 世纪 30 年代到纳粹德国旅游的西方人觉得德国人在纳粹统治下过着非常幸福的生活，而当时的纳粹媒体也正是这么宣传的。故事里的野驴亲眼看到，长相光鲜的家驴其实是没有自由的，不得不忍受苦役和虐待。这时野驴意识到自己错了，并在寓言的最后一句话中表达他的新认识。虽然野驴看上去是针对家驴说的（"我当然不会再羡慕你的好运气了"），但这则寓言的含义却具有普遍的适用性，这层意思在寓言中被揭示出来，并通过语言表达出来：聪明的野驴大声说出的不仅是它，而且也是千千万万现代人通过认识极权主义现实真相学到的教训。

有的寓言则是通过两个人物之间的戏剧性互动来展开的，如著名的《洞中狐狸和狮子的故事》（寓言 18）。"一只狮子变得又老又

1　Laura Gibbs, Trans., *Aesop's Fables*, Oxford: Oxford University Press, 2002, 15-16. 以下文中伊索寓言的编号均来自此书。

弱。它假装生病，这只是一个诡计，目的是让其他动物来向它致意，它好把它们一个个吃掉。狐狸也来见狮子，但它只是在洞外问候狮子。狮子问狐狸，你为什么不进来。狐狸回答说：'因为我看到了进去的人的足迹，但没有人出来。'"在这个故事中，狮子试图引诱狐狸犯一个致命的错误，像其他愚蠢的动物一样走进它的山洞。然而，狐狸并没有被愚弄，它在寓言的最后一句话中解释了它明智的推理。狐狸和狮子之间戏剧性的紧张关系以对狐狸有利的方式得到解决，而狮子则不得不挨饿。这则寓言提供的是一项积极的经验，那就是，跟那些行为一向凶狠残暴的家伙打交道，最好还是多留一个心眼。

但是，更多的情况是，《伊索寓言》提供的是负面的典范，一个最好要避免的错误判断或愚蠢行为。例如，贪婪的生物在《伊索寓言》中经常落得一个坏结局。在《鹿与藤蔓的故事》（寓言 80）里，"一只鹿被猎人追赶，躲在葡萄树下。猎人没有看见，走了过去。于是，鹿转过头来，开始吃葡萄树的叶子。猎人回来了，当他看到这只鹿时，他投出了他的标枪，击中了它。在它死的时候，鹿对自己呻吟道：'这是我应得的，因为我伤害了救我的藤蔓！'"。

从亚里士多德开始，寓言（Fables）就被看作一种现实的隐喻，一个虚构的故事，给社会现实提供一种寓意性的参考。但 Fable（寓言）并不等于 Allegory（寓意）。[1] "寓言"是一种故事形式，而"寓意"则是一种释义方式（隐喻）。寓言的虚构性来自使用虚幻的人物（会说话的动物、树等）或刻板的人物（如"旅行者"），它们像人一样思考和行动，发现自己处于人类互动的情况下（如友谊、战争、辩论），并展示它们对人类在类似情况下应该遵循的行动规范的看法。希腊人倾向于将虚构故事用作传达普遍道德原则和价值观

---

1 Gert-Jan van Dijk, *Ainoi, Logoi, Mythoi, Fables in Archaic, Classical, and Hellenistic Greek Literature*, Leiden: Brill, 1997, 36.

的一种有用手段。对他们来说，关键问题不是虚构，而是虚构的道德用途。寓言是"为了说明真相而编造的故事，而不是一个真实的故事"。[1]

2. "酸葡萄"：从"坏事变好事"到"幸亏有坏事"

在古代文学中，寓言几乎从来不是作为一个故事本身来讲述的，不是为了叙事而叙事，而总是作为寓言作者（或言说者）想要提倡或指责的特定道德态度的说明，称为"典范"（exemplum）。寓言经常是带着或明或暗的目的来讲述的，经常也被插入更大的文本之中，用来补充文本中阐述的思想。任何一则寓言，它之所以流行，之所以成为一个人们都知道或应该知道的故事，是因为它联系着普通人的经验。正是这种与现实的联系，赋予寓言虚构故事及其典范信息一种可贵的真实保证。

所谓"典范"，经常是一个简短或延伸的、真实或虚构的道德轶事，用来说明一个观点。"典范"说的是具有典型意义的行为或事迹，如中国文化里的孔融让梨、孟母三迁、韩信受胯下之辱、刘备三顾茅庐等。虽然可以把这些当有趣的故事来讲和听，但这些并不只是有趣的故事。

在西方古代作品里，典范故事不被当作一个独立的故事类别，有论者指出，"古典时代的书面寓言只存在于一个背景中，而不是讲述的目的"。[2] 而且，寓言的应用几乎总是取决于具体的环境和需要。寓言只是用来说明当下的某种情况，而不是普遍的意义。在这一点上，《伊索寓言》似乎是古典寓言的一个例外，因为它恰恰不

1　H. J. Blackham, *The Fable as Literature*, London: Bloomsbury Academic, 1985, ix.

2　B. E. Perry, "The Origin of the Epimythium", *TAPhA* 71 (1940): 391-419, 92.

需要故事有一个具体的背景，而是表达某种普遍意义。

在具体背景下用寓言故事来有效地表达意思，这在古代希腊作品中是常见的，希罗多德的《历史》（I. 141）中就有这样的例子。具体的背景是这样的："在波斯人征服了利迪亚人之后，伊奥尼亚和爱奥里斯的希腊人立刻派遣使节到撒尔迪斯的居鲁士那里去，请求他以与克洛伊索斯相同的条件接受他们为自己的臣民。居鲁士倾听他们的建议并且给他们讲了一个寓言作为回答。"

居鲁士说了这样一个寓言故事，"有一次一个吹笛的人在海边看到了鱼，于是他便对鱼儿吹起笛子来，以为这样鱼儿就会到岸上他所在的地方来。但是当他最后发现自己的希望落空的时候，他便撒下了一张网，而在收网之后打上了一大批鱼来；他看到鱼在网里跳得很欢，就说：'我向你们吹笛子的时候，你们既然不出来跳，现在你们也就最好不要再跳了'"。这个故事的意思是很明显的：敬酒不吃吃罚酒，到吃罚酒的时候，就太迟了。

希罗多德写道，"居鲁士之所以这样答复伊奥尼亚人和爱奥里斯人，是因为当他派使者到他们那里去敦促他们背叛克洛伊索斯的时候，他们拒绝了；但现在，当他已经大功告成的时候，他们却又来表示归顺之意。他在回答他们的时候是很生气的。伊奥尼亚人听到这番话之后，就各自着手防御自己的城壁"。他们听懂了居鲁士寓言的意思，知道厄运在等待着他们，所以赶紧回去想办法做准备。

在希罗多德的《历史》里，寓言只是作为一种说服性的修辞手段，《伊索寓言》虽然也可以被看作一种说服性的修辞手段（经常被用在演说里），但对象和环境都没有限制，因此更具有普遍意义的阐述可能。这可以从挪威政治学家和社会学家乔恩·埃尔斯特（Jon Elster）对伊索寓言《狐狸和葡萄》的精彩解读中清楚地看到。

故事是这样的：在饥饿的驱使下，一只狐狸试图够到高挂在葡萄藤上的一些葡萄。虽然它用尽全身力气跳跃，但还是没能够到葡萄。狐狸离开时说："哦，你还没有成熟呢！我不需要酸葡萄。我不需要任何酸葡萄。"[1]

那些对自己达不到的东西说三道四的人，最好把这个有启发性的小故事应用到自己的生活中。

这个寓言故事给了我们一个家喻户晓的"酸葡萄"说法——吃不到葡萄说葡萄酸。乔恩·埃尔斯特在《酸葡萄》(*Sour Grapes: Studies in the Subversion of Rationality*)一书中用"酸葡萄"来代表一种普遍的社会心理现象：人为了适应逆境中的条件限制，会做出非自愿的选择，并把这种选择当作他的自由，进而自愿抛弃自己先前的理性选择。

这也就是我们在故事里看到的：狐狸本来是想吃葡萄的，但由于条件不允许，就选择不吃了。不仅如此，它还否定了自己先前想吃葡萄的合理愿望。

当一个人在"想要做什么"和"不能做什么"之间出现紧张关系的时候，就会出现心理上的不协调。[2] 为了降低和消除这种不协调，最方便的办法就是调整选择，这样才能适应"不能做什么"的现实。狐狸因为吃不到葡萄，所以调适了选择："我不要了。"狐狸不只是"不要"，还给自己一个"应该不要"的理由："葡萄是酸的，不好吃"，把本来不得已的事情，当作自己的自由选择。

在现实生活中，人的心理调适比狐狸的复杂得多。人的选择一旦受到外力限制，在认知上就很难不多不少地精准调适，经常会变成"过度调适"(over-adaptation)。例如，18 世纪法国大革命前有出版物的审查制度，许多作家担任审查的工作，审查其他作家的作品。他们经常比国王或教会委派的审查官更加严厉，因为他们当作

1　Gibbs, Trans., *Aesop's Fables*, 238.

2　Jon Elster, *Sour Grapes: Studies in the Subversion of Rationality,* Cambridge: Cambridge University Press, 1983, 117.

家时先已经培养出一种"自我审查"的心理习惯。审查成为他们的适应性选择，他们所做的经常是过度自我审查，因为他们不知道恰当的审查尺度到底在哪里。在审查其他作家的作品时，他们会把一件本来是不得已才做的事当成一件应该去做的事，不仅应该去做，而且应该做好。埃尔斯特指出，拉丁语中有"Amor fati"（爱上命运）的说法，英语中有"making a virtue of necessity"（把非做不可的事装成自愿做的）的说法，指的都是过度调适。

"酸葡萄"的反面是"禁果甜"或"甜柠檬"。前者指的是，越是得不到的就越好，与"得不到的就不好"正好相反。这在中文里的说法是"这山望着那山高"，在英语里叫"The grass is always greener on the other side of the fence"（篱笆那边的草更绿）。"甜柠檬"指的是，既然只有糟糕的选择，那就把糟糕的选择变成好的选择。

"酸葡萄"与"甜柠檬"经常是同时存在的：我得不到葡萄，所以不管甜不甜，都是酸的；柠檬是我自己的，所以不管酸不酸，都是甜的。民国初年的著名学者辜鸿铭就是一个"甜柠檬"的大家，他为"妇女裹小脚"和男人纳妾制度辩护，因为那是他所认同的中国文化的国粹。文化或政治上的排外主义与民族自大经常成双成对，这是"酸葡萄"和"甜柠檬"的相互搭配。

法国文化学家保罗·韦纳（Paul Veyne）对"酸葡萄"的政治见解是："酸葡萄很容易让臣民赞美统治者。"这里有两个心理过程：第一，臣民因为得不到自由而嫌弃自由；第二，他们因为无法摆脱专制而转向拥护专制。这个转化过程把被迫的奴隶变成心甘情愿的奴才。奴隶是一种身份，奴才是一种心态。主子不给你自由，你被迫成为他的奴隶；但如果你不但不憎恨主子，反而对他爱戴有加，歌功颂德，那么你也就从奴隶沦落为奴才。奴才是心理变态、人格扭曲的奴隶，而奴隶并不都会变成这样的奴才。

事实上，如果奴隶不愿意，主子并没有办法把奴隶变成奴才。奴隶是不得已的，奴才是自己选择的。奴隶憎恨主子，只有当他选择敬爱主子，他才变成奴才。主子可以压迫奴隶，但无法强迫奴隶从心底里敬爱自己（当然可以装装样子）。敬爱主子必须是奴才自愿的选择。

臣民敬爱暴君也是同样性质的适应性选择。他们在得不到"葡萄"的情况下，为自己编造"柠檬甜"的神话。在奴性臣民的"柠檬甜"神话里，压迫不再是压迫，而是变成了"爱护""关怀""保护"。他们靠主人过日子，吃主人的饭，就要懂得感恩，就不能"砸主人的锅"。埃尔斯特认为，这是对主奴关系的一种意识形态理解，归根结底，造成这种意识形态的是主子的压迫，而不是奴隶的适应。他对此指出："被压迫者（奴隶）也许自动编造了压迫的合理性，但这不等于说压迫是他们发明的。"[1]

在奴隶不得不接受压迫的情况下，较仁慈的主子比残暴的主子要好。因此，奴隶经常会对较仁慈的主子（往往是在残暴主子的对比之下）报以热爱和歌颂。有一首诗叫《奴性是怎样炼成的》：

> 第一天抽了他 100 鞭子
> 他很愤怒，但没敢说
>
> 第二天抽了他 80 鞭子
> 他看到了生活的希望
>
> 第三天抽了他 50 鞭子
> 他夸抽他的人进步了

1　Elster, *Sour Grapes*, 115.

第四天抽了他 30 鞭子

他跪下感动流涕

第五天抽了他 20 鞭子

他感恩戴德

第六、第七天他已经习惯在感动中挨鞭子

并开始用鞭子抽那些同情他的人

这是一种酸葡萄机制的"操控"（manipulation）效果，埃尔斯特指出："酸葡萄可以让人们满足于自己所能得到的那一点点东西。"[1]生活在专制下的人们很容易满足于统治者给予他们的恩惠，尤其是物质享受和提供安全感的稳定。有了这些"好东西"，他们对得不到的其他好东西变得不再那么有兴趣，甚至把有些好东西当成坏东西来加以排斥。例如，他们会告诉自己，那些他们得不到的东西——自由、权利、尊严——原本就是不值得希求，甚至是有害的价值观。这也就是埃尔斯特所说的："故意给人们一些选择，目的是排除他们对另一些可能选择的向往。"[2]

政治和社会学家斯蒂芬·鲁克斯（Steven Lukes）在《激进权力观》（Power: A Radical View）一书里说："一个人可以对另一个人动用权力，逼他做不肯做的事情，但也可以利用权力来影响他，让他自己觉得愿意这么做。让别人愿你所愿，通过控制他们的思想和愿望来让他们听你使唤，这不是更高明的权力手法吗？……思想控制可以用更加日常生活化的手段来实现，如控制媒体消息和对个体的社会化。"对鲁克斯的这番话，埃尔斯特进一步提出一个问题：

1　Elster, *Sour Grapes*, 115.

2　Ibid, 114.

统治者改变被统治者的想法，使之与自己的统治需要相一致，这是统治者在被统治者的头脑里装进他们原来没有的想法（洗脑的结果），还是在利用他们头脑里原本就已经有了的某些想法？

统治者并不能把民众从来没有的想法、情绪和思维方式强行植入到他们的头脑中。统治者必须巧妙利用民众头脑里原有的东西，使之为自己的统治利益服务。例如，一些老百姓本来就盼望有"好皇帝"和"父母官"的保护，这种想法对统治者有好处，所以统治者就把自己装扮成慈父和大救星。所以埃尔斯特说："酸葡萄是严格意义上的内因作用，而不能用外因来解释。臣民习惯于听天由命，这对统治者是有利的，但是，要让臣民能够听天由命……则需要他们觉得听天由命对自己是最有利（最好）的选择。"[1]

专制统治制度在有专制文化传统的国家里最为有效，也最能保持稳定。这是因为，那里的人民从来就不知道自由究竟为何物。所以最可能以一种怀疑、抵触的态度对待自由。让人民不爱自由的最佳方法不是批倒、批臭自由，只要让他们怀疑自由就可以。从未享有过自由的人民不是不知道世界上有"自由"这回事，也不是不知道世界上别的地方的人民珍爱自由，而是他们不能理解为什么。由于他们从来没有亲身体会过自由的好处，他们很容易就会相信，他们所没有的自由是不好的（酸的），而他们目前的处境要比有自由好得多（是甜的）。

"酸葡萄"是一种不自由状态下民众与权力的特殊关系，其适应性选择趋向于过度调适。托克维尔（Alexis de Tocqueville，1805—1859）已经注意到法国人有"一做奴隶，就会争取做超级奴隶"的现象，埃尔斯特认为，这是一种人类普遍现象。[2]他指出，"酸葡萄"的过度调适有一个特点，那就是，一旦如此，便欲罢不

1　Elster, *Sour Grapes*, 116.
2　Ibid, 118.

能。但是，这种欲罢不能与普通的"上瘾"又有所不同。上瘾只是无法摆脱，而适应性选择的欲罢不能，则是因为这一选择包含已付出的代价。这就像结了婚的人，离婚后重新选择会有许多现实的障碍；另做选择也意味着浪费已付出的代价，因此无法回头另做其他选择。[1]许多人入了帮派或政党，即便后来极度失望，也再难退出，这也就是人们常说的"上了贼船"。他们只得硬着头皮，打肿脸充胖子，声称对自己的选择无怨无悔。

这种"硬着头皮"的选择效应会对他人有欺骗和误导的作用。更有甚者，人一旦做出某种不理想的选择，即使是无奈的，也经常趋向于夸大这种选择的好处，竭力向别人表明自己所做的选择是正确的、最好的。[2]哪怕事实证明这个选择是错误的之后，他也仍然可能死不认错，变本加厉地为自己的选择辩护。埃尔斯特说："'酸葡萄'会导致对未选择的可能竭力贬低。因为自己选择了，所以把自己的选择看成或说成是特别重要的。"[3]在中国，不少上了年纪的人当过知青，或许有小部分人，一辈子庸庸碌碌，到头来却偏偏说自己"青春无悔"，这不只是欺骗自己，而且也是误导他人。当然，这很可能并不是有意识的欺骗，而是一种对选择的评估机能失调。

美国心理学家费斯汀格（Leon Festinger, 1919—1989）的研究可以帮助我们认识这种评估机能失调。费斯汀格心理研究观察的是20世纪50年代初芝加哥一个叫"追求者"（Seekers）的地方教会，教会首领向教众宣布，1955年12月25日，一场洪水将会摧毁世界，而外星人会驾着飞碟来解救他们。"追求者"们为世界末日做好一切准备，辞去工作、变卖家产，甚至把裤子上的铜拉链都剪掉，以免妨碍飞碟的电子通信。结果，当那一天到来时，世界并没有毁灭。

---

1 Elster, *Sour Grapes*, 121.

2 Ibid, 120.

3 Ibid, 122.

按理说，这些做出错误选择的人应该清醒了，但完全出乎预料的是，这些付出重大代价的信徒不但没有改变他们的信念，反而更加相信自己做出正确的选择。他们认为，世界没有按原计划毁灭，是因为他们迎接死亡的虔诚态度感动上帝。预言失败不仅不是坏事，还是好事；不仅是坏事变好事，而且是幸亏有坏事，帮助他们坚定自己的信仰。

几千年来，人类的心理并没有产生根本的变化。《伊索寓言》多以人类心理的弱点和缺陷为素材，故事主角虽然是动物，但讲的其实是人的故事。今天，我们可以把《伊索寓言》当古代的智慧之书来读。之所以智慧，因为真实，因此有用，对孩子对成人都是这样。智慧的种子播撒在孩子心头，就会随着他们长大而渐渐增长。但是，智慧的增长是有条件的，那就是你珍惜智慧，不要错过任何一个接近智慧的机会。阅读《伊索寓言》或中国的先秦寓言都是这样的机会。

3.《伊索寓言》为什么不同于先秦寓言？

前文提到，《伊索寓言》是古希腊口语文化的一部分。在没有文字的情况下，口语表达可以存在，而且从历史上看，口语文化多半是在没有文字的情况下出现的；反过来，文字绝不可能离开口语文化而存在，一切言语都根植于口语之中。《伊索寓言》长期被文学研究或文学史所忽视，一个重要的原因是，似乎无法对它进行"语言研究"。语言研究始终把注意力集中在书面文本上而不是口语上，原因是语言研究本身和文字是拴在一起的。相比之下，中国文字性很强的先秦寓言就更受到语言研究的重视，关注于先秦寓言的"语言艺术"或"语言魅力"。

就《伊索寓言》缺乏语言文字的可研究性而言，它更接近于中国或其他国家的"民间故事"。这些故事是古老的口头"民间智慧"，未必有什么深奥的哲理，也不倚重修辞，而是常识、常情、常理。《伊索寓言》说的也都是常识、常情、常理。

《伊索寓言》和荷马史诗都是口语时代的产物，但在希腊文化中的地位却相当悬殊。荷马史诗是英雄故事，代表着希腊文化的传承。相比之下，《伊索寓言》只是流传于民间的故事。荷马史诗需要通过特殊的行吟诗人才能被保存，而《伊索寓言》则在普通人的口耳相传中就能存活。这二者的不同在于，一个承载的是英雄的高大形象，而另一个则巧妙地运用自然界造物的奇异古怪形象。

担负文化传承重任的口语文化在今天的一些非洲文化里仍然可以看到。例如，非洲西部的文明由于长期的外族侵略、占领和殖民，还因为没有自己的书写文字，它的文化传承完全依赖口语。非洲西部至今仍有区分社会阶级的传统制度，其中有一个叫作"葛理欧"（Griot 或 Griotte）的特殊族群，是一群天赋异禀、记忆力绝佳、嗓门洪亮、熟练掌握语言和语韵、出口成章的诗人。他们世代相传，有男有女，以传颂家族或部落的历史、上代的战争、各族群间胜利或惨败的经历为生。

他们是族群记忆的保存人，是族群文化的传承者。马里哲学家阿玛杜·巴（Amadou Hampâté Bâ，1900 或 1901—1991）说："一位非洲老人的逝世，等于一整座图书馆被焚毁。"如果说荷马是一座"希腊图书馆"的话，那么伊索应该不是这样一位文化人物，他的寓言也不是这样的作品。迄今为止，还没有发现任何记载说，所有的"伊索故事"都是由他一个人保存的。而且，这些故事是散文而不是诗歌，它们的传播方式也与专门的诗歌吟唱不同，无须专门的吟游诗人。

《伊索寓言》一直到公元前 4 或前 3 世纪才由雅典智辩家、政治家、哲学家、作家法勒鲁姆的德米特里编纂写成。有研究者认为，一些文集中的寓言可能并非真的是伊索自己所说的故事。

不管怎么说，这些故事肯定是在口语文化中流传的。倘若不流传，它们就死亡、消失了。可以想象，伊索时代还会有其他的口头文学作品，因为不流传，所以没有被保存下来，我们今天也就无法知道它们的存在。

那么，流传下来的寓言具有一些怎样的口语文化特征？或者说，是一些什么样的特征，使得这些作品得以流传，直到后来被人用文字保存下来？

沃尔特·翁在《口语文化与书面文化》里认为，口语文学的一个重要特征就是它所描绘的人物。他写道："原生口语文化和早期书面文化的英雄传统具有大量的口语文化遗存……对其最佳的解释是口头诗歌发展过程的需要，'厚重'（heavy）的人物最有助于口头记忆，他们是纪念碑式的、值得纪念的人物，一般是公众人物。于是，他们的精神体系就产生高大的形象，即英雄人物的形象。英雄形象的产生不是出于浪漫，也不是出于自我教育，而是出于更加基本的需要：用一种永恒记忆的形式去组织经验。没有色彩的人物不可能在口头记忆中保存下来。为了确保人物的厚重和易于记忆，英雄人物往往是类别分明的：贤明的涅斯托耳（Nestor）、暴怒的阿喀琉斯、多谋的奥德修斯、无所不能的姆温多（Mwindo，其名号是'一降生即步履矫健'）。"[1]前三位是我们在荷马史诗里看到的人物，姆温多是刚果伊昂加人（Nianga people）的史诗英雄，神话中的部落首领。

有的故事虽然有书面记录，成为书面文化的一部分，但却有口语文化的遗存，《伊索寓言》就是这样。沃尔特·翁指出，在这种

1　沃尔特·翁著，何道宽译，《口语文化与书面文化》，第 52—53 页。

有口语文化遗存的作品里，口语文化的人物特征仍然起作用，这些特征经常是奇异古怪的，所以让人印象深刻。他说："比如，在给儿童讲童话故事时，极其天真的小红帽、深不可测而凶恶的大灰狼、高得难以想象的豆秆，以及攀爬豆秆登天的杰克……奇异的想象在这里有助于记忆：独眼龙比双眼怪兽容易记，三个脑袋的刻耳柏洛斯（Cerberus）比一个脑袋的狗容易记。"[1]

同样，我们可以说，会说话的乌鸦或狐狸比会说话的农夫容易被记住，会跑的乌龟也比会跑的孩子容易被记住。奇异古怪、异想天开的动物形象和行为，使得《伊索寓言》成为普通人喜闻乐见、爱听爱传的有趣故事。这也是《伊索寓言》与先秦寓言有所不同的一个重要方面。

作家张远山曾经这样比较先秦寓言和《伊索寓言》："读惯先秦寓言的中国人，初次读到《伊索寓言》是要惊讶的，因为那是两种截然不同的思维方式。先秦寓言冷峻而苛刻，《伊索寓言》热烈而宽厚；先秦寓言是老于世故的，《伊索寓言》是极富童趣的。《伊索寓言》全面而深刻地影响后世的欧洲童话及其表现形式，而先秦寓言却没有催生反而抑制中国童话的萌芽——中国没有童话。"

从《伊索寓言》的口语文化性质来看，张远山的这个比较是可以商榷的。这二者的主要区别并不是在于风格（一个"冷峻而酷刻"，另一个"热烈而宽厚"），而是在于，《伊索寓言》是口语文化的产物，而《先秦寓言》是书面文化的产物。

今天，"伊索"已经成为某种特定形式的古希腊寓言的代名词，就像"荷马"是古希腊史诗的代名词一样。我们所说的"伊索寓言"有两个不同的意思，一个是"伊索写的寓言"（Aesop's fables），另一个是"伊索式寓言"（Aesopic fables）。后面这个用来指今天人们

1　沃尔特·翁著，何道宽译，《口语文化与书面文化》，第 53 页。

能够辨认的那种简短、简单、有固定结构的虚构故事，一般以动物为主角（也有人类、神灵和无生命的物体，如树木），通常以警告的方式来进行告诫、规劝或建议。有人认为伊索并非真有其人，而是在公元前 5 世纪初的某个时候，被发明出来的一个文学人物，以提供一个寓言的发明者。据称，他的存在是后来被希腊作家（如阿里斯托芬、柏拉图、亚里士多德）追加的认可所确定的。但大多数学者认为伊索确实是一位历史人物，尽管他们承认无法断定他生活细节的真实性，也不能断定他是否真的讲述了古代资料中放在他名下的那些寓言。所以，"伊索寓言"主要是指"Aesopic fables"。

这种类型的寓言，不管作者是不是伊索，都被希腊和罗马的演说家当作一种修辞手法来使用，并成为修辞学研究的一个主题。他们包括德摩斯提尼（Demosthenes）、德马德斯（Demades）以及后来的演说家，如提尔的马克西姆斯（Maximus of Tyre）、泰米修斯（Themistius）和迪奥－克里索斯托姆（Dio Chrysostom）。[1] 被这样运用的"伊索寓言"，已经超出寓言故事作为通俗文学的传播范围。

大多数希腊和现代寓言的定义都源自 2 世纪希腊修辞学家特恩（Theon）。他广泛地讨论"伊索式寓言"，认为这是一种有用的故事，可以在演讲中使用。用他的话来说，寓言是一种描绘现实的虚构叙述。希腊寓言的大多数现代定义都是在特恩的定义上扩展而成。[2]

黑格尔在他的《美学》里强调寓言的伦理功能。他认为，寓言提供一种谨慎的格言，简单而容易理解；寓言的信息与现实相联系，只有当寓言与人类生活中可能发生的事情有关时，它才会获得意义。寓言虚构的故事迫使读者把它应用到自己的个人经验中去。换句话说，"从（寓言）的详细表述中，我们可以用自己能理解的方式，抽象出一个道德格言、一个警告、一个信息、一个审慎的规则，而

1　Gibbs, Trans., *Aesop's Fables*, 35.

2　Christos A. Zafiropoulous, *Ethics in Aesop's Fables*, Leiden: Brill, 2001, 1.

寓言的描述就是为了这种思考，并展示给人们沉思"。典型的寓言都是这样叙述的，以便读者可以"得出人类生存的一般教训，特别是关于谨言慎行和道德实践方面的教训"。[1] 今天，寓言指的是"一个简短的虚构故事，以动物为主角，用来说明道德建议；也可以作为一种间接批评的手段，通过避免提及具体的人和情况来避免攻击性。它也可以用作一种说服手段，通过虚构的故事加强论证"。[2] 所以，寓言是一种温和而婉转的批评或建议形式，也是一种能够起到说服作用的修辞手段，这两个都是许多中国先秦寓言的主要特点。

在中国古代文学里有许多自先秦流传至今的优秀寓言，在《孟子》《列子》《庄子》《韩非子》《吕氏春秋》《战国策》中都可以看到不少。《庄子》一书中寓言约两百则，更堪称战国寓言的代表作。许多寓言更是成为成语，变成我们日常生活语言的一部分（揠苗助长、自相矛盾、买椟还珠、郑人买履、守株待兔、刻舟求剑、画蛇添足、邯郸学步等），但是，它们都不是为了说故事这个目的而被创作出来的。

关于这一点，已故历史学家白本松先生在《先秦寓言史》一书里说得特别清楚："先秦时代诸子散文、史传著作中的寓言故事，原为著述中的论证手段，并不独立，但它们的高度文学性，使之逐渐独立流传，脍炙人口，而对后世文学产生深广影响。寓言是借助于带有劝谕或讽刺性质的简短故事来阐明一定道理的文学体裁。"[3]

由论辩或论证修辞手段的比喻演化成的寓言，不同于单纯说故事的寓言。寓言故事可以通过普通人的口头交流来传播，但口头传播并不适合于逻辑性很强的论辩或论证。事实上，这样的论辩或论证是在书面文字的文化形成之后才出现的。

1　转引自 Christos A. Zafiropoulous, *Ethics in Aesop's Fables*, 32.

2　Zafiropoulous, *Ethics in Aesop's Fables*, 13.

3　参见：白本松著，《先秦寓言史》，河南大学出版社，2001 年。

因此可以说，《伊索寓言》是口语文化的寓言故事，而先秦寓言则是书面文化的寓言故事。《伊索寓言》天真纯朴，先秦寓言机警雄辩，看似是风格的区别，其实是话语目的和功能的不同造成的。《伊索寓言》就是为了讲故事，当然故事里蕴含着道德教谕；但先秦寓言则是一种用来说服他人、劝谏君王或者压倒对手的话语利器，其中用"娱心悦耳"、机巧迂回、含蓄幽默的方式来规劝君王，恐怕是最主要的目的。

白本松先生指出："比喻演化为寓言，不见于春秋时期，而层出迭见于战国，是有其社会根由的。当时，诸侯竞逐，七雄争霸，各国内部新旧贵族相互倾轧，当权者急需一大批为他们出谋划策、东西游说之士。诸侯、公子、权贵们招贤养士，多至以千计。而取士的重要标准，则在于高谈雄辩。语言技巧成为士阶层研究的对象。诸子之间，百家争鸣，相互诋訾，亦相互促进。不仅纵横家要以口舌擅场，即儒、墨、名、法各家，也无不兼纵横游说色彩，以言辞成事。"[1]

"以言辞成事"就是运用修辞手法，如比喻、暗示、影射，迂回曲折地达到说服的目的。说故事不是目的，而只是手段，说寓言隐语是为了增加语言的趣味性和感染力。一些统治者往往对大道理听不进，而喜爱"娱心悦耳"的故事。

也就是说，先秦寓言是一种政治性的话语，文学性不过是它的装饰。战国时代的诸子著书立说、游说诸侯，虽然可以高谈阔论，但却要非常谨慎，因为他们面对的是手握大权、喜怒无常的王侯、公卿。如果语出不慎，很可能会为自己招来杀身之祸。要保全自身，又要排难解纷，使当权者有所醒悟，设寓说理或劝谏便是最好的方式。

---

1 参见：白本松著，《先秦寓言史》。

相比之下，《伊索寓言》的娱乐或道德教谕目的是最主要的，因此被公认为一种特定文学创作类型或体裁："寓言"（fable）。先秦寓言虽然也叫寓言，其实属于一种笼统得多的文类，那就是"说理散文"。"诸子散文"或"先秦散文"的叫法并不是一个文类，它的寓言只是一种"隐喻"的修辞手段。这就像《圣经》里耶稣亦常以寓言向大众传道，但他并不是在进行文学创作。

在文类的区分中，动物故事的寓言是一种文学创作形式，它可以用散文来写，也可以用诗歌来写。这样的寓言是一种简洁的虚构故事，无论是散文还是诗歌，都运用传奇生物（拟人化的动物、植物）、无生命的物体或自然力量来讲述，含有道德教谕或警世智慧。它通常在有趣的故事中隐含作者对人生的观察和体验。有的直接说出来，但有的不直接说，听者自己体会出来的道理更为隽永、耐人寻味。

与"fable"相似的还有另一类叫作"parable"的寓言，在汉语中没有专门的名称。它的特点与"fable"相似，但故事不用拟人化的动物、植物或非生命物体，而是用真人，虽然不一定像先秦寓言中的那样有名有姓，来自哪个国家。汉语文化中也有许多精彩的"parable"，例如，撇去典故，单说"千里送鹅毛，礼轻情义重"的故事就是一个"parable"，美籍华人作家谭恩美（Amy Tan）的《喜福会》（*The Joy Luck Club*）一书里就运用了这个"parable"：说的是一位老妇人大老远地送一只鹅，并没有提"礼轻情义重"；"礼轻情义重"是这个故事要让读者自己体会的一层寓意。出自《庄子》的庖丁解牛也可以当一个"parable"来读，故事说的不是怎么宰牛，而是"熟能生巧"的道理。

童话故事经常会运用"fable"这种寓言体裁，但童话故事不是寓言。童话是根据不同年龄儿童的心理、兴趣、经验、想象力和理解力写作的故事，是儿童文学。童话经常是天马行空的幻想作品，武侠小说经常也被称为成人童话。

　　"fable"这种寓言不一定是为孩子们写作的，它可以用作讽刺作品的体裁。英国作家埃德温·艾勃特（Edwin Abbott Abbott，1838—1926）1884年出版的《平面国》（Flatland）就是这样一部作品，故事里的人物是几何学里的点、线段、三角形、四边形、圆形等，形成森严的等级。艾勃特用这个故事来讽刺和批评维多利亚时代僵化的社会阶级制度。英国作家乔治·奥威尔的《动物庄园》也是一部以"fable"为文学形式的反乌托邦小说，故事里的"人物"是不同的猪，还有其他动物，但揭露的却是20世纪的极权政治灾难。

六　埃斯库罗斯

1.《波斯人》：自由的雅典与专制的波斯

接下来要讲的第一位古希腊戏剧家是埃斯库罗斯，一共会介绍他的五部剧作，其中两部是他的早期作品，也是希腊悲剧中最早的。它们分别是《乞援人》(*The Suppliants*) 和《波斯人》(*The Persians*)，接下来是三联剧《阿伽门农》(*Agamemnon*)、《奠酒人》(*Choephoroe*)，和《和善女神》或称《复仇女神》(*Eumenides*)。

埃斯库罗斯是公元前 6 至前 5 世纪雅典第一位出名的悲剧作家。他一生经历古希腊历史上两件具有时代意义的大事：一件是雅典由专制僭政转变为民主体制；另一件是希波斯战争。也就是在这两个事件的过程中，雅典从一个不起眼的二等专制城邦变成一个控制东地中海疆土的强大民主城邦。

关于雅典的僭主庇西特拉图和之前的梭伦改革，我在《伊索寓言》章节已经阐述过。公元前 6 世纪初，梭伦进行了改革。在经济上，其影响是持久的，他结束农奴制，为雅典的商业和工业繁荣奠定基础；在政治上，他为民主的突破留下空间，将门庭出生的寡头统治置于财力强大的寡头统治之下。看上去并未显示直接的实质性区别，但却孕育着未来的民主转机。公元前 525 年，埃斯库罗斯出生的那年，庇西特拉图去世已经两年。那时候，统治雅典的是庇西特拉图的两个儿子希帕求斯（Hipparchus，？—前 514）和希庇亚斯（Hippias，前 570—前 490）。埃斯库罗斯 11 岁那年，希帕求斯被谋杀，此后，希庇亚斯变得越来越专制、奢侈、傲慢。

埃斯库罗斯在 15 岁那年，第一次经历战争。雅典政治家克里斯提尼（Cleisthenes，前 570—前 508）在斯巴达军队的帮助下，兵临雅典城下。克里斯提尼想要在雅典建立民主制度，但斯巴达人有自己的打算，想要把雅典变成斯巴达的附属城邦。雅典人奋起抵抗，并起义推翻了希庇亚斯的僭政统治。埃斯库罗斯 18 岁那年，克里斯提尼回到雅典，并开始政治改革，这就是发生在公元前 508 至前 507 年的克里斯提尼改革（Reforms of Cleisthenes），这场改革大大推进雅典民主政治的进程。

雅典公民完全地走向民主，要等到梭伦改革差不多一个世纪后的克里斯提尼改革。克里斯提尼没有建立雅典民主制度，这一制度的开端和创立者是梭伦，他延续着梭伦的改革。亚里士多德说，他比他的前任"更加民主"。伊素克拉底（Isocrates，前 436—前 338）在《交换法》（Antidosis 232）中回顾雅典民主的进程，称梭伦是"人民最好的朋友"（demotikotatos），是他确定民主的法律，是克里斯提尼后来恢复民主。[1]

克里斯提尼改革的内容，包括扩大公民大会的权限，并推动以新的一百多个区（Demos）和十个新部族来取代希腊的传统四个部族，以此防止传统因部族利益而牺牲城邦权益的情形。他以区作为自治区，由各区派出代表组成五百人会议，以应付全民组成的公民

---

[1] Isocrates, "*Antidosis, section 232*," http://www.perseus.tufts.edu/hopper/
text?doc=Perseus%3Atext%3A1999.01.0144%3Aspeech%3D15%3Asection%3D232

大会所无法应付的事务。除此之外，尚有"陶片放逐法"的实行。这些都为公元前 5 世纪的雅典民主打下基础。埃斯库罗斯引以为傲的就是这个时期的雅典民主和公民自由，这在即将阅读的《波斯人》一剧中清楚地显现出来。

埃斯库罗斯不仅见证雅典的政体转变，还见证并参加希波战争。这次战争从公元前 499 年持续至前 449 年，陆续进行了半个世纪。战争是埃斯库罗斯 26 岁那年开始的，他去世 7 年后才结束。在这场战争中，他失去亲弟弟，自己也上了战场。公元前 490 年，他 35 岁时，参加过著名的马拉松战役（The Battle of Marathon），这是他一生最难忘的时刻。30 年后，他为自己撰写的墓志铭是这样的四行诗：

> 雅典人埃斯库罗斯，Euphorion 的父亲，死了。
> 他的遗体躺在 Gela 庄稼地的坟墓里。
> 神圣的马拉松达到可以讲述他光荣的勇敢，长头发的
> 波斯人领略过他的勇气。

在雅典，上过马拉松战场是一项荣誉。在接下来的几十年中，希腊语里有了一个词："Marathonomachoi"，指"参加过马拉松战役的人"，他们在雅典备受尊崇。后来这个词又被用来代表前辈朴素的美德。马拉松战役后 25 年左右，雅典亚格拉集会所北面的画廊（Stoa Poikile）出现一幅纪念马拉松大捷的壁画，画面上就有埃斯库罗斯的弟弟赛尼吉拉斯（Cynaegirus，？—前 490），他在奋勇攀上敌人的船舷时，被波斯人用战斧砍掉双手，掉进大海。

埃斯库罗斯的戏剧是真实的，也是残酷的，一点也不浪漫。据说，他 20 多岁就开始写戏剧，他的剧也上演过。但直到公元前 484 年 29 岁时，他才第一次获得头等奖。埃斯库罗斯创作悲剧的时候，雅典已经发展为一个艺术和文学中心。在艺术上，黑绘风格的瓶画

展露出奇异的风采，而在埃斯库罗斯去世时，这一艺术已经成功地过渡到红绘风格。[1]悲剧作为一种艺术形式，它的出现与绘画的高超技巧时期相吻合，这提醒我们：戏剧总是要在视觉上进行构思，而这正是埃斯库罗斯戏剧的一个特征。

埃斯库罗斯参加马拉松战争之后，他的剧作得到进一步的发展。但是，希波战争进入一个新的阶段。公元前480年，波斯国王大流士（Darius the Great，前550—前486，波斯阿契美尼德帝国君主）已经去世。新的波斯国王，大流士的儿子薛西斯（Xerxes，约前519—前466）对希腊发动新的攻势。雅典经历它最悲惨、最黑暗的时刻。同年，波斯人迅速占领希腊三分之二的土地，攻陷雅典城，放火焚烧雅典的卫城。但雅典只是一座空城，所有的雅典人要么逃到船上，要么撤离到外海的萨拉米斯岛上。同年9月，在萨拉米斯海战中，雅典海军大败波斯海军，奠定了希波战争中希腊一方的最后胜利。

埃斯库罗斯的《波斯人》一剧是在萨拉米斯海战8年后的公元前472年演出的，描绘的就是这次战役。雅典人对战争的蹂躏还记忆犹新，《波斯人》上演时，观众们被场面震惊了。他们想起悲惨的往事，哭叫起来，妇女们揪扯自己的头发。于是，评审团不但没有给他发奖，反而要罚他款。那些刚发生的当代事件应该由历史学家去叙述，应该以不同于悲剧的方式来叙述。悲剧提出关于人的问题，它询问自我而不是询问当代的事件。

埃斯库罗斯一生大约创作了70部剧作，现存仅7部。其中《乞援人》和《波斯人》相对简单，但十分重要，因为它们代表着希腊

1　黑绘（Black figure）与红绘（Red figure）为古希腊古风时期瓶画的两种风格。黑绘风格出现于公元前6世纪初，其手法是用黑漆描绘主体人物和装饰元素，背景保留陶土的赭色，形象突出，类似剪影的效果。而红绘风格出现相对较晚，于公元前6世纪末，其视觉效果与黑绘风格完全相反，主体人物等画面内容为赭色，而背景用黑漆填满，相比之下更具视觉冲击力。——编者注

戏剧最早从抒情诗向戏剧的转化和发展，可以说是古希腊剧的"活化石"。

在写《波斯人》这部剧的时候，埃斯库罗斯已经53岁。据信，古希腊戏剧中只有3部剧是以当代的现实事件为题材的，其中《波斯人》是唯一流传下来的。这部剧由伯里克利资助演出，修昔底德脍炙人口的《伯里克利的墓前演说》（Pericles's Funeral Oration）就是由伯里克利来讲演的。资助上演《波斯人》时，他当时才20出头，这是他的第一个公共举动。我们在讲修昔底德《伯罗奔尼撒战争史》时还会介绍这位伟大的雅典民主政治领袖。《波斯人》歌颂的是雅典人的萨拉米斯大捷，对有志成为政治领袖的青年伯里克利来说，向同辈人呈献一出充满希望的戏剧是个非常高明的举动：这时候雅典仍未摆脱被波斯人洗劫的心理阴影，非常需要鼓舞。

埃斯库罗斯在《波斯人》一剧里没有从希腊战胜者的角度来叙述剧中的故事，他选择用波斯人的角度来给希腊人讲这个故事。既然是希腊的观众，那么我们也就可以理解，为什么他戏剧里的波斯人祈祷的不是波斯的神，而是希腊人熟悉的那种神了。剧中并没有说哪一个或哪几个希腊人熟悉的神，而只是说复数的"神"（gods），符合雅典人所理解的多神。

波斯人是希腊人的敌人，用敌人的角度来说希腊的胜利，会是一个什么样的故事？剧一开始是"进场"，首先出场的是歌队，他们介绍自己的身份，都是国王薛西斯信得过的臣子，他们也是波斯帝国的长老。他们在国王出征之际，替国王管理国事。国王出征已久，但一直没有消息，所以他们都惴惴不安，有一种不祥的预感。他们唱道：

> 我们的心里深深地涌动着
> 一种不吉的预感。

亚细亚的全部军队远行征战，

我们心中怨怼年轻的国王，

没有派遣任何信使或骑兵，

返回波斯的都邑。（《波斯人》，第 10—15 行 ）

接着是第一幕，进场的是阿托萨（ Atossa， 前 550—前 475 ），前国王大流士之妻，薛西斯时期波斯的"太后"。她对战局的进展感到不安，所以来征询这些臣子的看法。她告诉他们自己做了一个噩梦，问他们该怎么办。阿托萨最担心的是她儿子的生死：

……你们知道，

吾儿若得胜，那他会受人称羡；

他若失败，也无须承担责任；

他若能平安归来，仍然是国君。（第 211—214 行 ）

阿托萨说，不管国王薛西斯打的是胜仗还是败仗，只要回国，他都会安然无恙，就算吃了败仗，也还是会当他的国王。这几句看似随口一说的话，是什么意思？是剧作家埃斯库罗斯随意放在台词里的吗？当然不是。

在专制的波斯，虽然国王薛西斯在战争中溃败，整个海军毁于一旦，陆军也损失惨重，但他仍然是坐在王位上的国王。要是放在民主的雅典，失败的领导人是一定会被问责的，至少也会受到流放的惩罚。你也许会从国王薛西斯联想到清朝的慈禧太后，她让清兵输掉甲午战争，但她仍然是当时清朝的"女王"。

阿托萨正同长老们商议，这时来了一个信使，报告说波斯水军在萨拉米斯全军覆没，陆军在归途中也损失一大半。于是阿托萨退下去准备祭品。

在第二场中，阿托萨穿着乞援人的装束走了出来，叫歌队唱一支敬神歌把她丈夫大流士的幽灵从坟墓里请了出来。

在第三场中，大流士的鬼魂出现。他听了这悲惨的战争，出来责备他们不该去攻打希腊，还预言波斯人会在普拉提亚（Plataea）打败仗，因为他们亵渎神明，毁坏希腊的神殿。此外，还说他儿子愚昧的行为必遭失败。他劝告道，不要鄙弃眼前所有的幸福，贪心太多，反而浪费大量的人力物力，骄横暴戾的人将会受到天帝宙斯的惩罚。大流士要这些重臣用合理的劝告去警诫自己的儿子，要小心谨慎，不要那样暴躁好战，免得再犯天怒。大流士的鬼魂去了，后来的阿托萨也跟着退场。

随后，国王薛西斯郁闷地进场。他灰头土脸，只剩下半身衣衫，几乎连禁卫军都完全丧失。他同歌队互唱悲歌，最后歌队把他引入宫中。

这就是剧里的故事。埃斯库罗斯是一位戏剧家，他虽然在说一个历史故事，但那故事不同于信史。剧里的大流士是一个虔诚、知足和睿智的君王，与他冒犯神明、贪婪和愚蠢的儿子形成对比。但历史上真实的大流士却并不像歌队称颂的那样，因为最初发动希波战争的人正是他。

大流士与他儿子的强烈对比是埃斯库罗斯在这个剧里运用的一个戏剧手段，为的是强化他（埃斯库罗斯）要暗示的意思，给观众强烈的印象。他还运用了其他类似的对比手段。

戏剧是通过表演而不是阅读来展示的，舞台上令人触目惊心、难以忘怀的对比在阅读时一不留心便会被忽略。《波斯人》中的"太后"在第一场中出场时乘坐辇车，衣着华贵。但是，她在最后一场出现时，则衣着寒酸，光着双脚。此刻的她是一个向神祈求帮助的人，只求能够保住战败后残破的波斯。在衣着的对比中，观众可以体察到虚荣与谦卑的对比。同样，大流士现身时也身着华贵，头戴王冠，而他的儿子却是衣衫褴褛、痛不欲生的样子，这就烘托了全剧的一个主题：波斯先盛后衰的命运。

但是，剧中最重要的对比是在波斯和希腊之间：一边是暴君专制独裁的波斯，另一边是建立在民主制度上的雅典；一边是给国王当臣民的波斯人，另一边是自由的希腊人。"太后"问歌队，她儿子的对手希腊人到底是什么样的？歌队告诉她，希腊人曾经给米底亚人（Medes）以沉重的军事打击，他们有银矿，善于用弓箭作战，还有近战的戈矛和盾牌。"太后"又问："谁是他们的领袖，统帅他们的军队？"歌队答道："他们不是他人的奴隶，不听从任何人。""太后"不解，继续问道："那么他们怎么能抵御外邦进攻的敌人？"她不能理解，作为自由人的希腊人怎么还能打仗。歌队答道："他们甚至摧毁了大流士的众多精锐。""太后"听了非常惊恐，说："你这话令（波斯）出征士兵的父母听了恐惧。"（《波斯人》，第235—245行）用波斯人的嘴来称赞希腊人，比希腊人自我赞美更有说服力，也更有艺术效果。

自由增强了希腊人的军事力量，因为自由的人在保卫和扩张他们的城市时，由于觉得这个城市的确是"他们自己的"城市，打起仗来就格外忠心和勇敢。这是希罗多德在《历史》（第五卷，78）中的一个观点，他解释为什么雅典人能够成功抵抗波斯帝国的优势兵力和财富。他写道，波斯人用鞭子抽打他们的士兵到战场上去，而希腊人特别是一马当先的雅典人是作为自由的人打仗的。"雅典的力量就这样增强起来，而且有不止一个，而是有许多例子证明，平等是一件好事；雅典人在暴君的统治下时，打起仗来比他们邻国的人好不了多少，但是一旦他们赶走了暴君，他们就成了最优秀的。"希罗多德补充说，在暴政之下，他们都是胆怯的，他们是"为主人工作的人，但是他们一旦获得自由，每个人就会很热心地为自己努力"。埃斯库罗斯在《波斯人》中要强调的是"东方专制制度"

和希腊民主制度的差异。波斯被希腊打败后，波斯长老们哀叹：

> 居家亚细亚的人民，遍及
>
> 各个地点，将不再臣服于
>
> 波斯，也不会再送纳贡品，
>
> 受逼于王者的淫威；他们将
>
> 不再俯伏地上，表示
>
> 对极权的敬畏：
>
> 帝王的威势已不复存在。
>
> 人们将不再羁锁自己的舌头。
>
> 他们已获得自由，可以放心地
>
> 发表言谈，讲述自己的见解，
>
> 因为强权的轭架，它的扼制已被破灭。（第 584—594 行）

雅典人对自由的骄傲回响在埃斯库罗斯这一段铿锵有力的话里，一直到今天，他的话仍然是我们可以反复吟咏的自由诗句。

2. 酒神的庆典和悲剧的诞生

上节说到，埃斯库罗斯的《波斯人》是古希腊留存下来的唯一一部以当代历史为题材的戏剧，原来也是一个三联剧（Danaid Tetralogy），但另外两部都佚失了。此外，《波斯人》还有其他一些独特的地方：第一，它说的是公元前 480 年希腊海军在萨拉米斯歼灭波斯海军的故事。埃斯库罗斯是希腊人，又曾在希波战争中英勇作战，按理来说，他可以把波斯人写得非常不堪，但事实并非如此。他是带着同情和理解来描绘波斯人的。虽然在波斯人和希腊人之间呈现出奴役与自由、专制与民主的对比,虽然希腊是战胜的一方,但他并没有故意贬低对手,这是非常独特的。之后的希腊戏剧再也没有这个写法。

第二,这虽然是一部写希腊人胜利的剧,但剧里并没有提到任何希腊英雄的名字。剧中的波斯人物,有的是真人,有的是虚构的。薛西斯舰队的规模被夸大了,而且波斯人乞求的居然是希腊的神明。剧情故事发生在雅典观众不熟悉的那个遥远的波斯都城苏萨(Susa)。歌队是此剧的一个主角,歌队的唱诗占整剧篇幅的一半。这样一部"奇怪"的戏剧,它的重要性到底何在?

这要从它在古希腊戏剧发展过程中的位置来看。我们在这部剧里看到,剧里的歌队代表波斯王国的长老们。另外有四个人物,分别是"太后"阿托萨、报信人、大流士(灵魂)和他的儿子薛西斯。四个人物不由四个演员来演,实际只有两个演员,一个是主要演员,扮演的是"太后"阿托萨;另一个次要演员,他换着扮演报信人、大流士(灵魂)和他的儿子薛西斯。

早在僭主庇西特拉图时代,公元前530年左右,希腊悲剧家泰斯庇斯(Thespis,约前550—前500)第一次为酒神节(Dionysia)的大庆典带来一出悲剧,在某种意义上标志着作为表演和作为建制的悲剧的诞生。这件事发生在庇西特拉图的统治期内恐怕不是一种偶然,这位僭主出于想吸引民众的政治原因,鼓励酒神崇拜。在雅典,酒神崇拜比其他的崇拜要更为大众化、更为乡村化,与农民的联系更为紧密。

泰斯庇斯已经在酒神颂(Dithyramb)的歌舞中加进一个演员,再由他自己轮流扮演几个人物,并与歌队对话。这样一来真正的戏剧冲突开始出现,悲剧突破简单的舞台造型变得鲜活生动起来。埃斯库罗斯对悲剧的构制又加以改变:在歌队和一个演员之外,他又增加一个演员。

了解希腊戏剧构制的发展和来龙去脉，对我们阅读希腊悲剧是非常必要的。接下来就谈谈希腊戏剧是从哪里起源，又是如何发展到埃斯库罗斯时代的样子。

不管在什么文化中，戏剧的开始都与宗教和仪式有关，希腊戏剧也是如此，或者更是如此，它是从宗教仪式发展成为艺术形式的。希腊古代就有崇拜酒神的歌舞，酒神是欢乐和生殖的象征，这种庆祝仪式有五个主要的部分：祈祷、行列、生殖象征、酒神颂和献祭。

庆祝仪式围绕着献祭展开，开始的时候是用活人献祭给神明，后来改用羊（tragos）。行列是把献祭的动物庄严肃穆地送到献祭地点。开始的时候，人群抬着酒神的塑像，后来酒神则由人来扮演。酒神是一个有胡须、长头发的老人，他头上有两只角，象征精力充沛。他头戴象牙的头冠，手里拿着一根手杖，上面缠绕着植物的叶子，象征四季常青。他的面前是个篮子，里面有一个巨大的生殖器，象征繁殖的能力。行走在酒神前面的是一群头戴花冠的少女，行走在他后面的则是一群酒神的"粉丝"，还有打扮成半人半羊的醉汉，他们披着羊皮，脸上涂着葡萄酒。

人群来到献祭的地点，献祭的动物也准备好了，这时酒神颂歌就唱起来了。一般是一个 50 人的歌队，他们打扮成羊的样子，一蹦一蹦地跳舞，伴随着笛子的音乐，做出富有戏剧性的动作。表演的都是与酒神有关的故事，歌队的领头人有时打扮成故事里的某个神仙人物，即兴表演一段小品。希腊语里的羊是"tragos"（山羊），歌队就叫"羊的歌队"（tragic），就是今天英文中所指的"悲剧的"这个词。

酒神的庆典行列后来又添加轻松的成分，不是行列的正规成员也可以参加到行列中来。他们是酒神的崇拜者，也就是我们所说的"粉丝"。这个欢乐热闹的人群就叫醉汉人群（komos），他们借酒盖脸，神神叨叨，唱着歌，跟观众搞笑。开始他们是现编现唱，后来则是预先准备好，练习过再来表演的，一般是年轻人。"komos"这个词后来变成"chorus"，也就是指歌队。他们的歌咏经常是滑稽搞笑的，所以又叫"喜剧"（comedies）。

最早的悲剧（"山羊剧"）和喜剧（"醉汉歌"）是在人群中混合着出现的。悲剧是神圣崇拜不可缺少的一部分，关乎神明、命运、重要事件。然而，喜剧就不同了，喜剧机智、幽默、搞笑，人们互相揭发人性的弱点，再怎么受伤，也不会觉得被冒犯或攻击。悲剧和喜剧的分野也就在这里，并一直延续下来。悲剧表现的是神明和英雄的故事，喜剧表现的是日常生活中的愚蠢和滑稽。当口头创作被书写下来，并一次又一次公开演出的时候，也就有了我们今天所知道的不同戏剧文本：悲剧和喜剧。

前面提到一位最早的希腊戏剧历史人物泰斯庇斯，他被称为戏剧之父，但我们对他并没有多少了解。他是公元前 6 世纪的人，曾经是歌队的指导老师，据信，他是最早在酒神颂歌的传统中添加英雄传说故事的人，或者是最早的其中之一。他似乎还发明英雄角色与歌队领头人之间的对话形式，因此就有了戏剧里最早的"角色"（hypocrites，意为"回答"），也有了最早的表演。罗马时代的诗人贺拉斯（Quintus Horatius Flaccus，前 65—前 8）的《诗艺》（Ars Poetica）里讲了泰斯庇斯的故事，称演戏用的假面也是他发明的。泰斯庇斯不是雅典人，公元前 535 年，雅典的僭主庇西特拉图邀请泰斯庇斯带着他的戏剧来到雅典，据信他是雅典戏剧竞赛中的第一位获奖人。他的戏剧一部也没能留存下来，但从此他的名字有了一个词 thespian——意思是"与戏剧或剧院有关的"。

到了公元前 5 世纪，埃斯库罗斯不仅把悲剧形式中的演员从一个变成两个，而且还减小歌队的规模，压缩到 12 人。到了下一代戏剧家索福克勒斯的时代，索福克勒斯又添加第三个演员，并把歌队增加到 15 人。此后，歌队的人数也就这样固定下来。虽然只有三位演员，但表演的剧中人物却可以不止三个。一般情况是，一位演员是中心演员，是主演，扮演戏里最重要的角色，他似乎相当于我们今天常说的"大腕"；另外两位演员扮演比较次要的角色。尽管有了演员，但歌队仍然是悲剧的必需部分，随着戏剧中对话的作用越来越强，歌队的作用也就越来越弱。

在古希腊，戏剧制作是酒神庆典的大事，是城邦的一项宗教典礼，用以虔诚地向神表达人类的敬仰之情，也是全民的节日。雅典每年有三次这样的节日庆典，都会有戏剧演出。

第一次是大迪奥尼西亚节（the Great Dionysia），又称迪奥尼西亚城（City Dionysia）庆典，演悲剧。这是为了纪念酒神狄俄尼索斯的，它每年 3 月底举行，一连 5 天。第二次是例纳节（Lenaea）庆典，也是纪念狄俄尼索斯的，又称城市酒神节，在每年的 1 月底，既可演悲剧又可演喜剧。第三次是乡村酒神节（Rural Dionysia），在每年 12 月底举行，先是盛大的游行，然而是歌舞竞赛，还表演赞美诗（dithyramb），都是赞美酒神（也是肥沃之神）狄俄尼索斯的。有时候还会演悲剧和喜剧，都是上一年迪奥尼西亚城庆典的剧目。

大迪奥尼西亚节最为盛大隆重，是一个真正万民同庆的大日子。过节的时候，市场不营业，法院放假，欠债的得到宽免，犯人也从监牢里被释放出来。雅典的同盟城邦每年的贡礼仪式也是这时候举行，让臣子们有机会聚集在一起，方便商讨事情。许多外邦人也赶来看热闹或与雅典人同庆节日。希腊演说家埃斯基涅斯（Aeschines，前 389—前 314）赞叹这个节日的剧院，说是来了"全希腊民族的客人"。埃斯库罗斯的戏剧就是在这样的节日上演的。

雅典的宗教和戏剧庆典是一个公共的节日，是城邦公民团结、友爱、传统、信仰和文化认同的象征。许多研究者都指出，这与雅典的民主制度有关。与民主的关联性不光反映在希腊戏剧的制作、演出、竞赛、评奖等制度上，也反映在雅典剧场的形态上。我们先谈谈雅典剧场的形态是怎么发展起来的，并有着怎样的民主内涵。

前面说过，古希腊的戏剧是从古代的酒神庆典（Dionysian festivals）自然地演化发展而来的。那么，古希腊的庆典又是在什么样的公共场所进行的？

公共活动的空间，也就是场所，会影响活动性质、参与的方式、参与者的范围等。同样是剧场，封闭的剧院与开放的广场会有完全不同的演出效应和参与效果，也会使演出发挥不同的公共效能。

古希腊的宗教娱乐庆典一开始是在靠近酒神庙的广场上举行的。广场是一个向所有公众开放的地方，也应该是这样一个地方。广场是一个象征自由和公共精神的开放空间，不只是一大块空地，一个真正的广场是人们公共生活的舞台。如果广场能发挥真正的公民空间作用，那么它是一个可以举行庆祝活动、进行社会和经济交流、供朋友相遇以及文化融合的地方。它还是一个公共机构的"前廊"。在古希腊雅典，这个公共机构就是酒神的神庙。

在这个广场上，最神圣的地方就是一个称为"thymele"的献祭神坛。在这个神坛周围是一大块平坦、坚实的平地，酒神的歌队就在这里表演歌舞。表演区是用石灰粉画出标记的一个圆圈，祭坛就在中心，这块地方就叫"演出场"（orchestra）。因为男女老少都喜欢看这样的表演，所以演出场地会选择有小山坡的地方，让众人方便观看。表演渐渐变得越来越长，观众也越来越想舒舒服服地观看，所以演出场前方周围就搭起木架座凳，观众坐着观看也就不那么辛苦。到了公元前 6 世纪末，古希腊的剧院也就这样成型。萨拉米斯海战之后，这些木座架和座位一度是用海战中被雅典海军击毁的波斯人战船残骸建造的，对雅典观众有特别的意义。

公元前 5 世纪是希腊戏剧非常兴盛的时期，剧院也发生一些变化，有一次是因为剧院事故造成的。一次在雅典的演出中，座凳的

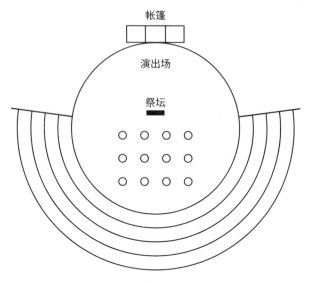

古希腊剧院平面示意图

木头架子突然塌了，还造成死伤。于是，座位下面便填上土，座位圈也加大了，但仍然是木头的。要到公元前 4 世纪，才改用石头建造。公元前 5 世纪，雅典的剧场就已经很大，可以容纳 17000 名观众。

在很长一段时期里，表演场上唯一固定不动的就是祭坛。但是到了埃斯库罗斯戏剧演出的时候，又添了一个叫帐篷（skene）的小房子，其实也就是演员换行头和装扮的地方，演员们下场换人和场间休息，也是在这个地方。据说是索福克勒斯让人把帐篷建在表演场的后面，前面则是一个叫拱形舞台（proscenium，又称 proscenium arch）的部分，大约 10—12 英尺高。后来拱形舞台的两旁又各增添一个部分，叫侧翼（parascenium）。中间这个部分就能派许多用处，变成一座神庙、一处宫殿、一堵墙等。

古希腊剧场是大众聚会、万民同乐的地方，呈现圆形，以共同敬奉的神庙为中心。它不设"包厢"，不设边座，不设楼厅，也不设正厅前排，在精神上与民主政治一致。在现代关于公共空间的研究中，古希腊剧场占有一席之地。能容纳万人以上的剧场、公共广场、人来人往的集市场所，都是公民交往的公共空间。今天，许多研究者把目光转向较小的公共空间场所，如咖啡馆、酒吧、茶馆、餐厅、教堂，从中揭示居民、职业人群、族群、邻里等各种人际交往的联系，这都是很有价值的。这些比较现代的公共场所都可以追溯到像古希腊剧场那样的概念源头：开放、自由、平等。

3.《乞援人》：古老的难民问题与乱伦

希腊戏剧作为一种古代的宗教和文化活动形式，包含具有自由和民主意义的宝贵传统因素，对古希腊的人文主义来说，这些因素非常重要。虽然古希腊人的自由和雅典人的民主与今天我们所理解的自由和民主有很大的差别，但却是我们今天从公共政治角度去深度理解希腊悲剧的一个有效视角。

希腊悲剧是城邦的公民活动，讲述的是城邦生活的故事。希腊悲剧的典型主题许多都与政治和法律有关，如专制与民主、暴政和腐败、受制约的和不受制约的王权、自然法与国王法、法律的形式和程序等。希腊悲剧的许多伦理和道德主题也都因为关乎个人性格，关乎个人与城邦的关系，而具有公共政治的内涵，如人的傲慢、友谊、婚姻与乱伦、复仇和正义、命运与虔诚、如何对待陌生人等。在本节要谈的《乞援人》一剧里，如何对待有难的外乡人就是这样一个具有政治意义的伦理主题。这也就是今天世界面临的难民问题。埃斯库罗斯剧中的政治色彩和道德关怀一直是研究者关注的一个方面，《波斯人》和《乞援人》这两部剧在一个重要的政治议题上成了对比剧，这个议题就是，国王的权力是否受到限制决定了专制和民主制度的区别。

安东尼·波德莱茨基（Anthony J. Podlecki）在《早期阿提卡悲剧中的城邦与君主》一文中就指出，希腊人喜欢将他们自己看成"野蛮人"的对立面，希腊人不是任何人的奴隶，不需要听命于任何人的武断权力；而《波斯人》一剧中的波斯人却相反：剧中，国王薛西斯几乎全军覆没，但照样能保住他至高无上、不受制约的权力。相比之下，《乞援人》一剧中的阿尔戈斯国王佩拉斯戈斯（Pelasgus）"虽然理论上也拥有绝对的权力，我们却看到一个神话时代的奇景，这位国王选择限制自己，而只是在可以称为'宪制'的范围内采取行动"。[1]

我们在《乞援人》一剧中看到，50 位来阿尔戈斯寻求避难的少女向这位国王求助，要他立即答复她们的恳求。国王说他不能马上决定，需要问问城邦里的民众有什么想法。求助的少女们毫不怀疑国王有做出决定的权力。国王对她们说：

> 你们虽来到这里，却并非坐在
> 我的家灶边。若城邦会毁入危难，
> 那就该让人民共商解救的对策。
> 我不能预先给你们作任何允诺，
> 在未与全体邦民商量此事之前。（《乞援人》，第 365—369 行）

少女们对国王说，你是国王，应该你说了算：

1　Anthony J. Podlecki, "Polis and Monarchy in Early Attic Tragedy," in Euben J. Peter, ed., *Greek Tragedy and Political Theory*, Berkeley: University of California Press, 1986, 82.

> 你就是城邦，你就是人民，
>
> 你是不受约束的君王。
>
> 你掌管祭坛，掌管国家社灶，
>
> 一切都按照你的愿望和意志，
>
> 你一人独掌权杖，独踞王位，
>
> 履行全部职责。（第 370—375 行）

但是国外还是不肯独自做出决定，他说：

> 决断此事不容易，勿让我做判官。
>
> 我业已说过，我不会无人民应允，
>
> 便作出决定：我不会这样用权
>
> 以免遭遇损失时人民这样说：
>
> "他帮助外邦亡命人，损害了城邦。"（第 397—401 行）

在埃斯库罗斯那里，国王佩拉斯戈斯的权力与"野蛮人"国王薛西斯的权力是不同的。在《波斯人》一剧中，野蛮人是波斯人；在《乞援人》一剧中，野蛮人是埃及人。

《乞援人》的故事看上去十分简单，但其实并非如此。这部剧本来是埃斯库罗斯的一个三联剧的第一部（后面两部已经佚失），因此有的研究者认为，我们无法知道埃斯库罗斯到底想用这个三联剧来说些什么，表达什么样的意思。

但是，这个三联剧显然是以一个希腊神话为题材。最早的希腊观众一定知道这个神话，即使埃斯库罗斯的创作意图使他对神话做了一些改变——就像他在《波斯人》一剧中改变波斯国王大流士那样——基本的神话故事观众们应该还是一下子就能够辨认的。这一点应该不用怀疑。

　　《乞援人》源自这样一个神话故事：宙斯爱上美丽的希腊牧羊女伊娥（Io），让她怀上自己的孩子。宙斯的妻子嫉妒伊娥，把她变成一头母牛，注定永远被牛虻叮咬，不得片刻安宁。伊娥生下一个孩子，叫埃帕福斯（Epaphus），埃帕福斯的后人中有两个孪生兄弟，一个名叫达那奥斯（Danaos），另一个名叫埃古普托斯（Aegyputs）。他们是埃及王贝洛斯（Belos）的两个儿子。

　　两兄弟本来各自统治自己的王国，但埃古普托斯逼迫达那奥斯携同女儿们出走，之后他占有达那奥斯统治的地方并以自己的名字称之，"埃及"一名即由此而来。他想让自己的五十个儿子与他兄弟的五十个女儿成婚，但他兄弟带领女儿们逃离埃及，来到希腊，他们就是剧里的达那伊得斯人（Danaides）。逃亡至希腊，是因为他们的祖先，也就是那位被宙斯爱上的牧羊女伊娥原本是希腊人。这是一个重要的细节，也是作为希腊人的阿尔戈斯人最后收留他们的一个原因。

　　《乞援人》一剧开始的时候，我们看到歌队进场。歌队由一群少女组成，她们是达那奥斯的女儿，由父亲带领逃出埃及，刚刚抵达希腊的阿尔戈斯海滨。她们手持象征请求救援的缠着羊毛的橄榄枝。在希腊语里，树枝（词根 erythr）又有"小匕首"的意思，最后这 50 位少女中的 49 位就是用匕首杀死她们的丈夫的。

　　达那奥斯的 50 个女儿来到阿尔戈斯，恳求阿尔戈斯国王佩拉斯戈斯保护他们。国王佩拉斯戈斯犹豫不定，因为他害怕新的埃及国王埃古普托斯前来问罪；而且，在古代的婚姻传统中，近亲婚配也是一种古老的习俗。

　　于是，他征询阿尔戈斯人民的意见，询问他们是不是该收留达那伊得斯人。人民说应该收留他们。达那伊得斯人当然十分高兴，她们欢欣鼓舞，赞美希腊诸神。可是，新埃及国王的使者紧接着就到了，他试图迫使达那伊得斯人返回埃及，让她们与堂兄弟结婚。

阿尔戈斯国王有了民意的支持，站在这 50 位少女的一边，使者没能得逞。阿尔戈斯国王请避难者进城，故事也以她们进城结束。

单就《乞援人》这个故事而言，今天我们可以把它当成一个关于"难民"的故事，因为这 50 位少女为了逃婚来到阿尔戈斯，是为了寻求庇护。在任何一个国家，难民的涌入都会给现有的政治或社会秩序带来危机。国王佩拉斯戈斯知道这一点，他难以决定是否要接纳并保护这群难民，所以他聆听城邦中人民的意见。人们出于对难民的同情和道义责任，同意收留这些难民，国王顺应民意，于是有了收留难民的行动。

这是一种现代解读。神话故事里的阿尔戈斯城邦的人民为什么要收留这 50 位少女，是出于什么样的道德考量，我们无从确切知道。但我们在这个故事里，似乎可以看到古代版的"德国收留叙利亚难民"。2015 年，德国总理默克尔宣称德国无条件接收叙利亚难民，敞开国境大门，引发难民赴德狂潮。后来难民数量有好几百万人，冲击了德国的社会秩序。有不少人甚至认为，这是现实版的"农夫与蛇"，使得德意志濒临伊斯兰化的边缘，甚至连德国的欧洲霸主地位都发生动摇。

在对待难民问题时，人道的道义与国家的利益发生矛盾，二者之间只能选一，无法妥协，这就是悲剧的境遇。在《乞援人》中，这个矛盾似乎因为人民的意志得到解决。

但真的是这样吗？在原来的神话故事里根本不是如此！

在神话故事里，这 50 位少女逃避包办的近亲婚姻来到阿尔戈斯，还只是悲剧的开始。如果我们能够看到三联剧的后两部，那将是一个怎样的故事呢？这两部剧虽已佚失，但有一小段保留下来：爱神赞美天与地的结合，他们的孩子就是雨，雨水滋养了谷物、果实和牛羊。

从这个片段来看，三联剧原本的主题应是人类的婚姻、家庭和繁衍，不是抗争非自愿的婚姻。因此，《乞援人》中的抗争并非整个三联剧的主题，真正的主题应该是在三联剧的最后，也就是无论以什么理由杀死丈夫，都必须受到惩罚。

研究者根据希腊神话故事推断，以下可能是三联剧在《乞援人》故事之后的情节，估计也是后两部剧继续要讲的故事。[1]

阿尔戈斯国王收留了50位少女之后，在一次战争中阵亡了，少女们的父亲达那奥斯成了阿尔戈斯的新国王。阿尔戈斯是一个小城邦，比埃及王国的军事力量要弱小得多，埃及国王又来重新逼迫那50位兄弟与50位姐妹的婚事。达那奥斯无力拒绝，但他给女儿们每人一把匕首，命令她们在新婚之夜杀了新郎们。49个女儿服从了父亲的命令，因为那个时候，父亲的命令就是法律。

只有一个女儿（Hypermnestra）出于怜悯和爱，没有服从父亲的命令。更重要的是，她的丈夫（Lynceus）并没逼迫她行夫妻之事，所以她让他逃走了。达那奥斯因为这个女儿违背自己的命令，把她关押起来，并送交审判。由于爱神的干预，她被法庭开释。可是，那位逃走的新郎突然又回来了，杀了自己的丈人，当上阿尔戈斯的国王，他的堂妹（也就是妻子）也就成了王后。

那49个杀死自己丈夫的女子则受到审判，在雅典娜和赫尔墨斯这两位主神的干预下，她们被免除杀人之罪，但死后却受到一种永无止境的惩罚：用瓦罐从水溪里打水，但瓦罐是有洞的，所以这是一件无休无止的辛苦劳作，就像西西弗斯往山顶上推石头一样。

让我们再把目光从这后面的故事收回到《乞援人》上来。摆在我们面前的一个问题是，这50位逃婚的少女到底有没有理由逃婚？或者，如果说她们是难民，阿尔戈斯城邦的人民有没有收留她们的理由？

---

1 John Ferguson, *A Companion to Greek Tragedy*, Austin: University of Texas Press, 1972, 62-63.

在《乞援人》第一场里，阿尔戈斯国王一开始便询问她们为什么寻求避难。少女们回答说，她们不愿意给堂兄们的家里当奴婢。古代妇女服从丈夫本是天经地义，所以国王又问她们：你们不愿意，是因为这样的婚配不符合埃及的法律，还是因为你们憎恨他们？

少女们说：我们不愿意是因为我们憎恨他们。他们强迫我们嫁给他们，这是禽兽都不会做的事，在自然界，"就算鸟儿都不会污染自己的种群"。少女们诉诸的是高于埃及国家之法的自然法。

这和我们今天看待问题的方法是不同的。今天我们会说，决定自己嫁给谁，是女性的自由权利，不能强迫，父母也不能包办子女的婚姻。但在古代，婚姻大多都是父母包办的。因此，少女们抗拒乱伦的近亲婚配便成了重要的理由。

古希腊的观众也许能够接受这个理由，虽然并不充分。德国历史学家利奇德（Hans Licht）在《古希腊风化史》（*Sittengeschichte Griechenlands*）一书中指出，就像所有的淳朴民族一样，古希腊人对待乱伦之举并不像我们现代人这样严厉，他们的神话故事就表明这点。[1] 比如，众神及人类之父宙斯就娶自己的妹妹赫拉为妻。然而，古希腊公众还是反对乱伦行为，虽然没有哪个地方或哪个时期曾对乱伦施以严厉惩罚。

从古代的作品中我们可以知道，上下辈之间通婚是不被允许的；在更久远的时期，兄弟姐妹间似乎也禁止联姻。到了后来，同父异母的兄妹才勉强可以结婚。除了这些限制，亲戚结婚并不少见——事实上，公元前5世纪之前，即使是兄弟姐妹的联姻在传统的贵族家庭里也时有所闻。但是，在埃斯库罗斯的时代，古代的传承习俗正在向文明规则过渡，这影响了当时希腊人对乱伦的容忍程度。

1　利奇德著，杜之、常鸣译，《古代希腊风化史》，辽宁教育出版社，2000年，第30页。

古希腊公众总的来说都不赞成乱伦，这点可以从许多神话故事中看出来。在那些故事中，乱伦被描述为令人厌恶之事。比如，广为人知的俄狄浦斯（Oedipus）的故事：俄狄浦斯娶了自己的母亲，他自己对此实在是毫无所知，但他因痛悔而弄瞎了自己的眼睛；再想想考努斯（Caunus），他居然爱上自己的妹妹比布利丝（Byblis），考努斯为了逃避这份罪孽，逃至利利基斯，并在当地建立考努斯城。而他的妹妹也深爱着自己的哥哥，因为兄长为此背井离乡而深感自责，结果自杀身亡；她的泪水化成一股清泉，该泉眼也以她的名字命名为比布利丝。这样的乱伦故事都是以极其悲惨的结局收场的。

希腊人对乱伦的观念是否影响了阿尔戈斯城邦民众对这50位少女求助的决定？他们又是如何做出收容这50位少女难民的集体决定的？民众集体决定又体现怎样的集体心理特征？

4.《乞援人》：信任民众不如信任君王

其实，国王对是否要收留这50位少女这件事的利害得失有他自己的考量。对他来说，做出庇护这50位少女的决定虽然有些纠结，但总的来说，并不是一件太困难的事情。

之所以纠结，是因为他在对城邦的安全责任和对难民的道义责任之间产生矛盾。虽然这50位少女避难者的祖先与希腊有亲缘关系，但她们毕竟是阿尔戈斯城邦的陌生来客。阿尔戈斯是一个小城邦，如果埃及国王要来兴师问罪，那将是城邦的灾祸。出于自身安全的考量，阿尔戈斯民众该不该帮助这些少女难民？他说：

> 此事困难重重，难以克服，
> 有如河流淌进了灾难的旋涡，

> 我也进入了不平静的不幸深渊,
>
> 没有任何港湾可摆脱苦难。
>
> 如果我不满足你们的请求,
>
> 那时正如你所说,我罪责难赎;
>
> 如果我同埃古普托斯的儿子们
>
> 为城邦而战斗,用武器解决争执,
>
> 造成的损失会多么令人痛心。
>
> 男人们为了妇女而血染大地,
>
> 可对乞援人的保护神宙斯的愤怒
>
> 又该敬畏,这愤怒令凡人最畏惧。(《乞援人》,
>
> 第 468—479 行)

宙斯是所有出门在外者的保护神,也是正义之神。如果不善待来客,就会触怒宙斯,后果是极为严重的。阿尔戈斯是一个小城邦,所以更需要宙斯的庇佑。就算埃及发兵前来问罪,只要宙斯能够庇佑,也还能化险为夷。埃及国王的怒火虽然给阿尔戈斯带来安全之忧,但宙斯更强大。宙斯代表的是道义,因此,虽然阿尔戈斯国王面前的道义与安全看起来有冲突,但解决这个冲突似乎并不太难。只要站在宙斯这边就好,不收留难民的后果会更严重。

因此,我们看到,对道义的考量也并不纯粹是道义的,也包含着对自身安全的考量。这很正常,符合人之常情。在这种考量下,国王让人民做出决定,并不是我们今天所理解的民主,而是一种统治策略,也就是让尽可能多的人为可能带来的不利后果分担责任。

当国王告诉这 50 位少女,他准备让城邦人民来决定的时候,她们慌了神,不知如何是好,再三请求国王自己来做决断。这又是为什么?这就是埃斯库罗斯的深刻之处,也是这部剧对我们今天认识民主仍然有着非常相关的意义所在。

我们都知道，劝说一群人要比劝说一个人困难得多，成功的概率要小得多。而劝说一群可能是愚昧无知的人，比起劝说一个肯定比他们头脑灵光的人，则又不知道要困难多少。50 位少女面临的就是这样的局面。即便是伟大的思想家、哲学家，在面临相似局面的时候，也会跟她们一样不信任民众的。

柏拉图就是一个例子，他宁愿三次去西西里的叙拉古劝说他并不太信任的僭主，也不愿意在他的家乡雅典说服民众。因为他认为除非使用蛊惑的法术，否则要想说服民众是一件绝对没有成功希望的事情——他老师苏格拉底的死就是明证。这也是柏拉图如此痛恨民主的缘故。

直到今天，不是还有许多人认为独裁专制比民主更有制度优越性吗？他们认为，独裁制度只要能找到一个睿智、英明的领袖就万事大吉，而要想在民主制度中有千千万万个优秀人才则是不切实际的梦想。人们对优秀民主所抱有的其实是一种理想主义的信念，它经常是经不起现实考验的。这也是许多人选择专制独裁制度的原因。

埃斯库罗斯在《乞援人》中给了我们一个"民主的惊喜"。我们看到的是，民众做出一个可能与他们自身利益不符的道义决定，这个决定是利他的、正义的。如果你坐在当年的观众席上，恐怕也会在暗暗期盼这样的民众表决结果。

第一场结束的时候，50 位少女的父亲达那奥斯去说服民众，民众的表决是在后台发生的。埃斯库罗斯不像修昔底德在《伯罗奔尼撒战争史》里那样，把辩论的场面呈现在我们面前。我们并不知道民众的辩论赛到底是如何进行的。

第二场开始之前，观众们不得不跟这 50 位少女一起焦急地等待结果，这种紧张感增强了故事的戏剧性。

突然，达那奥斯和随行者一同走了出来，他高兴地说：

孩子们，放心吧，与本地居民交涉很顺利，

人民已进行表决，作出了决议。

代表少女之一的歌队长问道：

父亲，祝你幸运，最可亲的信使，

请详细告诉我们，决议怎样作出，

人民的掌握权力之手倾向于什么？

达那奥斯回答道：

阿尔戈斯人完全一致地作出决定，

使我这老人心情振奋，甚至变年轻。

全体人民一致举起吉利的右手，

空中回荡着首领们宣布决议的声音，

我们可以自由地生活在这块土地上，

不会被强行带走，不受他人侵犯，

无论本地居民或外邦人都不得违反。

如果有人施用暴力，如果当地农人中

有人不愿闻讯前来帮助我们，

那他便会丧失名誉，遭到放逐。(《乞援人》，第 605—

614 行）

达那奥斯说"完全一致地作出决定"，并不是说没有人表示异议，而是说达成一致的决定，这在民主表决中很常见。显然，在阿尔戈斯人中间进行了某种我们不知道的辩论，因为在第二场后来的"第一曲次节"中，歌队唱道：

人们投票否决了

男人们的愿望，接受了

妇女们的强烈恳求，

虔敬复仇神宙斯，

他审视世间一切，

永远不可抗拒，

有哪座房屋会希望他

欢乐地降临于屋顶，

沉重地高踞其上？

这里的人们敬重亲族，

神圣的宙斯的乞援人；

愿人们以洁净的祭坛

博得神明们的欢欣。（第 643—655 行）

　　我们可以推论，一定是有的男子不愿意帮助这 50 位少女，他们表达自己的意见，但被其他人否决了，而那些"其他人"受到"妇女们的强烈恳求"。这说明，50 位少女对民众表决会出现"人多心不齐"的忧虑是有理由的。显然，她们认为，民众并不一定都会做出符合道义的正义选择。而阿尔戈斯人做出愿意帮助她们的决定，只不过是因为她们运气好罢了。

　　所以，就在埃斯库罗斯给予我们对民主的信心的同时，他也让我们看到民主的正确选择是一件多么不可靠的、脆弱的事情，是一种命运的眷顾。

　　50 位少女为民众会如何表决惴惴不安的时候，她们会思考怎样的问题？《乞援人》一剧并没有告诉我们。但是，我们完全可以把自己放在这样的场景里，我们会怎么想？这可能就是《乞援人》一剧与我们最重要最现实的关联。

我们也许会想：城邦里的那些老百姓会听从他们的道德良心，做出保护不幸者的集体决定吗？如果有人反对这样的决定，其余的人又会如何应对呢？是据理力争，还是息事宁人，放弃原先的善良意愿？老百姓当然知道，如果得罪了埃及国王，就可能招致战争的危险，而这意味着他们的子弟会不得不走上战场，流血送命。他们会愿意为了不相干的陌生少女冒这个险吗？要是有人用这个作为理由反对收留这些难民，其他人会附和，还是会用什么理由去说服他们不要反对？他们本来是一个城邦的父老乡亲，会愿意为那些难民少女伤了自家人和气吗？大多数人是会保持沉默，还是在一旁观望？有多少人会为救他人于危难之中挺身而出？

这些问题不都是我们自己在身处危险、渴望得到别人帮助的时候会碰到的吗？生活中，我们经常会说"公道自在人心"，但我们知道，肯为公道说话的人，尤其是在涉及自身安危和利益的时候，实在是太少太少。碰到别人有难的时候，绝大多数人会选择成为"沉默的大多数"，即使心里同情，也不会有实际的援助行动。

更悲哀、更可怕的是，我们还会为自己的沉默、自己的麻木和冷漠找出各种借口和理由，好像我们做的是一件道义上完全没有瑕疵的行为。

现代心理学研究发现，在人们需要对具体的事情做出集体的道德或价值判断时，往往是人数越多，越可能做出错误的判断。美国心理学家艾尔芬·詹尼斯（Irving Janis，1918—1990）用"集体迷思"（groupthink，指群体盲思、群体错觉）这个说法来指称那种"迷失的'我们'"（"we" gone away）。詹尼斯并不是反对集体或集思广益，集思广益的集体思考可以是个人思考的平衡力量。个人思考很容易受情绪影响，带有偏见和盲点，因此不能全面地认识复杂的事物。而在集体中，会有不同的观点，从不同的角度看问题。在集体中人们集思广益，胜过个人的一隅之见，这样的集体思考称为

"group thinking"。

但是，詹尼斯所说的"groupthink"不是这样的"group thinking"，它是一种满足于意见一致、排斥异议的"集体心灵"产物。他在《集体迷思的受害者》(*Victims of Groupthink*)一书中对此写道："集体中的每一个人都觉得接到一道法院禁令，必须避免任何深刻的批评，以免与集体的其他成员发生冲突，破坏集体的团结……每个成员都不得干预正在形成的共识，必须告诉自己，你头脑里的反对意见是错误的，或者你的疑虑不重要，根本不值得一提。"[1]这是显示集体团结和正确、提升集体自尊的唯一方式。这其实是一种幻觉，"提升集体自尊，需要一种在所有重要判断上都集体团结一致的幻觉。失去这个幻觉，集体的团结也就烟消云散，令人揪心的疑虑开始生长，对集体解决问题能力的信心就会逐渐丧失，不久因做出困难决定的种种压力而产生的巨大的感情冲击就会接踵而至。"[2]这样的幻觉产生于一个集体中所有人都参与的"联合自欺"。

但是，也有研究者得出完全不同的结论。他们认为，普通人的常识伦理和道德判断会让他们做出正确的认知和价值判断，这是一种"民间智慧"，"智慧"指的是靠得住的经验和常识。美国记者詹姆斯·索罗维基(James Surowiecki)在《群体的智慧》(*The Wisdom of Crowds: Why the Many Are Smarter Than the Few and How Collective Wisdom Shapes Business, Economies, Societies and Nations*)一书里称赞了那种集思广益的集体智慧，讲述了许多富有启发性的逸事。[3]书里记载了英国科学家弗兰西斯·加尔顿(Francis Galton)1906年经历的一件事情：在一场乡村牲畜展览会上，787

1　Irving Janis, *Victim of Groupthink: A Psychological Study of Foreign-Policy Decisions and Fiascoes*, Boston MA: Houghton Mifflin, 1973, 205.

2　Janis, *Victim of Groupthink*, 205.

3　詹姆斯·索罗维基著，王宝泉译，《群体的智慧》，中信出版社，2010年。

个到场者对一头公牛的重量进行估计竞赛，他们当中许多是农夫或屠夫，对牛的重量估计颇有经验，但也有像乡镇职员、文书那样并不具备这方面经验的。所有参赛者猜测的平均值是1197磅，而这头公牛的实际重量是1198磅。加尔顿由此联想到民主参与，他写道，这些普通参赛者估计公牛体重的能力，大概与普通选民对政策议题的评估能力不相上下，但这种集体能力的结果却能让人对他们的集体智慧刮目相看。

民间智慧是集体性的，不同于精英的个体智慧。因此，在具体的案件上，"法律人士"的看法与大众表现出来的集体看法会有差距，有时候差距还非常大。例如，2017年，河南一位村民因为采集3株他以为是"野草"的蕙兰而被判刑，网络上出现民众的一片愤愤不平之声，谴责说这是滥用权力，司法不公。

最后，我想留给读者一个问题：对民众是不是有集体良心，你怎么看？

5. 古希腊戏剧竞赛是怎么评奖的？

在埃斯库罗斯进行戏剧创作的时代，三联剧是一个连贯的故事，后面再加一个比较轻松的"山羊剧"，和三联剧作为一个整体去参加公共宗教庆典中的戏剧竞赛。埃斯库罗斯以《乞援人》的三联剧在一次戏剧竞赛中击败索福克勒斯，获得头等奖。

古希腊戏剧家们都非常高产。埃斯库罗斯创作过70多部剧，虽然保留下来的不过7部。我们今天能够看到的希腊悲剧，每一部都有它自己的特色，即便不是精品中的精品，也都值得细细咀嚼、品味和思考。

为什么公元前5世纪的古希腊有这么多好作品涌现出来？其中

的一个原因就是由于古希腊戏剧建制的一个部分或环节——它的评奖机制和荣誉。今天，许多读者都抱怨文艺作品质量不高，简直没什么看头。在诸多原因中，有一个是经常被忽视的，那就是文学作品的评奖机制。如果不知道我们今天的评奖机制有多糟糕，就难以理解古希腊戏剧的评奖机制有多优秀。

如今的评奖看上去也是在授予作家们荣誉，但荣誉本身并不是关键，关键是谁给的荣誉，为什么给那个荣誉。不知道这些，就不会知道什么是荣誉。荣誉的反面不是耻辱，而只是没有得到荣誉，没有得到荣誉并不可耻。有时，反而恰恰是得到某种荣誉才可耻。例如，纳粹党卫军的"英雄"称号，其实是一种耻辱。荣誉不等于"面子"，有面子的人经常是没有荣誉，甚至是耻辱的。

古代希腊人有讲究荣誉的风尚，他们的荣誉观是与他们对虔诚、美德、正义、公正的价值观联系在一起的。因此，一个专制独裁的僭主可以犒赏一个拍马屁的作家，却无法给一个公民任何荣誉。就算他给了，也不是真正的荣誉，而可能成为一种羞耻。古希腊戏剧家的荣誉是雅典的公民们给的，而决定这项荣誉的是透明、公正的民主程序。

我们已经介绍过古希腊必定会有戏剧演出的三大宗教庆典：第一个是大迪奥尼西亚节，又称迪奥尼西亚城庆典；第二个是例纳节；第三个是乡村酒神节。在这些重大的宗教庆典上演出的戏剧，不是我们今天所理解的文艺表演，而是一个表达对神明虔诚和感恩的隆重仪式。正因为如此，戏剧是雅典的国家大事，是由国家来主导和管理的。雅典政府会委派一位专门的官员来负责协调庆典日的戏剧演出事项，他被称为"Archon"，也就是执政官。庆典演出的组织工作就这样通过委派给一个官员而掌握在城邦手中。这有点像竞技会的竞赛，或者法庭前的辩论。

执政官还有一件重要的事：指定由谁来为哪一位诗人的作品演

出负担费用，负担费用的人被称为"choregies"，也就是出资人。挑选诗人和出资人的程序是公开、透明的，目的是保证公正和公平，这也是雅典的民主行事方式。在整个过程中，执政官都只是协调人，他不能一个人拍脑袋做决定，武断地下达命令，让有关人员服从照办。

具体的程序是这样的：一位戏剧诗人想要参加竞赛，就必须早早地向执政官提交申请，并附上参赛作品的剧本。行政官必须阅读了所有的作品，才能挑选出一定人数的诗人。不同的庆典需要的诗人人数是不同的。例如，大迪奥尼西亚庆典需要三位悲剧诗人，例纳节庆典需要两位悲剧诗人，如果参赛者多，就可以增加到三位，甚至五位。

此外，还需要为每位被选中的诗人分配一位出资人。出资人一般是雅典的富商，因为他需要支付的费用款项还真不少，包括歌队的培训费和演出服装费。在雅典，为戏剧演出出资不是慈善，而是一项公民义务，就像纳税一样。这是由法律规定的，富商们必须轮流来承担这项对城邦的义务。

哪一位诗人与哪一位出资人搭配是抓阄决定的，为的是避免徇私舞弊。诗人和出资人搭配好后，接下来就是为剧本挑选演员，在不同的时期有不同的挑选方法。

在埃斯库罗斯之前，每部剧都需要歌队，但只需要一个演员，由诗人自己担任。而埃斯库罗斯在剧里添加一个演员。当悲剧从抒情诗（lyrics）歌唱演变成有对话的表演形式，这时诗人自己不再担任剧中的演员，演员渐渐成为一个专门的行业，所以每部剧需要雇两个专业演员。

开始的时候是由诗人自己为他的剧挑选演员，有的演员专门与某个诗人搭档和合作，有密切的私人关系。到了公元前5世纪，戏剧竞赛形成制度，挑选演员的事情就不让诗人自己插手。好演员会为戏剧加分，优秀的演员不能只演某个诗人的戏，因为那是不公平的。为了公平和公正，演员的挑选制度也发生变化。

于是，挑选演员便成了执政官的事情。他会挑选出三位主要演员，也就是"大腕"。那时候，演员全是男的，没有女演员，表演时戴面具，演的角色可男可女。每个主要演员都可以挑选两至三位下属演员组成一个团队，至于哪个团队与哪个诗人合作，则由抓阄来决定。悲剧和喜剧都用这个办法。

出资人需要为他负责的那部剧雇用一支歌队。开始是从雅典的普通公民中招收，后来有了专门的歌者，于是就从专业歌者中间挑选。出资人需要付给他们工钱，还要为他们租一间用于练习的屋子，并雇一个吹笛手，因为颂歌是用笛子伴奏的。这还没完，出资人还得雇几个跑龙套的人，他们在剧中没有台词，在舞台上只是扮演国王或王后的扈从和仆人。

另外，出资人还得为歌者们提供餐饮。各个歌队之间是有竞争的，为了雇到理想的歌者，出资人得尽量让他们开心和满意，因此得在餐饮供应上费心思，要让他们吃得好才行。据罗马时代的希腊历史学家普鲁塔克（Plutarch，46—119）记载，歌者们的餐点包括鳗鱼、皱叶生菜、大蒜和奶酪等，这些在当时算是美味了。

出资人负责出钱，训练歌队仍然是诗人及其助手的事情。到了公元前 5 世纪末，歌队训练不再由诗人来操办，而是交给专业的训练老师。可以看到，希腊戏剧经过的是一段逐渐专业化的过程。诗人开始几乎全能的角色逐渐由专业人士来担任：专业的演员、专业的歌队训练老师，连歌队本身也专业化了。这就大大提高希腊戏剧的演出质量，也有利于戏剧诗人在戏剧结构上进一步创新。

古希腊观众在庆典上看戏当然非常开心，但也是挺辛苦的。参赛剧作的演出顺序也由抓阄决定，不论如何，观众都会津津有味地从头看到尾。有演出的日子，他们总是天一亮就进入剧场，要在那里待到太阳下山。每天一般演五部剧，一部三联剧加"山羊剧"，再加一部喜剧，有时候加两部喜剧，经常是三位喜剧诗人参加喜剧竞赛。

雅典卫城南侧的狄俄尼索斯剧场（Theatre of Dionysus）规模宏大壮观。从遗址来看，它沿着山势展开，20层的观众席背靠的峭壁之上就是卫城。这个剧场能容纳一万几千人，这几乎是当时雅典自由公民数量的一半。戏剧对于古希腊公民的重要性，从这个剧场的规模便可以看出。

城邦的全部居民都出席这一表演。在平民政治起基本作用的时代，穷人们来看戏不仅不用买票，还可以享受一些补助——要付给他们每一天的在场费，甚至连妇女、奴隶和外国人都可入场。同时，还有其他城邦的代表前来观摩雅典诗人们的诗作成就。这同卫城上的历史性建筑完全一样，也是一种象征，用来证明雅典作为一个城邦，作为一个人类集团的价值所在。如果没有他们，那么戏剧再好，也无法体现公民共同体的意义。他们要投票选出上演戏剧的优胜者，标准来自这些自由公民对城邦生活的理解和期待。在这个背靠城邦卫城的剧场里，他们检省自己的城邦生活。这个时候，剧场就是他们的城邦。

可以想象，看戏的人会有多兴奋。来之前，他们总是先饱饱地吃上一顿早饭，来的时候还带着干粮。一整天不仅要看戏，还要大声叫喊，欢呼或是咒骂舞台上的表演。他们一激动起来，就会情不自禁地朝舞台上丢东西，有鲜花和水果，也有石块。在台上演戏的被击中是常有的事情。根据记载，有一次一位演员差一点被石块砸死。

演出一连三天，每天三出悲剧，外加一出讽刺剧，这就是全套戏码。当庆典上所有的戏剧都演完了，也就需要给戏剧评奖了，获奖的是当年最优秀的诗人。从公元前449年开始，主角演员也评表演奖。评审之外还有十个陪审员，都是由雅典的公民来担任。公民们可以报名自荐，但谁会被选中，则由抓阄决定。评审员必须观看完所有剧作演出之后，在小木板上写下自己的挑选结果，然后用抓阄的办法，从十个评选结果中挑选出五个，优胜的诗人和演员便是从这最后的五个挑选结果中产生，评奖的结果都是当天揭晓。

获胜者会获得荣誉和声望，还会得到一只三足的铜锅作为奖赏。他们各自还会得到一项桂冠，桂冠本身不值钱，却代表着雅典城邦里的最高荣誉。在雅典这个讲究荣誉的社会里，获奖代表着一种了不起的光荣。为争取这样的光荣，不仅诗人和演员使出浑身解数，就连出资人也是竭尽全力——为了让歌队有出色的行头，还有出资人把自己弄破产了。可见在古希腊人那里，钱财虽然重要，但绝对还有比钱财更重要的东西。

授予诗人和演员最高光荣的是全雅典的公民们。他们也不是全来白看戏的，虽然演员都是雅典政府出资雇用的，但政府是不能生产出钱来的，政府的钱都从老百姓那里来。因此，雇用演员的费用实则由雅典全体纳税人来负担。

获奖者由雅典公民们用透明和公开的程序挑选出来，都是他们真正喜爱的剧作和演员。若表演没有体现他们自己的品味和价值观，他们是不会满意的。因此，他们也不会允许任何高高在上的权威指手画脚，告诉他们该喜欢什么，不该喜欢什么。民众的评奖结果未必每次都能让专业人士满意，但那又如何？作为公共庆典一部分的希腊戏剧本来就是因为人民喜闻乐见，才得以昌盛发展。只要程序公正，由他们按照自己的标准来评判高下，是再合适不过的了。

没有任何文艺形式能比悲剧这种公共活动更好地表达古希腊人的精神。古希腊悲剧不只是一种大众娱乐，也是一种大众教化，包含与城邦生活理念和精神理想相一致、真正能够打动人们心灵的道德情感和价值诉求。这样的道德情感和价值诉求成为泛希腊文化的重要部分。不仅如此，两千多年以后我们阅读或观看古希腊戏剧时，仍然能感受到它们的思想魅力。

埃斯库罗斯参加过许多次这样的戏剧竞赛，他生前获得过 13 次比赛的头等奖，死后还获得过 4 次。公元前 458 年，他创作的最后一部三联剧《俄瑞斯忒斯》（*Orestes*，包括《阿伽门农》《奠酒人》《复仇女神》）就是他获头等奖中的一部，我们接下来谈谈这部三联剧。

6.《俄瑞斯忒斯》之《奠酒人》：血仇、诅咒和预言

埃斯库罗斯的最后一个三联剧被称为《俄瑞斯忒斯》三联剧，本来还有相配的"山羊剧"《普罗透斯》（*Proteus*，意为早期的海神或河神），可惜没有留存下来。这个三联剧在希腊悲剧中享有崇高的声誉。19 世纪英国诗人、剧作家和评论家阿尔加侬·斯温伯恩（Algernon Charles Swinburne，1837—1909）称其为"人类思想的最伟大成就"。

《俄瑞斯忒斯》是埃斯库罗斯唯一流传下来的三联剧，于公元前 458 年演出，获得戏剧头等奖。这个三联剧的故事是连贯的，可以放在一起阅读，也可以分开来单独阅读。在本书中，我们把它们放在一起阅读，在每部剧结束的时候，会介绍一下它的基本主题，因为这对我们了解埃斯库罗斯的宗教和道德伦理观非常重要；最后，还会谈到一些与我们今天有关的，尤其是法治和公正审判的问题。

这个三联剧描述的是特洛伊战争主帅阿伽门农家族几代人悲哀的命运。全剧由两位演员的对话来交代事件和情势的发展，歌队唱出历史背景和心理活动。每个剧里歌队代表的人物是不同的。

整个三联剧用阿伽门农的儿子俄瑞斯忒斯的名字来命名，表明俄瑞斯忒斯对于这个剧道德寓意的重要性。但他在第一部剧《阿伽门农》里并不是一个主要人物，只是被女预言家卡桑德拉

（Cassandra）暗示性地提到而已，他是第二部剧《奠酒人》和第三部剧《复仇女神》的主角。第一和第二部剧之间相隔数年，剧里没有告诉我们到底是几年，但从荷马《奥德赛》的故事来看，是七年。第二和第三部剧之间只相隔几天，法国作家萨特（Jean-Paul Sartre，1905—1980）曾经把这两部剧放在一起，改变它们的宗教和道德意义，写成一部表述他自己存在主义自由和责任观的现代剧，那就是著名的《苍蝇》（Les Mouches），后文会再提到。

《阿伽门农》一剧中，阿伽门农在特洛伊战争之后凯旋，却遭到不忠的妻子克吕泰墨斯特拉（Clytemnestra）和情人埃癸斯托斯（Aegisthus，阿伽门农的堂哥）杀害。他妻子之所以憎恶他，主要是因为十年前特洛伊战争的初始，阿伽门农杀了他们的女儿。

在古希腊文学里，阿伽门农一直就不是一个讨喜的人物，他是荷马史诗《伊利亚特》的主角之一。在特洛伊战争期间，他是一个乏善可陈的统帅，在正面进攻一再失败时，他还是坚持正面进攻，直到奥德修斯想出狡猾的木马计，这才攻破特洛伊城。

阿伽门农刚愎自用、鲁莽轻率。他不听阿波罗神的一位巫师的请求，执意要留下巫师被俘的女儿当他的女奴，也就是这部剧里的卡桑德拉。阿伽门农甚至愚蠢到公开宣布，他宁肯放弃自己的妻子，也不愿意放弃这个女奴，难怪妻子在他回家后，要了他的性命。

他是一个暴虐、任性的统帅。他夺走希腊军队大部分的财宝和战利品，还抢走英雄阿喀琉斯心爱的女奴。在为之发生争吵时，阿喀琉斯当着众人的面责骂阿伽门农是"最贪得无厌的人"，"不知羞耻""酗酒成性"的醉汉，长着凶狠的"狗眼"但"胆小如鹿"的懦夫。阿喀琉斯对他说："你从来没有勇气拿起武器来同你的同胞一起作战，或者同别的队长们一起出击。"

在埃斯库罗斯这个最著名的三部曲中，阿伽门农再次占据舞台的中心。对这位冷酷、贪婪的国王，我们也有了更多的了解。

当年阿伽门农召集全希腊的英雄们奔赴特洛伊，可是大海总是刮起逆风，使英雄们的船只无法行驶。神谕告诉他们，这是因为狩猎女神的一个诅咒，而这个诅咒正是来自阿伽门农的轻狂之举。神谕说，阿伽门农必须将自己的女儿献祭才能解开这个咒语，阿伽门农便无奈地牺牲女儿。他的妻子想尽办法保护女儿，但女儿最后还是牺牲了。妻子对此耿耿于怀，埋下复仇的种子。

阿伽门农的堂哥埃癸斯托斯与王后勾结，也是因为他父亲与阿伽门农的父亲之间的家族血仇。简而言之，堂哥要杀他，王后也要杀他，都是出于家族内的血仇报复。血债血偿，冤冤相报何时了，这是整部三联剧的一个主题。

在《阿伽门农》中，上辈人传下来的孽缘，加上阿伽门农杀死女儿的血债，加深家族的恶性循环、父子相传的罪孽。其中有多个互相连带的主题：第一，一旦流血便收不回来，手上沾着的血是洗不干净的，血债的可怕之处正在于此；第二，罪恶一旦发生，便会产生连环效应，一桩一桩的罪恶会连续发生；第三，人生在世免不了苦难，但可以因为苦难而变得智慧；第四，世界上太成功的人容易得意忘形、妄自尊大，这样就会冒犯神明，这是"傲慢"（hubris）之罪。傲慢之罪会让人身败名裂，甚至招来杀身之祸；第五，人有罪孽，不是不报，而是时候未到。人走到悲惨的一步不能怪罪神明，那是人自己的罪过。特洛伊战争的英雄和凯旋者阿伽门农就是一个例子。

前面提到，《阿伽门农》一剧中有一个他从特洛伊带回来的女奴，叫卡桑德拉。你也许看过或听说过电影《卡桑德拉》，用的就是这个女预言家的名字。卡桑德拉受到神的诅咒，能预见凡人无法知晓的未来，但永远没有人相信她的预言，而且人们因为无法理解她的真实预言而仇恨她，加害于她，甚至置她于死地。

19世纪伟大的挪威现实主义戏剧家易卜生（Henrik Ibsen，

1828—1906）写过一个题为《人民公敌》(En Folkefiende) 的剧，剧里有一个卡桑德拉式的人物——斯多克芒医生（Dr. Stockmann）。斯多克芒医生有一个担任市长的哥哥，他们共同负责一个小镇上发展温泉浴场的计划。小镇投资一笔为数较大的资金支持发展，而镇民们也巴望具有医疗价值的温泉浴场可以带来旅客，令小镇大大兴旺，因此浴场对小镇声誉便有特殊的重要性。然而，当温泉浴场渐露曙光时，斯多克芒医生发现市内的制革厂在污染温泉的水源，致使旅客患上严重的疾病。他认为这个重要发现是自己最大的成就，便立即将一份详细的报告发送给市长，告诉他环境污染的严重隐患。

指望浴场会带来财富的市民们拒绝接受斯多克芒的说法，甚至之前支持他的朋友和盟友，现在也反过来百般指责他，说他的警告是为了自己出风头。他被市民奚落和谩骂，甚至被斥为疯子，还有人朝他的办公室丢石块。

最后，当地的居民以民主表决的方式，宣布斯多克芒医生为人民公敌。他因为没有人愿意相信的真话，而变成千夫所指的"坏人"。斯多克芒最后一句话就是："世上最强的人，就是那个最（受）孤立的人。"他道出所有被诅咒的预言者的纠结和悲剧。自古以来，充当不受欢迎的信使的人，或者预言、警告未来灾祸的人，也都是卡桑德拉和斯多克芒那样的悲剧人物。

在《阿伽门农》一剧的第四场中，卡桑德拉预言，王后手上沾了阿伽门农的血，自然会有人向她讨还血债，这是全剧的情感高潮。全剧还有一个情节高潮，那就是阿伽门农被杀。

卡桑德拉在赴死刑的路上不断发出不祥的呼喊，呼唤神明：

啊，啊！啊，大地啊！

啊，阿波罗啊，阿波罗啊！（《阿伽门农》，第1214—1215行）

她的预言是可怕的，但没有人能明白那是怎样的预言。她叫喊道：

> 啊，这是什么阴谋？
> 什么新的巨大不幸？
> 有人在这宫廷里谋划巨大的灾难，
> 亲人们无法忍受无法救治的灾难，
> 救援之人在天涯。（第 1100—1104 行）

她说的那个"救援之人"就是几年之后会回来杀死王后的俄瑞斯忒斯。她哀叹自己不得不做预言的痛苦，哀叹阿伽门农的盲目，诅咒王后的悲惨下场。她以隐晦的方式，预言阿伽门农将死于妻子的谋杀：

> 天哪，在家里等待主人的归来——
> 我的——奴役的辕轭终需忍受，
> 但这位舰队统帅，伊利昂征服者，
> 却不知那条可憎的恶狗怎样
> 花言巧语，竖起兴奋的耳朵，
> 如隐蔽的迷惑神给他制造灾难。
> 她有这样的胆量，弑夫的女人，
> 她是——我该称呼她是哪一种
> 可恶的妖怪？一条两头蛇或是
> 居住于山洞的斯库拉（六头十二臂的妖怪）。（第 1225—1234 行）

她又预言，自己的生命马上就要结束，但一定会有人向王后复仇：

> 我要在我临死前把你们踩碎
>
> ……
>
> 狠狠嘲笑，无疑是枉然的嘲弄。
>
> 我曾经如同一个游荡人、乞丐、
>
> 穷人、不幸的饿鬼，受人嘲辱。
>
> 预言神终于召回我这预言者，
>
> 让我陷进这样的命运死亡。
>
> ……
>
> 但神明不会让我白白地死去，
>
> 因为有人会来为我们报仇，
>
> 他会杀死母亲，为父报仇，
>
> 这个逃亡者现在流落他乡。
>
> 他会回来为亲人结束这不幸，
>
> （因为众神明曾许过一个大愿，）
>
> 他的仰卧的父亲会使他返回。（第 1266—1285 行）

卡桑德拉的预言已经清楚得不能再清楚了。她说的那个"有人"，就是阿伽门农的儿子俄瑞斯忒斯。但还是没有人愿意相信卡桑德拉，她也就这样被王后杀死了。

接下来就是发生在第二部剧《奠酒人》里的故事：阿伽门农的儿子和他姐姐，一同杀死母亲和情夫替父报仇。阿伽门农被杀之后，他年幼的儿子俄瑞斯忒斯被姐姐送到另外一个国家躲了起来。姐姐在宫里过着悲惨的日子，眼看着母亲与杀父仇人成了情人，还要每天服侍他们，她活下去的唯一希望就是等弟弟长大回来复仇。

几年以后，她从一个外乡人那里得到消息：弟弟死了。这个惊人的消息让她绝望，而她的母亲却又喜又悲。人的天性使母亲为自己儿子的死伤心，但好在儿子永远不会再回来闹事。悲痛欲绝的姐姐在郊外从两个年轻人手中接下弟弟的骨灰盒，却意想不到地见到归来的弟弟。原来弟弟的死讯只是为了麻痹他们的敌人，让母亲和她的情夫放松警惕。最后俄瑞斯忒斯成功地杀死母亲及其情夫，为父亲报了仇。

俄瑞斯忒斯杀死母亲为父复仇，遵循的是古老的血债血偿的铁律。他的行动不是出于自我意志的自由选择，他必须这么做。只有报这个仇，他才能在天地间活得像个男子汉。

但是，他杀的不是别人，而是自己的母亲，这与杀其他人是不同的。杀母是违背天伦的大罪大恶，不仅凶手自己会受到惩罚，他的子子孙孙也会受到孽报，永无止境。

那么，向他讨还血债的又是谁？它们是三个复仇精灵，有一个共同的复数的名字，叫"愤怒"（Furies）。复仇精灵们是如何追着让俄瑞斯忒斯复仇和讨还血债的？这便是第三部《复仇女神》（又名《欧墨尼得斯》）里的故事。

古希腊人有一个习俗，对不祥的精灵不能直呼其名，否则会给自己招致灾祸。所以他们用好话来说坏事，把坏事反着说。因为这种忌讳，复仇精灵们便被叫作"仁慈精灵"，欧墨尼得斯（Eumenides）就是"仁慈""仁爱"的意思。她们还有一个共同的名字，叫厄里倪厄斯（Erinyes）。

复仇精灵们极端冷酷，从不怜悯，但她们代表着人类对公正和正义的原始意识。所以她们并不是邪恶的精灵，连阿波罗神也得让她们三分。复仇精灵们惩罚的罪行包括所有社会生活方面"违反法规"的行为，尤其是弑父和弑母。她们在国家和国法还不存在的时候就已经是法规的守卫者。她们守卫的法规不仅是成文法，还有伦理的法则。例如，她们保护乞丐、陌生人和乞援者，惩罚那些伤害幼鸟的人，对任何伤天害理的事情决不姑息容忍。她们的相貌非常可怕，头发像盘着的毒蛇，眼睛里滴出血来。她们的惩罚把受罚者逼至疯狂，疯狂是比死更可怕的惩罚。

在《复仇女神》一剧里，俄瑞斯忒斯不得不面对的就是这样面目狰狞的复仇精灵们。为了逃避她们，他仓皇失措地逃进阿波罗的神庙，请求神明的庇佑。结果将会如何？这是整个《俄瑞斯忒斯》三联剧的高潮，也是全剧最重要的意义被揭示的时刻。

7.《俄瑞斯忒斯》之《善好者》：净罪与审判

在《复仇女神》中，埃斯库罗斯运用更换场景的戏剧手法，这是希腊悲剧中第一次运用这样的演出方式。开场的时候，场景是阿波罗神庙前；剧中，场景换到雅典娜的神庙。因此，在剧一开始的时候，俄瑞斯忒斯躲在阿波罗的神庙之中。为什么躲在这里？因为俄瑞斯忒斯是遵照阿波罗的神谕去为他父亲报仇的。

女祭司首先出场，然后走进阿波罗神庙，随即惊慌地跑出来报告说看到神庙里的一幅可怕景象：

> 当我走进这摆满花环的庙里，
> 我看见一个对神负疚的青年
> 坐在大地的中心点，请求帮助，
> 鲜血从双手，从出鞘的剑往下流，
> 手握旺盛地生长的橄榄树枝。(《复仇女神》，第39—
43行）

那个青年就是俄瑞斯忒斯，一副狼狈的样子。在他旁边，是一些沉睡着的老妇：

> ……另一群形象惊人的妇女
>
> 躺在他近旁的座椅上，沉沉酣睡。
>
> 她们不像女人……
>
> 我曾经见过绘画中有一种怪物
>
> ……这些怪物
>
> 虽没有翅膀，却灰暗，非常可憎。
>
> 她们鼾声大作，不堪入耳，
>
> 双眼滴着令人作呕的泪水。（第46—54行）

那些相貌可怕的妇人就是复仇女神。在剧中，她们不只是三个，而是一群，是由歌队代表的，这是戏剧的需要，与神话有所出入。

阿波罗走进神庙里，指示俄瑞斯忒斯逃跑，但别害怕，远走他乡，越远越好。俄瑞斯忒斯非常恐惧、慌张，恳求阿波罗不要抛弃他。阿波罗对他说："我不会交出你，我会永远保护你，/ 无论是在你近旁或是远离你，/ 对你的敌人我不会心怀慈悲。"（第64—66行）他替俄瑞斯忒斯净了罪，俄瑞斯忒斯手上的血污被消除。

下面便转换到本剧的第二个场景：故事发生在雅典娜神庙前，俄瑞斯忒斯进场，扑倒在神像前。这时候的俄瑞斯忒斯已经在忏悔，表示会无条件地服从神的旨意。在雅典娜面前，他再三强调自己的复仇行为完全是遵守习俗，他是一个遵守习俗的人，会服从神明的旨意：

> 尊贵的雅典娜啊，我首先答复你
>
> 最后的提问，消释你最大的不安。

> 我并不请求净罪，我的双手
>
> 已不沾污浊，在你的圣像前。
>
> 我给你说一个最为有力的证据。
>
> 习俗要求有罪人保持沉默，
>
> 直到他用杀献的乳牲的鲜血
>
> 洗去自己双手沾染的血污。（第 443—450 行）

雅典娜对他说，虽然已经按习俗给他净了罪，但杀母之罪过于重大，所以必须听过复仇精灵一方的辩词，才能做出裁决。于是便有了对后世法律观念影响巨大的著名的雅典娜审判一幕。这时候，戏的主角是雅典娜、阿波罗和复仇精灵，俄瑞斯忒斯已经成为一个纯粹的配角。

在详细讨论雅典娜审判一幕的重大意义之前，先来说说俄瑞斯忒斯这个人物。我们看到，在为父报仇这件事情上，俄瑞斯忒斯是一个被动的角色。他虽然是用刀子杀人的凶手，但正如复仇精灵所指责的阿波罗才是元凶。俄瑞斯忒斯不过是阿波罗意志的执行者。也正如俄瑞斯忒斯自己所辩护的，他只是在遵从神明的旨意，做了习俗要求他去做的事情。事情发生后，他惊慌失措，不断乞求阿波罗为他做主。总而言之，俄瑞斯忒斯虽然做了一件看上去是男子汉才会做的事，但他并不是一个英雄，埃斯库罗斯也无意将他写成一个英雄。埃斯库罗斯的重点并不在俄瑞斯忒斯身上，而在于血债血偿、冤冤相报的悲剧性循环上。在他的戏剧里，主题比人物重要，人物的性格基本上都是固定的，我们看不到戏剧性的人物发展，这与现代戏剧是完全不同的。只要看一下萨特在《苍蝇》一剧中对俄瑞斯忒斯这个人物的塑造，就会明白这一点。

《苍蝇》中的故事与《奠酒人》和《复仇女神》两部剧连成的故事几乎一模一样，却让我们看到一个完全不同的俄瑞斯忒斯，他因此成为萨特所要表现的存在主义的"人"。

《苍蝇》开场的时候，俄瑞斯忒斯以一个外乡人的身份来到他的故国阿古斯（Argus），与他随行的是他的老师。阿古斯是一个罪孽深重的国家，它的统治者手上沾满无辜者的鲜血，而它的人民则沉默不语，成为罪行的实际共谋。这里我们可以看到希特勒德国，或其他现代独裁国家的影子。阿古斯的天空是灰蒙蒙的，它的人民——一群老妇人——都身穿黑衣，面无表情。她们在罪孽的重压下弯腰驼背，直不起身子。俄瑞斯忒斯路过阿古斯的时候，看到的就是这样的景象。

与他同行的老师对他说，就让这个丑恶的国家烂下去好了，你最好躲得远远的，别跟它沾边。但是，俄瑞斯忒斯没有听他老师的劝告，说这是我的国家。所以他走进这个罪孽深重的国家，想看看到底发生什么。

但是，那时候他还没有决定他自己究竟该做些什么。他碰到他的姐姐，与阿古斯所有的人一样，她也穿着黑衣。她认出俄瑞斯忒斯，告诉他家里发生怎样的祸事，要求他为父亲报仇。但是，俄瑞斯忒斯还是不能决定自己究竟该不该去掺和这个罪恶国家的事情。

于是，他向大神宙斯请求启示。他说，大神宙斯啊，请告诉我该怎么办，如果你认为我不该动手除去杀死我父亲的仇人，就请让我眼前这块巨石发出火光。他话音未落，只见巨石上火光闪烁。突然，俄瑞斯忒斯大声对宙斯说，我不会遵从你的旨意行事。作为一个人，一个自由的人，他为自己做出选择。在神的许多"秘密"中，最重大的秘密就是不能让人知道自己是自由的。

大神宙斯知道，"一旦自由点燃了人心中的火炬，神便对人无可奈何"。宙斯为了让俄瑞斯忒斯服从他的旨意，大声地对他吼道："我创造了你，我创造了一切。"说着，舞台上神庙墙壁打开，天空显现，转动的群星闪烁。宙斯以"震天动地"的声音接着说："你看这日月星辰，旋转井然有序……你听这群星和谐的声音，这优雅而雄壮的物界歌声，在天空的各个角落里回荡。由我主宰……我下令，人生人，狗下狗。"（第三幕，第二场）

俄瑞斯忒斯回答宙斯说："你的宇宙不能替代我的自由。你是众神的主宰，你是岩石和星辰的主宰，你是大海波涛的主宰，但你不是人的主宰。"这时候，舞台上四壁合拢，宙斯"疲惫不堪，背驼腰弯"，再说话时，声音已经细弱如常人。人一站起来，神就颓然，疲惫不堪，背驼腰弯（第三幕，第二场）。与埃斯库罗斯的俄瑞斯忒斯相比，这是一个多么不同的俄瑞斯忒斯。

俄瑞斯忒斯的弑母因此超越了个人的复仇，而是在为阿古斯和它的人民洗涤罪孽。但是，阿古斯的人民并不感谢他。俄瑞斯忒斯的行为打破他们心灵的安宁和社会的安定，招来人民的一片怨恨和诅咒。俄瑞斯忒斯在他们的咒骂中离开阿古斯，成为一个"没有王国的国王"。他为众人主持正义，却被他们视为仇寇。孤独正直的人成为愚昧民众的牺牲者，这是现代意义上的悲剧英雄，是埃斯库罗斯那个时代所没有的。

在埃斯库罗斯那里，人不是自己的主人，人的悲剧在于一直有着神祇的参与。在《复仇女神》一剧里尤其可以看到，戏剧冲突是讲人和神、神和神之间的较量与妥协。复仇女神因为俄瑞斯忒斯犯下的弑母之罪有违伦常，便要惩罚他。她们如同猎犬追逐牝鹿一样追着他，使他陷入癫狂，也让他饱受痛悔的煎熬。只有与阿波罗同在能让他有片刻安宁。最后阿波罗让他到雅典去，并晓谕他会有一个公正的法庭为他辩护。他跑到雅典娜的神庙请求庇护，雅典娜为他安排一个由神和人一起组成的法庭，阿波罗担任证明他无罪的证人。

法庭上，复仇女神描述俄瑞斯忒斯杀死母亲的血腥场面。俄瑞斯忒斯辩解道，他在杀害母亲时并没有把她看作母亲，而是把她看作杀害自己父亲的凶手。最后俄瑞斯忒斯被判无罪。复仇女神非常恼怒，反对判决并扬言要将怨恨的毒液洒遍雅典，让它寸草不生。阿波罗劝阻她们，说这场判决不是她们的失败，而是"同情"的胜利。我们神应该承担责任，而不是惩罚无辜的人民。雅典娜也宽慰复仇女神，承诺人们必敬奉她们，给她们建立神庙。复仇女神这才平息怒火。

埃斯库罗斯关注的是人与神明关系中的普遍伦理问题：神的正义、人遵从神明旨意的可能后果（不只是幸福的，也有不幸的）、人身不由己的罪过（这样的罪过会在子孙中一代一代传承）。

埃斯库罗斯的伦理思考相当独特，他基本上不相信当时希腊人的多神观念，而是把大神宙斯视为最高的正义守护神。宙斯远离甚至超越荷马史诗中那些任性的有性格瑕疵的众神。而且，埃斯库罗斯相信，神明代表的是一个趋向于善的力量，"命运"和"必然"也都是朝着利他和正义的方向发展的。在人的行为中，传统的血债血偿也应该向司法正义转化，这对正义战胜暴力是有帮助的。这一思考被视为人类惩罚观念第一次向司法文化转变的时刻。

埃斯库罗斯生活在希腊政治从僭主统治向民主体制转变的时代。公元前 462 年，雅典发生一件政治上的大事，那就是厄菲阿尔特（Ephialtes，？—前 461）的司法改革。厄菲阿尔特曾经是伯里克利的老师，他是雅典一位大改革家和民主的捍卫者，曾在放逐基蒙（Cimon）的同一年发动改革，废除战神山议事会的几乎所有功能（该议事会由一些前执政官和其他前高官组成，类似于元老院）。自此以后，除谋杀案以外的所有刑事和民事案件都改交由法院审理（所有雅典公民都有资格参加"审判团"）。这项剥夺贵族权力的制度决定性地标志着雅典所谓激进民主的开始。但并不是每个人都对此感到高兴。翌年，厄菲阿尔特遭刺杀，伯里克利也自此通往权力之路。但随着雅典民主的激进化，这个制度也出现越来越多的弊端，下文讲阿里斯托芬的《马蜂》一剧时还会谈到。

厄菲阿尔特改革建立了法院的司法系统，此后为每个案件审判所设立的法院都由一些 30 岁以上的男性公民组成，他们是通过抽签被选择出来的。这样的司法判决改革使得贿赂或其他影响公民陪审员的不当行为几乎没有发生的可能。因为，第一，所有审判都必须在一天之内完成；第二，陪审团规模很大（从几百人到上千人）。法庭上没有法官指示陪审员，也没有律师对陪审员高谈阔论，只有一名官员在现场维持秩序，防止发生冲突。陪审员听了原告和被告的演讲后自己做出判断，原告和被告只是代表他们自己讲话，有时也会叫他们的朋友和支持者来作证。原告和被告也可以付钱请人为自己撰写在法庭上的演说，但必须由他们自己来做这个演说。陪审员以多数票做出裁决，这样的法庭所做的裁决不能再上诉。

《俄瑞斯忒斯》三联剧上演于公元前 458 年，是在厄菲阿尔特的司法改革后第四年。但是，剧中涉及的是血亲谋杀，所以最后的审判并不是由这种大规模的公民陪审团审理，而属于战神山议事会管辖。用司法审判，而不是复仇的暴力来解决血仇冲突是埃斯库罗斯所要强调的主题。下一节要接着谈什么是古希腊的战神山议事会，以及如何在厄菲阿尔特司法改革的背景下，理解《俄瑞斯忒斯》在当时的现实意义。

8.《俄瑞斯忒斯》之《善好者》：人类审判史上的标志性一页

在《复仇女神》最后一场中我们看到，公正的法律裁断是在听取双方意见，经过自由和有序的辩护之后，由陪审员们而不是神来做出决定。剧中的陪审团意见正反各半，雅典娜打破僵局，投了赞成无罪释放的一票。这个程序就像今天美国参议院的投票一样，副总统在出现僵局时会投上最后的一票。雅典娜神庙里的投票程序还从此确定一个雅典的惯例：同样票数的结果作无罪开释论处。这是人类审判史上标志性的一页。

对于审判中控告俄瑞斯忒斯的复仇女神来说，谋杀就是谋杀，血债要由血来还，但雅典的陪审团可以考虑减轻责罚。主持正义的雅典娜不是以简单的少数服从多数原则否决复仇女神的意见，而是采取理解和安抚的理性手段。作为对她们服从判决结果的回报，雅典娜答应为她们在卫城的山坡上筑建一座新的神庙，并给她们一个新的名字：仁慈女神。全剧结束时，一列公民队伍护送仁慈女神们到新庙中去。现在她们不再是这个城市的"愤怒的神灵，而是祝福的神灵"。

全剧结束时，雅典娜女神还对另外两个神表示特别的敬意，其中蕴含着俄瑞斯忒斯三联剧最后高潮性的政治意义。女神雅典娜把她对复仇女神的胜利归功于雅典的两个"城邦之神"：一个是名叫佩托（Peitho）的说理女神，另一个是阿戈拉奥斯的宙斯（Zeus Agoraios）。有古代学者认为，宙斯的职责是管理雅典人的政治议会，所以雅典人专门为他设有祭坛（The Altar of Zeus Agoraios）。这里称他为雅典的"议会之神"（Agoraios，这一修饰词指集会或议会的保护者），是比"大神宙斯"更专门的名字。说理之神和议会之神都是保护议会自由辩论的神明，体现的是雅典的民主制度。

雅典娜要求复仇女神承认"佩托的尊严"。复仇女神是骄傲自大的，夜晚是她们的母亲，她们代表古老的阴间力量，连奥林匹斯山上诸神都不放在眼里。但是，如今在说理女神面前，她们终于看到一个必须尊重和服从的神。惩罚和复仇必须尊重和服从"说理"，象征着议会自由辩论和公共理性的胜利，这可以帮助我们理解公共说理与司法正义的紧密联系。

在埃斯库罗斯时代的雅典，新的司法正义观念与上节提到的厄菲阿尔特司法改革是有关联的。这一改革削弱了"战神山议事会"的权力，但保留他们判决血亲复仇以及宗教案件的权力。这就像《复仇女神》一剧中雅典娜所做的妥协一样。

这里补充说明一下什么是战神山议事会。战神山议事会的政治性质是雅典少数贵族的集体统治，它是古代雅典的一种政治机构，因会议厅设在雅典卫城以西300米高的战神阿瑞斯山丘（Areopagus）而得名。这一机构可能由氏族社会中的长老会议演变而来。王权被废除后，它由卸任的执政官组成，起初拥有非常广泛的权力，后来随着雅典民主政治的建立和发展，它的权力逐渐被削弱。至公元前5世纪中期，其职权仅限于审判谋杀案和亵渎神明的案件。

战神山议事会具有护卫雅典城邦法律的职能，管辖着城邦中大部分最重大的事务，并对一切扰乱公共秩序者直截了当地进行审判与惩罚。议事会执政官（最初是九位，后来有所增加）的选拔以是否门第高贵及富有为依据，是终身制的官职。但在第一位平民领袖梭伦执政后（约为公元前6世纪初），战神山议事会的权力就逐渐被400人议事会（后发展为500人议事会）削弱。希波战争结束后约17年，即公元前432年前后，战神山议事会遭到500人议事会及平民会议的控告与声讨，对政事的监督权被剥夺，但法律职能一直延续到罗马时代。

战神山议事会是一种防止专制独裁的政治体制，但反对专制独裁并不等于民主。战神山议事会这类贵族政治不仅彻底废除个人独裁、世袭制、终身任职制，建立集体统治的法治原则，而且在民众中树立一种新观念：对于谋求王权者，人人得而诛之，从而为国家权力的进一步下移提供可能性。但贵族政治毕竟是少数贵族的统治，普通民众没有权力参与政府的运作。由于缺少民众的监督和有效制约，雅典贵族大肆侵吞平民的土地财产，激化社会矛盾，这才有了厄菲阿尔特改革，以及他的后继者伯里克利开创的雅典民主全盛时代。

研究者们普遍的看法是，《俄瑞斯忒斯》以一场家族谋杀案的审判告终，配合厄菲阿尔特的民主司法改革，其政治意义相当重要。一方面，埃斯库罗斯似乎很支持厄菲阿尔特的司法改革，这在当时是激进的；另一方面，他写这出庄严戏剧的目的就是为了打消保守的雅典人的疑虑。在他看来，厄菲阿尔特之所以没有剥夺贵族们审议仇杀案件的权力，正是因为这是贵族们承袭的特权。如此一来，贵族们便不会过分关注被剥夺的权力。因此，在这部剧的背后，还有雅典不同政治势力之间的某种妥协，而能够让各方都接受的是这部剧中提出的关键理念——正义将取代仇恨。正义才是社会稳定的基础和保障。

英国历史学家卡德里（Sadakat Kadri）在《审判的历史》（*The Trial: A History from Socrates to O. J. Simpson*）一书中，把俄瑞斯忒斯放在人类的审判历史中强调它的重大思想意义。他指出，早期的人类就已经有"法"的观念，相信"法"的权威源于神意。4000多年前，巴比伦人将迄今为止发现的最古老、最完整的法典刻在一个黑色的岩柱上，上面说，太阳神沙玛什（Shamash）让汉谟拉比登上王位，并将其法令传给虔诚的汉谟拉比国王。相传几个世纪以后，耶和华有过异曲同工的行为，他在炽热的西奈山下，用手指在两块石板上刻下十诫，并将之传给摩西。克里特岛（Crete）文明据信是希腊古典文明的先驱，传说克里特岛国王迈诺斯（Minos）每隔九年就会登上奥林匹斯山接受宙斯的法律忠告。古老的文明都同样确信，裁决违法行为的权力最终掌控于诸神之手，神明执行法律的方法往往既神秘又可怕：天打雷劈、洪水滔天。不管多么残忍和恐怖，神明惩罚的正当性与神授的法律都是绝对正当，无可非议的。

神明的直接裁决也许谁也没有真的见过，而在俗世人间，裁决总是由自称是代表神意的俗人来进行的，国王、清官、教士等。但是，他们的裁决要能让众人口服心服，最关键的条件是承认：人，哪怕是最平凡的普通人，也是具有正义感的。人不是牲口，你叫他怎样他就怎样；人是需要说服的，哪怕是用欺骗去说服。欺骗的存在本身就说明，人是需要用某种手段去说服的，哪怕这种手段十分不堪。

审判的意义在于，它是一个向众人证明裁决是有说服力、值得信服的仪式。即使在最残酷、最暴力、最草菅人命的国家里，要判处死刑，也得摆出审判的样子，否则便成为赤裸裸的谋杀。

也正是在这样一个背景下，卡德里指出："雅典人在人类内在的正义感方面展示极为有力的例证：希腊悲剧诗人埃斯库罗斯的《俄瑞斯忒斯》是历史上人们已知的最古老的法庭戏剧。"埃斯库罗斯试图在他的作品里赞美雅典，同时称颂人类的潜能。但是，人类在判断是非和责任时，碰到的经常是难题和紧张关系，而非清晰无误的答案。

在如何对待罪过与责任的问题上，埃斯库罗斯的态度反映古代社会中两种始终相持不下的正义观念，它们之间存在着紧张关系。

一种观念认为，人们只有故意作恶才应当承担责任。这一观念在公元前5世纪的雅典和当今社会几乎一样普遍，也就是人们常说的"不知者无罪"。如果你阳台上的花盆掉下去不幸砸死一个路过的孩子，你该为他偿命吗？该为此负责吗？你当然会说不该，但那孩子的母亲该怎么办？

另一种观念则认为，如果要阻止众神的愤怒，那么有些行为，不论作恶者的意图如何，都要受到惩罚。俄瑞斯忒斯以为自己杀死母亲为父亲报仇是对的；在习俗中，复仇被理想化和制度化了，而且它确实没有被废除。俄瑞斯忒斯并没有想去作恶，他的意图甚至是守护自己的正当荣誉。那么，他该不该为他的行为受到惩罚？

埃斯库罗斯提出的是一个道德伦理的难题，虽然这个难题他在剧终的时候看起来是解决了，但它没有为我们解决类似的难题提供一个模式或先例。

德国纳粹统治时期，千千万万的普通人是在"不知实情"或"没有作恶"意图的情况下对无辜的受害者犯下罪行的。该不该追究他们的罪行？该如何追究？这些都曾在纽伦堡审判中成为对许多纳粹分子判罪和定罪的难题。在反思我们自己历史中发生的类似犯罪行为时，这也同样是个难题。

审判自身的运作除了能发现罪责还能转移罪责，但有时这又确实是一个社会所需要的，雅典人也意识到这点。直到公元前3世纪以前，雅典人还一直保留着一个叫作保弗里亚（Bouphonia）的仲夏节日。那天，挥舞着斧头的官员在杀死一头公牛献祭之后，扔掉武器逃离现场。然后有人剥掉公牛的皮，所有在场的人吃掉牛肉，再缝上牛皮，给缝好的牛身填充上稻草，然后给牛套上牛轭。这时，在真正的凶手不在场的情况下，开始召开一次审判，判定谁负有杀死公牛的罪责。指控一开始指向提水以供磨刀的妇女，妇女们则指责磨刀的人；那个轮到自己被指控的磨刀人，又将责任转向从自己手中拿了斧头与刀子递给杀牛者的人；传刀的人会指控切肉的人，而切肉的人则会做出最后的指控：他认为，真正应当谴责的是他手里的刀。到此时，罪责的追究终止了，刀子以沉默自认罪责，斧头最终被正式宣告无罪，刀子作为有罪的凶器被投入大海，案件的审理也就算结束。

我们今天在回顾希腊的民主传统时要警惕，不要把它理想化。尽管不少现代人倾向于把希腊法庭描绘成一个可以自由辩论与审慎评议的圣殿，但是，公元前5世纪的雅典对实际犯罪的判决及其程序仪式其实是模糊的，它有着理性与非理性、合理与不合理之间那种既矛盾又紧张的关系。

尽管雅典的自由公民拥有审判权，但他们建立的审判制度最终会因为它的排斥性而无法成立。这是因为，雅典 70% 的成年人（妇女和奴隶）只能保持沉默，他们被排斥在法律个体者之外。妇女只有通过监护人才被允许提起诉讼，而奴隶则甚至不能提供证据——除非在接受刑讯之后。排斥奴隶证据的理论依据是，他们对主人有私人怨恨，他们不会说真话，是狡诈而不可信任的。

一直要到 18 世纪启蒙时代，司法的观念才会发生具有现代意义的变化。那时候，废除刑求、提倡宽刑轻罚、法律面前人人平等才成为欧洲国家的重要司法改革项目。孟德斯鸠（Montesquieu，1689—1755）就曾指出，提倡宽刑轻罚并不只是为了追求大胆创新，也不只是为了表达个人的人道情怀，而是因为有利于公民的自由。只有在宽刑轻罚的环境中守法，那才是自由人的守法，也才是真正的守法。在一个真正良好的法治社会中，法治的实现仅靠公民对法律形式上的遵守是不够的，更重要的是应该形成公民对法律的信仰，使得守法不仅仅是出于对法律强制性的服从，也是成为善良公民的一种习惯、一种生活需要。

孟德斯鸠的宽刑主张直接融入他的政治社会学。他毫不犹豫地把刑罚模式与政府形态相提并论："专制政体的原则是畏惧，君主政体和共和政体的动力分别是荣宠和美德，所以严酷的刑罚适用于专制政体，不大适用于君主政体和共和政体。"严酷只是残忍的代名词，在孟德斯鸠的政治思想中，它很自然地与一种本质上邪恶的政体相联。一方面，严酷本身就是一种恶；另一方面，它也令人压抑地揭示与它如此直接相关的制度。孟德斯鸠断言，自由与宽和成正比，两者一荣俱荣，一损俱损。一个国家越自由，当局批准的刑罚就越少、越温和。此外，宽和的习性本身也能带来益处："经验表明，在刑罚宽和的国家里，公民对刑罚之轻的惊讶程度，不亚于刑罚严酷的国家里的公民对于刑法之重的惊讶程度。"不应该用极端手段来管人，而是应该用温和的方法。"当我们考察所有导致道德解析的原因，我们就会发现，它不是起源于刑罚太轻，而是因为没有惩治犯罪。"当然，孟德斯鸠坚持认为，罪行有轻有重，因此刑罚亦应有轻重之别。孟德斯提倡"罪与罚的正确比例"，后来成为启蒙哲人倡导法律改革的关键。[1]

古希腊人虽然是自由人，但仍然是依靠神明庇佑的自由人，并不是启蒙时代思想家所期待的现代自由人，更不是我们今天所应该理解和需要的自由人。但是，这并不表明现代人就一定比古希腊人高明，有些现代人的复仇诉求甚至比雅典人更为强烈。纳粹从追捕和消灭犹太人的行为中获得复仇的满足感，他们甚至不靠神灵来解释这一任务，而是理直气壮地动用他们自己"科学的"种族理论。一直到今天，这种理论和对往事的回忆还能让一些人感受到一种病态的满足和快感。类似的还有阶级斗争，两者都不只是个体的仇杀，而且是大规模的复仇式滥杀，对复仇的"热望"不仅表现在镇压、残害和屠杀中，而且堂而皇之地成为一种理论或哲学。

同样，18 世纪启蒙时代的法律人道主义也仍然是今天法治教育有待实现的理想，那时候的有识之士所倡导的法律公正和轻缓宽和，与我们熟悉的"运动式的严打"还有相当大的距离。人们害怕法律远远胜过信任法律，这不利于培养公民内心对法律的信仰，也无法形成良好的法治文化氛围。真正成功的法治必须让绝大多数公民从内心祛除对法律的恐惧，唯有如此，服从法律才不再是外在强制的产物，而是内心信仰的结果。只有当我们因法律与我们自身利益一致而对法律有认同感，才会在内心产生服从的自然愿望，也才会以积极态度去遵守法律，并把法律看作维护自己生存的必要条件。

1　转引自彼得·盖伊著，王皖强译，《启蒙时代（下）》，上海人民出版社，2016 年，396 页。

七 索福克勒斯

1. "死了和活着一样亲切可爱的人"

　　索福克勒斯生活和写作的那个时代（公元前 5 世纪）被历史学家们称为希腊悲剧在雅典的黄金时代。索福克勒斯出生于公元前 496 年，去世于公元前 406 年，差不多正好与黄金时代重合。关于这个时代，我们需要记住与索福克勒斯有关的三个要点。

　　第一个要点是希波战争。公元前 480 年，也就是著名的温泉关战役和萨拉米斯海战发生的那年，索福克勒斯已是一个少年。那一年，波斯人占领已是空城的雅典，当雅典卫城冒起滚滚浓烟时，16 岁的索福克勒斯可能像大部分雅典人一样，逃到萨拉米斯岛，与家人一起目睹这一幕。几个月后，雅典舰队在该岛外海击败波斯人之后，他被选出来带领一支庆祝胜利的歌舞队。雅典的老人们认为，他的俊美长相和表演天分代表雅典青年的高尚精神。索福克勒斯还在祝捷大会上担任歌队首席，对日后将会名登世界伟大悲剧作家之列的他来说，这是一次兆头极好的亮相仪式。

　　第二个要点是，在整个公元前 5 世纪中期，雅典是爱琴海世界城邦国家中的佼佼者和权威。雅典拥有大型的银矿，变得异常富裕，并用财富打造地中海上最强大的舰队，成为海上强霸，掌握着对"提洛同盟"（Delian League）的控制权。提洛同盟成立于公元前 478 年，是希腊城邦组成的一个联盟，成员在 150 至 173 个之间，由雅典领导。在波斯第二次入侵希腊的最后阶段，希腊在普拉提亚战役中获得胜利后，为了继续对抗波斯帝国而成立这个同盟。同盟名义上是保护爱琴海的外围地区，但几乎始终是为雅典的利益服务。索福克勒斯进入政界后，于公元前 442 年出任"提洛同盟"的财政总管之一。他还三次担任重要的将军职务，处于雅典强大国家机器中的权力中心。雅典最有声望的领袖伯里克利一直是他的好朋友。

第三个要点是伯罗奔尼撒战争。这场长达 27 年的战争始于公元前 431 年，涉及爱琴海的所有主要大国。这场战争的历史非常复杂，之后在阅读希腊历史学家修昔底德的《伯罗奔尼撒战争史》时还会谈到。战争深刻地影响索福克勒斯的公职生涯和戏剧创作。伯罗奔尼撒战争爆发的第二年，雅典就暴发瘟疫，索福克勒斯当时担任祭司一职；公元前 413 年，他在 83 岁高龄时还当选雅典的"十人委员会"成员。总体来说，索福克勒斯在政治上是个温和的民主派。他的一生大抵是平静而成功的。喜剧家阿里斯托芬曾称赞他"生前完满，身后无憾"。伯罗奔尼撒战争以雅典的失败而告终，公元前 404 年 4 月下旬，雅典投降，斯巴达接管这座城市。索福克勒斯没有活着看到这悲惨的一天，他在两年前就已经去世了，这也许是他一生最大的幸运。

伯里克利是雅典黄金时期具有重要影响的领导人。他 20 岁时就资助埃斯库罗斯《波斯人》一剧的演出，当时埃斯库罗斯已经 50 多岁了，这一年索福克勒斯 21 岁。伯里克利在希波战争后的废墟上重建雅典，扶植文化艺术，现存的很多古希腊建筑都是在他的时代所建。他还帮助雅典在伯罗奔尼撒战争第一阶段击败斯巴达人。

尤为重要的是，他培育了当时非常激进的民主力量。他的时代也被称为伯里克利时代，是雅典最辉煌的时代，产生著作丰富、影响深远的历史学家希罗多德和修昔底德、哲学家苏格拉底和柏拉图等。

索福克勒斯比伯里克利年长一岁，他创作《俄狄浦斯王》（Oedipus Tyrannus）后第二年，伯里克利就去世了（前429），享年66岁。那一年，索福克勒斯67岁。希罗多德（他比伯里克利小11岁）也已经去世四年，修昔底德30岁左右，苏格拉底41岁，柏拉图才两岁。

这里，你可以看到一个公元前5世纪雅典时代人物的大致关系图景。这是一个夹在两次大战之间的世纪：世纪初是希波战争，世纪末则是伯罗奔尼撒战争。

我们将要阅读的第一部索福克勒斯的作品《安提戈涅》（Antigone）创作于公元前442年，那时他50岁。差不多这时，伯里克利承认斯巴达在伯罗奔尼撒半岛的绝对权力，并撤回对伯罗奔尼撒反斯巴达势力的支持。作为交换，斯巴达承认了雅典的海上霸权，由此形成希腊双雄对立的形势。海上霸权对于雅典的昌盛是至关重要的，也是雅典帝国主义的本钱。

索福克勒斯一生没能躲过战争，但他个人却没有受到战争太大的影响。在希波战争时，他年纪还小，不用像埃斯库罗斯那样走上战场。他正好在伯罗奔尼撒战争结束前去世，幸好不用见证雅典惨败的景象。他大致生活于雅典奴隶主民主制的全盛时期，27岁时首次参加悲剧竞赛就战胜当时声名赫赫的埃斯库罗斯。

索福克勒斯相当高产，一生共写过123个剧本，18次得一等奖，超过埃斯库罗斯的15次。阿里斯托芬在索福克勒斯去世后不久写成的《蛙》（The Frogs）一剧里，描述另外两位伟大的雅典悲剧家埃斯库罗斯和欧里庇得斯（Euripides，前484—前406）如何在死人的世界里互相争执，都说自己是悲剧第一高手，唯有索福克勒斯不与他们争这个名号。阿里斯托芬是在称赞索福克勒斯的好脾气，也是在暗示他的作品不像另外两位那样评价褒贬不一。

索福克勒斯的戏剧深刻而透彻地思考人的苦难，包括肉体和精神的。然而，他自己的一生却一直平平稳稳，避开了苦难。他出生在一个富有的虔诚信神的军火制造商家庭。他面貌英俊，性情善良，爱寻欢作乐，才华横溢。由于具有讨人喜爱的性格，他到处受人爱戴。他积极参与政治活动，多次被选担任国家高级职位，但从不介入雅典的党争；他享有"智者"的美名，80多岁时还被推选出来处理国家的危机。他在雅典过得很舒适，不像修昔底德、欧里庇得斯、柏拉图那样一生都因为背运而不得不在外国宫廷寄人篱下。他的戏剧创作让他在雅典享有美誉，对他在雅典担任显要的公职颇有助益。他最早的一部注明日期的剧本是《安提戈涅》，写于公元前442年萨摩斯战争（Samian War）时，他受任海军司令之前。据一些学者认为，正是由于他创作了这部剧本，他才有资格要求担任此职。

他的戏剧作品与那个时代的政治之间有着复杂而微妙的联系。历史学家维克托·埃伦伯格（Victor Ehrenberg, 1891—1976）在《索福克勒斯与伯里克利》（*Sophocles and Pericles*）一书里说，伯里克利是一个非常独特的政治家，既拥有合法统治者的正式身份，又是实际上的寡头独裁者。索福克勒斯《安提戈涅》里的国王克瑞翁（Creon）和《俄狄浦斯王》里的俄狄浦斯就是类似的角色。

整个公元前5世纪的雅典也成为索福克勒斯笔下的一个角色。提洛同盟渐渐演变成雅典帝国，雅典城邦就是修昔底德《伯罗奔尼撒战争史》里科林斯（Corinth）人所说的"雅典人"。雅典人善于求新，不断开疆拓土，也不断开拓思想的边界；雅典人虽败不馁，不屈不挠，但也不依不饶；雅典人野心勃勃、行事果断、富有自信；雅典人自己爱折腾，也不让别人过安生日子。索福克勒斯戏剧里的"雅典"就是这样：积极有为，但也是希腊世界的一个潜在威胁。

接下来的六小节，我们将从索福克勒斯现存的作品中选读三部：《安提戈涅》（前441）、《俄狄底浦斯王》（前431）和《菲洛克忒忒斯》（前409）。索福克勒斯戏剧成功的秘密在于不拘一格、博采众长，再加上自己的创新。无论是比他年长的埃斯库罗斯，还是年幼的欧里庇得斯，他都能向他们学习正反两方面的经验，并学以致用。他学习的目的非常明确，就是要提高戏剧的舞台表演效能。

他摒弃了传统的三联剧形式，把连续情节的每一个部分都写成一部单独的剧。他大大缩减抒情诗的成分，让演员的表演成为戏的核心。他把歌队从12人增加到15人，以提升演出时的歌舞气势。他还把一些以前只是在舞台背后发生的情节搬上舞台，以增强演出的戏剧效果，如希腊英雄埃阿斯的拔剑自刎、菲洛克忒忒斯（Philoctetes）让他痛不欲生的腿伤。

索福克勒斯最重要的戏剧贡献恐怕是把演员从每部剧作的两位增加到三位。增加一位演员，可以让舞台上的表演大大丰富起来。不妨设想：如果人类左右手都各有4根而不是5根手指，那么我们今天的工具、用具、乐器会是什么样子。不难想象，所有这些都会简单得多，而简单工具创造的人类文明也一定不如我们今天的文明水平。同样，多加一个演员也能大大提升希腊戏剧在表演上的层次和水准。

索福克勒斯可以说是一位比埃斯库罗斯和欧里庇得斯更"纯粹"的艺术家。他并不刻意在戏剧里添加道德寓意，尽管观众也完全可以从道德寓意的角度来理解。他对宗教的、伦理的或形而上的问题不太感兴趣，不想提供任何对宏大议题的解答。与埃斯库罗斯或欧里庇得斯不同，他的剧作几乎从不涉及当代的事件，他的兴趣永远都是在戏剧本身。

他的每一部剧都包含着对人的本性的严肃思考，并提供思索的线索。他从不用情节或人物来取悦观众，他专注的是探索和解剖人的受难的灵魂，在这方面俄罗斯作家从他那里学到的最多。例如，在陀思妥耶夫斯基（F. M. Dostoyevsky，1821—1881）的《卡拉马佐夫兄弟》里，真实的或象征的"弑父"以及相关的父子（代际）冲突是一条主轴。然而，索福克勒斯没有陀思妥耶夫斯基那种阴郁的绝望。索福克勒斯对人类灵魂的深刻、透彻和富有同情心的意识并不会使我们觉得他是个疏远冷漠、遗世独立之人。

索福克勒斯与埃斯库罗斯的另一个不同之处在于，他在悲剧中加重了人和人性的比重，减轻神的作用：俄狄浦斯、安提戈涅、克瑞翁等人都不是被动体现神意的傀儡，而是敢于向命运挑战的悲情英雄。他把悲剧从神的正义转向对生活世界的理性认识。在这个世界上，完美的正义是不存在的，无辜的人和有罪的人一样会受惩罚、会受苦；裁决者不是正义之神的先知，而是人，人代替神成为衡量这世界的尺度。

索福克勒斯无疑受到包括普罗泰戈拉（Protagoras，前490—前420）在内的希腊智者（Sophists）的影响，他们强调的人文精神拓宽索福克勒斯对神与人关系的思考。在他的作品里，神谕经常是外在的、隐约显现的，而占据中心位置的始终是"人"的行动和抗争。

索福克勒斯自己就是一个富有人性、热爱生活的人。传说他一直到老年，还对英俊的男孩子有兴趣。在古希腊，"老腊肉"和"小鲜肉"之间的同性关系是很平常的，没有什么不道德。但是，男子过了30岁还当"小鲜肉"，就会被人看不起。公元前441年，索福克勒斯担任军职的时候，有一次伯里克利见他开会不专心，对他厉声说，不要看那个俊小子，看你的军事地图。据柏拉图说，他一位朋友曾问已经高龄的索福克勒斯是否还有男女之事，索福克勒斯说："嘘！这种事就跟躲避专制独裁一样困难，没办法呀！"与他同时代的希腊诗人希俄斯的伊翁（Ion of Chios，前490—前420）

说过索福克勒斯的这样一件轶事：有一次伯里克利批评索福克勒斯不懂战略，后者开玩笑地回答说，但我在爱情上可是内行啊！这就好比说，我不会游泳，但我会打球啊！

索福克勒斯持续写作长达 60 年之久，直到晚年仍然头脑清晰、思维敏捷。他写作《俄狄浦斯在科隆诺斯》（*Oedipus at Colonus*）一剧时已经 90 岁了。有一件著名的关于他晚年家庭纠纷的轶事：索福克勒斯的儿子伊俄丰（Iophon）想要获得一份掌管家产的保证书，把老父告上法庭，说他年迈而又精神失常，无力再主管家务。索福克勒斯就向陪审员们朗诵自己正在写作的《俄狄浦斯在科隆诺斯》中的一首短诗，以充分证明他神智正常！这个故事听起来多少带一点喜剧的味道。阿里斯托芬在他的《蛙》一剧中说，雅典人记忆中的索福克勒斯是一个"死了和活着一样亲切可爱的人"。

索福克勒斯与埃斯库罗斯和欧里庇得斯一起被称为古希腊的三大戏剧家，欧里庇得斯比索福克勒斯小 13 岁左右，却在他之前去世。公元前 406 年，年迈的索福克勒斯亲自为欧里庇得斯送葬，为了对欧里庇得斯表示敬意，他不用普通的花环，而是让穿着丧服的悲剧歌队出场来送这位悲剧诗人走完最后的一程。同年，90 高龄的索福克勒斯也平静地离开人世。

2.《安提戈涅》：谁都能"公民抗命"吗？

2005 年 10 月底，全世界许多报纸都报道了一位美国普通黑人妇女去世的消息。《新京报》10 月 27 日也做了报道，标题是《那个不给白人让座的黑人女裁缝去了》。这位黑人妇女的名字叫罗莎·帕克斯（Rosa Parks，1913—2005）。

1955 年 12 月 1 日，对于美国亚拉巴马州蒙哥马利市 42 岁的黑人女裁缝罗莎·帕克斯来说，是一个极为疲惫的工作日。黄昏时分，她在回家的公共汽车中部找到一个座位坐下来，因为前排多数空座位上都写着"白人专用"。根据当时的种族隔离法，如果有白人上车没有座位，黑人必须给白人让座。当司机命令帕克斯站起来为一位白人乘客让座时，帕克斯拒绝了，司机随后叫来警察将她逮捕。这件事在后来的美国民权运动中被当作一个标志性事件。

帕克斯拒绝让座只是她的个人行为。她没有代表民权运动演说，也没有什么声明要发表，她只是这么做了。"争取民权"是后来人们从她这个行为中看到的意义，她当时并不是在争取民权，她只是要一个座位，所以拒绝服从城市关于乘坐公车的法律规定。今天，人们把这种行为称为"公民抗命"。公民抗命不只是一种行为，也是人们在某些行为中看到的公民政治意义。

类似的事情其实在现实生活中也时常发生，有暴力的，也有非暴力的。例如，强行拆迁民宅，有人拒绝服从，并可能遭受到比罗莎·帕克斯厉害得多的迫害。被逼无奈，有的人甚至以死抗命。然而，在许多人的眼里，这样的行为被当作"极端"或"疯狂"的举动，没有人将之视为公民抗命。由此可见，个人的行为与特殊的公民政治意义之间，并不存在自然而然的等号，这是我们在阅读《安提戈涅》时不能忘记的。

先看看《安提戈涅》这个故事。安提戈涅的两位兄长波吕涅克斯（Polyneices）和厄忒俄克勒斯（Eteocles）彼此不和，为争夺王位发生激战，结果同归于尽。克瑞翁以舅父身份继承王位，宣布曾流亡国外并借助外国力量来争夺王位的波吕涅克斯为叛徒，因而不准任何人埋葬其尸骨。按照古希腊神律，一个人死后如不下葬，阴魂便不能进入冥土；而露尸不葬，也会触犯神灵，殃及城邦。安提戈涅义无反顾地要尽安葬亲人的义务。

安提戈涅请她妹妹伊斯墨涅（Ismene）帮助她一起埋葬哥哥的

尸体。伊斯墨涅惊恐不已，觉得姐姐一定是"疯了"。伊斯墨涅对姐姐说："你是在用一颗火热的心做令人胆寒的事情。"这种事情是违反城邦禁令的，是违反国法的，而且还会违反"女人必须服从男人"的传统之法。如果安提戈涅执意要这么做，后果会很严重。伊斯墨涅说：

> 现在只剩下我们两个了。你想想看，
> 我们如果触犯了法律，违抗了国王的命令
> 或者说权力，就会死得比他们更惨。
> 我们必须记住，首先，我们生为女人，
> 不是和男人搏斗的；其次
> 我们是在掌权者的统治下，
> 必须服从这命令，甚至更难受的命令。
> 因此我求地下的鬼神原谅，
> 由于我在这件事情上受到强制压迫，
> 我将服从当权者，因为
> 做力所不及的事是完全不明智的。（《安提戈涅》，第
> 58—68 行）

伊斯墨涅是个很现实的女孩，她不愿意用鸡蛋碰石头。那种力所不能及、做了也没用的事情，她是不愿意做的。出于对姐姐的爱，她劝姐姐也别这么做。日本作家村上春树有一句听上去很豪迈的话："在鸡蛋和高墙的冲突之间，我站在鸡蛋这一边。"很多人喜欢这句话，但绝大多数都只是说说而已。伊斯墨涅很诚实，她不想站在高墙一边，但也不想站在鸡蛋一边。

但是对于安提戈涅来说，不站在鸡蛋一边，就是站在高墙一边。所以她毫不含糊地站在鸡蛋一边。结局当然可想而知，很悲惨：安

提戈涅被国王依法关进监牢，在牢中自缢身亡。她的未婚夫，克瑞翁的儿子海蒙（Haemon）殉情自杀，克瑞翁的妻子因儿子的死愤而自尽，只剩下克瑞翁一人在那里叹息。

今天，人们对这部剧有多种不同的解读。不少人把前面说到的美国黑人女裁缝罗莎·帕克斯当作是安提戈涅那样的人物，其实她们两个付出的代价是不同的。安提戈涅反抗行为的后果要比罗莎·帕克斯严重得多。安提戈涅生活在一个专制独裁的国家，她会因为自己的抗命行为丢掉性命，而在美国不管存在怎样丑恶的种族主义，罗莎·帕克斯并不会因为自己的行为丢掉性命。因此，这两个女性行为的"英雄"和"牺牲"意义是有差别的。

在许多人的心目中，公民抗命的另一位著名人物是美国作家梭罗（Henry David Thoreau，1817—1862），他因为拒绝向美国政府纳税，被关进警察局。不过他在警察局里只待了一个晚上，第二天就被他姑姑保释出来。所以，梭罗的公民抗命也不能与安提戈涅相提并论。

我们不能脱离具体的国家政治制度，抽象地谈论"公民抗命"或者"公民不合作"，更不能无条件地提倡每个人的公民抗命义务。对专制统治下的人民，公民抗命最多只有象征意义，而没有实质性行为指导意义。这就像提倡甘地式"和平主义"和托尔斯泰的"勿以暴力抗恶"一样。

奥威尔在《关于甘地的思考》（"Reflections on Gandhi"）一文中认为，甘地的和平主义之所以有效，是因为"英国人对待甘地向来很温和"。如果换作是希特勒或者日本军国主义者，就没有那么便宜的事情。

奥威尔指出，对付英国人，甘地这样"借力打力"也许是政治智慧。但是，1942年甘地也要用"非暴力反抗"去对付日本侵略者，那就看错了对象，成了一个十足的政治傻瓜。这不等于说甘地的和平主义完全没有意义，但是奥威尔认为，"甘地的和平主义，在动机上是宗教性质的，但甘地也主张，和平主义是一种定性技术、一种手段，它能够产生出所希望的政治后果"。甘地这种理解就大错特错了，因为在现实世界里，和平主义可以是理想的原则，但不能拿它当一个解决所有政治问题的技术性手段。

奥威尔并不反对理想的和平主义，但他坚持认为："每一个和平主义者都有义务回答的一个问题是：'犹太人怎么办？你想看着他们被消灭吗？如果你不想，那么怎样才能不通过战争来解救他们呢？'"

奥威尔不客气地指出，和平主义者不愿意回答这种令他们难堪的问题。他说："我没有从西方哪个和平主义者口里，听到过对这个问题的诚实回答。他们只会敷衍，顾左右而言他。1938年，有人也问过甘地这个问题，他的回答，刘易斯·费舍尔先生所著《甘地与斯大林》一书中有记载。甘地认为，德国犹太人应当集体自杀，这样就能'唤醒世界和德国人民注意到希特勒的暴行'。战后，甘地是这样为自己辩解的：犹太人怎么着都会被杀死，那何不死得壮烈一些呢？费舍尔先生是甘地最热烈的崇拜者，但他听了甘地这番话，好像也惊得目瞪口呆。不过，无论如何，甘地是诚实的。如果你不准备自杀，那就得预备着以其他方式丧命。1942年，甘地呼吁对日本侵略者实行非暴力抵抗时，他已经做好牺牲数百万条生命的准备。"

作为一个对极权专制有深刻认识的思想家，奥威尔看到，要对杀人犯奉行"和平主义"，那简直就是一个白日梦，弄不好简直就是白白去送死。"公民抗命"也是一样。谁也不应该奢望"公民抗命"成为暴政统治下人民的一个政治行动选项，因为他们根本就不是享有自由权利的"公民"，他们只是子民、草民和臣民，就算他们因为抗命而做出牺牲，甚至丢掉性命，就算他们的行为对其他的子民、草民和臣民争取权利有所贡献，那些子民、草民和臣民也未必懂得他们牺牲的价值，反而会嘲笑他们是"疯子"或"傻瓜"，甚至还把他们看成搅扰他们平静生活秩序的"捣乱分子"和"不法之徒"。

在《安提戈涅》一剧中，我们就看到这样的情景，就连安提戈涅的亲妹妹都不同情她的反抗行为。索福克勒斯的高明之处就在于，他让我们看到，代表专制酷政的并不需要像希特勒那样的魔鬼，而完全可以是一个普通的常人，剧中国王克瑞翁就是这样一个人物。他的国家刚刚发生叛乱，他急需维持秩序和他的权威，犯法的又是他儿子的未婚妻，不惩罚她便难以服众。所以，伟大的德国文学家歌德（Goethe，1749—1832）说，这个剧里的"每个人物在他自己的立场上都是对的"，索福克勒斯让每个人物都明白地说清自己的道理，"而我们同情的一般都是最后说话的那个人"。现实世界里也是如此，在双方听上去都有理的辩论中，经常是最后一个说话的人更有说服旁观者的优势。

剧中国王克瑞翁不是妖魔鬼怪，虽然他的行动近似怪诞。他把自己所有的权力都压在法令颁布上面，只要别人违抗他的命令，他就一意孤行到底，绝不心慈手软。在他见到自己的侄女成了罪犯时，他很难立即收回成命，而侄女也不给他丝毫可以这样做的理由。因此，安提戈涅似乎在这场冲突中也负有某种责任。是不是这样？

对这个问题的回答便涉及如何看待国家实在法与更高法的关系问题。国王可以依照"国法"命令将"敌人"暴尸，作为惩罚。更高法可以是神法，也可以是自然法。神是不死的，不存在安葬的问题；动物死而不葬，就成为其他动物的食物。人既不是神，也不是动物，死后应该得到妥善的安葬，这是人之为人的尊严。因此，安提戈涅坚持给哥哥下葬，哪怕只是薄薄地在他的尸体上盖上一层土，这种象征性下葬也是对死者应有的尊重。安提戈涅依照的是一种高于国王之法的更高法。

黑格尔（G. W. F. Hegel，1770—1831）曾经从城邦法与更高法的冲突来分析国王克瑞翁和安提戈涅两个人在这场悲剧中各自的责任。他认为，国王克瑞翁作为国家的首领，下令严禁任何人安葬波吕涅克斯的尸体，因为他是国家的敌人，"这个禁令在本质上是有道理的，它要照顾到全国的幸福"。当然，黑格尔也没有否定安提戈涅行为的合理性，安提戈涅受到一种伦理力量的鼓舞，她对弟兄的爱是神圣的。她不能让他裸尸不葬，任凭鸟去吞食，如果不完成安葬他的职责，她就违反骨肉至亲的情谊，所以她毅然抗拒克瑞翁的禁令。

黑格尔还得出这样一个结论：国王克瑞翁和安提戈涅虽然都有道理，但也都有不对的地方。他说："安提戈涅生活在克瑞翁政权之下，自己就是一个公主，而且是克瑞翁的儿子海蒙的未婚妻，所以她本应服从国王的命令。另一方面，克瑞翁则是父亲和丈夫，他也本应尊重家庭骨肉关系的神圣性，不应该下达违反骨肉亲情的命令。"所以，克瑞翁和安提戈涅的行为对自己和亲人不利，不符合自身的利益。最后，"安提戈涅还没有欢庆自己的婚礼就遭遇死亡，而克瑞翁则丧失儿子和妻子"。[1]

黑格尔是把《安提戈涅》当一部家庭内的政治悲剧来解读的，虽然看上去很辩证也很巧妙，但不能揭示"公民抗命"的本质。公民抗命是公民个体与国法之间的冲突，而这种冲突并不一定与家庭内的亲缘或利益关系有关。因此，黑格尔那种"各打五十大板"的分析法对"抗命者"是不公正的。

1　参见 "Hegel's interpretation of Antigone"，http://mason.gmu.edu/

3.《安提戈涅》：正义的国法不侵害亲情

在安提戈涅这个"公民抗命"的例子里我们看到，公民抗命需要两个缺一不可的条件：第一，在抗命的道德意识中存在某种可以用来评判国法是否正义的更高法，如神法、自然法或"天理"。这个更高法在抗命者所在的群体里，也是得到其他人承认的；第二，抗命者必须在某种程度上被统治者当作"公民"看待，例如，安提戈涅至少有说话的权利，可以表达自己的观点，可以为她自己的行为辩解。

安提戈涅在剧中慷慨激昂、侃侃而谈，我们敬佩她的大义凛然。但不要忘记这是舞台上的戏，在现实世界里，抗命者经常并没有机会演一出惊天动地的英雄悲剧。2 月 22 日是德国著名反纳粹组织"白玫瑰"的纪念日，为了号召德国人民一起共同对抗纳粹的专制和暴政，1943 年的这一天，在纳粹德国派发传单呼吁反抗纳粹的绍尔兄妹（Hans Scholl 和 Sophie Scholl）在慕尼黑的监狱内被斩首。如今，他们受到德国社会的广泛纪念，被认为是普通人良知与勇气的象征，几乎每座城镇都有以其命名的街道。妹妹索菲当时才 22 岁，和她哥哥一样对纳粹非常狂热，然而到了 1942 年，绍尔兄妹对纳粹的狂热已经转变为反抗，他们的信仰和道德理念与纳粹宗旨并不一致，也见证战争的悲惨和纳粹对犹太人的残暴。妹妹索菲是"德国少女联盟"的干部，[1] 虽然兄妹两人同时遇难，但人们对妹妹的敬佩却超过哥哥。

这或许是因为，人们会因为牺牲和献身者是女性而格外敬佩她们，这暗含着这样一种心理，那就是她们做了绝大多数男子都没有勇气去做的事情。她们的抗争不仅与其他女性拉开巨大的距离，而

1　德国少女联盟（Bund Deutscher Mädel）是纳粹德国希特勒青年团的青年女性分支组织，成员年龄在 14 至 18 岁之间。——编者注

且也成为她们与几乎所有男子之间的一道鸿沟，她们因此成为特别孤独的悲剧人物。

这也正是安提戈涅在底比斯的悲惨处境。她在这个城邦里找不到任何一个愿意为她伸出援手的人，不管是女人还是男人。这正是国王克瑞翁所渴望的统治效果，他具有暴君的许多特征：暴躁易怒、盛气凌人、多疑、暴戾、我行我素；把臣民对他的服从当作天经地义的事情，行为不受城邦元老的约束，也不在乎神祇的旨意。

克瑞翁憎恨一切对他权威的挑战，尤其当这个挑战来自一个女人。当他最初得知，有人违抗他的命令安葬波吕涅克斯的时候，他认定那是某个男人干的。守卫告诉他："那具尸体——有人刚刚埋了他，然后跑掉了……在他身上撒了一些干土，给了他应有的权利。"（《安提戈涅》，第248行）克瑞翁的第一反应是说："什么？哪个活着的男人敢（干这样的事情）？"（第245—246行）他威胁守卫道："我向宙斯发誓，如果你不找到那个埋葬尸首的男人，并把他带到我面前，你就会死得很惨。"（第305—309行）当克瑞翁得知，埋葬尸体的是女子安提戈涅的时候，安提戈涅为自己的行为辩护，他变得更加暴跳如雷，大吼道："已经举止放肆，事后，你瞧她还这么出言不逊，傲慢无礼，为做了这事而高兴，夸耀自己的行为。如果她胜利了，不受惩罚，她就是个男子汉了，我倒不是。"（第481—485行）因为这件事不仅是藐视国王，而且是藐视男性。

在克瑞翁眼里，安提戈涅并不是一个完全意义上的公民。她只是个女人，女人是不被允许拥有与成年男子同等的公民权利的。克瑞翁对女性的看法，也是底比斯城邦里女性对自己的看法。当安提戈涅告诉妹妹自己要为兄下葬的时候，妹妹说，你怎么敢做连男人都不敢做的事情，是不是疯了？在她们的国家里，男性是统治者，女性是二等臣民，一个国家就算是落入一个男性暴君之手，也比让女人掌权要好。正如克瑞翁宣称的那样："只要我还活着，决不让

女人做主。"（第 526 行）

索福克勒斯在剧中所刻画的男性沙文主义仍然盛行在 21 世纪世界的许多地方。一个没有看管好自己女人的男人是无能的、丢脸的，但一个对权力奴颜婢膝的男人却不必为他的奴性和猥琐感到丢脸或羞愧。所以，我们经常看到的是，当"奴才"的男人，在外面受了气回到家里加倍地对老婆吆五喝六，要把在"主子"和旁人面前丢的脸在老婆身上找回来。这是很讽刺的。

克瑞翁把对安提戈涅的恼怒发泄在儿子海蒙身上，怒斥海蒙没能管好他的未婚妻。因为他相信，管不好老婆的人是当不好国王的。他教训儿子说："啊，没出息的东西，成为一个女人的奴才。"（第746 行）只有能管好女人，才能管好国家。

这是一种非理性的想法，因为我们知道，家庭权威并不能自动转化为政治权威。越是在家里对老婆凶暴的男人，在外面越可能是孬种；在家里不讲理的坏丈夫，不太可能是一个真正讲理的好公民。一个好公民需要认同和尊重自由和平等的价值，在家里和在社会中都是一样。

在《安提戈涅》中，我们看到家庭亲情与国家王法之间的冲突，安提戈涅站在家庭亲情的一边，不是因为她藐视国法，而是因为她相信家庭亲情是神要求人去维持的东西，是正义的更高法要求个人所尽的责任。有了家庭才有国家，而不是有了国家才有家庭。一个不能尽家庭义务的人，他所自诩的爱国是可疑的。安提戈涅把家庭义务看得优先于王法，因为正义的王法不侵犯一个人对家庭的义务。只有尊重个人家庭义务的王法，才是对家庭和国家都有益的善法。

在发生许多悲惨的事情之后，国王克瑞翁意识到自己的王法是违背神意的，是不正义的，为此他受到惩罚。当克瑞翁得知安提戈涅、儿子海蒙和王后都死了的时候，他认识到自己所负的责任，悲叹道：

啊，你们，把我这个暴躁愚蠢的人带走吧！

啊，我的儿呀，我无意中杀了你，

还有你，我的妻呀，我把你也杀了。

哎呀，真不幸呀！我没有地方寻求支持了。

因为，我手上的事情全办糟了

还有一个无法忍受的命运沉重地压在我的头上。（第
1339—1344 行）

那个无法忍受的命运，就是老来的孤苦、寂寞和悔恨。《安提
戈涅》质疑一个能自动整合家人亲情与国家王法的自然秩序，那种
"国家凌驾于个人之上"的说辞要么是欺人的谎言，要么是自欺的
迷思。只有暴力的国家政权才会用这样的谎言欺骗人民，愚弄他们，
强行勒索他们的忠诚。这种欺骗洗脑造成无数的家庭悲剧：患难时
夫妻相互背叛、彼此抛弃，子女告发父母，家庭成员互相揭发和告
密。就算后来灾难停止了，伤害也再难修复。更有因亲情的背叛而
造成死亡的悲剧，从此天人两隔，遗恨终生。

"抗命"有时并不需要真的是做了法律不允许的事情，而是可
以被武断地解释为当局任何不喜欢的事情。这也就涉及一个更深层
的问题，那就是什么是"抗命"的法律含义？

在民主、法治的国家里，虽然人们对公民抗命有不同的理解，
但在"国家法律规定什么"的问题上是有共识的。用民主和法治的
标准来衡量，张志新、林昭、方忠谋她们的言行其实都不构成"公
民抗命"或"公民不合作"，因为她们的行为并没有违背国家法律，
相反，她们都坚持，既然国家有法律，就该依法行事。而正是这种
对"公民守法"的要求，反倒成了她们犯法和抗法的罪名。

在民主法治的国家里，公民抗命应该是指人们选择故意违反某
个法令，公开地不遵守它，挑战其权威，指责它的不正义、不道德、

不公正等。这种抗命是在法律允许之外的行为，为某事抗议、罢课之类不能算公民抗命，因为这些是他们公民言论和集会的自由权利。但如果强行占领学校的办公大楼，设置路障，反抗警察的干涉，那就是公民抗命了。

公民抗命也被界定为公民与政府权力之间的一种激烈对抗关系。在这之前，通常已经发生一些让公民遭受挫折、产生不满或愤怒，并试图在法律体制内解决的事情，只是因为协商妥协无效，或根本没有协商妥协的可能，如陈情、申诉、上访，矛盾这才激化，从原来的依法抗争转变为违法抗争。公民抗命只是针对某项法令，不是为了推翻政府，所以与造反或革命无关。

美国法理教授罗纳德·德沃金（Robert Dworkin）区分三种公民抗命：第一种是良心行为。公民个人认为某项法令不道德、不公平、不正义，所以不予服从。梭罗认为美国对墨西哥的战争是非正义的，不愿意为这场战争做经济上的贡献，所以他拒绝向国家纳税。那是他个人的道德观念，其他人并非这么想。

第二种是正义行为。不服从是因为某项法规或规定侵犯宪法规定的公民权利或人权。20世纪60年代美国民权运动期间，黑人和其他民众提出游行抗议的要求，警方不批准，抗议者照样游行抗议。这就是公民抗命。

第三种是不服从某种政策，例如美国法律禁止堕胎，也禁止医院或医生为怀孕妇女做流产手术。但有的医生违反这些政策规定，照样做这样的手术。

公民抗命的另一个重要特征，必须是公开的行为。如果医生只是偷偷地进行堕胎手术，那么即使他有公民抗命的动机或想法，也不能算是公民抗命。

公民抗命是针对政府部门的，挑战的是政府的权威。有时候，公民抗命也发生在非政府部门的机构中，如工会、大学、公司、医院，只有当这些机构的规定与国家法律或政策有关时，才能算是公民抗命。医生个人公开违反医院不准堕胎的规定，为孕妇做堕胎手术，就是这样的公民抗命。

非公开的公民抗命是一种完全不同的抵抗或抗争。地下抵抗、暗中破坏、阳奉阴违、口是心非，即使这些行为有正义性和道德价值，也没有公民抗命的意义。德国纳粹统治时期，盖世太保（Gestapo，纳粹德国时期秘密警察）拘禁一些德国公民，强迫他们说出犹太人躲藏的地方或者揭发窝藏犹太人的邻居或熟人。他们拒绝与秘密警察合作，就算知道也谎称不知。这是一种暗中抵抗，不可能是公开的，所以也不是公民抗命。

今天，我们对公民抗命已经有了与安提戈涅时代不完全相同的理解，有的能用她的行为作为原型，有的则不能。例如，我们今天所了解的更高法不再需要是神法或自然法，而可以是具有普遍意义的公民权利和人权原则。

4.《俄狄浦斯王》：什么是"王"和亚里士多德的悲剧理论

公元前429年，索福克勒斯的著名悲剧《俄狄浦斯王》首次演出。开始的时候，这个剧的名字就叫《俄狄浦斯》，亚里士多德在《诗学》（*On the Art of Poetry*）中谈到这部剧，用的就是这个名字。它后来被称为《俄狄浦斯王》，是为了与索福克勒斯另外一部有俄狄浦斯名字的剧做区分，那部剧就是《俄狄浦斯在科隆诺斯》。《俄狄浦斯王》里的那个"王"（Tyrannus），希腊语的意思是"僭主"，今天翻译为"暴君"。不过在古希腊语里，这个词开始并没有贬义，只是指一个既不是通过王位继承，也不是通过政治程序推举而获得王权的国王。在美国学生用的教科书里，这个剧名是"Oedipus

Rex"。Rex 是"王"和"首领"的意思,没有"僭主"现有的潜在的"暴君"含义。

俄狄浦斯是一个王,不是暴君。先知特伊西亚斯(Tiresias)可以当面对他说,我和你是平等的,"我也是一个主人,我活着不是你的奴隶"(《俄狄浦斯王》,第 409—410 行)。俄狄浦斯生气,不是因为先知特伊西亚斯冒犯了他的权威,而是因为他不肯说出那个可以解救城邦的秘密。

《俄狄浦斯王》这个故事本身就很有力量,索福克勒斯给它带来两个主要的特质,即意象和讽刺,并将两者紧密联系在一起。这部剧建立在讽刺的基础上,俄狄浦斯既是救世主又是毁灭者,他既是猎手也是猎物;他的成功带来他的失败,他要等到双眼瞎了才能看清真相。索福克勒斯不断地在他的名字上做文章,只要稍微改变一下口音,这个名字就可以读成 Oi-dipous,意思是"啊!两只脚",这是斯芬克斯之谜的答案。伯纳德·诺克斯(Bernard Knox)对该剧的意象进行仔细研究,他强调俄狄浦斯的三个形象——猎手、舵手和犁田人(ploughman),并说明这与 5 世纪人类学家的"文明人"观念是一致的。希腊戏剧专家约翰·弗格森(John Ferguson)认为,"这三个形象都特别适合于俄狄浦斯:猎人,因为他在追踪凶手,国家之船的舵手,他母亲子宫的耕种者和播种者"。另外,意象也特别重要,其中就有医学和疾病的意象,"城市正在遭受的瘟疫本身就是一个象征,开场就充满医学技术术语(23—24,27,44,68,87,101 行);类似的语言在全剧中反复出现"[1]。

这三个形象勾勒出俄狄浦斯"王"的角色,一个城邦的王不是城邦人民的奴隶主,而只是政治领袖。他的作用是在城邦出现危机时显现出来的,因为解决危机需要领导。《俄狄浦斯王》中就是这

1 Ferguson, *A Companion to Greek Tragedy*, 182-183.

样的情形，俄狄浦斯并不握有暴君的绝对权力，他所领导的公民在法律身份上都不比他低，而是像亚里士多德在《政治学》（*Politics*）中所说的那样"平等和一律"，他们都是具有共同人性和城邦身份的公民。

王是一个城邦中的人，而不是把人民当羊群来放牧的牧人。好的牧人的确要照看好他的羊群，保障它们的安全，让它们吃饱肚子，在维护这些羊群上，牧人与羊群有共同的利益，形成一个可供认同的共同体。但是牧人的目的是剪羊毛和最后把羊卖掉，羊群最终是要上羊肉市场的。牧人在决定什么时候把它们送上肉市时不会同它们商量。希腊人从与牧人的类比中得出的教训是，羊群不能信任牧人，人类群体也不能把自己交托给某一个人的绝对意志，不论他自称他的目标是多么仁慈。他们宁可组成一个城邦，也不愿被当作一伙羊。

俄狄浦斯与《安提戈涅》里的国王克瑞翁有相同之处，但也有所不同。他们都一意孤行，刚愎自用，听不进别人的规劝。但俄狄浦斯手上沾的是自己的血，而克瑞翁手上沾的是别人的血。在这个意义上说，俄狄浦斯不是克瑞翁那样的暴君。克瑞翁独断专行，谁违背他的法律，谁就一定会受到严厉的惩罚。俄狄浦斯不是这样的一个王，他有一种我们更容易也更愿意认同的人性（humanity）。顺便提一下，克瑞翁也是《俄狄浦斯王》中的人物，他是王后的弟弟，与《安提戈涅》中的克瑞翁是同一个人。但索福克勒斯对他的描述与在《安提戈涅》里完全不同，这个克瑞翁是个只想过太平日子的理性之人，与俄狄浦斯的冲动和激情形成对比。

尽管俄狄浦斯是一个不坏的"王"，但在这部剧里，重要的不是他是怎样的一个"王"，而是他是怎样的一个"人"。正如美国政治理论和哲学教授霍埃尔·施瓦茨（Joel D. Schwartz）所说："如果说史诗关注的是（希腊人的）种族，埃斯库罗斯关注的是家族，那么索福克勒斯关注的则是个人，他创造出性格的悲剧。"俄狄浦斯破解了斯芬克斯的谜语（Riddle of Sphinx），被视为智力超群的智者，他自己也是这么以为。在他看来，这世界上不存在没有谜底的谜。这是他的不幸。[1]

这部剧开始的时候，俄狄浦斯委派克瑞翁去探明神谕的真相，寻找城邦灾难的谜底。那是一个什么样的神谕？俄狄浦斯又为何要探明神谕的真相？

故事一开始，一向繁荣的底比斯城突然遭到厄运，土地荒芜、庄稼歉收、牲畜瘟死、妇人流产、城邦在血红的波浪里颠簸不定，全城到处是求生的歌声和痛苦的呻吟。无尽的痛苦折磨着众人，也令爱民如子的国王俄狄浦斯忧心如焚。这一切到底是为什么？俄狄浦斯派人请来阿波罗的神谕，神谕说，由于多年前一个人所犯的杀死前国王拉伊俄斯（Laius）的罪孽，城邦才遭此劫难。只有严惩凶手，才能拯救城邦。

俄狄浦斯要探究神谕的真相，这是他个人的决心，也让我们看到这个作为人的俄狄浦斯是多么与众不同。全剧中，有三个人劝告他不要去探明这个神谕的真相，试图打消他的这个念头，停止他的行动，但都没有成功。第一个劝他的是先知特伊西亚斯，先知说，事情太明白未必是好事，有时反而会是祸事；什么事情睁一只眼，闭一只眼也就过去了：

> 哎呀！在智慧对智慧者不利的地方，拥有智慧
>
> 多么可怕！这道理我懂得非常清楚。（《俄狄浦斯王》，
>
> 第 316—317 行）

1　Joel D. Schartz. "Human Action and Political Action in Oedipus Tyrannus," in J. Peter Euben, ed., *Greek Tragedy and Political Theory,* Oakland: University of California Press, 1987, 183-210.

放我回家吧。你的事你很容易对付过去，

我的事我自己也容易对付，如果你答应放我回去。（第
320—321 行）

先知要俄狄浦斯放心，就算是他知道真相，

我永远不会暴露

我的不幸，为了不暴露你的不幸。（第 328—329 行）

第二个劝他的是王后，王后在与俄狄浦斯谈论往事之后，心里
已经明白真相。她痛苦地恳求俄狄浦斯：

看在众神的份上，如果你还关心一点自己的生命，

就别再追问这事啦！我已经够痛苦的了。（第 1060—1061 行）

俄狄浦斯其实在心里也已经明白真相，但他还存有一丝幻想，
希望牧羊人告诉他那个被神诅咒的孩子已经死了，因为如果那个孩
子死了，他自己就不可能是那个孩子。但是，那个孩子并没有死，
所以俄狄浦斯不住地向牧羊人追问那个孩子的下落。牧羊人知道眼
前的俄狄浦斯就是那个孩子，他害怕极了，说："看在众神的份上，
主人啊，别再追问啦！"（《俄狄浦斯王》，第 1065 行）他是第三个
劝俄狄浦斯不要再追问的人。

任何一次，只要俄狄浦斯听从别人的劝告，后来的悲剧或许就
可以避免。然而，俄狄浦斯执意要探明真相，就算这个可怕的真相
在最后一场中已经渐渐浮现，就算克瑞翁再三相劝，他还是不愿意
放弃，非要找到凶手和真相不可。所有这些劝阻，衬托的都是俄狄
浦斯这个非常独特的人物：他一门心思非要找到事实的真相不可，

哪怕必须付出高昂的代价也在所不惜。

然而，亚里士多德在《诗学》中赞扬的不是《俄狄浦斯王》一剧中的人物性格，而是它的情节。在《诗学》第 6 章里，他把悲剧分为六个部分：形象、性格、情节、言辞、歌曲和思想。他说："六个成分里，最重要的是情节，即事件的安排。因为悲剧所模仿的不是人，而是人的行动、生活、幸福（幸福与不幸系于行动）。悲剧的目的不在于模仿人的品质，而在于模仿某个行动；剧中人物的品质是由他们的'性格'决定的，而他们的幸福与不幸，则取决于他们的行动。他们不是为了表现'性格'而行动，而是在行动的时候附带表现'性格'。因此悲剧艺术的目的在于组织情节（亦即布局），在一切事物中，目的是至关重要的。"[1]亚里士多德认为，除了悲剧的目的，情节比人物重要，还有另外一个理由，那就是"悲剧中没有行动，则不成为悲剧，但没有'性格'，仍然不失为悲剧。大多数现代诗人的悲剧中都没有性格"。[2]亚里士多德的这些话值得我们细细体会，但未必完全正确。

确实，我们不能讲一个没有行动或情节的故事。如果什么事情也没发生，那当然就不会有故事。但我们可以讲一个没有性格特征的人物的故事。《伊索寓言》里就有许多这样的故事。而且，亚里士多德那个"情节第一，人物性格第二"的理论似乎并不适用于《俄狄浦斯王》。在这部剧里，是人物性格推动情节的变化和发展，而不是情节造成人物性格。如果没有一定要打破砂锅问到底的性格，换一个对自己的身世真相讳莫如深的王，就不会发生剧中的事情，也就不会有剧中的故事。俄狄浦斯王的这个性格是天生的，并不是在故事情节中形成的。因此，这个人物的性格比故事情节更值得我

1　参见：亚里士多德著，罗念生译，《罗念生全集》第一卷，上海人民出版社，2004年，第 6 章。
2　同上。

们仔细思考。

以今天我们对文学的认识来看，大多数文学作品都是人物比情节更重要，即便是以"讲故事"为特色的大众文化影视作品，再好的情节如果不能塑造人物，也无法给观众留下深刻的印象。金庸的武侠小说都情节曲折、跌宕起伏，但对金庸作品的批评分析似乎无一例外都集中在人物身上：韦小宝、张无忌、东方不败、黄蓉、欧阳峰、周伯通等。最常见的对金庸小说影视化的批评，就是那些影视作品歪曲了人物的形象，对《红楼梦》影视作品的评论也是一样。

下一节还会专门讨论俄狄浦斯这个人物，以及他所包含的人文内涵。这里我们先来看看《俄狄浦斯王》的情节。显然，剧中的情节是围绕着寻找凶手展开的，全剧共有两条线索：

第一条线索是，底比斯牧羊人说过，前国王拉伊俄斯死在三岔路口，王后（俄狄浦斯的妻子和母亲）也说出了前国王的相貌、年龄、侍从人数以及被杀的时间。这一切都可以证明俄狄浦斯是杀死前国王的凶手。但是，俄狄浦斯仍然不愿意得出被杀者就是他父亲的结论。

第二条线索是，另一位牧羊人告诉俄狄浦斯，他是被柯林斯国王波吕波斯收养的儿子，波吕波斯不是他的亲生父亲。

直到这两条线索汇合到一起，俄狄浦斯才不得不承认自己杀父娶母的真相。结果王后，也就是他的母亲自杀，俄狄浦斯刺瞎自己的双目，离开底比斯城，行乞赎罪。

《俄狄浦斯王》的情节发生在一天之内，一气呵成。俄狄浦斯王弑父娶母的故事用"回溯法"（Flashback）叙述，可以说是一种相当现代的文学手法，易卜生的戏剧就善于运用这种情节结构。所谓回溯法，即戏剧的重要情节在幕前已经发生，幕启时的戏是幕前情节发展的后果。《俄狄浦斯王》从第一场开始，剧情发展就急转直下，一股劲地走向结局。最感人的一个场面是俄狄浦斯夫妇两人相互审慎而沉痛地吐露彼此一生中一段隐情的真相，最后真相大白，他们生不如死，不如一死了之。这是全剧的高潮，俄狄浦斯弄瞎自己的眼睛只是高潮后的结果。

俄狄浦斯弄瞎自己眼睛的一幕并没有展现在舞台上，是在后台发生的。这个情节与原来的故事有所不同，在原来的故事里，俄狄浦斯隔了很久之后才弄瞎自己的眼睛。比索福克勒斯年轻的希腊悲剧家欧里庇得斯，也在他的戏剧里运用过俄狄浦斯弑父娶母这个题材，他也写过一部名叫《俄狄浦斯》的剧，现已佚失。但从保留下来的残篇中可以看到，他剧中的故事与索福克勒斯的相似。但在剧中，他以巧妙的手法，避免了俄狄浦斯为何和何时弄瞎自己眼睛的这个棘手问题。在欧里庇得斯的剧里，俄狄浦斯杀死王后伊俄卡斯忒（Jocasta）后，又想杀害自己的孩子，然后自戕身亡。正要动手，他的侍从阻止了他，并弄瞎他的眼睛。

索福克勒斯在处理这个情节时似乎更加有技巧，理应获得亚里士多德的赞扬。但是，这部剧的高超之处正在于情节和人物的融合，而不仅仅只是情节的巧妙。在亚里士多德看来，俄狄浦斯的人物性格只不过是符合他的中庸原则而已。俄狄浦斯是一个典型的悲剧人物，因为他"不十分善良，也不十分公正，而他之所以陷于厄运，不是由于他为非作恶，而是由于他犯了错误"。在这里，至关重要的是"错误"（hamartia）一词，而如何理解为什么会犯"错误"，是因为"无知"还是因为"不善"，将会成为我们认识俄狄浦斯这个人物的关键。因为一个角色犯了什么性质的"错误"，很大程度上决定他会是怎样的一个悲剧人物。

5.《俄狄浦斯王》：悲剧人物的性格缺陷与知识盲区

今天，人们经常从"性格缺陷"来理解悲剧人物的"错误"，例如"贪婪""野心""残忍""自私""优柔寡断"等。这样的理解总是会有道德不良和失败的含义，成为一种"天生的毛病"或"人性的弱点"。

其实，"错误"这个词最初并没有这样的道德贬义。美国哥伦比亚大学古典学教授朱尔斯·布罗迪（Jules Brody）指出，在亚里士多德那里，"错误"是一个道德中性词，指的是"脱靶""没有直达目标"，引申的意思就是，到达的不是原来的目的地，出了差错。这里面并没有道德失败的意思。"错误"可以指因为无知或蒙昧而做出不正确的辨别或判断，或者是因为某种原因，事情失败了，没有成功。

因为无知或蒙昧犯错误，还是因为不善或无德犯错误，性质是完全不同的。亚里士多德说的"hamartia"，英文翻译一般是"error"，也就是"无知之过"或"理智错误"，而非"道德过错"或"性格的缺陷"。但是，这个词确实也可以指"缺陷"（flaw），甚至也可以指"罪恶"（sin）。

今天，许多人都是从"性格缺陷"或"悲剧性格"去理解亚里士多德所说的"错误"，因为这样便于与"悲剧洗涤"联系在一起。悲剧性格让观众对人物感到怜悯和恐惧，于是会在人性的层面上引发对悲剧性人物的同情和认同。如果悲剧性人物有性格缺陷，我们就会为他的不幸感到惋惜和怜悯。同时，通过目睹悲剧性人物由于性格缺陷而遭受苦难，我们也会担心，如果不能正视自己的性格弱点，同样的命运也可能降临到我们自己头上。人物的悲剧性格经常有道德启发的作用，能鼓励人们通过消除可能造成人生悲剧的缺陷来改善命运。

西方文学经典中有许多这样的例子。例如，在莎士比亚的《哈姆雷特》（*Hamlet*）中，哈姆雷特王子的性格缺陷决定他的悲惨失败。他天生的毛病就是优柔寡断，无法下定决心去面对困境，结果破坏了与母亲的关系，导致恋人奥菲利娅在沮丧中自杀，哈姆雷特的犹豫不决几乎害死所有与他有关的人。莎士比亚的同时代戏剧家克里斯托弗·马洛（Christopher Marlowe，1564—1593）的《浮士德博士的悲剧》（*Doctor Faustus*）里，浮士德的悲剧性缺陷是他狂妄的野心。尽管他是一位受人尊敬的学者，但他还是用鲜血签订合同，将自己的灵魂卖给路西法（Lucifer），为的是满足自己的野心——要在这个世界上获得最终的力量和无限的快乐。最后，魔鬼将他的灵魂带到地狱，他遭受永恒的诅咒。

那么，俄狄浦斯的悲剧性格又是什么？这个问题更为恰当的问法也许应该是，俄狄浦斯犯下的是什么"错误"？

也许可以说，俄狄浦斯的性格中有一个天生的毛病——他急躁、固执、刚愎自用、不撞南墙不回头，甚至撞了南墙也不回头。"天生的毛病"可以理解为人物自己难以克服的性格弱点，并且几乎就是一个人的宿命。俄狄浦斯这样天生的性格毛病，注定他不会有好结局。

但是，这并不足以解释俄狄浦斯所犯的"错误"。弑父娶母的大错，如果要追究道义责任，那也是他父母的责任。当他还在襁褓里的时候，父母得知未来要发生那些骇人听闻的事情，就派仆人把这孩子杀死。仆人出于恻隐之心没有杀死孩子，而是把他送给一个人家，他才得以长大成人。要是他父母当年把他留在身边抚养长大，他知道谁是自己的父母，自然不会发生神谕里所说的祸事。或者，我们甚至可以把俄狄浦斯的悲剧错误归咎于那位本应该把他杀死的仆人。

直接犯下弑父娶母大错的毕竟是俄狄浦斯自己，如果说他必须为自己的行为担责任，那么他到底该为此担多大的责任？

按照剧中的神谕，他命中有此一劫，无论性格中有无急躁和固执的缺点，他都会犯下弑父娶母的大错，他是在不知情的状态下犯下大错的。虽然他犯了错，但那毕竟不是他的罪或恶。他或许应该受到一些惩罚，但总不至于像剧中那样残酷：父母都死在他的手里，他弄瞎自己的眼睛，而且还要祸害两个无辜女儿的一生。他对女儿们悲叹道：

> 我为你们痛哭，因为，我看不见你们了，
> 一想起你们日后辛酸的生活——
> 人们会使你们过的——我就难受。
> 你们能参加什么市民集会什么节日庆典
> 不哭着回家，而不能分享快乐？
> 等你们到了结婚年龄，我的女儿呀，
> 有哪个男人肯冒险使自己遭受那种
> 对你的孩子和我的孩子同样可怕的辱骂？
> 什么不幸少得了？"你们的父亲杀了
> 他的父亲，把种子撒在生身母亲那里，
> 从自己出生的地方生了你们。"
> 你们会挨这样的骂，谁还会娶你们呢？
> 啊，孩子们，没有人会的。你们显然
> 只有不结婚，不生育，枯萎而死了。(《俄狄浦斯王》，
> 第 1487—1502 行)

弑父娶母顶多不过是俄狄浦斯的无知之过，但他却受到如此残酷的惩罚，这是为什么？是不是他还犯下了什么别的更严重的"错误"？

正如先知对他说的，你不应该想要去知道你不该知道的事情，追究真相必须适可而止。俄狄浦斯因为猜破斯芬克斯之谜而被世人传颂为智者，他以为这世间一切未能明白的事情都是一个有谜底的谜，但这是一个迷思，因为这世界还有很多没有谜底的秘密和隐私。

人的生活和生命中都存在许多奥秘，人要学会与这样的奥秘和解，懂得如何在"过去"中为它们找到安置之所。如果你真以为自己特别聪明，什么事情都一定要探明究竟，也就难免"聪明反被聪明误"。避免这么做，那才是真正的智慧。俄狄浦斯不明白这个道理，这是他的"错误"。

这看起来和我们常说的"追求真理"的理想有点矛盾。但是要知道，"真理"并不是人生智慧的全部，人生智慧还包括"妥协"的美德，或者说是"谨慎"和"见机行事"的美德。在什么样的情况下做什么样的事，这是一种实践理性，和纯粹理性不大一样。比如，在夫妻关系里，两个人结婚前都有自己的"秘密"，如果愿意坦诚相待，那当然很好；但是那些不愿意说的，如果硬逼着把所有细节都说得一清二楚，恐怕反而会破坏夫妻的感情。政治也是一样，议会协商不是靠"真理"来决定的，而是需要把唯一真理放在一边，然后进行"妥协"。不要以为每一个谜都有谜底，或者揭开谜底就一定是好事，这就是《俄狄浦斯王》带给我们的人生智慧。

到这里为止，我们一直在把《俄狄浦斯王》当一个"罪与罚"式的惩戒故事来阅读。但是我们还可以让眼界再开阔一点，从中感悟一些悲剧性智慧。

什么是悲剧性智慧？就是知晓并接受残酷的现实——你希望那个现实不是真的，但不幸那就是真的。

我们在读埃斯库罗斯的《复仇女神》时说到过萨特的《苍蝇》一剧，这两部剧用的是同一个神话题材。在萨特《苍蝇》中，俄瑞斯忒斯洗刷了阿格斯城邦的集体罪孽，这是他选择的行动。但是，他不但没有得到阿格斯人民的感激，反而招来怨恨。这部剧为我们揭示的就是一个悲剧性的智慧、一个残酷的现实：人并不是天生就爱自由，人甚至害怕和憎恨自由。爱自由的人劝导或帮助别人爱自由，是一件危险的事。自由是有代价的，谁若是真的爱自由，就有义务帮助别人也爱自由，即便危险，也在所不辞。危险是自由的代价，他不能不承受这个代价。

我们也可以从俄狄浦斯的苦难遭遇中获得一种悲剧性智慧，那就是，你想探究的真相必须是把自己包含在内的真相。当这个真相被探明、被揭示的时候，不管多么沉重、多么不堪，你都必须面对它、接受它。这样来阅读《俄狄浦斯王》，它就不再是一部"罪与罚"的惩戒戏剧，而成为一种关于人的自我认识和觉醒的启蒙。

这样的自我认识和觉醒并不是俄狄浦斯心甘情愿的，他一直在回避那个其实已经从他的内心意识中冒出来的真相。他指责克瑞翁收买了先知说谎，因为他不愿意接受先知告诉他的真相。他焦急地等待牧羊人来告诉他一个他知道等不来的好消息，但是他已经停不下来了，无可奈何地被一步步带到自我认识和觉醒的那一刻。俄狄浦斯有这种迟疑和不情愿，是人之常情，我们自己也会这样，所以他的遭遇才如此强烈地唤起我们的怜悯和恐惧。

索福克勒斯在《俄狄浦斯王》中要说什么？也许我们可以这样理解：他要说的是，与没有知识相比，有知识更好。如果是这样，那么俄狄浦斯探究真相的固执本身，就不能算是他的"性格弱点"或"悲剧性格"。他和苏格拉底一样，是一个执着于求知，而不愿意生活在无知之中的人。当底比斯的人民向他诉说灾祸的时候，他对他们说："我已经知道了你们的悲苦。"（《俄狄浦斯王》，第58行）面对探究真相的重重困难，他发誓要重新开始，一定要把真相查个

水落石出。当那个可怕的真相快要浮出水面的时候，他的态度更加
坚决：

> 既已经掌握了这样的线索，再不查清楚
>
> 我的身世，就太不应该。（第 1058—1059 行）

王后哀求他："我求求你，别这样。"但他一口回绝："我不会
听信你，不把这事查清楚的。"（第 1065 行）"要发生的事情就让它
发生吧！我要弄清楚我的家世。"（第 1076—1077 行）

在对待知识的态度上，《俄狄浦斯王》与《旧约·创世记》里
的情况迥然不同。在后者中，上帝禁止人类偷食知识之树上的果实，
但《俄狄浦斯王》里的神谕却要求找到杀害老国王的凶手。神明对
知识的态度在苏格拉底那里也可以看到。苏格拉底说过，他探究真
理，是因为德尔斐神谕的启示。神谕说，没有人比苏格拉底更聪明，
苏格拉底认为那是神谕给他出的一道待解之谜，所以他才要去探究，
弄明神谕说的到底是什么意思。

我们看到，在古希腊的世界里，即使神明是主宰，人仍然需要
自己探求知识，探求知识是一种美德。那么，人可以拥有的应该拥
有的是什么样的知识？什么应该包含在这样的知识中？知识的目的
又是什么？一直到今天，这些仍然是我们必须思考的问题，也许也
是一个没有谜底的谜。

在《俄狄浦斯王》里我们看到，拥有知识显然并不是无所不知，
因为任何一个人的知识都是有限的。人要知道自己知识的局限——
这本身就是人应该有的知识，而这个知识俄狄浦斯开始是没有的。
他的局限在于，他所要探究的真相只是关于别人的真相。他没有想
到的是，他自己也在这个真相之中，甚至这就是他自己的真相。

这种不包含知者自己在内的求知经常是讽刺性的，也不可能兑现求知的承诺。譬如，承诺要追究腐败的人不从自己做起；承诺要敞开思想的人却把自己包裹在一层层的秘密之中；要求别人说真话，自己却一直在撒谎。即便他从别人那里挖出了他想挖的东西，也还是离真知和真理十分遥远。

俄狄浦斯开始也是这样。开始缉凶的时候，他的眼睛越盯着别人，探究真相的承诺就越空洞。他真正的知识是从他知道自己就是那个凶手时开始的，他没有为自己过去的行为寻找借口，没有把自己的责任推给神谕，他承担全部的责任。这个时候，他兑现了对底比斯人民的承诺。

承诺是一种分量极重的人类行为，唯有人才能有承诺，承诺和守信是人与其他动物的一个重要区别。做出承诺时要知道它的分量和可能为之付出的代价，这也是每个人应有的知识。

6.《菲罗克忒忒斯》：服从领导和善待朋友

《菲罗克忒忒斯》是索福克勒斯晚年的一部剧，于公元前409年在希腊宗教庆典上首演时就非常成功，获得一等奖。索福克勒斯写这部剧的时候已经快90岁了，阅世已深，所以这部戏剧的人物刻画特别细腻和丰富，尤其表现在菲罗克忒忒斯（以下简称"菲罗"）和奈奥普托勒姆斯（Neoptolemus，以下简称"奈奥"）这两个人物在信任、背叛和友谊关系的多次变化上。这两个人物的关系也应该成为我们阅读这部剧的重点。

《菲罗克忒忒斯》的故事发生在特洛伊战争的后期，剧中的主角菲罗是墨利斯人的首领，远征特洛伊途中，他在神圣的克里斯岛（Chryse）上行走时被毒蛇咬伤，伤口发出恶臭。他不分日夜地哭喊，被看成整个军营里不吉利的兆头，因此被奥德修斯和阿特瑞代（Atreidai）遗弃在莱姆诺斯（Lemnos）荒岛上，十年来一直过着住山洞、喝泉水的野人生活。战争后期，希腊人从被俘虏的特洛伊先知那里得知，如果没有菲罗手中的赫拉克勒斯的神弓，就攻不下特洛伊城。于是，希腊大军主将之一的奥德修斯便和阿喀琉斯的儿子奈奥一起，到荒岛上去召唤菲罗，计划至少把他的弓弄到手，让希腊一方的其他人来使用。

菲罗的神弓为什么这么厉害？神弓又是从哪里来的？这还要从希腊英雄赫拉克勒斯说起。前文提到，他是古希腊神话中最伟大的英雄，是主神宙斯与阿尔克墨涅之子，因其出身而受到赫拉的憎恶。

赫拉克勒斯神勇无比、力大无穷。在他无数的英雄壮举中最为人称道的就是他解救了被缚的普罗米修斯，被誉为"让人类得到安全"的恩人。赫拉克勒斯后来被妻子在衣服上涂了毒，痛苦难耐而自焚。索福克勒斯在剧中引用的神话是，赫拉克勒斯最后的愿望是让菲罗点燃那烈火，作为回报，赫拉克勒斯把自己的弓赠送给菲罗。

菲罗凭借赫拉克勒斯的神弓，在荒岛上求生。十年过去了，终于有人来到这个与世隔绝的荒蛮之地。来的是奥德修斯与奈奥，当然还有随行的一帮水手。"无事不登三宝殿"，他们可不是专程来慰问和看望菲罗的，而是为了请他到前线助战。这可不是一件容易的事，因为菲罗痛恨奥德修斯和希腊人在他最需要帮助的时候抛弃他。

奥德修斯是个足智多谋、心机很深的人。他知道菲罗对他心怀憎恨，所以不敢直接出面。于是，他劝说奈奥去见菲罗，要求奈奥无论如何也要把那张神弓骗到手。他教奈奥编一个可以博取菲罗同情和信任的故事，就说自己同样怨恨奥德修斯，现在离开军队，要回家乡去。

奥德修斯老谋深算，他知道，要得到菲罗的神弓，只有三个办法：说服、强迫、欺骗。菲罗的怨恨太深，无法说服；他是一位了

234

不起的弓箭手，弓不离身，根本无法接近他；说服不了，强迫也不成，只能采取第三个办法——欺骗。奥德修斯交给奈奥的任务是："你要在交谈中编故事，迷惑菲罗的心智。"

奈奥是个正直的年轻人，对于上级领导奥德修斯交给他的这个政治任务甚感不安。他说："我听见这些话，觉得其中有些东西使我难受，厌恶去执行。使用阴谋诡计做任何事情不合我的天性……我愿意用力气取走这弓，不用欺骗。"他问奥德修斯："说谎你不觉得羞耻吗？"奥德修斯说："不，如果说谎可以得救。"他又问："人怎么可以说假话？"奥德修斯说："如果你的行为能带来利益，就不应该犹豫不前。"在奥德修斯的再三"开导"下，奈奥下了决心："行，我干，抛开一切羞耻心。"

奥德修斯不仅是奈奥的领导，还是他的人生导师，因为他不仅在布置一个任务，还在开导奈奥在为人处世中如何看待手段与目的的关系：如果是为了高尚的目的，手段卑鄙也就不那么重要了；如果是为了集体的利益，个人道德的损害也就微不足道了。

奥德修斯是凭什么力量说服奈奥的？

这是一种美国社会心理学家米尔格伦（Stanley Milgram，1933—1984）所说的"服从权威"的说服。它生效的条件是，首先要有一个特殊的情境（例如希腊军队必须打败特洛伊人），同时说服者必须具有权威。奥德修斯以足智多谋著称，比年轻的奈奥资历老得多，又是他的上级领导。他们之间既是军队里的上下级，又是私人之间叔伯与侄子的关系。对奈奥来说，奥德修斯是一个理所应当的权威。奥德修斯能把握人的心理，善于做思想工作。他利用奈奥这个年轻人的荣誉心，对他说为了在特洛伊战争中留下一世名声，"干一次可耻的勾当"是完全值得的。

米尔格伦进行过经典的"权威服从试验"。20世纪60年代，他邀请美国康涅狄格州纽黑文市的一些普通居民帮助他进行记忆力和学习方法的研究，有邮局职员、高中教师、工程师、销售员和体力劳动者等。这些居民在进入实验室之后才知道具体的实验内容，他们被要求指导一位"学生"完成单词配对的任务，"学生"答对就进行下一题，答错就要接受电击。随着答错的次数增加，电击的程度也会从 15 伏加到最高 450 伏。你可能担心试验会伤害到"学生"，但这里的"学生"其实是一位演员，他会假装自己遭到电击，而不会真的被电。这项试验表面上说是为了测试"惩罚对学生学习的影响"，但其实是为了测试这些居民会不会"服从权威"。在试验过程中，会有一位生物老师扮演"专家"，也就是这里的权威。如果居民因为看到"学生"很痛苦而想要停止试验，"专家"就会强硬地要求继续，告诉他们"试验是最重要的""出了事情我来负责"等。最后，我们看到，虽然这些居民会非常紧张，会提出抗议，但是很大一部分人没有停止试验，对"学生"施加了最高强度的 450 伏电击。

这项试验明确地展示在权威的诱导下，普通个人在不受胁迫的状态下也会自愿地对他人做出伤害行为。正如米尔格伦的传记作者布拉斯（Thomas Blass）在《电醒世界的人》（*The Man Who Shocked the World : the Life and Legacy of Stanley Milgram*）一书中所说："我们看到，并不需要有邪恶、乖戾之人，就能做出不道德和非人性之事。……米尔格伦的发现让我们对社会压力下人的可塑性变得更为敏感，让我们对个人道德的观念有了新的看法。就在我们自以为可以凭借良知解决道德难题的时候，米尔格伦的服从试验极具戏剧性地告诉我们，在那些暗含着强大社会压力的情境中，我们的道德感可以多么轻易地被践踏在脚下。"[1]奈奥接受奥德修斯交代的任务，并按照他的计谋，昧着良心，用编出来的故事成功地骗取菲罗的信任。一次，菲罗的伤痛又发作，他把弓交给奈奥，便陷入

---

[1] Thomas Blass, *The Man Who Shock the World : the Life and Legacy of Stanley Milgram*, New York: Basic Books, 2009, xviii.

沉沉的昏睡之中。这时候，歌队唱道："他正在昏迷不醒，我们为什么还不动手？不失时机赶紧动手往往是胜利的关键。"

然而，就在这时，奈奥突然良心发现，他觉得乘人之危、利用别人的信任去损害他是不对的。他对自己说："不，虽然他现在什么都听不见，但是，如果我们走了，不带上他，即使拿到弓箭，我也看不出有什么利益，因为胜利的荣誉注定属于他……像你说的这么干，乃是用谎言取得一个失败。如果我们还吹嘘这是一次胜利，那是双倍的羞耻。"

对此，我们可以理解为，奈奥没有取走菲罗的弓是出于实用的理由——拿来弓箭也没用。但也可以这样理解：他只能这么说，因为他还负有"任务"。"偷来也没用"，这个理由可以用来应付他的领导奥德修斯。但是，在他自己心里还有另外一个道德的理由：他的良心不允许他背叛菲罗的信任，因为背叛和出卖朋友是不道德的，是可耻的。

"朋友"在希腊人的伦理观里有着特殊的意义。人是社会的动物，不能没有朋友。"友情"因此成为人的存在需要和社会伦理的基础。真朋友可遇而不可求，是在考验和信任的关系中确立的。这样的朋友，正如19世纪美国思想家、文学家艾默生（Ralph Waldo Emerson，1803—1882）所说，"朋友简直就是大自然的杰作"（"A friend may well be reckoned the masterpiece of nature"）。

柏拉图、亚里士多德和斯多葛学派（The Stoics）也都关心"友情"问题。他们把朋友之间的无私、互利、敞开心扉、信任看成个人自我必需的扩展和放大。善待朋友是正义之举，而欺骗和出卖朋友则是小人行为。

中国古人同样十分看重友情。"友情"还有一个非常深沉的说法，那就是"交情"，"朋友"或者"交情"这两个词是不能随便说的。《史记·汲郑列传》里说："一死一生，乃知交情；一贫一富，乃知交态;一贵一贱,交情乃见。"有没有交情,得看有没有过患难与共的经历。朋友为儒家"五伦"之一,《礼记·学记》云:"独学而无友,则孤陋而寡闻。"《诗经》亦云:"他山之石,可以攻玉。"与友人相互切磋,有益于一个人的道德、学问、技艺、修养,这才是真正的交情。回到剧中,菲罗醒来,看到奈奥仍然守在他的身边,心里非常激动。他说:"孩子,我从来不敢指望你在我受苦的时候,如此怜悯如此耐心地留在我身边侍候我,给我帮助……你的天性和你的出身一样高贵。"但越受到称赞,奈奥就越感到惭愧,终于禁不住说出真情:"我告诉你吧,你必须去特洛伊加入队伍。"菲罗听了这话,要求他把弓立刻归还。奈奥回答说:"那不可能,法律和利益都要求我服从长官。"

奈奥这样的坦白对菲罗犹如晴天霹雳,一种被背叛的感觉让他陷入极度的愤怒和痛苦之中。他对奈奥说:"啊,你是大火,十足的怪兽和可怕恶心的可恨杰作,你曾经那样地和我交友,那样欺骗我!你这恶棍……竟不害羞。你拿走我的弓箭就等于夺去我的生命,我求你……孩子……别剥夺我的生命。"奈奥也经受着内心痛苦的煎熬:"对这个人深深的怜悯折磨着我的心。不是现在才开始,老早我就已是这样。"

奈奥正在犹豫该不该把弓还给菲罗的时候,奥德修斯带着两名水手出现了。他命令奈奥:"回船去,把弓交给我。"而且,奥德修斯不听菲罗的再三要求,强行夺走他的弓,还对他说:"我们不再需要你了,既已经拿到你的武器。我们有透克洛斯,他擅长弯弓射箭。还有我,我认为,我用这武器的能力,一点不在你之下。"

奈奥充满了内疚,他先是要求留下来再陪菲罗一会儿,但最后还是跟着奥德修斯离开了。这个时候的奈奥还没有完全摆脱老领导奥德修斯对他的思想控制。

接下来便出现全剧的高潮,那就是奈奥更加彻底的道德觉醒。

菲罗眼看奈奥跟着奥德修斯拿着他的弓离去，绝望透顶，但求一死。他请求看守他的水手给他一把斧子，让他自杀，一了百了。正在这时，奈奥拿着他的弓朝他跑来，奥德修斯在后面追赶着，想要阻止他。奈奥不顾奥德修斯对他的威胁，果断地对奥德修斯说，我要把弓还给菲罗，因为"我用卑鄙的欺骗害了他"，"我取得它，用的是卑鄙和不正当的手法"，"犯了可耻的错误，我要努力改正"。

奈奥把弓交还给了菲罗，并以朋友的身份劝他放下以前的个人恩怨，带着神弓，跟他和奥德修斯一起前往特洛伊。但是，菲罗断然拒绝了。奈奥尊重菲罗的决定，向他保证，自己会陪伴他返回家乡。但故事并没有就此结束。

就在他们准备上船启程的时候，赫拉克勒斯的英灵在空中出现，呼喊菲罗，要他随奥德修斯去攻陷特洛伊。他以自己的遭遇为例说：

> 我吃了多少大苦，熬过来了，
> 最后赢得不朽的荣誉，如你看到的。
> 我的朋友，该相信我，
> 在你前面的是同样的道路：
> 吃过了这些苦头你将光荣一生。
> 你应该和这个人一起去特洛伊城下。
> 在那里，首先解除疾病的痛苦，
> 然后你将被评为全军的最勇者，
> 用我的弓箭杀死帕里斯——
> 这么多灾难的罪魁祸首。
> 你还将攻陷特洛伊城。我们的战士
> 将奖给你一份战利品，酬谢你的勇敢。（《菲罗克忒忒斯》，第 1419—1429 行）

菲罗听从赫拉克勒斯的指示，告别十年来居住的山洞，与新的战友一起向特洛伊进发，全剧就在他们出发的乐曲声中闭幕。这样的结局运用戏剧中的"机械降神"（Deus ex Machina）手法，未免让不少读者觉得既勉强又不真实。

怎么来理解《菲罗克忒忒斯》的结尾？它与我们世界里的困境解脱又有怎样的关系？

7.《菲罗克忒忒斯》：被遗弃的冤屈者如何回归社会

《菲罗克忒忒斯》故事中"机械降神"的结束方式，是希腊悲剧常用的一种叙事手法，原本指的是在戏剧的结尾处，用机械装置把一个神从半空中降到舞台上，用神的评判或命令来解决剧中人物的困境或难题。后来，这个说法也用来指任何一种勉强结束故事情节的手法。例如，某个人物得到一笔遗产、发现一份让事情真相大白的文件或遗嘱、一封尘封多年的信件揭示人物的真实身份、一件信物最后让失散多年的家人破镜重圆等。这种结局在19世纪小说里也经常可以看到，例如狄更斯（Charles Dickens，1812—1870）的《雾都孤儿》（Oliver Twist）和哈代（Thomas Hardy，1840—1928）的《德伯家的苔丝》（Tess of the d'Urbervilles）。在当代的大众文艺作品中，"神从天降"的手法更是比比皆是。

文学故事与现实生活的一个主要差别就在于，文学故事总是有一个结尾为故事画一个句号，让问题得到解决，使误解或冤屈得以化解，困境得以解脱，努力和期待有了结果，未来显得光明而有希望。然而，在现实生活中，这一切往往并不真实。相反，现实生活中充满解决不了的问题、难以摆脱的困境和毫无希望的期待。

索福克勒斯的《菲罗克忒忒斯》带给我们的是一个许多人都有

亲身体会但却无法找到解答的人生困境：人在受到不公正的对待，遭受冤屈、摧残和苦难后该怎么办？我们可以看看著名翻译家是怎么为自己找到一条出路的。

巫宁坤出身于现已成为传奇的西南联大，他的老师同学们包括沈从文、卞之琳、穆旦（查良铮）、汪曾祺等。1943 年，他 23 岁，赴美国担任在美国受训的中国空军机师的翻译员，五年后入读芝加哥大学。1951 年，他还未拿到博士学位，便接到燕京大学校长陆志韦的急电，邀请他去该校西语系任教。1957 年，他回国后没几年，因为给美军当过翻译员的"历史问题"被错划为"右派"。

巫宁坤的"历史问题"就如同菲罗的腿伤，成为他被歧视、排斥和抛弃的缘由，他被开除公职，送去劳动教养所改造，和菲罗一样，他成为一个"非人非兽的异类"。"文革"中，他遭受更大的苦难，直到"文革"后才被"平反"。这时候，他面临着菲罗同样的问题：该如何对待自己 20 多年来遭受的非人苦难？又该如何"回归"社会？

巫宁坤被"平反"回到北京后，拜访故友卞之琳。卞之琳见面就说："你在成都又放炮了。副所长回来跟我说，宁坤的思想真解放。我一听就明白你又惹事了。你吃过那么多苦头，怎么依旧这么天真？我要是你，我就会珍惜我的改正（即彻底平反），专心搞学术研究和文学翻译。"卞之琳扮演的似乎就是《菲罗克忒忒斯》一剧中奈奥的角色。在卞之琳看来，"专心搞学术研究和文学翻译"就应该是巫宁坤"回归社会"的方式。为此，巫宁坤应该忘记自己以前的个人不幸，从大局着想，向前看，正确对待自己的个人不幸，这样也符合巫宁坤自己的个人利益。这就像奈奥劝导菲罗，你回到特洛伊城下希腊人的军队中，可以建立新的功劳，也可以治愈你的腿伤，于公于私，两全其美。

如果有一个神可以从天而降，告诉巫宁坤他该怎么办，那会是多么幸运的事啊！可惜，现实生活中没有这样的事情。巫宁坤必须自己决定他究竟该如何对待过去的苦难，该对他无辜遭受的苦难和不公不义做些什么。于是，他找到的方式是写一本书。

诗人黄灿然说："巫宁坤是被上帝选中的。就像杜甫被选中，装上凡人的躯壳，从而成就写尽人间沧桑的伟业一样，巫宁坤也被上帝装扮得恰到好处，使他尝尽人间苦果，为的是让他作为一位有力的见证人。他的位置不高不低，他的思想不偏不倚，他不是名人也不是无名氏，他从共和国建立之初到'文革'结束，一次不漏地成为历次政治运动的受害者。更意味深长的是，他受良好教育，出国留学，阅读最优秀的文学作品，然后归国，受难，然后再出国，用一生的全部积累加上必不可少的距离感，撰写这部回忆录。最重要的是，他自始至终保持灵魂的纯净，这使得他的回忆录既无遮掩又无怒气，既无须忏悔又有足够的胸怀宽恕任何对不起他的人。"巫宁坤的书成为他那个时代的一个见证。

美国古典文学学者约翰·弗格森（John Ferguson）在《希腊悲剧导读》（*A Companion to Greek Tragedy*）一本书这样评论《菲罗克忒忒斯》："从人的角度来看，这部剧最后走进一条死胡同：奈奥将无法获得他渴望的荣光，菲罗的腿伤将永远无法治愈，奥德修斯'足智多谋'的名声将要毁于一旦。神人赫拉克勒斯的出现一下子解决所有人的问题。他那不可信的奇迹解救了所有人。"[1] 索福克勒斯以他的戏剧方式，提出冤屈受难者该如何记忆苦难往事的问题，给出一个让我们现代人很难满意的回答：把苦难当作神意来默默忍受。2500 年后，巫宁坤用他苦难见证写书的方式，对索福克勒斯的问题做出他自己的回答，他将三十年的坎坷人生归结为 "I came. I suffered. I survived."（"我归来、我受难、我幸存"），他让自己成为

---

[1] Ferguson, *A Companion to Greek Tragedy*, 212.

一名坚强的历史见证者。犹太人大屠杀的幸存者，作家埃利·维瑟尔（Elie Wiesel, 1928—2016）说，历史见证具有普遍的意义，因为任何倾听见证的人，自己也就成了见证者。

菲罗是一个受冤屈者，他有权决定如何对待自己曾经遭受的冤屈。他可以选择记恨一辈子，绝不忘却也绝不宽恕；他也可以选择从大处着眼，把个人的恩怨放到一边，不再追究往事。无论如何，这都是冤屈者自己的选择，旁人没有权利代替他做选择，更没有权利对他妄加指责，或强制他做某个选择。

奈奥尊重菲罗的选择权，他同情菲罗的遭遇，不仅因为菲罗被同伴们不义抛弃，更因为菲罗十年来在荒岛上所过的那种人不像人、野兽不像野兽的孤独生活。

《菲罗克忒忒斯》是索福克勒斯戏剧中唯一没有女性人物的剧，也是少数不以城邦为背景的剧之一。这二者是一致的，没有女性的地方不是一个人类社会，而菲罗所生活的那个荒岛正是一个远离人类文明的地方。菲罗在这个荒岛上靠三样东西存活下来：火、弓箭、洞穴。他如野兽般生存了十年，但没有变成野兽，全靠火和弓箭。他这样描述他是怎么熬过来的：

> 时光日复一日年复一年地过去，
> 我就在这狭窄的斗室里孤独地过活，
> 一切需要勉强自己挣扎着对付。
> 饥饿来时靠这张弓打下长羽毛的野鸽，
> 绷紧的弓弹出去的箭射到了无论什么，
> 我这不幸的人都得自己爬过去，拖着
> 这可怜的腿一直爬到猎物掉下的地方。
> 口渴了，必须弄到水喝；还有，冬天里
> 满地结着白霜，必须捡拾柴火来生火。

为了这些，我这苦命人儿都得爬着出去。

而且，没有火。但是，用石头敲石头，

好不容易我敲出了深藏的火星，

这是让我一直活到今天的要素。

真的，头上这片屋顶和保存在它里边的火种

保证了我需要的一切——除了治不好我的病。(《菲罗

克忒忒斯》，第 284—299 行)

　　荒岛上的菲罗是一个没有城邦的孤独个体。亚里士多德说，孤独的个体要么是神，要么是兽。菲罗与这二者都沾着一点边，但更多的是兽。他不是神，但沾着一点神气，因为他有神弓，无论走到哪里都弓不离身。但是，他活得更像野兽。他孤魂野鬼般躲在洞穴里，不能直立行走，只能爬行：

与多毛的或多斑的野兽为邻，

忍受饥饿之苦和无法治疗的疼痛。

只有口齿不清的回声

从远处的岩壁重复他

痛苦的叫喊。(第 186—190 行)

　　常年的孤独使菲罗只剩下两个简单的感觉：一个是恨，恨奥德修斯、恨希腊大军的统帅阿伽门农、恨阿伽门农的弟弟墨涅拉俄斯，这些所谓的希腊英雄在他最困难的时候背叛和抛弃他。另一个感觉是痛，腿伤有时痛得他恨不得结束自己的性命，但他还是活了下来，因为他还没有断了"回家"的念想，他与外面世界还有未能完全割断的联系。

　　火和弓箭不仅是菲罗用来求生的工具，也是他与外界人类世界

联系的方式。索福克勒斯时代的希腊是一个殖民拓张的时代，希腊每建立一个殖民地，就会从市政厅（Prytaneum）的公共炉膛里象征性地取一个火种，送到那个新地方，在那里点燃一个公共炉膛，这是所有人家前来取火的地方。在这样的传统习俗背景下，火也就具有了公共空间的象征意义，火是为了整个群体而燃烧不熄的。

菲罗的火是他个人的，他每次有需要，都得自己用石块敲出火星，自己造火，他没有公共炉膛让他能方便地取火。然而，即便如此，对他来说，火也不只是生存的需要，而是在提醒他，遥远的地方有一个他熟悉的用火的人群。

他的弓箭同样是一个孤独个体与遥远人群之间维系的象征。他带着弓箭，原本是为了到特洛伊去作战的。弓箭原本是他这个战士的武器，是作为战斗群体一员的标志。如今他在荒岛上，用神弓射的不是敌人而是鸟类，弓箭成了果腹的工具，与一根木棍、一块石头没有什么两样。可怜这弓箭成为他这个战士最后残存的威力，也竟然成了奥德修斯带人到荒岛上搜寻他的唯一理由。

菲罗的弓箭也是他与神明之间最后的联系。在岛上，没有东西可供他祭祀神明，神弓是那位死去的半神英雄留给他的最后护身符，后来也成为他与奈奥这个陌生人之间的信物。他在入睡前把弓交到奈奥手里的时候，似乎意味着他又找回一点对外部世界的信任。

这种信任是通过人与人的交谈建立起来的，因此交谈也成为《菲罗克忒忒斯》的一个重要主题。菲罗在荒岛上孤独地生活，完全没有可以交谈的人，零交谈是一个人极端孤寂、彻底孤独的标志。菲罗有机会与奈奥交谈，这是他可以尝试走出孤独的第一步。

交谈是有益的，但也是危险的。不仅有言多必失、祸从口出的危险，还有别人用谈心和恳谈来对你进行欺骗和设下陷阱的危险。菲罗在与奈奥交谈时就碰到这样的危险，要不是因为奈奥的诚实和良心发现，菲罗肯定会成为一个被人用交谈来设局和谋害的受害者。

剑桥大学国王学院（King's College）希腊文学与文化教授西蒙·戈德希尔（Simon Goldhill）在《悲剧中的语言：修辞与交流》一文中指出："《菲罗克忒忒斯》一剧中的语言作用与文明观念是紧密相连的。莱姆诺斯荒岛上杳无人迹，没有任何文化制度，这与希腊大军等级分明的世界形成鲜明的对比，而希腊大军围攻特洛伊，正是以维护社会秩序之名出兵的。这个对比在（语言）交流的层次上也清楚地表现出来。奥德修斯把语言当作工具。对他来说，语言是否有用，全看能否到达他想要的目的。相反，奈奥和他父亲阿喀琉斯一样，对谎言欺骗有着强烈的厌恶，他运用语言时，必须正直、诚实、实话实说。"[1] 真实和真诚地使用语言不仅是为了准确地传达意思，而且也是为了维护人与人之间必要的信任。不诚实的语言与信任匮乏的社会彼此如影随形。语言的污染是从思想的污染开始的，思想污染语言，语言也一定污染思想。虚假不实的语言始于欺骗和谎言的需要，会随着效仿和传播在人群中蔓延，就算受过教育的、有文化的人也未能幸免。事实上，不实和有害的语言几乎总是由有文化的聪明人发明并找出理由来运用的。奥德修斯就是这样一个善于用语言来骗人骗己的聪明人。

《菲罗克忒忒斯》是一部人文内涵非常丰富的戏剧，广泛涉及多个还可以继续进一步探讨的人文主题：冤屈、苦难、孤独、友谊、信任、背叛、良心发现、受害者选择是否宽恕的权利、语言的沟通和欺骗、如何摆脱受害心理定式、如何在灾难之后重新开始生活。这些都是永恒的文学主题，也是我们在现实生活中切切实实必须面对的问题。

1　Simon Goldhill, "The Language of Tragedy: Rhetoric and Communication." In P. E. Easterling, ed. *The Cambridge Companion to Greek* Tragedy. Cambridge: Cambridge University Press, 1997, 141-142.

八 欧里庇得斯

1. 希腊启蒙时期的思想困扰

欧里庇得斯生前就是一位富有争议的悲剧诗人，在他之前，没有任何一位戏剧诗人像他那样受到各种嘲讽和指责。他生活的那个雅典黄金时期（前 5 世纪）又被称为古希腊的启蒙时代，这是一个充满思想困扰的时期。

启蒙时期的雅典思想舞台上同时活跃着三种人：诗人、智者和哲学家。如何看待他们之间的许多观念冲突，影响到对欧里庇得斯的理解和评价。从他那个时代直到今天，引起争议的一个重要问题就是欧里庇得斯与智者的关系，甚至有人怀疑，他本人就是一个擅长于写剧的智者。

在人与神的关系上，哲学家的观念是传统的，而智者则成为公元前 5 世纪新思想的主要代表。苏格兰古典学者古瑟里（W. K. C. Guthrie，1906—1981）称欧里庇得斯是"新思想的另一位代言人"，让人们对欧里庇得斯与智者的关系更有兴趣。科纳赫（Desmond Conacher，1918—2000）教授在他的《欧里庇得斯与智者》（*Euripides and the Sophists*）一书里则认为，欧里庇得斯"首先是一位戏剧家，而非哲学家",他与智者的关系不是思想上的同盟关系,而只是他的许多戏剧主题与智者的观点有相符或不谋而合的呼应,其中包括"人无从知道神是否存在(不可知论)""美德是可以教授的(非天生论)""修辞可以把弱理说成强理(言语非真理)""道德是相对的(非神定论)",等等。关于公元前5世纪智者在这些方面的观念,我们在下文讲到如何理解智者与哲学家的关系时还会细说,先谈一谈欧里庇得斯这个人。

公元前480年,希波战争初期,正当斯巴达将士在温泉关与进犯的波斯大军浴血奋战之时,希腊和波斯的海军也在优卑亚岛(Euboea)的海面上鏖战。在优卑亚岛与希腊大陆之间有一道海峡,叫欧里庇斯(Euripus)。也就是为了纪念希腊在优卑亚岛那次虽败犹荣的战役,当时雅典一对做蔬菜水果生意的普通夫妇,给自己刚出生的婴儿取了"欧里庇得斯"这个名字。有的传说甚至认定,欧里庇得斯是出生在萨拉米斯海战那天。这也太巧了,不足为信。不过,确实有点讽刺的是,这个因一场战役得名的孩子,后来成了一位强烈反战的悲剧诗人。

欧里庇得斯成长于一个思想碰撞、酝酿着剧烈变化的时代。他比埃斯库罗斯和索福克勒斯都更加直接地介入时代的政治、社会和思想的新潮流。在这个发生剧烈变化并且雅典已经开始显露衰败的时代里,欧里庇得斯是一个积极的参与者。与他相比,索福克勒斯虽然也见证这个时代,但他一直都是冷眼旁观者,这是他们之间的一个重要不同。这也是为什么欧里庇得斯虽然比索福克勒斯早去世几个月,却代表着索福克勒斯之后的一个新时代。

欧里庇得斯时代发生的许多思想变化中,最重要的便是怀疑主义、相对主义和虚无主义的影响日益扩大,这些都是理智观念上升的标志。在雅典城邦以教授知识谋生的智者都是这些新思想的代表。

普罗泰戈拉是他们当中的一位著名人物,他的名言是:"人是万物的尺度：是存在者存在的尺度，也是不存在者不存在的尺度。"就像许多前苏格拉底哲人流传至今的残篇一样，这句名言没有上下文，它的确切意思则可以有不同的诠释，但似乎是把人放在自然界仲裁者的位置上，而这个位置本来是属于神的。普罗泰戈拉是神"不可知论"的支持者，他在自然主义的框架里解释宗教。他在《论神》的残篇中写道："至于神，我没有把握说他们存在或者不存在，也不敢说他们是什么样子；因为有许多事物妨碍了我们确切的知识，例如晦涩的问题与人生的短促。"在普罗泰戈拉那里，从根本上说，这是一个倡导理智的观念。

公元前 5 世纪末，古希腊医学的发展则从另一个方面涉及人与自然而不是与神的关系。希波克拉底学派将四元素论发展成为"四体液病理学说"（Humorism）。他们认为机体的生命取决于四种体液：血液、黏液、黄胆汁和黑胆汁，四种元素的各种不同配合是这四种液体的基础，每一种液体又与一定的"气质"相对应，每一个人的气质由他体内占优势的那种液体决定。如热是血的基础，来自心，如果血液占优势，则属于多血质。四体液平衡，则身体健康；失调，则多病。以前，癫痫病被当作人因为神明附体而致，是一种"神病"。但希波克拉底幽默地告诉人们，那是一种有自然原因的疾病，是脑子出了问题，才变成这副模样。希波克拉底学派对待致病原因的原则是理智的，至今仍有指导意义。他注意外界因素对疾病的影响，有比较明确的预防思想。他们教导年轻的医生：进入一个没到过的城市时，要研究该城市的气候、土壤、水以及居民的生活方式等，作为医生，只有预先研究城市中的生活条件，才能做好城市中的医疗工作。

雅典的那种理智观念是一种思想氛围。我们不必把这种氛围称为什么"主义"，它不同于 18 世纪启蒙运动时的理性主义。它的主要特征是怀疑、思考、求知、探究真相，避免偏听偏信。

今天，我们把苏格拉底视为这种理智观念的最佳代言人。在《理想国》（Republic）第四卷里，柏拉图借苏格拉底这个角色的发言，区分了灵魂三种不同的成分：欲望（epithymetikon）、精神（thymoeides）、理智（logistikon）。在第十卷里，他提出，灵魂本质上也许真的只是理智，因为当我们把它与肉体生活分离开，同时把它与它的最佳部分和它最喜爱的部分（永恒的、不朽的神的理念）结合起来时，我们便可以看到最好的灵魂。在第九卷里，他还说，人有人的灵魂，它支配着人内在的狮性和兽性，如果理性公正，用人性（或者应该说用神性）抑制兽性，全人类就能处于最佳生活状态。苏格拉底关注的一直是人、人性、人的灵魂、人类的公正，所以西塞罗（Cicero，前 106—前 43）说，苏格拉底把哲学从天上搬到地上，从宇宙移到人间。

虽然今天，我们把哲学家苏格拉底看作是这种理智观念的最佳代言人，但其实在苏格拉底之前，普罗泰戈拉和普罗迪科斯（Prodicus，约前 465—前 395）就已经在追求以人的伦理和政治为主的知识。这两位是著名智者，都做过欧里庇得斯的老师。

普罗迪科斯是古希腊哲学家，第一代智者，曾以凯阿岛（Kea）大使的身份前往雅典，以演讲者和教师的身份而知名，他的课程以语言学和伦理学著称。他是一名自由主义者，一名自由教育者，他的自由主义似乎影响了欧里庇得斯。比起其他智者，柏拉图对他更为尊重，在柏拉图的对话录中，普罗迪科斯与苏格拉底似乎是友人，在思想上持不可知论，也是一个宗教的自然主义者。从身份上来说，普罗迪科斯和苏格拉底有区别，一个是智者，一个是哲学家。不过，雅典政治家和十大演说家之一的埃斯基涅斯认为苏格拉底与智者们是同路人，称他为"智者苏格拉底"（Socrates the sophist）。

欧里庇得斯也当过普罗泰戈拉的学生，普罗泰戈拉以用词精准闻名，柏拉图在《普罗泰戈拉篇》中还戏仿过他。传说欧里庇得斯与苏格拉底也有来往，但只是传说而已。欧里庇得斯成名之时，苏格拉底还只是一个学童，他们两位都在思想上独立而不从众，都与当时的主流保持距离，跟习俗传统格格不入，可以说是志同道合。据说苏格拉底最爱看的就是欧里庇得斯的戏剧，每场必看，一场不落。

欧里庇得斯从 18 岁就开始写剧。公元前 455 年，他的剧第一次演出时，他 24 岁。虽然他一生写过 90 多部剧，但只得过 5 次一等奖，相比起索福克勒斯的 18 次，简直太少了，可见他的剧不如索福克勒斯的主流。 欧里庇得斯的戏剧都是在战争的阴影下写出的，他写《美狄亚》（Medea）时已经 50 岁了，他热爱雅典，但讨厌雅典的傲慢排外和歧视女性，痛恨雅典的帝国野心和不断的战争。他的所有戏剧都必须被放到他强烈反对战争的立场下来理解。埃斯库罗斯和索福克勒斯都以战争为荣，这使得他与两位前辈悲剧诗人完全不同，我们最后要讲的《特洛伊的女人们》就是一部出色的反战悲剧。他的戏剧是雅典非主流理性氛围中一个具有特色的品类，剧中的人物行为背后都有普通人能够理解的动机，这些动机源于普通人都有的情绪、情感和欲望，是可以用理智去把握的，与神或神谕无关。他关心现实，描写的角色大多是女性、乞丐和下层人；就算他写体面人，体面人在灵魂里也和乞丐没有什么两样，《美狄亚》一剧里的伊阿松（Jason）就是这样。

欧里庇得斯是第一位把英雄写成凡人的悲剧诗人。索福克勒斯说，他自己是按照人应有的样子去写人物，而欧里庇得斯则是按照人原本的样子去写人物。一个带有理想主义的色彩，另一个则是理智冷峻的现实主义。

在人物刻画上，也许只有莎士比亚和易卜生这样的后世戏剧家才能与欧里庇得斯媲美。他了解人的心理可以扭曲成什么样子，了解人的情感一旦走火入魔有多么可怕，他把这些写进他的戏剧。

他的剧中有"好人"，他们的善良是自然的、平凡的，不是什么道德模范。他描写更多的是人性的弱点，不是什么大奸大恶，而是那些还称不上邪恶的人性缺陷。这样的人物刻画对现代戏剧产生深远的影响，他被誉为戏剧心理现实主义的开拓人。他剧中那种前所未有的人物内心活动和动机刻画让古典学家诺克斯（B. M. Knox）赞叹道："他是那个（人性）笼子的创造者……那个笼子就是莎士比亚的《奥赛罗》（Othello）、拉辛（Jean Racine，1639—1699）的《费德尔》（Phèdre）、易卜生和斯特林堡（August Strindberg，1849—1912）的舞台。被囚禁在人性笼子里的男人和女人因强烈的爱和恨而相互摧毁。"

著名美国报人斯东在《苏格拉底的审判》一书里把欧里庇得斯称为"雅典的瓦尔特·惠特曼"，他热情洋溢地说："民主在这位悲剧诗人身上找到它的代言人。在阿里斯托芬的《蛙》中，欧里庇得斯和埃斯库罗斯在阴间辩论。有一处，欧里庇得斯自夸道，他教会普通人怎样发言。"常有人说，在欧里庇得斯的剧本里，神和女神说起话来像凡人，而普通的男人和女人，却像神一样崇高，说话用的是哲学家的语言。

在欧里庇得斯的剧本里，平等主义的民主思想得到最充分的表现。他宣称，奴隶和主人、私生子与合法子都是平等的，这比斯多葛派提出的相似主张要早一个世纪。他还宣称，人内心品格的不同比出身的贵贱区别更加重要。在《厄勒克特拉》（Electra）一剧里，一位身份低微的农民保护了被放逐的公主厄勒克特拉，农民才是真正高贵的，他高贵在精神上而不是在家谱世系上。

在古希腊三大悲剧诗人中，最年轻的欧里庇得斯对言论自由有最多的话要说。言论自由和自由地展开精彩的对话辩论赛是他最喜欢的题材之一。埃斯库罗斯和索福克勒斯所写的是古代神话中的国王和神，但在欧里底得斯的作品中，普通人，尤其女人，首次体面地登场。从某种程度上可以说，妇女解放运动是从欧里庇得斯的作品开始的。

戏剧与思想、戏剧与政治、政治与知识，这些错综复杂的关系交织在欧里庇得斯的戏剧中，我们不可能脱离这些关系来理解他的戏剧。他的思想在许多方面都与那个时代雅典的主流想法不同，他的悲剧很少能获得他所希望的理解，也许是因为他总是在说别人不愿意说的话，也许是因为他不愿意说别人总是在说的话。这使得他的戏剧在他活着的时候就饱受争议，他参加酒神节比赛的 50 年中，平均每 10 年才能得一次一等奖。他年老后在雅典不受欢迎，便离开希腊大陆，栖身于北方的马其顿国，在那里度过生命的最后几年。马其顿国是一个文明和野蛮并存的世界，欧里庇得斯算是找到了一个更适合他的地方。

2. 智者与哲学家

从公元前 5 世纪中叶至前 4 世纪中叶的 100 年间，智者在雅典的影响，以其怀疑精神和理智主张，被称为"智者启蒙"（Sophistik als Aufklärung）。

智者是知识传授人，不是哲学家，他们的思想方式接近于戏剧家而不是哲学家。智者普罗泰戈拉说："人是万物的尺度。"柏拉图反驳说："普罗泰戈拉错了。神才是万物与人的尺度。"对智者们来说，人是活着的话语者，对任何一种话语，人都可以提出另一种对立的话语，没有确定的真理可言。同样，悲剧也可以说是人物在交换对立的话语。但是柏拉图说："不。假如有两种话语，那么一种是对的，另一种是错的。"智者和悲剧诗人都不在乎是否只有一种话语才是对的，他们也不打算提供哲学家追求的那种明确性和确定性。柏拉图以同一种理由既反对智者，又反对戏剧家。他认为真理只有一个，他也只承认一种真理。

欧里庇得斯的戏剧不是理性主义的，但却是怀疑和激进的，因此经常在许多方面显得与当时的雅典社会格格不入。他质疑蓄奴的正当性（当时最体面的世族人家都有奴隶），同情妇女，甚至胆敢怀疑善良的人是否该崇拜奥林匹斯诸神。他是一个道德感很强的诗人，更重要的是，他正直而且诚实，他在残篇《柏勒洛丰》（Bellerophon）里写道：

> 不是有人说神明在我们头上吗？
> 没有神明，不，没有神明。不要上当，
> 不要让古老的不实传说欺骗了你。
> 你要自己看清事实……
> 我告诉你，国王们杀戮、抢劫、发誓后不守誓约，
> 他们用欺骗毁掉城邦，
> 但每天都比虔诚的百姓过得舒服……
> 上天之神的荣耀
> 是因为我们善良，却总是倒霉。

在阿里斯托芬对欧里庇得斯的攻击中，我们可以看到当时雅典的保守和激进思想有多么严重的对立。阿里斯托芬嘲笑民主拉低雅典人的水准，他对怀疑宗教的人士充满了质疑和恐惧。他在《巴比伦人》（The Babylonians）里攻击民主领袖克里昂（Cleon，伯里克利的继承人），因语言实在太恶毒和不堪而遭到罚款。他在《骑士》（The Knights）里对民主的咒骂也是刻薄尖酸，以至于没有人敢演那个发出咒骂的角色，阿里斯托芬只好自己来演。

阿里斯托芬视智者为国家的敌人和败坏雅典人道德的恶徒。在

《云》(*The Clouds*)里他的靶子是苏格拉底，因为苏格拉底从智者那里学来他的"辨诘术"(Dialectic)。他在《蛙》和《地母节妇女》(*Thesmorphoriazusae*)中对欧里庇得斯的攻击可以说到了歇斯底里的程度。这些都让我们看到，雅典"启蒙时代"并不是一个已经启蒙了的时代，而是一个刚刚有启蒙的苗头，但受到传统思想猛烈阻击的时代。

欧里庇得斯是一个现实主义者，他悲叹雅典的集体道德沦丧。他看到了，而且对这个社会问题从不讳言。在伯罗奔尼撒战争中，雅典完全不顾政治荣誉和正义，恃强凌弱，欺负中立的小国弥罗斯(Melos)。不久后，欧里庇得斯便在《特洛伊的女人们》(*The Trojan Women*，公元前 415 年首演)一剧中发出不平之鸣。剧中人物赫库芭(Hecuba)悲叹道："战争把我抛进苦难的深渊"(第 138 行)，"命运变了，你得忍受"(第 101 行)。战争使女人们成为奴隶，"这是冷酷无情的必然性法则"(第 616 行)。有太多的不公道，女人们什么都不能做，她们"所能做的就是痛击头颅，拍打胸脯"(第 791 行)。她甚至开始怀疑神灵的正义，"宙斯啊，你到底是什么，我弄不清楚"(第 885 行)。

修昔底德在《伯罗奔尼撒战争史》中对雅典人不道德的行为也有所批评，看上去是白描，其实包含着讽刺。雅典人到弥罗斯去逼降，弥罗斯人对雅典人据理抗争，雅典人傲慢地回答说，正义和荣誉都不过是一个说法："强权能索取什么就索取什么，弱者必须付出什么就得付出什么。"[1] 这时候的雅典已经不再相信正义，奉行的完全是道德相对主义、机会主义和"强权即正义"。

修昔底德还描述那个道德沦丧时代的党争："他们既不顾及正

1　修昔底德著，谢德风译，《伯罗奔尼撒战争史》第五卷，商务印书馆，1985 年，第 85 页。

义与否，也不顾及城邦的利益，唯一的行为标准就是他们自己党派一时的任性，因而他们随时准备利用不合法的裁决来处罚敌人，或者用暴力夺取政权，以发泄他们一时的仇恨。结果，虽然双方处心积虑所追求的都不是正义的目标，但是那些利用美妙的言辞来实现其罪恶目的的人，却赢得很高的威望。"[1] 说一套做一套，说得漂亮，做得肮脏，这已经成为当时政治公开的潜规则，正如修昔底德所说："城邦的领袖们都有极其美妙动听的纲领：一方面高喊民众应在政治上平等，另一方面又主张实行稳健的贵族政治。他们打着为公众谋福利的幌子，事实上是为他们自己谋取私利。为了在斗争中赢得优势，他们不择手段，不惜采取最可怕的行动。"[2]

憎恨和鄙视智者的人士认为，这种耍嘴皮的伎俩和骗术都是智者败坏希腊人的结果，但是智者又何尝不是那个道德已经沦丧的时代的产物？他们是雅典社会可悲现状的征兆，而不是病因。在现实的时代环境里，智者不像哲学家苏格拉底那样要找回永恒的、超越现实的正义。智者不过是实用知识的传授人，他们教授如何运用语言和修辞技能赢得辩论，如何把什么事都说得漂漂亮亮。如果有需要，谁都可以从他们那里购买这样的技能，只要付费，他们就愿意把这技能传授出去。

智者是教授修辞技艺的老师，修辞并不决定它自己的目的或用途。运用修辞技艺的是人，不同的人会为不同的目的运用这项技艺，有的是为了正当地说服，有的是为了欺瞒和诈骗。智者当然有责任告诫人们这二者之间的区别，他们在教授修辞和辩论技艺的同时，也应该告诫学生要善用，而不是滥用此项技艺。他们没能这样做，这对今天的教育工作者也应该是一个前车之鉴。今天的老师在传授任何知识的同时，也同样有责任告诉学生对知识的善用和滥用是有

1　修昔底德著，谢德风译，《伯罗奔尼撒战争史》第三卷，第82页。
2　同上。

区别的。可惜古今中外，总是有一些老师只教知识，不教做人的道理，有的甚至还故意把学生引入歧途。

智者的教学在认识论上是怀疑主义的，在道德上则是相对主义的，一旦极端化，就是没有原则，没有真伪、是非、对错的分辨和区别，后者是危险的，也是有害的。他们教授辩论的技艺，以论辩获胜或以有说服力为目标，不谈形而上，不谈道德，只讲技艺，这就令人担忧会破坏或颠覆传统哲学的道德目的。

人们对此有所怀疑和不满，是正常的。这就像今天学校里训练辩论队，但辩论自由或人权是不是能"当饭吃"，自然会引起人们对这种训练的担忧和不满。阿里斯托芬在他的喜剧里嘲笑智者是"变色龙"，柏拉图痛恨智者的道德虚无主义和相对论，认为智者是诡辩家，他对智者的攻击至今仍然影响着人们对智者的看法。

哲学家们（如苏格拉底和柏拉图）不喜欢智者，有观念的原因，也有行为的原因。例如，苏格拉底教学生不收学费，智者则是收费教学。其实，这就像音频节目应该免费还是收费，只是经营方式不同，并不涉及道德问题。智者的教学主要是传授知识，也就是授业和解惑，这是教师可以主导的实用教学部分，至于教学的另一个部分——"树人"，那就不能由老师主导了。

"树人"即是教学生做人的道理，成果体现为美德，但美德不只是知识，更是行动。接受美德教育的人，可以成为正人君子，也可以成为伪君子，满口仁义道德的人可以是无恶不作的歹徒。智者有足够的理智和现实感，所以不会对"树人"的功效有不切实际的幻想，这跟我们今天大多数老师对"思想教育"的态度是差不多的。不夸张地说，作为知识传授人的古代智者与我们今天学校里的教师是同一种人，古人教育实践中的积极和消极因素同样体现在我们今天的教育工作者身上，有关的褒贬和争论也都是我们所熟悉的。

就传授知识而言，智者开始并没有负面的形象。美国北卡罗来纳州大学古典学教授乔治·肯尼迪（George A. Kennedy）在《古希腊启蒙时代的智者和医生》（"Sophists and Physicians of the Greek Enlightenment"）一文中指出："智者指的是有智慧的人，希罗多德说到梭伦和毕达哥拉斯（Pythagoras）的时候，用的就是'智者'这个说法。"在公元前5世纪后期，智者经常被翻译成"专家"，那些教授辩论术、修辞学和公民学的教师自己也接受这个称呼。他们在希腊的主要城市里展示思想和言语技巧，举办各种活动。出席这些活动在当时是很时尚的文化行为，令人兴奋，和20世纪80年代的"文化热"差不多。但这些都不是免费的，而且入场费相当昂贵，所以追随者通常是富裕家庭的年轻成员，而他们家里的老人们经常是不赞成的。

其实，智者的名声在与苏格拉底的对立中被贬低之前，"sophists"这个名头有褒义而无贬义。在荷马的著作里，"sophie"是一种技能，不限于文字、修辞、辩论的技能。所以，"sophists"指的是任何一个技能娴熟、出众的工艺者，后来也用来称呼占卜人、诗人、乐师等。传说中的希腊七贤也被称作"sophistai"，前苏格拉底的哲学家也都享有这个称号。

公元前5世纪，智者只不过是教学职业的成员，不属于什么政治、哲学或文学的学派。他们有教无类，只要交纳学费，谁都可以来学。他们教授的是公开演讲的技艺、美德、公民活动的技能，因此在政治立场上是反贵族特权的。

这样的知识教学推动那个时代的知识转型。肯尼迪指出，希波战争之后的希腊思想之所以呈现出启蒙的态势，是因为"那时候的主要思想家们用一种理智的态度（Rationalism）来看待人和世界，对思想探索充满热情，这令人联想到18世纪（启蒙运动）。文明战胜野蛮，无疑增强这一趋势，因为这提升人们的希望，更让他们觉得，这个世界不是一个不合理的地方，人可以在这个世界发展出能满足人类需要的新的政府和社会机构，以及新的思想和艺术方式。而所谓的智者就是这一思想立场的代言人。"这是对智者的一个客观历史评价。

应该看到，智者不是诡辩的发明者，也不是谎言的创造者，就算没有智者，这个世界上也还是有诡辩和谎言。今天我们社会里最善于诡辩和说谎的人，有几个听说过古希腊智者，又有几个是从古代智者那里学来的欺骗和洗脑法术？

智者们总结和归纳出公共辩论的一些基本要素，使得辩论成为一门有操作性的教学课程，至今仍然影响着西方学校的说理课程。但是，这样的课程已经不再是一种纯粹技艺的教学，而是添加其他内容，例如关于说理伦理、说理公共目的、说理与自由言论和民主政治的关系等。

今天我们所知道的话语分析，其开拓性的工作是从古希腊的智者开始的。是他们首先提出"定义"、"词类"、"语气"（mood）、"措辞"（diction）等基本概念，他们还发展出一套专门术语和方法，用于分析散文修辞的艺术和效果，讲解戏剧或其他文学形式的语言特征（吊诡、反讽、讽刺），这就形成一套有教学操作性的分析、评价和批评专用语言。这样的教学延续到公元前4世纪，经过中断，后来又在2世纪至4世纪复兴。可以说，没有古希腊智者的修辞教学，就很难想象会有罗马时代盛行的那种演说学。而在罗马帝国，"智者"成了对希腊修辞学和哲学教师的尊称。

智者的工作不只是教授辩论术和修辞，他们还提出许多非常有意思的观念，有的就反映在欧里庇得斯的戏剧中，包括：辩论双方的同等可辩性（《美狄亚》），美德的可教性（《希波吕托斯》［*Hippolytus*］），价值的相对性（《阿尔切斯提斯和海伦》［*Alcestis and Helen*］），修辞的力量和滥用（《美狄亚》），对现实的不同感官知觉（《海伦》［*Helen*］），习俗道德（nomos）的相对性（《美狄亚》

《酒神的伴侣》[*The Bacchae*])。

虽然欧里庇得斯不是一位智者，但他的戏剧却也像智者在雅
典的智识活动一样，事实上成了雅典新潮和激进思想的一部分。在
下一节要谈的《美狄亚》中，美狄亚和她丈夫的争吵就是双方同样
"有理"的长篇对辩，这是一种具有公元前 5 世纪后期智辩特征的
正反辩论技巧，完全不同于以前戏剧中常见的那种正面人物滔滔不
绝，反面人物无言以对的一边倒台词。

3.《美狄亚》：作为人类激情的好色和报复

在《美狄亚》一剧里可以看到智者思维的三个特点：

第一个是人物的辩论对白中，正反两面都很有说服力。没理可
以说成有理，三分理可以说成七分理，主要是靠辩论所运用的修辞。

第二个是充分调动修辞的情绪力量。剧中报信人的语言非常生
动、准确和清晰，与报信人的角色身份不符，但给悲剧诗人提供施
展文字才华的机会。

第三个是对神的观念：神并不主宰人的行为，也不能规定人的
命运。人的行为是由人类天生就有的情绪、欲望和本能驱使的。人
类有理智，但不足以制衡人性中原始冲动的力量。

可以把《美狄亚》这部剧想象为古代版的陈世美故事。陈世美
在中国文化里是负心汉的代名词，美狄亚的丈夫伊阿松就是一个陈
世美式的人物。他们两个都抛弃自己的糟糠之妻，另娶一位公主为
妻；他们也都受到应有的惩罚。不同的是，陈世美在包公的铡刀下
送了性命，而伊阿松则活了下来，但生不如死。陈世美故事的女主
角叫秦香莲，后来包青天替她主持公道，满足中国观众"天有道"
的期待。但在《美狄亚》里，我们看到的是一个完全不同的故事，

发生在一个"天无道"的世界里，没有包公替美狄亚杀她的负心汉丈夫，她却以自己无比惨烈的方式复仇。

先从剧情本身开始说起（之前还有一个背景故事，放在下节来谈）。"开场"出来的是美狄亚的保姆，她知道美狄亚的脾气，说美狄亚正在发火，说不定会杀了她和伊阿松生的两个孩子。这是因为伊阿松抛弃了她们母子三人，新娶了科林斯国王克瑞翁的公主，美狄亚咽不下这口气，一定会想尽办法报复她丈夫。

然而，出现在第一场里的美狄亚却是异常镇定，她开始讲述自己作为一个女性的低下处境，这简直就是一篇女性对男性的檄文，是全剧最精彩的部分之一。

美狄亚成为所有希腊女性的代言人，她说，做女人就得想方设法嫁一个丈夫，不管丈夫是个多么恶劣的坏蛋，有丈夫才不至于被人瞧不起。女人嫁鸡随鸡，嫁狗随狗，不能离婚，只能委曲求全。如果不生孩子，那全是女人的错。女人生孩子的痛苦胜过男人上战场。但是，有什么用？谁愿意承认做女人的苦楚？欧里庇得斯在这里为女性鸣不平，对女性的同情表露无遗，这在希腊悲剧里是少见的。

紧接着，国王克瑞翁上场，他是来驱赶美狄亚的。国王命令她带着两个孩子马上离开科林斯，美狄亚苦苦哀求，让她做一些准备，第二天再离开，国王同意宽限。其实美狄亚的苦求是假装出来的，她要争取时间，把报复的事情安排得妥妥帖帖。

国王刚离去，负心汉伊阿松便出现在第二场中。夫妻之间展开辩论，先是各有一个很长的旗鼓相当的开篇词，美狄亚54行（《美狄亚》，第465—518行），伊阿松53行（第523—575行），然后是你来我往的诘问辩论，这部剧最有智辩特色的部分之一就在这里。

美狄亚性情火暴，一开始便指责伊阿松，骂他忘恩负义、见异思迁：

> 坏透了的东西！——这是我的嘴能给你的
>
> 最恰当的称呼，为谴责你没有男子汉气——
>
> 你这被众神，被我，被全人类
>
> 所憎恨的东西来看我吗？
>
> 你伤害了朋友还能和朋友对面站着，
>
> 这不是胆量不是勇气，
>
> 而是人类最大的毛病——
>
> 无耻。然而你也来得好，
>
> 让我可以骂你，解解心头之恨，
>
> 好让你听了心里烦恼。（第 465—474 行）

相比之下，负心汉伊阿松反倒显得特别理智、耐心。摆出一副好言相劝的姿态，但并不承认美狄亚有恩于他。这显示出他相当的辩论技巧：

> 我觉得不应当和你恶言相向，
>
> 而应当像一个船上的艄公，
>
> 遇到风暴时落下篷帆。
>
> 女人啊，小心地避开你的毒舌。
>
> 你过分地夸大了对我的恩情。
>
> 我认为天神和凡人中库普里斯（丰产女神）
>
> 才是我航海的唯一救星。
>
> 你心里明白，只是不喜欢听我说出：
>
> 其实是（爱神）厄洛斯用百发百中的
>
> 弓箭使你救了我的性命。

> 但是我不愿把这事情说得太死，
>
> 因为你在帮助我的过程中事情做得不错。（第 522—
>
> 533 行）

和所有的负心汉一样，伊阿松似乎有充足的负心理由。他说，他娶公主是为了权势和财富，是为了让美狄亚和两个孩子能过得更好些，他爱公主不等于不爱美狄亚，等等。

在双方对立的辩论中，每一方辩词都在强化自己的立场，而不是说服对方，这是智者和悲剧诗人都知道的。不管伊阿松如何狡辩，美狄亚都不会改变自己的想法，而且她已经有了一个周密的复仇计划。她是一个有计谋、敢作敢为、心狠手辣的魔女。当年，她帮伊阿松得到他梦寐以求的金羊毛，触怒自己的父亲。她带着伊阿松和弟弟登上一艘小船逃避父亲的追捕，亲手杀了弟弟，把人肉一块一块丢进海里。老父亲心疼地一块一块捞起儿子的尸体，结果让美狄亚和伊阿松逃到科林斯。她当年可以怎么对付父亲，今天就可以怎么对付伊阿松，只会更狠毒，绝不会手软。

美狄亚的计划非常周密，她要假装自己后悔没有谅解丈夫，让两个孩子捧着送给公主的礼物去为他们的母亲道歉。她还会趁国王、公主和伊阿松放松警惕的时候，亲手把孩子一个个杀死。为了报仇，她能狠下这个心来，她知道伊阿松爱这两个孩子，所以杀死孩子才是对伊阿松最大的报复。

然而，美狄亚虽然狠毒，却并不是一个没心没肺的母亲。她内心苦苦挣扎，在对孩子的爱和对伊阿松的恨之间无所适从，但最后还是仇恨战胜母爱。她甚至真的犹豫起来，对自己说：

> 哎呀呀！我怎么办？一看见孩子们
>
> 明亮的眼睛，朋友们，我的心就软了。

我不能，我要打消先前的

计划：我要把我的孩子们带走。

为什么我要用伤害他们叫他们的

父亲伤心，并且使自己双倍地痛苦呢？

我一定不能。我要打消我的计划。

不过，不过，我这是怎么啦？难道我想

让我的仇人逃脱惩罚，招来嘲笑吗？

这事必须勇敢，不能胆怯，不能

让我的心禁不住产生怜悯。（第 1042—1052 行）

难道她非杀死自己的孩子不可吗？杀死他们的理由到底是什么？欧里庇得斯以人物的心理刻画见长，在这里他刻画了一种非常复杂的自我欺骗心理：美狄亚要让自己相信，杀死这两个孩子，是为了他们自己好。就像伊阿松要美狄亚相信，遗弃她是为了她和孩子们好一样。她和丈夫陷入同样自欺欺人的陷阱。

美狄亚早就动了杀死孩子的心思，但就是难以下手，她痛苦地对自己呼喊：

哎呀呀！我的心呀，别，别这样！

可怜的人啊，你放了孩子们，饶了他们吧！

即使不和你在一起，他们活着，你的心也能得到安慰呀。

不，凭那些住在冥间的复仇神起誓，

不，决不能这样，我不能把我的孩子们

交到我的仇人手里去受他们侮辱。

[无论如何，他们必须死；既然必须，

他们是我生的，我有权利杀了他们。]

无论如何，这是注定了的，在劫难逃。

……

——我被痛苦战胜了。我虽然意识到

我要做的是一件多么罪恶的事情，

但是愤怒，这人类罪行的最大根源，

已经战胜了我健全的思想。（第 1056—1080 行）

美狄亚的复仇进行得非常顺利，两个孩子手捧着母亲的礼物去见公主，是一顶金冠和一件非常漂亮的袍子。就在公主戴上金冠、披上袍子的那一刻，美狄亚的魔法发出威力，金冠和袍子燃起熊熊火焰，报信人向美狄亚报告这一恐怖的景象。在埃斯库罗斯或索福克勒斯的戏剧里，报信人只是报信而已，几句话也就打发过去了，但欧里庇得斯剧中的报信人不同，他文采飞扬，用十足的美文有声有色地陈述公主遭难的经过：

那袍子冒出惊人的毁灭的火焰，

撕食着这不幸女人的娇嫩的肌肤。

她被火烧着，从座椅上站起来逃跑，

往这边那边地摇动她头上的长发，

想抖落那金冠；可是这金冠

箍得很紧，抖不落，每当她摇动

头发时，那火焰便加倍地旺了起来。

她终于被灾祸战胜了，倒在了地上，

除了她的父亲外谁都认不出她来了。

她的目光已经失去了庄重的平静，

她的面貌失去了优雅，血和火

混在一起从头顶上往下流，

她的肌肉正像松脂从松树上流出来一样，

被看不见的毒药从骨骼间熔化吸去。

情景真是可怕；大家都怕去接触这死尸，

因为发生的情况就是对我们很好的警告。

这时她不幸的父亲——还不知道这灾祸——

突然跑进房来，跌倒在了她的尸体上：

他当即惊叫起来，抱住她的尸体

吻她，并且嚷道："啊，可怜的孩子，

是哪一位神灵毁了你，使你这么丢脸？

是谁使我这行将就木的老人失去了你？

哎呀，我的女儿，让我和你一起死了吧！"

他等停止了痛哭和悲叹，

想站起他老迈的身躯时，

竟粘在了那精致的袍子上，

像常春藤缠在了月桂树上一样。

一场可怕的角斗出现了：一个挣扎着

想站起来，一个却胶住他不放。

他一使劲拉，便把老肉从骨骼上撕裂下来。

最后这不幸的人也断了气，死了，

在痛苦的海洋中沉没了。

女儿和老父亲的尸体躺在

一起，这灾祸真叫人禁不住流泪。（第 1187—1221 行）

　　这还只是报信人所说的一部分内容，欧里庇得斯在这位普通的报信人身上确实下了很大的修辞功夫。

　　按理说，美狄亚杀死公主和国王，已经达到报复的目的。而且她足智多谋，完全可以想办法把孩子带走。但倘若如此，《美狄亚》也就成了一部"阴谋与爱情"的报复剧。而真正让这部剧不断引起后世讨论的是美狄亚接下来做的事：她亲手杀死自己的孩子。在动手之前，她有这样一段独白：

> 这事情已经决定：我要立即
>
> 杀了我的孩子们，然后逃离此地，
>
> 决不耽误时机，让孩子们
>
> 落到别人手里，遭到更残忍的杀害。
>
> 无论如何，他们必须死；既然必须，
>
> 他们是我生的，我有权利杀了他们。
>
> 我的心啊，硬起来！我为何迟疑，
>
> 不去做那必须做的可怕的坏事情？
>
> 来吧，我这不幸的手啊，拿起短剑，
>
> 拿起剑，到你生命的痛苦起点上去，
>
> 别畏缩，别想起孩子们
>
> 多么可爱，你怎样生了他们：不，在这
>
> 短短的一天之内你暂且忘了你的孩子们，
>
> 日后再哀悼他们吧。因为，虽然你要杀他们，
>
> 他们还是你的心肝宝贝——我真是个苦命的女人啊！

（第 1236—1250 行）

伊阿松赶到现场的时候，孩子们已经死了，他和美狄亚之间爆发了一场激烈的辩论，相互指责对方是杀死孩子的凶手。伊阿松指责美狄亚是个"坏母亲"，美狄亚则指责伊阿松的"色欲"毁掉了孩子，于是出现与第二场相似的辩论场面。

在《美狄亚》里，我们看不到神和神谕的任何作用，这也是欧里庇得斯与埃斯库罗斯或索福克勒斯非常不同的一个方面。他的人物掌握着自己的命运，但是他们的激情、嫉妒、愤怒、报复心、贪

婪、好色却又让他们无法很好地掌握自己的命运。他们不是没有理智，但他们的情感、情绪和欲望比理智更强，使他们犹如难以驯服的野兽。

欧里庇得斯相信，人类没有能力知道是否真的存在宙斯大神，这类似于智者的神不可知论。欧里庇得斯说："我们的心灵——那就是我们的神。"还有什么比人自己的激情在更强大地支配人的行为呢？有时候，我们觉得在冥冥之中有一种支配着我们激情和欲望的力量，理智难以约束它。我们把这种力量称为神力，只不过是方便而已。欧里庇得斯戏剧中的"神"大概就是这样一种力量。

4. 《美狄亚》：虎毒不食子吗？

前文提到，《美狄亚》一剧前其实还有一个背景故事。

希腊戏剧基本上都是这样，戏里演的只是某个神话故事中的一个片段，前面、后面或前后都还有故事。这种情况在中国戏剧中也很常见。例如，看《空城计》的观众都知道，戏的前面后面都还有戏，京剧《空城计》前面有《失街亭》，后面有《斩马谡》，这三折戏是连续的。

古希腊观众也都知道，《美狄亚》的故事前面还有一个有关美狄亚、伊阿松和金羊毛的故事。这个故事对《美狄亚》一剧的观众来说不是可有可无，而是必需的，因为相关故事包含的信息必然会影响观众对《美狄亚》一剧中人物和事件的评价，尤其是对美狄亚这个中心人物的理解和看法。

金羊毛故事里的主角看起来是伊阿松，其实是美狄亚。伊阿松是希腊小城邦爱俄尔卡斯（Iolcus）的王子，为了寻找金羊毛，他去到美狄亚的国家——黑海之滨的一个叫科尔基斯（Colchis）的地方。美狄亚在那里可不是一个普通的女子，她是科尔基斯国王的女儿，赫卡特（Hecate）的女祭司，是魔法女神，有与神通灵和起死回生的魔力。她可以单枪匹马杀死巨龙和巨人，没有她的帮助，伊阿松根本没有可能获得他要的金羊毛。

伊阿松又是怎样的一个人？他既不是英雄，也不是胆小鬼，算不上是一个特别的角色。但美狄亚偏偏爱上这么一个并不出色的伊阿松，帮他盗走金羊毛。

在与伊阿松乘船逃跑时，美狄亚把自己的幼弟也带到船上。她父亲乘船追赶来，她杀死了弟弟，把肉一块一块丢进水里。伤心欲绝的父亲忙着捞起儿子的尸体，这才让美狄亚和伊阿松逃之夭夭。

美狄亚对伊阿松爱得死去活来，不惜为他出卖甚至杀死自己的家人。她之所以做出那么骇人听闻的事，全是因为神掌控着她的命运：有一次，赫拉、雅典娜和阿佛洛狄忒三位女神聚在一起，决定让美狄亚爱上伊阿松。于是，丘比特（Cupid）就用他的爱神之箭射中她。美狄亚就这样迷迷糊糊地深陷到对伊阿松的爱情之中，完全不能自拔，美狄亚无法抗拒神明的旨意，哪怕是一个荒唐的旨意。由此看出，欧里庇得斯对神明的善意一直就是有怀疑的。

接下来便是《美狄亚》一剧中的故事。美狄亚和伊阿松回到小城邦爱俄尔卡斯后，决定移居到希腊的大城邦科林斯，科林斯位处雅典与斯巴达之间，剧中的故事就发生在科林斯。伊阿松和美狄亚已经有了两个儿子，但科林斯的国王看上伊阿松，要把女儿嫁给他。伊阿松要抛弃美狄亚，另攀高枝。美狄亚岂能容他这样做，于是便有了《美狄亚》的悲剧故事。

美狄亚是从黑海之滨科尔基斯来的，在雅典人或希腊人的眼里，那是一个遥远的荒蛮之地。科尔基斯在今天的格鲁吉亚西部，格鲁吉亚曾经是苏联的加盟共和国，是斯大林的家乡。当然，在雅典人或希腊人的眼里，美狄亚就是一个不折不扣的"蛮族女子"，不仅如此，她还是一个有魔力的巫女，杀过自己的弟弟。对这样一个女子，雅典的男人或女人会认同吗？会寄予同情吗？当然不会。

欧里庇得斯是希腊悲剧家里的刺头，他写美狄亚这个人物的方式与其他美狄亚故事完全不同。他的悲剧故事，包括下一节要说的《酒神的伴侣》，经常会触痛雅典人的神经，要么让他们不痛快，要么让他们不知所措。

欧里庇得斯的戏剧不是要为同时代的观众提供什么道德教谕，而是要给他们讲刺激的故事。他把希腊悲剧改造成一种通俗的情节剧（Melodrama），这是他戏剧的一个重要特色。他经常在戏剧里展现一种与雅典人不同的异族道德习惯，显示出道德的相对性，这会令人联想到智者的道德相对论。公元前5世纪最后几十年的雅典人已经渐渐习惯这种多元的道德观念。

希罗多德的《历史》里就有许多异域的不同道德习惯的奇闻逸事。他特别指出，要认真对待与自己不同的道德习惯。他说："如果向所有人建议选择一种在他们看来最好的风俗，那么在经过检查之后，他们一定会把自己的风俗习惯放在第一位。每个民族都深信，自己的习俗比其他民族的习俗要好得多。因此不能设想，有人会拿这类事取笑，除非他是一个疯子。"（第三卷，第38节）

希罗多德举了这样一个例子："大流士当国王的时候，把治下的希腊人召来，问他们要给多少钱才能吃自己父亲的尸体。他们回答说，不管给多少钱，也不会做出这样的事来。于是他又把被称为卡拉提亚人，并且吃他们的双亲的那些印度人召来，问他们要给多少钱才能答应火葬他们的父亲。这时他要希腊人也在场，并且叫通译把所说的话翻译给他们听。这些印度人高声叫了起来，他们表示他们不愿提起这个可怕的行径。这些想法是这样的根深蒂固，因此我以为，品达的诗句说得很对，'习惯乃是万物的主宰'。"（第三卷，第38节）

　　欧里庇得斯的雅典观众一定不会喜欢美狄亚这样的女子，因为她的行为太离经叛道、太可怕了。但他们大概会铭记希罗多德的教诲："所有人对自己的风俗习惯都有同样的想法。"因此，如果不是一个疯子，就不要拿这类事情来取笑。

　　雅典人也许会将美狄亚的所作所为视为野蛮民族的"风俗习惯"，他们虽然无法从情感上认同美狄亚，但却能够在理智上理解她。

　　古希腊观众不会同情美狄亚，而且他们因为害怕和厌恶这个蛮女，反而会对平庸的负心汉伊阿松有了同情心。人的同情心本来就是一种捉摸不定的情绪，经常是没有原则的。因为不喜欢美狄亚，反而淡化伊阿松对她的背叛和伤害，甚至对他予以同情，这与"敌人的敌人就是我的朋友"那种扭曲的爱憎心理是一样的。

　　雅典观众的这种直觉的情感反应是有原因的。希腊传统习俗把女性当作男性的附属品，这无论在西方还是在中国古代社会里都相当普遍。刘备就对关羽说过"兄弟如手足，妻子如衣服。衣服破，尚可缝；手足断，安可续"这样的话。习惯这种传统观念的人们不能接受欧里庇得斯笔下的那个刚烈的美狄亚，因为她不甘心接受这么低下的女性地位。

　　在古希腊社会里，良家女子，尤其是有身份人家的女子，她们的生活受到很大的限制，社交活动由男性管理。利奇德在《古希腊风化史》一书里介绍说，女性"天然"该做什么该怎么做是由男性的观念来决定的，希腊女子过着"隐居式的生活"。他告诉我们："'年轻女子'，特别是在出嫁之前，必须得过一种在我们看来是与世隔绝和毫无乐趣的生活，这大概是一种普遍现象，或许只有斯巴达妇女的情况有所不同。人们只有在一些特殊场合，例如观看节日庆典游行的人群中，或这种游行的队伍里，或者是葬礼上，才可能在大街上见到成群结队的年轻女子。"[1]

利奇德还告诉我们:"婚姻使女人有了稍大一点的活动空间。然而,家不仅曾经是,而且还继续是她们所得到的自由王国。这种状态在女人的一生中始终得不到改变;欧里庇得斯的戏剧这样描述:'女人若是不待在家里,凭这一点就可以说是她的过错。'……甚至在克罗尼亚战败的消息传来时,雅典的妇女们也只敢冲到大门边上,悲痛欲绝地向过路人打听她们的丈夫、父亲和兄弟的情况。然而甚至这样的举动也被看作不配做他们的亲属和城里的公民。"[2]

不难想象,美狄亚在希腊人的眼里会是怎样一个勾引男人的"野女人"和"坏女人"。在希腊社会里,婚姻是繁殖后代和转移财富的工具。当然,婚姻说不定也会让男女之间产生爱情和温柔,但其主要目的和手段是受控于经济利益的。公元前4世纪,在一个据称德摩斯梯尼(Demosthenes,前384—前332)的演说中有这样的话:对于雅典人来说,"有情妇为我们提供享乐,小妾为我们提供服务,而妻子则为我们生育合法的后代"。换句话说,希腊人养小妾是为了性爱,有情妇是为了性爱和有趣的谈话,娶妻则是为了性爱和生育,并把金钱传给下一代。

今天,我们阅读或观看《美狄亚》的演出,若没有关于希腊的历史知识,很难想到这些。但是,对欧里庇得斯原来的观众来说,这就是他们习以为常的婚姻制度。

美狄亚狂热地爱着她的丈夫伊阿松,开始是因为爱神在美狄亚第一次看到伊阿松的时候,用爱神之箭击中了她,用今天的话来说就是一见钟情。

他们结婚育子之后,美狄亚仍然深爱着丈夫,她绝对不能允许丈夫另外再有一个妻子,即便希腊的法律允许一夫多妻。在妻子被

---

1 利奇德著,杜之、常鸣译,《古代希腊风化史》,第30页。
2 同上。

视为男子所属物和财产的时代，像美狄亚这样一个坚持一夫一妻制的女人出现在舞台上，想象一下，观众会有多么惊讶，多么难以理解。他们一定会想，这真是个怪女人，蛮夷之地来的蛮女，怪不得想独占她的丈夫。

与那些总是服从丈夫意志的希腊女性相比，美狄亚不仅性格刚烈，而且对丈夫有一种与时代格格不入的专属要求。这也许并不全是因为她来自一个与文明希腊不同的蛮夷国家，更是因为她为丈夫做出寻常女子不可能做出的牺牲。她在剧中与伊阿松有一场著名的对辩，再三提醒伊阿松不要因为贪图眼前富贵而忘恩负义，抛弃她们母子。她最后决心铤而走险，以自己的暴力方式向伊阿松和与他有关的人复仇。她不是没有经过反复的犹豫，尤其是对杀死自己两个孩子的决定，她一直到最后关头都难以下定决心。

欧里庇得斯剧中的美狄亚不是一个冷血动物，相反因为她的感情太丰富、太充沛才无法控制自己，做出令一般人匪夷所思的事情。这样的一个美狄亚不是希腊神话中原有的，而是欧里庇得斯创造出来的。没有欧里庇得斯，也许永远不会有这样一个美狄亚。

希腊、罗马文学所运用的神话题材里，有不少女性帮助男性获得成功的故事。在荷马《奥德赛》里，英雄奥德修斯在坎坷的归途中，得到公主娜乌西卡（Nausicaa）、女神卡吕普索和女海妖喀耳刻的帮助。在维吉尔（Virgil，前70—前19）的史诗《埃涅阿斯纪》（Aeneid）里，埃涅阿斯（Aeneas）在最困难的时候得到迦太基公主狄多（Dido）的帮助。希腊神话中，阿里阿德涅（Ariadne of Crete）是克里特国王弥诺斯（Minos）的女儿，她爱上雅典英雄忒修斯（Theseus），告诉忒修斯如何用一根线逃离弥诺斯布下的迷宫。同样，没有美狄亚的帮助，伊阿松不要说拿不到金羊毛，连命都保不住。

但是，希腊故事里的这些女性在帮助男英雄取得成功之后，要么被抛弃，要么自杀身亡，唯独美狄亚不甘心这样的命运。她是一个对负心汉有仇必报的极端主义复仇者，虽然有她的道理，但杀死两个无辜的孩子，毕竟代价太高，有违道德伦理。

美狄亚这个人物在古代其他文学作品中有不同的版本，都是逆来顺受或者以某种和平的方式来解决问题，唯独欧里庇得斯的美狄亚运用极为暴力的复仇手段。2世纪希腊历史学家和地理学家保萨尼亚斯（Pausanias，110—180）记录了好几个美狄亚的版本，其中一个说美狄亚的孩子是被科林斯人杀害的。在另外一个版本里，这两个孩子——一男一女，而不是两个男孩——是被狮子咬死的。还有一个版本说，美狄亚根本没有逃离科林斯，她被邀请回到伊阿松的家乡俄尔卡斯并成为女王。这些故事里的美狄亚都没有杀死自己的孩子，与欧里庇得斯笔下的烈女完全不同。正是这样的烈女才完美地体现欧里庇得斯鲜明的创作个性。

5.《酒神的伴侣》：快乐陶醉与走火入魔

19世纪英国历史学家托马斯·麦考利（Thomas Macaulay，1800—1859）在《酒神的伴侣》一剧里看到一种令他困惑的"狂热"，他说，"《酒神》是一部最辉煌的戏剧。它往往非常晦涩难懂，而且我不确定我是否理解它的一般范围。但是，作为一部语言作品，它在世界范围内几乎无人能及。而且，无论它是为了鼓励还是阻止狂热，它所展示的狂热激情的画面从未有人匹敌"。20世纪初文学评论家吉尔伯特·诺斯伍德（Gilbert Northwood）也同样对这部剧感到困惑，他写道，这部剧"美得令人陶醉，但冷酷无情，一会儿让人摸不着头脑，一会儿又用树林和山坡的神秘魅力来刺激我们，这部剧在欧里庇得斯的作品中独树一帜"。[1]

欧里庇得斯写作《酒神的伴侣》的时候已经是流亡在马其顿北方荒山野岭的一位老人，这是他最后的作品。他在自己的国家被视为一个叛国罪犯。他是他那个时代最伟大的戏剧家，已经写了近50年的剧本，但只获得过四次奖。然而，在这部他最后的在某些方面也是最伟大的作品中，他没有任何年老、动摇、苦闷或抱怨的痕迹。相反，可以说，欧里庇得斯似乎在他的流亡之地经历一种奇怪的精神解放。在这个荒蛮的地方，他了解和体验了一种狂热的宗教——男人可能会被动物撕成碎片，而动物也可能被女人撕成碎片。毫无疑问，这是令人好奇的神秘社团和令人恐惧的秘密宗教。在《酒神的伴侣》一剧里，那就是狄俄尼索斯邪教崇拜。

这里所说"邪教"（cult），开始是一个中性用词，不一定是贬义词，指某种社会团体，又特指不寻常的宗教、精神或哲学的信仰、仪式，或对某个特定人物、对象的崇拜。但渐渐有了贬义的联想，例如1875年的《牛津英语词典》称之为"拥有（特别是宗教）信仰或行为，是相对较小的群体，被他人视为奇怪或邪恶，或对成员行使过度控制"。邪教令人侧目，不仅因为它经常是一个秘密团体，而且还因为其成员被奇怪而诡异的誓言和规矩捆绑在一起，在隐秘的组织关系中遵守神秘的指导。这些特点在《酒神的伴侣》的狄俄尼索斯女信徒中表现得非常突出，尤其是她们的狂热和暴力。

《酒神的伴侣》这部剧与《美狄亚》一样充满暴力，在非理性程度上有所超过。而且，我们将要看到的不只是个人暴力，更是一种崇拜性宗教的女性集体暴力。自古至今，在全世界范围内，暴力一直被当作男人的"专属权利"。我们对男性的暴力司空见惯，默认和冷漠，以至于对暴力本身失去感觉，变得熟视无睹。但欧里庇

1　Ferguson, *A Companion to Greek Tragedy*, 465.

得斯戏剧中的女性暴力描写令人瞠目结舌，也因此能对我们造成比男性暴力更加强烈的心理和思想冲击。

在《酒神的伴侣》中，暴力贯穿全剧：分尸、斩首、把头颅插在木杆上游行示众、癫狂的女人阉割男人、成群结队地猎杀那些不信酒神的女性姐妹。欧里庇得斯当然不是在无端地展现暴力，他在此剧中虽然描绘种种匪夷所思的暴力行为，但只是用叙述而非舞台表演来展现。这样处理暴力，是为了探究暴力的本质，同时也向观众提问：如果身处此境，你自己是否也会有这样或类似的暴力行为？当集体歇斯底里的情绪浪潮席卷人群，尤其是当这种歇斯底里被"崇拜"和"信仰"煽动起来的时候，你是否还能独善其身？

《酒神的伴侣》考验我们对恐怖暴力的想象，但更重要的是，它在暗示，暴力冲动是人性的一部分，谁也不能例外。文明无法完全消除这样的冲动，尽管暴力本身可以得到抑制，但它的冲动仍潜伏在人类心理表层之下。尤其对经历过群众暴力的人，这部剧有特别重要的意义。

故事发生在底比斯。底比斯位于雅典西北约50公里处，是雅典的竞争对手之一。在伯罗奔尼撒战争中，底比斯是雅典的敌人。雅典悲剧有不少是以底比斯为发生地的，尤其是那些有不可思议的阴暗、暴力、悲惨情节的故事。前文谈到的索福克勒斯的悲剧《俄狄浦斯》和《安提戈涅》的故事也都发生在底比斯。总之，在希腊悲剧里，底比斯是一个发生悲惨故事的不祥之地，与雅典正好相反。《酒神的伴侣》也是一个非常悲惨的故事。

底比斯的开创者叫卡德姆斯（Cadmus），这个悲惨故事在底比斯发生的时候，卡德姆斯已经老了，已经将王权传给他的孙子彭特斯（Pentheus）。彭特斯是一个非常严厉、一意孤行的年轻人，他对宗教情感和神灵崇拜没有兴趣，也不能容忍。他不知道酒神狄俄尼索斯是他的表兄，悲剧就是在这两个有血缘关系的亲人之间发生的。

故事开始的时候，酒神狄俄尼索斯回到他的出生地底比斯，他回到这座城市是有原因的。他是一个凡间女人塞梅勒（Semele）和宙斯生的儿子。但底比斯有些人不相信这个故事，塞梅勒的姐妹们都说那是塞梅勒自己编出来的谎话，为了不让人知道她怀的是凡人的野种。酒神悄悄告诉观众，他已经施了神力，把城里的女人，包括他的三个姑姑，都变成疯子。他把这些疯女人带到城外的山上，让她们观看崇拜酒神的仪式。酒神先装扮成凡人的样子，要出其不意地显露他作为宙斯儿子的面目，让所有人大吃一惊，不仅要为母亲恢复名誉，而且要让底比斯所有人都成为酒神的崇拜者和信徒。酒神很神气，因为他的爸爸是宙斯，他当然就是神二代，理应得到凡人的崇拜，谁不崇拜，他就要惩罚谁。

话说狄俄尼索斯还没有回到底比斯之前，塞梅勒的父亲已经将王国移交给他的孙子彭特斯。他是底比斯的统治者，维持着底比斯的正常社会秩序，他不允许底比斯人崇拜狄俄尼索斯。狄俄尼索斯利用对他的崇拜仪式，把底比斯的女人们从城里带到城外山上的树林里，严重地挑战彭特斯的权威，这是他不能容忍的。他不相信底比斯的女人们疯疯癫癫是因为神灵附体，他认为，女人们集体出城，完全是以酒盖脸，装疯卖傻，是因为不愿意好好待在城里循规蹈矩，而这一切全是因为受了陌生人的挑唆和诱骗。于是，他和"陌生人"狄俄尼索斯展开三个回合的较量。

第一回合，彭特斯对外来威胁做出的是政治反应。他命令士兵逮捕这位陌生人，也就是假扮成凡人的酒神狄俄尼索斯。狄俄尼索斯完全没有反抗，但是，无论士兵们怎么抓他、绑他，都没有用，彭特斯决定亲自动手。但是，当他用绳子绑住狄俄尼索斯的时候，却发觉自己绑的是一头牛。彭特斯用刀子刺向狄俄尼索斯，只刺中了一个影子。突然，一阵地震摇动起王宫，随即又燃起大火。不用说，这些都是狄俄尼索斯的神力所为，彭特斯完全吓蒙了。

接下来便是第二回合。狄俄尼索斯劝彭特斯不要任性妄为，趁早改变政策，但彭特斯根本听不进去。这可以说是一个胶着的回合。这时候来了一个牧牛人，他报告说，亲眼看见那些底比斯的女人行为怪异，像疯了似的。她们集体在树林里寻欢作乐，尽情享用牛奶、蜂蜜和美酒。她们载歌载舞，吮吸野物的乳汁，疯头疯脑，全无顾忌。更可怕的是，当她们看到牧牛人的时候，突然狂风暴雨般向他袭来，追得他几乎无处逃生。他的牛群没来得及逃跑，被那群疯女人徒手撕成碎片。更不可思议的是，连彭特斯的母亲阿加埃（Agave）也在这群妇女当中。

下面进入第三回合。彭特斯听了牧牛人的话，又诧异又好奇，这就给了狄俄尼索斯一个打败他的机会。他对彭特斯说，百闻不如一见，不如亲自到树林里去看看。彭特斯同意了。狄俄尼索斯又建议说，为了安全起见，你最好男扮女装。于是彭特斯打扮成妇人的模样，去了树林。为了看清发生的事情，狄俄尼索斯帮助他爬到一棵树上。树林里的疯女人一下子全都看到树上的彭特斯。狄俄尼索斯立刻向她们发出命令，向彭特斯发起攻击。女人们全都像杀红了眼似的，哭叫着向彭特斯扑来，把他拖到地上。彭特斯绝望地把手伸向自己的母亲阿加埃，恳求她救命。但她却和其他女人一起把彭特斯撕成碎片。这最后的回合，狄俄尼索斯完胜。

这时候，王宫里响起合唱团欢喜的歌声，合唱团代表的是全底比斯所有的女人，她们高声颂扬酒神狄俄尼索斯。在涌动的女人队伍里，阿加埃手里拿着她儿子彭特斯的头颅，她仍然处在极度的兴奋和快乐之中，以为自己猎杀和斩首的是一头幼狮。她年迈的父亲卡德姆斯知道发生怎样的悲剧，悲哀地带着这个发疯的女儿走回宫殿。

　　清醒过来的阿加埃开始哭泣。卡德姆斯说，神惩罚他的家庭是对的，但过于严厉。最后，狄俄尼索斯终于显出神的真容，把阿加埃驱逐出底比斯，并把卡德姆斯和他的妻子都变成蛇。

　　听了这个故事，你一定会问，这么恶毒的狄俄尼索斯，到底是怎样的一个神？

　　酒神狄俄尼索斯是希腊神话里最古老的神之一。早在欧里庇得斯出生前一千多年，在希腊伯罗奔尼撒半岛西南部，伊奥尼亚海海湾的皮洛斯（Pylos）这个地方就有关于他的传说。狄俄尼索斯虽然不是雅典土生土长的神，却在雅典宗教庆典和悲剧演出时扮演着中心角色。

　　关于狄俄尼索斯有多种不同的故事。欧里庇得斯剧中的酒神自称是宙斯之子，母亲是底比斯的公主塞梅勒。赫拉嫉妒怀孕后的塞梅勒，设下毒计，使她被宙斯的火焰烧死，但宙斯将狄俄尼索斯从火中救起并藏在大腿上。为了躲避赫拉的再次迫害，狄俄尼索斯流浪到亚洲并在亚洲建立新教。他说：

　　　　我离开了富有黄金的利狄亚和非耳吉亚，
　　　　经过了艳阳高照的波斯高原，还有
　　　　城墙环绕的巴克垂亚，以及寒酷的米狄。
　　　　然后我穿越了富庶的阿拉伯，
　　　　以及全亚细亚那些沿海的城市，
　　　　其中城塔高耸，众多的希腊人与
　　　　外国人杂处。我在那边让人们跳舞，
　　　　建立了我的密教，以便显现我是
　　　　天神的本相。（《酒神的伴侣》，第 14—22 行）

　　酒神来自东方，先在亚洲地区传教，而后回到他母亲的故乡。

酒神崇拜的传播路径，正好是葡萄酒技术传播的路径。距今约 8000 年前，葡萄酒的发源地是亚洲的近东地区。随着酿酒技术的改良与传播，大约公元前 2000 多年前，葡萄酒已传入欧洲地中海沿岸，首先传入的就是希腊，希腊人后来把葡萄酒融入自己的文化当中。酒神到底比斯建立对他的崇拜，可以看成一个比喻，指向一种出现于公元前 6 世纪后的新型"崇拜性宗教"（Cult religion）。下一节还会详细讨论。

酒具有双面特性：它能让人感到温暖，也能让人失去控制。酒神带着"酒"进入底比斯，那是他母亲的故乡。先知特伊西亚斯认为酒神带给人类最大的福祉就是葡萄酒，他说："他（酒神）发现了葡萄的流液，介绍给人类，／可怜的人们喝过它以后，就可以／止歇忧伤，获得安睡，忘怀了当天／所有的烦恼。痛苦没有别的药物。"（第 279—282 行）又或者像信使所说："他（酒神）赐凡人以解除烦恼的葡萄。／没有美酒，也就没有爱，／人类也就不该有别的快乐。"（第 772—774 行）

但是，对底比斯统治者彭特斯而言，酒神和葡萄酒代表的是外来的危险。他害怕和敌视外来的东西，陌生感便是害怕的全部理由。凡是陌生的就是可疑和不善的。他说："妇女的／聚会中如果有葡萄的闪光助兴，／我敢断言，聚会中将没有什么正经之事。"（第 260—262 行）他认为，宗教不过是酒神女信徒们的借口，她们其实是在放纵肉欲："酒神的信徒要举行仪式，／在酒器里盛满了酒浆，其实／是把爱神放在酒神之前，一个个／溜到荒野去满足男人的情欲。"（第 222—225 行）

他对酒神崇拜充满鄙视，认为那不过是野蛮人的迷信。酒神告诉他："所有外邦人都举行这仪式。"他怒斥那是"因为他们比希腊人愚昧得多"。酒神再向他解释说："这件事上倒是他们聪明些，只是风俗不同。"（第 482 行）欧里庇得斯在这里暗示，彭特斯的顽固在于，他以为只有希腊才代表文明，其他都不过是蛮夷之邦。这里有一个与《美狄亚》一剧相似的"习俗道德"（nomos）主题。因此，狄俄尼索斯这个外来的陌生人与彭特斯的直接对立，有了外来和本土文化冲突的隐含意义。

酒既是良药也是毒药，可以让人快乐陶醉，也可以使人走火入魔。彭特斯看到的只是它的害处——许多人对外来文化也有这样本能的反感。彭特斯把饮酒当作让人迷失心灵的毒品，把醉酒当成挑战权威、破坏稳定的政治行为，把酒神看成一个神秘又危险的外来肇事者，对付他唯一有效的手段就是暴力拘捕他，甚至把他杀掉。

《酒神的伴侣》中的酒成为任何对立双面性事物的象征。酒既可怡情又可乱性，是神秘又危险的。酒神崇拜同样也是神秘又危险的，不只是酒神崇拜，所有的崇拜，宗教的、意识形态的，还有对领袖个人的崇拜也都具有可善可恶的双面性。

6.《酒神的伴侣》：膜拜与暴力

《酒神的伴侣》向我们揭示的是，暴力离日常生活并不遥远，它被薄薄的文明遮盖着，只要时机成熟，随时有可能爆发出来，也随时会制造受害者。酒神在开场时就告诉观众，戏里即将发生的一切是暴力的。他说自己既是一个侵略者，又是一个返回家园的人，是为了宣战来到底比斯的。他说：

> 彭特斯反对敬我为神，莫酒没我的份，
> 祈祷时从不提我的名字，为此
> 我要向他们全体底比斯人证明

　　我是一个天神。……

　　……如果底比斯人的城邦

　　在愤怒中采取武力把我的信徒们

　　赶出山，我将率领狂女们进行战斗。(《酒神的伴侣》，

第 45—51 行）

　　彭特斯认为，暴力是最好的行动方式。他宣称要以暴力对付酒
神的伴侣们：“我已经把她们中的一些关进监狱里，戴上镣铐。其
余的人还在山上。就算我的母亲也在其中……我也会用网子把她们
捕捉下来。”他决心用暴力来维护稳定，他相信这是维护王国唯一
有效的方法。但他从来不曾想过，暴力会带来更多的暴力，可以摧
毁敌人也可以摧毁自己。

　　对酒神的膜拜让底比斯的女性成为酒神的伴侣。她们不仅沉溺
于对暴力的幻想，而且将暴力付诸行动。希腊女性平时守在家里相
夫教子，以温顺和贤惠著称，然而，就连这样的女性也都有暴力冲
动潜伏在心灵的表面之下，一经煽动，便歇斯底里地爆发出来。只
需要有酒和舞，就可以使一向温和沉静的女性变成嗜血杀手，而诱
因便是她们对酒神的膜拜。

　　巴库斯（Bacchus）是酒神狄俄尼索斯的称号，欧里庇得斯《酒
神的伴侣》的题目原来是“The Bacchae”，是酒神的随从或膜拜者
的意思。酒神来到底比斯这个城邦，施展神力把那里的老少女性都
变成由他控制和操纵的群众。酒神与酒神随从们之间建立的就是一
种膜拜性的宗教关系。

　　希腊远古时代就已经有神秘的敬神活动，公元前 6 世纪后在希
腊广有影响的俄耳甫斯教（Orphism）便是从古老的神秘宗教源头
上来的。从这个传统而来的一些膜拜性宗教发展出一些共同的特征，
如相信灵魂净化、奇迹、救赎、死而复生、死后永生。酒神膜拜就

是其中之一。

俄耳甫斯教与古希腊多神教不同。希腊诸神中没有一个是代表痛苦、绝望、忍耐的神。希腊诸神高高在上，对低下的人类拥有绝对的权力，他们忌恨人类、任性胡为，对人类没有爱，也极少有同情。相比之下，膜拜性宗教的神则带给人更多心灵和精神的安慰。膜拜性宗教有种种与人的罪、死、复生相关的神秘仪式，这样的宗教对人的生老病死、困顿苦难、心身焦敝起着抚慰和治疗的作用。公元前 5 世纪，膜拜性宗教一直在希腊世界里流传。

今天，"膜拜"（cult）有贬义的"邪教"意思。不过，在古代，膜拜是一个中性的说法，指任何一种神秘崇拜的宗教。早期基督教也是这样一种宗教。

膜拜性宗教与城邦宗教同时存在。与城邦宗教不同的是，膜拜性宗教的信众是自己选择入教的，需要由教内的教徒介绍加入而成为一个秘密成员（mystai）。而且，它们并不排斥城邦之外的人，雅典人或非雅典人都可以加入。酒神崇拜也不限定于哪一个城邦，所以扩展到底比斯的女人中间。

希腊的城邦宗教（Public religion）又叫公民宗教，是城邦公民政治的凝聚力量。在希腊城邦里，神庙都建造在城邦的中心，是公共庆典的场所。本书开头就特别介绍了宗教在希腊城邦生活中的作用，宗教对我们认识希腊城邦政治具有至关重要的意义。

不管欧里庇得斯有意还是无意，《酒神的伴侣》一剧都为希腊"城邦宗教"与"膜拜性宗教"的同时存在留下历史文化的记录。对神明的虔诚和崇拜构成古希腊人的宗教信仰，错杂在不同层次社会政治组织的形式中。这种城邦宗教可以称为一种政治宗教，宗教帮助城邦的创建，又是城邦政治的一种体现和表达，更是一种社会生活和集体存在的形式，但不是一种私人经验或个人与神直接联系的形式。

与城邦宗教不同，酒神的膜拜者们与酒神的关系却是建立在人与神直接联系的基础之上。这是所有膜拜性宗教的共同特征，即通过祭祀、祷告，信众进入一种极度兴奋或忘我的精神状态，与神直接沟通，心醉神迷，恍然人神一体。《酒神的伴侣》中的女信徒们就是在这样一种"陶醉"的状态中迷失自我的。

公元前5世纪末，希腊的城邦宗教开始随着城邦的衰落而衰微，其直接的原因就是伯罗奔尼撒战争所造成的民心涣散、心理疲惫和精神颓丧。长期战争带来的灾祸、痛苦、动乱和朝不保夕的生活，让众多的人痛感人生的多难与绝望。此时，情绪性的膜拜性宗教比理性的城邦宗教更能贴近他们的心灵和精神需要。

《酒神的伴侣》首演于公元前405年，是欧里庇得斯最后一部剧作。这时候，伯罗奔尼撒战争已经进行了四分之一个世纪，希腊的宗教形态正在悄悄发生变化。《酒神的伴侣》呈现了底比斯人，至少是底比斯女人们逃离城邦和它的城邦政治宗教的景象，她们跑到城邦外的野树林里去寻找一种更加个人化的宗教体验。

不要忘记，《酒神的伴侣》中底比斯的故事是为雅典人表演的，雅典人当然明白故事的象征意义。故事里的"城邦内"和"城邦外"（野树林）之间形成强烈的对比。女人们追随酒神的疯狂仪式发生在城邦外，与城邦内由国王代表的政治是冲突的。

宗教给予人们的不仅是精神信仰，也是普通人情感需要的满足。宗教让人有安全感，可以相互安慰、抱团取暖、有"家"可归，因此具有区别"家人"与"外人"、"我们"与"他们"的人群划分作用。宗教能融合，也能分裂群体，这是它的两面性。

膜拜性宗教的"家"比城邦宗教的"家"要小得多，也更具排外性和攻击性。酒神的女性伴侣们暴力攻击男性和其他"非我族类"，便是出于膜拜群体的极端排外性。正是暴力和仇恨把剧中的酒神膜拜变成一种令人恐惧的邪教。

邪教和宗教都是信仰的形式，它们之间的区别一直就是模糊的，但是确实存在着区别。一个重要的区别就在于如何看待信仰与暴力的关系。如果信仰导致暴力，为了信仰可以，甚至必须以不信者的血来祭神，来表现自己对神的无限忠诚、无限敬仰和无限崇拜，那么信仰就会变成一种最坏意义上的邪教。到了现代，这样的邪教更是发展出来像纳粹德国希特勒崇拜那样更为极端的形式。

酒神不仅给他所到之地带去暴力膜拜的仪式，还缔造一个"教众"群体。酒神成为她们的"教主"，他的旨意成为教众的"教义"。因此，"拜酒神教"就有了邪教机制所有必备的条件。其中教主是最重要的，他是教众的主心骨，也是他们的领袖和主宰。如果没有他，教众便无所依附，无家可归，成为丧家犬般彷徨无助的一群人。失去教主的领导，教众要么就信仰幻灭，要么就饥不择食，随时愿意接受任何别的信仰。所以，习惯于膜拜的教众其实是没有真正信仰的，他们跟随的是首领，不是信仰。

这也是现代社会中群众与领袖的那种膜拜和依附关系。许多有识之士都曾经指出过领袖崇拜的特征：领袖是支撑这个群体存在的精神支柱。就像不能没有食物、饮料或睡眠一样，他们也不能没有一个领袖和主宰；他们是一个以领袖为核心的组织。戴高乐说，人类都是政治动物，他们需要组织，也就是说需要秩序和领袖。意大利社会心理学家西盖勒（Scipio Sighele，1868—1913）说："这是一条自然规律，当人们聚集在一个团体内时，他们本能地屈从于他们中某个人的统治。"法国社会学家勒庞（Gustave Le Bon，1841—1931）说："在任何社会领域里，从地位最高的人到地位最低的人，只要一个人不再孤立，他很快就会陷入一个领袖的影响之下。"

不同的人以不同的方式讲述的实际上是同一种群众现象：人在孤单的时候，可以是自由的。但是，当他们成为某个群体的组成部分时，就会寻找一位领袖，听从他的指挥并追随在他的左右。酒神的伴侣听从酒神的指挥，他叫她们攻击躲在树上的国王彭特斯，她们就把他从树上拽下来，杀死他，还割下他的头颅。酒神的伴侣们结成一个团伙，没有共同的酒神膜拜，她们就结不成团伙；要结成团伙，她们必须要有同一个主人。

康德把人类看成这样一种动物：一旦他生活在与其同一种类的其他人之间，他就需要一个主人。酒神就是酒神的伴侣们需要的主人，所有的邪教也都如此。康德是就普遍人类而言的，但在《酒神的伴侣》里，我们看到的只是人类中女性那一部分。

欧里庇得斯的《美狄亚》和《酒神的伴侣》里都有十分暴力的女性，为此，他被攻击为是一个"仇女"或"厌女"的人（misogynists）。2世纪罗马作家格利乌斯（Aulus Gellius，125—180）在他的希腊游记里写道："据说欧里庇得斯对几乎所有妇女都怀有强烈的反感，要么出于本性，不喜欢与女性交往；要么是因为他同时有两个妻子（根据雅典法令这是合法的），她们使他对婚姻生活讨厌至极。"在欧里庇得斯的戏剧里的确可以找到他厌女或仇女的证据。在《美狄亚》中，有一个"邪恶的恶魔"女人；《伊昂》（Ion）和《阿尔刻提斯》（Alcestis）这两部剧里都有非常邪恶的继母；在《希波吕托斯》里，继母想诱奸继子，暗示通奸这种社会恶习的发明者是上流社会的妇女。

但是，《酒神的伴侣》中对女性群众的描写却不适宜用"仇女"来理解。现有的群众心理研究往往不区分男性群众与女性群众，但我认为群众心理研究应该考虑男女的区别，而《酒神的伴侣》可以说为此提供一个很好的思考案例。

长期以来，许多人认为，男性比较理性，而女性则情感丰富，因此也比较情绪化。也有人不同意这样的看法，认为是成见。当然，我们在男性或女性中都能找到不少例外的情况，但许多文学作品也确实是在证明或加强"男人比女人理性，女人比男人感情丰富"的印象。美狄亚的爱恨情仇、酒神女信众们的冲动疯狂都可以与这样一种男女有别的印象联系起来。

人们的另一个印象是，男人天生粗鲁野蛮，习惯于用拳头说话；女人则是水做的，温柔内敛、善解人意。因此，男人遇事容易走极端，容易冲动、诉诸暴力，所谓的"该出手时就出手"。人们倾向于认为公路上"路怒"，拔枪杀人的都是男性。相反，女人遇事反倒更加沉稳，更能瞻前顾后，替别人着想。所以许多人对女政治家比对男政治家更加信任。

对女性的尊重不等于否认女性同样会有暴力的冲动和行为。甚至可以说，正因为女性普遍较少采取暴力，女性暴力更成为一个社会普遍暴力程度很高的标志。

男性身处群众运动之中的时候，极容易因为随大流而暴戾冲动、残忍冷酷。如果说这是因为他们"天性如此"，那么"天性并非如此"的女性在群众运动中表现得异常暴力，又是怎么回事？这种现象本身就显示，在暴力的群众运动中，男女的区别其实根本不重要。

《酒神的伴侣》里充满暴力，但在暴力后面是狄俄尼索斯的魅力、权威和力量。在所有的社会暴力现象后面也都有一个作为精神领袖和崇拜对象的"狄俄尼索斯"，暴力不过是魅力人物的外化而已。欧里庇得斯意识到这种外化，因此他对狄俄尼索斯的描写存在着模糊性。狄俄尼索斯是力量，是法力（mena），是奥伦达（orenda）。奥伦达是一种无形的非凡力量，一种可以按照其拥有者的意愿施加并传播的精神能量，一种所谓的"魅力"，希特勒就具有这样的魅力。这种力量可以拯救，也可以毁灭。

格鲁贝（G. M. A. Grube，1899—1982）在《〈酒神的伴侣〉中的狄俄尼索斯》一文中这样评说狄俄尼索斯的魅力："这是狄俄尼索斯的力量，因此也是他得到证明的神性。诗人（欧里庇得斯）不需要变成神学家，去定义那些力量的确切性质和意义，狄俄尼索斯就是这些力量的宗教表达。狄俄尼索斯崇拜的一般意义是很清楚的。酒是神的象征，酒破坏了对行为的纯粹的外部约束，它释放了人心的基本情感冲动、人的深层激情、最广泛意义上的爱神和欲望。这些包括性。"人的基本激情当然也包括一切性质、种类、对象的仇恨。暴力是激情的释放，远远超出性的范畴。

就像我们在阶级斗争和网络暴力里看到的那样，仇恨和暴力的激情用正义包装起来，成为高尚的动力，然后成为所有快乐、满足和骄傲的源泉。这时候的激情是最可怕、最危险的，它们崇拜的神也是最邪恶的，"如果谁与这些激情抗争，而不是与它们相处，如果他试图完全否认它们，它们最终会征服他，把他的肢体一块块撕下来，在这个过程中它们自己也变得丑陋和邪恶。……欧里庇得斯将这个神和这种崇拜的方方面面、它的美丽和欢乐、它的丑陋和恐怖都戏剧化了……很少有人会否认，正是由于这幅画的完整性，该剧才获得它的力量和它的伟大"。[1]

欧里庇得斯写《酒神的伴侣》的时候已经 70 多岁了，这是他写的最后一部悲剧。在这之前，他还有一部著名的反战悲剧《特洛伊的女人们》，描述的是战争导致的可怕的人道灾难。这是欧里庇得斯非常特别的地方，另外两位希腊悲剧家埃斯库罗斯和索福克勒斯都把战争当作团结雅典人的国家行为，战争让国人万众一心，同仇敌忾。但欧里庇得斯不一样，他把战争看作一种统治权术，一种化装成正义的邪恶。战争并不会因为胜利或达到目的就带来荣耀，无论是胜还是败，战争都是灾难，都会给每一个活生生的人带来巨大的伤害。他认为，战争不是打胜了就是好战争，打败了就是坏战争，而是根本没有战争不是人道灾难。放到今天来看，这也是一个超越时代的反战观念，对今天的好战人士应该是一副清醒剂。

1　G. M. A. Grube. "Dionysus in the Bacchae." *Transaction and Proceedings of the American Philosophical Association* 66 (1935): 37-54.

7.《特洛伊的女人们》:"种下荒凉,日后必自己收获毁灭"

在《酒神的伴侣》和《美狄亚》之后再读《特洛伊的女人们》,会有一种完全不同的感觉,那就是:看不到前两部剧里那种剧烈的戏剧性冲突;看到的是特洛伊城被希腊军队攻陷后,男人死的死,逃亡的逃亡,只剩下无助的女人们。一波又一波地向她们袭来的灾难消息,一幅又一幅令人心碎的悲惨景象,注定特洛伊女人们不得不忍受战争造成的人间灾难和凄苦命运。欧里庇得斯没有写战争狂涛巨浪般血腥的厮杀,他写的是惊涛拍岸之后,退潮时分留在煎熬空间里特洛伊的女人们遭受的犹如凌迟处死般的心理摧残和精神折磨。

欧里庇得斯对这种无声的苦难做出关于人类战争和生命意义的哲学思考,包含着他深沉的人道悲悯和同情,也使得这部似乎没有冲突的悲剧成为西方文学中最伟大的杰作之一。

来看看战争给特洛伊的女人们造成怎样刻骨铭心、生不如死的痛苦和折磨。全剧第一个出场的是海神波塞冬,这是一个与荷马史诗《奥德赛》里那个易怒、狂暴的波塞冬不同的海神。他是特洛伊的保护神,对特洛伊命定的毁灭充满怜悯。他宣告将要降临在特洛伊女人们头上的命运:抽签决定哪个女人分配给哪个参战的希腊将领。他发出等待着胜利者的报应的警告:

> 你就去奥林波斯,从父神手里
>
> 取来霹雳闪电吧,等候
>
> 阿尔戈斯军队解缆起航。
>
> 凡间的人真是愚昧,他们攻掠城市,
>
> ……
>
> 种下荒凉,日后必自己收获毁灭。(《特洛伊的女人

们》，第 92—97 行）

接着进场的是特洛伊的老王后赫库芭。她昏倒在地上，渐渐醒来，哭泣着哀叹："祖国亡了，丈夫和儿子们死了，/ 我这苦命的人怎能不哭？"（第 105—106 行）然而，她最痛恨的还是海伦。海伦原来是希腊将领墨涅拉俄斯的妻子，后来跟赫库芭的儿子帕里斯（Paris）私奔，希腊人要为墨涅拉俄斯讨回公道，这才集体发兵特洛伊。老王后认定海伦就是特洛伊灾难的罪魁祸首，但从海伦的立场上看，谁又该为这场灾难浩劫担责任？海伦当面指责老王后，该担责的不是别人，正是老王后自己。海伦的辩解和与老王后的辩论是这部剧里最精彩的部分之一。

希腊军队的传令官来告诉老王后，说特洛伊女人们已经被分配给哪些希腊的首领。老王后先问的是其他女人的命运，最后才问到自己的命运，这让观众对她有好感也有同情。希腊人在分配特洛伊女人时表现出极端的残忍。

第一个被残忍对待的是卡桑德拉，她是老王后的女儿，是一位向神奉献贞操的女祭司和先知，按道理说应该受到尊重，但阿伽门农却偏偏要娶她为妾。老王后听了惊呼道："什么？她是福波斯的女祭司呀！/ 那金发之神给了她处女生活的恩典。"但她只能对卡桑德拉说：

> 我的女儿啊，快丢掉那神圣的钥匙，
>
> 快从你身上脱去那神圣的服饰，
>
> 从你的头上摘下那神圣的花冠。（第 256—258 行）

传令官是个有同情心的希腊人，他宽解老王后说："得到国王的宠幸不是她莫大的好运吗？"

老王后又询问她的另一个女儿波吕克塞娜（Polyxena）。波吕克塞娜其实已经被希腊人杀死，但传令官对老王后说了个谎："她被确定去侍候阿喀琉斯的坟墓。"这是一个善意的谎言。

传令官是这部剧里很特殊的人物。剧中几乎所有的希腊人都嗜杀、虚荣、奸诈、贪婪、自私、没有道德，但这位传令官却是一个善良、有同情心、能为受害者和失败者着想的希腊人。在这个人物身上我们可以看到欧里庇得斯对雅典的矛盾心情，他痛恨雅典人的"强权即正义"，但热爱这个城邦和城邦里的人。

老王后打听女儿波吕克塞娜的消息后，又向传令官打听儿媳安德洛玛刻（Andromache）的消息，她是特洛伊英雄赫克托耳的妻子。赫克托耳是特洛伊第一勇士，被称为"特洛伊的城墙"，不但勇冠三军，而且为人正直、品格高尚，是古希腊传说和文学作品中非常高大的英雄形象。他是被希腊勇士阿喀琉斯杀死的，而阿喀琉斯的儿子得到安德洛玛刻。要嫁给杀夫仇人的儿子，这是多么的残忍。

老王后知道女儿和儿媳的消息后，这才打听自己的归宿。传令官告诉她："奥德修斯赢得了你做奴隶。"这又是一个残忍的悲惨消息，因为奥德修斯是"一个奸诈之徒""正义的仇敌"和"残忍的狐狸"。在他手上，一定会吃尽苦头。

特洛伊的女人们都变成奴隶，也都有了主人，看上去她们苦难的故事可以告一段落，但却远远还没有。

安德洛玛刻是一位以贤惠出名的女子，老王后见她带着幼子坐车前来，便问她：

> 苦命的女人啊，你坐着车子去哪里？
> 你身边堆放着赫克托耳的铜质武器
> 和从弗里吉亚人尸体上剥下的甲胄，
> 这些东西将被阿喀琉斯的儿子从特洛伊

运回去挂在佛提亚的神庙里。（第 572—576 行）

安德洛玛刻告诉老王后，波吕克塞娜已经死了："她被杀死在阿喀琉斯的坟前，做了献给那死人的礼品。"（第 622—623 行）这是她亲眼所见。老王后这才明白，为什么传令官刚才对她"吞吞吐吐"。

安德洛玛刻羡慕波吕克塞娜能够一死了之，她自己的处境生不如死，因为她到了仇人家里还不得不做一个贤淑的好女人。她悲叹道：

> 波吕克塞娜的亲生母亲啊，请听我
> 说给你听，它可以宽慰你的心。
> 我认为死和不出生相等，
> 比活着受苦好些。
> 人死没有了伤心的感觉，就不知道苦了。
> ……
> 你的这个女儿死了，就像她从没见过阳光一样，
> 她一死，一点不知道她所受的苦了。
> 而我呢，一心追求美好的名声，
> 虽然得到了最多的美名，却失去了生活的幸福。
> 你看，凡是一个淑女所应守的行为规范
> 我在赫克托耳的家里都努力实践。（第 634—646 行）

老王后劝安德洛玛刻要活下去，好歹把幼小的儿子抚养成人："你也可以把我的孙子——特洛伊 / 最大的救星——抚养成人，让你 / 传下来的儿孙日后可以重建特洛伊。"（第 703—705 行）然而，这个梦想很快就破灭。

传令官来通知她们，奥德修斯在全体希腊人大会上提议杀掉安德洛玛刻的儿子，以绝后患，理由是："希腊人不应该养大一个十

分英勇的父亲的儿子。"（第723行）这个建议获得通过，必须把孩子从特洛伊城头摔下去。安德洛玛刻苦苦哀求饶孩子一命，但传令官只是奉命行事，他说，如果不这样弄死孩子，那么他被杀死后，便不准埋葬。传令官自己不愿意动手，叫手下人去执行这个残忍的任务。

孩子被摔死了，放在他父亲的大圆盾上，由他的母亲和祖母埋葬了。这是剧中极其震撼的悲惨一幕。

随后，海伦被人揪住头发拖了上来，但她衣着整齐，尽量不让自己显出慌乱的样子。在《特洛伊的女人们》里，海伦是个很特别的人物，她是希腊人，又是斯巴达首领墨涅拉俄斯的妻子；她与腓尼基人特洛伊王子帕里斯私奔，给特洛伊人惹下大祸。特洛伊破城后，所有的腓尼基女人都成为希腊人的奴隶，成了受难者，海伦也在其中。她被交还给墨涅拉俄斯，由他发落，而他正准备把她带回斯巴达去杀掉，"向死在特洛伊的战友们的亲属谢罪"。

作为女人，海伦的命运是悲惨的，但所有的腓尼基女人都排斥她、痛恨她，视她为"坏女人"，认为她是咎由自取。海伦是不幸者中的不幸者，她有她的苦楚、她的委屈，却无法向任何人倾诉，也得不到任何人的同情。

欧里庇得斯同情弱者、失败者、受害者，他在剧里给了海伦这个"坏女人"一个吐苦水和喊冤的机会。海伦在剧中的自我辩白因此获得受害者"证词"的意义，这是剧作者出手不凡的人物艺术创造。

墨涅拉俄斯带着随从们来捉拿海伦，要把她带回希腊去受死。海伦抗辩道："如果要我死，死得不公正啊！"她说，要为这场灾难负责的首先是老王后，因为她生下"众祸根源"帕里斯。就算生下帕里斯，也不应该让他活在这世上。老王后生帕里斯的时候做过一个梦，梦到这孩子是火把的化身，这是一个凶兆，预示特洛伊将要被希腊人焚烧。帕里斯的父母有了神谕，却没有除掉这个孽子，犯下与俄狄浦斯父母相同的大错。

而且，海伦说，她之所以爱上帕里斯，全是因为爱神的意愿："阿佛洛狄忒则花言巧语称赞我的容貌／答应把我给帕里斯。"（第929—930行）墨涅拉俄斯在这件事情上，也有一份不可推卸的责任，是他自己先引狼入室，让帕里斯留在家里。海伦责备墨涅拉俄斯道：

> 为什么我从你的家里偷偷出走？
> 赫库芭所生的那个流氓——不论你愿意
> 称他为帕里斯还是阿勒珊德罗斯——
> 来时随身跟着一个不小的女神（指爱神）。
> 你这坏蛋竟把他留在你的家里，
> 自己离开斯巴达，扬帆去了克里特。（第940—945行）

海伦还告诉墨涅拉俄斯，希腊大军兵临特洛伊城下，她几次想逃出城去，都没有成功。后来她又被帕里斯的弟弟霸占，"受到的全是痛苦和奴役"，为什么要为特洛伊战争付出生命代价的偏偏是她这个弱女子？

墨涅拉俄斯被海伦说得哑口无言，似乎有了改变主意的意思。这时候，老王后挺身而出，驳斥海伦说，你水性杨花，"是我儿子生得太漂亮了，／你一看见他心里便产生了爱"。而且，海伦还是一个贪图享受、爱慕财富的坏女人。斯巴达的生活太简朴，所以她"想离开斯巴达，到这遍地是黄金的腓尼基来，用奢侈浪费淹没它"（第987—995行）。

相比起来，海伦的辩词显得理性、客观，而老王后的驳斥却是一味指责，情绪激烈而不理性。那么，观众会觉得她们之间，谁说得比较有道理？

这恐怕会各有各的想法。欧里庇得斯是一位人物心理大师，在这场辩论里，他让观众看到现代心理学家所说的"归因偏误"。归因是指从一个人的行为推导出他的行为动机或因果关系。归因偏误是指这个推导过程或结果中的偏向。归因有两种，一种是情境归因（Situational attribution），强调外因，将个体的行为归因于情境或环境；另一种是性格归因（Dispositional attribution），着重于内因，将个体的行为归因于他的性格或品质。归因偏误经常表现为，同一种行为，尤其是不良行为，对别人总是强调内部原因（如愚蠢、没教养），对自己则强调的是外部原因（如身不由己、迫不得已）。

海伦自我辩解中的归因是"情境归因"，即造成她跟帕里斯私奔的全是外因：爱神的不当蛊惑、墨涅拉俄斯的引狼入室、坏小子帕里斯的诱骗等。而老王后指责海伦，用的全是"性格归因"：海伦水性杨花、贪图奢侈、不守妇道，一句话，是个"坏女人"。

人性从来就是这样。归因偏误似乎已经成为我们今天的思维定式，别人的行为如果是你不喜欢的，你就会认为他人品低下、性格乖张、别有用心，看不到这一行为的其他原因。同样的行为，别人的就很严重，自己的就轻描淡写。在与别人发生争吵时，总是强调别人的恶意和歹毒，而把自己说成是不得已才还的嘴。个人之间如此，群体之间甚至国家之间也是如此。"敌人恶毒"也是"强权即正义"的拥护者们常用的借口。

《特洛伊的女人们》这部悲剧写作于公元前415年。在前一年，也就是公元前416年，发生弥罗斯惨剧。弥罗斯是个中立的城邦，雅典人强迫它与雅典结盟，逼它与斯巴达作对。弥罗斯人拒绝了，雅典人出兵占领弥罗斯，杀光所有男子，把所有的女子和孩子都变成奴隶。然而，就在弥罗斯惨剧的第二年，雅典出征西西里。公元前413年，雅典大军惨败，遭到叙拉古和斯巴达联军的残忍大屠杀。

修昔底德在《伯罗奔尼撒战争》一书里详细记载了弥罗斯的遭遇和雅典的西西里溃败，并暗示雅典人的溃败是一个报应。

英国历史学家弗朗西斯·康福德（Francis M. Cornford，1874—1943）在《修昔底德：神话与历史之间》一书里说，《特洛伊的女人们》"在弥罗斯屠杀和西西里远征之间的这段时期首次上演"。[1] 它写的虽然是荷马史诗里特洛伊城陷落和毁灭的往事，却似乎预见了公元前413年将发生在雅典人自己身上的事情。

但是，我们最好还是把这部剧当作对战争的道德谴责，而不是一个预言或预见来阅读。就算雅典在西西里战役中没有溃败，它在弥罗斯的暴行仍然是一个人道灾难。如果有天意，仍然应该有报应。欧里庇得斯的悲剧不是时事评论，而是对正义的呼唤。我们知道，应该有报应不等于就真的有报应，但这并不能阻止我们继续呼唤对邪恶的"报应"，这个信念是人类的正义感和存在希望的一部分。

欧里庇得斯反对雅典人对待弥罗斯人的那种"强权即正义"的行径，他把自己对战争残忍行为的愤怒写进《特洛伊的女人们》，并同情受害者。这部剧中战争受害者的苦难对我们今天具有特别重要的警示意义。在核战争有可能毁灭整个人类的情况下，居然还有人在炫耀自己拥有的战争武力，称二十万"敌军"不过是随时可剁的"一堆肉"，叫嚣为了战争的胜利，可以不惜牺牲一半国土或一半国人的性命。如果谁以为只要凭强大武力就可以攻城略地，残忍地为所欲为，肆意征服和奴役，如果这种"强权即正义"的战争不幸真的发生，那么将要尝尽人间苦难的不是特洛伊人，而是他们自己国家的女人们。这样的胜利者不会没有报应。

让我们永远不要忘记海神波塞冬在这部悲剧中对人类发出的警告："凡间的人真是愚昧，他们攻掠城市，/……/ 种下荒凉，日后

---

1 弗朗西斯·麦克唐纳·康福德著，孙艳萍译，《修昔底德：神话与历史之间》，上海三联书店，2006年。

必自己收获毁灭。"（第 95—97 行）

　　《特洛伊的女人们》是本书讨论的最后一部希腊悲剧。我们一共讲了 11 部希腊悲剧：埃斯库罗斯 5 部，索福克勒斯 3 部，欧里庇得斯 3 部。完整保留至今的希腊悲剧一共不过 32 部，我们讲了其中的三分之一。悲剧之后，下一节要说的是阿里斯托芬的喜剧和他的政治保守主义。

九 阿里斯托芬

1. 喜剧和政治保守主义

古代喜剧是从葡萄和谷物收割节日的化装游戏中发展起来的产物，在地中海沿岸的两个商业和文化中心——西西里的叙拉古和雅典——发展成为戏剧艺术形式。西西里喜剧似乎是最早出现的，据说公元前 486 年，埃庇卡摩斯（Epicharmus of Kos，前 540—前 450）因其戏剧活动名噪一时，他原籍在科斯岛（Kos），先移居墨伽拉（Megara），后到塞拉库萨（Sarausa）定居。他是一位喜剧家和哲学家（显然是毕达哥拉斯派的哲学家），他的喜剧有以英雄题材为主的滑稽剧，如《圆目巨人》（Cyclops）、《蒲西里斯》（Busiris），类似于雅典的萨提洛斯剧（Satyrus，希腊神话中半人半羊的怪人）。

阿里斯托芬的戏剧不同，题材是现实的，就算出现神话人物，也被描写得像当代人物一样。例如，在《蛙》这部剧里，酒神狄俄尼索斯因为惋惜人间失去了悲剧天才欧里庇得斯，便伪装成赫拉克勒斯的模样，冒险找到冥王哈迪斯，要把欧里庇得斯带回人间。欧里庇得斯是当时希腊观众熟悉的戏剧诗人，酒神去下界召唤欧里庇得斯，就像是去召唤观众的一位熟人。

酒神在下界看到，欧里庇得斯正在跟先辈悲剧诗人埃斯库罗斯玩争夺桂冠诗人的游戏。两位诗人在以艺术的名义进行的决斗中，从戏剧语言、文法、修辞、风格、人物刻画层面进行了一番较量，在一番唇枪舌剑的斗法中难分胜负。酒神拿不定主意谁是胜者，于是请两位诗人就当前雅典的不良现状提出解决问题的建议，结果因为觉得埃斯库罗斯是最好的人选，反而把他，而不是欧里庇得斯，带到了阳间。

从最早的希腊喜剧到阿里斯托芬的作品，文学史称其为"旧喜剧"，以区别于公元前 4 世纪以米南德（Menander，约前 342/341—约前 290）为代表的"新喜剧"。在所有的旧喜剧家中，阿里斯托芬的创作最活跃，历时也最长，所以他的喜剧成就被视为希腊喜剧的代表，这倒也名副其实。关于阿里斯托芬的生平我们知之甚少。估计他于公元前 448 年左右在雅典诞生，他的父亲可能叫腓利普斯。从公元前 430 年至公元前 428 年他受到良好的戏剧教育，此后开始发表剧作，开始的三部剧是匿名发表的，后来他也常常使用其他名字发表剧本。他一共写了 44 部剧，其中 11 部被完整地保留下来，有四部可能并不是他写的。

阿里斯托芬的作品舞台效果很好，但文学价值未必很高。可惜我们今天不容易看到他戏剧的舞台表演。阅读他的作品，很大程度上是因为里面有大量关于他那个时代的事件、人物、民风民情的信息。这并不是因为他存心蹭人物或事件的热度，好留名于后世，而是因为以当下的事件和人物作为创作题材，本来就是喜剧的一个特点。这些事件和人物是观众们熟悉的，对之加以戏剧化和添加幽默与戏谑的成分，就有了讽刺漫画一般的逗乐效果。这就像西方的漫画无不是用当下的事件和人物为题材一样，美国人爱看的总统模仿秀也是如此。

可以说，阿里斯托芬的喜剧就是他生前拉长版的时事小品和社会人物活报剧（Living newspaper），涉及的事件有雅典司法改革后的陪审团扩充、伯里克利之后平民政治家克里昂的激进民主等，涉及的人物中则有我们熟悉的欧里庇得斯和苏格拉底，都很有趣。

阿里斯托芬作品在这方面的价值，可以打个比方来说：20世纪90年代曾经是中国的时事评论和文化事件评论的黄金时期，后来因为种种原因凋零了。不难设想，几十年或一百年以后，一定会有人研究那些久已尘封的短小评论，倒不是因为它们有多高的文学价值，而是可以从中寻觅许多细碎的往事和人物踪迹。阿里斯托芬的喜剧在这方面是一个宝库。

阿里斯托芬的喜剧在前5世纪的雅典光谱上是保守主义的，对那个世纪下半叶的种种政治、社会、文化变化，他基本上都不赞成。喜剧这个艺术形式本身更是强化了他的政治保守主义。

喜剧的保守主义倾向是相对于悲剧而言的。在这里，保守主义的对立面不是激进，而是反叛。对悲剧感兴趣经常是出于人的反叛精神，人因为生存世界里的局限，尤其是政治、社会、习俗的局限而陷入各种困境之中，但试图摆脱困境的努力则经常收效甚微，所以反叛与苦难的代价如影相随。悲剧赞扬人承受这种苦难的坚韧和不屈，这是反叛精神的高贵，也是它的不幸。相比之下，喜剧表述的更多是尽管人生有挫折和不幸，但生活总是还可以乐呵呵地继续下去。正如英国诗人和剧作家克里斯托弗·弗莱（Christopher Fry，1907—2005）所说，喜剧可以把"黑暗过滤成光明"。喜剧经常以皆大欢喜的结局收尾；喜剧赞美的是人忍受和随遇而安的能力，这样的能力在精神和品质上都是保守的。

悲剧里的问题是纠结的，复杂的，没有简单、方便的解决办法，所以我们称之为人生的困境。正是因为所有可能的出路都不是好的出路，那才是深刻的悲剧。但喜剧不同，至少在阿里斯托芬的喜剧里，问题不管大小，似乎都有一个相对简单的解决办法。例如，

《吕西斯特拉特》(*Lysistrata*)里斯巴达人和雅典人的战争，只要两个国家的女人一起举行性罢工，不满足丈夫的性要求，战争就能化解，和平就能实现。这当然是一个玩笑，也是喜剧要追求的艺术效果。可是，欧里庇得斯《特洛伊的女人们》、德国作家雷马克(Erich Maria Remarque，1898—1970)《西线无战事》(*Im Westen nichts Neues*)里的那种战争的残酷和人性灾难，在反战的喜剧艺术形式里是无法被展现的。

除了喜剧本身的保守倾向，阿里斯托芬的政治保守主义还和他个人与时代的关系有关。他生活在一个雅典城邦动荡不安的时代，战争、扩张、民主政治的激进化，外来的文化影响等剧烈变化冲击了雅典传统社会的方方面面，从对宙斯的崇拜仪式到公共建筑的样式，传统的生活方式正在衰落和崩塌。商人、水手、奴隶和外邦来客把外国的尤其是东方的宗教带进雅典，来自外邦的智者带来新的知识和教育理念，形成与传统格格不入的新观念和新道德。阿里斯托芬生活在这样一种变化的环境里，他对这些新现象表现出来的是强烈的怀疑、不信任和抵触。在他看来，那些散播新思想的诗人、智者，包括苏格拉底，对年轻人起到的都是败坏的作用。

雅典帝国政治版图的扩展使得权力集中成为必然，后来的罗马帝国也是这样。在雅典的民主社会里，擅长于蛊惑煽动的领袖讨好民众，政治与公民道德渐行渐远。雅典人在富足的生活中变得越来越热衷于享乐和消费，腐败在悄悄地滋生。贪婪、虚伪、虚荣、浮夸的风气日盛一日，人们追逐不义之财，不以为耻，反以为荣。《马蜂》(*The Wasps*)讽刺的就是那些靠当评审员不劳而获的雅典市民。

阿里斯托芬是一个诗人，一个喜剧作家，不是政治家。他对他所见到的雅典问题有他的看法，这些问题和他自己的看法成为他创作喜剧的题材，而不是这些题材形成了喜剧的文艺形式。阿里斯托芬用喜剧艺术来表达自己的看法，如果能让观众通过看戏，关注或更关注这些问题，那就更好了。他的戏剧首先是让观众看得开心，所以我们不必把他看作在给观众书写道德训诫的人。艺术与政治是有区别的。

但是，从历史上看，许多诗人和作家都有道德和教化的意识，并不只是阿里斯托芬一人看重文艺的教育功能。阿里斯托芬把欧里庇得斯的悲剧几乎批评了个遍，指责欧里庇得斯败坏年轻人，污染他们的精神。他在《蛙》里把埃斯库罗斯当作悲剧的模范，不是因为埃斯库罗斯的语言优美（事实上阿里斯托芬说欧里庇得斯是所有悲剧诗人中语言最优美的），而是因为埃斯库罗斯的作品“是真正的诗”，能帮助希腊人成为更好的人。阿里斯托芬可以说是第一个如此强调诗的教育作用的剧作家。柏拉图在《理想国》和《法律篇》（The Laws）中发展了阿里斯托芬的这一思想，这个思想后来又在罗马诗人贺拉斯的《诗艺》（Ars Poetica）中得到充分的发挥，他的名言就是，诗应该寓教于乐。18、19世纪的莱辛（Gotthold Ephraim Lessing，1729—1781）、赫尔德（Johann Gottfried Herder，1744—1803）、施勒格尔（Karl Wilhelm Friedrich Schlegel，1772—1829）也都秉承这样的看法。

阿里斯托芬批评他眼中的时弊，其中有的与当时的雅典民主现状有所关联，因此有论者认为，阿里斯托芬攻击的是两个目标——新一代的知识运动和民主政治。但也有论者认为，阿里斯托芬不反对民主制，也无意改变体制，他只是敌视误导平民的政治煽动家，尤其反对那种好战的雅典帝国主义思想。这些都是他那个时代独特的现象。他并不在喜剧里表明他想直接反对或摧毁的东西，而是表现一种幽默的冲突。阿里斯托芬主张的是一种中间立场——他是一个温和而善良的民主派，不喜欢极端的寡头派和政治煽动家。

事实上，没有研究可以证明，阿里斯托芬的喜剧对雅典的政治或民众有多少实质性的影响。观众是去看喜剧的，不是去上政治课的。政治上保守的阿里斯托芬喜剧可以被视为雅典复杂政治和经济生态的一部分，其中有批评也有妥协。喜剧诗人要的首先是受到大众的欢迎，他的作品是为全体人民在大型节日娱乐，而非为某个政治集团开群众大会而创作的。他本质上是雅典的诗人，很难想象他会公然敌视雅典人深爱的民主制，或是专门针对他们认可的政治领袖。逆民意而动的作品又怎么会流行呢？

但也还有另外一个可能，那就是，戏剧演出是需要有钱人资助的。由执政官指定歌队和赞助人，赞助人付钱给歌队。因为他们大都是有钱人，也是反民主的阶层，所以诗人不得不接受他们的观点。

此外，当时雅典的民主派分为两支，力量相当。一支由小农场主（small-farmer），即阿提卡（Attic）的自由农民组成；另一支则由城里的市民和手艺人（雅典的下层人民）组成。喜剧的受众反映了这两派的对立。喜剧给乡下人带来的快乐，或许胜过悲剧，所以喜剧才是他们的真正所爱。古代的阿提卡正是在这种快乐、喜悦和充满笑声的田园风格中得到最好的表达，喜剧更能吸引农民观众。

阿里斯托芬喜剧里大量的"性"和"反战"也是吸引农民或一般观众的"好料"。性的问题下文还会谈到，单就反战而言，就特别能吸引农村来的观众。他们厌恶战争和战争贩子——战争让他们得不偿失。农民也许比市民更不喜欢战争，因为他们得去当兵，流血送命，还得长期离开家庭，《吕西斯特拉特》说的就是因为长时间不能跟老婆在一起，士兵不想打仗的故事，这当然会引起强烈的共鸣。

农村人淳朴而又固执，喜剧让他们有机会钦羡和报复城里人。聪明的诗人为了取悦他们，就在舞台上夸张地讽刺那些风云人物——精明而自私的政客、满腹经纶的哲学家、痴迷饶舌的辩论家、时髦的作家、新派的作曲家，以及他们的各种观念——总之，讽刺所有城里人的新玩意和宠儿。在老实巴交的农民眼里，这些都是怪得出奇的人物。看他们在舞台上的滑稽样子，是非常轻松和开心的事情。这就像今天还是有许多观众，一看见脸上戴着眼镜，行动笨拙的"知识分子"——阿里斯托芬时代叫"哲学家"——就会觉得"很逗"，自然而然地把他们当作笑料。阿里斯托芬就有一部讽刺和挖苦"知识分子"苏格拉底的剧，叫《云》，暗示苏格拉底的"哲学"只是云里雾里的神仙空谈。雅典的民众很喜欢这部剧，觉得剧里的讽刺非常痛快，说出了他们的心里话。他们不喜欢哲学家，觉得哲学家好笑，就像他们对待别的陌生事物一样。

然而，阿里斯托芬对苏格拉底的喜剧处理与一般民众觉得哲学家可笑并不是一回事，伟大的人文学者列奥·施特劳斯在《苏格拉底和阿里斯托芬》一书里指出，"哲学家在众人眼中必然是可笑的，因此是喜剧的自然主题"，众人取笑哲学家，是因为不了解哲学家，经常是出于无知、愚昧或反智。但是喜剧家阿里斯托芬不同，他是了解哲学家的，他与苏格拉底相熟，甚至可以称得上是他的朋友。

施特劳斯特别提到，阿里斯托芬和苏格拉底在柏拉图的宴会中相遇，大约是在《云》的首次演出七年后。宴会结束后只有三个人还清醒着，其中两个是阿里斯托芬和苏格拉底。当时这三个人正在进行友好的交谈，最后就一个对阿里斯托芬最重要的话题达成了一致，即喜剧和悲剧的话题。施特劳斯说，"阿里斯托芬同意苏格拉底提出的观点。……似乎与苏格拉底非常接近"。

那么，又怎么理解阿里斯托芬对苏格拉底的冷嘲热讽呢？施特劳斯在他的分析中发现了一条有趣的线索，"喜剧中的灵魂状态是一种混合体，既为（苏格拉底）无害地高估自己的智慧而高兴，又为忌妒而痛苦；这种灵魂状态永远不会摆脱不公正。（苏格拉底）的智慧可能没有他想象的那么大，因此他可能有些可笑；但他的智慧可能足以让人忌妒。这种思想作为对喜剧的分析很难说是充分的，但作为对卓越的喜剧《云》的解释，它是合理的"。

换句话说，阿里斯托芬不是苏格拉底的敌人，而是他的朋友，但对苏格拉底的智慧有些嫉妒。或者，"人们也可以说，喜剧诗人忌妒的主要对象不是苏格拉底的智慧，而是他对戏剧诗人必然依赖的大众掌声的主权蔑视，或苏格拉底的完美自由"。[1]

哲学家比喜剧家自由，因为哲学家不需要民众的掌声，但喜剧家不同，离开了民众的掌声和笑声，喜剧就失去了存在的理由。喜剧需要民众叫好，哲学不需要，喜剧必须有观众意识，需要与民众的观点保持高度的一致，这也决定了喜剧的保守性。当然，这是就大众喜剧而言，小众喜剧（如 20 世纪哈维尔的喜剧"瓦涅克三联剧"）不同，小众喜剧不需要讨民众喜欢，因此也就能摆脱喜剧固有的保守性。

2.《云》：可笑的哲学和滑稽的哲学家

《云》首演于公元前 423 年，嘲笑和挖苦的是苏格拉底。说起苏格拉底，人们往往会有一种肃然起敬的感觉，因为他有许多人们耳熟能详的至理名言："未经审视的人生是不值得过的。""我平生只知道一件事，我为什么那么无知。""问题是接生婆，它能帮助新思想的诞生。"等等。你也许会疑惑，怎么会有人这么愚蠢，去攻击像苏格拉底这样公认伟大的哲学家？

苏格拉底和阿里斯托芬斯是雅典的同时代人，苏格拉底比阿里斯多芬大二十几岁，所以当阿里斯多芬成年并开始写剧本时，苏格拉底在雅典已经是众所周知的有影响力的老师和思想家。那么，苏格拉底在他的同时代人中以什么闻名？

1　Leo Strauss, *Socrates and Aristophanes*, Chicago: Chicago University Press, 1980, 4-5.

其实，有两个苏格拉底，一个是他同代人知道的现实中的苏格拉底；一个是在柏拉图作品中被圣人化，甚至虚构化的苏格拉底。今天，保存在人们心目中的是圣人化的苏格拉底。柏拉图用苏格拉底来阐述他自己的哲学或政治主张，就像古代希伯来编年史家将《摩西五经》(*The Five Books of Moses*)归因于摩西(Moses)，将《诗篇》(*Psalms*)归因于大卫(David)，将《传道书》(*Ecclesiastes*)和《箴言》(*Proverbs*)归因于所罗门(Solomon)一样。

在苏格拉底的同代人眼里，至少在阿里斯托芬的眼里，苏格拉底不过就是一位智者和修辞学老师，他出于自身利益而热爱辩论，但并不一定就真的坚信自己的观点。同时代还有许多其他的智者和修辞学老师，正如英国古典学者罗宾·沃特菲尔德(Robin Waterfield)在《最早的哲学家》(*The First Philosophers: The Presocratics and Sophists*)一书里所说："没有证据表明，苏格拉底的同时代人普遍认为他是具有特殊才能的人。"[1]苏格拉底教过修辞学，并且似乎相信，就算有真理存在，辩论中的说服力也要比真理来得重要。所以苏格拉底会教年轻人如何进行激烈而无休止的辩论，并挑战任何与他们观点不一致的观念、传统或习俗智慧。换句话说，他有跟别人"抬杠"的癖好，阿里斯托芬在《云》里讽刺的就是这样一位苏格拉底。

《云》里有三个主角，都是不讨人喜欢的家伙。第一个是糟老头斯瑞西阿得斯(Strepsiades)，他因为儿子不学好而负债累累；第二个是糟老头的儿子斐狄庇得斯(Pheidippides)，他因为赌马赛，输光了老父的钱，我们就叫他不孝子；第三个是苏格拉底，一个开教馆的哲学家，教馆的名字叫"思想所"，那里专门教授"正反都有理"的辩证法。

---

1 Robin Waterfield, *The First Philosophers: The Presocratics and Sophists*, Oxford: Oxford University Press, 2009, 66.

故事是这样的：随着一年一度还清旧债的日子逼近，有一天，老头子坐在床上。他睡不着，在为还债的事操心，而他儿子却在旁边的一张床上呼呼大睡，真是个没心没肺的不孝子。

债主们要在法庭上起诉这个输了钱的儿子，逼他还债。但他爸爸是一个吝啬鬼，不想还债主的钱。他听说"思想所"的老师苏格拉底专门教授可以赖账的诡辩和歪理技艺，所以想叫儿子去那里偷师学艺。但他儿子不肯，说是不愿意进学校变成一个没血色的小白脸。糟老头斯瑞西阿得斯只好自己去向苏格拉底学习，学了一些诡辩之术。但由于他年纪大了，记忆力又不好，所以云神（懒惰之神）劝他还不如再叫他儿子来学习。

糟老头于是又逼自己的儿子到"思想所"来学习。儿子在学校里的指导老师名叫"歪理"（Unjust Discourse）。他不仅学有所成，而且还能活学活用。一个债主来向他讨债，他就挑债主说话的语法错误；另一个债主来向他讨债，他就说，不管江河向大海里流进多少水，大海的水也没有多出来，钱也是一样，多一点少一点全无分别。

有一次糟老头和不孝子发生了争执。父亲说，欧里庇得斯是个没道德的诗人，儿子说，欧里庇得斯是最优秀的诗人。父子意见不合，起了冲突。儿子一生气，把老子打了一顿。他还振振有词地辩解道，他老父太幼稚是因为返老还童，而打小孩又是天经地义的事。他还说自己能够证明，打老娘也是正义和合法的事情。

糟老头哀求云神为他做主，云神说，你送儿子去学辩证法，本来就是为了赖钱不还债，现在让儿子打了，活该！糟老头气坏了，拿起火把，烧了苏格拉底的"思想所"。

这个故事是讽刺苏格拉底的"思想所"教的都是败坏雅典青年的点子和招数。传授辩证法歪招的老师居然还强词夺理，说那是有用的新知识。

《云》是在苏格拉底受审前四分之一个世纪演出的。那时，苏格拉底可以自由讲学。在雅典，任何地方都可以是他的学校，各种各样的人都可以是他的学生，他的学生们并不都是阿里斯托芬笔下的糟老头和不孝子。

苏格拉底在雅典的任何地方都会与他人进行他的"哲学对话"，关于美德的、关于知识的、关于人生的。雅典人在市场上、集市上、体育训练场上，到处都可能看到他的身影。重要的不是他就什么议题大发宏论，而是他可以自由地大发宏论。自由的雅典就是苏格拉底的"思想所"。阿里斯托芬在《云》里并没有关闭这个"思想所"，而是用暴力来对付苏格拉底。他嘲笑的不是苏格拉底的言论自由，而是他的辩证方式——阿里斯托芬称之为诡辩。

苏格拉底所享受的言论自由，在希腊一些地方是不存在的。在不存在言论自由的地方会有对言论的秘密监视，例如斯巴达有个叫克里普提（Krypteia）的机构，相当于秘密警察。他们的任务是侦查谁是"不安分"的奴隶，在他们中发现潜在的叛逆者，还要发现谁在散播不良言论，惹是生非。

在西西里的叙拉古也是一样，那是一个专制独裁的国家。民众的活动和言论都受到控制。柏拉图一度在叙拉古想把他的朋友暴君狄奥尼修斯二世（Dionysius II of Syracuse，前397—前343）变成模范的"哲学家国王"。据亚里士多德说，在那里，狄奥尼修斯的前任希耶罗除了用密探外，还用内奸故意煽动闹事来侦查人们表露不满的谈话和行为，有意无意的都要严惩。他还会派"长耳朵"的大妈去有任何聚会或开会的地方，监视那里人们的言行。她们不仅要报告危险的言论，还要以她们的存在来震慑和阻吓任何对现政权的批评。亚里士多德说："一旦人们害怕这种密探，他们就不敢嚼舌头了。"

但是，在雅典"舌头"是可以随便嚼的，而且没有人"嚼舌头"

像苏格拉底那样自由。阿里斯托芬虽然不喜欢雅典的智辩者，但他不是要禁止智辩的自由，而只是要求智辩者正当地运用这个自由。阿里斯托芬在政治上是保守的，但那是一种自由保守主义。

斯东在《苏格拉底的审判》里把雅典的剧场很恰当地比喻为自由的现代报业。喜剧诗人就是搜集流言蜚语、名人隐私和批评贪官污吏的"新闻记者"。他们多产的作品大部分都已失传，仅有的一些得以流传的完整喜剧便是来自阿里斯托芬。苏格拉底不仅在阿里斯托芬的四部喜剧中出现，从同时期的另一些喜剧诗人的作品片段里也可以发现，当时对苏格拉底的描述，与我们印象中的哲学圣人有很大的出入。雅典的阿梅普萨斯（Ameipsias，约前5世纪）是阿里斯托芬的同时代的喜剧诗人，他曾两次在戏剧比赛中胜出。他的《科诺斯》（Konnos）于公元前423年在城市酒神节上获得二等奖，当时阿里斯托芬的《云》只获得了三等奖。在阿梅普萨斯的残篇里有这样的诗句："苏格拉底，好人少的时候，可以算是最好的；傻瓜多的时候，一定是最傻的／你也来看望我们吗？真是大胆。你的外套呢？／你这副德行让随便哪里的鞋匠都会觉得难堪。"

苏格拉底是喜剧诗人喜欢的笑料，这并不意味着他名声不好。相反，这反映了他有很高的知名度，名人自然就有名人效应。雅典人喜欢他们中间的怪人，包括怪人苏格拉底，他们也喜欢对担任要职的官员开玩笑，这是自由的雅典才有的。

雅典喜剧诗人连德高望重的民主政治领袖伯里克利也不放过，虽然他们拿伯里克利开粗俗和低级的玩笑，但不妨碍雅典人一次又一次地选他为领袖。他多次连任，让修昔底德说他实际上是个君主。伯里克利的接替者是克里昂，他的民主立场比伯里克利更激进，他是阿里斯托芬在《马蜂》里的嘲笑对象，但他同样很受民众拥戴。可见，喜剧在雅典主要是幽默和娱乐文化的一部分，并不是打击政治人物的手段，更不是颠覆政府的武器。

　　苏格拉底很有幽默感。他常常开自己玩笑，想来他也不会在意有人讽刺他，说他穷得买不起外套或体面的鞋子。历史学家普鲁塔克讲过这样一个故事：有一次有人问苏格拉底，你对阿里斯托芬在《云》中那样写你生气不生气？苏格拉底答道："他们在剧场里开我玩笑，使我觉得我仿佛置身在许多好朋友中间。"在柏拉图对话录《会饮篇》中，我们发现苏格拉底、阿里斯托芬还有其他客人一起有说有笑，轻松幽默地交谈，不像是有什么仇恨在心。

　　但有一点值得注意，那就是，从《苏格拉底的辩词》（Apology）中看到，苏格拉底似乎把大家对他的误解和偏见归咎于喜剧诗人。他在为自己辩护时，一开头就说，早在他受到这次审判的指控之前，他就受到了一大堆诽谤性的攻击。他辩解说，他从来没有能够正面驳斥这些攻击，因为这些攻击者是匿名的。因此，"甚至不可能把他们之中任何一个人叫到这里来"，"与他对质"。苏格拉底抱怨说，因此，他不得不"好像完全同影子作战，提出对质而没有人作答"。

　　苏格拉底说，不可能知道是谁在诽谤他，他无法说出那些诽谤过他的人的名字，只是有一次偶然遇到的一位正好是喜剧作家。这句话是不是有所暗指呢？有的人认为，他指的是阿里斯托芬和他的《云》。也有人认为，这可能指任何"一个正好是喜剧作家"的人。

　　苏格拉底对众多的陪审员说，那些早先攻击他的人在"你们还是儿童时就吸引住了你们中的多数人"。他这话并不夸张。在雅典，儿童也去剧场看戏。我们从剧本演出的年代知道，苏格拉底最初遭到嘲弄的那个剧本《云》是在公元前423年演出的，审判他的法官当时的确还是孩子。当然，除了《云》，还有别的讽刺苏格拉底的喜剧。

　　前面提到的阿梅普萨斯的《科诺斯》就是一个例子，其中关于苏格拉底的玩笑可能同《云》中相似。在《云》中，苏格拉底开办的是"思想所"，《科诺斯》中也有一个类似的由"思想家"组成的合唱队。现在我们不清楚剧名"科诺斯"是什么意思，但斯东认为，希腊文中有个动词"konno"，意思是"知道"。如果真是这样，那么这个用词可能是在讽刺"知道分子"，也就是今天一些所谓的"知识分子"。

还有一个喜剧诗人欧波利斯（Eupolis，前446—前411）似乎也开过类似的玩笑。在他的一个流传下来的残篇中，有四行提到苏格拉底的诗句，是一个在"思想"或"考虑"（phrontizo）的字上开的玩笑。剧中的一个人物说："我也讨厌苏格拉底 / 那个吹牛皮的乞丐，/ 他老是在思考世界上一切事情 / 却不知道下一顿饭会从哪儿来。"欧波利斯要嘲笑的是，哲学不能当饭吃。

苏格拉底可以说是我们今天所熟悉的"不能当饭吃"的鼻祖：哲学不能当饭吃、自由不能当饭吃、民主不能当饭吃，凡是你不喜欢的东西，统统都是不能当饭吃的废料和垃圾。我们今天因为柏拉图的著作，往往把苏格拉底当作俗世圣人。但是从公元前5世纪雅典一些旧喜剧中流传下来的点滴残篇却显示，他一直被同胞认为是个古怪的有点可爱的怪物，一个市井"角色"。总之，他同时代的人对他的看法与我们今天对他的印象有相当大的落差。

在《辩词》中，苏格拉底两次直接提到他在《云》中的形象。后人当然无法确定，《云》与公元前399年苏格拉底被雅典陪审团判罪是否有关，或可能有怎样的关系。24年前阿里斯托芬发表这个喜剧的时候，当然不可能预见到以后会发生什么，他不过是开个玩笑。而且，他不只是开个人的玩笑，也开政治体制的玩笑，例如他以雅典公民陪审制度为题材创作的戏剧《马蜂》。

3.《马蜂》: 不完美但不可缺少的民主陪审团

阿里斯托芬的《马蜂》在《云》上演的第二年, 即公元前422年首演, 讲述了一对父子对雅典公民陪审员制度的不同立场以及由此而产生的矛盾。其中, 父亲斐罗克里昂（Philocleon）狂热地喜爱陪审, 儿子布得吕克里昂（Bdelycleon）却认为父亲的行为是种怪癖, 极力阻止他参加陪审。

该剧是诗人对雅典人诉讼成风和民主陪审员制度的批评, 指责执政官利用陪审制度讨好和控制雅典公民, 它的讽刺对象是雅典的政治人物克里昂。在伯里克利活着的时候, 克里昂是他的政治对手。公元前429年, 伯里克利在雅典瘟疫中去世, 克里昂成为新的领袖。他很有魅力, 也很有才华, 但最重要的是他知道如何掌控雅典人的情绪, 并通过增加陪审团的工作报酬来争取较贫穷公民的支持。这使他在许多人眼里成为一个以讨好民众的手段来增强自己政治势力的 "收买人心者"（demagogue）。历史学家修昔底德和阿里斯托芬都对克里昂持非常负面的看法, 阿里斯托芬不仅仅讽刺民粹领袖克里昂, 而且也讽刺为他提供权力基础的雅典法院和陪审制度。

这里先介绍一下雅典公民陪审员制度的背景, 这项制度关系到雅典人对 "谁来把握'公平'原则" 的民主观念。雅典民主制度的基础是伟大的立法家和社会改革家梭伦于公元前6世纪奠立的, 他给予所有的男性公民（包括最穷的公民）在议会中和陪审团法庭上的同等投票权。

前文提到, 公元前5世纪被称为雅典民主的全盛时期, 也被称为伯里克利时代。伯里克利是雅典扩张时期的核心领袖人物, 他之所以享有这么高的声誉, 一方面跟他连年当选 "十将军" 有关, 另一方面是由于雅典人对他怀有深深的敬意。尽管他和 "十将军委员会"（broad of ten strategy）的其他九位将军一起执政, 但其他人从未像他那样对公民大会具有如此大的影响。公元前 5 世纪，雅典人通过这种公民集体参与，还有人数众多的陪审团，来为国家制定政策。这几百名公民是从民众法庭内选举出来的。伯里克利偶尔也会出征，如指挥部队平定叛乱，但他的才华主要体现在制定政策并说服公民大会的成员为他的决策投票上，然后将其付诸实施。公元前 5 世纪初的几十年间，公民大会一年集会十余次。不久，集会的次数迅速上升，到了伯里克利时代，几乎每十天就有一次集会。讨论重大问题的集会一般有超过 6000 人参加。

雅典民主的基础是其司法制度及"公职津贴"。雅典没有最高行政长官，因为雅典人认为主权归人民。伯里克利时代的雅典政体被称为"demokratia"，意即政府的权力掌握在"国民"手中。这里的"国民"指的是所有男性公民，他们在公民大会中充当投票人，而在民众法庭里又扮演陪审官的角色。雅典陪审官的人数众多，一般有几百人，有时甚至高达一千多人。雅典人认为，陪审团的决定就是城邦的意志，因此，越多的人参与审判，判决就越具有正义性。大量的公民参与也是古希腊民主制度的重要特征。

为了确保绝大多数的公民有权参与陪审制度，埃非阿尔特斯（Ephialtes，？—前 461，他曾是伯里克利的老师）逝世以后不久，伯里克利制定了"公职津贴"制度。津贴的数额并不会比普通劳动者的一天所得多，但也不会少到只有象征意义。这项制度为伯里克利赢得了民心，接着，这一制度扩大到立法大会，甚至连出席公民大会的人都有津贴补给。公元前 5 世纪的很长一段时间内，各级行政官员均享有一定数额的津贴。与希腊其他地方一样，雅典也主要靠女人和奴隶做工，因此男性公民获得了一些空闲时间，但即便是有妻子或若干奴隶的男性公民，也必须靠"工作"方可养活家人，因此"公职津贴"对这些人来讲便是一笔相当不错的收入。

现代国家给公职人员提供一定的津贴是很正常的事情，公职工薪是非常普遍的制度。然而很多雅典人，尤其是那些衣食无虞的富人，认为"工薪制"是民主政治家收买人心、骗取选票的下三滥手段。例如，雅典的政治要人客蒙（Cimon，前510—前450，一位亲斯巴达的保守派人物）就是一个善于使用这种手段的人。为了博取公民的欢心，他邀请路人自由地在他家果园里采摘水果、请穷人出入他家用餐。在像客蒙这样的贵族看来，这么做无可厚非。但是，他们有双重标准，在伯里克利为贫苦公民参加政权管理提供一定的物质保证的时候，他们却认为这种做法虚伪、卑鄙。

为了让尽可能多的人参与公众生活管理，雅典采取了一系列的宪政改革和维新手段，但是富有的贵族还是继续享有极大的特权。于是，睿智的民主政治家们建立了一个公众服务体系，让有钱人负担"社会义务"（liturgy），即用他们的财富承担一些公共事业的开支。其实像伯里克利这样的政治家大都来自特权阶层，他们自己也要出钱。不过在他看来，有钱人承担一些社会义务不仅可以改善与民众的关系，还可促进民主发展，不失为一笔好的"投资"。

公民陪审团不是一个抽象的民主理念，而是复杂而充满矛盾的政治运作，这在《马蜂》一剧中有精彩的体现。《马蜂》首演时，伯里克利已经去世七年了。伯里克利在去世前说，此刻的雅典民主比他政治生涯开始时更难以控制。

继伯里克利之后成为雅典主要领袖的是一位皮革厂厂主克里昂，公元前422年，身为雅典执政官的克里昂在围攻安菲波里斯（Amphipolis）的战事中指挥失误，导致原本兵力占优势的雅典军队中计，被斯巴达军击溃。克里昂也在撤退过程中负伤阵亡。在这之后，雅典主战派在公民大会中逐渐处于下风。因为害怕斯巴达及其盟友进一步反击，雅典人开始寻求缔结和约之路。但在这年春天，也就是《马蜂》上演的时候，雅典人尚未感到危机正逐步逼近，他们还沉浸在三年前斯法克特里亚岛战役（Battle of Sphacteria）的胜利气氛里。带领雅典海军取得这次胜利的，也正是克里昂。

《马蜂》中的两个主要人物，父亲和儿子，名字的词尾都是克里昂（Kleon），显然是影射曾在雅典极有权势的克里昂。阿里斯托芬在"克里昂"这个名字前分别加上"Philo"（喜爱）与"Bdely"（憎恨）的前缀，所以，父亲名字的意思是"喜爱克里昂的人"，儿子名字的意思则是"憎恨克里昂的人"。

《马蜂》围绕着这对父子冲突展开。这位老人对庭审有一种近乎疯狂的热爱，自然有他的道理——他喜欢当陪审员时那种拥有权力的感觉。那些被告，不管如何有钱有势，都会在法院门口低声下气，甚至卑躬屈膝，乞求和奉承陪审员，希望得到他们的宽恕。由于这样的乞告和奉承，陪审员享受到了"王权"的快感。

父亲斐罗克里昂说：

> 我一开始就能证明我们的
> 权力不在任何王权之下。
> 世上哪里有比陪审员——尽管已经上了年纪——
> 更幸运、更有福、更奢华、更令人畏惧的人？
> 我刚刚起床，就有四肘尺高的大人物
> 在法庭栏杆外等候我：我一到那里，
> 就有人把盗窃过公款的温柔的手伸给我。
> 他们向我鞠躬，怪可怜地恳求我说：
> "老爹，怜悯我吧！我求求你，要是你也曾在担任官职
> 或在军中管理伙食的时候，有过偷偷摸摸的行为。"
> 那个说话的人根本不会把我放在眼里，
> 若不是曾经从我手里无罪获释过。（《马蜂》，第548—

559行）

　　而且，当陪审员的感觉就是真正的"人民当家作主"。陪审员在法庭上可以自由地解释法律，他们的决定不受审查，连雅典的权威领袖也从不挑他们的错。

　　斐罗克里昂又说：

> 议事会和公民大会有时对重大案件判决不了，
> 就通过特别决定把被告交给陪审员审查：
> ……
> 任何时候谁也不能如愿使自己的提案在公民大会上通过，
> 除非他建议法院判决了头一件案子后就闭庭。
> 那大吼一声能压倒全场的克里昂从来不挑我们的错，
> 他保护我们，亲自轰走苍蝇。（第 590—597 行）

　　同样重要的是，陪审员有了薪水，这可以让他在家不必靠子女赡养，也就有了经济上的独立性和权威性。

　　斐罗克里昂非常自豪地说：

> 那最使人开心的事，我几乎把它给忘了。
> 当我拿着钱币回到家里的时候，一家人
> 都知道我带回了钱，开始巴结起我来。
> 女儿给我洗脚擦油，弯腰亲我的嘴，
> 叫一声爸爸，用舌头钓走那三个奥波尔。
> 我那好老婆也向我献殷勤，端出又松又软的
> 大麦粑，坐在旁边劝我："吃这块，
> 吞那块。"这些事真叫我开心：我用不着
> 看你和你管家的脸色。
> ……（唱）

难道我不是大权在握，比宙斯也差不离了吗？（第
605—620行）

既然父亲这样把当陪审员当作一件美差，那么，为什么他儿子
情愿出钱奉养他，也不愿意父亲去干陪审员这种"坏事"？

最重要的理由是，陪审员经常干害人的事情，他们随随便便就
能给别人安上可怕的政治罪名，一点小事都可以看成要颠覆民主制
度，恢复专制。"只要有人告发，不管案情大小，你们就认为是独
裁僭主的共谋。"（第488—489行）这就像在荒唐的年月里，鸡毛
蒜皮的事情都可以上纲上线为各种严重的罪名。

美国心理学家马斯洛（Abraham Harold Maslow，1908—1970）
说，你手里有一把锤子，满眼看出去的都是钉子。普通的陪审员
并不真正懂得什么是民主政治，他们一旦被蛊惑者赋予法律审判的
生杀大权，便很有可能滥用手中的权力，成为托克维尔担忧的那种
"多数人的暴政"。

儿子见父亲因为拿了一点陪审团津贴就开心成那个样子，就给
他算了一笔账：政府以陪审制度为借口向民众征收各种苛捐杂税，
结果羊毛出在羊身上，付给陪审员的不过是各种税收中的十分之一。
父亲大吃一惊，忙问儿子："其余的钱哪里去了？"这是儿子的
回答——

布得吕克里昂：

> 到那些口口声声说"我决不背弃雅典群众，
> 我要为人民的利益而斗争"的人腰包里去了。
> 父亲，你是上了这些花言巧语的当，把他们捧出来统治你。
> ……所有这些当权者和拍他们马屁的人都拿薪俸，
> 而你呢，只要有人津贴你三个奥波尔，就心满意足了，

这笔钱原是你在海上划船、陆上攻城作战，

辛辛苦苦赚来的，难道这不是最大的奴役吗？（第
666—685 行）

儿子的话似乎把父亲点醒了："他们是那样对付我的吗？啊，
你说的是什么？ / 你把我的心彻底搅乱了。"（第 696—697 行）

儿子所说的显然是阿里斯托芬自己要说的话：陪审员只是傀
儡，是雅典那些打着"为人民"旗号的权贵在后面操纵的木偶。权
贵们从民众身上搜刮财富，民众越贫困，他们就越能拿陪审团津贴
当作手中的筹码，在陪审员们身上发挥更好的效果。而且，他们给
陪审员发泄非理性残酷欲望的机会，这种发泄就像精神制幻的毒品，
一旦上瘾，就再也难以摆脱。但是，雅典民主的意义却并不能只是
从这样的"大民主"去理解。与雅典城邦联系在一起的是一个"城
邦"，不是实行某种专政的"国家"或"政府"。

当亚里士多德说"城邦"是根据人的天性而存在时，他说的是，
城邦的产生源于人类天生的正义感。对希腊人来说，城邦有着一种
特殊的性质，使它不同于其他形式的人类群体。亚里士多德认为，
这是"一种自由的人的联合"，不同于家长制的家庭，或者君主政
体，或者主奴关系那样的早期联合形式。城邦是"民众参与治理自
己"的体制，被统治者就是统治者。按照亚里士多德的说法，这是
公民"轮流进行统治和被统治"。

不论在公民身份范围受到限制的寡头政体中，还是在所有出生
自由的男子都是公民的雅典民主政体中，主要的政府职位都是由选
举产生的，但是其他许多职位则由抽签产生，这使得所有公民都有
参与治理自己的平等权利。所有公民都有权在制定法律的议会中投
票和发言，列席实施和解释这些法律的陪审团法庭。与今天美国的
陪审团制度一样，雅典城邦的陪审制度并不完美，但是，如果没有

这样的陪审制度，雅典的自由城邦就不可能存在，就会变得像波斯那样专制独裁。

4.《吕西斯特拉特》：政治不是男性的专属事务

在美国有一条几乎是家喻户晓的反战标语："做爱，不作战"（"Make love, not war"），它起先出现在 20 世纪 60 年代的越南战争时期，后来每当有战争，都会有美国人把这条标语贴在自己汽车的保险杠上。这个标语就源自阿里斯托芬的另一部喜剧——《利西翠姐》。

本书一共要谈阿里斯托芬的三部喜剧，《吕西斯特拉特》是第三部，也是三部中至今还在经常被演出的一部，尤其是当出现战争或女权运动的时候。在反战和争取女权这两种不同形势下演出同一部喜剧，它的讽刺和批评对象是不同的。今天对这部剧的改编或演出通常配合女权主义者和（或）和平主义者的目标，然而，公元前411 年这部剧上演的时候，既与女权主义无关，也不是为了毫无保留地支持和平主义。

即使这部剧似乎表现出对女性状况的同情，雅典戏剧诗人也没有颠覆男尊女卑的革命目的。当时人们相信，女性需要被保护才不至于做出危害自己和他人的非理性事情。在这个观点上，喜剧诗人与其他人并没有什么不同。而且，这部戏甚至也不以反对或终结战争为诉求，而是在想象以一种看上去体面的方式赢得战争，那就是让"休战"成为交战双方都能接受的"双赢"结果。整部剧中，没有一处在表明或暗示，战争本身是反人性和不人道的，是不能容忍的，更不用说是不道德的了。这和欧里庇得斯的《特洛伊的女人们》是不同的。

《吕西斯特拉特》写于公元前 411 年，它出现在伯罗奔尼撒战争的时代背景中，当时雅典正专注于和斯巴达的剧烈冲突。在这部戏剧中，战争正迁延不决，"国家安全十人委员会"由于担心雅典人轻率地结束战争，便控制了政府并继续进行战争。吕西斯特拉特这位女性取笑这个委员会保持战争状态的决定。这部戏剧请求实现和平，但并不是号召雅典人投降，它主张双方谈判缔结一项彼此都满意的停战协定。

因此，这部剧讽刺和批评的直接对象，是那些为了自己的利益而不肯与斯巴达人商谈停战的"战争机会主义者"，这有相当的政治风险。为此，阿里斯托芬可能面临被捕入狱，甚至更坏的命运，但他还是坚持住了。这是一部政治讽刺剧，完全不同于 12 年前的那部只是讽刺苏格拉底的《云》，或者 11 年前那部讽刺雅典公民热衷于陪审的《马蜂》。

阿里斯托芬引入女性的视角，用吕西斯特拉特作为他的代言人，质疑那个十人委员会的决策能力，为的是更好地说明雅典必须为战争付出代价。剧中，地方执政官抱怨女人们"没有参加战争"，以大男子的口吻对女人们骄横无礼。吕西斯特拉特觉得自己和其他女性受到了诬蔑，愤然答道："对于战争，我们的感受远比你们更深。/ 我们生儿育女，难道只是为了 / 让他们去打仗送死？"（《吕西斯特拉特》第 586—588 行）她又说：

> 当我们青春年少，向往欢乐之时，
> 战争却让我们独守空闺，尝尽孤眠滋味。
> 我们的遭遇已无可挽回，
> 现在我更为可怜的姑娘们痛心，
> 她们在平静的忧思中渐渐老去。（第 591—595 行）

战争中成千上万的士兵和水手丢掉了性命，让许多妇女成为寡妇和剩女。对当时的女人来说，没有丈夫或者嫁不出去，是她们最大的灾难。剧中的使节说，在战争期间，不只是女人变老，男人们"也会衰老，和妇女们一样"。吕西斯特拉特反驳道：

> 宙斯作证，男人是另一回事！
>
> 即使他回转家门，两鬓苍苍，
>
> 照样可以娶一个嫩黄娇娃。
>
> 女人却是青春苦短，红颜易衰，
>
> 谁愿意问津那半老徐娘。
>
> 就算她盼穿泪眼，到头来也还是一场空想。（第593—599行）

吕西斯特拉特问雅典和斯巴达的妇女们：谁厌倦了战争？所有妇女都承认，她们厌倦了战争。吕西斯特拉特向集合起来的妇女宣布，她有一项计划可以结束战争，那就是利用女人对男人的性诱惑力。她鼓励这些妇女们：

> 我们的力量和希望正在于此，
>
> 在于我们的穿红戴绿、佩金饰银，
>
> 在于我们的没药香气，
>
> 在于我们诱人的胭脂和透明的衬衣。（第46—49行）

只要女人们"戴上薄纱披肩"，穿上"波斯式的平底鞋"，男人们就会神魂颠倒，"放下手中的刀剑"，"不再举起手中的标枪"（第50—53行）。于是，吕西斯特拉特向她的姐妹们宣布了她的计划：如果想迫使我们的丈夫回到和平中来，就必须停止和他们行房。

吕西斯特拉特还建议，要以举行宗教祭祀为借口，占领储存着战争所需钱财的卫城神庙。她要求，除非男人们同意实现和平，否则妇女不应屈服或者投降。雅典妇女们起初不同意用禁欲作为交涉的工具，不过最后她们还是同意了这一计划。开始的时候，这确实让女人们很为难，她们中有人提出：

> 这真叫人为难，我的朋友！
> 女人在夜间被窝里没有丈夫，
> 这滋味实在不好受。
> 可不管怎样，和平我们总还是需要。（第141—144行）

女人们还一致同意，不光自己要有所行动，还要把敌国斯巴达妇女也动员起来加入这项行动，把行房禁令推广到斯巴达。她们的计划相当成功，当男人们从战场归来，没能实现他们的婚姻生活，感到十分沮丧。为了反击妇女的叛乱，男人们采取行动，想用纵火的办法把妇女们赶出卫城。他们还试图通过诉诸妇女照顾孩子的母亲责任诱使她们出来，但这两个办法都没有奏效。最后，雅典和斯巴达男人强烈的性欲迫使他们坐到谈判桌前商讨和平，他们的性要求终于征服了他们从事战争和侵略的欲望。吕西斯特拉特为这样的胜利结果感到高兴，但她也担心，这只是一时的胜利：今天让我们欢乐起舞，为诸神纵情歌唱，今后我们还要小心提防，以免迷失心智，再起祸殃！

吕西斯特拉特是一个非常有政治头脑，甚至可以说政治智慧的女人。这也是这部剧受到现代女权主义者青睐的理由。今天，读者们关注的是这部喜剧里的公共政治含义，而淡化或者完全无视它的两性政治方面。这是因为，两性政治涉及赤裸裸的情欲和肉欲，在大多现代人的眼里是令人羞耻的，甚至是"低级""下流"的。

《吕西斯特拉特》有许多这方面的内容，涉及女子用身体的哪些部位去挑逗男性的情欲，这部剧在舞台上的表演更是露骨，例如使用非常夸张的性道具。不要忘记，喜剧的主要观众是普通的农夫，他们并不是热衷于公共政治学或政治理论的那种人，他们对男人和女人之间的事情比对城邦政治与女性的关系要有兴趣得多，也熟悉得多。阿里斯托芬充满色情描写的戏剧很对他们的口味。

今天，阿里斯托芬喜剧如果不加以改编就搬上舞台，一定是"少儿不宜"的。正如利奇德在《古希腊风化史》一书中说的："现代人也许要问：这些喜剧如此强调突出色情的主题，而且往往表演得不堪入目，当时妇女和儿童也来观看这样的戏剧吗？"[1]他在对各个问题的研究中发现："在这方面没有限制他们的明文规定，但是在女观众当中妓女的人数多于受人尊敬的良家妇女，而且我们有足够的资料可以证明观众中有不少儿童。如果有人觉得这种情况很反常，甚至感到有辱于人，那么我们应当再次提醒他们：古人对性问题的态度是十分天真单纯的，人们不会让它罩上任何神秘的色彩，而是将它视为所有生存的先决条件而加以顶礼膜拜。"[2]这是以阿里斯托芬为代表的古希腊旧喜剧的一个特色。到了公元前4世纪以后，"新喜剧"就变得更加"文明"了。

我们今天可以从"女性政治觉醒"的视角来理解《吕西斯特拉特》，虽然这种觉醒并不意味着希腊女性的政治地位真的会有相应的变化。

古希腊也有类似于中国古代的"女正位乎内，男正位乎外"的观念。《易传》中说："男女正，天地之大义也。"俗语中也说，男做女工，越做越穷；女做男工，做煞不凶。往最好处说，也不过如《印光法师文钞》所言，治国平天下之权，女人家操得一大半。一

1　利奇德著，杜之、常鸣译，《古代希腊风化史》，第167—168页。
2　同上。

半功劳是女人在家里操持家务得来的。

阿里斯托芬在《吕西斯特拉特》中承认两性之间的劳动分工。他在几处段落中把治国术、战争和政治描述为男人的责任，认为这些活动在本质上是男性化的，不适合女性的禀赋。例如，当妇女们提出要接管国家财政管理时，主管官员回答，由女人来做这件事是"违背自然本性的"。诸如抚养儿童、管理家务这样的活动才是女性的责任，因为她们最适合做这些事情。

不过，阿里斯托芬也设计了一些情节来质疑政治与家庭之间的传统区别。有政治头脑的吕西斯特拉特认为，持家技艺与治国技艺没有什么不同。相反，持家技艺正是国家目的的本质所在。例如，吕西斯特拉特建议由女人来控制和管理公共财政，因为她们已经操持家务和家庭财政相当长时间了。吕西斯特拉特说，既然女人通常在家里整理被丈夫弄乱的屋子，那她们也应该从男人手里接管政治，清理他们堆积起来的政治垃圾。雅典非常委员会成员普罗布洛斯（Proboulos）质问她："现在的国际形势就像一团乱麻。你有什么建议能厘清它？"吕西斯特拉特立即用处理毛线为比喻做出回答，这是剧中非常精彩的一段，吕西斯特拉特侃侃而谈道：

> 是啊，若是你们（男人）聪明有理智，
> 处理事也就会像我们处理毛线一般。
> ……
> 首先应该在大盆里把羊毛清洗，
> 把刺实植物去除——一个国家也应该
> 清除恶棍和懦夫，
> 把毒刺统统拔净。
> 然后把羊毛摊开在床上用棒敲击，
> 彻底去除杂质。

同样，应该把那些热衷于

在公民大会上争吵斗嘴的人，

把那些暗地里相互勾结、阴谋夺权的人

统统清除出去，乃至砍掉他们的脑袋。

留下正派的公民，把他们集中起来，

再加上侨民和所有对我们友好的外邦人。

也不要忘记那些对国家欠有债务的人，

他们中有些人也可以纳入公民行列。

宙斯作证，那些由我们开拓的海外殖民城邦，

也应该予以接纳，他们可以各自成为

我们在当地忠诚牢靠的基础。

以上人员就是我们可靠的纱线，

把他们放上同一辆纺车，

就可以纺出巨大的线团，

再用这巨大的线团

为雅典百姓织出所需要的衣衫。（第 569—587 行）

　　阿里斯托芬敢于通过一个女人的嘴来教训雅典权势熏天的"国家安全十人委员会"，实在是希腊旧喜剧里才会有的讽刺批评。以批评具体的人和事为题材的旧喜剧是公元前 5 世纪雅典的一道特殊思想景观。在阿里斯托芬的晚年作品中，这样的批评已经被消解。他的《财神》（Plutus）上演于公元前 388 年，变得像是一般化的带玩笑的道德说教，标志着旧喜剧向公元前 4 世纪新喜剧的转变。从亚历山大去世（约前 323）到最后一位有影响的新喜剧诗人菲勒蒙（Philemon）去世（前 262），新喜剧延续了旧喜剧的发展，但写的却已经主要是爱情故事和家庭生活了。

　　为什么会有这样的变化？我们无法知道所有的原因。但是，有

一个原因不容忽视，那就是政治自由的逐渐丧失。公元前 404 年，斯巴达战胜雅典，结局就已经注定。公元前 338 年，马其顿征服希腊，所有的公共活动，包括在剧场里演戏，都受到了严格的审查和监视。在专制统治下，喜剧是不可能兴盛的。当然，人们还会去剧场看戏，但那是为了逃避现实中的问题，用今天的话说，就是消遣和娱乐。在这样的剧场里绝对看不到带刺的喜剧。

美国著名剧作家和编剧 S. N. 贝尔曼（S. N. Behrman，1893—1973）说："独裁者极害怕喜剧和笑声，因为笑声是这个世界上最人性化的东西，也是最有批评力的东西。"我们只要回想一下希特勒统治时期发生在德国戏剧身上的厄运，就知道贝尔曼这番话的分量了。当喜剧作家（这里也包括小品、相声、脱口秀等的作家）不再拥有政治和言论自由的时候，他们就会把笑的题材从大事情转移到小事情上，家庭或个人那些鸡零狗碎的"趣事"就会粉墨登场，成了只为博人一笑而毫无营养的笑料。这样的"幽默"和"笑料"本身也就成为一个笑话。

十　希罗多德《历史》

1. 互联网时代的希罗多德《历史》

我们都是互联网时代的读者，都有丰富的互联网阅读经验和体会。你也许有过这样的经验：在网上阅读一篇内容特别有趣、丰富而又相当陌生的长文，你被文中一处又一处的知识链接吸引，忍不住一次又一次打开链接，而那些链接里又有更多吸引你、唤起你好奇心的链接。对于作者来说，链接是他写作的联想；对于读者来说，链接是对知识好奇心的延续。

面对这样的文本，你该怎么办？是拒绝链接的"诱惑"，还是让链接把你从偏离引向更远的偏离？你知道在哪一个知识的节点上如何回归原文吗？链接会在阅读的过程中破坏原文的完整性吗？

阅读希罗多德《历史》的时候，很可能就会面临这样的"链接阅读"问题。它会给人一种陌生又新鲜的感觉，也会让人困扰，觉得完全不是所熟悉的那种线性叙事的历史。

网文无论有多长，完整性是清晰可查的，而希罗多德《历史》则不是这样。就算读完了整部著作，仍然可能纳闷，这是一部怎样的历史？它写完了吗？作为一个整体，它要说的是什么？2500年来，不知多少读者都问过类似的问题，也试图给出不同的回答。然而，今天，由于我们有了互联网阅读的经验，也许可以对这样的问题做出一些新的回答。也许正是这个原因，近几十年来，希罗多德《历史》成为网络时代相当热门的一部古典历史著作。

长期以来，如何理解和解释《历史》的结构一直是一个多有争论的问题。全书共有九卷，多数研究者认为，以第五卷的中间部分为界，正好可分成两个大致相当的部分，前半部分是希波战争的前史，而后半部分则是希波战争本身。但即便这样划分，在前半部分里仍然有许多长短不一的、与希波战争无关的题外之言，短的只有几句话，长的用了整整一卷（例如讨论埃及的第二卷）。《历史》受到批评最多的就是它许许多多题外的陈述和议论，被认为是这部著作的一个主要缺陷。

这个结构问题其实是个知识信息的问题。要是利用互联网写作的信息技术条件，《历史》的结构缺陷很容易就能得到解决。可以把大大小小"跑题"的部分都放到链接里去，或者用链接的链接把具体的信息拆散处理，并且形成"交叉参照"（cross-reference）的内文联系。这种知识信息分散处理的基本方法是在文艺复兴时期发展起来的，当时只是用于印刷文字，今天可以更方便地用互联网技术来处理。

例如，在第三卷里，希罗多德介绍波斯国王大流士的贡税制度（把领土划分成22个地区），由此说到每个地区必须缴纳数量不一的贡税（例如巴比伦和亚述的第九地区要献1000个塔兰特的白银和500名充任宦官的少年）；说到黄金和白银的价值（1:13）；说到如何把黄金铸成金块；说到黄金是从哪里来的（来自印度）；说到印度人吃人肉的习俗（男人或女人生病时，最亲近的朋友就会把他吃掉）；说到印度人在野地里交媾，男人的精液是黑色的；说到印度的黄金是从含金量丰富的金土里来的；说到一堆一堆的金灰是一种比狗大、比狐狸小的蚂蚁在挖洞时刨出地面的；说到一天里什么时候采集金土最有效，等等。

这样的信息链与互联网的知识链接甚为相似，不需要全都放在正文之中。以我们今天对传媒技术条件的认识来看，希罗多德《历史》的这个结构上的"缺陷"（如果可以把它看作缺陷的话）很大程度上是因为受制于书面文字的写作技术条件。这部著作处在口头文献向书面文献转变的关键时期，《历史》的材料都是他听来的。为了听，他必须不辞辛劳，长途跋涉到有人能说给他听的地方。到了公元前 5 世纪，"阅读"已经开始代替"听说"成为人们获取信息的一种"流行"工具，历史学家修昔底德虽然只比希罗多德年轻20 多岁，但他在写《伯罗奔尼撒战争》时，宁愿相信书面文献，也不相信口头传说或叙述，从而创立了历史编纂学。他的《伯罗奔尼撒战争》是与希罗多德的《历史》非常不同的历史著作。

《历史》的前半部分可以看作波斯帝国崛起的前史。第一卷最有头绪，从神话时代的远古说起，讲到利迪亚、米底亚、波斯、居鲁士等，从神话时代的远古说起，跨越很长的时段。

故事是从伊奥尼亚地区希腊人的定居地开始的，这些希腊人的定居地与爱琴海对岸的希腊北方城市有密切的联系。公元前 6 世纪初，这些地方开始落入从东面来的亚细亚王国的控制，而到了公元前 6 世纪中期，亚细亚王国则又被向西扩张的居鲁士大帝的波斯帝国吞并。

亚细亚的利迪亚帝国国王克洛伊索斯（Croesus，前 595—前546）是一位关键性的人物。他是第一个逼迫希腊人臣服，并要求他们纳贡的"野蛮人"。以前的进攻者都不过是为了抢劫，而不是征服；克洛伊索斯是第一个征服希腊人的。他自以为是世界上最强大最幸福的君王，也因为他的狂妄，他的国家最后被波斯帝国消灭。利迪亚王国的故事正好体现了希罗多德《历史》的全篇主题：再强大的帝国也有衰落的时候。

这里需要做两点说明：第一，伊奥尼亚（Ionia，一译"爱奥尼亚"）是古地名，是古希腊时代对今天土耳其安纳托利亚西南海岸地区的称呼，即爱琴海东岸的希腊伊奥里亚人定居地。第二，希罗多德所说的"野蛮人"不是指不开化的人或原始人，也没有鄙视之意，单指不说希腊语的人，因为他们像是在"巴拉巴拉"地说话，所以希腊人称他们是"Barbarians"。

第二卷谈的是埃及，非洲史、风俗和地理，主题相对比较集中。希罗多德以波斯为主要视角，因为波斯征服了埃及，埃及成了波斯的一个行省。希罗多德对埃及的风俗有非常详细的描写，并提出了一个重要主张，那就是每个民族都有自己的宗教信仰和风俗习惯，不同民族之间应该互相尊重。

第三卷是关于波斯国王冈比西斯二世（Cambyses II of Persia，前530—前522年在位）征服埃及之后波斯国内的政事。大流士等七个波斯贵族在首都成功发动政变，取得统治权。

第四卷主要是讲大流士御驾亲征，去攻击斯基泰人（Scythians）。斯基泰人采取游击战术进行抵抗，最后把大流士赶走了。希腊人在利比亚开拓了殖民地（昔兰尼［Cyrene］、巴卡［Barca］），波斯人进攻利比亚，这就与希腊人有了冲突。

第五卷讲的是小亚细亚的希腊人起义，领导人是阿里斯塔格拉斯（Aristagoras，？—前498），他一度掌握米利都（Miletus）。在试图进攻纳克索斯岛（Naxos）失败并对波斯帝国欠下一身债务后，公元前499年，他煽动伊奥尼亚人起义，反抗波斯。但他没能说服斯巴达参与他的联军。这一卷讲述了雅典和斯巴达的历史，希腊人之间的不团结是《历史》的另一个主题。

《历史》的后半部分直接与希波战争有关。第六卷，波斯镇压希腊伊奥尼亚人的起义，然后就以这次起义为由攻击希腊。第一次没能打到希腊就全军覆没了。公元前 492 年，波斯军队在阿索斯（Athos）海角遭遇风暴，全军覆没。第二次是在公元前 490 年，波斯大军横渡爱琴海，长驱直入，发生了著名的马拉松战役，最终希腊人战胜，斯巴达人的援军来迟了，没能赶上战斗。

第七卷，大流士去世之后，他的儿子薛西斯要给父亲报仇，完成父亲的事业。薛西斯准备了好几年，在公元前 480 年率波斯海陆大军御驾亲征，发生了温泉关战役。同年，波斯人攻入雅典，大肆烧杀抢掠。最后是海战挽救了希腊，他们在萨拉米斯海战中取得了决定性的胜利，波斯人的补给被切断，最后决定撤军。

第八卷则是关于阿提密西安战役（Battle of Artmisium），是波斯第二次入侵希腊时，发生的持续三天的一系列海上战役。与这场海上战役同时发生的更著名的陆上温泉关战役，是在波斯大军与斯巴达、雅典、科林斯等希腊联军之间展开的。波斯人占领已经成为空城的雅典，焚烧卫城。薛西斯留下玛铎尼斯（Mardonius，？—前479）统帅 30 万陆军，自己带领其他人班师回国。

温泉关战役虽然以希腊人的失败结束，但为雅典的海军提供了宝贵的时间，使雅典在接下来的萨拉米斯海战中获胜。

第九卷，公元前 479 年，希腊城邦联盟在普拉提亚击败波斯人。统帅玛铎尼斯是大流士的女婿、薛西斯的姐夫，据说是波斯最帅的人，他在普拉提亚之战中战死。据希罗多德记载，波斯人长相非常英俊，有一位战死的波斯战士的尸体被希腊人清理后，拉到希腊军营展示，引起大家围观。这也是《历史》的一个特色：对希腊人和波斯人的优缺点是保持中立的，不带偏见。

今天，人们重视希罗多德的《历史》，因为它体现了一种长期以来遭忽视的历史叙述或记录方式。在《历史》中，主题事件（波斯帝国必然从强盛到衰落）似乎不断偏离主题，这曾经遭到诟病，但现在被认为是一种独特的历史叙述方式。

　　以前，历史学家把希罗多德《历史》里的许多叙述材料当笑话来谈，认为是无稽之谈。例如，他提到印度有一种掘金的蚂蚁，比狐狸还大，但没有狗大；阿拉伯有一种长着翅膀的蛇，专门危害乳香；还有一种羊，尾巴巨大，牧羊人必须在它的后腿绑一个木制的小车，它的尾巴才不至于老是拖在地上。但是，现在人们意识到，希罗多德运用的是一种有闻必录的方式记载人和事，他记述的事情虽然听起来很荒唐，但他一定会告诉你，希腊人是这么说的，腓尼基人是这么说的。

　　他所说的历史不是人们一般所说的"信史"，而更接近于"调查发现"的意思。这么一来，读他的"历史"时，现代新闻报道的那种"真实"或"证实"也就不那么重要了，重要的是发生了有人这么认为、这么传说、这么相信的事情。这样的事情本身就值得历史学家去记录下来，这正是希罗多德的记事特征。他说："我有责任按照我听说的，把事情记录下来，虽然我并不要求自己去相信这样的事情。"他还说："谁要是觉得这样的事情可信，都可以按自己的意愿去解释关于埃及的故事。在我的整个叙述里，我只是按照我从信息来源处听到的记录下来，就这么简单。"

　　2019 年底开始的新冠肺炎疫情已经让不少人提出了如何记录和记忆这次全球劫难的问题，相信这个问题还会受到越来越多的重视。网络时代的书写和记忆形式肯定会不同于书面文字时代，在这方面，希罗多德的历史叙述似乎可以给我们不少启发。要是有人记录这次疫情，可以用一种类似于《历史》的方法，采用一种有闻必录的记事方式。例如，疫情期间，有人说得病是因为喝了蝙蝠汤，还有人说是因为美国军人偷偷带进来病毒。这种种说法本身的真实性已经不重要了，重要的是有人这么说，还有这多人跟着相信，跟着发狂。同样重要的是，因为有人信，有人不信，所以在社交媒体里，甚至在家庭里发生了空前的撕裂。疫病的致死率也许只有 2% 到

4%，但却能让超过 20% 或 40% 的人感染上仇恨和敌对的"病毒"，这些都可以成为将来被历史学家记录下来的东西。

希罗多德的《历史》可以启发一种崭新的记忆写作方式。它既有一条主线，又有许多出其不意、任何人都难以预料的小插曲。不断突然出现的事件令人眼花缭乱，一个谣传、一个谎言、一则新闻、一个发言或表态、一段传闻、一个突然受关注的人物、一份日记、一群人的慷慨激昂，都会在"热"过几天之后烟消云散，好像没有发生过一样。例如，有一则关于所谓"美国零号病人"，美国女军官班纳西（Matthew Benassi）的传闻，就像巨尾羊和掘金蚂蚁的故事一样说得有鼻子有眼，后来 CNN 还专门对各方相关人士做了采访报道，证明完全是子虚乌有。这是在历史中发生的，不管事情本身的是非，都有记录下来的价值。后人可以用这样的细节来拼合一个模糊时代的特色图景，这样的事件不管多么失真、荒唐、匪夷所思，都可以成为记忆历史的材料。而且，自 2019 年以来发生的其他重大"黑天鹅"事件和事件中的事件，以及看似偏离主题的种种插曲也都会进入这个历史叙述之中。

互联网的信息和知识组合特征使得这种既有主线又枝节横生的记忆历史变得更为可能，它提供了维基共笔模式、图文多重链接、专题网页这样的写作方式。关于互联网写作的特征，我在《人文的互联网：数码时代的读写与知识》一书里有所讨论，这里便不赘述。[1]

如果这次疫情过后，出现一种结合了个人或集体纪实写作的新型历史，那应该是水到渠成、毫不奇怪的事情。这种新型历史的出现甚至可能颠覆当今史学家许多权威的观念，就像网络写作已经并正在颠覆文学人士的所谓权威观念一样。我们可以期待这样的事情发生。美国历史学家杰里米·D. 波普金（Jeremy D. Popkin）在

1　徐贲著，《人文的互联网：数码时代的读写与知识》，北京大学出版社，2019 年。

《从希罗多德到人文网络：史学的故事》一书里指出，计算机和互联网已经改变了历史学家工作方式的方方面面，毫无疑问，更多的变化还在我们面前。其中最引人注目的是所谓"历史信息"传播方式的变化，而传播方式又决定了人们会得到哪些信息，并将什么样的信息确定为可靠的历史信息。那些曾经在互联网上存在过，后来被消除的信息，哪怕只有几小时，算不算是历史信息？它本身又包含着怎样的历史意义？那些不实的宣传和谣言，后世的历史学家又该如何处理它们的"事实记录"？既然它们是发生过的事情，又怎么能让它们像没有发生过一样，消失到遗忘的真空里去？

正如波普金所说，"最重要的历史学发展不是各种历史形式之间平衡的转变，而是对历史知识传播方式变化的重要性的新认识。在过去的 20 年里，没有任何一种新的历史研究方法能像互联网的发展那样对历史产生影响。近年来许多最活跃的历史学辩论不是与书本和学术文章中记录的历史有关，而是与电影中的历史地位、博物馆中的历史表现以及其他媒体（如互动视频游戏）对改变我们理解过去的方式的潜力有关。这些发展正在改变历史的各个方面：研究方法、教学方式以及历史专家和公众之间的联系"。[1] 在今天这个"后真相"和社交媒体的时代，有的人因顾虑互联网上充斥的虚假咨询和部落化信息，而对历史写作的未来忧心忡忡，但也有人因为互联网所提供的前所未有的信息便利和多元渠道而抱有乐观的信心。我们可以想象希罗多德会站在今天的乐观主义者一边，而修昔底德则会警告创新的危险和危害。无论历史学家对互联网的未来有怎样的分歧，我们阅读历史的前提是明确的，那就是，人类的过去是有意义和有趣的。无论我们认为重构历史是为了保持对伟大事件的记忆，还是为当下提供教训，抑或是扩大对人性的理解，我们都

1　Jeremy D. Popkin, *From Herodotus to H-Net: The Study of Historiography*, Oxford: Oxford University Press, 2016, 170.

能在希罗多德的《历史》里感受到一种努力发现过去的执着和传播有趣发现的热忱。

2. 远行人必有故事可讲

希罗多德的《历史》是一部寻求"来由"和"原因"的著作。在他那里，"历史"是"调查报告"，是要弄清来龙去脉，他也确实是这么做的。例如荷马《伊利亚特》里，特洛伊王子帕里斯抢了希腊女子海伦从而引起特洛伊战争的故事是家喻户晓的，但是，希罗多德要去调查一下，看看到底是怎么回事。在《历史》第二卷里，他告诉读者他调查的结果：从一位知情的祭司那里他得知，海伦确实是被抢到了特洛伊城，但在希腊大军围城攻打的时候，她并不在城内。希罗多德说，根据他的调查，帕里斯抢了海伦后，因为海上的风暴，结果到了埃及，没有回到特洛伊。所以，荷马故事里的信息是不准确的，需要纠正。他还特别指出："在我来想，荷马也是知道这件事情的。但是由于这件事情不是像他所用的另一个故事那样十分适合于他的史诗，因此他便故意地放弃了这种说法，但同时却又表明他是知道这种说法的。"[1]（卷二，116）希罗多德当然不是为了挑荷马的错，他要表明的是，特洛伊战争是由海伦被绑架引起的这种说法，也许在神话时代曾经令人满意，但他那个时代的读者应该知道，理性调查研究的结果与史诗的故事是不同的。

希罗多德的历史知识方法的前辈是古希腊米利都的地理学家赫卡泰奥斯（Hecataeus，约前550—约前476）。赫卡泰奥斯出生在伊奥尼亚的米利都，了解由米利都人泰勒斯（Thales，约前623—约

---

1 参见：希罗多德著，王以铸译，《历史》，商务印书馆，2007年。

前 548）在公元前 6 世纪早期创造的最新科学思想。泰勒斯首先把对宇宙本质的研究称为"historia"，意为"询问／调查"。赫卡泰奥斯也用了这个词来指称自己的知识工作，但他研究的不是非人的宇宙，而是人类世界。希罗多德的"历史"沿用了赫卡泰奥斯的说法。

赫卡泰奥斯认为，传说和史诗中的记录并不可靠。他指责道："希腊人所讲述的传说有很多（是自相矛盾的），而且荒谬可笑。"在相当程度上，希罗多德也是这么对待神话传说的，但他并没有否定神话传说，而是将之变为调查记录的对象：我的任务是记录他们所说的事，但我并没有必要去相信它们。他似乎对历史抱着一种"兼听"的态度，这倒有点像我们今天正确对待网络信息的态度：网上的信息有必要了解一下，不必因为害怕"谣言"就闭目塞听，我们的任务是了解人们所说的事，但并没有必要去相信它们。

希罗多德出生于公元前 5 世纪（约前 484），于公元前 425 年去世，活了大约 60 岁。前文提到，公元前 5 世纪被视为古希腊思想最辉煌的时代，我们在本书里阅读的作家，除了荷马，都属于这个时代。尽管希罗多德留下了《历史》这样的巨著，但关于他本人情况的记载甚少。后来的历史学家仅根据他作品中的蛛丝马迹，以及一些相当晚近的资料（比如 10 世纪拜占庭的《苏达辞书》[Suidas]），来推测他的生平。

希罗多德出生在一个叫哈利卡那索斯（Halicarnassus）的地方，即现在土耳其的博德鲁姆（Bodrum），当时是古代希腊的一个城市，一个位于小亚细亚西南海岸热闹的商业中心。今天，希腊是一个国家的名字，但在古代，希腊是一个地理概念，意思是希腊人居住的地方。希腊这个地方后来形成了很多小的城邦，而希罗多德出生的那个小亚细亚城邦，是希腊本土的移民移居到那里之后，与当地人混合后形成的。希罗多德与修昔底德不同，希罗多德不是雅典人，对历史的看法也不是以雅典为中心的，他的眼界要开阔许多。

小亚细亚西部是一个思想非常活跃的地方，出过不少杰出的思想人士，形成了相当规模的思想启蒙，大有颠覆希腊奥林匹斯诸神的气势，对希腊及以后的思想具有不可估量的重要性。前面提到的泰勒斯就是其中一位，他通常被认为是第一位科学哲学家。他认为，自然的可怕变迁是可以用理性来解释的，而不是因为海神波塞冬的愤怒，大神宙斯的霹雳神威，或者天后赫拉的嫉妒。赫卡泰奥斯用非诗体的文字写作地理著作，希罗多德则用非诗体的文字写历史。不久之后，在科斯岛和克尼杜斯岛（Knidos）上出现了医生，希波克拉底就是其中最著名的一位。从留存的医学文献来看，他们不相信疾病是由于天命如此，而是可以找到合理原因的。

希罗多德离开家乡之后，似乎从来没有在一个地方定居下来。他几乎一生都在各地旅行，他越过地中海到达埃及，并通过巴勒斯坦到达叙利亚和巴比伦；他前往马其顿，到过希腊群岛的所有岛屿，还航行穿过赫勒蓬（Hellespont）到达黑海，一直航行到多瑙河；他也到过埃及，对埃及似乎比对任何其他地方都更感兴趣。在旅行期间，他收集了许多"个人发现"，他听人叙述神话和传说，记录口述历史，并记下他所见过的地方和事物。

他的旅行与一般人的旅行比起来有所不同。对一些人来说，旅行原是为了洗涤他们居家生活中所沉淀和积累下来的厌烦和乏味。对另一些人来说，旅行也是一种修行，用来重新确认人与人之间那种以好奇和理解连接起来的无形的关系。对希罗多德来说，旅行更是一种实地探究的方式，他发现的不仅是与历史事件有关的材料，还有许多看上去与这些历史事件并无直接关联的多元文化材料。对多元文化的了解让他能以一种更宽广、更人文主义的眼光来看待他感兴趣的历史事件。他把不同的材料放在一起，形成了一种混合式的历史，其中有历史事件的叙述，也有风土人情和趣闻轶事。

希罗多德在不旅行的时候，会回到雅典。他在雅典是一位名人，因为他见多识广，又会说故事，能讲述不同的战役、历史及外邦的故事。他在希腊参加宗教庆典和体育活动的时候，经常对公众朗读自己的作品，并向官方收取出场费。《历史》的早期读者实际上主要是他的听众，全书最初分为28个部分，朗读每个部分大约需要四个小时。成书时是连续的，后来被分为我们现在所知道的九卷。这种由官方出资的故事朗读会是一种公共娱乐活动，城邦公民们都可以自由参与和免费享受，也算是一种福利。

这也许是最早的有记录的"公共阅读"。希罗多德没有按照当时的习俗从一个地方到另一个地方诵读自己的作品，而是在奥林匹克节日上把作品呈现给聚集在一起的希腊人。当时的希腊公共阅读依然保持着口头文学和书面文学之间的密切联系，用费希尔在《阅读的历史》中的话来说："公共阅读总是以听读文本为主，具有娱乐的性质。文本的内容并不是听众所直接关注的。一般而言，听众只关注表演者本人，包括他的声音、激情、外貌和气质。那是一个演讲的世界，也是一个口头表演的世界，采用的评价标准与我们今天所了解的'阅读'标准全然不同。写文章的人既是作者，又是读者。他是文本的化身,也时刻会替被动的听众考虑。"[1] 在这种场合表演的"历史"不能用我们今天的"历史"去理解。

为了表彰希罗多德对雅典城邦知识生活的贡献，公元前445年，雅典人投票给他十个塔能特的奖金。雅典的一个塔能特相当于26公斤（57磅）纯银的价值，十个塔能特也就是260公斤纯银的价值，据说相当于今天的20万美元。由此可见，他的所见所闻多么受到雅典人的喜爱。他在雅典还认识了伯里克利家族，在上层颇有人脉。前444年，他到雅典于亚平宁半岛的图利伊（Thurii）殖民地定居，至于他是否在那儿去世则无从考知。

1　史蒂文·罗杰·费希尔著，李瑞林等译，《阅读的历史》，第50页。

德国俗谚说，远行人必有故事可讲。希罗多德是个很高明的故事大王，他说的是从外邦人那里听来的，尤其是从希腊人的宿敌波斯人那里听来的故事，而且这些故事是他经过调查研究得知并亲自记录下来的，这样的故事自然是既新鲜又可信。英国历史学家吉本（Edward Gibbon，1737—1794）在《罗马帝国衰亡史》（History of the Decline and Fall of the Roman Empire）里说，希罗多德"有时候给孩子讲故事，有时候对哲学家讲故事"，这就把我们所有人都包括进去了。事实上，希罗多德的个性在其作品中经常体现出来。他的读者（其实很多是听众）明白，他们倾听的是一位具有特定品位和兴趣的讲述者。作为故事讲述者，希罗多德似乎认为，他要说的事情很重要，如果他觉得要包括某些东西，他就会包括，他不需要一一解释可能有疑问的地方，也不需要为有人认为不准确的地方道歉。而且，他似乎从不关心读者是否会发现他讲述中的某些错误。他不迁就任何来听他讲故事的众人，他曾经因为阳光太盛而拒绝向众人宣读他的作品，直到天上起了云层，为他在站台上遮住了太阳。[1]

就像所有高明的段子手一样，希罗多德对听众心理的把握是一流的。他经常用一个新鲜的角度讲听众有所耳闻，但却知之不详、充满好奇的故事，并在其中添加他研究调查所得的新信息。完全没听过的故事容易让人听得一头雾水，很快就没了兴致；老故事没有新内容，又像旧话重提，味同嚼蜡。而希罗多德说故事，总是从熟悉的话题切入，然后讲到新鲜的事情，这样的逆向操作能收到很好的效果。

《历史》第一卷一开始就是听众感兴趣的"抢女人"故事，一共有三桩：第一桩是腓尼基人把希腊的阿尔戈斯国王的女儿伊奥

---

1 参见"Herodotus"词条，World History Encyclopedia，worldhistory.org/herodotus/

（Io）抢到埃及去；第二桩是希腊人抢了腓尼基境内推罗（Tyre）国王的女儿欧罗巴（Europa），算是"一报还一报"；第三桩是亚细亚的特洛伊人因为有了前面抢女人的先例，所以抢了希腊斯巴达国王的女人海伦。

他不仅讲了这三桩往事，而且还从波斯人的角度对此发表了他的高见，"波斯人认为，劫掠妇女是坏人干的勾当，可是事实很明显，如果不是妇女们自己愿意的话，她们是绝对不会硬给劫走的，因此在被劫以后，想处心积虑地进行报复，那就未免愚蠢了。明白事理的人是不会在意这种妇女的"（《历史》卷一，4）。罗马历史学家普鲁塔克不同意这种说法，认为这是为抢夺妇女者辩护，而且这种说法是对神的不敬。因为如果女人是心甘情愿地被带走的，那么神降临在抢夺者身上的惩罚就是不公正的。[1] 从我们今天对被拐卖的妇女的同情和对拐卖者的谴责来看，把被拐卖的妇女不逃走，甚至与买她的"丈夫"生儿育女，就把买卖妇女轻描淡写地说成一种"民俗"，这样的借口是完全不能接受的。

不过在希罗多德《历史》所记录的古代，也许确实如他所言，抢女人虽然是坏事，但也没有什么大不了的，不需要小题大做。重要的是这么做的严重后果，因为海伦被劫，希腊人决定兴师动众，出兵讨伐特洛伊。希罗多德写道，据波斯人说，这就让波斯人和希腊人结下仇恨，因为波斯人一直把亚细亚视为自己的势力范围，而希腊人出兵亚细亚是踩了他们的红线。

希罗多德话锋一转说，这样的事情公说公有理，婆说婆有理，我不会偏听偏信，我会自己去做调查研究，但我要告诉你们一件更要紧的事情，"不管人间的城邦是大是小，我是要同样加以叙述的。

1　弗朗西斯·麦克唐纳·康福德著，孙艳萍译，《修昔底德：神话与历史之间》，第206、212页。

因为先前强大的城邦，现在它们有许多都已变得默默无闻了，而在我的时代雄强的城邦，在往昔却又是弱小的。这二者我之所以都要加以论述，是因为我相信，人间的幸福是绝不会长久停留在一个地方的"（卷一，5）。这是他《历史》的中心思想。

为了说明强大的城邦终有衰落的一天，他接着又讲了好些与抢女人不相干的"利迪亚人"的故事，虽然看起来跑题了，但却是"波斯人如何崛起和强大"这个主题故事的铺垫，所以放在《历史》里也很合适。利迪亚是小亚细亚中西部的一个古国（前 12 世纪—前 546），以其富庶及其宏伟的首都萨第斯（Sardis）而闻名天下。它大约在公元前 660 年开始铸金币，可能是最早使用银金矿铸币的国家。希罗多德告诉读者，利迪亚的河流里有很多金子，今天我们知道利迪亚人在安纳托利亚这块丰饶的土地上开发了各种矿藏，其中尤以银金矿为主。银金矿是一种金和银混合的矿物，利迪亚人用这种"白色的金子"制造了世界上最早的贵金属货币。

利迪亚的国王克洛伊索斯认为自己是天下最富有、最幸福的国王。在讲述这位国王的故事之前，希罗多德又先讲了利迪亚国很久以前一位国王的骇人听闻的故事，这个故事也成为后人对利迪亚古国历史信息的主要来源。就保存古代历史信息而言，希罗多德《历史》的贡献是无与伦比的。

这位先前的国王名叫坎道列斯（Candaules，约前 7 世纪），他和他的祖上已经在利迪亚统治了 22 代，共 505 年。他非常宠爱自己的妻子，认为她比世界上任何妇女都要美丽得多。在他的侍卫当中有他特别宠信的一个人，名叫巨吉斯（Gyges）。有一次，坎道列斯对巨吉斯说，我要证明给你看我的妻子有多美丽，我叫她脱衣服的时候，你躲起来偷看就知道了。巨吉斯听到这话便大声地叫了起来，他说："主公，您要我看裸体时候的女主人吗？您说的这话是多么荒唐啊。您知道，如果一个妇女脱掉衣服，那也就是把她应有的羞耻之心一齐脱掉了。过去我们的父祖们已经十分贤明地告诉了我们哪些是应当做的，哪些是不应当做的，而我们必须老老实实地学习古人的这些教诲。这里面有一句老话说，每个人都只应当管他自己的事情。我承认您的妻子是举世无双的丽人。只是我恳求您，不要叫我做这种越轨的事情。"（卷一，8）

但是，坎道列斯不听他的，非要巨吉斯偷窥自己的老婆。巨吉斯没有办法，只得从命。谁知王后察觉了此事，把巨吉斯叫来，告诉他要么杀掉国王，要么就告发他。巨吉斯没有办法，他杀了坎道列斯，自己当了国王，还娶了他的王后。希罗多德就这件事情引用了德尔斐神谕（Delphic Oracle），即做坏事一定会有报应，报应就在巨吉斯之后第五代子孙身上。但是，"实际上，在这个预言应验之前，不拘是利迪亚人还是他们历代的国王根本没有把它记在心上"（卷一，13）。

巨吉斯的第五代孙子就是那个自以为是世界上最富有、最幸福的利迪亚国王克洛伊索斯。下面就来说说，这是一个什么样的报应，与波斯帝国的崛起和强大又有什么关系。

3. 隔代报应和自以为幸福

在上节中，我们把希罗多德的《历史》还原为它原初的那种公共娱乐表演的形式，这对了解这部著作的性质是很必要的。我们今天也许把这部著作当作在私人空间里的一个阅读品，但是，当它被创作出来的时候，它是一个由创作者自己对他人说故事这种表演的"脚本"。我们可以想象，如果听众反应热烈，大声叫好，说故事的人一高兴，准会眉飞色舞、绘声绘色，甚至添油加醋。这种集体体验与我们今天阅读历史书籍是完全不同的，而更接近于集体听故事。

希罗多德就是这样一个游历极广和有故事可讲的人，和今天坐在书斋或课堂里的"历史学家"也完全不同。本雅明（Walter Benjamin，1892—1940）在《讲故事的人》（"Der Erzähler. Betrachtungen zum Werk Nikolai Lesskows"）一文中说："人们把讲故事的人想象成远方来客，但对家居者的故事同样乐于倾听。蛰居一乡的人安分地谋生，谙熟本乡本土的掌故和传统。若用经典原型来描述这两类人，那么前者现形为在农田上安居耕种的农夫，后者则是泛海通商的水手。"

希罗多德的故事不是他自己编出来的，而是在他远行他乡时，由谙熟本乡本土的掌故和传统之人，或者见多识广者说给他听的。他把亲自采集这些故事称为"调查研究"，也就是他所说的历史。这个意义上的"历史"与我们所熟悉的历史不同，我们所熟悉的历史经常把丰富的文化现象压缩成一条条干巴巴的线性事件，然而，在希罗多德的历史里，每个重要篇章都是由多个故事线索交叉重叠而成。

下面就来举例说说希罗多德《历史》中历史人物和事件的多线索结构特征。

上节说到，巨吉斯偷窥王后的裸体，后来杀了国王，自己篡位当了国王，这是一条线索。另一条线索是，德尔斐神谕说"做坏事一定会有报应，报应就在巨吉斯之后第五代子孙身上"。这个子孙就是克洛伊索斯。尽管利迪亚国在克洛伊索斯统治时达到了强盛的巅峰，这个国家还是因为与居鲁士大帝在位时的波斯交战而灭亡了。这两条故事线索是重叠的。

对此，希罗多德说道："克洛伊索斯因为他五代以前的祖先的罪行而受到了惩罚。这个祖先当他是海拉克列达伊家的亲卫兵的时候，曾参与一个女人的阴谋，在杀死他的主人之后夺取了他的王位，而这王位原是没有他的份的。"（卷一，91）前几代先人的罪孽埋下了后代人的祸根，利迪亚的覆灭是注定的。但还有另外一条线索，那就是克洛伊索斯本人的狂妄自大。到底哪个原因造成了利迪亚最后的亡国？希罗多德说故事的方式暗示，两种原因都在起作用。

　　也许克洛伊索斯的狂妄自大是更直接的原因。他仗着国力强盛，在与波斯开战之前请过神卦，神卦告诉他，如果他攻打波斯人，他会摧毁一个大帝国。他以为那个大帝国是波斯，但其实是他自己的大帝国。利迪亚的国运已到尽头，神卦都说得明明白白了，但克洛伊索斯目空一切，自以为无敌于天下，所以听不懂神卦的意思。他的祖先犯下的罪恶虽然没有成为现世报，但最后还是在他这个后代的身上报应了。

　　为了突显克洛伊索斯的狂妄自大，希罗多德又讲了有关他的另一个故事，成为另一条叙事线索：克洛伊索斯征服了许多民族，建成一个大帝国之后，"当时正好生活在希腊的一切贤者都得以相继来到了富强如日中天的撒尔迪斯，而其中就有雅典人梭伦。他托词视察外界而离开雅典出游十年，但实际上他是想避免自己被迫取消他应雅典人之请而为他们制定的任何法律"（卷一，29）。在梭伦到达后，克洛伊索斯便把他当作贵客来接待，让他住在自己的宫殿里。过了三四天，克洛伊索斯就命令自己的臣下领着梭伦去参观他的宝库，把那里所有华美贵重的东西都展现在梭伦眼前。

　　克洛伊索斯向梭伦炫耀了自己的财富，然后问梭伦，谁是天下最幸福的人？他本幻想梭伦会说，这个人就是他自己。

　　然而，梭伦的回答却打破了他的幻想。梭伦说，天下第一幸福的人不是克洛伊索斯，而是另有他人。第一幸福的是泰洛斯（Tellus），他正值英年就战死沙场。第二幸福的人则是一对为母亲累死的年轻兄弟：他们的名字叫克列欧毕斯（Cleobis）和比顿（Biton）（卷一，31）。

　　希罗多德解释说，泰洛斯是个幸福的人："首先，因为他所生活的城邦是繁荣的，而且他又育有出色的孩子，他在世时又得以看到他的孩子们也都有了孩子，并且这些孩子也都长大成人了；其次，因为他一生一世享尽了人间的安乐，又死得极其光荣。当雅典人在埃列乌西斯和邻国人作战的时候，他前来援助本国人，击溃了敌人并极其英勇地死在疆场之上。雅典人在他阵亡的地点为他举行了国葬，并给予他很高的荣誉。"（卷一，30）

希罗多德又说："泰洛斯所生活的城邦没有遭到瘟疫和军队劫掠的蹂躏，他是父亲，又做了祖父，他的孩子出生时没有夭折，没有瑕疵，完美漂亮，他自己也非常健康，财富充足，在世受到尊敬，死后得到荣誉。于是，泰洛斯安然地度过一生中的种种考验，没有垮掉，最终带着荣耀与美德离开人世。"（卷一，30）希罗多德认为，带着荣耀与美德离开人世，这是一种幸福。

希罗多德还叙述了关于克列欧毕斯和比顿两兄弟的故事。他们也是因为通过了人生艰难的考验，才成为幸福之人的。

这两兄弟来自阿尔戈斯，是获奖的竞技运动员，且因"十分充裕的财富，还有这样健壮的身体"受人尊敬。他们要带自己的母亲到乡村神庙参加女神赫拉的祭典，但又怕赶不上时间，于是他们卸下驾车的牛，改由兄弟二人自己拉车赶路，以更快的速度走了许多里，终于在参加祭典的众人的注视下，如期抵达目的地。希腊的男士纷纷围住了这辆车，并称赞两个青年人的体力；而希腊的妇女则向有幸生了这样一对好儿子的母亲道贺。

希罗多德写道："他们的母亲对于这件事，以及对于因这件事而赢得的赞赏也感到十分欢喜，她于是站立在女神的神像面前，请求女神把世人所能享受到的最高幸福赐给她那曾使她得到巨大光荣的两个儿子。她的祈祷终了之后，他们就开始献祭宴饮，随后，他们便睡在神殿里面。他们再也没有醒来，就在睡梦中离开了人世，但这就是他们人生最后的时刻所享有的荣耀。"希罗多德说，这两兄弟是在荣耀中死去的，所以他们是幸福的（卷一，31）。

克洛伊索斯傲慢又自负，他认为自己才是最幸福的人，当然不会同意上面两个故事里的人物才是真正的幸福之人。他听不进梭伦的话，认为他毫无疑问是个大傻瓜，把他赶走了。而正是因为他的傲慢和自负，最终导致他自己与他的王国双双灭亡。

希罗多德的叙述其实并不符合历史事实，作为历史人物的梭伦和克洛伊索斯从来不可能相遇。或许梭伦对幸福的看法才是希罗多德想要传达给读者的。这段插曲在他的《历史》中处于中心位置，因为他把幸福视为人类的追求，也是人类的成就，而不只是命运的眷顾。他在《历史》开篇的一段里就发誓要保存人类的一切功业，"以免时间褪去了人类成就的色彩"。幸福是人类最大的功业和最辉煌的色彩（卷一，前言）。

对幸福的追求似乎从一开始就与人类相伴。但是，我们应当怎样理解梭伦和希罗多德所赞美的那种幸福？一个年轻的父亲，正值壮年便命丧沙场，撒手抛下了妻儿。两个体格健壮的兄弟，闭上眼睛，好不容易休息一下，却从此不再醒来。这样的人——而且还是死了的人——怎么可能被认为是"幸福的"？希罗多德究竟是什么意思？

我们已无从知道当年在雅典市集（agora）听他讲述故事的听众怎样理解这两个故事，但重要的是我们今天如何理解。我们应该比克洛伊索斯更加仔细地倾听梭伦对幸福的回答，这样的倾听要求我们暂时抛却自己对幸福的看法，因为现代人对幸福的概念与像梭伦或希罗多德这样的古希腊人的幸福观，有着天壤之别。

希罗多德在《历史》里说，克洛伊索斯在听说了泰洛斯以及克列欧毕斯和比顿等人的幸福之后，就问梭伦："为什么你对我拥有的幸福如此不屑一顾，甚至认为我比平民百姓还不如？"

梭伦是这么回答的："克洛伊索斯啊，你所问的是关于人间的事情的一个问题，可是我却知道，神是非常善妒的，并且很喜欢干扰人间的事情。悠长的人生可以使人看到和体验到他自己很不喜欢看到和很不喜欢体验到的许许多多的东西。我看一个人活到七十岁也就算足够了。在这七十年中，共有两万五千二百天；若把闰月计算在内的话，总的天数就是两万六千二百五十天了。然而可以说，绝对没有一天的事情是会和另一天的事情完全相同的。这样看来，克洛伊索斯，人间的万事真是完全无法预料啊。说到你本人，我知道你极为富有，并且是统治众人的国王；然而就你所提的问题来说，只有在我听到你已经幸福地结束了你的一生之际，才能够给你回答。"（卷一，32）

希腊文学专家康福德认为，这个故事是为了说明古希腊神学所注重的"命运逆转"，克洛伊索斯最终会因为他的傲慢而失去他拥有的一切，就在他以为是幸福和一帆风顺的时刻，他播下了受神惩罚的种子，"惩罚的原因并不在于道德过错，而在于人类的傲慢自大。……如果人类想逾越神所规定的限制，成为像神一样的人物，就会引起神权的不满。'一帆风顺'是神的一种特权，无限制的欲望和野心等悲剧激情是对神的冒犯。'神总是喜欢收拾那些无节制的人'；'宙斯贬抑高傲者，扶植谦卑者'。……品达说，'尽管我希望有朝一日可以肯定地说出未来的样子；但是现在，与主同在是最终的结局'。这是虔诚的恭谨之言。梭伦对克洛伊索斯说，'不管在什么问题上，我们都必须好好注意一下它的结局。因为神往往只是让人们看到幸福的一个影子，随后便把他们推上毁灭的道'。'一个人只有幸福地享受完一生才可以称作幸福；过早的祝贺会给他带来厄运"（卷一，32）。[1]

人要到死的时候，才能真正知道自己是不是幸福。埃斯库罗斯

1　弗朗西斯·麦克唐纳·康福德著，孙艳萍译，《修昔底德：神话与历史之间》，第202—203页。

在《阿伽门农》里说："人死之前，不要说他幸福。"这是古希腊人的智慧。古人知道，在这个世界里，人类的目标总是受到各种不可预知的神秘力量的威胁，整个世界都是由命运或者诸神支配的，苦难无处不在，不确定性更是伴随着日常的生活经验。古希腊人生活在一个祸福难料的世界里，打雷或日食都可能引发人们的恐慌，瘟疫和饥荒周期性地毁灭整个地区的人群，每个小镇都能看到肢体伤残的男男女女，五岁以下儿童的死亡率高达五成；同时，血腥的战争也经常提醒人们生命的脆弱。

在这样一个世界，人一生中都要忍受苦难，然后才可以有所作为。只有那些能够顺利走完人生之路的人，才算是幸运的和幸福的。正是由于这个原因，梭伦才判定泰洛斯、克列欧毕斯、比顿这三个人是"幸福"的。他们都在自己的有生之年英勇地克服了生命中的苦难，且在他们人生最光荣的时刻荣耀地死去。

今天，我们经常惋惜一些历史人物没有能在他们人生最辉煌的时刻离开人世，在历史上留下美好的名声。如果汪精卫能在成为汉奸之前死去，如果希特勒能在 1939 年之前死去，那么，他们说不准也会成为"幸福"的人，至少不会像后来那样臭名昭著。

赋予文学故事意义的经常不是它说了什么，而是它是怎么结尾的。《远大前程》（*Great Expectations*）本来是一个悲剧，但狄更斯为了迎合普通读者对美满结尾的喜好，改掉了悲剧结尾，变成了一个"可能不是悲剧"的故事。不过改了几句话，小说的整体意义却随之发生剧变。

人的一生也是一样。幸福是一种人生的意义，而恰恰是人生故事的结局才决定人生是不是具有幸福的意义。死亡是人生中不受欢迎的时刻，但恰恰是死亡保证了一个人在生命终结时刻的好运，保证他的幸福再也不能被夺走。正如培根（Francis Bacon，1561—1626）所说："死亡能打开美誉之门，熄灭忌妒之火，生前遭人忌妒者死后受人爱戴。"这也是为什么女神赫拉认定，善终是"一个人所能享受到的最高幸福"。晚节不保和暴死一样，成为一个人最大的、最可悲的失败。

在古代哲人看来，死亡乃是生命的最高境界，是证明自己的幸福、信仰和哲学能否经受得住最后和最严峻的考验的最大机会。通过一个人身后的传记和碑文，他得以回首其一生的经历、记述其有价值的事迹，希望在人间留下一个美名。有人把美德比喻为名贵的香料，碾碎焚烧的最后时刻才最能散发出芬芳。美名也是一样，死亡是一个肉体存在被碾碎的时刻，但也是一个人因美名而被人称为幸福，散发芬芳的时刻。但愿我们的人生都有这样幸福的结局。

4. 风土人情与文化习俗

前面说到《历史》中克洛伊索斯与梭伦讨论幸福问题的轶事，书里还有许多其他看似与希波战争无关的故事，其中对风土人情的描述也非常有趣。虽然有的历史学家未必欣赏这些描述，但也有许多历史学家认为，这其实也是一种"历史"。我本人就喜爱阅读这样的"历史"，尽管有的地方也许不符合事实，但我仍然非常有兴趣，这也是今天许多人喜欢这部著作的一个原因。

在希罗多德所游历过的都市之中，也许以巴比伦最为突出，因此他对巴比伦的描述也最为热情。巴比伦的土地肥沃多产，让他忍不住夸大其词。

"那地方看不出可以种植无花果、橄榄、葡萄或任何其他的树木，但是谷物却是生产得这样的丰富，一般竟达种子的二百倍，而在收成最好的时候，可达三百倍。那里小麦和大麦的叶子常常有四个手指那样宽。至于小米和芝麻，虽然我自己知道得很清楚，我也不必说它们长得有多大多高了，因为我很清楚，我写的关于巴比伦的谷物的丰足情况，对于没有亲身到过这里的人来说，实在是很难相信的。"（卷一，193）不过，真的又有谁见过"四个手指那样宽"的麦叶呢？

说到巴比伦的市民，希罗多德说，"他们在毛制的衬衣外面穿着长可过膝的亚麻布紧身衣，是一种及脚的麻布内衣，在这件内衣外面罩着另一件羊毛的内衣，外面又罩上一件白色的外衣。他们脚上穿的鞋是他们国家所特有的样式，和贝奥提亚人的鞋差不多。他们都留着长头发，头上裹着头巾，全身都涂香料。每个人都带着一枚印章和一根雕制的手杖，杖头刻成一个苹果、一朵玫瑰、一朵百合、一只鹰或是诸如此类的东西。他们的习惯是每根手杖上必须要有一种装饰。这便是他们身上穿戴的东西了"（卷一，195）。

他又介绍巴比伦人的风俗，其中有一种在他看来"是最聪明的"。他详细描述道："听说伊里利亚的埃涅托伊人（后世的威尼斯人）也有这样的习惯。这就是：每年在每个村落里都有一次，所有到达结婚年龄的女孩子都被集合到一处，男子则在她们的外面站成一个圆圈。然后，有个拍卖人一个个地把这些女孩子叫出来，再把她们出卖。他是从最美丽的那个女孩子开始的。当他把这个女孩子卖了不小的一笔款子之后，他便出卖那第二美丽的女孩子。所有这些女孩子都出卖为正式的妻子。巴比伦人当中有钱而想结婚的，便相互竞争以求得到最美丽的姑娘，但一般平民只想求偶，他们不大在乎美丽，便娶那些长得不漂亮可是带着钱的姑娘。因为习惯上是当拍卖人把所有最美丽的姑娘卖完之后，便把那最丑的姑娘叫出来，或是把其中也许会有的一个跛腿的姑娘叫出来，把她向男子们介绍，问他们之中谁肯为了最小额的嫁妆而娶她。而那甘愿获得最小额嫁妆的人便娶了这个姑娘，出售美丽的姑娘的钱用来偿付丑姑娘的这笔嫁妆。这样一来，美丽的姑娘便负担了丑姑娘或是跛姑娘的嫁妆。

谁也不允许把自己的女儿许给他所喜欢的男子。任何人如果不真正保证把他买到的姑娘当作自己的妻子，是不能把她带走的。"（卷一，196）

在巴比伦人的生活中，只有一件被希罗多德认为是丢人的事情，那就是每个女人都得在活着的时候到爱神庙里去，以妓女的身份献身一次。经历这一仪式的女子必须留在庙里，直到有个陌生男人把钱放在她的膝间，并且将她占有之后，方可返回家中。

希罗多德《历史》的第二卷，大部分是详述他所熟悉的一个国家——埃及。他认为埃及有特别奇特的习俗，如女人站着小便，男人蹲着小便。埃及还有比任何其他国家都多的奇闻。又例如，他们赖以为生的谷物是一种有人称之为宰阿的小麦；他们是用脚来和面的，但是他们却用手和泥土、拿粪便。希罗多德还赞美埃及历法的优秀，夸奖其人民富于发明的才能，尤其是他们的宗教虔诚。他记述道："他们比任何民族都更为相信宗教。他们有着这样的一些风俗：他们用青铜杯饮水，这青铜杯他们每天都要磨洗干净；不是部分的人才这样做，而是没有人能够例外。他们穿麻布的衣服，这种衣服他们特别注意，洗得干干净净。他们行割礼是为了干净；他们认为干净比体面更重要。"（卷二，35—36）

祭司们每隔两天就要把全身剃一遍，而当他们在执行奉祀诸神的任务期间，他们是不允许虱子或其他不净之物沾身的。祭司们的衣服是麻制的，凉鞋是纸草做的。他们是不许穿其他材料制成的衣服或鞋子的。他们每天在冷水里沐浴两次，"在这之外，可以说，他们还要遵守成千上万的教规"。祭司们"不能吃鱼，至于蚕豆，埃及人是不播种的。蚕豆会天然地长出来，但是，无论是生的还是煮熟的，埃及人都不吃。那些祭司甚至连看它一眼都不能忍受，因为在祭司们的心目中蚕豆是不净的豆类"（卷二，37）。

希罗多德还描述了利迪亚人的风俗习惯，他们的生活方式与希腊人非常相似，唯一不同的是，他们将女儿养大了做娼妓。他们最早铸造金币和银币，也是最早的商人。他们发明骰子和羊拐子骨赌法、种种球类游戏，以及其他各种娱乐，可谓应有尽有。但他们不下棋，只有当农作物严重歉收的时候，他们才会以下棋打发沉闷的时间，并借以忘掉饥饿的痛苦（卷一，93—94）。

接着描写的是波斯人。他说，"据我亲身所知，波斯人遵行下述风俗"：他们不像希腊人一样为诸神建立形象、祭坛以及神殿，只是在高山顶上向最高的神献祭。他们以宴会庆祝生日。他们饮食有度，但逢佳肴当前时，他们偏爱美味。他们颇为嗜酒，因此有一条非常明智的规则：一个人在喝醉时所做的决定或承诺，都不必当真，除非他第二天清醒了，再说一遍。波斯人可以随心所欲地娶老婆，要娶多少就娶多少，没有限制，只要养得起就行。他们以人丁兴旺为荣，注重子女的教育，非常耐心，循循善诱，不厌其烦。他们对交往非常认真，认为说谎是最可耻的事情。据希罗多德说，波斯人善于学习和接受新事物，比任何其他民族都更愿意采纳他们认为值得仿效的他国风俗习惯（卷一，131—138）。

今天，许多研究古代社会习俗和民情的历史著作都会引用希罗多德的《历史》。德国历史学家利奇德在他有名的《古希腊风化史》里讨论希腊时代的妓女时，就大量引用了希罗多德的历史记录。对利奇德来说，这部分的材料显然比其中对希波战争的记录更加宝贵。例如，他认为，希罗多德的《历史》为古代宗教上和庙宇里的卖淫问题提供了有力的佐证。

自古以来，古希腊和其他地方就有把女人当作"神奴"的风俗，古希腊的科林斯就是这样。当该城的人们列队前往神庙祈祷时，总是招来尽可能多的高等妓女加入行列。这些妓女也向女神祈祷，之后参加祭祀并出席祭祀盛宴。妓女还参加为祖国解放而举行的祈祷。宗教上的卖淫现象也早已存在于巴比伦人对米利塔（亚述人对阿佛洛狄忒的称呼）的膜拜和比布鲁斯人为阿佛洛狄忒举行的类似的宗教仪式中。比布鲁斯（Byblos）是腓尼基的一个城市，地中海东岸的古国，约在如今黎巴嫩和叙利亚的沿海一带。

希罗多德在《历史》中还提到了穷人以卖淫谋生的现象。巴比伦人有一个风俗，即允许穷困人家为了钱而出卖自己的女儿。他谈到利迪亚人中也有同样的情况："在利迪亚人的土地上，所有人家的女儿都去卖淫，以为自己置办嫁妆，直到正式结婚。"（卷一，93）

希罗多德也是最早提到"宗教卖淫"的。他写到巴比伦人最可耻的法律，也就是前文提到的让希罗多德觉得丢人的事：每一个本族妇女一生之中必须有一次到阿佛洛狄忒神庙的圣域内，和一个不相识的男子交媾。许多以自己的巨额财富为荣的妇女为区别于凡女俗妇，会乘坐遮盖得严严实实的马车进入神庙，后面跟着众多女仆。但她们也必须遵守这一习俗，不得例外。

希罗多德是这样写的："一经选好了位子，妇女在一个不相识的人把银币抛向她的膝头，并和她在神殿外面交媾之前，是不能离开自己位子的。但是，当男子抛钱的时候，他要说这样的话：'我以米利塔女神的名字来祝福你。'银币的大小多少并无关系，但妇女对这件事是不能拒绝的，否则便违犯了神的律条，因为一旦用这样的方式抛出去的钱币便是神圣的了。当她和他交媾完毕，因而在女神面前完成了任务以后，她便回家去。从此，不拘你再出多少钱，便再也不能得到她了。因此，那些颀长貌美的妇女很快便可以回去，但是丑陋的妇女必须要等很久才能够执行神圣的规定。有些人不得不在神殿的圣域内等上三四年。在塞浦路斯的某些地方也可以看到和这相似的风俗。"（卷一，199）希罗多德《历史》中的许多细节能够让我们从人类文化学，而不是一般的道德眼光去看待一些我们认为是"下流""低级"甚至"淫秽"的古代社会习俗。不仅古希腊人、巴比伦人那里有这样的习俗，古印度人那里也有。

1917 年诺贝尔文学奖得主，丹麦诗人卡尔·耶勒鲁普（Karl Adolph Gjellerup，1857—1919）曾对古印度的卖淫活动做过最有见地的描述，他的小说《朝圣者卡马尼塔》（*The Pilgrim Kamanita*）中有这样一段：

> 我的故乡乌杰尼之所以闻名整个印度，既因为它那辉煌的宫殿、壮观的庙宇，也因为那里的生活欢快又热闹。宽阔的街道上，白天回响着马的嘶鸣与象的吼叫，夜晚则荡漾着恋人们的诗琴声与狂饮欢闹者的歌唱声。[1]

特别是乌杰尼的高等妓女享有非凡的名望。上有住在宫殿里的高等妓女，她们为众神建神庙，为凡人建公共花园，她们的客厅里总是挤满诗人、艺术家、演员和显赫的外国人士，经常还有王子欢聚一堂；下至普通的娼妓，个个都很健康，并拥有优美的强壮躯体和无法形容的魅力。每逢盛大的节日、展览和庆典，人们总是用鲜花和迎风飘扬的旗帜把街道装饰得漂漂亮亮，而她们则是街市中的主要点缀。她们穿着胭脂红的衣服，手上拿着芳香的花环，身上散发出阵阵香气，佩戴的钻石也熠熠闪光。你会看见她们要么坐在专门配备的精致座位上，要么沿街穿行，那含情脉脉的表情、挑逗人心的手势，加上戏谑的话语，所到之处总是让那些渴望享受之人的感官激情燃烧起来。

卡尔继续说道，"国王敬重她们，人民崇拜她们，诗人歌颂她们，她们被比作乌杰尼城里异彩纷呈的花冠，顶上镶着高高的宝石。正因为她们，我们成了没有得到如此宠爱的邻镇人们的嫉妒对象。我们城最有名的美人经常被邀请去那里，有时甚至需要国王下令才

---

1 Karl Adolph Gjellerup, *The Pilgrim Kamanita*, New York: E. P. Dutton & Co., 1912, 84.

能把她们叫回来"。[1]

用一个旅行者的眼光，对异乡的风俗人情做纯客观的观察和描述是不可能的，也不一定是可取的。即便是看似客观的描述，其实也是带有观察者自己好奇心的。没有偏见就没有好奇。彻底的中立客观其实是一种漠然和冷淡，只会使旁观者的理解变得沉闷和无趣。希罗多德对异乡风俗的描述充满了活泼的好奇心，每一个细节都能让他津津乐道。例如，他在访问斯奇提亚人的时候，仔细观察了他们为祭祀杀牲口的过程——"奉献的方法是这样的，牺牲的两个前肢缚在一起，用后面的两条腿立在那里；主持献纳牺牲的人站在牺牲的背后，牵着绳子的一端，以便把牺牲拉倒；牺牲倒下去的时候，他便呼叫他所献祭的神的名字。在这之后，他便把一个环子套在牺牲的脖子上，环子里插进一个小木棍用来扭紧环子，这样把牺牲绞杀。奉献之际不点火，不举行预备的圣祓式，也不行灌奠之礼。但是在牺牲被绞杀，而它的皮也被剥掉之后，牺牲奉献者立刻着手煮它的肉"。

于是问题来了，斯奇提亚人的居住地"是完全不生产木材的"，他们又是用什么方法来煮肉的？接下来，希罗多德又详细描述了如何不用木材来煮肉的办法，"办法是这样：在把牺牲的皮剥掉之后，他们把它们的骨头从肉里剔出来，而如果他们有当地用的大锅的话，他们便把肉放到里面去，这个大锅和列斯波司人的混酒钵十分相似，就是前者比后者要大得多。然后他们便把牺牲的骨头放到大锅的下面，用火点着来煮锅里面的肉，如果他们手头没有大锅的话，他们便把肉填到牺牲的肚子里面去，同时把一些水倒在里面，然后再把骨头放在下面点着，这种火是着得很好的。没有骨头的肉是很容易塞到牺牲肚子里去的。这样牛自身便煮了它自己，而其他的牺牲也

---

1 Gjellerup, *The Pilgrim Kamanita*, 84.

可以用同样的办法处理"（卷四，60—61）。有意思的是，当我们读
到这样的描述时，也许会自然而然地想起"煮豆燃豆萁，豆在釜中
泣"的诗句。

希罗多德《历史》所涉及的古代社会风俗习惯是多方位的，不
只是吃什么，穿什么，有什么用具，而且还有制度性的性政治和性
伦理的细节描述。它的重要性我们在讨论古希腊古代女诗人萨福时
已有所涉及，这里就不另外讨论了。接下来谈一个严肃的话题，即
《历史》中关于政治体制的一场著名辩论。

5. 一场关于政制的辩论

希罗多德被赞誉为第一个将争取自由的斗争作为中心主题的历
史学家；他对他所写的不同民族的文化有着广泛的兴趣；他喜欢讲
故事，而不是干巴巴地报道"事实"。他是一个把自己的价值、兴
趣、偏好带进历史写作的历史学家，这让他饱受"不专业""不中
立"的批评。然而，他并不总是以说有趣故事的方式写他的历史，
在对待重大、严肃的问题时，他也会尽量遵循真相，条分缕析，因
为他知道这些问题要求他这样探究真相和弄明白事理。

希罗多德想要弄明白很多事，而许多事是他探究了却仍然没有
弄明白的。但是，他的描述却有助于我们自己努力去了解那些事物。
不仅是风土人情和异域珍闻，希罗多德在《历史》中还描写了人对
权力的贪婪、人受政体的节制、命运的脆弱、君王的专制与开明，
这些也是我们可以从中汲取的思考源泉。而在对待这样的问题时，
我们似乎没有理由怀疑他的客观和中立。

《历史》描述了波斯帝国和希腊联盟的对立与冲突。他不断强
调的是，军事力量上处于弱势的希腊人出乎意料地战胜了波斯强敌，

而且这并不只是因为希腊人的好运气。这就不是在讲故事，而是在讲政治了。

为了保持客观叙事的中立态度，希罗多德不愿对君主专制、寡头垄断和民主这三种制度之间的优劣多做评议。尽管如此，《历史》中有一段经常被人称为"政府辩论"（Debate on Government）的政体讨论，让我们看到，希罗多德对辩论中的三种政体都有重要的话要说。

他以一种"寓言"（parable）的方式来呈现这场辩论，暗指自由的希腊社会与东方专制主义之间的冲突。与波斯人的东方专制相联系的是"强制""霸道""惩罚"，这些都是希腊人所反对的。尽管希罗多德也述及希腊人联盟的脆弱和不稳定及其领导人的种种缺点（自私、多疑和打小算盘），但是，所有的希腊人——从喜欢奢侈的伊奥尼亚人到固执自负的斯巴达人——显然都有一个共同的特点，那就是，除非自愿，他们拒绝服从任何权威。放到今天就是"公民自由"的概念：说话的自由、集会的自由和选举领导者的自由。

我们今天耳熟能详的一句话——"法律面前人人平等"——就来自这个"政府辩论"。这句话在今天被用作对人的自由、平等和尊严的有力辩护。有意思的是，希罗多德《历史》里说这话的不是希腊人，而是一个波斯人。这句话的关键是"平等"，不是希腊人所珍视的"自由"。

平等强调的是人跟人一样，既然如此，一个人就没有理由坚持自己与他人不同。自由则强调，每个人都有理由，甚至有充分的理由与他人不同。平等导致集体主义，而自由则导致个体主义。在强调自由的社会里，会更容易出现"杰出"人物：哲学家、艺术家和作家；在强调平等的社会里，实现平等原则的唯一可能，就是大家都一样平庸。今天，我们仍然在关心公民平等的问题，那么是在什么意义上说公民平等？这样的问题并不只是哲学的玄思，而是关系到一个政体如何公正、合理地对待这个政体中的所有公民。

回到文中，希罗多德《历史》中"政府辩论"的第一个发言者是波斯人欧塔涅斯（Otanes），正是他提出了"法律面前人人平等"的说法。欧塔涅斯是古波斯的一位贵族，也是帮助大流士于公元前522年成为波斯国王的七位功臣之一。有一次，他和七功臣中的另一位同为贵族的美伽比佐斯（Megabyzus），以及大流士本人一起讨论波斯应该如何选择一个合适的政体，他们各自发表了意见。直到今天，他们之间的这场辩论仍然对我们认识民主、寡头、混合政体的利弊有所助益。

欧塔涅斯的意见是主张让全体波斯人参与管理国家。他说："我以为我们必须停止使一个人进行独裁的统治……把这种权力交给世界上最优秀的人，他也会脱离他的正常心情的。他具有的特权产生了骄傲，而人们的忌妒心又是一件很自然的事情。这双重的原因便是在他身上产生一切恶事的根源。……相反的，人民的统治的优点，首先在于它最美好的声名，那就是，在法律面前人人平等。其次，那样也不会产生一个国王所易犯的任何错误。一切职位都抽签决定，任职的人对他们任上所做的一切负责，而一切意见均交由人民大众加以裁决。"法律之程序正义，"一切由抽签决定"，对人人同样公平，在这样的法律面前，人人平等（卷三，80）。欧塔涅斯是历史上最早提出特权产生骄傲、权力滋生腐败的政治人物。

第二个发言的是美伽比佐斯，他提出与欧塔涅斯不同的意见。他主张组成一个统治的寡头集团，他说："我同意欧塔涅斯所说的反对一个人的统治的全部意见。但是当他主张要你把权力给予民众的时候，他的见解便不是最好的见解了。没有比不好对付的群众更愚蠢和横暴无礼的了。把我们自己从一个暴君的横暴无礼的统治之下拯救出来，却又用它来换取那肆无忌惮的人民大众的专擅，那是不能容忍的事情。不管暴君做什么，他还是明白知道这件事才做的；但是人民大众连这一点都做不到。民众完全是盲目的。民众既不知道，也不能看到什么是最好的和最妥当的。他们盲目地直向前冲，像一条泛滥的河那样盲目向前奔流。他们又怎么能懂得他们所做的是什么呢？只有希望波斯会变坏的人才拥护民治；还是让我们选一批最优秀的人物，把政权交给他们吧。我们自己也可以参加这一批人物；而既然我们有一批最优秀的人物，那我们就可以做出最高明的决定了。"美伽比佐斯主张的是让优秀者实行精英统治，唯有如此才能既避免不优秀的统治，又防止后果难料的"大民主"（卷三，81）。

任何独裁都并不真的是一个人独掌大权，本事再大的人也做不到这一点。独裁是许多人把权力交给一个人独掌，所以独裁一定是以群众性的"大民主"为基础的。独裁者之所以能够独裁，是因为他代表群众的利益。如果看起来他损害了群众的利益，那是因为他代表群众最根本的利益——那就是让独裁者代表他们的利益。

大流士是第三个发表意见的人，他主张由一个人来独裁。他是这样说的："我的意见是认为独裁之治要比其他两种好得多。没有什么能够比一个最优秀的人物的统治更好了。他既然有与他本人相适应的判断力，因此他能完美无缺地统治人民，同时为对付敌人而拟订的计划也可以隐藏得最严密。然而若实施寡头之治，则许多人虽然都愿意给国家做好事情，但这种愿望却常常在他们之间产生激烈的敌对情绪，因为每一个人都想在所有的人当中为首领，都想使自己的意见占上风，这结果便引起激烈的倾轧，相互之间的倾轧产生派系，派系产生流血事件，而流血事件的结果仍是独裁之治；因此可以看出，这种统治方式乃是最好的统治方式。再者，民众的统治必定会产生恶意，而当在公共的事务中产生恶意的时候，坏人们便不会因敌对而分裂，而是因巩固的友谊而团结起来；因为那些对大众做坏事的人是会狼狈为奸地行动的。这种情况会继续下去，直到某个人为民众的利益起来进行斗争并制止了这样的坏事。于是他便成了人民崇拜的偶像，而既然成了人民崇拜的偶像，也便成了他们的独裁的君主。"（卷三，82）大流士的意见代表了历史上后来所有拥护君主或其他形式专制统治的主张。

欧塔涅斯、美伽比佐斯和大流士三个人都没有谈到公民的美德和能力。欧塔涅斯要求"法律面前人人平等"，是用个人的法律身份代替了他在治理方面的美德和能力。美伽比佐斯把这种美德和能力看成只与极少数人有关。大流士则认为，独裁者一人的英明伟大就足以造福全体人民。一切关于独裁不可避免的和所谓"开明君主"的主张，都遵循这个"只有强人才能治恶人"的统治逻辑。

在这三个人中间，欧塔涅斯的观点看上去似乎最接近雅典的民主政治，然而希腊雅典虽是一个民主的城邦，但并不靠"法律面前人人平等"来治理。这是因为，正如《伯利克利的墓前演说》中伯里克利所说，雅典人感到骄傲的是他们那种优秀的而不是向最低水准民众看齐的民主。

雅典思想家、修辞家和演说家伊索格拉底是这样称赞雅典最初的优秀民主的："城邦的高贵治理是因为，雅典人懂得两种不同平等的区别，一种是给每个人分配同样的一份，另一种是给每个人分配适合他的那一份。雅典人没有弄错哪一种平等才是有用的，他们认为不分善恶地对待每一个人是不正义的，所以拒绝这么做。他们选择了那种对每个人都赏罚分明的平等。他们正是用这个办法治理城邦，不是由每个人抽签的办法选出统治者，而是选出最优秀、最有能力的来担任每个公职。他们希望其他的公民也会效法那些管理公共事务的人。"[1] 伊索格拉底主张的是"赏罚分明"和"每个人应得的那一份"的平等。在共和政体中,"法律面前人人平等"应该是指,每个公民都有平等的机会以自己的品格和能力去争取其他公民的信任,只是在这个意义上,他们争取得到公职和担任公职的权利才是平等的。统治者需要具有普通民众所不常具有的特殊美德,这种美德是他们从一般的公民教育之外获得的。而且,人能否有美德还与个人的资质与禀性有关。不同的人身上突出的美德也有所不同。对于一般公民来说,诚实、勇敢、节制、守法的美德会比政治家的谨慎和明智更重要一些。

亚里士多德认为,统治者独特的德性是明智;因为其他诸种德性似乎都必然为统治者和被统治者所共有。他认为公民教育的目的是培养"良好的公民",这个目的必须在一个好的政体中才能实现:"公民们尽管彼此不尽一致,但整个共同体的安全则是所有公民合力谋求的目标。他们的共同体就是他们的政体,因而公民的德性与他们所属的政体有关。倘若政体有多种形式,显然一个良好的公民不能以唯一的一种德性为完满;不过我们说一个善良之人就在于具有一种德性——完满的德性。显然,即使不具有一个善良之人应具有的德性,也有可能成为一个良好公民。"[2] 能让绝大多数人成为良好公民的政体,是一个能让他们变得道德上更优秀的政体,尽管这并不等于每个人都能同样成为优秀的政治人物。

欧塔涅斯、美伽比佐斯和大流士这三个人的对话,取决于我们如何解读。希罗多德虽为希腊人,但他并没有站在希腊的爱国立场上批判或丑化波斯人这场非常有意义的辩论。在《历史》里,他赞扬雅典人,但他对波斯人也是公正的,并无肆意诋毁之处。相反,

---

1 Thomas L. Pangle, *The Ennobling of Democracy: The Challenge of the Postmodern Era*, Baltimore: Johns Hopkins University Press, 1993, 107.

2 亚里士多德著,颜一、秦典华译,《政治学》,中国人民大学出版社,2003 年,第 77 页。

他承认东方民族具有比希腊更古老、更高的文明。

希罗多德让我们看到希腊人、波斯人，还有我们今天所熟悉的那种从强盛到衰亡的帝国命运。没有永久强盛不衰的帝国，也没有永远强大无敌的权力。所有的权力都会因某种原因而崩溃，而所有的崩溃总是有着相似的原因：权力导致权力的无度和失控；强权的君王把自己看得无所不能，最后身败名裂。利迪亚两位国王坎道列斯和克罗伊索斯是这样，波斯帝国的冈比西斯二世和薛西斯是这样，20世纪的希特勒、齐奥塞斯库和波尔布特也是这样。

关于希罗多德的政治立场，学界有不同说法。《历史》一书中文译者王以铸认为，希罗多德未必有奴隶制民主思想，而是更希望有一个开明的统治者（例如在《历史》卷三第80节至第82节中，希罗多德对大流士夺位后，波斯贵族中有关民治、寡头、独裁的争辩大书特书，并提到最后由大流士提倡的"独裁之治是最好的统治方法"占上风而被落实执行）。台湾学者陈仲丹则认为，希罗多德"对雅典民主制度的推崇，对专制制度的厌恶，对波斯帝国侵略行径的谴责，都有进行道德教育的作用。他强调，大凡不可一世的专制暴君，尽管可以横行一时，最终毕竟难逃覆灭的下场，不得善终"。

对我们来说，最重要的也许已经不是希罗多德的政治立场，而是我们自身对古今专制的认识。我们应该像大流士那样因为专制的所谓"制度优势"而赞同独裁，还是应该反对专制独裁，像欧塔涅斯那样主张全体公民参与国家管理？对这样的问题，我们自身的回答应该比希罗多德的更重要。

十一 修昔底德《伯罗奔尼撒战争史》

1. 讲述往事和探究真实

本章要阅读的是修昔底德的《伯罗奔尼撒战争》。人们对这位古希腊历史学家、思想家所知非常有限，只知道他生于公元前460年至前455年间，约前400年去世。他以《伯罗奔尼撒战争》一书传世，该书记述了斯巴达和雅典之间从公元前431年到前404年长达27年的战争。

修昔底德出生于富有的贵族家庭，35岁就担任希腊军队的将军，由于一次征战失败，被雅典的公民议会判处流放，直到战争结束。流放期间他四处旅行，收集材料，从事他的历史写作。他原本想写完整个战争过程，但他只写到了战争的第20年（前431—前411），写到第21年快结束时就停止了，并且没有详述战争的最终冲突。修昔底德去世是在战争结束后第四年，此前他似乎一直在写这部著作。他去世后，遗稿被编辑为八卷，就是我们现在看到的样子。这部著作在他死后300多年里，很少被古代作家提及，直到罗马共和国末至罗马帝国初期才被人重视并流行起来。

本节我们先谈谈《伯罗奔尼撒战争》是怎样一部作品，可以如何有效地阅读。之后会详细讨论几个脍炙人口的经典篇章，最后会比较一下修昔底德与希罗多德，谈谈他们对我们今天人文思考的不同意义。

也许你已经注意到，我在开头说了好几次《伯罗奔尼撒战争》，而不是《伯罗奔尼撒战争史》。修昔底德本人并没有给他的著作起标题，后来编辑成书时才有了"伯罗奔尼撒战争"这个标题。正确的理解是，他要写的是这场战争，而不是这场战争的历史。"历史"这个概念是后人加于他的著作的。商务印书馆出版的《伯罗奔尼撒战争史》是根据 1956 年伦敦企鹅出版公司的重印本翻译的，英译本的题目中确实有"历史"这个词。但是，由希腊学专家马丁·哈蒙德（Martin Hammond）翻译、作序和注释的英文新译本于 2009 年在牛津大学出版社出版，用的也是忠实于原文的题目"The Peloponnesian War"。下文为了引述方便，统一用中译本的名称。

修昔底德写作《伯罗奔尼撒战争史》的目的是讲述这场战争，而不是写一部我们今天所理解的关于这场战争的"历史"。我们今天所理解的"历史"是历史学的产物，"历史学"是一种对人类自身史料进行筛选和组合的知识形式，不仅是史实本身，而且注重对史实事件的起因与后果的分析、评价。这样的历史学在古希腊时代是不存在的。因此，如果我们在希罗多德或修昔底德的历史叙述中辨认出某些历史学的成分，那并不意味着这两位古希腊的作者想要写的就是我们今天所理解的历史。

在讲希罗多德的时候我们已经谈到，他用"历史"一词来作为他著作的题目，这个历史是探究、研究、发现的意思。修昔底德对希罗多德处理史料的方式是持批评态度的，他轻蔑地称希罗多德是一个"说故事的人"（story-teller），认为他并没有真正地探寻到和研究过真正的史实，而修昔底德的写作目标则是在讲述往事中探究真实，他认为这才是不流于表面故事的史实。

但事实上，我们也无法把《伯罗奔尼撒战争史》看成是一部现代意义上的史实著作。例如，我们无法知道如何把书里的事件放到我们所熟悉的"公元"编年史中。我们今天知道，伯罗奔尼撒战争从公元前 431 年一直持续到前 404 年，但这是我们自己推断出来的，不是修昔底德这本书里告诉我们的。

古希腊人是怎么确定某一件事是在哪一年发生的？修昔底德又是如何告诉我们某一次演说或某一个事件是发生在哪一年或什么时候的？

加州大学伯克利分校的古代历史学者卡洛斯·诺雷纳（Carlos F. Noreña）指出："在世界历史上，从来没有一个统一的，所有人都认同的纪年系统。在中世纪和上古时期，存在着多个时代的记录方法。"关键的不是哪一年是"元年"，而是所有人都把它当作开始的时刻。

希腊人是最早尝试让所有人都有同一个年代概念的民族之一。他们似乎认为，开始算起的第一年应该是具有重大文化意义事件的那一年，所以决定是第一次举办奥林匹亚竞技大会的那一年。对我们来说，那是公元前 776 年。顺便提一下，罗马历在公元前 753 年被视为建城开始（Ab urbe condita），直到公元 525 年推出"基督纪年"（Anno Domini）日历，也就是我们所知道的"公元"为止。基督纪年，又称为"耶历"或"主历"，是源自基督教的纪年方法，以耶稣诞生年作为纪年的开始，称为主的年份，而在耶稣诞生之前的纪年称为主前。现代学者为了淡化其宗教色彩，加上耶稣并非生于公元 1 年的谬误，多半改采用公元与公元前的说法。

修昔底德当然不会用公元来记事，但他也没有用希腊人的纪年来记事，他是用特洛伊战争结束的那一年作为开始来说事情的。《伯罗奔尼撒战争史》第一章的第一句话是："在这次战争刚刚爆发的时候，我就开始写我的历史著作。"他大致叙述了一下希腊以前的情况后说："在特洛伊（译为特洛耶）战争以前，我们没有关于整个希腊共同行动的记载。"[1] 他接着又说："就是在特洛伊战争以后，希腊居民还是在迁动的状态中。"[2] 希腊新的城市都是在这之后建立起来的，"特洛伊陷落后 60 年，近代的彼奥提亚（Boeotia）人……定居于现在的彼奥提亚地方。……再过 20 年后，多利亚人和赫丘利的子孙们占领了伯罗奔尼撒半岛……接着就是殖民时代。雅典人殖民于伊奥尼亚和大多数的岛屿上。伯罗奔尼撒人建立大多数殖民地于意大利和西西里，也建立一些殖民地在希腊的其他地方。所有这些殖民地都是在特洛伊战争以后建立的"。

特洛伊战争是修昔底德历史叙事的一个纪年参照点，这对今天的读者来说是完全陌生的。那么，我们如何来阅读他这部著作？我们当然可以出于对伯罗奔尼撒战争本身的或对修昔底德本人的兴趣，通读全书。但是，我们也可以选读书里的一些经典的精华部分，从而了解和思考修昔底德历史写作的目的和特点。修昔底德的历史写作有三个特点值得注意：第一是他选择的历史材料；第二是他对真实的不懈探究；第三是他在处理问题时的"正反两说"。

第一，他选择的历史材料主要是两类，一类是演说（包括辩论），另一类是事件。现成的演说词有些是在战争开始之前发表的，有些是在战争时期发表的；"事件"则是在战争中实际发生的事情。演说不难理解，但什么是"事件"？在修昔底德那里，事件就是观察到的事情，但是了解事件的困难在于难以从目击者那里获得精准的陈述。

在他看来，发表演说也是事件，但是对演说的记录是确实无误的吗？他说："在这部历史著作中，我利用了一些现成的演说词，有些是在战争开始之前发表的；有些是在战争时期中发表的。我亲

1　修昔底德著，谢德风译，《伯罗奔尼撒战争史》，第 3 页。
2　同上，第 11 页。

自听到的演说词中的确实词句，我很难记得了，从各种来源告诉我的人也觉得有同样的困难；所以我的方法是这样的：一方面尽量保持实际上所讲的话的大意；同时使演说者说出我认为每个场合所要求他们说出的话语来。"[1]

据英国历史学家康福德的研究，修昔底德坚持记录一种日志："在日志中记录单纯的事件以及有关时间和地点的具体细节。这些条目构成了一部编年史的主线，通过这条主线，可以构建起更翔实的叙述。"许多篇章都是被填充到这条主线中去的："只要修昔底德碰到一个能提供必要细节的目击者，他就能将其扩写成更详细的叙述文稿。当然，如果以后从其他地方获得新的信息，他也会重新改动文稿。"而且，"在大部分情况下，修昔底德是写完事件的叙述部分之后，再将演说填充完整。从某种意义上来说，他选择哪一事件详细阐述，取决于他与掌握详细信息的当事人的见面机会"[2]。这也是为什么我在这里选读了一些最著名的辩论和演说，因为这些是他叙述得最完整的部分。

第二，修昔底德表明他的目的是"寻求真理"，只记录可以验证的事实。他说："在研究过去的历史而得到我的结论时，我认为我们不能相信传说中的每个细节。普通人常常容易不用批判的方式，去接受所有古代的故事。"而这恰恰是修昔底德要避免的，他举了一个例子："一般人相信斯巴达国王每人有两个表决权，而事实上他们每人只有一个表决权；也有人相信斯巴达人有一个名叫'彼塔那'团的军队。这样的一队兵士是根本没有的。事实上，大多数人不愿意找麻烦去寻求真理，而很容易听到一个故事就相信它了。"[3] 在编纂编年史的过程中，他宁愿信任书面文献，而不信任口头传说，

1　修昔底德著，谢德风译，《伯罗奔尼撒战争史》，第 17 页。
2　弗朗西斯·麦克唐纳·康福德著，孙艳萍译，《修昔底德：神话与历史之间》，第 51 页。
3　修昔底德著，谢德风译，《伯罗奔尼撒战争史》，第 17 页。

从而创立了历史编纂学。费希尔在《阅读的历史》中认为："这标志着人们认知阅读固有功能的范式发生了转变。至此，人们认识到，书面形式可以获取和保存许多文本，这是口头形式在某种程度上难以企及的。阅读可以让人在视觉上'成为'一个文本；博览群书甚至可以让人成为一个储藏众多作品的'活生生的图书馆'。"[1]

在这个意义上，修昔底德的写作要比希罗多德的更贴近我们今天所熟悉的历史，因为他有了与今天的历史相似的"文献意识"。他要用一种比"诗人"和"散文编年史家"更好的办法来对待历史证据，尤其是文字的证据。这里暗含了对诗人荷马和散文史家希罗多德的批评。他说："诗人常常夸大他们的主题的重要性。"而散文编年史家"所关心的不在于说出事情的真相，而在于引起听众的兴趣"。他认为，这两种历史都是经不起检验的，它们的题材"由于时间的遥远，迷失于不可信的神话境界中。如果我们考虑到我们是研究古代历史的话，我们可以要求只用最明显的证据，得到合乎情理的正确结论"。[2]第三，修昔底德在呈现事情的真相时运用的是既有正面也有反面的表述方式。在他那个时代有一种叫"智者"的人，中文里经常被翻译为"诡辩家"，这个翻译容易引起误解。前文提到智者其实是古希腊公元前5至公元前4世纪时的一群"知识传授人"。他们中有许多人善于教授哲学和修辞学，但也有人教授音乐、体育和数学。他们通常声称自己传授"优秀（技能）"，学生主要是年轻的政治家或者贵族。修昔底德就受到了智者的影响，但他自己并不是一个智者。

智者讲授一种专门知识技巧，以此谋生，他们不管这种知识技巧被正用还是邪用；智者也擅长辩论术，他们只管教会你辩术，至

1　史蒂文·罗杰·费希尔著，李瑞林等译，《阅读的历史》，第45页。
2　修昔底德著，谢德风译，《伯罗奔尼撒战争史》，第17页。

于你用这种辩术来说谎还是说真话，那不关他们的事情。现在有的所谓"发言人"接受的就是这种辩术训练，说起谎来，一套一套的。智者善于两面说辞，正面或反面，都能把没理说成有理。这种技能需要能从正反两面看问题，而这种看问题的方式本身是有用的。修昔底德就用这种方式看问题，但他同时也坚持自己的道德原则，这就是我们今天所主张的那种有道德原则的批判性思维。当然，在修昔底德的正反两说的历史叙述里，他自己的道德立场是被隐去的。在《斯巴达的辩论和战争的宣布》里就可以看到这种叙述方式的运用。

不仅在同一篇里，在不同的篇章之间我们也能看到修昔底德的"正反两说"，比如我们要阅读的《伯利克利的墓前演说》与其接下来发生的雅典瘟疫之间，就有这种一正一反的关系。这样的正反关系——也就是矛盾的关系——同样出现在我们将要阅读的政治动员和政治蛊惑、公民美德和人性缺陷、雅典的国内民主和国际霸权的对立之间。这些在阅读具体的有关篇章时还会一一谈到。

2. 古希腊人的辩论

《伯罗奔尼撒战争史》第一卷第 6 章的《在斯巴达的辩论和战争的宣布》，描述的是一场著名的辩论，让我们看到修昔底德如何用"正反两说"来呈现辩论的内容和场面。

辩论潮流在公元前 4 世纪的雅典有很大的影响，从修昔底德思考和处理问题时正反兼顾的方式来看，他受到了智辩派思维方式的影响，虽然他并不在道德问题上像许多智辩派那样持回避态度或相对主义的立场。

在斯巴达代表的专制政体和雅典代表的民主政体之间，他是认同雅典的。但是，他并不一味否定斯巴达的政体，而是也看到它的合理性。同样，他虽然认同雅典的民主政治，但也对它的现状持相当严厉的批评态度。无论对斯巴达还是对雅典，他都用正反兼顾的方式来对待。

斯巴达内部的辩论发生在公元前 432 年，即战争爆发前一年。在这之前，斯巴达和雅典的紧张关系已经持续了 50 年，虽然双方都用了冠冕堂皇的理由来开战，但实质上是都想在希腊世界获得争霸的胜利。战争开始时规模还不大，事由是"科林斯外交危机"，也就是斯巴达保护国科林斯与雅典保护国科西拉（Kythera）之间的军事冲突。

危机开始的时候，雅典人告诉科林斯人："我们不是发动战争，也不是破坏条约。这些科西拉人是我们的同盟者，因此我们来援救他们。如果你们往其他方向航行，我们不阻拦你们，但如果你们航行去进攻科西拉或它的任何领土的话，我们将尽力阻止你们。"[1]但是，科林斯人坚持向斯巴达告状，请求斯巴达出兵相助，于是便有斯巴达内部的这场辩论。斯巴达决定参战，伯罗奔尼撒战争便开始了。这一打就是 27 年，最后斯巴达在波斯的帮助下打败雅典，也消灭了雅典的民主制度。

修昔底德说，这是一次比以前任何战争规模更大更值得叙述的战争，它"影响到大部分非希腊的世界，可以说，影响到几乎整个人类"。[2]战争在希腊城邦之间是常有的事情，几乎每年都季节性地发生。农夫春天在田里播种完毕就去打仗，如果能活着回来，那就打完仗正好回家收割庄稼。但是，伯罗奔尼撒战争与以前的传统战争不同，不仅在于它规模大，时间长，交战关系错综复杂，而且前所未有的野蛮、残酷和不守规则。

---

1 修昔底德著，谢德风译，《伯罗奔尼撒战争史》，第 40 页。
2 同上，第 2 页。

"科林斯外交危机"之后，斯巴达和雅典的关系正式破裂，发生敌对冲突。公元前431年初的一个夜晚，斯巴达人偷袭了雅典保护城邦普拉提亚。普拉提亚是雅典的同盟国，受和平条约保护，进攻普拉提亚破坏了希腊人的战争规则，"不守规则"后来正成为伯罗奔尼撒战争的一个特色。

战争扩散到多条战线，变成了一场谁也打不赢的战争，形成了越来越残酷的恶性循环。正如耶鲁大学古典学者唐纳德·卡根（Donald Kagan，1932—2021）在《伯罗奔尼撒战争》(*The Peloponnesian War*)一书里所说，战争的结果是，作为文明生活基础的习俗、体制、信仰、节制全面崩溃了。雇佣兵在学校里屠杀学童，整个城邦的人民被杀死或沦为奴隶，乞援者被从神庙里拖出来杀害甚至活活烧死，虐杀俘虏，伤员被同胞弃之不顾，战死者的尸体无人埋葬，任其腐烂。这场战争彻底破坏了希腊文明的根基，使之从此一蹶不振。相比战争的烧杀抢掠，修昔底德强调的历史教训更在于战争让人类付出的道德和文明代价。战争没有赢家，战争对人性的戕害没有幸免者，它造成了人性丧失，天良泯灭，兽性膨胀，后果惨重，且难以挽救。

修昔底德被许多人视为"现实政治"（Realpolitik）的鼻祖，也就是只从现实利益，而不是从道德角度来考虑政治和军事问题。我认为这种看法是不正确的，因为它始终把战争行为的正当性作为战争思考的一部分。对这个问题，我们之后还会详细讨论。在斯巴达的辩论这一篇里，我们先来关注修昔底德如何运用正反兼顾的论辩方式。辩论双方都诉诸"爱国"这个基本价值，这与道德虚无主义的诡辩术是完全不同的。修昔底德的正反兼顾表现在两个层次上：第一个层次是，斯巴达国王阿基达马斯（Archidamus II）和监察官斯提尼拉伊（Sthenelaidas）就斯巴达是否应该对雅典开战的对立看法，这两种看法实际上形成了正方和反方；第二个层次是，雅典和斯巴达，谁该为开战负责。

先看第一个层次的正反兼顾。这一章说的是，科林斯人派出代表团争取说服斯巴达人出兵帮助他们抵抗雅典的进逼。这时候，正好有一些雅典人为别的事情来到斯巴达，他们也要求并得到允许对斯巴达人做一个发言，劝他们不要介入这场争端。

双方发言之后，斯巴达人"请所有的外人退席"，好让他们自己内部讨论当前的形势。在讨论中，以聪明而温和著名的国王阿基达马斯和主战的监察官斯提尼拉伊做了发言。国王劝斯巴达人从长计议，谨慎行事，而监察官则敦促斯巴达人同意对雅典宣战。结果在公众会议公开表决的时候，大多数的人站在了监察官的一边，也就是同意开战。

国王的发言较长，主张和分析都显得相当理性。他认为，雅典有强大的海军，作战经验丰富，装备精良，无论个人或国家都很富裕，有船舰、骑兵和重载步兵，人口比希腊任何地方都多，同时也还有许多纳贡的同盟者，所以斯巴达需要时间做准备。国王接下来分析了斯巴达人的强项，他说，斯巴达人不仅有勇气，有最严格的训练，而且还懂得"慎重"。他告诉听众，迟缓就是慎重，不急于求成可以避免失败，正"因为我们有这些品质，所以只有我们在成功的时候不傲慢，在困难的时候不和其他人民一样易于屈服。当别人用阿谀来劝我们走向我们所认为不必要的危险中的时候，我们不受阿谀的迷惑；当别人想用恶言来激怒我们的时候，我们也不至于因为自羞而采纳他们的意见"。[1]他暗指的是科林斯人的发言。

国王发言后监察官发言，他的发言很简短，不到国王的七分之一。监察官说，是帮还是不帮科林斯出兵，"这不是可以用法律诉讼或言辞辩论来解决的问题……长期讨论只对于那些计划侵略的

1　修昔底德著，谢德风译，《伯罗奔尼撒战争史》，第57—61页。

（雅典）人是有利的"。因此，他呼吁："斯巴达人啊，表决吧！为着斯巴达的光荣！为着战争！不要让雅典的势力更强大了！不要完全出卖我们的同盟者！让诸神保佑，我们前进，和侵略者会战吧！"[1] 监察官的发言比国王的更能打动听众。

我们可能会对国王和监察官的发言及其影响民众的效果有不解和困惑。为什么监察官这几句口号式的发言就能左右斯巴达民众的想法，让他们站到他这一边来？对这个问题的部分解答也许在于斯巴达人表达的方式。修昔底德写道："他们是用高声呼喊的方式，而不是用投票的方式表决的。"[2] 这种投票方式与现代民主制度下的个人匿名投票表决是不同的，却正是专制国家人民所习惯的表决方式。它看上去很公开，像是自由表决，但其实是把表决者放置在一个受群众情绪左右和相互监视的不自由环境之中。表决者受到主流情绪的左右，或者害怕与众不同，不敢也不能做出独立的理性判断和决定。

我们可以认为，监察官明显是在蛊惑和煽动民众，左右他们的想法。但修昔底德并没有这么说，他只是很客观地记述道，在民众公开表决之后，监察官还以听不清哪一方呼喊声更大为由，要求在场者以站队的方式再次表态。他说："斯巴达人啊，你们中间那些认为合约已经破坏而雅典人是侵略者的人，起来，站在一边。那些认为不然的，站在另一边。"[3] 他指出他们所要站的地方，于是他们站起来，分作两部分。大多数的人认为和约已经被破坏了，站在了监察官的一边。

这样的辩论场景在今天能够给我们很大的联想空间，让我们可以设身处地地想象，这似乎是一场显示爱国主义的辩论。反抗雅典，

---

1 修昔底德著，谢德风译，《伯罗奔尼撒战争史》，第 61—62 页。
2 同上。
3 同上。

这是斯巴达人最容易表现也最容易接受的爱国主义情感。在这种公开表决的场合，就算有普通人同意国王暂不宣战的说法，他们也不太可能像国王那样公开说出来。

修昔底德让我们看到，这种和说话的人的身份有关的"爱国情感"或胁迫性"爱国"，其实古代就已经有了。国王劝斯巴达人三思而后行，没有人会怀疑他"懦怯"或"不爱国"，但一个普通民众就不同了。因此，普通人会更倾向于在公开表态时做出"勇敢"和"爱国"的表示。而且由于是公开表态，"爱国"会变成"超级爱国"。

除了斯巴达国王和监察官之间的"正反兼顾"，还有另一个层次的"正反兼顾"，那就是斯巴达和雅典，谁该为开战负责。按我们熟悉的许多历史的写法，既然修昔底德是雅典人，他就应该站在雅典这一方，把责任推到斯巴达人的头上，把战争的爆发归罪于斯巴达人的野心、好战、卑鄙阴谋。人们常说，历史是胜利者书写的，但伯罗奔尼撒战争的历史却是由失败者雅典人书写的。胜利者斯巴达人自己没有书写这段历史，大概由于斯巴达是一个尚武的国家，斯巴达人从小接受的是士兵的教育，没有能像雅典那样产生哲学家、戏剧家和历史学家。

然而，修昔底德并没有把一切战争罪过都推到斯巴达人头上。他在叙述战前情况的第一卷里并没有说雅典或者斯巴达有开战的充分动机。他自己的观点是：斯巴达人是被迫卷入战争的。这符合事实。他们开始不情愿，正说明了这一点。但他表明，雅典的领袖人物伯里克利也没有理由渴望战争。在修昔底德那里，斯巴达不是一个傲慢或穷兵黩武的城邦，而是一个因为雅典的崛起而感受到威胁的正常城邦。

修昔底德更多的是从雅典和斯巴达人的不同性格来解释他们之间的冲突：这两个民族的性格截然相反，一个敏捷、好冒险，另一个胆小、迟缓。所以他认为，除非为形势所迫，斯巴达人不会主动发起战争。一个雅典人能这样看待打败自己国家的敌人，实在是一件非常不容易的事情。而科林斯人竭力说服斯巴达人加入战争，也说明斯巴达人一开始并无意发动战争。

今天，大多数现代历史学家都这样解释修昔底德本人对此事的观点，也就是他自己说的，"使战争不可避免的真正原因是雅典势力的增长和因而引起斯巴达的恐惧"。[1] 修昔底德认为，第一，斯巴达人惧怕雅典日益增长的势力；第二，战争是强加到斯巴达人身上的，不是因为雅典人首先攻击斯巴达人，而是一个新崛起的大国必然要挑战现存大国，而现存大国也必然会回应这种威胁，这样就有了现实的战争危险。这就是人们今天所说的"修昔底德陷阱"。

"修昔底德陷阱"这个说法是美国政治学家格雷厄姆·艾利森（Graham T. Allison）于 2012 年在一篇为《金融时报》撰写的文章中创造的，[2] 其根据是修昔底德在《伯罗奔尼撒战争史》一书中的一句话："正是雅典的崛起和它给斯巴达带来的恐惧使战争不可避免。"艾利森用这个说法来说明，当一个崛起的大国（以雅典为例）挑战一个主导大国（以斯巴达为例）的地位时，就会有发生战争的危险。艾利森在 2017 年出版的《注定战争》一书中对该术语进行了大幅扩展，他认为"中国和美国目前正处于战争的碰撞过程中"。[3]

为支持这一论点，艾利森在哈佛大学贝尔弗科学与国际事务中心领导了一项研究，发现在 16 个新兴大国与统治大国竞争的历史事例中，有 12 个以战争告终。然而，这项研究受到了相当多的批评，学术界对"修昔底德陷阱"的真实性意见不一，特别

---

1 修昔底德著，谢德风译，《伯罗奔尼撒战争史》，第 19 页。

2 Graham Allison, "Thucydides's trap has been sprung in the Pacific," *Financial Times*. 21 August, 2012.

3 Graham Allison, *Destined for War: Can America and China Escape Thucydides's Trap?* New York: Houghton Mifflin Harcourt, 2017.

是在涉及潜在的中美军事冲突时更是如此。许多国际政治学家，如约瑟夫·奈（Joseph S. Nye）、劳伦斯·弗里德曼（Lawrence Freedman）、哈尔·布兰兹（Hal Brands）、迈克尔·贝克利（Michael Beckley）都不同意艾利森的看法，对他所说的 12 次战争案例也提出了不同的解释。其他学者也有不同的看法。[1]

对《伯罗奔尼撒战争史》的文本解读也无法支撑艾利森的说法。美国历史学家理查德·勒博（Richard Ned Lebow）在《政治的悲剧景观：伦理、利益和秩序》一书里指出，"仔细阅读第一卷可以发现，修昔底德并没有把伯罗奔尼撒战争描述为不可避免的。他认为，相对能力的变化充其量只是战争的间接原因，绝不是最重要的原因"。在斯巴达内部确实有"战争派"（以监察官为代表）和"和平派"（以国王为代表）的分歧，但在《在斯巴达的辩论和战争的宣布》中我们可以看到，"'战争派'并不害怕雅典；他们有信心发动一场速战速胜的行动。而'和平派'则寻求通融，因为他们对雅典的实力有准确的评估，并担心他们发动的任何战争有可能被他们的儿辈继承下来。斯巴达人参战主要是为了维护他们在希腊的荣誉和地位，而这一地位受到雅典带头进行的政治、经济和文化变革的威胁。斯巴达人的身份，而不是权力，是战争和和平双方的问题"。换句话说，斯巴达对雅典开战，不是为了权力或意识形态的争霸权，而是为了维护他们的传统和生活方式。战争并不是必然的，斯巴达人可以选择要战争，也可以选择不要战争，而"与其他事情一样，战争是他们在危急的关键时刻做出误判的结果"。他们没有在战争的火星刚闪烁的时候扑灭它，而是"允许一个遥远而无足轻重的定居点的内乱升级为雅典和斯巴达及其各自的盟友之

---

1 参见 Dong Wang and Travis Tanner, *Avoiding the 'Thucydides Trap'*. London: Routledge, 2020. Steve Chan, *Thucydides's Trap?: Historical Interpretation, Logic of Inquiry, and the Future of Sino-American Relations*. Michigan: University of Michigan Press，2020.

间的全面冲突"。[1]

确实，修昔底德在书里的观点是相当清晰的：尽管有利益冲突和国民性格的不同，但战争并不是必然的，双方领袖人物都有多次可以选择不发起战争的机会，却没有把握好这样的机会。如果说真的有什么"陷阱"的话——国家层面（在古希腊是政体层面）的压力和约束在领导人的计算中也是很重要的——那么，真正有智慧的政治领袖也还是有不往陷阱里跳的选择，而这才是最重要的！兼顾正反双方的立场不是为了证明"非跳不可"，而是为了学习到"也许可以不跳，但却偏往里跳"的教训。

正是因为这种正反兼顾的洞见，修昔底德对伯罗奔尼撒战争的讲述才是如此可靠。虽然他是雅典人，而且雅典最后输掉了伯罗奔尼撒战争，但他始终没有简单地将这场战争归罪于斯巴达人的"好战"。

接下来要谈的是第二卷的第四和第五章：《伯里克利的墓前演说》和《战争第二年。瘟疫及其影响》。这两章让我们看到了雅典高尚的一面，看到了伯里克利所赞扬的那种民主公民美德，但也看到这种美德是多么脆弱。因为支持公民美德的制度和人性是不确定的，随时可能在一瞬间崩溃。公民美德和人性的脆弱成为修昔底德讲述雅典城邦道德状态的正反两面。

3. 墓前演说和雅典瘟疫

我们对伯里克利的所知多来自后人的记述，特别是来自修昔底德和普鲁塔克。修昔底德比伯里克利年轻35岁，他描述的那个伯

---

1 Richard Ned Lebow, The Tragic Vision of Politics. Cambridge: Cambridge University Press, 2003, 67.

里克利深受民众的支持，因为他们尊重他，相信他把城邦的利益放在他自己的利益之上。有人认为，修昔底德对伯里克利的评价太高，因而贬低了伯里克利的继承人，尤其是克里昂。修昔底德对战争的叙述有一个言下之意，即如果伯里克利没有死于战争第二年的瘟疫，他那种理智的军事策略本可以带领雅典在战争中取胜。

康福德认为，修昔底德"对人物从不使用形象语言"，也不使用可能引起情绪性想象的说法。他不会告诉我们克里昂是一个制革匠，他的嗓门很大，说起话来就跟山洪暴发一样。他也不会告诉我们，伯里克利因为头的形状而有一个"海葱头"的绰号。[1]但也有一些时候，修昔底德的评价看起来非常主观，比如他说克里昂是"最暴戾的公民"，伯里克利是"最有权势的"公民。

不管我们如何看待希罗多德笔下的伯里克利，这位雅典领袖人物在民众中的威望是无须质疑的。前文提到，伯里克利能力过人，从公元前450到公元前429年，除了一次，他每年都入选为"十将军委员会"的一员，将军职位绝不只是军职，因为司其职者有权在公民大会上对大众发言。在当时的雅典，大部分公职人员都通过抽签产生，而将军是少数要经由选举才能当上的职位，所以，将军的权力近乎于政治领袖。

伯里克利能够拥有一个民选官职长达近20年，从未受到成功挑战或放逐（他父亲、许多朋友和敌人都遭受过放逐），可见他有过人之处。伯里克利在公元前5世纪雅典的影响力类似于庇西特拉图（Peisistratos）之于公元前6世纪的雅典。伯里克利在阵亡将士国葬典礼上的演说是在战争第一年结束时所做的，有研究者认为，当时埋葬的雅典人可能不到50人。所以，这篇演讲的主要作用与其说是为了哀悼死者，还不如说是为了鼓舞生者。

1　弗朗西斯·麦克唐纳·康福德著，孙艳萍译，《修昔底德：神话与历史之间》，第111页。

为什么阵亡将士会这么少？这是因为伯里克利制定了巧妙的战术，斯巴达擅长于陆战，雅典人的强项是海战。于是战争一开始，伯里克利凭借自己的口才和影响力，说服雅典城外的同胞抛田弃家，带着少许能够装在手推车上的家当，来到雅典城内，依靠坚固的城墙来防守。这样的防御战大大减少了雅典人的伤亡，但是，由于大量的人口集中到了空间有限的城里，第二年便暴发了瘟疫。这次瘟疫只是发生在雅典城里，别的地方并没有。为了不让军队染疫，斯巴达人退兵了。

修昔底德的历史书中记载了伯里克利对雅典人激动人心的演说，这些是否就是他实际所说的话，到现在仍然不得而知。不过，我们既然没有这个演讲的其他版本，也就只能就书里的演说词来谈这个演说。历史学家们认为，这个演说可能来自修昔底德的准确回忆，因为他是在场的。但也有可能是他不准确的甚至错误的回忆，或者根本就是他自己创作的。

但无论如何，演说并不仅仅关注亡灵，而更多地关注雅典城以及其所代表的生活方式，这种生活方式与斯巴达人的生活方式截然不同。伯里克利首先赞美雅典人的祖先，向他们表示敬意："在我们这块土地上，同一个民族的人世世代代住在这里，直到现在；因为他们的勇敢和美德，他们把这块土地当作一个自由国度传给我们。"[1]这是一个雅典人可以引以为傲的自由人的制度，伯里克利称之为"民主制度"。他说："我要说，我们的政治制度不是从我们邻人的制度中模仿得来的。我们的制度是别人的模范，而不是我们模仿任何其他的人的。我们的制度之所以被称为民主政治，因为政权是在全体公民手中，而不是在少数人手中。解决私人争执的时候，每个人在法律上都是平等的；让一个人负担公职优先于他人的时候，

---

[1] 修昔底德著，谢德风译，《伯罗奔尼撒战争史》，第129页。

所考虑的不是某一个特殊阶级的成员，而是他们有的真正才能。任何人，只要他能够对国家有所贡献，绝对不会因为贫穷而在政治上默默无闻。"[1]

伯里克利强调，这种自由人的民主制度让公民能够友爱地团结在一起，而这种公民团结的基础就是法治，他说："正因为我们的政治生活是自由而公开的，我们彼此间的日常生活也是这样的。当我们隔壁邻人为所欲为的时候，我们不至于因此而生气；我们也不会因此而给他难看的颜色，以伤他的情感，尽管这种颜色对他没有损害。在我们的私人生活中，我们是自由和宽容的；但是在公家的事务中，我们守法律，因为这种法律使我们心悦诚服。"[2]

雅典人在公共的人际和事务中遵守成文的法律，但他们还有一种不成文的法，哪怕是在私人生活中也自觉遵循，这种不成文的法就是道德。伯里克利说，雅典人是尊重成文和不成文法的模范公民。他骄傲地宣称："对于那些我们放在当权地位的人，我们服从；我们服从法律本身，特别是那些保护被压迫者的法律，那些虽未写成文字，但是违反了就算是公认的耻辱的法律。"[3]在雅典，不荣誉是对违法者最大的惩罚，雅典人的勇敢和忠诚是自觉的，不是强迫的，这与斯巴达人形成了鲜明的值得雅典人骄傲的对比。

伯里克利说，军事和社会的事务哪些该公开，哪些该保守秘密，雅典和斯巴达有不同的对待方式。除此之外，教育是雅典和斯巴达最大的差别。自由的教育让雅典的士兵能够更灵活、更机智、更独立自主地对付敌人。"在我们的教育制度上，也有很大的差别。从孩提时代起，斯巴达人即受到最艰苦的训练，使之变为勇敢；在我们的生活中没有他们这些限制，但是我们和他们一样，可以随时勇

1　修昔底德著，谢德风译，《伯罗奔尼撒战争史》，第 130 页。
2　同上。
3　同上。

敢地对付同样的危险。这一点由下面的事实可以得到证明：当斯巴达人进入我们的领土时，他们总不是单独自己来的，而是带着他们的同盟者和他们一起来的；但是当我们进攻的时候，这项工作是由我们自己来做；虽然我们是在异乡作战，而斯巴达人是为保护自己的家乡而战，但是我们常常打败了他们。"[1]

伯里克利在墓前的演说充满了爱国的豪情，这是一种公民对自己的国家，而不是对独裁者的国家的热爱。只有自由的公民国家，才是值得公民为之战死、为之捐躯的。他说："这就是这些人为它慷慨而战、慷慨而死的一个城邦。因为他们只要一想到丧失这个城邦，就会不寒而栗。"所有的雅典人都"应该努力学习他们的榜样。你们要下定决心：要自由，才能有幸福；要勇敢，才能有自由"。[2]

伯里克利的演说似乎让我们看到了雅典公民美德最美好、最高尚的一面，然而，也就在接下来的一章里，修昔底德让读者看到了这种美德是多么脆弱，而雅典人的另一面可以多么阴暗和丑陋。

公葬典礼是在战争第一年末的冬季里举行的。在第二年夏季之初，瘟疫就首先在雅典人中发生了。据说，这种瘟疫过去会在其他地方流行，"但是在记载上从来没有哪个地方的瘟疫像雅典的瘟疫一样厉害，或者伤害这么多人"。[3]起初，医生们完全不能医治这种病，向神庙中神明祈祷、询问神谶等办法，也都无用。最后，人们完全为病痛所困，所以他们也不再求神占卜了。

雅典人陷入了绝望，放弃了信仰，背弃了神。修昔底德自己也染上了瘟疫，几乎可以确诊是斑疹伤寒。他见证了雅典人如何在绝望中丧失信仰和人性崩溃。他对瘟疫的描绘令人惊骇，"身体完全健康的人突然开始发烧；眼睛变红，发炎；口内从喉中和舌上出血，

1　修昔底德著，谢德风译，《伯罗奔尼撒战争史》，第 131 页。
2　同上，第 135 页。
3　同上，第 137 页。

呼吸不自然，不舒服。其次的病症就是打喷嚏，嗓子变哑；不久之后，胸部发痛，接着就咳嗽。以后就肚子痛，呕吐出医生都有定名的各种胆汁。这一切都是很痛苦的。大部分时间是干呕，产生强烈的抽筋；到了这个阶段，有时抽筋停止了，有时还继续很久。抚摸时，外表上身体热度不高，也没有出现苍白色；皮肤颇带红色和土色，发现小脓疱和烂疮。但是身体内部发高热，所以就是穿着最薄的亚麻布，病者也不能忍耐，而要完全裸体。真的，他们大部分人喜欢跳进冷水中。有许多没人照顾的病人实际上也是这样做了：他们跳进大水桶中，以消除他们不可抑制的干渴；因为他们无论喝多少水，总是一样的。于是他们长期患失眠症，不能安静下来"。[1]

当这种疾病发展到顶峰时期，病人的身体并没有衰弱，反而表现出惊人的力量，能够抵抗所有的痛苦，所以在第七天或第八天的时候，他们还有一些体力。然而，正在这个时候，他们多数因为发高烧而死亡。但是即使病人能熬过这个危险时期而不死，也已经病入膏肓，出现严重的溃烂和不可控制的腹泻，引发器官衰竭，过不了多久就会死掉。那些侥幸活下来的人，也会留下后遗症，"它影响生殖器、手指和脚趾；许多病后复原的人丧失了这些器官的作用；也有一些人的眼睛变瞎了。也有一些人，当他们开始好转的时候，完全丧失了他们的记忆力。他们不知道他们自己，也不认识他们的朋友"。[2]

在瘟疫的肆虐下，雅典人一下子从人变成了兽类。不到一年前，伯里克利在墓前演说中所赞扬的那种雅典人的荣誉美德一下子荡然无存。希腊人相信，宇宙间只有三种存在，都是以对待死者的方式来区分的。第一种是神，神是不死的，无须安葬；第二种是人，人死而必葬；第三种是兽类，兽类死而不葬。雅典的死人一天天多起

1　修昔底德著，谢德风译，《伯罗奔尼撒战争史》，第138页。
2　同上，第139页。

来，活人变得像兽类一样，不再安葬死者，尸体就被丢弃在空地上，连鸟兽都不敢接近这些尸体。

修昔底德描绘道，有许多死者的尸体躺在地上，没有被埋葬，吃人肉的鸟兽都不敢跑近尸体，如果尝了尸体的肉，后来就会死掉，"所有吃肉的鸟类完全绝迹；在尸体附近或其他地方，都看不见有这些鸟类。……这为狗提供了最好的机会，因为它是和人住在一起的"。[1] 如何对待死者尸体是希腊人的文明观念的一个人性的象征，在描写西西里战役失败，希腊军队溃逃的时候，我们将会再一次看到修昔底德运用弃伤员和死者不顾的这一人性沦丧的象征。

雅典人因为毫无希望，完全屈服了，丧失了抵抗的意志和力量，"对宗教或法律的每条规则都毫不关心"。他们丧失了勇气和荣誉感，不再遵守成文的或不成文的法律，这是比瘟疫更可怕的事情。修昔底德写道："由于瘟疫的缘故，雅典开始有了空前的违法乱纪的情况。人们看见幸运变更得这样迅速、这样突然，有些富有的人忽然死亡，有些过去一文不名的人现在继承了他们的财富，因此他们现在公开地冒险做出放纵的行为，这种行为在过去他们常常是隐藏起来的。"[2] 人的本性在极端的机遇下充分暴露出来。

雅典人开始过一天算一天，"他们决定迅速地花掉他们的金钱，以追求快乐，因为金钱和生命都同样是暂时的，至于所谓荣誉，没有人表示自己愿意遵守它的规则，因为一个人是不是能够活到享受光荣的名号是很有问题的"。[3] 对于一只脚已经踏进鬼门关的人来说，光荣和名誉已经没有意义了。而且，他们认为敬神和不敬神是一样的，因为好人和坏人毫无区别地一样死亡。他们一心想的是如何在死去之前，尽量地寻欢作乐。

1　修昔底德著，谢德风译，《伯罗奔尼撒战争史》，第 139 页。

2　同上，第 141 页。

3　同上。

阅读修昔底德对雅典瘟疫的记述，很自然会联想到现代法国作家加缪（Albert Camus，1913—1960）的《鼠疫》（*La Peste*）。因为这样道德绝望和人性堕落的景象在这其中也看得到。鼠疫成为法西斯极权蹂躏的象征，加缪虽然也是用白描的手法来记述鼠疫的流行，但对极权统治摧毁人性，把人类变成兽类的批判是他记述瘟疫故事的道德力量所在。英国古典学者达昂古尔（Armand D'Angour）认为，在可歌可泣和可耻可鄙的人和事、医生护士志愿者的牺牲奉献、民众的惶恐和盲目抢购等方面，雅典瘟疫与后来许多疫情发生时的情况都有着惊人的相似。在雅典参加抗疫的西方医学鼻祖希波克拉底完全没有墨守成规，他拒绝运用宗教仪式、祈祷、巫术、咒语和灵异草药等。相反，他本着创新和求实理念，和同行们深入疫区，探访病患，巨细无遗地记录他们的症状，而且密切跟踪和观察记录患者接受治疗期间的变化以及对不同疗法的反应。修昔底德记叙中非常重要的一点就是，"最可怕的，是当人们知道这种疾病时，即陷于绝望……这样屈服了，就丧失了一切抵抗的力量"，[1] 就死得更快。

瘟疫暴发时，士兵把病毒带上了前线，千余人染病死亡。幸存者中有一位叫苏格拉底的大兵，就是大家熟知的古希腊哲学家苏格拉底，他当时也感染了病毒，但因为体魄健壮，生活自律，非但不治而愈，而且还回到疫情肆虐的雅典城，毫不畏惧地去照料病患和垂死之人。我们今天知道，苏格拉底是有了免疫的抗体。修昔底德自己也是一样，根据他的观察，得了瘟疫而不死的人，"没有人会第二次得这种疾病的；或者，第二次得了这种病的话，也是不会致死的"。[2]

修昔底德对瘟疫的描绘表现出极为出色的文学才能，他既从正

1　修昔底德著，谢德风译，《伯罗奔尼撒战争史》，第 139 页。

2　同上，第 140 页。

的方面也从反的方面记录雅典人在一种极端环境中的行为变化和人性的展示，这种记录从表面上看用的是白描的手法，但是他引导读者自己对这些变化做出道德的判断，他的这种历史叙述方法也充分表现在他对公元前427年发生在科西拉的革命的描述中。

4. 暴力革命与幽暗人性

这一节就来谈谈第三卷第五章《科西拉的革命》。修昔底德暗示，内战是一种可以与瘟疫相比的灾难，因此，研究者们经常会把第二卷第五章《战争第二年。瘟疫及其影响》和第三卷第五章《科西拉的革命》放在一起讨论，而讨论的主题就是人性。这两章都是第五章，可能不是巧合，因为修昔底德擅长运用平行对比的叙事方式。

伯罗奔尼撒战争的第五年（前427），雅典的盟友科西拉成为内乱的受害者，内战的双方势不两立，形同水火。一派是掌握议会的民主派，他们是雅典的盟友；另一派是企图从民主派手里夺取权力的寡头派，他们渴望获得斯巴达人的支持。在内战中，这两派进行了你死我活的争夺，各自杀死了对方很多人。科西拉革命成为修昔底德叙述的历史中的一个标志性事件，因为后来又有许多地方发生了革命，这样的革命无不杀同胞、杀邻人，如拉塞尔·雅各比（Russell Jacoby）在《杀戮欲：西方文化中的暴力根源》一书里所说："诸种自相残杀的斗争往往开启愤怒的深渊。尽管很难接受，然而也是多少岁月以来国内冲突的特征。"[1]内战对希腊人造成的道德灾祸甚至胜过了雅典和斯巴达这两个联盟之间原本已经不讲规则的

1　拉塞尔·雅各比著，姚建彬译，《杀戮欲：西方文化中的暴力根源》，商务印书馆，2013年，第24页。

伯罗奔尼撒战争。

前文说到公元前 430 年发生在雅典的瘟疫，在此之后接着阅读《科西拉的革命》这一章，我们有机会看到，修昔底德描述瘟疫和革命运用的是同一种"医学剖析"的方法，表达的也是同一个主题，即极端境遇会考验和测试人性，并对人的行为具有极大的改变力量。这个主题有助于我们认识自 20 世纪以来的社会心理研究的成果，它揭示了在极端境遇下好人也会变成恶魔。

在雅典瘟疫那一章里，修昔底德仔细地描述了瘟疫的过程和景象，不仅有得病者的肉体痛苦，而且还有其他人的行为变化。在描述雅典人的行为变化时，他会避免使用如堕落、卑鄙、沦丧、自私、麻木这样的道德语言，而是采用了白描的手法，让读者自己对这些行为变化做出道德评判和结论。

加拿大历史学家查尔斯·科克伦（Charles Norris Cochrane）在《修昔底德与历史的科学》（*Thucydides and the Science of History*）一书的第 3 章里指出，修昔底德的历史写作是以他那个时代的医学为模式的。希腊名医希波克拉底和他的同行们描述了人身体得病的原因，他们认为，人的身体出现危机（kairos），就会显现出症状。结果有两个，一个是痊愈，一个是死亡。

修昔底德把这种医学的危机论运用于历史研究。社会危机是社会恶性内斗和公民社会分崩离析的显现，会导致突然的暴发。医生要从病人的症状和发病过程来研究疾病的性质，同样，修昔底德从社会中人的行为表现和变化过程来研究人的心灵到底是什么样的。

在描述雅典瘟疫的时候，修昔底德对疫情的关注是从暴发的那一刻开始的。他没有说瘟疫是怎么发生的，只说是从非洲传来的。他用一种类似医生的口吻说，我只是记录病是什么样子，症状是什么，如果以后这种病再发生，研究者就知道是什么病了。但他同时也描绘了瘟疫期间人们行为的变化。人们不再关心他人的死活，因为说不定自己明天就会死去。他们变得无法无天，肆意妄为。犯罪的行为增多了，大家也都无所谓了，人们不再有信仰，也不好好安葬死者了，等等。

在《科西拉的革命》这一章里，修昔底德描述内战的方法与他描述瘟疫的方法相似。这一次，他关注的不是身体疾病的暴发，而是社会政治疾病的暴发。他没有花费笔墨去解释科西拉政坛上的两派是如何变得势不两立、你死我活的，而是直接描述了暴力冲突发生后的变化过程，以及由于暴力冲突，人们行为发生了怎样的恶性变化。

科西拉内战其实是雅典和斯巴达的代理人战争，革命的一方开始时力量较弱，因此寻求外来势力的帮助，而另一方在外来势力的干预时失去力量的优势，所以就求助于另一个外来势力。这种情况在许多国家都发生过。

暴力内战使得科西拉陷入了一种类似于雅典瘟疫的极端境遇，科西拉人的行为发生了剧烈的变化。本来是同一城邦的邻居、朋友和熟人，但却因为内战而互相杀害。修昔底德说："科西拉人继续屠杀他们自己公民中他们所认为是敌人的人。被他们杀害的人都被控以阴谋推翻民主政治的罪名；但是事实上，有些人是因为个人私仇而被杀害，或者因为债务关系而被债务人杀害的。有各种不同的死法。正如在这种形势之下所常发生的，人们往往趋于各种极端，甚至还要坏些。有父亲杀死儿子的；有被从神庙中拖出，或者就在神坛上被屠杀的；有些实际上是用围墙封闭在道尼修斯（狄奥尼修斯）神庙中，因而死在神庙里面的。"[1]

修昔底德关注的不光是发生在科西拉城里的暴行和杀戮，而且是革命给希腊世界带来的动乱。他忧心忡忡地写道："这次革命是这样残酷；因为这是第一批革命中间的一个，所以显得更加残酷些。

1　修昔底德著，谢德风译，《伯罗奔尼撒战争史》，第 236 页。

当然，后来事实上整个希腊世界都受到波动。"一个城市接着一个城市爆发了革命，"引起许多革命热忱的新的暴行，表现于夺取政权方法上的处心积虑和闻所未闻的残酷报复"。[1]

这些小城邦因为革命发生同胞屠杀同胞的惨剧，是非常残酷的内战，如果说国与国之间的战争中还有英雄，那么屠杀自己人的内战中是没有英雄的。有人会不同意"内战无英雄"的看法，但在修昔底德的描述中，我们看到，如果内战有英雄，那么连同室操戈或者匪徒内讧也会有英雄了。

在内战的极端环境里，人性中最黑暗的仇恨和暴力会暴露出来，并且无限膨胀，最后人们完全丧失了良心和怜悯。对此，修昔底德又是如何看待的？

修昔底德认为，造成人性如此堕落的不是人性本身，而是某种恶的极端环境，瘟疫是如此，内战更是如此。他说："在和平时期，没有求助于外来势力的借口和愿望。但是，在战争时期，每个党派总能够信赖一个同盟，伤害它的敌人，同时巩固它自己的地位；很自然地，凡是想要改变政府的人就会求助于外国。在各城邦中这种革命常常引起许多祸殃——只要人性不变，这种灾殃现在发生了，将来永远也会发生的。"修昔底德还认为："在和平与繁荣的时候，城邦和个人一样地遵守比较高尚的标准，因为他们没有为形势所迫而不得不去做那些他们不愿意去做的事。但是战争是一个严厉的术士……使大多数人的心志降低到他们实际环境的水平之下。"[2]

修昔底德还讨论了另一个因为极端情境下的残酷行为而发生的变化，那就是人们使用的语言和言辞发生了变化。他是人类历史上第一次提出革命暴力败坏公共语言的思想家。这个问题在 20 世纪极权宣传研究中成为一个重大的问题。修昔底德说，为了适合暴

1　修昔底德著，谢德风译，《伯罗奔尼撒战争史》，第 236—237 页。
2　同上。

力革命的需要，"常用辞句的意义也必须改变了。过去被看作是不瞻前顾后的侵略行为，现在被看作是党派对于它的成员所要求的勇敢；考虑将来而等待时机，被看作是懦夫的别名；中庸思想只是软弱的外衣；从各方面了解一个问题的能力，就是表示他完全不适于行动。猛烈的热忱是真正大丈夫的标志，阴谋对付敌人是完全合法的自卫。凡是主张激烈的人总是被信任；凡是反对他们的人总是受到猜疑"。[1]

由于辞句的意义被扭曲和改变，以前的好事现在变成了坏事，而以前的坏事现在成了好事："瞻前顾后"变成了"畏缩不前"；"不择手段"变成了"足智多谋"；"残忍"变成了"勇敢"；"同情"变成了"懦弱"；"权术"变成了"智慧"。

这样一来，事情便不再有本质的对错或是非分别，任何事情，我去做就是对的，别人去做就是错的。凡事都必须有敌对观念，有敌我之分。凡是敌人赞成的，我都要反对；凡是敌人反对的，我就要拥护。任何坏事，任何阴谋诡计，只要是我去做，就是正当的对敌斗争手段。敌方的任何行为都必须朝最坏处去设想，都是阴谋诡计。这种敌对思维制造了各种各样的阴谋论。

修昔底德对此写道："阴谋成功是智慧的表示，但是揭发一个正在酝酿中的阴谋，更加是聪明些。凡是不想做这些事情（组织或酝酿阴谋）的人是分裂党派本身的统一性而害怕反对党。总之，先发制人，以反对那些正将要作恶的人和揭发任何根本无意作恶的人。……家族关系不如党派关系的强固，因为党员更愿意为着任何理由，趋于极端而不辞。这些党派组织的目的不是为了享受现行法律的利益，而是推翻现行制度以夺取政权；这些党派的成员彼此相信，不是因为同一个宗教团体的教友关系，而是因为他们是犯罪的

---

[1] 修昔底德著，谢德风译，《伯罗奔尼撒战争史》，第 237 页。

伙伴。如果反对党的人发表合理的言论，执政党不会宽大地接受，反而采取各种戒备的方法，使他们的言论不产生实际的效果。"[1]

在党派和敌我斗争思维的驱使下，残忍、仇恨、暴力、不守信用、背信弃义都成为一个人在敌对斗争中必须具备的素质和能力。修昔底德总结道："报复比自卫更为重要。如果两个党派订立互相保证的协定的话，这种协定的订立只是为了应付暂时的紧张局势，只有在它们没有其他的方法可以应用的时候，这种协定才能维持它的效力。如果机会到了的话，首先大胆地抓住这个机会的党人，乘敌人之不备，得到报复，这种违背信约的报复比公开的进攻更为称心。他们认为这样做是比较安全些；同时，利用诡计取得胜利，使他们有一个精明的美名。真的，大多数的人宁愿称恶事为聪明，而不愿称头脑单纯为正直。他们以第一种品质为自豪，而以第二种品质为耻辱。"[2]

在这样的敌对斗争中，越是善于运用欺诈手段，越是不遵守常规的道德习俗，就越能获得成功和胜利。而且，诈术或不道德手段都必须用美好的言辞来精心包装，"虽然双方都没有正义的动机，但是那些能够发表动人的言论，以证明他们可耻行为是正当的人，更受到赞扬"。修昔底德指出，一个国家里这种政治行为的败坏，会变成国民品格的败坏。虽然他讨论的是最早发生在科西拉的情况，但那不过是一个例子，政治和国民品格的败坏不可避免地扩展到整个希腊世界。他说："这些革命的结果，在整个希腊世界中，品性普遍地堕落了。观察事物的淳朴态度，原是高尚性格的标志，那时候反而被看作是一种可笑的品质，不久就消失了。互相敌对的情绪在社会上广泛流传。"[3]

1　修昔底德著，谢德风译，《伯罗奔尼撒战争史》，第 237—238 页。
2　同上，第 238 页。
3　同上，第 239 页。

修昔底德将此追溯到人性的根源上，他说，人们做出邪恶的决议，有野蛮而残酷无情的行为，甚至"不是为着图利，而是因为不可抑制的强烈情感使他们参加互相残杀的斗争。就是在有法律的地方，人性总是易于犯法的；现在因为文明生活的通常习惯都在混乱中，人性很傲慢地现出它的本色，成为一种不可控制的情欲，不受正义的支配，敌视一切胜过它本身的东西"。[1]

修昔底德将人性问题转化为政治和道德的困境，而人性问题的关键则在于危机时刻（战争、革命、瘟疫、饥荒、灾难），人们所普遍表现出来的情感、情绪和以此为动因的行为。他不仅记录了战争期间具有决定性意义的军事和政治决策，而且在此过程中捕捉到了人性本身最深处的黑暗。修昔底德让我们看到了两个这样的时刻：瘟疫和内战。

瘟疫让人们普遍感受到生命的短暂和无意义，因而陷入一种道德危机。人们有理由在轻松的快乐中寻求快速的满足，以至于做被认为是高尚的事情，没有人急于为此付出更多的努力，因为他们认为在实现这个目标之前，他们是否会死是不确定的。但当下的快乐，以及任何有助于此的东西，都被设定为高尚和有用的标准。无论是对神灵的敬畏还是对法律的敬畏，都没有人退缩，因为人们认为无论他们是否崇拜神，都是一样的灭亡；因为没有人期望在被审判和惩罚他的罪行之前还能活着。但他们认为，现在有一个更大的刑罚悬在他们的头上，在这个刑罚降临之前，他们有理由在生活中获得一些乐趣。这就是修昔底德的意思，他说瘟疫对人性来说太沉重了。瘟疫造成的破坏使他们的真实倾向显现出来，在此之前，这些倾向一直处于休眠状态，被对众神的恐惧和人类的法律所压制。

内战同样使人们陷入普遍的道德危机，科西拉内战和雅典瘟疫

1　修昔底德著，谢德风译，《伯罗奔尼撒战争史》，第 239—240 页。

发生时一样，所有的一切都变得被允许了。为了在敌对的阵营和自己的阵营里保命，兄弟、父子、邻居相互残害和屠杀，这些在平时人神共愤的事情，都堂而皇之地发生了，还有什么其他道德禁忌可言？根据修昔底德的说法，战争罪恶的原因不是战争本身，而是我们。如果我们是具有不同天性的其他生物，也许战争就不会那么可怕，或者根本就不会发生。当他把恐惧、野心、狂妄、仇恨、暴力、统治欲描述为我们的自然倾向时，他并不是说我们总是出于这些动机而行动。对他来说，这些总是存在于我们的内心，但在灾难性的事件或巨大的困难时期被带到了表面。

在和平与繁荣时期，城邦和个人都有较好的心态，因为他们没有陷入必须做违背自己意愿的事情；但战争是一个暴力的老师（尤其是内战）：当战争夺走他们日常生活所需的便利供应时，它给大多数人带来的冲动和他们的处境一样糟糕。

威廉·特库姆塞·谢尔曼（William Tecumseh Sherman，1820—1891）是美国内战时联邦军队的伟大将军，他的名言是"战争是地狱"。加缪在他的《笔记本》（Notebooks）中说，"我们曾经想知道战争住在哪里，是什么让它如此卑鄙。而现在我们意识到，我们知道它住在哪里，在我们自己心里"。修昔底德一定会赞同这两句话。战争之所以成为地狱，是因为它来自我们内心的地狱，一直在等待合适的环境来释放它的怒火和恶毒。

5. 赶尽杀绝是消灭敌人的好办法吗？

本节要讲的是《伯罗奔尼撒战争史》第三卷第三章的《关于密提林的辩论》。在讨论修昔底德的人性观时，人们往往会同时提到霍布斯（Thomas Hobbes，1588—1679）的人性观。霍布斯翻译过修昔底德的《伯罗奔尼撒战争史》，许多人认为他的人性观受到了修昔底德的影响。霍布斯把人性的不完善假设成绝对的恶，并从人性恶出发，推演出自然状态是必然的战争状态。人性本恶，权势欲成为人类共有的普遍意向；人常常受到内心无止境的欲望驱使，人的激情常常凌驾于人的理智而不能自已。

然而，修昔底德的人性观与霍布斯的不同。雅典瘟疫和科西拉内战确实让我们看到人性最黑暗的一面，但并非是修昔底德所展现的全部人性，更不要说是绝对人性。我们在《伯罗奔尼撒战争史》里同样也看到《伯里克利的墓前演说》和《关于密提林的辩论》中那种理智没有被激情所凌驾的人性。接下来就谈谈《关于密提林的辩论》这一章里的人性中理智与激情对决策和行为的作用方式。

关于密提林的辩论发生在战争开始后的第四年，也就是公元前427年。密提林位于爱琴海东部的岛上，密提林人的叛乱是雅典出兵镇压的根本原因，雅典人特别痛恨密提林人的叛乱，因为他们勾结了雅典敌人伯罗奔尼撒联盟的势力。雅典人认为，密提林的叛变是有计划的密谋，而不是被逼无奈。而且，雅典人认为自己对密提林人是优待的，而密提林人却没有珍惜这份恩惠。

雅典军队平息了密提林城邦的叛乱，公民大会起先决议处死密提林所有的公民。但是，密提林派出的使团恳求雅典人重新考虑他们的决定，第二天，"雅典人民的情绪有了突然的改变，他们开始想到这样一个决议是多么残酷和史无前例的——不仅杀戮有罪的人，而且屠杀一个国家的全部人民"。[1] 于是，雅典人召开了第二次公民大会。会上，克里昂还是主张处决所有的密提林人，但戴奥多都斯（Diodotus）主张只处决"有罪的人"，两人展开了辩论。

这里首先有一个惩罚的适度性问题。用非友即敌的眼光看世界，

1　修昔底德著，谢德风译，《伯罗奔尼撒战争史》，第204页。

惩罚一定会过度。

　　雅典人也是用非友即敌的方式来对待密提林人的。雅典并没有把密提林当作属国看待，但密提林竟暴动了，而且还接受与雅典为敌的伯罗奔尼撒人的支援，因此雅典人对密提林更加痛恨，因此觉得必须严惩密提林人，这才有了将他们全体处死的第一次决定。

　　主张这一做法的是克里昂。前面提到，克里昂是雅典一位平民出身的政治家，他是一个贩羊客，也是一个皮匠，虽然头脑冷静且诚实，但既未受过教育，又毫无理想。克里昂与《伯里克利的墓前演说》里的那个伯里克利形成了鲜明对比，这也是修昔底德正反兼顾式的历史记述的一个例子。

　　修昔底德感佩的是伯里克利。以伯里克利的地位、才干和正直，他有能力独自驾驭所有的民众，而非被他们牵着鼻子走。他是一位真正的领袖人物，从不使用不当的手段去追求权力。他因为享有极高的声誉，不必害怕与民众意见不一致，所以自然也就不必讨好民众。相反，靠蛊惑和煽动民众而获得权力者则需要不断讨好民众，以争取他们的拥护。

　　伯里克利在战争两年半的时候就去世了，具有蛊惑才能的克里昂成为他权力的继承人。修昔底德没有明说，但从《关于密提林的辩论》这一章里可以看到，在克里昂的领导之下，雅典人对待密提林人的手段非常暴虐，雅典的帝国主义也就变得越发残忍，越发置美德和正义于不顾。

　　所幸的是，雅典毕竟是一个民主体制的城邦，而克里昂也不是一个专制的独裁者，在与克里昂的争辩中，戴奥多都斯反对处死所有的密提林人，他主张对没有直接参与叛乱的密提林人展露"善意"。

　　克里昂为坚持处死所有的密提林人发表了长篇讲话，他说："我现在和过去一样还是要向你们强调地指出，你们不要变更你们以前的决议。有怜悯之感，迷恋于巧妙的辩论因而误入迷途，宽大为怀，不念旧恶——这三件事情对于一个统治的国家都是十分有害的。你们不要犯这些错误。对于那些和我们一样，也会怜悯我们的人，我们有怜悯之感，这是恰当的；但是对于那些确定不移总是我们仇敌的人，我们不能有怜悯之感，因为他们和我们完全没有同样的情感。"[1]

这样的论调和论证逻辑我们非常熟悉：先把对手认定为与自己不同的异类仇敌，然后便有了十足的理由，以秋风扫落叶般的冷酷来彻底消灭他们，不能有任何的怜悯，也不能予以任何宽大处理。

与主张坚决镇压和消灭敌人的克里昂不同，戴奥多都斯主张以怀柔的政策来对待密提林人。他说，杀死所有的密提林人其实对雅典人来说是一件损人不利己的事情。他论辩道："如果我们是有理智的话，我们要考虑的不是密提林人是不是有罪的问题，而是我们的决议对于我们自己是不是正确的问题。我可以证明他们是世界上最有罪的人，但是我不会因此而主张把他们处死，除非那样做对于你们是有利的；我可以力争他们应当受到赦免，但是如果我认为那样做，对于国家不是最有利的话，我是不会主张赦免他们的。"[2]

从辩论的角度来说，戴奥多都斯采用的是一种相当有效的说服方式，那就是诉诸听众的自我利益，而不是道德原则。这就像 18 世纪或任何时候试图劝说专制者进行政治改革的人士一样，他们劝专制君主实行"开明专制"，根本的理由就是，改革对你自己有好处，那就请做一些改革吧。戴奥多都斯的说服方式还有一个特点值得注意，那就是先肯定对手克里昂的良好动机，强调他自己与克里昂一致的部分，然后再提出自己与克里昂不同的观点主张。

今天我们知道，这种论辩方式叫"罗杰斯论辩法"（Rogerian Argument）。为了了解罗杰斯论辩法的特征，让我们先看一下戴奥多都斯是怎么说的。

---

1 修昔底德著，谢德风译，《伯罗奔尼撒战争史》，第 208 页。
2 同上，第 211—212 页。

　　戴奥多都斯说："我们的讨论对于将来的关系大而对于现在的关系少。克里昂的主要论点之一就是：把他们处死刑，对于我们将来是有利的，因为可以防止其他城市的暴动；我也是和他一样，关心将来的和长远的国家利益。但是，我的意见和他相反。我请求你们不要因为他的似是而非的言论而拒绝我有实际利益的言辞。你们可能觉得他的发言是动人的，因为它更适合于你们目前对密提林人愤怒的情绪；但这不是一个法庭，在法庭中，我们就应当考虑什么是适当的和公平的；这是一个政治议会，而问题是怎样使密提林对于雅典最为有利。"[1]

　　克里昂和戴奥多都斯的辩论策略是不同的。克里昂的发言充满了愤怒和渴望报复的激情，而且要借助激情马上有所行动。他说，惩罚罪犯最好和最适当的办法是马上报复，而不是等到受害者的怒火平息后做出有利于犯罪者的判决。他还用阴谋论来诉诸听众的害怕情绪。他说，建议重新考虑密提林人问题的人肯定是被自己的虚荣心驱使，或许还受了贿赂，想利用这种言辞来引诱城邦走到错误的道路上去。他还说，密提林对雅典不知感恩，这是吃雅典的饭，砸雅典的锅。这种"吃饭砸锅"论最容易煽动对"忘恩负义""不知图报"的极端愤怒和惩罚冲动。克里昂看准了听众的人性弱点，竭力想用煽动激情来影响和说服他们。

　　戴奥多都斯与克里昂不同，他更多的是诉诸听众的理智，告诉他们，匆忙和愤怒是阻碍善良主张的两个最大的障碍——是和愚笨连在一起的，而愤怒是思想幼稚和心胸狭窄的标志。问题不在于痛快地泄愤，而在于要对雅典有益。然后，他逐条分析为什么过分严厉的惩罚对雅典有弊无利：第一，今天不给密提林人留有余地，明天其他城邦在叛变时都将做更充分的准备，并且抵抗到底，这对于

1　修昔底德著，谢德风译，《伯罗奔尼撒战争史》，第 211—212 页。

雅典是不利的；第二，恐怖手段阻止不了犯罪，正当的安全基础在于善良的管理，使叛变不至于发生，而不在于发生叛变之后动用过度恐怖的惩罚手段；第三，密提林人并没有全都参加叛变，大肆屠杀只会失去人民的支持，助长其他的叛变者。

戴奥多都斯发言后，雅典人进行了表决。（举手表决时）双方的票数几乎是相同的，但戴奥多都斯最后还是说服了听众，虽然只是人数上微弱的胜利，但这件事本身却是一个对公共说理的有力支持。公共说理是必要的，而且还可能是有效的。

雅典人于是马上另派一艘三列桨战舰急忙出发。他们担心，如果这条战舰赶不上第一条战舰的话，那么到达时，密提林城里的居民就会已经被全部杀害。第一条战舰是在前一天晚上出发的，为了鼓励第二条战舰上的水手，密提林的使节们供给他们的酒和麦饼，并且允诺他们，只要及时到达目的地，一定给他们一笔很大的酬金。麦饼是用大麦粉和油及酒混合而成的，水手们边吃饼边不停地划桨，所幸没有逆风，船行驶得很快。而第一战舰上的水手们因为是去执行一个残忍的命令，所以划得不快。修昔底德描述的这个细节表明，他对人性中的善良、人的恻隐之心和同情有着与霍布斯不同的信念。

第二条战舰在后面紧紧地追赶，结果就在第一条战舰进入港口，执行长官看到命令，正准备执行的时候，第二条战舰进了港口，阻止了这次屠杀。密提林逃脱了被全体屠杀的命运，但还是有一千多名坚决抵抗的密提林人被杀死了。

对得以免除一死的密提林人来说，这是一次非常侥幸的逃脱。雅典的那场辩论，也是一次理智对决激情难得的胜利。

戴奥多都斯在劝说雅典人的时候，运用的是功利和实用的理由，而不是正义、道德或法律的公平。他诉诸雅典人的自我利益，明辨自我利益是一种理智而不是激情的行为，因为激情往往使人无法分辨利害，也看不清自己的利益。但是，仅限于自我利益的理智是很狭隘的，因为它反过来也可以证明：如果杀光敌人符合雅典人的自我利益，雅典人就可以或应该把他们全都杀光。这也就是我们在下一节里要看到的雅典人对待弥罗斯人的方式。

中国古人云："利者，义之和也"。就是说，要得到利益，就要求利益与道义统一，有了道义才会有真正的利益。小团体主义或民族主义者认为这句话应该调整为：义者，利之和也。就是说，道义是从整体利益中派生出来的，而不是从预设观念，也就是普遍的道义观中派生出。怎么看待个人利益、集体利益和道义原则这三者间的关系，至今仍然是一个富有争议性的问题。

例如，怎么看待雅典人的集体利益？集体利益一般理解为经济发展、社会安宁、国土保全、国家强盛、人民幸福。有益于这个目标就是道义的，有违于这个目标就是不道义的。那么，为了保证这样的集体"利益"，就可以在所不惜地牺牲个人利益（局部利益）吗？而且，当一个团体的集体利益与另一个团体的集体利益发生矛盾的时候，就没有一个更高的"道义"可以协调它们之间的矛盾了吗？解决矛盾的唯一办法就是暴力战争吗？

《伯罗奔尼撒战争史》涉及了这样的问题，使其变得现实而不可逃避。然而，无论是雅典或是斯巴达的政治作为，都不代表对这些问题有了明确的回答，都包含着内在的不一致和矛盾。

伯罗奔尼撒时期的希腊，除了少数像斯巴达和克里特那样专制统治的地方，大多数城邦倾向于民主，雅典是民主的堡垒。雅典民主政治是以公民在法律面前的平等和自由公民权利为基础的。雅典城邦的重要决策都要通过辩论后才会做出，这是雅典政治民主的一面。但是，雅典在与其他城邦打交道的时候，运用的是自我利益、自我中心和"强权即正义"的逻辑，表现出它的帝国野心。雅典的民主城邦与帝国野心是矛盾的两个方面。

在这方面，斯巴达似乎正好与雅典相反。斯巴达在国内实行专制统治，但在与盟国的关系中却没有那种霸凌的傲慢。斯巴达与它们维持着相对平等、独立的同盟关系。雅典在国内的民主政治原则并没有体现在它与盟国的关系中，它以帝国的姿态对待盟国，谁要是不坚定地站在雅典一边，那它就是雅典的敌人。雅典的帝国主义霸凌和强权政治是这个民主城邦黑暗的一面，它对待不忠实的盟友是残酷的，甚至不惜把它们的人民赶尽杀绝。要不是因为侥幸，这就是密提林人的命运。在修昔底德的历史记述中，雅典的两个矛盾方面被特别清楚地显现出来，无论是正面的，或是反面的，他都认真对待，都没有避讳，也没有隐瞒，正因为如此，才能呈现出事情复杂的真相。

6. 帝国霸权和"强权即正义"

对修昔底德来说，记述辩论的过程是最重要的，至于辩论的结果和行动，他几乎一笔带过。这同样也是修昔底德记述外交事件的一个特点。外交关系是《伯罗奔尼撒战争史》的一个看点，修昔底德经常在不同国家代言人的具体的辩论中来展现外交关系，而不是像许多现代历史叙述那样，只是说"经过交涉"，或者"谈判失败"，于是得出怎样的结果。本节要讲的第五卷第七章的《弥罗斯人的辩论》就是一个很好的例子。

修昔底德记述外交事件，并不只是就事论事，而是要让读者体会到其中有规律性和普遍性的东西，正如他自己在第一卷里就说到的，要让人能"清楚地了解过去所发生的事件和将来也会发生的类似的事件，因为人总是人性的人"。[1]

1　修昔底德著，谢德风译，《伯罗奔尼撒战争史》，第18页。

《弥罗斯人的辩论》明确地提出了"强权即正义"的问题，这个问题我们在阅读欧里庇得斯《特洛伊的女人们》一剧时就接触过。弥罗斯是爱琴海里的一个小岛，距离希腊大陆以东约110公里，弥罗斯希望在战争中保持中立。公元前416年，雅典人要求弥罗斯人成为雅典的盟友，弥罗斯人拒绝了雅典的要求。结果，雅典屠杀了弥罗斯所有的男子，并将所有妇女和儿童变成奴隶。"强权即正义"的观念让雅典人认为他们的行为是正当的。但就在三年之后，当雅典人在西西里征战溃败之时，自己也成为了斯巴达人屠宰的羔羊，弥罗斯人的悲惨命运降临到了他们自己头上。这就是民间正义观所说的"报应"。

在辩论中，雅典人的代表恃强凌弱，傲慢地对弥罗斯人说："你们应该争取你们所能够争取的，要把我们彼此的实际思想情况加以考虑……经历丰富的人谈起这些问题来，都知道正义的标准是以同等的强迫力量为基础的；同时也知道，强者能够做他们有权力做的一切，弱者只能接受他们必须接受的一切。"[1]

当然，发生在弥罗斯人和雅典人之间的辩论涉及许多具体的问题，要比这个"强权即正义"的结论复杂得多。让我们集中地看一下国家与国家之间的争论，其关键是"权力"（power）和"强权"（coercion）。我们从这些辩论中可以得出的所有结论几乎都同样适用于专制国家内部的"以强凌弱"和"弱肉强食"现象，以强凌弱是一种普遍性的强权和强盗逻辑。

弥罗斯人说，他们是一个中立城邦，不是雅典的敌人，所以没有必要摧毁他们。雅典人回答说，如果雅典承认弥罗斯中立和独立，那就等于自认软弱，因为其他城邦会以为雅典放过弥罗斯是因为无力征服它。"强权"的普遍原则是，你不做我的朋友，就是我的敌

1　修昔底德著，谢德风译，《伯罗奔尼撒战争史》，第414页。

人；你对我不是绝对服从，就是绝对不服从。

弥罗斯人说，雅典入侵弥罗斯，会引起其他中立城邦的惊慌和不安，并因忧虑自己的命运而敌视雅典。雅典人回答说："他们能保持独立是因为他们有力量，我们不去攻击他们是因为我们有所畏惧。"强权逻辑是，打你是因为你弱，只要你弱，没有反抗的力量或手段，我就可以打击你、压迫你。这样的逻辑若体现在一个国家内部，就是强梁的政府权力这样对待手无寸铁的人民。

弥罗斯人对雅典人说，不战而降是可耻、懦弱的行为。雅典人回答说，现在讨论的是保全城邦而不是荣誉问题。强权逻辑是，保命还是保面子，不能两个都要。

弥罗斯人说，雅典虽强，但弥罗斯还有战胜雅典的希望。雅典人回答说，希望只属于强者，弱国弥罗斯没有希望。强权逻辑是，希望要有希望的本钱，弱者连希望都不配。

弥罗斯人说，神会保佑我们。雅典人回答说"在可能的范围内扩张统治的势力"，这是神而不是我们制造出来的规则，而且，"这个规律制造出来之后，我们也不是最早使用这个规律的人"。[1]雅典人的逻辑是，既然神和人一样把实力看得比道义重要，那么强权就是天经地义、就是理所当然的正义。既然自古如此，也就是不可改变的铁律。

弥罗斯人说，我们是斯巴达的移民，斯巴达人会来救我们。雅典人回答是："斯巴达人最显著的特点就是他们认为他们所爱做的就是光荣的，合乎他们利益的就是正义的。这样的态度对于你们现在不合情理的安全要求是没有用处的。""……一个注意自己利益的人就会先求得自己的安全；而正义和荣誉的道路是含有危险性的。一般说来，凡有危险的地方，斯巴达人是不会去冒险的。"[2]强权逻辑

---

[1] 修昔底德著，谢德风译，《伯罗奔尼撒战争史》，第417页。
[2] 同上，第418页。

是，谁都是利字当头，谁都不会做违背自己利益的事。所以，分化对手，各个击破是最好的战略。

你也许奇怪，《弥罗斯人的辩论》与伯里克利的《伯里克利的墓前演说》中的雅典人形象怎么如此不一致。那么，怎么来理解雅典人这副"蛮不讲理"的模样？

觉得雅典人"蛮不讲理"是因为对什么是"理"有着与雅典人不同的理解。我们或许会觉得，雅典人在《弥罗斯人的辩论》中说的是权力和功利的"理"，不是道义和仁义的理，所以听起来"不在理"。

但是，是不是也可以这样理解：其实雅典人也并不是完全不讲仁义的，他们说的话虽不好听，但他们先是劝说弥罗斯人投降以保全城邦，可以说是先礼后兵。最后弥罗斯人不同意雅典人的条件，雅典人虽然动武，但也可以说是"仁至义尽"。弥罗斯人虽然有英雄气概，但大敌当前，不知变通，恐怕也不符合亚里士多德所说的"明智"（prudence），这也就是基于求生常识所说的，不拿鸡蛋碰石头。后来，弥罗斯陷落，雅典人屠杀了所有被俘的男子，把妇女和儿童都变为奴隶。弥罗斯人捍卫独立和自由的代价太高了。

但是，在《伯罗奔尼撒战争史》里，弥罗斯人的失败和雅典人的胜利其实并没有那么简单，古典历史学家利贝舒茨（Wolfgang Liebeschuetz）在《论"弥罗斯人的辩论"之结构与作用》（"The Structure and Function of the Melian Dialogue"）一文中指出，在《弥罗斯人的辩论》中，"雅典人看到的是现在，弥罗斯必亡。雅典人是对的。弥罗斯人看到的是将来，他们也是对的。弥罗斯被摧毁了，但接下来的就是雅典败落的故事，验证了弥罗斯人的话"。雅典人和弥罗斯人都预测了未来的发展，雅典人说斯巴达人不会来援救弥罗斯，斯巴达人确实一开始没来。弥罗斯人说斯巴达人会来，斯巴达人最后毕竟还是给了他们某种程度的援助：弥罗斯城破后，斯巴达人在内陆安置了弥罗斯人。几年后，雅典和斯巴达战端又起，流亡的弥罗斯人为斯巴达出钱出力，帮助斯巴达打败了雅典。斯巴达将军莱山德（Lysander，？—前395）把弥罗斯人带回他们的故国，又恢复了这个国家。

在《弥罗斯人的辩论》中读出雅典人只讲"强权不讲道义"的政治现实主义含义，有助于我们认识包括"冷战"在内的不少国际争霸历史。有学者认为，修昔底德的政治现实主义是马基雅维里式非道德政治的始祖。但是，把修昔底德看成是一个政治非道德主义者却是错误的。他将国内政治与国家之间的政治作了区分：在一个国家内，公民们是基于社会契约的共同体成员，这个共同体为公民们提供法治的保护，公民们为此交付出自己一部分的自由。在这种法治平等面前，任何人不得肆意以强凌弱。但是，国际不存在这样的社会契约，因此没有任何力量来防止或阻止弱肉强食事情的发生。当然，在没有法治保证的专制国家里，即使在国家内部也会随时出现以强凌弱的"强权即正义"的事情。

对修昔底德所描述的"强权即正义"或其他国际行为的标准一直存在着不同的看法。我们有理由质疑那些双重道德标准的做法，但许多人却似乎认为，双重标准不仅是被允许的，而且是必要的。有两种不同的双重标准：第一种是，对外国似乎非常友善和平等，甚至慷慨解囊、无私地援助；但对自己的老百姓却蛮不讲理、百般盘剥；第二种是，对自己人很讲道理也很有羞耻感，但却能对外国人做出非正义之事而不感到羞耻。对自己的事情，他们互相之间要求基于正义的权威，但对外人，他们却不在乎正义。到过日本的人，往往会称赞日本人遵守法纪和相互的礼貌尊重，似乎很难设想，这样有素质的国民怎么曾经会在中国和亚洲其他地区犯下骇人听闻的暴行。

我们可不可以用"羞耻""荣誉"这样的情感动机来解释历史

中的重大事件？对这个问题，古代的和现代的历史学家有完全不同的看法，因此也有不同的历史写法。古希腊史学经常被称为一种人类的心理史学，就是因为它把人的情感和动机当作事件发生的一个主要原因。

古希腊历史学家特别专注于人物和城邦的动机和性格，例如雅典人与斯巴达人的不同就在于一个灵活进取，另一个保守稳重。修昔底德认为，斯巴达人决定开战，真正的理由在于斯巴达人的恐惧，并将他们的无所作为归因于其民族性格的"迟缓"。

许多现代政治哲学和社会科学理论都强调安全或利益是国家和人类的主要动机。但是，修昔底德的政治思考涉及的心理动机更多样、更复杂。在他的观察中，个人和集体的心理动机——荣誉（面子）、羞耻、复仇、猜疑、害怕、害怕孤立、对自由的渴望等——在政治事务中发挥着巨大的影响，也影响了社群和政治共同体之间的关系。这种对心理动机的广泛描述使我们能够更好地了解和认识国际社会的许多持久特征，不考虑这些就会忽视政治人物（如希特勒）的个人野心、狂妄、恐惧、猜疑、骄傲、自我欺骗在国家和国际政治中所发挥的潜在而关键的作用。这也是为什么更换他们成为政治变革的一个重要选项，往往也是第一选项。

理性被视为古希腊人留给现代世界的宝贵遗产，理性也包括对人性"非理性"部分（情绪、欲望）的重视和认识。在古代雅典，不同公共场合的谈判——审议、辩论、说服、法律、法医分析等——都明确地注重和审查情感的作用。同时，在关于自然与文化（φύσις 和 νόμος）关系的辩论中，情感占据了一个有趣的（在今天也许显得有点过分）的位置，因为心理因素可以与人性的原始力量联系起来。

有学者提出，在修昔底德的历史叙述中，情感是理性的死敌。例如，贝德福德（David Bedford）和沃克曼（Thomas Workman）

404

认为，"雅典的衰落是由于它越来越倾向于用激情的行动代替理性的思考"。¹有时候，激情似乎与理性和分析思考（最常见的是用γνώμη这个词来概括）激烈地对立起来，从而导致了在公民集会中和在战场上的冲突决定。但在大多数情况下，激情心理与有意识地思考什么是自我利益和正义是分不开的。即使情感看起来缺乏理性，但仔细观察就会发现，它实际上源于一种颠覆公认的法律和习俗的理性，并导致个人或集体判断的破坏和败坏。狭隘民族主义的激情冲动因此也成为当下网络时代集体理性和判断的一种败坏力量。

个人和集体的隐秘心理经常暗地里成为驱动决策的因素。修昔底德的《伯罗奔尼撒战争史》对集体心理（可理解为"一般人性"）及其在塑造国内和国际政策方面的作用进行了广泛的描述和评论，其中包括他对情感的性质、特点和影响的描述。《伯罗奔尼撒战争史》被视为政治学的第一份文件，它旨在通过从"权力技术与人类心理的反思性互动"的角度解释雅典的社会政治体系，从而培养出具有伯里克利式能力的领导人。²在这种情况下，修昔底德对个人和集体心理在政治竞争中的描述对了解和塑造公民心理具有不言而喻的意义。雅典人的集体欲望、恐惧、希望和同情心都受到了审视，斯巴达人也是一样。

斯巴达人的恐惧是具有普遍意义的，恐惧是人根深蒂固的一种心理。恐惧不是产生于对抗双方搏斗较量之后的失败，而是产生于较量之前不了解对方的底细，因此高估对方的实力，或不知道危险会从哪里突然冒出来的心理。这样的心理会让人对恐惧的应对变得极其残忍，甚至过度残忍，如为了消除对暗藏"敌人"的恐惧，宁

---

1 David Bedford and Thomas Workman, "The Tragic Reading of the Thucydidean Tragedy." *Review of International Studies* 27 (2001): 51-67, 56, 58.
2 Josiah Ober, "Thucydides and the Invention of Political Science." In Rengakos, A., and A. Tsakmakis, eds., *Brill's Companion to Thucydides*, Leiden: Brill, 2006, 131-160.

可错杀一千，不可放过一个。

在今天的史家看来，古代史家寻找事件起因时，除了超自然原因，往往会将注意力全部集中在心理原因上，也就是个人和城邦的动机与性格，因此是一种"主观主义"。而今天的史家在构筑战争起源的假说时，会偏向于"客观原因"。他们极少会考虑诸如恐惧、野心、节制这类的心理原因，而将伯罗奔尼撒战争、西西里远征、麦加拉的繁荣等事件几乎全都归因于他们称之为"经济"和地理方面的因素。他们根本不会考察伯里克利、克里昂和亚西比德（Alcibiades，前450—前404）的心情，也不会去研究他们的性格和个人动机，而是会去分析希腊人口和地理因素。

事实上，古代史著和现代史著之间的巨大差别正在于此。几乎是出于本能，或是由于唯物主义、阶级理论、社会进化论、经济基础决定上层建筑等的理论教育，今天的历史学家们会寻找社会条件、经济和地理因素、政治力量的发展以及变革的过程——他们试图将所有这些因素置于普遍和抽象的法则之下。而古代人则单纯地将注意力集中在个人或城邦的感情、动机和性格上。在他们看来，除了超自然力量外，只有这些因素塑造了人类历史进程。

因此，在阅读古代历史著作的时候，我们会因为人心的难测、诡异和多变而感觉到一种强烈的不安。人有情绪、情感、欲望、野心，这些人性的东西是影响历史事件发生和历史进程的重要力量。这样的力量是缺少规则的，它充满了偶然的因素，难以预测。而抽象理论和法则无非是要告诉我们，要我们相信，历史的发生和变化是有规则的，历史伟人能洞察这些规则并引领人类走向美好的未来。古代历史告诉我们的正好相反，那些伟大的人物无一不像普通凡人一样有七情六欲，所不同的是，他们拥有发泄七情六欲的无上权力。

所谓的历史伟人并不是什么历史规律的执行者，他们有着平凡得不能再平凡的人类心理和动机。他们恐惧、多疑、自卑、自大、冷酷、狂妄、傲慢、喜怒无常，他们一个突然的念头、瞬间的杀心、宿怨和新仇、一时的狂怒或报复心都足以让千百万人人头落地、尸横遍野、血流成河，给人世间带来无穷的灾难。希腊的文学中贯穿着一种人文的悲悯、焦虑和恐惧，在希腊史学中能看到这些，在阅读希腊悲剧时，我们也已经谈到过这些人文主题。

下一节我们要阅读的是《伯罗奔尼撒战争史》第七卷的最后两章。我们将会看到希腊军队的溃败，和弥罗斯人的命运就像希腊悲剧的命运逆转那样降落到了雅典人自己身上。这两章可以说是伯罗奔尼撒战争对雅典人的"骄傲"（hubris）所做出的最残酷的命运惩罚，也是《伯罗奔尼撒战争史》可以带给我们的悲剧洗涤。

7. 历史与悲剧

本篇要讲的是《伯罗奔尼撒战争史》的最后部分，即第七卷第六章《最后海上决战的准备。叙拉古人决定性的胜利》和第七章《雅典远征军的全军覆灭》，这两章被认为是修昔底德全部著作中最完美的部分之一。修昔底德并没有写完他的《伯罗奔尼撒战争史》，全书第八卷有关战争最后阶段的叙述，很明显并不完整。他在第二篇序言中说道，他将把"这段历史一直写到斯巴达人和他们的同盟者把雅典帝国毁灭……为止"，但他并没有写到终战的公元前404年，而是最后叙述到公元前411年冬季就突然中断了。第八卷不仅在形式上没有完成，而且内容也没有得到最后的修订。所以，我们现在阅读的两章可以视为《伯罗奔尼撒战争史》实际上的终篇。

这个终篇与我们已经阅读过的《战争的第二年。瘟疫及其影响》和《弥罗斯人的辩论》有着特别的关联，与雅典瘟疫的联系是悲惨的场景，与弥罗斯人辩论的联系则是悲剧的逆转。

悲惨不等于悲剧，悲剧也不等于苦剧或惨剧。悲惨的事情并不自动具有悲剧的意义，悲剧是一种艺术的创作形式，并不自然地存在于生活之中。构成悲剧的是对人的生存困境及其无完美出路的关注。只有当这样的生存困境在艺术中展现出来的时候，我们才能说，这里有一个悲剧或悲剧性人物。

悲剧是那种在特定情境中通过行为展示人物及其自身责任的文学体裁。亚里士多德对悲剧有两个情节上的要求，第一个是"命运逆转"（peripeteia）；第二个是"醒悟"（anagnorisis）：主人公，或者作为观众的我们，一下子在某个关键时刻，明白了以前不明白的道理。

在《雅典远征军的全军覆灭》这一章里，远征军的最后时刻是非常悲惨的，与雅典瘟疫那一章的描述有意象上的明显联系。然而，仅就远征军死亡的方式而言，并不具有悲剧性，悲剧具有更高层次上的命运意涵。

第七章里"石坑囚禁"一幕非常悲惨而恐怖：叙拉古人把俘虏的雅典人及其同盟者投进了一个石坑，因为他们认为这是监禁俘虏最安全的地方。修昔底德写道："那些被囚禁在石坑中的人，起初很受叙拉古人的虐待。他们人数很多，拥挤在一个狭窄的石坑中，上无屋顶；他们在白天里受太阳光热和空气闭塞的痛苦；相反的，当时正是秋天，晚间很冷；气候的变化给他们带来疾病。因为空地的缺少，他们不得不在同一个地方做一切事情；并且那些因为受伤，或因为气候变化或其他类似的原因而死亡者的尸体堆积在一起，因而恶臭难当。"[1]

同时，他们还承受饥渴的痛苦。八个月中间，每个人每天的给养是半品脱的水和一品脱的谷物，这份口粮只有奴隶平时口粮的一

1　修昔底德著，谢德风译，《伯罗奔尼撒战争史》，第563页。

半。而以前雅典人俘虏的斯巴达人的口粮则是两夸托麦饭，一品脱酒。一夸托等于两品脱。也就是说，以前俘虏的口粮是他们的四倍。简而言之，修昔底德说："凡是我们所能够想象得到的一切痛苦，他们都尝受了。他们这样地生活在一起，大约十个星期。"[1]

拥挤的"石坑"与雅典瘟疫时拥挤的雅典城形成了对照，人同样是在一个狭窄的地方像苍蝇一样挤成一堆，同样受着死亡的威胁，但无处逃遁；同样被卑贱地对待，同样死得毫无尊严。雅典城里的病人起先还有人看护，可是看护的人得了病，"像羊群一样地死亡着……这样死亡的，比因为任何其他原因而死亡的更多。因为人们害怕去看病人，病人即因无人照看而死亡；真的，因为无人照看的原故，许多人全家都死光了"。[2]

雅典的瘟疫也是发生在炎热的季节里，修昔底德描述道："住在空气不流通的茅舍里，人们像苍蝇一样地死亡着。垂死者的身体互相堆积起来，半死的人在街上到处打滚，或者群集于泉水的周围，因为他们想喝水。他们所居住的神庙中，充满了死者的尸体，这些人是在他们中间死掉的。"[3]被困的雅典人先是像羊群一样死去，最后只能死得像苍蝇了。

那些被困在石坑里的雅典人能够活着当俘虏，已经是他们的造化了，他们像在地狱里逃亡的幸存者。海战失败后，雅典人决定从陆路撤退，离开军营的时候，每个人都自顾自地只想逃命。修昔底德对当时的情景做了这样的描绘："死者没有埋葬；当任何人看见一个朋友在死尸中躺着的时候，他心中充满了悲伤和恐怖。被遗弃在后面的病者或伤者比阵亡者更为可怜；他们对于留着的活人所引起的痛苦比死者还要厉害些。这些人请求把他们一起带走，对着他

1　修昔底德著，谢德风译，《伯罗奔尼撒战争史》，第 563 页。
2　同上，第 140 页。
3　同上，第 140—141 页。

们所看见的每个朋友或亲戚大声哭嚎；他们抱着那些行将离开他们的同营幕的伙伴们的脖子，尽力地跟着在这些人的后面跑，他们跑不动了而被丢下来的时候，他们再三地向天叫喊，大声哭嚎。这时候，他们的哀求和悲伤使其余的人都感觉得软弱无力，毫无办法了。全军都是以泪洗面，心中感觉无限的悲伤。"[1]

在溃逃的时候，雅典人的队伍被打散了，分别由两位统领大军的将军尼西亚斯（Nicias）和德摩斯梯尼（Demosthenes）率领着继续撤退，但最后还是失败了。这两位将军选择了投降，条件是能让他们的士兵保住性命。叙拉古人和他们的同盟者没有善待这两位已经放下武器的雅典将军，把他们都杀害了。

伯罗奔尼撒战争是一场规则被彻底破坏的战争。战争的规则是由胜者制定的，这就是雅典人对弥罗斯人所说的"强权即正义"。在西西里远征时，发生在弥罗斯人身上的遭遇倒过来发生在了雅典人自己身上，这是命运的逆转。而发生在无辜受害者身上的，也终于发生在了他们自己身上，这种命运的逆转是讽刺性的，也是悲剧性的。

"逆转"是亚里士多德所说的悲剧情节两要素之一，另一个要素是"醒悟"，醒悟是换位的结果。当原来的正角变成反角时，醒悟才会发生。西西里远征失败时的雅典人就是被迫从正角变成反角的。在悲剧里，被迫从正角变成反角经常是命运对人的骄傲的一种惩罚和报应，是当事人"种瓜得瓜，种豆得豆"，咎由自取。修昔底德暗示，雅典人在西西里所遭遇的灾难，就是弥罗斯人在雅典人手里曾遭受过的。雅典人屠杀弥罗斯人发生在第五卷的末尾，第六卷和第七卷讲西西里远征，而叙拉古人屠杀雅典人则发生在第七卷的末尾。这两个结尾之间的对应关系强烈地暗示了悲剧的逆转和换位。

---

1 修昔底德著，谢德风译，《伯罗奔尼撒战争史》，第 554 页。

就像在悲剧里常见的那样，逆转和换位都是主角自己难以预料的。雅典人在西西里远征时眼看胜利无望，这时候统帅将军尼西亚斯给军队打气，要他们相信"希望""幸运"和保护雅典人的神明，这恰恰是弥罗斯人在被雅典人赶尽杀绝的时候告诉自己要相信的。如今，发生在雅典人身上的灾难应了当初弥罗斯人说的一句话："你们自己如果到了倾危的一日，你们不但会受到可怕的报复，而且会变为全世界引为殷鉴的例子。"[1]这样的事情果然发生了，雅典人也真的成为历史的殷鉴。

在第五卷末尾，修昔底德叙述弥罗斯人命运的话只有短短几句："弥罗斯人无条件地向雅典人投降了。凡适合于兵役年龄而被俘虏的人们都被雅典人杀了；妇女及孩童则出卖为奴隶。"[2]但他在第七卷最后对雅典人溃败和被杀的描述就要详细得多，因此悲惨的景象格外触目惊心。他是这样描述的："雅典人一直向前推进，来到阿西纳鲁斯河（Assinarus river），一路上成群的骑兵和其他部队四面八方投掷而来的长矛、弓箭和石头使他们备受蹂躏，损失惨重。他们以为如果能越过这条河，他们的情况就会好转。他们不顾一切地想要止痛，想要喝水。一来到河边，他们就打乱队形，朝河里冲去。敌人长驱直入，每个人都争先恐后地想要跋涉过这条河。他们被驱赶着一起过河，结果互相跌跌撞撞，踩踏在彼此身上。有些人立即就被自己的长矛戳死了；还有一些人为自身的装备所困，彼此纠缠在一起沉入河底。叙拉古人驻扎在河对岸陡峭的河堤上，朝雅典人投长矛，他们当中的大多数人乱作一团，大口地喝着几乎干涸的河床里的水。伯罗奔尼撒人跟着他们下了河，在那里大开杀戒：尽管河水很快就被血水弄脏了，然而，雅典人还是互相残杀，争相大口地喝进已经被血染红的泥浆水。最后，河床上堆满了尸体，部

---

1 修昔底德著，谢德风译，《伯罗奔尼撒战争史》，第414页。
2 同上，第421页。

队被大批杀害。有些是在河里被杀的，有些——比如走到河对岸的那些人——则是被骑兵杀死的，尼西亚斯自己向吉利普斯（Gylippus，斯巴达将军）投降了，与叙拉古人相比，他更信任吉利普斯。他告诉吉利普斯和斯巴达人自己任由他们处置，但是停止杀戮他的士兵。在这之后，吉利普斯向他的部队下令拿下战俘，据此幸存下来的人被生擒活捉了，除了被个别叙拉古士兵藏匿起来的一大批人。此外他们也派出一支搜索队追踪在夜晚从哨所突围出去的 300 人，并且抓住了他们……当然许许多多的人也被杀了，因为在河边展开了一场大屠杀，其规模比正常战争中的任何一场都要大。"[1]

那些亲眼见证这次杀戮的叙拉古人就像悲剧观众一样，感觉到最强烈的痛苦和矛盾的心情。修昔底德说，这是"发生在雅典军队的最大逆转"，"他们记得（从雅典）出发时多么豪华，多么骄傲，而结果多么耻辱，多么落魄。……他们是来奴役别人的，而现在他们自己有被别人奴役的危险"。[2] 他们光荣出征时，耀武扬威、浩浩荡荡地渡过大海，如今他们只能在阿西纳鲁斯河的泥泞里爬行，为了抢着喝一口被鲜血染红了的肮脏河水。他们曾经自以为是永远的胜利者，无须怜悯任何的失败者，如今他们身陷绝境，苟且偷生的唯一希望就是别人能对他们还有一点怜悯。

对于修昔底德的同时代人来说，雅典人的这一角色逆转和换位所带来的冲击一定要比我们今天能感受到的更加强烈。在希罗多德的《历史》里，雅典和斯巴达联手打败了强大的波斯帝国，波斯国王大流士仗着兵多将广，实力强大，劝说希腊人"识时务者为俊杰"，趁早投降。但是，希腊人相信"希望""幸运"和保护他们的神明，奇迹般在公元前 490 年取得了马拉松战役的胜利，并在十年之后，又取得了萨拉米斯海战的胜利。然而，到了公元前 413 年，

1　修昔底德著，谢德风译，《伯罗奔尼撒战争史》，第 560—561 页。
2　同上，第 554 页。

当希腊人在西西里征战时再次呼唤"希望""幸运"和神的保佑时，胜利的奇迹没有发生，等待他们的是全军覆没的灭顶之灾。

从希罗多德所写的历史到修昔底德所写的历史，希波战争中的坏蛋与伯罗奔尼撒战争中的坏蛋互换了角色。雅典人对待同为希腊人的弥罗斯人的态度，就像波斯人对待希腊人的态度。难怪公元前1世纪罗马历史学家狄奥尼修斯（Dionysius of Halicarnassus，前60—前7）说，在弥罗斯辩论中，雅典人对弥罗斯人说话，用的不是希腊人对希腊人的方式，而是东方君王对希腊人的方式。弥罗斯辩论显示，雅典人在宣扬"强权即正义"的观点时，已经丢失了希腊文明中最宝贵的东西，那就是对正义、荣誉和美德的追求。就在雅典以为自己最强盛的时候，它已经为自己的衰亡播下了种子，有一天它会不得不顺从地接受由盛转衰的普遍法则。

在修昔底德的历史叙述中，雅典人集体成了一个悲剧人物。在希腊，悲剧和历史的受众都既是观众也是参与者，作品本来是为了给他们讲述一些普遍而重要的"教训"。不幸的是，教训经常是不被认真吸取的。命运多舛且无常，这是一个常见的悲剧主题。欧里庇得斯现存的所有悲剧都是在伯罗奔尼撒战争期间写成的，他一直都反战。雅典人于公元前415年有机会从他的《特洛伊的女人们》来思考战争风云剧变的残酷无情，特洛伊王后警告不要以为这世界上会有什么永世昌盛：

> 仿佛精神疯癫的人一样，命运变幻莫测
> 狂野地跳跃，忽而如此这般，忽而如此那般：
> 没有人会永远显赫富强。（《特洛伊的女人们》，第
> 1204—1206行）

但是，雅典人并没有因为欧里庇得斯的悲剧而放弃他们的西西

里远征，不久后便有了公元前 413 年的溃败。

　　悲剧性的命运逆转总是发生在似乎最不可能发生逆转的时刻，也就是似乎最强大的时刻。托克维尔在解释法国革命发生的原因时说，被革命摧毁的政权几乎总是比它前面的那个政权更好，而且经验告诉我们，对于一个坏政府来说，最危险的时刻通常就是它最有自信觉得足够强大才开始改革的时刻。这种陷阱是悲剧性的。

　　贝德福德和沃克曼在《修昔底德悲剧的悲剧解读》一文中，以类似的观点解释了修昔底德《伯罗奔尼撒战争史》里的悲剧性。他们指出，雅典的衰落是从它看上去最强大的时刻开始的。《伯罗奔尼撒战争史》的"叙事结构是以悲剧的形式出现的。修昔底德对雅典人和希腊人在战争中的过度和无节制行为进行了批评。他采用了特定的主题，包括理性被激情所支配、逻各斯（语言）被行动（ergon）所侵蚀，以及规则（nomos）的衰落，以悲剧的形式表达了这种批评。最后，无拘无束的雅典到达了西西里岛，并以可耻的失败形式遭受了'尼米西斯的报应'（Nemesis retribution）"。[1] 在古希腊宗教中，Nemesis 是对那些狂妄自大、在众神面前傲慢的狂妄之徒实施报应的女神。这是希腊悲剧的一个永恒主题，修昔底德以历史的形式再现了这个悲剧主题。

　　在"尼米西斯的报应"的命运逆转中，无论是作为个人还是国家，主角都处于巅峰状态，悲剧即开始于这种状态。在整个悲剧中，主角通常会得到更大的权力，并最终倒下。这发生在《伊利亚特》中，据说特洛伊城是不可攻破的，但它最终落入希腊人之手；索福克勒斯《俄狄浦斯王》里的俄狄浦斯正处于威望和智慧的巅峰，据说没有他破解不了的谜，没有他解决不了的问题，但他恰恰因此而栽倒；在修昔底德的历史中，雅典在波斯战争后处于其权力的顶峰，

1　Bedford and Workman, "The Tragic Reading of the Thucydidean Tragedy.", 51.

帝国的规模比以前大，民主也比以前强，然而伯罗奔尼撒人最终使雅典崩溃了。

雅典的好高骛远、过度自信和野心勃勃造就了它的衰落。"雅典人在决定入侵西西里岛时表现出的这种过分的野心，是过度希望的激情的顶点"，[1] 也是它把军事行动当作解决一切问题的不二手段，罔顾国际道义规则的结果。国力强大、兵强马壮、斗志高昂让雅典人目空一切，狂妄自大，以为可以随心所欲地称雄于世，凭借武力改变世界秩序。雅典的失败不是因为敌人的强大，而是因为它自己的狂妄傲慢，这个教训值得后世永远记取。

8. 希罗多德和修昔底德的比较

今天将《伯罗奔尼撒战争史》当作一部战争史来阅读，虽然未必是最好的方式，但也有所裨益。战争史是"史学"的一个门类，希罗多德的《历史》写的是希波战争，也可以放进这个门类。战争是人类社会最大的破坏力量，也是人类变化的最大推动力。人类历史当然不全是战争史，但不涉及战争的人类历史几乎是不存在的。

"战争史"这个概念在古希腊的时候是没有的，但对战争的故事或记述却早就有了。荷马的《伊利亚特》就叙述了特洛伊战争的故事，古希腊不仅有希罗多德的《历史》、修昔底德的《伯罗奔尼撒战争史》，还有色诺芬讲述小居鲁士（Cyrus the Younger，前 423—前 401）远征安纳托利亚（Anatolia）故事的《远征记》（Anabasis）。这样的历史写作是古希腊文学的一个重要部分。

古希腊的历史写作是"希腊史学"（Greek historiography）的研

1　Bedford and Workman, "The Tragic Reading of the Thucydidean Tragedy," 65.

究对象，希腊史学是指希腊人对历史的追踪和记录。到公元前 5 世纪，它已成为古希腊文学不可或缺的一部分，并在后来的拜占庭文学（也就是中世纪的希腊文学）中享有盛誉。

古希腊的史学在世界史学史上是独一无二的，因为这是人类历史上第一次出现了真正的史学。在这之前，更古老的历史只能通过非直接的证据推导而出，如纪事、碑文、年鉴、编年史、国王名录、墓志铭等。

希罗多德比修昔底德早出生 20 多年，也比他早去世近 30 年，两人相隔差不多一代人的时间，他们的历史写作可以归结为四个方面的不同。

第一，希罗多德写的是与他自己生活经验未必有密切联系的历史，他写希波战争是因为对这个题材有兴趣。但修昔底德写的是他亲身积极参与的历史，伯罗奔尼撒战争就是他那个时代政治危机的产物。

希罗多德的一生大多在旅行中度过，而他的旅行亦多半是为了写作《历史》。他起初并没有想把他的主题扩大到希波战争之外，但因时过境迁，他的足迹延伸到了当时已知世界的大部分。这时候，他便决定将他所能搜集到的材料插入他的描述之中，如卷入战争的各个民族的历史、地理、宗教、人种志，以及社会习俗等。希罗多德努力的结果便是这部远古时代的杰出作品，他也因此得到"历史之父"的赞誉，但称他为"地理之父"也没什么不可。显而易见，他是一个求知若渴之人，凡是他的所见所闻，几乎都是他历史写作的有用材料。

修昔底德不同，他写伯罗奔尼撒战争是因为他认为这是人类历史上最伟大的战争，所以非写不可。他在《伯罗奔尼撒战争史》开头的第一段里就表明了这个想法，他说："在这次战争刚爆发的时候，我就开始写我的历史著作，相信这次战争是一个伟大的战争，比过去曾经发生过的任何战争更有叙述的价值。我的这种信念是根据下列事实得来的：双方都竭尽全力来准备；同时，我看见希腊世界中其余的国家不是参加了这一边，就是参加了那一边；就是那些现在还没有参加战争的国家，也正在准备参加。这是希腊人的历史中最大的一次骚动，同时也影响到大部分非希腊人的世界，可以说，影响到几乎整个人类。虽然对于远古时代，甚至对于我们当代以前的历史，由于时间的遥远，我不能完全明确地知道了，但是尽我的能力所及，回忆过去，所有的证据使我得到一个结论：过去的时代，无论在战争方面，或在其他方面，都不是伟大的时代。"[1]

第二，希罗多德被人称为"史学之父"，但是，也有人认为他写的不是真正的历史，有太多不可靠的故事、神话和传说，所以称他为"谎言之父"，而把"史学之父"的头衔授予修昔底德。不过，我们可以把他们看成是不同意义上的"史学之父"，因为他们都是某种历史写作的开创者。希罗多德开创的是文化史，而修昔底德开创的则是政治、军事和外交的历史。近现代民族志研究（Ethnography）的著作主要是在罗马人那里出现的，但希罗多德的著作中确实已经包括了认识不同民族风俗和礼仪的辅助材料，他描述埃及人、巴比伦人、印度人、斯基泰人和其他人种，就是很好的例子。

第三，写作不同的历史，归根结底在于把什么视为"历史"和具有何种历史观。希罗多德的历史观着重于人类普遍经验的多样性，其中包含人类探索的广阔领域，也就是后来人们所说的"文化"。修昔底德则借助明确的战争历史的语境，着重于他那个时代的政治、军事事实或事件。例如，他介绍了科西拉人最早建造的"三列桨战舰"和在这之前的"五十桨大船"，这让许多人认为，"科学"的历

---

1 修昔底德著，谢德风译，《伯罗奔尼撒战争史》，第 2 页。

史由他原创。修昔底德在叙述历史故事时采用了与希罗多德不同的策略,希罗多德在文化之谜中叙述了数百年的历史,而修昔底德则把历史精简为他能详细记述的演说、辩论、事件等。

第四,他们的历史取证方式也有明显的不同。希罗多德的《历史》不在乎用他听到的话,甚至用神话来作为证据。他承认这些都是没有经过核实或无法核实的,所以他总是说明是从哪里听说的。在他那里,"历史"是调查和研究的意思。在《历史》第二卷里,他的调查方法包括依靠其他人的证词、习俗和法律来推测他编撰的历史资料为何如此,而不是否定这些材料。例如,按荷马的说法,特洛伊战争的起因是因为有一方破坏了客友禁忌,绑架了海伦。希罗多德不同意这个看法,但他并没有完全拒绝荷马的故事。他只是通过引用"祭司"告诉他的不同故事来质疑荷马的讲法。他是这样陈述的:"根据祭司们对我讲的话,这便是海伦所以到普洛铁乌斯这里来的情况。在我来想,荷马也是知道这件事情的。但是由于这件事情不是像他所用的另一个故事那样十分适合于他的史诗,因此他便放弃了这种说法,但同时又表明他是知道这种说法的。"[1]

与希罗多德不同,修昔底德的取证方法建立在精确、可验证的证据基础之上,显示了他对人类和军事政治的系统理解。他致力于伯罗奔尼撒战争的编年史工作,在构建他的历史陈述时,运用的是他认为可靠的书面材料和目击者报告。他说:"关于战争事件的叙述,我确定了一个原则:不要偶然听到一个故事就写下来,甚至也不能单凭我自己的一般印象作为根据;我所描述的事件,不是我亲自看见的,就是我从那些亲自看见这些事情的人那里听到后,经过我仔细考核过了的。就是这样,真理还是不容易发现的。"[2]

对于古代的历史,他也会不得不有条件地借助像荷马史诗那样

1 希罗多德著,王敦书节选,《历史》卷二,香港商务印书馆,2007 年,第 116 页。
2 修昔底德著,谢德风译,《伯罗奔尼撒战争史》,第 17—18 页。

的材料。不过，他会非常仔细地核实其可靠性，并推断与此有关的事实究竟应该是什么。例如，在《伯罗奔尼撒战争史》第一卷第一章里，他写道："我们没有理由不相信特洛伊远征是过去所有曾经发生过的最大一次远征。同时这次战争不是按照近代战争的规模进行的，这也是真的。"[1]

对于诗人荷马及其史诗记载，修昔底德说："我们可否完全相信荷马史诗中的人物，这是颇有问题的；因为他是一个诗人，他的人物可能是夸大了的。就算我们承认这些人物的话，但是阿伽门农的军队似乎也比现在的军队少些。荷马记载船舶的数目是一千二百条。他说每条彼奥提亚船上的水手是一百二十人，每条法罗克提提斯船上的水手是五十人。我认为这些数字是他说明各种船舶上人数的最大量和最小量。总之，在他的船舶目录中，他没有记载水手的数目。这些人不仅是桨手，同时也是战士。关于这点，他在描写法罗克提提斯人的船舶时，说得很清楚，船上的桨手都是弓手。除国王和最高官吏外，船上不会有很多不是水手的人，尤其是因为他们必须携带全部军需，横过公海，而且他们的船上没有甲板，是仿照旧日海盗船的形式建造的。因此，如果我们把最大的船和最小的船一般均数来计算作战的总人数的话，把它当作全希腊共同行动的军队来说，这个数目不是很大的。"[2]修昔底德对真实细节确实是一丝不苟，非常认真。要是与希罗多德在《历史》中记述的许多逸闻趣事相比，之间的差别会更加显著。

说过了希罗多德和修昔底德的主要不同，现在就来谈谈他们的相同之处，这是与现代史学相比较而言的。加拿大维多利亚大学古代历史教授戈登·史林普顿（Gordon S. Shrimpton）在《古希腊历史与记忆》（History and Memory in Ancient Greece）里有非常精彩

[1] 修昔底德著，谢德风译，《伯罗奔尼撒战争史》，第9页。
[2] 同上，第9—10页。

的详细讨论，我在这里挑其中最重要的四个他们共同的时代特点来谈，对我们更好地理解这两部古希腊历史著作应该有所帮助。

第一，他们的历史写作在希腊思想史上代表着一次革命，那就是用散文而非诗歌来作为记录往事的文体。这个"散文"是相对于诗歌而言的，因为当时主要的作品都有韵律，可以弹唱，用竖琴、七弦琴等乐器伴奏。荷马的历史叙述用的是诗歌，而希罗多德则被公认为希腊历史散文叙事的发明者。那不是简单记事的散文（这在他之前已经有了），而是一种具有多层次意涵的可以做不同解释的散文。他到处说故事，吸收的材料很多是口述或人们口耳相传的材料，他把它们记录下来，进行散文化处理，然后写成《历史》。而修昔底德依赖的是书面而非口述的材料，他运用的演说都是以说话而非诗歌的形式保留下来的。修昔底德以他独特的文体风格著称，他文笔简练、词句精确，叙述冷峻、朴实。

第二，他们的作品属于古希腊特有的"战争史"。在他们的叙事方式中，修辞和文学意象起到明显的作用。我们可以把这两部历史当文学来阅读，因为它们不仅仅叙述过去的"事实"，而且包含普遍意义的"隐喻"（metaphor）。重要的事件经常可以当作同类事件的"寓言"（parable），这是一种文学效果。他们在历史作品中大量运用神话、故事、史诗和悲剧，历史描述从而很自然地成为一种文学性叙述。而且，他们都有意识地通过历史叙述来垂训后世，与"教谕"文学甚为相近。他们把战争和权力争斗对希腊世界造成的影响，以及帝国成败兴衰的变化过程，当作有例证价值的镜鉴。正如修昔底德自己说的，他的史书是一种永久的财富，而不是一时的摆设，"我的著作不是只想迎合群众一时的嗜好，而是想垂诸永远的"。[1]

1　修昔底德著，谢德风译，《伯罗奔尼撒战争史》，第 18 页。

第三，在他们的历史中，带有主观性的历史"真实"（或真理）不取决于个人，而取决于群体。他们生活在雅典的民主制度里，雅典政体是他们历史真实感的依据。他们的写作都以城邦的当下存在为其关注点，修昔底德写的就是他那个时代发生的事情以及对其的思考，透出他悲天悯人的真切情感和历史悲剧意识。希罗多德虽然把他的历史叙述扩展到神话时代，但扩展的部分所提供的是与希腊有关的波斯历史背景，就像埃斯库罗斯《波斯人》一剧用波斯人来说希腊人那样。英国古典学者和希罗多德作品的英译者塞林科特（Aubrey De Selincourt，1894—1962）在《希罗多德的世界》（*The World of Herodidus*）里指出，希腊人关注当下，很少有兴趣去管过去，"当下占据了他们，如果他们把眼光投向过去，那也是通过传说和神话，主要是局部的和特殊的，这样的过去把当下的群体与某个神圣的开创者或某个有神圣祖先的家庭联系起来"。古希腊人没有我们今天历史中的那种"演化""进步""发展"的观念，他们是把历史当作与当下雅典有关的政体文学来写的。

第四，古希腊历史对过去事件的观察有两个不同的视野，一个是局部的（如雅典 vs 斯巴达），另一个是泛希腊的（希腊 vs 波斯）。无论哪一种视野都是希腊人特有的公共性视野，因此也都体现出古希腊人的历史意识特征。与古希腊的戏剧、艺术、建筑一样，历史写作也是为当下的城邦共同体而不是个人而存在的。为艺术而艺术，为历史而历史，这样的事情在古希腊即便有，也是罕见的，而且并不给创作者带来荣誉。

在雅典，所有的艺术都是公共性的，其赞助或保护者是集体的雅典人，按照他们自己的说法，那就是雅典娜女神。所有的作品都是为了颂扬共同体的城邦。雕塑家菲狄亚斯（Pheidias，前490—前430）的作品不是为了向富人出售，而是用来为雅典增添光荣。索福克勒斯和其他剧作家的作品是用来在酒神节上为公众演出的。同样，希罗多德和修昔底德也是城邦共同体的"仆人"和"笔杆子"，他们的职能与军事指挥官或战士没有本质的区别，艺术家、戏剧家、作家虽然也受到尊重，但程度不如军事指挥官和战士。埃斯库罗斯参加过马拉松战役，他自撰的墓志铭上写下他作为战士的事迹，但没有提他的剧作。修昔底德在伯罗奔尼撒战争中担任过指挥官，虽然吃了败仗，但他仍然以自己曾经为雅典而战感到骄傲。在古希腊，剧作家以战争为题材创作，作家写战争史，都是城邦之事。希罗多德和修昔底德这两位历史学家也是这样

　　他们的历史著作都把争取自由当作中心主题，他们代表了两种不同的但同样令人信服并至今有影响的历史写作理念和方式。后代历史学家对他们作品的反应，往往清楚表明了不同时代历史学家认为在历史书写中最重要的东西。总体而论，两位希腊历史学家共同代表古代历史学的最高成就，在他们之后的几个世纪里，地中海世界的历史写作仍然是希腊知识分子的专长。在修昔底德去世半个世纪后，亚里士多德对历史的性质及其与其他思想形式的关系作了最早和最有影响力的定性："历史学家和诗人的区别在于……一个描述的是已经存在的事物，另一个描述的是可能存在的事物。因此，诗歌是比历史更有哲学意义和更重要的东西，因为它的陈述具有普遍性的性质，而历史的陈述则是单一的。"[1] 亚里士多德明确认为诗歌优于历史，那是一个受荷马和悲剧诗人巨大影响的希腊文化结论，今天，在一个既没有荷马也没有悲剧诗人的文化里，我们的看法自然会有所不同，我们更强调的不是历史受制于实际事件的偶然发生，而是历史真相、经验真实和说真话这三者之间的特殊联系，而这正是其他类型的文学所难以与历史相比的。

　　修昔底德就讲到这里，在他之后，还有另一位重要的历史学家，

1　转引自 Donald R. Kelley, ed., *Versions of History from Antiquity to the Enlightenment*, New Haven: Yale University Press, 1991, 62.

色诺芬。他扮演了希腊三大历史学家中的"小老弟"角色。从下一章开始,我们将分三节来阅读他的一篇非常有趣且令人深思的对话:一位诗人与一位暴君讨论为什么暴君是这世界上最不幸福的人。

十二 色诺芬《希耶罗》

1. 民众真的爱戴专制暴君吗？

色诺芬的出生年份不详，一般认为，他出生于公元前430年，公元前354年去世。这样的话，他应该比修昔底德小30岁，比希罗多德小53岁，是希腊三位历史学家中的"晚辈"。不光在年龄上是前两位的后辈，而且还没有他们"专业"。他的一些著作虽然谈的是历史上的事情，却让人不能确定是否该把它们当"历史"著作来阅读。他最著名的《居鲁士的教育》（*Cyropaedia*）就包含了多种主题——统治术、哲学、教育、军事技术、波斯风俗等。人们无法确定它是一部历史著作，还是教育君王的历史小说，或者二者皆可。早在罗马共和国晚期，读者们已感到这部作品过于庞杂，以至于需要对之进行若干开宗明义式的导读。西塞罗在写给他弟弟的一封信中就说《居鲁士的教育》所提供的"不是信史，而是一件公正政体的理想模型"。

色诺芬关于斯巴达历史的《拉栖代梦人的政制》（*Lacedaemonion Politeia*）也是这样，所以被归入政体研究，而非历史写作的传统内。迈克尔·利普卡（Michael Lipka）在他编辑的《色诺芬：斯巴达政制》（*Xenophon: Spartan Constitution*）里认为，该作品传统手稿的标题"拉栖代梦人的政制"多少有些牵强附会，因为色诺芬所讨论的实际上是相当宽泛意义上的"公共事务"。事实上，色诺芬这部作品主要探讨的是斯巴达的教育制度。

用"历史"来谈论政治统治艺术、政体或教育，在古希腊历史著作中，可谓是标新立异、独树一帜。我们接下来阅读的《希耶罗》（*Hiero*）也是这样，对话里的两位人物——叙拉古僭主希耶罗和希腊诗人西蒙尼德斯——在历史上都确有其人，这部作品却可以说是一部描绘暴君心理的文学故事，而著名学者列奥·施特劳斯则是把它当作一部政治哲学的著作来读。

色诺芬的人生经历也很特殊，他出生于雅典附近的阿提卡城的一个上层社会家庭，因此享有一些贵族特权。早年师从苏格拉底，据说，苏格拉底初次遇见童年时的色诺芬时，用手杖拦住了他，骤然问他什么地方可购买市场上出售的各种商品。这个孩子知道购买商品的地方，十分有礼貌地回答了他，最后苏格拉底又问道："哪儿可以买到'高尚'和'善良'？"这一难以解释的概念含有"高尚的人"和"善良的人"的意思。孩子一脸茫然，这位哲学家随即说道："那么跟我来吧！"苏格拉底比色诺芬年长39或40岁，想来他初次遇到童年的色诺芬时大概是50来岁的样子，问一个孩子这种问题似乎并不恰当。色诺芬后来成为苏格拉底的学生，虽然他并没有成为一个哲学家，但他确实是一位"高尚和善良的人"——有虔诚的宗教信仰，是出色的运动家和军人，也是一位好丈夫和好父亲，他还有不少著作，称他为一位好作家，也是实至名归。

他的老师苏格拉底被处死的时候，他大概31岁。在这之前，他已经担任过军事长官和将军，有过传奇般的军旅生涯，与斯巴达的阿格西莱二世（Agesilaus II，约前444—前360）交好。苏格拉底死后，雅典他是回不去了，他正式加入斯巴达军队，并随阿格西莱二世出征，在喀罗尼亚战役（Battle of Chaeronea）中战胜了底比斯和雅典的联军，当时他仅 41 岁。斯巴达人在伊利斯（Elis）附近的斯奇卢斯分给他一份地产。此后 20 年间，他作为一位乡绅隐居其间，勤奋写作。公元前 371 年，伊利斯人攻占斯奇卢斯，色诺芬全家逃往科林斯。公元前 369 年，雅典与斯巴达关系改善，雅典政府取消了对色诺芬的放逐令，色诺芬将自己的孩子送回雅典，自己也经常短暂地回雅典，但最终死于科林斯。

　　写作对色诺芬来说是一种业余喜好。他的文风朴实典雅，平易纯正，讲究细节，从不装腔作势，夸大其词，被务实的罗马人视为雅典文学的典范。其实，无论是文学还是艺术，以业余的心态来对待，反而愈加能够感觉到其中的快乐。我们即将要阅读的《希耶罗》虽然是一部小作品，却让 20 世纪最伟大的人文学者列奥·施特劳斯写了一部题为《论僭政》（On Tyranny）的专著来做详尽的讨论。而且还和他的好友，出生于俄罗斯的法国哲学家和政治家亚历山大·科耶夫（Alexandre Kojève）对色诺芬的这部作品以及相关问题进行了一场著名的讨论。可见这部作品确实不是平凡之作。施特劳斯的《论僭政》是一部人文经典阅读的典范著作，在阅读经典作品的时候，同时阅读对经典作品的经典解读，是学习经典的一个有效方法。

　　《希耶罗》讲述的是叙拉古的僭主希耶罗和来自雅典的诗人西蒙尼德斯之间的对话。我们在前文阅读希腊抒情诗人品达和西蒙尼德斯的时候都提到过希耶罗，他是西西里叙拉古的僭主，是个专制独裁者。用我们今天一个更熟悉的说法，就是暴君。希耶罗在公元前 478 年成为叙拉古的僭主，接替了其兄革隆（Gelon）。希耶罗是个慷慨大方的文学保护人，诗人埃斯库罗斯、品达和其他人都因为受过他的款待而用优美的作品颂扬过他，西蒙尼德斯也曾是希耶罗宫廷里的客人。

西蒙尼德斯是希腊抒情诗人，出生于塞奥斯（Ceos）的伊欧利斯（Ioulis），年轻时就去了雅典，并在那里度过了他的主要人生，所以也被视为雅典诗人。他生活在雅典民主失败、僭主当政的时代。

他是作为希耶罗邀请的客人到叙拉古去的，并在那里与希耶罗进行了一场关于"僭主是不是不幸福"的对话。希耶罗对西蒙尼德斯抱怨说，僭主虽然大权在握，但并不幸福，对话就此开始。注意，我这里说的是关于"不幸福"，而不是关于"幸福"的对话，这二者有什么区别呢？如果希耶罗一开始对西蒙尼德斯说，僭主的生活是幸福的，那么这场对话就是关于"幸福"的对话。但是恰恰相反，希耶罗对西蒙尼德斯抱怨说，僭主虽然大权在握，但并不幸福，就此开始了一场对话，所以这场对话就是关于"不幸福"的。

色诺芬并没有告诉我们他为什么要写《希耶罗》，其通篇都是暴君希耶罗和诗人西蒙尼德斯的对话，像是一场独幕舞台剧。对话有两个自然部分，就像是一部剧分为上下两场那样。第一部分占了全对话的一大半（第 1 到 7 节），第二部分比第一部分短得多（第 8 到 11 节）。在第一部分里，暴君希耶罗对西蒙尼德斯诉苦，说自己的日子还不如一般人，不如上吊算了。第二部分里，西蒙尼德斯劝希耶罗，能施恩惠的暴君毕竟比一般老百姓的日子要好过得多。[1]

希耶罗说自己不幸福、不快乐，是和过"私人生活"的常人比较出来的。不过究竟怎么个比法？西蒙尼德斯是个智者，他对希耶罗说，快乐有三种，一种是肉体的，来自"色""声""味"和"性"；另一种是灵魂的；还有一种则同时包括肉体与灵魂。西蒙尼德斯不明白，为什么这种种快乐，当帝王的居然都比不上一个常人？施特劳斯认为他是假装不明白，因为在君王面前，太明白是一件危险的事情。

1　完整的中文译文见：色诺芬著，彭磊译，《论僭政：色诺芬〈希耶罗〉义疏》，华夏出版社，2016 年。

希耶罗对西蒙尼德斯说，暴君由于不能相信臣民，到哪里都得有随从护卫，不能自由自在到四处去边走边"看"。暴君"听"的好话虽多，却不是真心的好话；吃喝的东西虽丰盛，却并不香甜。而且，暴君连他的性伴侣都无法信任，他知道对方是怕他甚于爱他。这跟韩非对帝王的告诫高度一致：韩非说，千万不要相信任何人，没有人不是为自己打算的，都会为自己来算计你，包括老婆孩子。即他说的"夫以妻之近及子之亲而犹不可信，则其余无可信者矣"。

老婆孩子都不可信，你还能信谁呢？西蒙尼德斯安慰暴君希耶罗说，你说的那些事情都不过是小小的不快、不便或不爽，其实算不得什么，因为你能成就常人绝对做不到的大事：想干什么就干什么，想提拔谁就提拔谁，想害谁就害谁。希耶罗说，这都不过是普通人的想象而已，他们只看到我的威风，哪里知道我"灵魂"中的恐惧。我对谁都得事事提防，没有真心朋友，时时生怕别人心怀不轨。

希耶罗又说，暴君最怕三种人，第一种是"勇者"，"因为有些事情只有勇者才敢去做"；第二种是"正义者"，"因为老百姓都希望正义者来治理他们"；第三种是"智者"，"因为智者有计谋"，可以帮助那些想当暴君的人除掉现任的暴君，取而代之。希耶罗说，这三种人都得除掉，剩下来可供暴君差使调遣的便只有那些不勇、不义、不智之辈。暴君不是不能分辨人的优劣，而是没有办法，只能用那些不优秀的人。[1]

暴君害怕勇者、义者和智者，理由各不相同。勇者为争自由，什么事都敢去做；正义者对普通人有道德影响，对不正义的暴政直接有所威胁。智者不同，智者并不一定看重自由或正义，智者善于"谋划"（contrive），如此而已。但正是因为善于谋划，所以他有自

1　色诺芬著，彭磊译，《论僭政：色诺芬〈希耶罗〉义疏》，第 12 页。

己当暴君的本领，也可以把这本领教授给其他想当暴君的人。

智者对暴君的威胁，是一个可能的新暴君对一个在位的老暴君的威胁。威胁归威胁，智者的政治理念与暴君的并不冲突，所以智者可以和暴君一起切磋如何对付臣民、让臣民更顺从暴政的"诀窍"。只有智者才会充当暴君的帝师，为暴君排忧解难，而勇者和正义者是不会担任这个角色的。

西蒙尼德斯听了希耶罗所诉的许多苦处，问道，既然当暴君这么不快乐，为什么不干脆放弃暴政呢？希耶罗说，不行啊，害过这么多人，怎么才能补偿人家？一旦手里没了权，人家还能不找你算账？专制者靠管制过日子，越管制，越害怕，越害怕，也就越管制。专制制度下只有两种可能的人际关系：被别人害怕和害怕别人，再英明、能干的暴君也不能例外。一旦失去了权力，暴君便可能死无葬身之地。

西蒙尼德斯安慰希耶罗说，你不要太沮丧。你以为当暴君的就一定遭人痛恨，会被人谋害，其实并非如此。当暴君要远比常人更容易受人爱戴。因为你有权有势，别人早就已经觉得你高不可攀。你只要对一般人小施恩惠，他们就会对你感恩戴德。你只要对谁露一露笑容，握一握手，别人就会称颂你多么平易近人。你要是送谁一点小礼物、节日里去慰问一下，哪怕是不咸不淡地寒暄几句，别人就会欢天喜地。你要是探望了哪个病人，他一定更会觉得受到了极大的关怀。你每天里做的每一件小事，随便吃些什么，说些什么，但凡让别人知道了，就都会是重大的国家新闻。一个常人去做这些鸡毛蒜皮、不足挂齿的事情，有谁会去在意？

西蒙尼德斯很了解普通民众的奴性心理，暴君稍微表示一下关怀，民众便会夸张地表现出受宠若惊的样子。暴君周围的扈从更是会拿这样的事情大肆宣扬，这也是他们讨好暴君的拿手好戏。西蒙尼德斯对希耶罗说这样的话，是带着讽刺，还是真的在安慰希耶罗？我们不得而知。不过他说的都是实情，而且是很普遍的民众现象，这一点不用怀疑。但问题是，民众真的爱戴专制暴君吗？

这个就很难说了，真的爱戴暴君的民众不是没有，但从人之常情来推断，肯定不可能人人都爱暴君。而且，暴君统治人民，并不需要他们真的爱戴他。关于这一点，马基雅维里有他精辟的见解。君王要维护他的统治，"究竟是受人爱戴好，还是被人畏惧更好一些呢？"对此，马基雅维里的回答是："最好是两者兼备。当然，将两者合而为一是难上加难的。如果一定要有所取舍，那么，被人畏惧比受人爱戴更安全。"他是从一般人性的黑暗得出这个结论的，"因为对于人类，一般地可以这样说：他们是忘恩负义、容易变心的，是伪装者、冒牌货，是逃避危难、追逐利益的。当您对他们有益的时候，他们的一切都是属于您的……当需要还很遥远的时候，他们表示愿意为您流血，奉献自己的财产、性命和子女，可是这种需要即将来临的时候，他们就会背弃您"。所以，不管民众表现出多么真诚、多么心甘情愿的服从，君王都不可太信任他们，最好能时不时地用个什么可靠的方法测试一下。

一般的人性是见利忘义，不仅"有奶便是娘"，而且"有奶才是娘"。所以君王不能对民众掉以轻心，"假如君主完全信赖人们的奉承而缺乏其他准备的话，他就要灭亡。因为不是依靠伟大与崇高的精神取得的情谊，而是用钱买来的拥戴是不牢靠的。在需要的时刻，这种忠诚是不能够依靠的。人们冒犯一个自己爱戴的人，比冒犯一个自己畏惧的人时顾忌要小，因为爱戴是靠恩惠这条纽带维系的。由于人性是卑劣的，只要对自己有利，在任何时候，人们便会利落地剪断这条纽带。可是畏惧，则由于害怕受到绝不会更改的惩罚而保持着"。[1]

1　马基雅维里著，李蒙译，《君主论》，上海三联书店，2006年，第84—85页。

西蒙尼德斯对君主和人民之间的紧张关系是否有马基雅维里那样深刻而透彻的认识？我们不得而知，但有一点是肯定的，他此刻的任务是好好宽慰希耶罗，而不是给他讲授政治哲学的民众心理学。

西蒙尼德斯是不是因为希耶罗看上去特别沮丧，才说那番话来宽慰他？这也有可能。我们知道，宽慰别人，总得拣好听的说，这种话是当不了真的。再说，跟一个暴君打交道，知道暴君的厉害，还会像对一个平常人那样说真话吗？不过暴君希耶罗不傻，他很聪明，知道自己不能随便相信别人说的话。他难道会相信西蒙尼德斯的这番话？西蒙尼德斯也是聪明人，难道他还不明白希耶罗不会相信他说的话吗？

这两个人说话像是打太极拳，后面都藏着心思。色诺芬所写的对话看起来很简单，却是包含着对暴君、民众和暴君的谋士这三方人士复杂心理的洞察。在这些复杂的心理背后，起作用的其实是暴君手里那种令人恐惧的专制权力。

西蒙尼德斯到叙拉古去，他是外乡人。《希耶罗》开篇时说："诗人西蒙尼德斯有一次来到暴君希耶罗处。"施特劳斯解释道："这是很合理的，僭主希耶罗因为害怕别人会加害于他，所以深居简出，当然是西蒙尼德斯去看希耶罗。"[1] 西蒙尼德斯能见到希耶罗，应该是一次特殊的召见。由于西蒙尼德斯是外国人，暴君希耶罗才把他当"知心人"，对他说了一番根本不可能对他本国臣民说的话。这就像一些现代独裁者有话宁愿透露给外国记者，也不能对自己的老百姓明说。

西蒙尼德斯很聪明，他明白自己在暴君希耶罗面前扮演的是那种"知心人"的角色，他倾听希耶罗向他抱怨当暴君的种种苦楚，不时宽解希耶罗，并适当提出一些善意的建议，似乎又扮演"帝师"

---

1 色诺芬著，彭磊译，《论僭政：色诺芬〈希耶罗〉义疏》，第 36 页。

的角色。他的建议对希耶罗能有多大的帮助？他的劝说会不会起作用？我们下一节再谈。

2. 帝师劝说暴君的限度和有效性

诗人西蒙尼德斯在与暴君希耶罗的对话中，扮演的是暴君的一个临时的"谈心人"和"知心人"的角色。暴君是在向他"诉苦"和"叹苦经"，未必真的是在对他托付心里的秘密。我们知道，暴君心里的真实想法是他的最高国家机密，不可以轻易告诉任何人。西蒙尼德斯不会不知道，希耶罗只是在拿他当工具，发泄一下心中的压力。不过他必须做出理解和同情，而且十分愿意为他排忧解难的样子。因此，"知心人"也就转化为"劝解人""谋划人"和"帝师"的角色。

于是他劝说暴君希耶罗，虽然暴君心里未必真爱护他的臣民，但可以用一些可见的亲民行为来改善暴政的形象。有效的形象工程可以起到巩固和改进暴政的作用，"施恩惠"就是这样一种有亲民效果的行为。

他这个谋划的劝说效果会如何？这也许是色诺芬用对话体说故事故意布下的疑阵。对话体的陈述有两个优点：

第一，这个对话的整个过程都是话里有话。智者西蒙尼德斯看起来是在扮演"帝师"，暴君希耶罗则是他的"学生"，可这对师生之间真的相互信任吗？

第二，就算智者说服暴君，暴君知道如何行善政，他就会学以致用，真的去行善政吗？用施特劳斯的话来说："这里有一个关于理论和实践、知识和德性之间关系的根本问题。"[1]

例如，统治者知道老百姓本是自由人，应该让他们像自由人那样生活，但是，这不符合他的一己私利，所以，他知道即便如此也不会去做。他的知识和行为之间不可能是一致的。他甚至还会说，不让老百姓自由，用暴力压迫他们，维持统治的稳定，是最大的善政，符合老百姓的根本利益，是为他们好。

当然，暴君跟暴君可以是不一样的。出于维护自己利益的目的，有的暴君会在犯下错误后，做策略上的调整；但有的暴君会以为，以前的策略并没有错误，只是策略的力度还不够，还要更加强化，所以会一条道走到黑。

因此，帝师的教学效果又在很大程度上取决于学生的智能。但无论如何都似乎不可能会有理想的教学成果，因为缺乏仁政知识也许根本就不是暴君不行仁政的真正原因，暴君不是不知道暴政不好，而是更在意放弃暴政会对自己造成的不利后果。

还有一个因素也是不利于帝师教学的，那就是帝师和学生的经验体会之间永远会有差异，帝师不可能做到真正为学生设身处地着想。希耶罗说暴君不快乐，他知道自己在说什么，因为他有当暴君的经验。可是，西蒙尼德斯说改良后的暴政可以让暴君变得更快乐，他未必知道自己在说什么，因为他自己并没有当过暴君，他只是一个诗人，只是在那里猜测而已。

诗人学者说仁慈的暴君必然快乐，不过是想当然的推理预测。读者们也未必相信这种预测就一定能兑现，因为谁都"没有见过一个因为有德性（施恩惠）就变得幸福的暴君"[2]。也许过去从来就不曾有任何一个暴君因为有德性而快乐过，以后也不会有。想想看，既然暴君有德性，那他为什么不能选择当一位仁君，而偏偏要当一

---

1 色诺芬著，彭磊译，《论僭政：色诺芬〈希耶罗〉义疏》，第34页。
2 同上。

个看到自由的勇者和正义的贤者就害怕的暴君呢？

谁给暴君当帝师，劝他改良暴政，而不是改行民主，谁就是在做被施特劳斯称为"暴政教学"的工作。西蒙尼德斯从事的就是这样的教学工作，他与暴君希耶罗可以彼此"坦诚相见"，不必像哄骗或忽悠老百姓那样把"暴政"说成"民主"。

暴君会对帝师以实相告，这就像暴君无论多么善于伪装，得了病，如果想活命，也不能不对医生道以实情，从某种程度上来说，西蒙尼德斯是为希耶罗诊治政体之病。既然暴政是一种本质上错误的政治秩序，暴政教学必定包括两个部分：第一是找出暴政的特定缺陷（病理），第二是确定如何减轻这些缺陷的程度（治疗）。[1]《希耶罗》两个部分的内容针对的正是"暴政"教学本身的两个部分。

在暴政教学中，智者和暴君有一种暂时的师生关系。施特劳斯认为，"学生是谁"这个问题非常重要，但是在暴政教学中，说学生是暴君，其实并不准确。首先，智者所教的是"在任暴君"，而不是"未来暴君"。如果先生教还不是暴君的学生如何成为暴君，那么先生就是在教学生不义，而先生自己肯定就是一个不义之人。既然如此，他也就算不上是一个有德性的智者。但是，如果先生教一个已经是暴君的学生如何成为一个施恩惠的暴君，那么先生就是在劝导学生少行不义。若是如此，先生本人则仍然可以算是一个有德性的智者。

再说，暴君帝师所教的是如何保全和改善暴政，而不是如何开创暴政。开创暴政的"伟大暴君"都是他们自己"天然的老师"。像公元前 7 世纪科林斯的暴君贝里安德（Periander，前 627—前 585）和中国的秦始皇都是这样"无师自通的高人"。后来的暴君都崇尚和赞美他们，向他们学习，步他们的后尘，并"青出于蓝而胜于

1　色诺芬著，彭磊译，《论僭政：色诺芬〈希耶罗〉义疏》，第 66 页。

蓝"。那些开创性的伟大暴君早已把保全暴政的基本方法体制化了，暴政因此有自我保全、自动修复、克服可能危机的机制和能力。暴政帝师不过是在暴政的发明基础上，为保全暴政更上一层楼罢了。[1]

暴政帝师一定是那些对暴政的道德缺失有所了解，并对之睁一只眼闭一只眼的人。睁眼是为了看到暴政的缺陷，并为保全暴政出谋划策；闭眼则是明知暴政的不义，却并不想从根本上用正义的制度去取代暴政。暴君自己诉说暴政的不幸要比痛恨暴政的人列举暴政的邪恶更有说服力。在色诺芬的对话里，抱怨暴政的是一位暴君，而维护暴政的则是一位智者，这样的安排让人疑惑。安排这一局面的人当然是色诺芬，他本人对专制和暴政又持什么样的看法？

这就牵涉到色诺芬对自由、法和城邦正义的看法。我们能否从《希耶罗》中推导出他的这些看法？答案是否定的。

色诺芬对暴政的态度不能简单地从西蒙尼德斯的话里得知。西蒙尼德斯这位智者说的"恩惠暴政"其实是"最佳暴政"，即最为有效的暴政。然而，即使是最佳暴政，暴政的本质缺陷也非常清楚。施特劳斯从西蒙尼德斯对暴政的称赞中反而读出了暴政永远不可克服的内在缺陷，这归功于施特劳斯的特殊阅读技巧，那就是阅读沉默；也归功于色诺芬的写作技巧，那就是用沉默说话。

一个人表达思想，重要的不仅在于他说了什么，还在于他没有说什么。对于暴政，色诺芬没让西蒙尼德斯说出来的，比让他说出来的更加重要。在西蒙尼德斯没有说出来的话里有对暴政的"暗含批评"，而这种批评比希耶罗出于自私理由对暴政的抱怨要更令人信服得多。

要想知道西蒙尼德斯在对"最佳暴政"的赞美中如何暗自批评暴政本身，就得先知道色诺芬和他的老师苏格拉底对"暴政"的定

1 色诺芬著，彭磊译，《论僭政：色诺芬〈希耶罗〉义疏》，第67页。

义。"暴政"是在与"君道"（kingship）的区别中来界定的。"君道"有两个要素，一是有"自愿服从的臣民"，二是一切"遵照城邦之法"的统治。

与"君道"不同，暴政是一种对不自由、不自愿臣民的统治。它依照的是统治者的意志，而不是法治。暴政是人治而非法治，这是就一般暴政而言，似乎不包括最佳暴政。最佳暴政，按照西蒙尼德斯的说法，已经不再是对"不自愿臣民的统治"，而是人民变得自愿服从专制。然而，即便如此，最佳暴政仍然不是"遵照法的统治"，它仍然是一种绝对权力和绝对命令的统治，是一个"绝对政府"（absolute government）。一句话，它仍然是暴政。[1]

看上去，暴政统治下也是有"法"的，但那只是由暴君个人意志强加于臣民的律令，不是君道之法。君道之法的实质是自由人民的自愿服从，人民有了自由，才谈得上自愿服从。施特劳斯正是把"法"和"自由"放在一起，并从二者的缺席来认识暴政缺陷的。他说，西蒙尼德斯虽然赞扬最佳暴政，却"偏偏没有用'法'"来赞扬它，"就像西蒙尼德斯不提'法'一样，他也不提'自由'"。西蒙尼德斯让我们看到，"法"缺席的实际后果就是"自由"缺席，没有法就没有自由。"西蒙尼德斯（对希耶罗）的一切具体建议都是从这个暗含的规则出发的，这些建议在政治上的（奴役）作用，也是由这一规则所揭示的。"[2]

西蒙尼德斯建议希耶罗把"公民们当同伴和同志看待"，但他却并未建议希耶罗把他们当平等之人和自由之人来看待，称他们是"同伴""同志"，还有"同胞"，可以让他们既安分又亲近暴君，因为奴隶也可以被当作同伴。西蒙尼德斯还建议希耶罗"把朋友当作自己的孩子"，"如果朋友都被当作子孙，那么其他公民们不是自然

1　色诺芬著，彭磊译，《论僭政：色诺芬〈希耶罗〉义疏》，第68页。

2　同上，第69页。

就身份更低了吗？"亲近暴君的朋友把暴君叫作"慈父"，在反对暴政者看来，这是认贼作父。

西蒙尼德斯建议，希耶罗的私人卫队（用金钱雇佣的武警）不仅是他个人的保镖，还应该用来保护人民。人民没有合法保护自己的途径和方法，"他们只能期盼和愿求暴君能变得仁慈，或者能够一直仁慈"。西蒙尼德斯建议希耶罗要亲自做一些好事，例如对有功的臣民施以恩惠和奖赏。暴君应该把惩罚和镇压人民的脏活叫手下去做，这样他就不必自己为这种事情承担直接的责任。当然，这不等于暴政统治就可以减少残酷。[1]

用属于暴君个人的军队保护人民，这听起来是个不错的主意，但是，这需要暴君与人民亲如一家人，有共同的利益可以让军队来保护。不过，如果暴君的利益就是人民的利益，那么他又何必需要有一支私人的军队来保护自己？又为什么绝不能允许人民拥有一支人民的军队？

因为暴君的私人军队不仅让他可以获取政权，而且是他统治合法性的保证。军队就是他的法律，就是他的"城邦正义"。今天我们知道，城邦正义不是来自国王的军队，军队不能造就公民美德。城邦正义的公民美德是他们自愿服从正义之法，而不是仅仅服从暴君为强迫他们而制定的那些法规。没有正义的法律，也就没有公民美德，甚至连自由的公民都会沦落为不自由的臣民。

不只是勇者、义者和智者，不自由的臣民也会令暴君害怕。人民越不自由，暴君则越不放心人民；越害怕人民，就越要靠暴力强行管制人民。因此，没有暴君可以放弃他们的私人卫队，这个卫队效忠的是暴君而不是城邦；这个卫队使得暴君能够在违背城邦意愿的情况下，仍然维持他的权力。在古代，那是国王的卫队，他们经

---

1 色诺芬著，彭磊译，《论僭政：色诺芬〈希耶罗〉义疏》，第70页。

常是由用金钱收买的雇佣军组成，他们的忠诚似乎比本国人民更加可靠。

马基雅维里在《君主论》里告诫君王，雇佣军是危险的，是靠不住的。君主用来保卫国家的军队，是他自己的军队，或雇佣军、援军，或混合的军队，而雇佣军和援军是无用的，并且是危险的。一个人假如用这种雇佣军作为基础来保卫他的国家，既不会牢固亦不会安全，因为这些雇佣军人心涣散、野心勃勃、毫无纪律、不讲忠义、在朋友当中耀武扬威，在敌人面前则胆小怯懦。他们既不敬畏上帝，待人亦不讲信义。这样的军队本来就是由一群见利忘义、欺软怕硬的人渣组成的，"在和平时期，君主受到这些雇佣军掠夺，而在战争中则受敌人掠夺。这是因为除了一点军饷，他们既没有忠诚，也没有其他的理由走上战场，而这点军饷并不能够让他们愿意为君主牺牲。当君主不打仗的时候，他们愿意给君主当兵；但是假如发生战争，他们就逃之夭夭了"。[1]

但是，暴君既然不能相信他自己的人民，那他在是否依靠雇佣军的问题上也就没有太多选择。再说，雇佣军本来就是用来威吓民众的，那达到这个目的也就行了。然而，即使君主不能赢得民众的爱戴，也要避免被他们憎恨，所以就算他实际上是依靠武力在统治，也最好能对民众施以小恩小惠，争取他们的好感。

西蒙尼德斯建议希耶罗当一个施恩惠的暴君。他劝说道，能让臣民乐意接受的暴政就是好的暴政，合理的暴政。但是，这样的暴政虽好，也未必能实现或能给暴君带来真正的幸福。西蒙尼德斯陈述这种暴政的好处，但始终没能对希耶罗举出一个确切的"幸福暴君"的例子来。

所以，我们可以认为，智者西蒙尼德斯对暴君希耶罗的"暴君

1　马基雅维里著，李蒙译，《君主论》，第59—60页。

教学"只具有纯粹理论上的意义，也就是嘴上说说而已。他可以告诉希耶罗如何有效地实行专制，却无法告诉他如何变得幸福。而且，暴政教育实际上提出了一个关于暴政和一切政体的根本问题，那就是法与合法性的关系。换句话说，它其实是在问，暴政有法有令，但真的具有合法性吗？没有合法性的政权会让统治者觉得安全和幸福吗？

3. 暴君心理剖析是怎样一种道德谴责

离不开暴力统治的专制独裁会让统治者觉得安全和幸福吗？答案是否定的。因为这样的统治依靠的是暴力和恐惧，然而，统治越暴力，人民越恐惧，统治者就越觉得不安全，对人民越发不信任，越害怕人民造反，弄得自己杯弓蛇影，惶惶不可终日。所以，专制制度是一种让谁都没有安全感的坏制度。

在古希腊的雅典政治文化里，暴政最重要的标志是个人的统治凌驾于法律之上，成为法律之外的绝对权力。破坏法制的政治统治都会成为暴政。当然，这个法律是指古希腊人心目中那个来自神意而高于国家法或国王法的正义之法。索福克勒斯《安提戈涅》"是围绕着两个主人公的互动而展开的，这两个主人公像是'魔鬼般结合在一起'，也就是说，每个人都有必要把另一个人的身份和性格展现出来。安提戈涅坚持认为神圣的法律优先于人类的法令，这使她与克瑞翁发生了冲突"。克瑞翁以政体、国王法、国家法和利益来定义正义，虽然他并不是一个普通意义上的"坏人"，但他因为无视和否认高于国王法的神圣更高法而成为一个暴君，而他的统治也因此成为暴政。"克瑞翁和安提戈涅可以说是一个更大的整体的一部分，他们之间的冲突概括了公元前5世纪雅典的关键断层：

女人的情感承诺与男人的抽象理性，人类法律与神圣法律，私人道德与公共道德，个人自由与国家利益，暴政与法制"。[1]普鲁士名将及军事理论家卡尔·冯·克劳塞维茨（Carl von Clausewitz，1780—1831）把暴政定义为脱离了正义原则的政治，他把拿破仑的权力描绘为一个成功的暴政，拿破仑是颠覆了法国革命原则的最终颠覆者，把自己加冕为皇帝，并在国内和国外实行暴政。[2]

说专制暴政是一种坏制度，不是说它没有政治效率或经济成就，有时候它确实能保持稳定和发展生产；而是说它破坏了正义原则，成为不道义的统治，因为它强迫人民生活在恐惧、谎言和奴性的顺从之中。专制暴政可能很成功，但它一定会造就一种不勇、不义、不智的低下国民性，这种集体的秉性、心态和行为是由专制政体而不是泛泛而论的"文化"造成的。暴政就是依赖这样的制度才得以存在。

政体是极其重要的政治现实，是社会群体自我设计、自我界定的核心，也是一个国家社会区别于其他国家社会的标志。在国家社会里，谁主导这一设计和界定，是极少数的权力寡头，还是绝大多数的自由公民，会直接关系到政体的选择。专制总是由少数人或极少数的权力寡头为维护自己的私利而选择并维持的。每个政体都有它的缺陷，人在任何一个政体里生活久了，就会习惯于这样的生活，也就会变得难以察觉它的缺陷。亚里士多德指出，一种政体最严重的内部缺陷，往往是政体中的人和它的支持者最不容易察觉的。这不等于说，从外部就一定能看清专制制度及其独裁者的真面目。就像西蒙尼德斯不能从希耶罗的个人性格和为人去了解这位独裁者一

1　Richard Ned Lebow, *The Tragic Vision of Politics*, Cambridge: Cambridge University Press, 2003, 137-138.

2　Carl von Clausewitz, *On War*, Ed. and Trans. Michael Howard and Peter Paret, Princeton: Princeton University Press, Book VIII, chapter 3, 1976, 502-503.

样，我们也不能从一位现代独裁者的"人格魅力"去判断他独裁统治的利益和逻辑。

古人知道，要了解暴政，就必须了解暴君的灵魂。暴君的灵魂不仅是他个人的，也是暴政体制的，那就是它的根本利益和统治逻辑。色诺芬的《希耶罗》为我们了解古代暴政和暴政统治者的灵魂打开了一个窗口，然而这并不是我们阅读《希耶罗》的全部目的，我们还要从阅读中学会如何对暴政做出道德评判。

暴君是根据自己的意愿而非公正法律统治的堕落国王，暴政就是暴君的暴虐统治。在古希腊和罗马的历史中，暴政频频发生，暴君屡屡出现。他们也是古代悲剧、哲学对话和历史作品的主角，从希罗多德到塔西佗（Tacitus，约56—120），从柏拉图到西塞罗，暴君和暴政一直受到极大的关注。古人发现"暴政"一词适合于描述那种基于个人统治的腐败政治形式，而"暴君"就是实行这种腐败政治的人。暴政和暴君因此成为古代对政治分析有用的分析工具，这在今天仍然有用。

然而，不幸的是，这个分析工具在许多现代政治研究和理论中被不当抛弃了。欧洲政策分析中心（Center for European Policy Analysis）高级研究员格里戈尔（Jakub Grygiel）在《暴君的绝望》一文中指出，[1]暴政和暴君在现代学者的词汇中不当消失了。无论是在政治哲学和政治理论里，还是在对具体形式的专制极权主义统治研究中（如希特勒的德国），已经看不到暴君的踪影。这其实削弱了我们认清和评估自由和民主之敌的能力。暴君指的是那些按照自己的意志，而不是法律来治理国家的统治者。许多现代研究者嫌弃这样的"暴君"概念太简单，责备它把注意力过多地放在统治者个人的身上。他们更愿意选择用所谓"大视野"中的非个人力量来解

---

1 Jakub Grygiel, "The Tyrant's Hopelessness," Foreign Policy Research Institute, March 13, 2015.

释一个政权及其运作，如阶级斗争和阶级分析、经济基础与上层建筑的矛盾、不同观念的冲突、文明冲突或碰撞、群众运动的形成和力量等。

这些当然有道理，但是忽视了像希特勒或其他独裁统治者的作用，会使我们看不清历史中的偶然个人因素曾经如何影响一个国家灾难性变化的发生。把这样的政治领袖人物称为暴君，并不是在用伟人或英雄史观看待历史的演变，也不是把所有的灾难责任归咎到某一个统治者头上，而是用"暴君"这个词对他们的罪恶做出道德的评价和谴责。

今天，称一个政治领导人为"暴君"，是在传达一种道德谴责，是在把他定性为邪恶之徒，是不让他用冠冕堂皇的理由来为自己的邪恶和暴行脱罪。太多的罪恶历史都是用一种所谓的"客观""冷静"的语气写成的，在这种历史叙述中，我们体察不到作者的道德或价值判断，感觉不到他们的愤怒和谴责。他们错误地把"暴君"当作对政治人物的一个不必要的个人侮辱，而不是一个有特殊意义的分析概念。他们宁愿用一些空洞的制度名称，也不愿意用"暴政"来指称那种剥夺人民自由、把人民当臣民和奴隶来统治的政权。他们顶多把这种独裁政权称为"强人"或者"国家主义"统治。

他们不愿意使用"暴君"或"暴政"概念的另一个理由是，他们相信 20 世纪独裁政权的特征不是个人的暴虐和凶残，而是意识形态和科学可怕地结合到了一起。现代独裁者本质上不是个人在独断专行，而只是充当了一种意识形态教条和科学工具统治方式的管理者。例如，温斯顿·丘吉尔就曾说过："由于变态科学的光芒，黑暗时代变得更险恶，甚至更漫长了。"对于极权主义统治来说，日耳曼人优秀的种族，加上所向无敌的装甲坦克，还有能高效杀人的毒气室，或者是无神论的唯物主义加上电气化、5G 技术和人工智能，这样的力量如果被滥用，要比暴君的绝对意志更加可怖，也更加关键。

因此，色诺芬对暴君心理的揭示为我们认识现代暴君提供了可贵的启示，可以大致归纳为五个方面：

第一，暴君们的唯一目的就是保住权力。希耶罗痛说当僭主的不幸福之后，西蒙尼德斯说："那你自己为什么不摆脱这样大的一种不幸呢？为何过去做过僭主的其他人也不愿放弃它呢？"希耶罗说："这也正是僭主最悲惨的地方，西蒙尼德斯，因为摆脱它也是不可能的。一个僭主怎么能充分地补偿那些被他剥夺金钱的人，补偿被他大兴牢狱所带来的苦难，尤其是补偿被他夺走的生命呢？"[1] 就算僭主不是因为嗜权如命，他害过那么多人，一旦丢失了权力，那么墙倒众人推，僭主必然死无葬身之地。这是性命攸关的事。

第二，暴君觉得四面都是敌人，毫无安全感。希耶罗告诉西蒙尼德斯，到处都是他的敌人："当僭主知道所有的臣民都是他的敌人，而他又不可能杀死所有这些人或把他们都囚禁起来。……由于知道他们都是他的敌人，他就必须既警惕地防范他们，同时又不得不利用他们。"[2] 怎么防范呢？那就得靠军队，但军队也不是完全可靠的，必须花钱把军队养舒服了，才能稍微可靠一些。

希耶罗说，僭主"在所有方向看见了敌人"，"我害怕群众，却也害怕孤独；害怕没有卫兵，却又害怕卫兵本身；不愿自己周围的人没有武装，却又不高兴看到他们武装起来：这怎么不是一种痛苦的状况？"[3]

暴君们为了保障自己的安全，必须要靠军队、警察、官僚来维护专制权力，这些都是花钱的无底洞，所以他们必须疯狂地掠夺国家和人民的财富，财富是支撑权力的唯一有效支柱。

---

1 色诺芬著，彭磊译，《论僭政：色诺芬〈希耶罗〉义疏》，第16页。
2 同上，第14页。
3 同上，第13页。

第三，暴君是没有希望的，他们只顾眼前，顾不上什么未来。人们也许会说，暴君幸福不幸福，这有什么重要？他们不幸福才好呢。其实，暴君越不幸福，他的灵魂就越阴暗，作恶的概率和激烈程度就越高。暴君的阴暗灵魂不只是他的私人心理疾病，还会改变他的公共观念和行为方式。内心恐惧不安的暴君把所有人都当成潜在的敌人，忙于应付眼前个人权力的危险，根本顾不上国家的未来。普通人为明天的生活努力工作，或者为以后的财产而节省金钱，而暴君为眼前的利益挥金如土。希耶罗说，暴君对未来缺乏概念。他的灵魂贫瘠，无法理解个人牺牲的好处。暴君是没有未来的，就算是他死后装进了棺材，最后也保不齐会被挫骨扬灰。

第四，暴君都不得不充当终身的暴君，或者即使"退休"，也会以其他的方式抓住权力不放。正如美国政治分析家乔治·韦格尔（George Weigel）所说，暴君是鲨鱼，他一旦停止游泳，便会灭亡。当暴君停止统治他人时，他就只能等死，很少有暴君和平、体面地退休。所以，只要还有一口气，他就得在权力的位置上苦苦死撑。

第五，暴君不怕战争，因此他永远是和平的威胁和敌人。哈佛大学教授斯蒂芬·罗森（Stephen Peter Rosen）在《战争与人性》（*War and Human Nature*）一书中指出：以未来成本威胁暴君是无效的，"暴君用来计算战略成本和收益的时间范围（time horizons）较短。暴君在意的是此时此刻的代价或痛苦，明天就没那么重要了"。[1]

而且，暴君不可避免地生活在类似战争的煎熬之中，对和平没有概念，所以不害怕战争。希耶罗对西蒙尼德斯说："对于人民来说，可以通过和解的协议来摆脱战争，而对于僭主来说，永不可能与被统治的人们达成和平，僭主在任何时候也不敢信任协议。"[2] 他又说："僭主在他恐惧的敌手死去之后，也不会更大胆，而是会比

1　Stephen Peter Rosen, *War and Human Nature*, Princeton: Princeton University Press, 2007.

2　色诺芬著，彭磊译，《论僭政：色诺芬〈希耶罗〉义疏》，第 8 页。

以前更提防了。所以……僭主一生都处在战争之中。"[1] 暴君要永远与敌人搏命的命运是注定的，不管他杀死了多少敌人，都会有更多的敌人被制造出来，即使不得不订立某个"和平"协议，也不可能长期遵守。

色诺芬为后人揭示的既是暴政的运作原理，也是暴君的普遍心理。正是因为独裁者受到这种暴君心理的驱使，他的暴政才不可避免，而且暴政一旦开始，便再也无法结束。

1　色诺芬著，彭磊译，《论僭政：色诺芬〈希耶罗〉义疏》，第 9 页。

十三　柏拉图

1. 《苏格拉底对话》之《游叙弗伦篇》：讨神喜欢，就是虔敬吗？

　　美国大学人文经典课上阅读柏拉图，一般会用格鲁贝翻译的《柏拉图的五篇对话》(*Plato: Five Dialogues*)，这五篇按顺序是《游叙弗伦篇》(*Euthyphro*)、《辩词》(*Apology*)、《克里托篇》(*Crito*)、《美诺篇》(*Meno*) 和《斐多篇》(*Phaedo*)，里面记录的都是苏格拉底和别人的谈话，被视为"苏格拉底对话"的一个整体。本章会分为五节，阅读其中的前四篇，最后的《斐多篇》会在第二册里讲普鲁塔克《小加图》的"加图之死和斯多葛哲学"时述及。所以这部分比起柏拉图，我们其实更多地在谈苏格拉底。

　　让刚进大学的学生一开始就阅读《游叙弗伦篇》，有两个用意：第一，它相对容易理解；第二，它比较容易引起学生们在两个相关问题上的联想。第一个问题是，神喜欢的就一定是对的吗？神说好，就一定是好的吗？神说谁是坏人，你就必须把他当作坏人吗？第二个问题是，倘若你的亲人做了违反神意或法律的事情，你就该检举揭发他吗？为什么在美国法庭上，不要求亲人充当犯罪"证人"，而是让亲人作为"利益相关方"来回避案件？这两个都是学生们会感兴趣的基本人伦问题，而且如果细细思考就会发觉，这两个问题并不简单。

对话是这样开始的：苏格拉底在他即将受审的法庭外面遇见了游叙弗伦（Euthyphro），他是一位预言家和宗教专家。苏格拉底问他为什么上法庭来，他说他来控告父亲犯了杀人罪。苏格拉底觉得很惊讶，于是问游叙弗伦，你怎样能确定你的这种告发行为能和你的宗教责任（虔敬）相符合？于是，他们之间展开了一场有关"虔敬"（pious）和"不虔敬"（impious）的讨论。

什么是希腊人所说的"虔敬"？一般的理解是，听从神的旨意，按神的指示办事，理解的要执行，不理解的也要执行。但是，游叙弗伦是一位宗教专家，所以他对虔敬有自己的认识和观点。

在"虔敬"的问题上，游叙弗伦的认识并不代表雅典人的传统想法。他是一个独立的专家，对自己的正确性一贯有信心。苏格拉底说，他想向游叙弗伦请教这方面的知识，但最后我们发现，他其实是想要用诘问的对话方式，帮助游叙弗伦清除他关于"虔诚"的错误假设。我们知道，让一个人看清自己的错误，往往是一件吃力不讨好的事情，得到的回报往往是怨恨而不是感激。

可游叙弗伦不是这样一个人，尽管他很自负，但他还是欣然接受苏格拉底的诘问。他甚至不介意苏格拉底对他的温和调侃，或者他可能也没有觉察到。苏格拉底在对话时虽然有时显得自以为是、咄咄逼人，但他的用意却并不是要让对话者出洋相，而是把他当作一位朋友，希望能帮助他改进思考方式。阅读《游叙弗伦篇》和阅读其他的苏格拉底对话一样，你也许会觉得苏格拉底讨论问题的方式像是在绕圈子，但耐心阅读后就会发现，它更像是在提供一个解决问题的方法线索，不是对问题提供明确答案。

话说游叙弗伦在法庭前面与苏格拉底寒暄一番之后，就告诉苏格拉底，他父亲杀死了一个人，"事实上，死者是我的一个临时工人。……有一天他喝醉了，跟我们的一个仆人发脾气，并且用刀把那仆人杀了。于是我的父亲把他的手脚绑了起来，并且把他丢进一条沟里面。随后我的父亲差人到雅典来问有关当局他该怎么做。其间，他不仅没替那个囚犯做什么事，而且完全把他给忘了，觉得那人是个凶手，即使死了也没什么了不起。而这恰恰是随后发生的事。就在那个被叫去向专家讨教的信差回来之前，饥饿、寒冷以及手铐脚镣使他不能动弹，把那人的命结果了。这是为什么我的父亲和我的其他家人都对我发怒的原因：因为，为了杀人犯的缘故，我是在控告我的父亲杀人，然而（他们坚持），首先父亲并没杀害那工人，其次，即使假定他确实是杀了那人，由于那人本身是个杀人犯，人们也不必为卫护这样一个人而操心，因为，儿子控告他自己的父亲是杀人犯是一个不虔敬的行为"（4c-e）。

但是，游叙弗伦认为自己去法庭控告父亲，是在做一件虔敬的事情。苏格拉底没有对这件事表态，只是问游叙弗伦"就杀人以及所有相连事情而论，你认为虔敬和不虔敬意味什么"？苏格拉底要求游叙弗伦为"虔敬"下一个定义，否则无法就这个主题做进一步的讨论。

我们知道，在说理或者辩论中，双方就一个问题有不同的看法，经常是因为对那个问题本身有不同的看法。例如，有人说民主好，有人说民主不好，那么，在进一步讨论之前，双方需要先有一个基本的共识：什么是民主。不然就会你说你的，我说我的，结果鸡同鸭讲，争来辩去，完全不得要领。

《游叙弗伦篇》接下来便围绕着游叙弗伦对"虔敬是什么"的回答展开，他一共五次试图定义虔敬是什么，但每一次都在苏格拉底的诘问下，放弃了自己的定义。

游叙弗伦对虔敬的第一个定义是，他现在上法庭，起诉自己的父亲犯下了过失杀人罪，这就是虔敬。苏格拉底说，这不是一个定义，这是一个虔敬的事例，没有对虔敬的本质特征做出说明。就像有人问你，什么是水果，你说香蕉、苹果是水果。你只是给出了水果的例子，但还没有对水果下定义。

于是游叙弗伦提出了第二个定义：虔敬是众神所喜悦的，虔诚就是讨神欢喜。苏格拉底对这一定义表示赞赏，因为它以一种一般化的形式，也就是"主语和谓语"（某事物是什么）的结构来表述的。但是，苏格拉底认为这个定义是有问题的，因为众神在"何事为神所喜悦"这个问题上的意见有分歧："众神之间有过内战，以及激烈的争吵和决斗。"（6c）对一个神来说是虔敬的事，对别的神可能就是不虔敬的。所以，"神所喜悦"并不是虔敬的本质特性。

游叙弗伦又提出第三个定义，让所有的神喜欢便是虔敬，而让所有的神憎恶就是不虔敬。作为回应，苏格拉底提出了一连串的问题，这是《游叙弗伦篇》最精彩的一段。最后，作为结论，苏格拉底问游叙弗伦，你是不是说"值得虔敬的物之所以被（神）爱，是因为它值得虔敬，而不是因为它被爱，所以才变得值得虔敬"？游叙弗伦说："是这样。"（10e）这其实是一个被称为"游叙弗伦困境"的悖论陷阱，也是这篇对话的哲学精髓所在。

在《游叙弗伦篇》的这一部分，苏格拉底经过一番诘问，让游叙弗伦承认，虔敬和讨神欢喜不是一回事。虔敬之所以为虔敬，是因为虔敬的本质使得神认可"什么是虔敬"；而神喜欢什么只能决定什么讨神喜欢，一码归一码。这听起来抽象，说起来绕口，所以我让学生们找一个他们经验中的例子，自己用大白话表述：有学生说，虔敬类似于美国人所说的"爱国"，我们都是"爱国者"（patriots），但爱国不是讨执政的民主党或共和党喜欢，也不是讨总统或政府喜欢，爱国和讨政府喜欢不是一回事。

现在人们所说的"游叙弗伦困境"与只是基于文本的理解稍有不同。简单地说就是：一、好的事物之所以好是由于神（所有的神或某个定于一尊的神）指定它们为好；二、神规定某些事物为好的是由于那些事物本身就是好的。这两个说法只能取其一，不可能并存。

如果取第一种说法，那么好的事物也可以是坏的，只要神说它是坏的即可，事物没有本质的好坏或善恶之分，全凭神的一句话便可决定。

但如果取第二种说法，那么事物本身是有好坏本质之分的。神是正义的，所以必然认好的为好，坏的为坏。神其实并没有创造好或坏，也不能改变好或坏的本质。

因此，即使是神，也不能只是拍脑袋规定什么是好什么是坏。如果神这么做，那神就是无视善或正义，只凭借他拥有的权力而肆意妄为。人类服从这样的神，不过是因为害怕，与辨别善恶和伸张正义没有关系。

在《游叙弗伦篇》的后半部分里，游叙弗伦又试图对"虔敬"两次提出定义。他先是说，虔敬是"服侍神"，"那是一种像奴隶对主人的服侍"。苏格拉底没有直接驳斥他，只是打了个比方说："服侍是为了服侍对象的好或利益：你看，被驯马师服侍的马就获得利益和改善。你不认为如此吗？"游叙弗伦同意苏格拉底的说法。苏格拉底接着说："所以我相信，当狗被驯犬师服侍、牛羊被牧人服侍的时候，它们就得到好处。其他的事也可类推。"（13c-d）苏格拉底让游叙弗伦看到，"服侍"是让服侍的对象得到"好处"，而神是万能的，神不是狗或牛羊，神不需要从人那里得到好处。

游叙弗伦接下来又最后一次对"虔敬"下定义，虔敬是一种牺牲和祈祷的艺术，是向神灵赠送礼物，并要求得到回报。在虔敬的艺术中，人向神献祭，神回应人的献祭和祈祷，保佑人。苏格拉底说，这样看来，"虔敬就是众神与人们之间的一些相互贸易的技巧罢了"，那你告诉我，"众神从外面这里获得的礼物，对他们究竟有什么好处"（14e）？

游叙弗伦说，这能给神"荣誉和尊重，以及感激"，苏格拉底说，这些不过是讨神高兴而已，对神没有什么用处，因为神本来就不缺这些东西。苏格拉底提醒游叙弗伦说，我们前面已经讨论过了，虔敬不等于讨神欢喜，怎么你绕来绕去又绕回来了，"难道我们必须再一次从头开始探讨虔敬是什么吗"（15d）？

游叙弗伦觉得很无趣，就对苏格拉底说，我们改天再谈，"我此刻在别的地方有一个紧急的约会，现在是我必须离开的时候了"（15e）。

《游叙弗伦篇》很适合作为大学生初读柏拉图的读物，因为它比较短，而且涉及的是青年学生熟悉的伦理问题。这是一个典型的苏格拉底式对话，它的对象不是一个无知的人，正相反，是一位某个方面的专家，且对自己的学识相当自信甚至自负。苏格拉底对话的结果是让这位专家发现，他的专业知识其实并不像他以为的那样可靠。因此，苏格拉底对话有一种反讽（irony）的作用。游叙弗伦是一位预言家和宗教专家，对"虔敬"问题自然有深入的认识和不凡的见解，苏格拉底以向他学习的态度提出一个又一个问题。但最后，游叙弗伦在他擅长的问题上显得相当无知。

而且，这样的苏格拉底对话还有另一个引人注目的特点，那就是，经过这么一番翻来覆去的讨论之后，最后并没有得到一个明确的结论，给人不了了之、虎头蛇尾的感觉。这种"不了了之"和"虎头蛇尾"不是《游叙弗伦篇》独有的特点，其他的苏格拉底式对话也都差不多如此。

对于今天的读者来说，这样的对话也许会显得差强人意。你说这个也不是，那个也不是，那么你说到底该是什么？柏拉图或者苏格拉底是不是在暗示，对什么是虔敬本来就没有明确的定义或答案？或者是在说，不同的虔敬之间本来就没有共同的特征？如果他们认为不同的虔敬之间有某个共同的特征，那么他们又为什么不告诉我们？我们今天能用类似的方式来讨论"爱国主义""自由""平等"这样的观念吗？如果这样的讨论不能令人满意，我们又为什么要对苏格拉底的对话方式赞不绝口？

现在，总是有人无条件地称赞苏格拉底的诘问方式是最智慧的求知方式，如何如何高明。这些"专家"在赞美苏格拉底的时候，是不是也会像宗教专家游叙弗伦一样？也许，他们把所谓的苏格拉底诘问抬到了一个不适合的或绝对正确的高度，这样一来，苏格拉底的诘问本身也就会变成一个不容怀疑的神话。其实苏格拉底对话只是否定，但缺乏肯定结论，哪怕是暂时的过渡性的肯定结论也没有，这难免让人联想到诡辩，苏格拉底活着的时候确实被人指责是个诡辩家。如果那是真实的苏格拉底，恐怕不会把人们对他的这种指责全然当作误会和偏见吧？

2.《苏格拉底对话》之《游叙弗伦篇》：亲亲相隐和大义灭亲

上节说到，《游叙弗伦篇》开始时，苏格拉底在法庭门外碰到游叙弗伦，游叙弗伦告诉苏格拉底，他父亲因失误杀死了家里的一个奴隶，是对神的不虔敬，为了纠正这种不虔敬，他要来法庭告发他父亲。游叙弗伦自己是个虔敬的人，他不能容忍任何人，包括他亲生父亲的不虔敬。

不过，苏格拉底却跟游叙弗伦讨论起"虔敬"来，把游叙弗伦父亲误杀奴隶的事情忘了个精光。一直到最后我们都不知道，游叙弗伦到底告发了他父亲没有。苏格拉底还想继续与游叙弗伦讨论虔敬的事，不过游叙弗伦找了个借口，匆匆离去，他来法庭告发父亲的事情也就没了下文。然而今天我们阅读这个对话，关心的正是，作为儿子，游叙弗伦该不该告发他父亲？

游叙弗伦是一个以"虔敬"为做人原则的人，他告发父亲有他自己的立场。这就很像"直躬"故事里那个以"直"为"躬"（做人原则），因此告发自己父亲偷羊的人。

《论语·子路》里，叶公语孔子曰："吾党有直躬者，其父攘羊，而子证之。"孔子曰："吾党之直者异于是。父为子隐，子为父隐，直在其中矣。"孔子说的那个"直躬"，不是一个人的名字，而是"以直道立身"的意思。这个没有留下姓名的人和游叙弗伦一样，是有做人原则的。他是个正直的人，他的原则就是"直"。就像苏格拉底问游叙弗伦什么是"虔敬"一样，直躬的"直"也可以被讨论。

既然"直"可以被讨论，那也意味着不同的人因视角不同，或处于不同的环境，对其会有不同的理解。事实也是如此，儿子检举父亲偷羊，这件事对不对，要看怎么理解"直"和什么是"直"的标准。

叶公认为，如实反映客观事物就是"直"。孔子则认为，父子亲情之理才是"直"，"直"指的是人要遵守一定的规矩，这个规矩就是各种亲情关系必须相亲相隐，符合伦理。"直"并不是一种没有歧义的价值观念，虽然大家都认同"直"的价值，但在人们心里却有着对"直"的不同理解。今天，虽然不同的群体都认同自由、平等、尊严这样的价值，但对这些价值的具体所指却有不同的理解。所以，为了增进彼此之间的共识，有必要对这些价值究竟是指什么有不断深入的讨论。苏格拉底和游叙弗伦关于"虔敬"的讨论意义也正在于此。

直躬的故事并非真有其事，是孔子为了说明道理而举的一个例子，后人利用这个故事发表自己的观点。如《韩非子·五蠹》："楚之有直躬，其父窃羊，而谒之吏。令尹曰：杀之以为直于君而曲于父，报而罪之。"此故事当据《论语》演化而来，韩非以此批判孔子"父为子隐，子为父隐"之说。他是一个法家人物，认为法律惩罚可以解决一切问题，自然不会像孔子那样顾及人情。当然，韩非也不是没有他的道理，倘若只是主张"为父隐""为子隐"，则如何安置国家法律和社会道义？可见，"亲亲相隐"（及其反面"大义灭亲"）并不是一个简单的问题，没有现成的答案，所以我们在思考有关的具体事情时，更需要有自己的判断。

《吕氏春秋·仲冬纪·当务》里也有直躬的故事，更确切地说，是"直躬救父"的故事。故事说，楚国有一个被称为直躬的人，他的父亲偷了别人的羊，直躬将这件事报告荆王，荆王派人捉拿他的父亲并打算杀了他，直躬请求代替父亲受刑。他将要被杀的时候，对执法官员说："我父亲偷了别人的羊，我将此事报告给大王，这不也是诚实不欺吗？父亲要被处死，我代他受刑，这不也是孝吗？像我这样既诚实又有孝德的人都要被处死，我们国家还有谁不该被处死呢？"荆王听到这一番话，于是不杀他。孔子听了后说："直躬这样诚实的人真是奇怪了！因为一个父亲而一再为他取得名声。"所以直躬的"诚实"，还不如不诚实。这就将"亲亲相隐"或"大义灭亲"的问题又推进了一步，与"伪善"联系起来。

孔子这么评论直躬，大概是把他看成一个伪君子，或许是想说伪君子还不如真小人。今天我们看直躬的行为，也许可以这么说，如果直躬告发父亲是出于"依法守法"的信念，那么荆王按照法律规定要杀罪犯，是直躬父亲罪有应得，谁也不能代替他承担罪行后果。但是，直躬偏偏又要代替他父亲承担罪行后果，这不是在破坏"依法守法"吗？所以他前后的行为是矛盾的。如果直躬不是孔子所怀疑的伪君子，至少也是一个头脑糊涂的傻瓜蛋。在《孟子》中还记载了这样一件事情。学生问孟子，舜贵为天子，皋陶是当时的执法者，如果舜的父亲瞽瞍杀人，皋陶能不能严格执法？孟子回答自己的学生说：先把瞽瞍抓了，然后睁一只眼闭一只眼，让舜偷偷背着他父亲瞽瞍逃跑，去过逍遥自在的生活。这不失为一个兼顾"法治"和"人情"的做法，但还是不能消除这二者之间两难的道德困境。况且，如果别人也像皋陶这么做，是要负法律责任的，私自放犯人逃跑可不是一件小事。所以孟子的建议只不过是说说而已，并没有实际的行动指导价值。

在中国传统社会中，人情似乎一直重于法治，所以孔子所言的"亲亲相隐"也似乎成为一种传统，不过在阶级斗争的时代遭到了严重破坏。我看过一篇谈中国亲隐文化传统的文章《古人怎样看待亲亲相隐》（作者不详），文章介绍了一些不同朝代关于亲亲相隐的不同政策。

例如，在汉武帝时期，儒家思想的坚定推行者董仲舒提出"春秋决狱"的法制手段，他依据儒家经典给当时的执法者提供了治罪路径。他认为，由于《春秋》里提倡父子一方犯罪后可以互相隐藏，所以父子间相互隐匿是合情合理的，不应算作违法行为。

公元前70年，汉宣帝刘询下诏明确："父子之亲，夫妇之道，天性也。"规定长辈庇护晚辈，除非晚辈犯死罪（特殊赦免要由皇帝批准），别的包庇罪都可以赦免；如果晚辈窝藏长辈，不管长辈犯了什么罪，都不负有刑责。诏令还明确了豁免范围——父母与子女、祖父母与孙子、夫与妻等近亲关系。这时候，"亲亲相隐"制度第一次走进了法律之中。

到了司马睿（晋元帝）时代，卫展给皇帝提建议：鞭打给父母作证的儿子和拷打给儿子作证的父母，都是违反伦理的行为，应该被废止。

唐代更是拓展了"亲亲相隐"的范围。"同居相为隐"，将容隐范围由直系三代血亲、夫妻关系扩大到同财共居之人。外祖父、外孙、孙、媳妇、夫之兄弟及兄弟妻，都可以相互容隐犯罪，奴婢下人可以为主人隐罪。如果是旁系亲属（姑侄、叔侄等）互隐，就要对常规意义上的包庇罪（窝藏罪）减三等量刑。那时候，既可以隐护亲属的同案犯，也可以给犯罪的直系亲属通风报信。倘若对嫌犯亲人刑讯逼供，那么就必须释放罪犯。更有意思的是，如果捉奸，发现通奸的是亲属，那也不能告发。

元代甚至出现了惩罚违背"亲亲相隐"规矩的具体措施。比如妻子不隐瞒丈夫的罪行，就要被判鞭笞四十下。清代《大清律例·名例律》规定，岳父母与女婿、公婆与儿媳妇、夫之兄弟及兄弟妻、奴婢、雇工与家长也必须相互隐瞒对方的罪行。但这并不妨碍清代皇帝利用文人朋友之间的出卖和揭发大搞文字狱。

罗马帝国的第一位皇帝奥古斯都（Gaius Octavius，前63—14）为了恢复罗马传统的良好民风和推行精神文明建设，于公元前18年推出了《成人法》（*Lex Iulia de Adulteriis*）。这项法律除了禁止通奸，还特别规定，奴隶可以在法庭上提供主人犯罪的证词，但这主要是针对通奸的。以前，罗马国家对婚姻忠诚度的管理是相当宽松的，法律允许男子杀死与自己妻子通奸的其他男人，并不再承认不忠的妻子。但有了《成人法》就不同了，通奸不再是可以在私人之间解决的事情，而是要上法庭受到审判，而且只要有奴隶的证词便可定罪。这在当时形成了奴隶监视主人、"家贼难防"的恐怖气氛。

相比之下，清代法律要求奴婢、雇工与家长必须相互隐瞒对方的罪行，不仅是因为人情伦理，而且恐怕也是因为奴婢和雇工在作证的时候，对他们的主人来说是"利益相关"的一方，不管是"忠仆"还是"恶仆"，要他们在法庭上针对主人作证，事实上都不利于司法的客观和公正。

"亲亲相隐"虽然有法治上的瑕疵，但与"大义灭亲"相比，对社会和法治的损害要低得多。出于统治需要的"大义灭亲"会让人小小年纪就成为魔鬼。乔治·奥威尔的《1984》第一部分第二章里有一个叫帕森斯（Parsons）的人物，他家的两个孩子无时无刻不在监视自己的父母和来家里的访客，动不动就对人说："你这个叛徒！你这个思想犯！……间谍！我要打死你，让你人间蒸发，把你送到盐矿去做苦工！"

如果说这是小说里的情节，那么在现实世界里，还有许多比这更可怕、更悲惨的故事。以大义灭亲名义进行的告密、出卖、背叛和诬告不仅严重败坏了社会风气，而且造成许多无可挽回的家庭人伦悲剧。

奥兰多·费吉斯（Orlando Figes）在他 2007 年出版的《耳语者：斯大林时代苏联的私人生活》（*The Whisperers: Private Life in Stalin's Russia*）中里记录了许多这样的悲惨故事，这可以成为我们阅读柏拉图《游叙弗伦篇》的一个现代真实背景。

3.《苏格拉底对话》之《美诺篇》：美德教育和良心发现

《苏格拉底对话》共五篇，中译本《苏格拉底最后的日子》（Hugh Tredennick 英译，谢善元中译，上海译文出版社，2007 年）包括了其中的四篇，唯独去掉了《美诺篇》。我想，大概是因为《美诺篇》讨论的是"美德可教吗"的问题，看上去与其他四篇中苏格拉底"受审"的序列事件无关——先去法庭、后受审并定罪，随后在自杀之前思考"服法和伏法""灵魂不朽"。其实，《美诺篇》与苏格拉底的最后日子还是有些关系，只是不明显。

美诺出生在希腊中部偏北色萨利（Thessaly）的一个著名贵族家庭，有过很短的军事和政治生涯，年轻时就战死了。他曾经跟著名的修辞学家高尔吉亚（Gorgias）学习过关于"美德"的知识。他的贵族家庭是希腊民主领袖人物阿尼图斯（Anytus）的赞助人，他来希腊就住在阿尼图斯家里。阿尼图斯是公元前 5 至公元前 4 世纪的人，曾任雅典水军指挥官。公元前 403 年，他帮助推翻三十僭主统治，并出任将军。他也是公元前 399 年起诉苏格拉底的三人之一，是苏格拉底非常不喜欢的一个人。

《美诺篇》并没有交代这个背景，而是一开始就由美诺提出一个问题："苏格拉底，你能告诉我美德可以教吗？或者不可教，而是实践的结果；或者二者都不是，而是天性，或者别的？"（70b）苏格拉底回答说，我们需要先知道什么是"美德"，然后才能知道美德可不可教。于是，他们便展开了一场关于什么是美德的讨论。与苏格拉底其他的对话一样，这场讨论并没有得出一个明确的结论。经过一系列的诘问之后，美诺承认不能确定什么是美德。所以苏格拉底说，既然不知道什么是美德，也就没法知道美德可不可教，这表示他不认为美德是可以教的。

《美诺篇》最有意思的部分是插在这后面的"回忆说"，这是柏拉图哲学认识论的核心。他认为，人的头脑里天生（"先天"）就有对"形"（Form，或"相"）的认知，只要通过"回忆"就能认知同一类的具体事物，"由于所有自然物都是同类，而且灵魂已经学习到了一切，那么，我们一旦回忆起——人们称之为学习——一个事物，就没什么东西可以妨碍我们发现其他一切事物"（81c-d）。这里的"形"指的是美、正义、美德这一类规范性概念，人的智能（intellectual affinities）与这样的"形"是一致的，与数学的"单数""双数"等概念也是一致的。这些都是抽象的，不能用身体经验去把握。

为了对"回忆"说做出一番证明，苏格拉底找来一个会说希腊语，但没有学过几何学的奴隶，并询问他几何问题。如果苏格拉底通过提问的方式，能让奴隶自己回答出问题，那么就可以证明知识不是来源于奴隶自身之外的。苏格拉底画了一个边长为 2 的正方形，并确定了其面积为 4，然后他问奴隶面积为 8 的正方形其边长是多少。

　　整个询问过程可以分为三个部分。一、奴隶自信地应答，但发现答案都是错误的；二、奴隶再次给出一个答案，但也是错的，于是承认了自己的无知；三、在提问者的一步步引导下，他得到了正确的答案。美诺一直在现场，确认整个过程（82e-83a，83e-84d，85d）。

　　这只是一个简单知识的发现过程，但苏格拉底要以此为例，证明所有"知识"与"回忆"的关系。从现代人对知识认知的了解来看，这当然是不能令人信服的。不过，从人类的知识观念史来看，苏格拉底的想法并不是一个孤例。他把知识看作一个"谜"，正确的谜底早就藏在人的记忆里了。让一个人获得知识，也就是揭开这个谜，只需要给他一点提示就可以了。谜和谜语以一种独特的方式揭示"知"与"不知"之间的神秘关系，那个奴隶的几何知识只是恰好能清楚显现而已，而更多的知识存在于似知非知的不明确地带，模糊而难以探究。越是这样，可能是越重要的知识。苏格拉底的诘问式对话是他用来问知的方式，但那告诉他和对话者的却几乎总是"不是什么"，而非"是什么"，也就是说求知仍然是以无知来告终，所知道的不过是"我不知道"和"我知道我不知道"。

　　中世纪的基督教也是重要知识的谜库，所有知识的谜底都已经藏在基督教的教义学问里了。赫拉利在《人类简史》里说，这样的宗教"假设世上所有重要的事情都已经为人或为神所知。这些全知者可能是某些伟大的神、某个全能的神或是某些过去的智者，通过经典或口传，将这些智慧传给后人。而对于平民百姓而言，重点就是要钻研这些古籍和传统，正确加以理解，就能获得知识。在当时，如果说《圣经》《古兰经》《吠陀经》居然泄漏了某些宇宙的重大秘密，而这个秘密又居然能被血肉之躯的一般人发现，这简直是不可思议的事"。[1]

文艺复兴时期，古代神话也被当作这样一个秘密知识的宝库，正如彼得·沃森（Peter Watson）所说，"古代神话是一种隐藏着秘密智慧的密码：智慧藏在寓言中，一旦破解，将揭示整个宇宙的秘密。皮科引用了摩西的训诫，毕竟他曾经在山顶同上帝亲密交谈了四十天，然而从西奈山回来时却只带来了两片字版：他一定隐藏了上帝向他揭示的许多秘密。当耶稣对他的门徒说'你们获准了解天国的秘密，但是其他人却没有获准'时，他也承认了这一事实。对米兰多拉和许多像他一样的人来说，所有的宗教都有秘密，而且这些秘密只能通过破解古代神话才能向少数被选中的人（哲学家）揭示出来。方法之一是探索古典神话与基督教之间的联系和相似性"。[2]

受过现代科学观念熏陶的知识人士当然不会接受这种"谜与谜底"的知识观。对柏拉图《美诺篇》里的那个做几何题的奴隶，20世纪的哲学家伯特兰·罗素（Bertrand Russell，1872—1970）在《西方哲学史》中写道："我们可以指出，首先是这一论据（指苏格拉底的实验）完全不能够应用于经验的知识。这个小奴隶是不能被引导到'回忆'起来金字塔是什么时候建造的，或者特洛伊战争是不是确实发生过，除非他恰好当时亲自在场。唯有那种被称为'先天'的知识——尤其是逻辑和数学知识，才可能设想是与经验无关而且是人人都有的。而事实上，这就是唯一被柏拉图所承认真正是知识的那种知识。"[3]

其实，苏格拉底只是用小奴隶的几何学来做个比喻，说明道德

1　尤瓦尔·赫拉利著，林俊宏译，《人类简史》，第 243 页。
2　参见：彼得·沃森著，胡翠娥译，《思想史：从火到弗洛伊德》，译林出版社，2018 年，第 19 章。
3　伯特兰·罗素著，何兆武、李约瑟译，《西方哲学史》上卷，1963 年，第 211—212 页。

观念能够从记忆中唤回。他要证明的并不是人能通过"回忆",记忆起罗素所说的那种关于金字塔或特洛伊战争的知识,而是在道德探索中,人至少有希望通过对自己提出适当的问题,一步一步"回忆"起什么是关于道德的真知,并获得这方面的知识。

今天对我们来说,苏格拉底的"美德回忆"说并不是像罗素嘲笑的那样"全无价值"。我们如果相信人有良知和道德观,就不难看到苏格拉底的"回忆说"对挽回一个人泯灭的良心会有多么重大的意义。哪怕是一个做过许多坏事的人,只要有适当的引导,良知就有可能被唤醒,可以用提问,也可以用其他的方法来引导,如榜样、事例、故事、教诲、环境的改变等。在著名的"周处除三害"故事里,周处在道德感上幡然悔悟,则是因为听说了民间对他的道德非议,这又何尝不是一种道德引导?文学和现实生活里都有许多良心发现的故事。

《孟子·告子上》说:"其日夜之所息,平旦之气,其好恶与人相近也。"《朱熹集注》道:"言人之良心,虽已放失,然其日夜之间,亦必有所生长,故平旦未与物接,其气清明之际,良心犹必有所发见者。"意思是,虽有迷失、丢弃或遗忘,但人内心对是非、善恶的正确认识还是有可能被重新找回和记起的,一旦如此,便能重新显现出来。如果人的灵魂或心灵里本来没有"良心"这个东西,又如何能够发现?"良心"在被蒙蔽、麻痹和遗忘之后,又如何能够从人的灵魂中被唤醒和重新"记起"?至少从逻辑上,我们需要假设良知是一种"先天"存在的东西。作为向善的动物,人类必须假设,良心是一种只要是人就不能没有,或是不会从来不曾有过的东西。

事实上,《美诺篇》里小奴隶的几何学实验只是一段中间插曲。全篇为两个部分,在前面部分里苏格拉底运用的是他最著名的"诘问"法,即揭示话语的内在逻辑谬误(aporia),这和我们前面讨论过的《游叙弗伦篇》是一样的。但是在后半部分里，他改变了方法，运用的是"假设"（hypothesis），这是《美诺篇》和《游叙弗伦篇》的一个重要的不同。

在后半部分里，苏格拉底不再先是问美诺如何定义美德，然后用诘问反驳他，而是自己提出一个个"假设"，然后证明这些假设不能成立。在这个部分的最后，阿尼图斯也短暂地加入了讨论。有一个值得注意的细节：苏格拉底认为美德不可教，并以雅典城里领袖人物为例，说父亲有美德，但儿子却不然，这样的事多得很。要是美德可教，为什么不先把自己的儿子教好？

苏格拉底举的例子里还有希腊历史学家修昔底德的两个儿子，他们出自名门，后来也不过成为摔跤手而已，因为他们杰出的父亲并没有教他们美德（94c）。听到苏格拉底这么不敬地议论雅典城里的名流，阿尼图斯警告道，你说话小心点，不然就要起诉你污蔑诽谤雅典领导人之罪！（94e）显然，《美诺篇》里的阿尼图斯是个不讨人喜欢的角色。

苏格拉底不想多理睬阿尼图斯，他在与美诺继续讨论美德问题时，开始改用提出假设的新方式。他先假设美德是一种"知识"，那么美德就是可教的；如果不是，那么美德就是不可教的。但是有一个问题，谁来当教授美德的教师？苏格拉底说，他还没有碰到过这样的教师（品德优良的父亲都无法教好自己的混球儿子），所以苏格拉底实际上是在说美德是不可教的（87c，87d-e）。

所以他又提出了一个假设：美德是神赐予人的，所以"好人是天生的"（89b）。如果是这样的话，美德也是不可教的。如果神不将美德赐予某个人，他学来的也不是美德，而只是"正确的意见"，而正确的意见和美德不是同一回事。

以下便是《美诺篇》最重要的结论部分。苏格拉底说："正确的意见就像知识那样，是正确行动的好向导。这正是我们刚才研究

美德的时候所忽视的。我们说只有知识才能引导正确的行动，可是正确的意见也能做到这一点。"（97b）

美诺说，他还是认为"知识比正确意见要高超"（97c-d）。他要求苏格拉底告诉他，知识和正确意见之间到底是什么关系。于是苏格拉底打了一个非常有名的比方。

苏格拉底问美诺："你看过代达罗斯（Daedalus）雕刻的雕像吗？也许你们城邦没有这种奇特的雕像。"美诺不明白，说："为什么你说到这个呢，它跟我的疑问有关系吗？"

苏格拉底解释道："因为代达罗斯的雕像必须用锁链系紧才能保住。如果没有系紧，它们就会像逃亡的奴隶一样跑掉。"（97d-98a）

你一定会奇怪，一尊雕像怎么会跑掉？难道它生腿了吗？代达罗斯是希腊神话里的一位雕刻家，据说他的雕像栩栩如生，如果不用铁链拴住，就会变成活物跑走。苏格拉底说，就像奴隶一样，不管他多么值钱，要是逃跑了，你就只能落得个两手空空。"正确的意见也是这样：当它们和我们在一起时它会做各种好事，但是它们不想长住，一不小心就会从人的灵魂中跑掉。"（90a）因此我们必须把正确的意见拴住，使之成为我们能够牢靠掌握的知识。

每次给学生讲苏格拉底的这个著名比喻，我都会想起青年时代父亲对我的教诲：不能记住的知识不是你的知识；没有记下的想法不过是昙花一现、旋踵即逝的闪念。我们头脑里有时会出现好的想法，就像苏格拉底所说的"正确的意见"，这时必须赶紧以某种方式（日记、读书笔记、作文）把它们记下来，使之成为文字化的知识形式，否则它们就会偷偷溜走，留下的只是遗憾和懊恼。

如果没有柏拉图把苏格拉底的对话用文字记录下来，苏格拉底的思考方式、诘问过程和在许多问题上的具体想法也就无法成为我们今天可以讨论的知识。连文本都没有，我们还阅读或讨论什么？

苏格拉底说他不是一位教美德的老师，虽然他对美德很有兴趣，而且有许多中肯的想法，但在他那里，美德虽是一个可以讨论的问题，但并不是一种可以传授的知识。在这一点上，孔子跟他不同。虽然孔子和苏格拉底一样，本人没有留下文字著作，但他一直在言传身教地向弟子教诲美德。

阅读时，我们会觉得孔子比苏格拉底更容易亲近。苏格拉底总是先不说自己的看法，让别人先说，然后用诘问的方式，把对方说得"左也不好，右也不是"，最后自己又没有一个明确的结论。这也许是他的哲学家风格。但孔子不同，孔子是一位老师，我们尊称他为"教育家"，他总是在给我们一些具体的美德教诲，曾使一代又一代的中国人从中受益。

在"美德"问题上，这两位智者的区别更明显地显现出来。苏格拉底想为"美德"寻找一个明晰的哲学概念，找不到就怀疑美德是否可教。但孔子关注的是具体的美德：仁、义、礼，以及拥有具体美德的人，如"君子"和"士"。即使我们不知道"美德"到底是什么，我们仍然可以在具体的事情上做一个好人。就美德而言，不只是知，而且是行，比"懂"更重要的是"爱"和"乐"，也就是孔子说的，"知之者不如好之者，好之者不如乐之者"。

樊迟三次问孔子什么是"仁"，孔子每次都以浅显的话回答他，回答也都不同。第一次答曰："先难而后获"；第二次答曰："爱人"；第三次更详细一些："居处恭，执事敬，与人忠。虽之夷狄，不可弃也"，也就是能抑己，能谨慎勤奋，能为人尽心尽力。将这三处回答合在一起，便是生活起居端庄恭敬，办事情严肃认真，对待他人忠诚可信。不管在什么地方都能这样做人做事，成为习惯，也就能"先难而后获"和"爱人"了。对于樊迟那样要学习仁，或学习其他好品德或好修养的学生，这就成为了行动指导，有没有一个对"美德"或"仁"的哲学定义，又有什么重要呢？

4.《苏格拉底对话》之《辩词》：公民不服从和公民不服气

　　在某种程度上，苏格拉底与耶稣一样，在讲话中表达自己的观点，但没有任何著作。柏拉图的大多数作品和色诺芬的部分著作都以虚构的方式"重建"对话，在这些对话中，一个名叫苏格拉底的人引导一个或多个年轻人深入地理解一些主题。用今天的话来说，这些年轻人就是苏格拉底的粉丝，柏拉图可以说是苏格拉底的头号粉丝。关于柏拉图，我们在讲他的《理想国》时再做介绍。

　　公元前399年苏格拉底被处死一事，使柏拉图终身愤恨不已。我们不知道当时柏拉图在干什么，《斐多篇》中说"柏拉图因病不在那里"，但这种让作者避免在自己作品里出场的手法在文学里很常用。《辩词》和《克里托篇》都是柏拉图因感苏格拉底的屈死而作。我们把它们放在一起阅读，有两个理由：第一，它们涉及的是人们一直关心的公民服从或不服从问题；第二，这两篇在这个问题上的观点似乎是矛盾的，应该如何统一地阅读它们，一直是许多读者非常感兴趣的问题。

　　苏格拉底是怎样的一个人？杜兰特（Will Durant，1885—1981）在他的《哲学的故事》一书里为我们画了一张肖像："假如我们以作为历史文物流传下来的半身像为依据，那苏格拉底即便是在哲学家中也算是长得丑的：秃头，大圆脸，深凹下去的直勾勾的眼睛，宽而扁的鼻子——这一切都生动地印证了人们在会饮之后的高谈阔论：这完全是搬运工的模样，哪里像是我们最著名的哲学家！但若多看几眼我们就会发现，透过石像的粗犷，一丝人性的善良和毫不伪装的朴素展露出来，使这位相貌平平的思想者成为当时雅典众多智慧青年所爱戴的老师。"[1]杜兰特还这样描绘苏格拉底不甚雅观的体

1　威尔·杜兰特著，蒋剑峰、张程程译，《哲学的故事》，新星出版社，2013年，第16—17页。

态："他裹着一件皱巴巴的大长袍，悠然自得地穿过公民大会，丝毫不受四周熙熙攘攘的政治纷争干扰；总喜欢在路上随意拦下一人便开始说教；一群博学的年轻人聚集在他周围，他将他们引入殿堂廊柱后某个阴凉的角落，请他们给自己的言语下定义。"这位导师的生活细节无人可知，"他从未工作过，也不曾考虑第二天的事情。有学生邀请他吃饭时他就去。他们也喜欢餐桌上有这样一位客人，因为他会详尽地讲述养生之道"。[1]

在家里，苏格拉底似乎就没那么受欢迎了。他对家人不太在意，经常惹得妻子非常恼火。他妻子出生于一个体面的人家，为丈夫的无所事事感到心灰意冷。在她眼里，丈夫一无是处、游手好闲，只知道在外面鬼混，不管家里人是不是饿肚子。苏格拉底"惧内"是出名的。

苏格拉底是个让人捉摸不透的人。他经常口若悬河，但有时会陷入沉思，一连几天缄默不语；他有时非常幽默，有时又很严肃。他总是那么脾气古怪，又那么泰然自若。他平时开馆授徒，但从不收学费，没准他自己也不清楚自己教的是什么。

我们就来看看《辩词》中那个令人费解的苏格拉底。苏格拉底是因为犯了思想罪而被处死的，他犯的是独立思想罪和自由言论罪。独立的思想自然是自由的思想，这里的"自由"不是指爱怎么想就怎么想，而是指与思想者心目中的德性理念相一致的思想。在苏格拉底那里，独立思想包含两个方面：第一，独立思想是一种"自我一致"的思想，既不是"别人怎么想，我也怎么想"，也不是"别人怎么想，我偏不那么想"。独立思想是坚持思想的始终一贯，也就是"自我的一致"。苏格拉底把"自我的一致"当作最高原则，他不怕与"众人"矛盾，只怕与自己矛盾。

---

1 威尔·杜兰特著，蒋剑峰、张程程译，《哲学的故事》，第 16 页。

第二，独立思想是一种有道德立场的思想。苏格拉底的道德立场表现为良心反抗，它的对象是政治权威、社会习俗、成规戒律、教义式的思想束缚等。独立思想者是凭借自己的理性和道德一以贯之的人，他对一切更高真理或更高道德权威不盲从，因此也常常有道德个体的思想反抗。这个独立思想传统中有像蒙田和梭罗那样的继承者。

在《辩词》中，苏格拉底表现出了一种理性而有良知的立场。他说"不"，不是出于某种内化了的教义式绝对道德命令，而是出于两种可能的道德结论的矛盾：一个是由独立思考并通过辩论得到的结论；另一个是由众人或法庭所下的结论。在苏格拉底的社会里，他忧虑的是权威（法官、政治人物）太容易因为害怕众人而迁就他们。权威的决定经常会颠来倒去，不能在不同的情况下一以贯之，也不能在同一件事上始终如一。而独立思想者的诘问正是为保持思考的前后一致，道德原则也必须一以贯之。

苏格拉底的死刑是由一个501人的陪审团决定的。在《辩词》中，苏格拉底做了三次争辩。第一次辩词的要点是：一、我不是诡辩家；二、我不是一个智者，当我与别人辩论时，我要证明的仅仅是那个人并不是他自称的智者；三、我并没有败坏城邦的青年；四、我并不是攻击者所说的那样不敬神明；五、我不会停止哲学家的思考，即使必须付出生命代价也不会；六、城邦杀死我，会失去一个挚友；七、我总是在私下向人建言，而不积极过问政治；八、我不会把三个孩子带到这里，哭哭啼啼向众人求情。

501人的陪审团通过决议，以280票对221票的表决，判处苏格拉底有不信神和败坏青年之罪。起诉官迈雷托士（Meletus）要求判苏格拉底死刑，陪审团请苏格拉底自己提出一种不同的惩罚方式。这时候，苏格拉底考虑的不是"愿意"受何惩罚，而是是否"应该"受惩罚。

于是他第二次争辩。他说，我毕生都在规劝雅典人追求德性，不要太在乎个人得失，所以我应该受到奖励而不是惩罚，雅典人应该在为奥林匹克竞技者庆宴的城市公共会堂（Prytaneum）请我吃饭。苏格拉底以一种似乎是玩笑的方式向法庭表示，既然他并没有故意伤害他人，那他就没有犯罪。

苏格拉底拒绝为自己的所谓"罪过"提出一个适当的惩罚方式。既然他从未有意伤害过别人，他也就不应当伤害自己，让自己无罪受罚。他拒绝考虑死刑之外的一切其他惩罚方案，包括监禁、流放和罚款。更重要的是，他不愿意以求生为代价而放弃他的哲学生活和思想方式，这就是他所说的，不经过思考的生活是不值得去过的生活。最后他说，如果可以罚款了事的话，他愿意出 1 个迈纳（minae），他只付得起这么多的罚款（苏格拉底有一次说，他全部家产只值 5 个迈纳）。他的学生们说愿意替苏格拉底认罚 30 个迈纳。

陪审团再次表决，维持有罪的原判。苏格拉底第三次发言，他说，我已经 70 岁，本已是将死之人。死不是恶事，即使好人不得好死，恶事也不会发生在好人身上。他最后说，分手的时候到了，我去死，你们去活，哪一条路好一些，只有神知道。

苏格拉底不服从陪审团对他的"独立思想有罪"的判决，在改变判决结果无望的情况下，他仍然坚持思想的抗争。因此，他常常被当作"公民不服从"的典范。其实，他抗辩并没有不服从的意思，他只是不服气，不服气不等于不服从。真正的服从是口服心服，苏格拉底是心不服口也不服，他接受法律的判决，是因为不能不接受，而且他也没有违抗的行为，所以与服从不服从无关。

在《辩词》中，苏格拉底说了两件有关自己公民不服从的往事，都是付诸行动的。第一次是，苏格拉底从来没有担任过城邦的公职，但曾在咨询委员会（Council）任职。公元前 406 年，雅典海军在阿吉纽西（Arginusae）海战中胜利（最后一次胜利），由于起了大浪，海军无法援救受伤的士兵。有十位将领因此被起诉，委员会判处他们死刑，苏格拉底是委员会中唯一反对死刑判决的。他自辩道："委员会里的演说者要处罚我，把我拉走，而你们（民众）大声叫喊，跟着起哄。但我宁愿站在法律一边承受危险，也不愿意因为怕死，在你们行不义时，站在你们一边。"（32b）

第二次是公元前404年，雅典在伯罗奔尼撒战争中被斯巴达打败，寡头专制代替了民主制度，统治雅典达九个月之久，称"三十人僭政"。苏格拉底和其他四人被叫到市政府接受一项任务：到萨拉米斯拘捕勒翁（Leon），将他押送回雅典执行死刑。当时被派出去执行这种专制命令的人很多，苏格拉底认为这是寡头专制者干坏事，把尽量多的人拉下水的一种做法。这一次"我以行动而不是语言……表示我不做任何不义、不敬神之事的原则"。苏格拉底没有和另外四个人一起去执行任务，而是"回家去了"。苏格拉底说："要不是专制者完蛋得快，我也许早就被处死了。"（32d）

这也许是苏格拉底一生中有过的两次在行动上的公民不服从。苏格拉底知道在政治行为中这是多么危险，他对陪审团说："如果我参与公共事务，像一个好人应当做的那样，帮助正义，并把帮助正义当作最重要的（公共）事务，你们以为我还能活到今天吗？不只是我活不到今天，任何其他人也不可能存活下来。"（32d）苏格拉底说，我只是在私人生活中做我本该在公共生活中做的事情，"坚决不同意任何人做不正义的事情"（32e）。在私人生活中，苏格拉底只影响那些愿意与他为伴的朋友，他不是他们的老师，因为他从来没有收过任何人的学费，他一直以此坚持自己与智辩家是不同的。

如果说苏格拉底拒绝去萨拉米斯拘捕勒翁是行动上的公民不服从，那么他退缩到私人生活之中，在私人生活中坚持他本该在公共生活中坚持的"不做恶事"的原则，则是一种思想上的公民不服从。这令人想起20世纪70年代后东欧知识分子"非政治"或"反政治"

的不同政见者的反抗。当然，这种"反政治"本身就是一种政治行为上的公民不服从。

除了行动和思想，苏格拉底还实行一种更加有哲学意义的公民不服从，那就是抗辩。《辩词》中的苏格拉底就是在实行这种抗辩，对象不是国家本身，也不是不宽容和压制异见的政治秩序，而是法庭的"集体决定"。这个集体决定是由501个公民组成的陪审团做出的，苏格拉底不接受他们的集体决定，所以才为自己抗辩。苏格拉底知道公共辩论并不总是能说服对方，他对陪审团在听完他的申辩后仍然给他定罪的行为，觉得"这结果并不意外"（35e）。在第二次发言时，他已经知道不可能说服陪审团推翻原判，但他还是要申辩，因为申辩是他的公民权利，他是为维护公民权利而不是求免一死而发言的。

在言词未必有实际作用的情况下，坚持用言词来说理，这本身就是一个原则。不管有没有实际好处，都必须坚持这个原则。无论是行动上还是思想上的公民不服从，都不能缺少对原则的坚持。事实上，公民不服从，单单是拒绝怎么做、怎么想，都是不够的，在拒绝怎么做和怎么想的时候，还必须同时有一个该怎么做和该怎么想的原则。

处死苏格拉底的两项明确指控是"发明新的神明"和"毒害青年"，但在这之外还有一项隐含的指控：苏格拉底的教育对他的两个学生——克里提亚斯（Critias）和阿尔西比亚德斯（Alcibiades），他们都是雅典重要的政治人物——的违法行为负有责任。但是，雅典在公元前403年已经有了大赦的法令，规定对雅典公民以前的罪过概不追究，所以不能用苏格拉底这两个学生的事情再来对他进行指控。但是，这仍然是一项没有说出来的"毒害青年"的指控。

公元前4世纪的演说家埃斯基涅斯（Aeschines，前389—前314）在苏格拉底去世50年后说："雅典公民们，你们处死了智者苏格拉底，因为他教育了克里提亚斯。"无论这样的控罪是否属实，苏格拉底之死表明，知识分子要躲避政治，事实上是不可能的。关于公元前4世纪的哲学与政治的紧张关系，我们后文还要专门讨论。

如果我们单单阅读《辩词》，里面的苏格拉底肯定会被当成一个"公民不服从"的范例。但是，在《克里托篇》里我们将会看到一个几乎完全不同的苏格拉底，几乎完全颠覆了苏格拉底的公民不服从形象。这是怎么回事？我们下一节里细说。

5.《苏格拉底对话》之《克里托篇》："公民伏法"

在《辩词》里的苏格拉底是特立独行的，他这样陈述自己的抗辩目的："我并不是像人们以为的只是在为我自己辩护，我（抗辩）是为了让你们能避免做错事，不要错杀了我这个由神赐给雅典的人。"他说，雅典这匹高贵的马懈怠了，我是神派来刺它一下的牛虻，"我是来劝你们关心德性的父亲和兄长"（30e）。苏格拉底是在说，雅典要容得下一个忠诚的批评者。

然而，在《克里托篇》中，我们似乎看到了另外一个不同的苏格拉底。他强调的是公民应该与公共生活权威保持一致，尤其是与法保持一致。他拒绝听从朋友克里托的建议，不愿从监狱里逃跑。他说，违背死刑判决，保住性命，那就不只是做一件错事，更是做一件恶事。一个人不服从由法律程序做出的合法判决，危害的是整个国家的秩序。他似乎是在说，家有家规，国有国法，做人就得守规守法。《克里托篇》最引人注目的可以说是把国家比喻为父母的那一段。苏格拉底问自己："对于神和有理性的人来说，国家难道不比父母、祖先更宝贵、更该尊敬、更神圣、更光荣吗？比起你父亲的愤怒来，你不是更应该尊重和平息你国家的愤怒吗？如果你不能规劝你的国家（改变它的决定），你不是应该完全服从它的命令，耐心地接受它的惩罚，无论是鞭刑还是囚禁吗？"（51a-b）既然苏格拉底要"规劝"国家，显然他并不认为国家永远正确。但是当这种规劝无效时，苏格拉底说，公民便应当"服从"。

"服从"在这里可以有两个不同的意思：第一个意思是口服心不服，苏格拉底如果坚持独立的思想和德性判断，并以此规劝国家，他当然不会因为规劝失败而放弃他原来的想法。尽管他接受法律判决，慨然赴死，但这是心有不甘的"伏法"，而不是口服心服的"服法"。

第二个意思是口服心服，也就是说，苏格拉底因为国家不听他的规劝，而索性放弃和改变他原来的想法。即便是冤、假、错案，也觉得不冤、不假、不错。这样在思想和感情上与国家保持高度一致的苏格拉底还是苏格拉底吗？

"口服心不服"情况下的"服法"是真正的服法吗？要看怎么理解这个"服"字。如果"服"是一种在没有外力强制下发自一个人自由内心的赞同或自愿行为，那么法律惩罚是不需要以这种"服"为前提的。法律惩罚本身就是强制性的，一个人被定了罪，情愿不情愿，服气不服气，都得受惩罚。苏格拉底要是不服判决，难道还要逃到外国去，或者隐姓埋名当逃犯不成？这个问题看起来有点"没水准"，但不要忘记，苏格拉底和他的朋友们在《克里托篇》中切切实实讨论过他逃往外国的可能性。

苏格拉底被定罪时已经是 70 岁的老人了，即使有机会当逃犯，他也折腾不起了。那么是不是有可能像他朋友建议的那样，逃到外国去？苏格拉底是这样考虑的：

第一，如果他在朋友的帮助下逃亡国外，那么他的朋友们定会受到牵累，"有被流放、剥夺公民身份和失去财产的危险"。第二，事实上，苏格拉底发现确实也没有一个能让他安逸藏身的外国。底比斯和墨伽拉这样"治理良好的邻国"会把逃跑到那里的苏格拉底视为自己政府的敌人，所有关爱城邦的人都会对他怀有戒心，觉得他是一个法律的破坏者。逃跑只会坐实别人对他畏罪潜逃的猜想。那么，要是逃跑到色萨利那样没有良好治理的邻国又会如何？人们也许会拿他逃跑的故事来取乐，而且那里不会有人跟他进行关于正义和道德的对话。再说，苏格拉底不愿意把孩子们带到那种治理不佳的国家中成长（52e-53b）。想来想去，苏格拉底觉得还不如就在雅典受死，这就是苏格拉底对实际可能性的考量。

也许真的有人不管被法律定了什么罪，都会觉得自己罪有应得，所以会心甘情愿地受惩罚。但苏格拉底肯定不是这样的人，首先，他觉得对他的罪定得不对；其次，他决定接受法律的不公正惩罚，说是为了维护现有法律秩序，其实也是出于无可奈何的实际考量，不能不说是一种两害或数害相较取其轻的选择。这种口服心不服的"服法"，用一句大白话来说，就是没有办法，不得不服。这种"服法"不能证明苏格拉底对法治有什么特别深刻的理解。

把接受不公正的法律惩罚当作每个人应当履行的公民义务，不要说是对民主国家的人民，就是在争取民主进步的国家里也很难被人接受为一种正确的公民守法原则。对于法的判决，假如——我是说"假如"——苏格拉底真的提出了一种公民可以抗辩但绝不可以不服从法律判决的观点，那也是荒谬的。这样的事情不是没有发生过，但它一定是发生在一个极其荒诞的国家里，20世纪30年代苏联的莫斯科审判就是这样，布哈林明明是被不义的法律错误地判决了死刑，但他居然还感谢党对他的判决，认为自己的死是为党所做的最后一次贡献。亚瑟·库斯勒（Arthur Koestler，1905—1983）《正午的黑暗》（*Darkness at Noon*）里写的就是这样一个故事，但故事里的布哈林绝对不是《克里托篇》里的苏格拉底。

《克里托篇》里的苏格拉底与法的关系不是布哈林与党的关系，而是一种父子或主奴的关系。苏格拉底不是自己，而是让拟人化的"法"来陈述服从法的理由。这个"法的声音"向苏格拉底解释为什么必须服从法。"法"对苏格拉底说，如果你逃跑，不服从法的惩罚，你就会破坏法，破坏以这个法为秩序的整个国家。国家是靠法来维持的，只有当法在任何情况下——包括非正义的情况下——都得到执行，法才会有约束力。"法"还告诉苏格拉底说，国家误判他有罪固然不正义，但他却早已同意在任何情况下都会服从法。公民服从法是不能挑挑拣拣的，他只能要么全盘服从法，要么就不服从法。

"法"的说辞听上去似乎合情合理。"法"对苏格拉底说，法造就了苏格拉底，没有法就没有苏格拉底。苏格拉底的父母是按法结合并生下苏格拉底的，苏格拉底在法的秩序中长大、学习、接受音乐和体育的训练，因此法和苏格拉底之间有一种类似父子或主奴的恩情关系。儿子或奴隶被惩罚是应该的，不能为了保护自己而损害父亲或主人的权威。一个人服从国家更应该胜过服从家庭，所以也更应该服从法。如果苏格拉底想不被"法"处以死刑，他就应当说服"法"改变判决，而不是逃跑了事。倘若他逃到外国去谴责雅典对他的不公对待，那他就是"吃雅典的饭，砸雅典的锅"。

我们知道，苏格拉底的对话是柏拉图写的，让拟人化的法与苏格拉底对话，这不仅仅是柏拉图的写作"风格"或"方式"，而且包含着柏拉图对法和正义关系的特殊理解。

在柏拉图那里，"正义"不是一个抽象的概念，正义和非正义永远有具体对象。正义是对他人尽义务，而非正义则是对他人不尽义务或不当损害他人。苏格拉底（也许是柏拉图）说，如果他从监狱逃走，那将是非正义的行为。那么，他的非正义会损害到谁？

从《辩词》我们知道，迈雷托士指控苏格拉底，陪审团判他死刑。柏拉图并不赞成这些人的做法。因此，柏拉图不像是在说，苏格拉底的逃跑会不当损害到迈雷托士等人。既然如此，唯一可能受到不当伤害的便是"国家"和国家的法。这也就是柏拉图将法拟人化的关键所在，法是被不当伤害的"人"。

苏格拉底（或柏拉图）不是将法拟人化为一般的人，而是拟人化为"父母"般的人，是"法"让苏格拉底出生、长大、受教育。法不仅是一些令人生畏的惩戒条文，而且是一个养育苏格拉底的恩人。苏格拉底如果无视和不服从法，"法"就会因此受到伤害。所以，不服从法便是知恩不报，是苏格拉底所说的非正义行为。

但是，关键是"法"并没有公正地对待苏格拉底。既然苏格拉底并没有受到法的公正判决，那么他对法只是服从而已，即使如此，他也不觉得自己真的有罪。在这种情况下，又如何理解苏格拉底所说的"公民必须在任何情况下都服从法"？

也许我们可以这样解释，苏格拉底服从非正义之法，其实是他在用行动实践他在对话中用言语一贯实行的"辩诘"（elenchus）。辩诘的方法是让对方看到自己的谬误，这个方法也可以用于父母和如父母一般的法。无罪的苏格拉底因被不当判罪而死，法的非正义因苏格拉底的无辜之死而暴露出来。苏格拉底以自己的死帮助法看到它自己原先看不见的谬误。苏格拉底当然不需要接受这个惩罚，但他却一定要让法看到它的非正义，这是苏格拉底对法所行的义举，也是他为辩诘原则所行的义举。

这个解释的前提是，苏格拉底对雅典城邦的法有好感，认为那是整体上好的法，所以他才愿意牺牲个人来帮助这个法。相反，如果苏格拉底鄙视雅典的法，不认同雅典的秩序，那么他逃跑或不服从法就没有什么不正义的了。

苏格拉底认同雅典的法和生活秩序，在《克里托篇》中有很清楚的展现。苏格拉底一辈子生活在雅典，只有几次离开过雅典，一次是去参加庆典，另外几次是为雅典去参加军事行动。甚至与许多雅典人不同，苏格拉底从来不到外国旅行，也没有去了解别国人民的风俗和法律。他在雅典生活了 70 年，一直很快乐。在《辩词》中，苏格拉底说他不愿流亡国外，宁愿死在雅典，因为他认同雅典的法治。苏格拉底在可以自由离开雅典时都没有离开，在法律禁止时又怎么会偷偷地离开？

把法拟人化，把苏格拉底和法的关系理解为一种子与父、奴与主之间的感恩关系，这在古希腊哲学家那里也许说得通，但对今天世界上有民主意识的绝大多数人来说，是很难说得通的。

而且，这种看法与雅典的平等公民观也不符合。平等公民是轮流统治和被统治，身份是可以互换的，但主奴的身份却不能互换。这也就是为什么我们现今不应当简单接受《克里托篇》中的"公民必须在任何情况下服从法"和"绝对不能有公民不服从"的说法。哲学家苏格拉底的"法即是人"的哲学假设无助于认识现代社会中个人与法的关系问题，因为说到底，公民服从或不服从不是一个哲学命题，而是一个政治问题。

公民服从的是正义之法，不是一切的法。在要求苏格拉底服从时，《克里托篇》中里的"法"对他说了三个理由：第一，法是他的父母；第二，法是他的守护者；第三，如果法错了，他可以"说服"法做出改变。法给予苏格拉底一个"说服"法改变或"服从"法的选择，著名的"说服或服从"（persuade or obey）提法就是从这里来的。

苏格拉底试图说服法改变决定，但没能成功，所以他必须按照法的决定去死。以今天的标准来看，雅典是一个虽民主但对自由思想并不宽容、虽法治但缺乏公正之法的城邦。苏格拉底接受了法对他的不公判决，并为自己的行为做出了他认为合理的解释。这样的解释在今天无法令我们信服。

把《辩词》和《克里托篇》放在一起来看，或许我们可以得出这样一个结论：苏格拉底为我们提供的既不是一个"公民不服从"的楷模，也不是一个"公民守法"的范例，而是一个独立和自由思想者的示范。

苏格拉底之死是公元前 4 世纪初的一个政治事件，他在这个事件中扮演的角色放大了他的思想，而且我们更应该去多多关注他那个时代的哲学与政治的关系，这一点将在下一节中专门讨论。

6. 哲学与政治

公元前 5 世纪末至公元前 4 世纪初是雅典政治动荡和社会思想发生急速变化的时代。公元前 404 年，伯罗奔尼撒战争以雅典的彻底失败告终。在这一年，雅典开始了专制的三十僭主统治，这是战胜一方的斯巴达国王莱山德强制要求的。亚里士多德在《雅典政制》（ *The Athenian Constitution* ）里说，新政府上台之初似乎令人充满期许，也有充分的理由充满希望，"因此，起初他们都会参与……铲除敲诈者、不受欢迎的人、阿谀奉承的人、犯下罪行的人以及流氓恶棍；举国上下为这样的举措欢欣鼓舞，认为他们这么做是心怀善意的"（《雅典政制》，35.3）。

可是不久之后，亚里士多德继续写道："新政府对城邦的统治较为巩固之后，虽然不会再干涉公民们关心的事情，但是会处死那些特别富有，或者出身显赫，或者声名卓著的人，其目的就是要扫清危险的来源，或者渴望掠夺他们的财产；短短一段时间以后，他们杀死的人已经不少于 1500 人了。"（35.4）

三十僭主废除了民主政府的职能部门，包括备受欢迎的公民大会和公民法庭，并任命了由 500 名反民主制者组成的新立法议会。

为了保护自己免遭群众反抗，他们请求斯巴达派来一名军事统治者（Harmost，即卫戍司令官）和 700 名士兵，把雅典变成了实质性的斯巴达殖民地。

这样的政局变化激起了雅典人的极大不满。第二年，在雅典海军将领和民主领袖色拉西布洛斯（Thrasybulus）的领导下，雅典人推翻了三十僭主，开始了民主重建。

苏格拉底很快被当作重建民主制的障碍。对他的审判是一场政治审判，却是以思想罪起诉的，他被指控的两项罪名是"新立神祇"和"腐蚀青年"。

雅典民众是否有理由视苏格拉底为民主的威胁？只要读一读《理想国》里（尤其是第六卷）苏格拉底对雅典民主的批评就不难得出结论。就算雅典民众对苏格拉底"善意批评"民主有过激的反应，在三十僭主被推翻后不久的雅典政治危机中，这样的强烈反应也应该说是情理之中。

苏格拉底眼里的雅典民主比 19 世纪社会学家勒庞（Gustave Le Bon，1841—1931）在《乌合之众》（*Psychologie des foules*）里的群众集会好不了多少，他说："每当许多人或聚集到一起开会，或出席法庭听取审判，或到剧场看戏，或到兵营过军事生活，或参加其他任何公共活动，他们就利用这些场合大呼小叫，或指责或赞许一些正在做的事或正在说的话。无论他们是指责还是赞许，无不言过其实；他们鼓掌哄闹，引起岩壁和会场的回声，闹声回响，互助声势，倍加响亮。在这种场合你想一个年轻听众的心……会怎么活动呢？有什么私人给他的教导能站得住，不被众人的指责或赞许的洪流所卷走呢？他能不因此跟着大家说话，大家说好他也说好，大家说坏他也说坏，甚至跟大家一样地行事，并进而成为他们那样的人吗？"在这种群情亢奋的状态下，必然会发生的事情就是"用剥夺公民权、罚款和死刑来惩治不服的人"（492c-d）。这简直就是一幅乌合之众的景象。

在柏拉图《理想国》第六卷里，我们看到一个不喜欢民主的苏格拉底。他在跟阿狄曼图（Adeimantus）的对话中，用驾驶航船为比喻向他说明民主的缺陷。他问道，如果你要在海上航行，你是随便找一个人来驾驶你的船，还是找一个受过航海教育有航海知识的行家？阿狄曼图说，当然是找行家！苏格拉底接着说，既然如此，那怎么可以随便找个人就能决定由谁来治理城邦？民主制度中的公民投票或表决也是一样，公民表决是一项需要学习的技能。有两种民主，一种是有"智慧公民"的民主，这样的公民受过好的政治教育，知道为什么，该怎样挑选领导者。另一种是公民"生来就会"的民主，凭的是出生带来的公民身份，以为只要出生是一个公民，就有投票或表决的权利。其实，让没有受过良好公民教育的人参与民主是不负责任的，也是危险的。苏格拉底并不主张让少数贵族精英来统治，但他反对不管张三李四、阿猫阿狗都"生来就会"、可以随便加入的那种民主，因为这样的民众没有公民智慧，极易被蛊惑操纵。

苏格拉底认为，雅典当时就是这样一种由阿猫阿狗主导的"生来就会"的民主和无知业余政府，他对这样的民主不以为然。在他看来，在这样的政府之下，公民的素质和能力优劣不分，脆弱的公民大会被各种华丽言辞和演讲所动摇。既然大多数人并不擅长于思索或分析，那又为何应该由"大多数人"即多数派来做出对城邦生死攸关的重大决策？这其实也是许多人都会问的问题，我们可以将此视为"忠诚的批评"，但是当时的雅典人可不这么看。

由于苏格拉底与叛国者阿尔西比亚德斯和克里提亚斯的师生关系，他对民主制缺陷的尖锐评论看似全然是不爱国的表现，很容易就会被当成危险思想的始作俑者而被流放。事实上，如果他在法庭上没有表现得那么强悍、那么一副得理不饶人的样子，他其实可以避免死刑，即使在判了死刑之后，他的朋友也完全有能力进行斡旋，让他流放而保住性命。因此，许多研究者都认为苏格拉底有一种不必要的"烈士情结"，这种烈士情结其实完全不符合柏拉图自己的知识分子政治哲学。

对我们来说，重要的不是去思考苏格拉底是否真的但求一死，是否有"烈士情结"，而是要看到，苏格拉底批评雅典民主，而雅典民主就要了苏格拉底的性命，这彰显了哲学与政治的紧张关系。在特殊的时刻和特别的情况下，这种紧张关系对知识分子是致命的。古代雅典如此，今天世界上的许多地方仍然如此。

公元前4世纪，这种紧张关系在雅典变得尖锐起来，除了政局的不稳定和安全感的缺乏，知识分子在社会中影响力的增强是另一个原因。知识分子的影响力越大，也就越会遭到防范和怀疑，这就是所谓的树大招风，而苏格拉底之死便是"木秀于林，风必摧之"的一个例子。

公元前5世纪后期，知识分子的角色在雅典已经发生了重要的变化。悲剧家的神话思维逐渐被哲学家的逻辑和推理思维所代替。智者和哲学家成为雅典社会里最活跃、最有影响力的知识分子。这一点，我们在讲悲剧家欧里庇得斯和智者的关系时也已述及。

乍看起来，哲学家或智者似乎根本没有形成一个知识分子群体。他们好争吵，十分个人主义，几乎没有体现出整体性；就社会地位而言，差异性很大，就地理区域而言，又非常分散。然而，人们用"智者"或"哲学家"这样的标签称呼他们，赋予了他们某种角色和某种社会地位的同一性。

实际上，他们承担了两个非常重要的功能。首先，他们是教师。在公元前5世纪，包括读写、音乐和舞蹈、格斗和体育在内的学校或者私塾基础教育已经建立起来，教师成为一种职业。雅典人普遍都需要从这些教师那里获取更为复杂的知识技能，为的是便于参与公共生活。当然，并非所有人都赞同这样的"新学潮流"，有的人甚至公开对它持有敌意，我们在讲阿里斯托芬的喜剧《云》的时候已经谈到。

悲剧家曾经是城邦"体制内"公共知识分子，他们的戏剧是城邦宗教和公众活动的一部分。但是，像苏格拉底这样的哲学家就不同了，他当然也可以说是一个公共知识分子，但他是"体制外的"，不但不代表城邦的宗教、传统、习惯，而且还对这些持批评态度。他说人难以确定神是否存在，所以他被指责"立新神"。在这一点上他更像思想反叛的悲剧家欧里庇得斯，而不是雅典人喜爱的索福克勒斯。据说，他从来不错过欧里庇得斯的任何一场悲剧。他还喜欢到处拉住人们，问他们一些导向性的问题，动摇或颠覆他们的思想习惯和传统观念，弄得他们不听父辈的教导。控告人迈雷托士对苏格拉底说："你说服青年人服从你，而不服从他们的父母。"这就构成了他的腐蚀青年之罪。

作为自我辩护，苏格拉底说，这都是他私下的哲学行为，不是公共的政治行为。这样的自辩本身就说明，苏格拉底心里很明白，哲学与政治之间存在紧张的关系，哲学沾上政治是一件危险的事情。若非如此，又何必强调哲学为私、政治为公？

苏格拉底之死加剧了哲学与政治的紧张，甚至对立关系，至少在柏拉图那里是如此。在《辩词》里，苏格拉底说，三十僭主曾经派他去捉拿政治犯勒翁，专制者总是要让尽量多的人参与作恶，使大家的手都不干净，于是只能都上贼船。苏格拉底不愿意弄脏自己的手，所以他在执行任务的半路上开了小差，回家去了。苏格拉底说，要不是因为三十僭主这么快就完蛋，说不定他已经为这件事丢了性命。

哲学家身不由己地被政治裹挟，却做不到"对理解的法要服从，不理解的法也要服从"，所以迟早会招惹麻烦和危险。苏格拉底逃过了三十僭主，但最终还是没能逃过民主政治这一劫。"政治对哲学家真是太危险了！"这是柏拉图从他老师身上吸取的严重教训。柏拉图一直就对雅典的民主没有好感，但经过三十僭主的暴政，他对民主的看法有了一些改变，甚至一度认为三十僭主之前的民主制并非全然乏善可陈。

然而，专制也好，民主也罢，柏拉图反正是不想蹚政治的浑水。和所有希望远离政治的知识分子一样，柏拉图对亲身参与政治游戏没有兴趣。他更愿意当一名裁判员，或者在一边冷眼旁观，并不时地发些议论。他一辈子都没有参政，但一直是一个多嘴的作壁上观的看客，他认为这才是哲学家该做的事情。这样的知识分子角色至今仍然被许多现代读书人所认可——不涉足政治，不让政治弄脏自己干净的双手，但却又对政治颇有兴趣，也相当关心，并希望政治能朝自己希望的方向发生变化。

雅典赶跑了三十僭主之后，柏拉图的哲学家式的怨言反而更多了。那些回到雅典掌权的民主派人士开始还算有节制，但不过三四年的工夫，就迫害并处死了他的老师。柏拉图在《辩词》里让苏格拉底做了这样的自我辩护。

苏格拉底说，他从小就有一个声音"阻止我进入公众生活"，"你们可以十分肯定，如果我很早以前就试着投入政治，我多半老早就送掉性命了，而这既没有对你们，也没有为我自己，提供任何好处。如果我说出了事实真相，请别介意。这世界上没有一个人在神智清醒地反对你们或任何其他有组织的民主政治，并且直率地阻止了许许多多错误及违法事情在他所属的国家发生之后，还可能保命逃脱的。如果一个真正正义的倡导者想活命，即使是短短一个时期，也必须把他自己限制在私人领域里面，远离政治"（31e-32a）。

为了安身立命，保全性命，哲学家必须把自己限制在私人领域里，远离政治，这是柏拉图从他老师那里学到的保命政治哲学，他一辈子将此铭记在心。他出生贵族，参与雅典政治本是理所当然的事情，但他是一位哲学家，哲学与政治是反冲的，这就足以让他视政治为畏途了。

他在《理想国》里重温了苏格拉底的教诲："配得上研究哲学的人微乎其微"，"他们尝到了拥有哲学的甜头和幸福，已经充分地看到了群众的疯狂，知道在当前的城邦事务中没有什么可以说是健康的，也没有一个人可以作正义战士的盟友，援助他们，使他们免于毁灭的。这极少数的真哲学家全像一个人落入了野兽群中一样，既不愿意参与作恶，又不能单枪匹马地对抗所有野兽，因此，大概只好在能够对城邦或朋友有所帮助之前，就对己对人都无贡献地早死了。由于所有这些缘故，所以哲学家都保持沉默，只注意自己的事情。他们就像一个在暴风卷起尘土或雨雪时避于一堵墙下的人一样，看别人干尽不法之事，但求自己得能终生避免不正义和罪恶，最后怀着善良的愿望和美好的期待而逝世，也就心满意足了"（《理想国》，496b-e）。这是一种无可奈何的独善其身的人生态度。

苏格拉底和柏拉图这样的哲学家的自我要求似乎跟中国传统士大夫的"浊者自浊，清者自清"甚为相似，也令人联想到"好不与恶斗"或者"道不同不相为谋，志不同不相为友"这样的说法。今天这个时代，有人认为最需要去做的是发出启蒙的声音；但也有人认为，启蒙是一件高风险的事情，芸芸众生本来舒舒服服地生活在他们的醉生梦死之中，享受满满的"幸福感和正能量"，你去启蒙他们，搅扰了他们的美梦和岁月静好，招来的是他们的怨恨而不是感激。既然如此，头脑清醒的哲学家还不如像苏格拉底所说的那样，"保持沉默，只注意自己的事情"。今天，我们该怎么看待这样一种知识分子的困境？下一节将继续讨论。

7.《理想国》：哲思者的启蒙和政治技艺

苏格拉底独善其身的哲学态度，似乎充满了无奈与无力感，与他一生追求真理的作为形成很大的反差。在《理想国》里，苏格拉底抱怨说："哲学家在我们这些城邦里不受尊重"，"要是哲学家受到尊重，那才是咄咄怪事呢"（488b-c）。但他接着说，这不等于哲学家对城邦没有用处，而只是民众不了解哲学家的用处罢了。哲学家对城邦和民众到底有什么用处？放到今天，这个问题就是，知识分子对社会有什么作用？为什么社会需要知识分子？连带的问题是，社会需要怎样的知识分子？

谈这个问题之前，先来说一下《理想国》是怎样的一部哲学著作。对话体的《理想国》是柏拉图的代表作，研究者们一般认为它代表柏拉图哲学体系的完美表述，是他的哲学论述顶峰。确实可以说，《理想国》是一部"哲学大全"。

在柏拉图时代，哲学和其他学科还没有分化，是一门包罗万象的学问，《理想国》便具有这样的性质。因此它的主题是什么，一直是不同学者们争论的问题。

政治学家认为它是西方第一部系统的政治学著作，它评论了当时各种政治制度的得失，并且提出柏拉图自己的理想政制。伦理学者们认为，柏拉图以前的对话讨论了许多道德问题，但都没有得出积极的结果，而在《理想国》里他集中提出了"正义"的问题，并以此为核心对个人和城邦的道德做了积极而且系统的阐述，因此在伦理学说发展史上占有重要的位置。近现代的一些学者还从《理想国》里看到了希腊文化中的教育思想。18 世纪法国启蒙思想家卢梭（Jean-Jacques Rousseau，1712—1778）就曾说过，《理想国》不是一部关于政治学的著作，而是迄今撰写的有关教育最好的论文。

今天的学者们更是重视教育在国家建设中的重要作用，想从

《理想国》来研究柏拉图教育思想的根本精神。柏拉图的伦理和教育思想是以人的心理分析为基础的，就像我们在之后三节里将要看到的，他在分析专制统治者及其臣民心态时，运用的同样是心理分析的方法。

柏拉图的政治、伦理和教育思想是相互融合的，最好的办法是把它们合为一体来讨论，而不是相互割裂。因此，我们在下文介绍《理想国》时，会用综合的方式来关注柏拉图论及的专制和暴政体制，以及这种政治制度对臣民品格和心理的影响。

《理想国》可以说是柏拉图以"哲学家"的身份对读者所做的一次多方位启蒙，书里的黑暗洞穴和影子知识就是一个著名的关于启蒙的故事。然而，作为启蒙者的哲学家却是生活在具体的、非理想的政治和社会环境中的。而且，他还被迫处于一种哲学与政治有冲突、哲学家深感困顿的和不安全的状态之下，哲学家的启蒙也就不得不同时发展出一种必须首先保全自我的政治技艺。下面就来谈谈柏拉图如何面对哲学家的那种困顿和不安全状态。

苏格拉底似乎把启蒙看作哲学家知识分子的基本作用。在古希腊还没有"启蒙"这个概念，但古希腊重视教育，启蒙的意识是包含在教育观念里的。古希腊人把人类所有的知识都理解为"技艺"（arts），这种趋势在公元前 5 世纪随着雅典的兴起而形成。技艺就是能力，伯里克利在《伯里克利的墓前演说》中说，在雅典衡量价值的标准是能力，而不是财富或等级。这样的观念在苏格拉底时代完全盛行开来，这被称作为希腊人的"能力意识"。

能力意识最积极的提倡者是智者。在《辩词》中，苏格拉底竭力撇清自己与智者之间的关系，强调自己传授技艺是不收费的。但如果他在传授技艺这一点上真的与智者完全不同，他也就不需要费这么大劲来为自己辩解了。

智者相当于公元前 5 至公元前 4 世纪的"知识分子"。他们的工作是教育，客观上有启蒙的作用。他们是一群自由职业者，以精神劳动为生，而且不属于城邦的集体。他们四处云游讲课，以精彩的演讲来招揽学生——自然是那些富家子弟。智者们对雅典人的习俗和伦理衰败有不少深刻的诊断，他们想把青年学生从被蒙蔽的束缚中解脱出来。智者代表性的观点包括，人在世界上寻找自己的方向时，要运用自己的理智，因为那些习以为常的和曾经行之有效的东西已经随着时代的变化失去了指引力。

智者身上体现出很强的能力意识。在公元前 5 世纪的文化和政治变革中，他们传授新知识，并为"人可以如何更好地生活"这样的问题提供合适的答案。尽管城邦里有的公民对智者还半信半疑，但因为他们能满足人们提高能力的需求，他们成为城邦需要但又不太信任的人。今天的知识分子也差不多是这样。

苏格拉底在不少方面与智者相似。尽管他一直都待在雅典，也不靠收学生赚钱，但他以开导学生为目的来施教，帮助他们摆脱人们习以为常的种种传统观念。他还鼓励有志向的青年人独立思考有疑点或靠不住的问题，以此解除蒙蔽和误解。这也体现了他的启蒙意图，当然，他的对象不是普通民众。

苏格拉底把雅典的普通民众视为"群兽"，认为在他们中间，"哲学家像一个人落入了野兽群中一样，既不愿意参与作恶，又不能单枪匹马地对抗所有野兽"，所以不如全身而退，独善其身。他当然不会勉为其难地去启蒙这样的群兽，但如果他们当中有人要求启蒙，他也不会拒绝。他认为合乎逻辑的启蒙应该是，一个人自己得先要有启蒙的要求，别人才能帮助他启蒙，"一个人病了，不管他是穷人还是富人，应该是他趋赴医生的家门去找医生"（489c），没有说是医生满大街找病人的。然而，哲学的直接目的不是启蒙，而是为了创造一个能够广泛接受启蒙的正直城邦而努力。

柏拉图很赞同他老师对启蒙的这个看法，而且他也喜欢用医生来做比喻。他认为，无论一个医生的技艺多么高明，有两种人他是医治不了的，第一种是讳疾忌医的人，第二种是病入膏肓的人。同样，有两种人是哲学家无法开导的，第一种是对哲学家有敌意的人，第二种是实在太愚蠢、无可救药的人。

柏拉图在《第七封信》（*Epistles*，7）里把自己比喻成一个医生。医生光有高明的医术是不够的，还需要能够判断对什么样的病人做何种处理。如果他碰到一个讳疾忌医的病人，那么他就应该知道自己是无能为力的。柏拉图说："谁要是能忍受这样的病人，谁就一定是没有主见，或者医术不精。"他的意思是，碰到这样的病人，就不必理睬他，也不必与他枉费口舌，不如干脆请他走人，另请高明。就哲学与政治的关系而言，那就是，哲学家完全没有义务去规劝一个自以为是、不知好歹的暴君，根本不应该去对他提什么"建言"或"建议"，只有干脆拒绝与这种暴君打交道，"才是真正的男子汉作为"（《第七封信》，331a）。

他在《第五封信》（*Epistles*，5）里用一段有趣的对话来表明自己为什么对规劝雅典民主没有兴趣。有人问，"柏拉图看起来自称懂得什么对民主最好，他有自由，本可以在公民大会上提供他最好的建议，但他从来没有站起来说过"。另一个人回答道，"柏拉图在他的故乡城邦出生得太晚，他发现那里的民众都已年迈，早就习惯了以前顾问们教给他们的那一套，接受不了柏拉图与其完全不同的建议"（《第五封信》，322a-b）。

这段对话的意思是，柏拉图之所以不作声，是因为他认为雅典的民主已经年迈衰弱、病入膏肓，朽木不可雕也。柏拉图不是不愿意给雅典人一些"父亲般的建议"（322b），但是在雅典的政治环境里提出批评意见实在是太危险了。柏拉图认为，就像人从年轻到衰老的自然变化一样，政体也会自然朽坏，雅典民主已经到了老朽的时期，而这种变化是不可逆转的。

柏拉图对雅典民主的看法和评价是有争议的，但他毫不掩饰自己对雅典民主政治领袖的反感和厌恶。伯里克利在《伯里克利的墓前演说》里为雅典城里公民的快乐生活感到骄傲，但是柏拉图用苏格拉底的嘴说：只顾及繁华、不顾及正义的城邦是一个"发高烧"的城邦。在一个发高烧、不健康的城邦里，"人们追求各种并非必需的物品和享受，睡椅毕竟是要添置的，还有桌子与其他家具，还要有调味品、香料、香水、歌妓、蜜饯、糕饼——诸如此类的东西。我们开头所讲的那些必需的东西：房屋、衣服、鞋子，是不够了；我们还得花时间去绘画、刺绣，想方设法寻找金子、象牙以及许多诸如此类的装饰品"（《理想国》，372e-373a）。民主领袖们关心的只是建码头、造船坞、修城墙，毫不关心正义和人的品质。柏拉图攻击雅典的民主，并不是要用专制暴政取而代之，而是设想了一种与民主和专制都不相同也更优秀的"哲人王"统治。

柏拉图一辈子在雅典没有任何政治作为，他将此视为一个哲学家必须付出的代价。并且，他为此重新设立了一种属于哲学家的道德标准，那就是真正的正义卫士必须像苏格拉底那样，把自己限制在私人领域里，远离政治。

其实，苏格拉底要远离的那个政治是"参政"，或者在政府或体制里担任一个职务，而不是要自行放弃哲学对政治的影响力。在强烈的能力意识主导下，他所倡导的那些能力——合理怀疑、理性诘问、独立思考——没有一样不是具有政治意义的技艺。

苏格拉底批评手工艺人，因为他们错误地以为自己有限的技能可以让他们理解行业以外的事情。他说："因为他们可以很好地运用自己的技艺，就以为在其他重大事务方面也是最有智慧的，这个错误反而掩盖了他们的智慧。"（《辩词》，22d）政治家更是如此，他们在很多人眼里是聪明智慧的，他们自己也认为如此。但苏格拉底不这样认为，他要向政治家们指出他们的无知（《辩词》，21c-d）。

如果这不算是参与政治，那什么才算是呢？

前面说过，苏格拉底既不是"公民不服从"的楷模，也不是"公民服从法律"的典范，他示范的是独立和自由的思想。在一些论者看来，这种独立思想特别强调个人良心（"不做恶事"）。问题是，一个人太讲良心的平安，太独善其身，就会变得"非政治"。阿伦特（Hannah Arendt，1906—1975）在《论公民不服从》（"Civil Disobedience"）一文中并不赞成这样的"良心平安"。她强调，公民不服从必须有公开的行为，而公开的行为必定是政治行为。私人的良心不能代替具有公民行为意义的公开抗争。

但是，在另一些论者看来，这恰恰是思想者（哲学家）"政治技艺"的特征。思想者的政治技艺是处在两种极端情况之间的中间地带：第一种极端情况是，完全将私和公、道德的个人和政治的公共分割开来，为了保持良心的纯洁，个人必须逃离与实际世界的接触。因此，他们只能生活在恐惧之中，生怕在行动和社会存在中弄脏了内心里那双"漂亮的手"；第二种极端情况是以个人良心来代替政治原则，丝毫不愿妥协。

以此来看，苏格拉底同时避免了这两种极端情况。在他营造的那个中间地带，以道德原则看待公共事务远比用道德原则直接改变公共事务更加重要。作为独立的思想者，苏格拉底过着一种可以称为个人的和私域的生活，但那却并不是普通的私人生活——是在与他人一起的共同生活中过他那种哲学家的私人生活。虽然他不直接从事政治的活动，也不掺和政治事务，但这不等于他不关心公共事务。

不掺和政治事务是苏格拉底这个思想者的政治技艺，它可以是一种不同于政治干预的另类干预——不与肮脏的政治同流合污，而以思想和思辨的方式去影响其他公民参与政治时的个人素质、道德标准和行为方式。

在国家权力面前，思想者真正能做到的"公民不服从"是非常有限的，因为思想者几乎完全没有保护自己不受国家暴力侵犯的能力。苏格拉底的政治技艺因此有一个很实际的考量，那就是求生，从中表现出来的个人良心并不是不计一切行为后果的。有的人为改变世界，为消灭世间之恶，可以不惜一切后果，不惜牺牲千百万人的性命，但是苏格拉底要保持自己的道德正直，他把不良后果限制在自己身上，他宁愿受死，也不愿意做恶事。他并不奢求就此能消灭世间之恶。

退出公共生活后，如果仍不能免祸，便慨然赴死。这是一种低调的政治技艺，和苏格拉底的基本道德原则十分契合，即用低调的"不做什么"而不是高调的"必须做什么"来表述。这个基本的、永远不能够放弃的原则就是"不做恶事"（避免非正义）。

不盲信最高调的真理，也不放弃最基本的道德信念，这形成了苏格拉底最具特色的思想者立场。说得通俗一点，那就是"怀疑最好的"和"避免最坏的"。这是一种生存哲学，也是一种政治哲学，因为对任何一个人来说，如何在不自由的状况下安身立命都是一个与政治有关的问题。

这样的哲学与政治之间有一种隐秘的抵抗关系，柏拉图说，人没有求死的义务，哲学家需要知道如何存活下来，尽量减少受到无端伤害的可能。哲学承认政治的现实和有效性，但并不臣服于政治。它承认自己在现实政治面前处于劣势，类似鸡蛋与石头的关系，但并不想白白牺牲自己来证明政治的强势，因此不会拿鸡蛋去碰石头。这样的哲学与政治并不是"井水不犯河水"或"大路朝天，各走一边"的关系，它关于正义、美德、诚实的观念总是在批评某一类政治，鼓励另一类政治，是政治所能得到的最大的善。

哲学与政治处于一种紧张的关系之中，尽管难以水乳交融，但也并非水和油那样互相排斥，绝对无法融合。哲学希望优化政治，而不是取消政治。就像苏格拉底劝告公民培养美德，但不会像安提戈涅那样以神律为依据来质疑国王的法律，他甚至不反对所有现有的法律，但希望法律会变得更好、更公正。

这样的哲学是一种无法转换成政治的知识话语。它无法呈现为政治愿景，但绝不会对政治变化麻木不仁。它通过哲学理解和与之相应的生活态度来应付政治内在的危险。政治越是理性，也就越接近哲学，但如果政治完全是哲学的，那么就不再是政治。模糊与不确定、骚动与不安是政治的本质属性，这样的政治特质尽管可以在哲学上被理解，但并不能由哲学来消除。如果哲学想对付政治领域的危险，那么它就必须认识和抵制政治可能的暴力和专制。

8.《理想国》：暴虐的僭政是"城邦的绝症"

柏拉图自幼家境殷实，生活舒适。他曾是一名优秀的士兵，并两次在地峡运动会（Isthmian Games）上获奖。一般来说，像他这样的年轻人日后大多不会踏上哲学家之路。但他20岁的时候，结识了比他年长41岁的苏格拉底，这成为他人生的转折点。他热烈地爱上了这位老师和他的智慧，不单是为了辩论，更是为了学习智慧。他曾说："感谢神，我生为雅典人而非野蛮人，自由人而非奴隶，男人而非女人，但最重要的是我生在了苏格拉底的时代。"

苏格拉底死时柏拉图不到30岁，而与老师共同度过的平静日子以如此悲剧的方式结束，深刻影响了这位学生日后各个阶段的思想。他蔑视民主，憎恨暴民，就连他的贵族出身和教养也没能令他对民主有如此深刻的反感；他深信，民主必须被推翻，国家必须得由最智慧和最优秀的人来统治。这也形成了一个他毕生关注的问题，即如何找寻这些最智慧、最优秀的人，如何培养他们的统治能力并劝说他们去实施统治。

在柏拉图那里，民主的对立面不是专制，民主和专制都是他心目中"理想国"的对立面。所以他蔑视民主，但对专制（那个时候称为"僭政"或"暴政"）也充满了鄙视。他的政治行为表明他相信，改变千万民众的民主绝无可能，但改变一个人专制的僭政或许还有可能。这是他去叙拉古的主要原因。

苏格拉底去世后，柏拉图及苏格拉底的其他弟子避难于异邦。40岁时，柏拉图漫游意大利南部的西西里，他在那里与一些毕达哥拉斯主义者来往，并结识了叙拉古僭主狄奥尼修斯一世（Dionysius I，前432—前367）的妻弟狄翁（Dion），狄翁后来成为柏拉图的崇拜者。回到雅典后，柏拉图创建了学园（acade），这个学园成为西方学术的源头，至今academy仍然是"学院"的意思。

公元前367年，狄奥尼修斯一世去世，其子狄奥尼修斯二世与狄翁共邀柏拉图到叙拉古，建立理想城邦，柏拉图认为这是他实践其政治理想的良机，欣然前往，但他与狄奥尼修斯二世的合作并不顺利。五年后，狄奥尼修斯二世再次邀请柏拉图赴叙拉古，柏拉图虽知此去的结果不会顺遂，但还是前往，果然不欢而散。数年后，狄翁举兵驱逐二世，决心再建柏拉图的理想国。然而，公元前354年，狄翁被刺身亡，柏拉图的政治实践也就此结束。

美国加州州立大学教授弗兰克·凡泰（Frank L. Vatai）在《希腊世界里参与政治的知识分子》（Intellectuals in Politics in the Greek World）一书里指出，柏拉图、亚里士多德和其他一些哲学家的政治哲学与他们的政治实践之间是脱节的，也是有差别的。要是问他们是否真的在重要的政治事件中产生过重要的影响，回答是否定的。"国王和暴君确立了自己的政治权力位置，在这个位置上，他们就是神，他们的话就是法律。知识分子们——毕达哥拉斯（Pythagoras，前570—前490）可能是一个例外——从来没有被允许占据主导的地位，尽管他们的弟子们会这样认为。对于像柏拉图这样的人来说，这真是令人失望。对于其他人，例如亚里士多德，他们可能会觉得雅典的民众太斤斤计较他们的非雅典身份。民众不信任亚里士多德这样的人是有道理的，因为他和他的追随者一直维持着与马其顿的关系。"[1]亚里士多德与马其顿的关系在讲亚里士多德的时候还会细说。

这里要说的是柏拉图的《理想国》和他对僭政的评判。如果他没有与僭政亲自打交道的机会或不曾十分失望，恐怕不会有这么深刻的认识。我们不要因为他鄙视民主，不要因为他三次去过专制的叙拉古，与那里的三位统治者有往来，甚至对他们曾抱有幻想，就以为他喜欢专制的僭政。相反，他对僭政的专制和僭主都非常鄙视和痛恨。

历史学家约翰·法恩（John V. A. Fine）在《古希腊》（*The Ancient Greeks: A Critical History*）一书里指出："僭主原本是一个中性词，指的是一个人夺取并保持权力，不同于合法的宪制王位（国王）；这个称呼对他作为个人或统治者都没有评价的意思。"[2]"僭主"本不是一个希腊的词语，可能源于一个实行君主制的非希腊国家，并且"僭主"这个说法最初就是国王或君主的意思。古希腊人使用僭主一词，在不同时期有不同的意思。荷马史诗里没有用过这个词，提到的"王"都是国王，不是僭主。第一个被希腊人明确称作僭主的是吕底亚国王居吉斯，公元前7世纪，帕罗斯（Paros）诗人阿尔希洛霍斯（Archilochus）是迄今所知的第一个使用"僭主"一词的希腊人。他在一首诗中写道："我不在乎有许多金子的居吉斯的财

---

1 Frank L. Vatai, *Intellectuals in Politics in the Greek World: From Early Times to the Hellenistic Age*, London: Routledge Revivals, 1984, 1.

2 John V. A. Fine, *The Ancient Greeks: A Critical History*, Harvard: Harvard University Press, 1982, 105.

富，我内心没有忌妒，我不美慕神的功业，我不想成为一个伟大的僭主。"在这里，阿尔希洛霍斯把僭主一词作为国王的同义词使用，而且明显含有褒义。梭伦在他的诗中几次提到成为僭主的可能性，也明白当僭主能够带给他财富和名誉，但他却表现出对僭主的蔑视态度："用僭主力量希冀成功，我所不乐。"这个词在梭伦那里已开始具有贬义。[1] 到了公元前 6 世纪，僭主开始有了"暴君"的贬义，那时候的饮酒歌里就有了这样的歌词："你的美名将永远流传……因为你杀死了僭主（暴君），让雅典人在法律面前有了平等。"到了公元前 4 世纪，僭主和僭政有了更明确的谴责意味，都与"作恶"联系在一起。僭政是一种为了一己私利而实行的统治，它残酷、专断独行、无法无天，因此是一种道德堕落、人神共愤的政治体制。柏拉图、亚里士多德、色诺芬都是在这个意义上使用僭主和僭政，在柏拉图那里已经是完全的贬义词，僭主是暴君，僭政是暴政。

前文提到，柏拉图称暴君为"由人变成豺狼"的邪恶怪物："人民领袖的所作所为，也是如此。他控制着轻信的民众，不可抑制地要使人流血；他诬告别人，让人法庭受审，谋害人命，罪恶地舔尝同胞的血液；或判人死刑，或将人流放域外；或取消债款，或分人土地。"（《理想国》，566a）第一代僭主利用平民反对贵族的斗争和其他社会阶层对贵族统治的不满，用阴谋或暴力手段夺取政权，有的尚能"善自节制，治民温和，施政大体上遵循法度"（《雅典政制》，XVI，2）。

早期希腊僭主打击贵族势力，客观上有利于平民力量的发展壮大。他们有的成为有抱负、有眼光、励志图精、克己奉公的改革先驱。他们的权力仍然受到其他权力机构以及传统习惯的牵制，没有达到专制君王拥有无限和绝对权力的地步。

1　李韵琴著，《论早期希腊的僭主政治》，施治生、刘欣如编，《古代王权与专制主义》，中国社会科学出版社，2015 年，第 89—90 页。

柏拉图所说的"邪恶怪物"是第二、第三代的暴君。他们骄奢淫逸、残暴成性、残民以逞、作恶多端。例如，古希腊雅典僭主庇西特拉图的两个儿子，过了一阵子太平富足的日子之后，开始作威作福、肆意妄为起来，后来终于被推翻。这几乎成为规律，而这条规律就是柏拉图要总结的。暴君是最早的专制独裁者，他们的种种恶行——独揽权柄、独断专行、专横暴戾、排斥异己、阴险狡诈、用暴力和恐怖来统治人民——成为后来专制暴政的模板。暴政是恶的天才杰作，暴君是发明暴政的邪恶天才。

柏拉图对暴君的憎恶和鄙视是与他的正义观联系在一起的，对正义的思考是他哲学的核心。他为我们提供了关于正义国家——他称之为"理想国"——的理念和制度结构。他认为，孤立的个人无法自给自足，因此需要与他人联合在一起。这便是国家的起源。个人是社会的（即政治的）动物，人的特定基本需求将人们联结在一起。这些基本需求首先是经济自足和安全需求，在较高层次上，再是诸如友谊这样的社会生活需求。柏拉图说，为了合乎正义地对待人们，所有人首先必须把其他人看成公民，"正义是心灵的德性，不正义是心灵的邪恶"（《理想国》，353e）。但不正义的可以假装成正义的，"不正义的最高境界就是嘴上仁义道德，肚子里男盗女娼"（361a）。正义的国家必须建立在真正正义的基础上，是一个由哲学家掌权的理想国。

柏拉图还认为，由于人性中存在着恶，即使理想国能够建立起来，它也不能持久。一种由创生、衰落和解体构成的循环支配着那个开始时秉持正义的理想国。"要动摇和颠覆一个建立得这样好的国家确是不容易的；但是，既然一切有产生的事物必有灭亡，这种社会组织结构当然也是不能永久的，肯定要解体。情形就像下面说的，地下长出来的植物和地上生出来的动物，都有生育的有利时节和不利时节；两种时节由它们组合成环圈，转满一圈的时候，就是

一个周期。"（545c）

周期的发生，只不过是迟早而已。理想国总有一天会被一种叫作"荣誉政体"（Timocracy）的政府形式所取代。在荣誉政体里，重视勇气、荣誉和战争的佼佼者们会取代哲学家，成为执掌政府权力的统治者。

然而，这种荣誉政体也不能持久。随着时间的流逝，荣誉变色，勇气衰退，荣誉政体也就被"寡头政治"（或少数富人）的统治取代。寡头们害怕失去他们所拥有的东西，这种恐惧连同贪婪构成寡头们行动的动力。他们控制政府以便保护和增加自己的财富，这是不正义的。

因此，在一段时间之后，穷苦大众便会要求自由，要求建立民主政体。民主政体使所有人都能参与政府治理，并优先考虑人数居多的穷人们的要求。柏拉图认为，民主政体随后将会不可避免地出现近乎无政府状态的混乱。于是，一些人便会呼唤强人、拥戴强权，以便恢复秩序。强人刚开始时总是以仁慈独裁者的面目施行统治，但很快就会成为一个暴君。

暴君是哲学家的对立面，暴君虽然也受过教育，但却是被扭曲的有才之人。他把国家带向最糟糕的境地，那就是暴政。暴政制度中的统治者只关心个人欲望（尤其是权力欲），为了欲望可以牺牲灵魂，为了罪恶可以牺牲美德。暴政是柏拉图所能想到的最坏政体。

在柏拉图那里，一种政制变为另一种政制，推动的力量不是革命，也不是历史，而是医学意义上的健康衰退和疾病。就跟人一样，一个城邦（他的理想国）渐渐变得年迈体弱，健康日下，这是谁也阻挡不了的衰变（546a）。政体的"疾病"加剧了这种衰退，经过几个阶段后，达到了暴政这个最严重的阶段。这时候，一个健康的城邦就整个垮了。在这之前，其他政制里的人还注重荣誉、财富和看起来很诱人的自由，但暴政来临的时候，人们便什么都不在乎。

他们蝇营狗苟、胸无大志，过一天算一天，沉湎于放纵欲望、娱乐至死的僵尸生活。

暴政的制度之恶和人性之恶都在放纵的欲望中绽放出妖艳的花朵来。暴君和他的臣民同样沉溺在放纵的欲望之中，醉生梦死，不思进取。除了保住权力，暴君什么都不在乎。他没有远见，也缺乏智慧，而他统治下的臣民则不问是非，不辨正邪，只是一心寻欢作乐、得过且过，稀里糊涂地过日子。城邦失去了推动改革的力量，即使还有极少数的"道中之人"，也无济于事。

在暴政的统治下，"剩下的哲人……微乎其微：他们或是处于流放之中的出身高贵又受过良好教育的人，因而没受到腐蚀，依然在真正地从事哲学；或是一个伟大的灵魂生于一个狭小的城邦，不屑于关注小国的事务；少数人或许由于天赋优秀，脱离了他所藐视的其他技艺，改学了哲学；还有一些人……因为疲惫不堪，脱离了政治"（496b）。

在这样一个迷醉于享乐的疯狂城邦里，只有少数仅存的清醒之人，他们的生存状态是危险的。柏拉图说："极少数的道中之人尝到了拥有哲学的甜头和幸福，已经充分地看到了群众的疯狂，知道在当前的城邦事务中没有什么可以说是健康的，也没有一个人可以做正义战士的盟友，援助他们，使他们免于毁灭。这极少数的真哲学家像一个人落入了野兽群中一样，既不愿意参与作恶，又不能单枪匹马地对抗所有野兽，因此，大概只好在能够对城邦或朋友有所帮助之前，就对己对人都无贡献地死了。"（496d）

暴政统治下，黄钟毁弃，瓦釜雷鸣；善良的人既然不能匡时济世，力挽狂澜，便只能选择在乱世之中独善其身。柏拉图说："由于所有这些缘故，所以哲学家都保持沉默，只注意自己的事情。他们就像在暴风卷起尘土或雨雪时避于墙下之人，看别人干尽不法之事，但求自己能终生不沾不义和罪恶，最后怀着善良的愿望和美好

的期待逝世，也就心满意足了。"（496d-e）这也是后来 2000 多年里
所有暴政国家里"有道之士"的生存写照。在暴政最为酷烈的时候，
人已经失去了活着的意义，他们有的也只能选择以死来表明自己最
后的抗议。

柏拉图是针对雅典的民主说这番话的。在他眼里，雅典的民
主不过是愚民的专制，在暴虐程度上与其他形式的专制没有什么区
别。直到今天，反对民主的人仍然诉诸人们对愚民和暴民大民主的
恐惧——对雅典民主是这样，对法国大革命民主也是这样。柏拉图
设想，纠正暴政和愚民专制的方法只有一个，那就是建立"哲人王"
统治的"理想国"。下一节我们就来谈谈，他为何将对暴政的厌恶
与对愚民的鄙视如此紧密地联系在一起。

9.《理想国》：暴政下的愚民口味与偏好

柏拉图把暴政视为一种失谐和病态的政体，虽然在他看来，除
了他的理想国，其他的政体都不尽健康，但暴政却是"城邦的绝
症"。正如疾病是身体之恶一样，暴政是政制之恶，是非正义的"灵
魂之恶"的极端状况。政制是由习惯造就的，而政制对习惯的形成
也有很大影响，这就像专制与奴民的习惯相辅相成一样，改变政制
和改变习惯，哪个优先，一直是有争论的问题。政治改革强调改变
政制，而国民启蒙则侧重于改变国民习惯和国民性。柏拉图认为，
各种政制都有各自相应的"个人心灵"，"只要看一看暴君式的个人
心灵，我们就可以试着来正确判断我们面临的政制问题了"（《理想
国》，545c）。

在暴政这种政制中，暴君和他的臣民（不是公民）在个人心灵
上是没有区别的，因为无论是男是女，个人心灵都反映了他们生活

于其中的政治秩序。柏拉图说："难道你以为政权是'从橡树或石块'里生出来的吗？"在暴政的土壤里，生长不出健康的个人。在描述了暴政的叙拉古的无道和放纵之后，柏拉图说："没有人能够在这样的环境里，在自我放纵中成长为智慧之士。那里的自然不包含这样的个人心灵。"（544c，477b-c，544d-e）暴政世界里的暴君和臣民有相同的个人心灵，他们互为镜中的影像，相互加强彼此共有的邪恶。暴政的制度之恶与个人的人性之恶犹如风助火势、火借风威一般不可遏制。

柏拉图把城邦政制的蜕变视为正义所遭受的最大威胁和破坏。政制向暴政蜕变，既是城邦中人（暴君和臣民）集体人心堕落的征兆，也是原因，而政治的失序是比个人心灵失衡更严重的疾病。

在暴政的城邦里，人人都受一己私欲的驱使，自我放纵、疯狂作乐、毫无节制。它的享乐主义不再服从理性和荣誉的命令，把一切正义之事完全抛到九霄云外。可柏拉图认为，正义就是服从本该要服从的，归根结底是一种自然和谐的状态。人的欲望是自然的，但理智也是自然的，欲望应该受制于理智。无论是对权力还是对金钱，欲望本身都不是错，但是人不能失去对自己的节制。人一旦让自己的权力欲或金钱欲脱离了理智和荣誉的节制，就会受制于疯狂的贪欲，必然会让正义遭到破坏。

让正义遭受破坏，这不仅有害，而且愚蠢。柏拉图说："真实的正义确是如我们所描述的这样一种东西：它不是关于外在的'各做各的事'，而是关于内在的，即关于真正本身的事情。这就是说，正义的人不许可自己灵魂里的各个部分相互干涉，起别的部分的作用。他应当安排好自己真正的事情，首先达到自己主宰自己，自身内秩序井然……（人需要）使所有的部分由各自分立而变成一个有节制的和谐整体时，那么如果有必要做什么的话——无论是在挣钱、照料身体方面，还是在某种政治事务或私人事务方面——他就会做起来。并且在做所有这些事的过程中，他都相信，凡是保持和符合这种和谐状态的行为都是正义的好行为，指导这种和谐状态的知识是智慧，而把只会破坏这种状态的行为称作不正义的行为，把指导不和谐状态的意见称作愚昧无知。"（443c-d）

暴政之下，暴君无限放纵自己的权力欲和控制欲，而臣民则放纵他们的享乐欲和其他私欲，在暴君和臣民之间有一种心照不宣的私欲交换：臣民不挑战暴君的权力，对他的邪恶视而不见，暴君不干涉臣民发财和寻欢作乐，甚至鼓励他们在这条不归路上狂奔。结果便是整个城邦的"不节制、懦怯和无知"（446b）。

这是柏拉图政治学里最富有洞见的部分。学者罗杰·波伊契（Roger Boesche）对此称赞道："柏拉图的伟大贡献在于揭示了欧洲政治思想一直在强调的那种暴君与愚民的相互联系。暴政的政治和经济理论既造就也反映了暴政的文化和心理。在柏拉图看来，暴政不只意味着滥用权力，还一定是一种政治文化，调教人民相信什么、怎么去想、如何感觉。"[1]

暴政的对立面不是任何其他政制，而是正义。在正义的城邦里（柏拉图的理想国和跟它类似的城邦），领袖会努力塑造公民的人格，而政治的作用则应该是塑造人的灵魂。柏拉图把这样的领袖比喻为"船长"和"医生"。船长引导正确的航向，照顾他的船和船员，统治者也应该如此。柏拉图说："重要的是……统治者要做真正的好事……如果他能通过这个考验，那么一切都好。……船长把注意力放在任何时候都对他的船和船员真正有益的事情上。这样心态的船长，只要坚守同一个大的原则，就什么错误都不会犯。统治者按照理智和治理的技艺，为臣民守住不偏不倚的正义。他们不仅能保护臣民的生命，还能在人性的范围内改造他们的性格。"（《政治家篇》，

---

[1] Roger Boesche, *Theories of Tyranny: From Plato to Arendt*, Pennsylvania: The Pennsylvania State University Press, 1995, 31.

296d-297b）

好的统治者也能像医生一样对待人民。他不会人民要求什么就给他们什么，同样也不会人民要求怎么做就让他们自己怎么做。他会教导人民去期待值得期待的，做值得去做的事情。柏拉图认为，优秀的统治者担负的是一个好医生的职能，"当一个人健康的时候……让他满足他的食欲，饿了想吃多少就吃多少，渴了就让他畅饮。但是，如果他病了，那就不能让他想吃就吃、想喝就喝"（《高尔吉亚篇》，505a）。

船长或医生是有专门知识的人，他们有良好的意愿，还懂得如何安全行驶或者治病救人。同样，优秀的统治者也是贤明之士，他指引正义之道，教导人民过健康和理智的生活，帮助他们学会自控和节制。柏拉图说："这不是对众人最重要的元素吗？服从统治者，自己也是统治者，管理自己的酒乐、性和饮食。"（《理想国》，389d-e）

有人批评柏拉图说，这种想法是精英主义的，这样的船长或医生会变得自以为是，不管别人愿意不愿意都得听他们的。他们也都会以安全或健康的理由来强迫别人服从他们。柏拉图确实说过："我们并不根据病人是否愿意让医生动手术或烧灼治疗，来评判医生是否合格。……只要医生按照科学来控制我们的健康就行……统治者可以监禁或处死一些人、流放一些人，用这个办法来清理城邦。"（《政治家篇》，293a-d）但他的意思是清楚的，那就是如果要让城邦的道德保持健康，政治家就应该像医生照看人的健康那样照看城邦。

柏拉图只是在拿船长或医生做比喻。与好政治家相比，暴政的统治者就是另一种政治人物了。暴君对城邦正义或公民道德健康不感兴趣，只关心如何保住自己的权力。为此，他总是"胡萝卜加大棒"（"Carrot and Stick"）。暴君必须使出残忍的手段，才能让臣民害怕并无条件地服从。

柏拉图说，暴君在国家内部遇到麻烦："这时他总是首先挑起一场战争，好让人们需要一个领袖。"（《理想国》，566d）这样他就可以方便地把臣民的注意力转向外部的敌人。臣民们有了这样的危机感，就会期待铁腕的强人领袖给他们安全感，保护他们不受外来的侵略和奴役。即使在和平时期，暴君也会故意让臣民处于匮乏的状态，迫使他们为了生存不得不终日辛苦劳作，养家糊口，没有时间或精力关心国家的事情，也没有聚众闹事的闲暇，更不用说谋划造反（296e）。这是暴君的弱（贫）民权术，他只要控制了人民的财路，就能达到利出一孔、其国无敌的目的。

暴政国家里，天下熙熙，皆为利来；天下攘攘，皆为利往。臣民凭着趋利避害的天性过日子，关心的只是眼前最基本的衣、食、住、行。越是这样，也就越是指望统治者满足他们的这些需要；越是这样，统治者就越容易以他们的恩赐和保护者的身份来对他们予以欲求。这样的统治者很快就一定会"由一个保护者变成了一个十足的暴君独裁者"（565d）。"如果他怀疑有人思想自由，不愿服从他的统治，便会寻找借口，把他们送到敌人手里，借刀杀人。"要是有勇敢的人，"那就必须清除所有这样的人，不管他们是否有用，也不管是敌是友，一个都不留"。不光是对最勇敢的，对最有智慧的和最富有的也都一样。柏拉图又说，暴君"为了自己的好运"，"必须与（优秀者）为敌到底，直到把他们铲除干净为止"。暴君的这种作为正好与医生相反，"医生清除最坏的，保留最好的，而暴君的去留正好相反"（567b-c）。在暴政之下，暴君用的是小人和奸佞，优秀者的处境会很危险。

但暴君清楚地知道，光靠暴虐和杀戮的政权是不可能长期稳定牢固的，因此他还需要尽量让臣民喜欢他。比如暴君起家时总是使用收买和讨好人民的手段，柏拉图说："这个人在早期对任何人都是满面堆笑，逢人问好，不以君主自居，于公于私他都有求必应，豁免穷人的债务，分配土地给平民和自己的随从，到处给人以和蔼可亲的印象。"（566e）在他成为人民的"保护人"之后，他也会扮演讨人民喜欢的角色，不是船长，不是医生，而是厨子。

在柏拉图那里，厨子似乎是个下等的职业。在《高尔吉亚篇》里，苏格拉底说："修辞之于正义，就如同厨子之于医生。"修辞或厨子都是冒牌货，都是贬义词。苏格拉底还说："裁判我，就像是在一群孩子面前，由厨子来起诉医生。"孩子和病人因为不知道什么对自己有好处什么对自己有害处，所以喜欢那些能对他们口味、以满足他们为能事的厨子。孩子得听从父母或老师，病人得听从医生，但厨子却是听孩子或病人的。厨子为他们提供他们想要的即刻快乐和满足，别的他什么都不管，也不关心。暴君讨好他的臣民，就像这样的厨子。这是他用来安抚他们的"胡萝卜"，"厨子假装成医生，哄骗他们说知道什么是对他们最有益的食物"（465c，521e，464d）。

暴君摸透了臣民的口味，按他们的口味来哄骗他们，这才是最能奏效的"烹调技艺"。暴君定于一尊，却会夸赞他的臣民是真正的英雄，是富有智慧的人民大众。他知道"下贱"的臣民就好这一口，这种廉价的"食品"要多少有多少。他还知道，民众只在乎物质和欲望的满足，不在乎自由。他了解和控制民众，用柏拉图的话来说就是："完全像一个饲养野兽的人在饲养过程中了解野兽的习性和要求那样。他了解如何可以接近它，何时何物能使它变得最为可怕或最为温驯，各种情况下它惯常发出几种什么叫声，什么声音能使它温驯，什么声音能使它撒野。这人在不断饲养接触的过程中掌握了所有这些知识。"（493b）这是一套有效的统治技艺，可以让人民舒舒服服地完全落入他的操控之中。

暴君最懂得愚民的心理，也最能把握他们的喜好和欲求，以此讨好、忽悠和利用他们。暴君需要笼络民众，因为民众人多势众，可以形成一种协助暴君个人暴政的多数人的暴政。事实上，就像我们在极权主义运动中看到的，一切现代暴政都离不开某种形式的多数人暴政，这在今天的网络时代成为一种更严重的危险。网上的暴民裹挟舆论，看似"自发"，其实是有权力在背后推波助澜，他们巨大的声浪足以淹没社会中任何清醒、理性的批评声音。

密尔（John Stuart Mill，1806—1873）是一位对"多数人的暴政"保持高度警惕的思想家，他清楚地意识到，在即将到来的民主大众政治时代，持不同政见者或"哲学家公民"的声音充其量只能起到偶发性的作用，所需要的不仅仅是发出批评意见声音的机会，而且是一种能将少数人意见政治化，获得制度保障的方式。密尔受到托克维尔的启发，对潜在的多数人暴政忧心忡忡。他在《论自由》（On Liberty）中对公众舆论和道德动态做了深刻的文化分析。尽管密尔看到，像苏格拉底、耶稣或路德那样的个人"异端"可以产生巨大的文化和历史影响，但他也预见到（在托克维尔的帮助下），需要有保护少数人言论自由的制度，才能扩大他们作为批评者的声音。没有制度保障的说真话是找死，是鸡蛋碰石头，"但事实上，'真理总战胜迫害'的说法是一句令人愉快的谬言，人们不断重复这些谬言，直到它们成为常识，但所有的经验都驳斥了它们。历史上充满了真理被迫害压倒的例子。如果不是永远被压制，它可能会被抛到几个世纪之后。仅就宗教观点而言：在路德之前，宗教改革至少爆发了 20 次，都被镇压了"[1]。即使是在有民主宪法保障的制度下，也不见得就能对多数人的意愿有足够的抑制，更不用说一个利用群众达到政治目的的专制制度了。而柏拉图所关注的是那种暴政忽悠和讨好愚民，暴君利用和操控暴民的制度。

柏拉图强调的是愚民的低级喜好和口味，这是最容易讨好和利

1　John Stuart Mill, *On Liberty*, New Haven: Yale University Press, 2003, 97.

用的，但民众的喜好和欲求并不能仅仅用"低级"来概括。他没有看到民众不低级甚至高级的一面：他们有同情心、有良知、有天生的幽默感，也相信有天理比没有天理要强，渴望天道能够得到伸张。他们的常情常理让他们能够察觉生活世界里的荒诞，也能辨析谎言与真实、善良与邪恶；就算他们的辨析能力还不强，他们也不会认为谎言本来就比真实好，或者邪恶本来就该消灭善良。

柏拉图认为，民众只不过是政治蛊惑家那里可利用的一帮蠢货，然而，他虽然鄙视愚民，却承认愚民不是天生的，而是恶劣的政治和经济环境所造成的一种人的蜕变。在他那个时代，他所能设想的改变之道仅仅局限于让"哲人王"代替暴君，把愚民带往一个能让他们可以脱愚的"理想国"。我们可以不赞同他的想法，但没有理由不认真了解他为什么有这样的想法，而在这些想法中，最重要的就是他在制度之恶和人性之恶之间看到的必然联系。

10.《理想国》：制度之恶与人性之恶

制度之恶和人性之恶都不是青面獠牙的恶，而是普通人都熟悉的"平常之恶"（ordinary evil）。剑桥大学精神病理学教授西蒙·巴伦－科恩（Simon Baron-Cohen）在《恶的科学》（*Science of Evil*）一书里，从"同情"的反面来定义人类的首恶——"残忍"。美国哲学家和政治理论家朱迪丝·施克莱（Judith N. Shklar，1928—1992）在《平常的恶》（*Ordinary Vices*）一书里避免使用有宗教意味的"evil"一词，而是代之以道德哲学意味的"vices"。在她那里，首要的恶同样也是"残忍"。

施克莱在《把残忍放在第一位》（"Putting Cruelty First"）一文中将残忍与暴政联系在一起。她把孟德斯鸠《波斯人信札》（*Lettres*

Persanes）里的波斯国王郁斯贝克（Uzbek）当作一个典型的残忍暴君。她指出，"正是看似普通的虚伪和自欺欺人使得郁斯贝克的残酷变得更容易"，也使得暴政之恶看上去如同背信弃义、专横、背叛那样的"平常之恶"一般。郁斯贝克的后宫里关着许多妻妾，她们被严格禁止与外界接触。后宫是交给阉奴们管理的，这些人狗仗人势、胡作非为、嚣张跋扈，剥夺了后宫女人们的所有自由。阉奴们说，严格管制和惩罚措施都是体现国王郁斯贝克对她们的关怀和爱护。郁斯贝克自己也认为，所有那些在他的后宫里遭受阉奴们折磨的女人都是爱着他的。这就像所有的暴君和专制独裁者都认为自己是受人民爱戴的伟大领袖。郁斯贝克成为一个"普通之恶"的暴君象征：暴君的残忍并不需要杀人如麻、血流成河，暴政可以用关爱和关怀包装得非常精致，连暴君自己都相信那就是仁慈的"仁政"。

柏拉图认为，暴政之恶是正义的反面，是正义的敌人。它首先就体现为郁斯贝克用来管理后宫的那些纪律和法规，它们美妙地掩饰了严刑苛法的实质性暴力和恐怖。暴政统治者专断独裁，目无法纪，他的意志就是至高无上的命令。暴政口口声声依照法律，却并没有真正的法律权威。暴政的独裁人治不仅破坏法律权威，甚至颠覆权威本身。臣民们心怀恐惧地服从暴君的权力，但是他们只不过是为了眼前的需要或利益屈服于一种以惩罚为后盾的强制力，而不是服从具有道义正当性的权威。因此，柏拉图认为，任何一种暴政制度都缺乏真正的权威，它的表面秩序随时有可能土崩瓦解，国家也就随之陷入动乱。

任何一个自由、正常的政治秩序的存在条件都是人们对他们共同认可的权威有所敬畏，不是因为害怕它的惩罚，而是因为它的正义和正当性，这个权威就是法。在一个正常的社会里，人们服从其他的权威——父母、老师、医生、领袖——也都是这样。柏拉图强调，如果一个城邦是和谐和健康的，那么那里的人民会自愿地服从法律，也会自愿地听从其他权威。他们是自由的，他们的服从里面没有害怕或恐惧的因素（《法律篇》，647b，699b-d）。

暴政之下，人民没有自由。暴君强行取代了自由社会里的所有权威，把他自己树立为唯一的、最高的权威。他这么做，不仅破坏了所有的权威，而且还从根本上摧毁了人们对待权威所需要的那种敬畏，剩下的只有野蛮人赤裸裸的本能性恐惧，"结果是，就像你所知道的，他们不在乎任何法律，成文的或不成文的，为的是逃避任何可能的主人"（405a）。

一个城邦失去了人们共同认可的法律权威，各种势力便会互相对抗，人民无所适从，犹如一盘散沙。这正中暴君的下怀，因为便于他各个击破，分而治之。柏拉图认为，分裂的显见原因是经济和财富，他把理想国看成唯一真正的城邦，而其他形式的城邦都很容易因为不同的经济利益和财富争夺而四分五裂、分崩离析。他说得很明白，"称呼别的国家时，'国家'这个名词应该用复数形式，因为它们每一个都是许多个而不是一个，正如戏曲里所说的那样。无论什么样的国家，都分成相互敌对的两个部分，一为穷人的，一为富人的，而且这两个部分各自内部还分成许多个更小的对立部分"。暴君可以很容易地统治这样的国家，因为"如果（他）……把其中一些人的财富、权力或人口许给另一些人，那他就会永远有许多的盟友和不多的敌人。他的国家只要仍在认真地执行这一既定方针，就会是最强大的"（422e-423a）。

财富永远不可能是平均分配的，如果公民们没有共同认可的城邦道义和荣誉，那么财富变化就成为分裂他们最有效的力量。暴政不允许人们过问政治，却会鼓励他们去发财致富，纵容自己的欲望，把发财梦越做越大。因此，每个人都一心想着如何迅速地富起来，过上比邻人更体面、更风光的小日子。人们互相攀比和忌妒，互相憎恨和敌视，互不信任，甚至互不来往，自然就不会再去关心公共的事情。

一心只想发财或暴富不仅增加了人与人之间的隔阂，让人变得更加孤立、自私、不团结，而且根本就是一种腐败的力量，对个人和国家都是如此。对个人来说，"私人手里的财产能破坏荣誉政治。这些人想方设法挥霍浪费，违法乱纪，无恶不作。男人如此，女人也跟在后面依样效尤"（550d）。"长此下去，发了财的人，越是要发财，越是瞧得起钱财，就越是瞧不起善德。好像在一个天平上，一边往下沉，一边就往上翘，两边总是相反。"（550d）对国家来说，"一个国家尊重了钱财，尊重了有钱财的人，善德与善人便不受尊重了。……受到尊重的，人们就去实践它，不受尊重的，就不去实践它。总是这样的。……于是，终于，好胜的爱荣誉的人变成了爱钱财的人了。他们歌颂富人，让富人掌权，而鄙视穷人"（551a）。

柏拉图说，暴政的统治者"爱好财富，这和寡头制度下的统治者相像。他们心里暗自贪图得到金银，他们有收藏金银的密室，住家四面有围墙；他们有真正的私室，供他们在里边挥霍财富取悦妇女以及其他宠幸者。……他们一方面爱钱，另一方面又不被许可公开捞钱，所以他们花钱也会是很吝啬的，但是他们很高兴花别人的钱以满足自己的欲望。……他们秘密地寻欢作乐，避开法律的监督，像孩子逃避父亲的监督一样"（548a-c）。在暴政的制度里最迅速滋生的，除了嗜钱如命的贪婪，便是伪善和自以为是。暴君要控制所有人，却不能控制自己的欲望；他要告诉臣民怎么做幸福梦，而他自己做的却是害人的梦，他自己就是一个最不幸福的人。

柏拉图生动地表述了暴君的不幸福。暴君虽然有强烈的享乐欲望，但"他是这个城邦里唯一不能出国旅行或参加普通自由公民爱看的节日庆典的人。虽然他心里渴望这些乐趣，但他必须像妇女一样深居禁宫，空自羡慕别人能自由自在地出国旅游观光"。不仅如此，暴君的内心是混乱的。柏拉图说："命运使他成了一个真正的僭主暴君，他不能控制自己却要控制别人，这时他的境况一定更糟。这正如强迫一个病人或瘫痪的人去打仗或参加体育比赛而不在家里治疗静养一样。"（579c-d）色诺芬《希耶罗》里抱怨自己不幸福的暴君也是这么说的。

暴君看上去能支配一切，但柏拉图说："真正的僭主实在是一种依赖巴结恶棍的最卑劣的奴隶。他的欲望永远无法满足。如果你善于从整体上观察他的心灵，透过众多的欲望你就可以看到他真正的贫穷。他一天到晚提心吊胆；如果国家状况可以反映其统治者的境况的话，那么他像他的国家一样充满了动荡不安和苦痛。"暴君不仅自己不幸福，他的家人和周围的人也都跟着他不幸福。柏拉图还说，暴君的权力越大，他就变得"越不忠实可信，越不正义，越不讲朋友交情，越不敬神明。他的住所藏污纳垢。你可以看到，结果他不仅使自己成为极端悲惨的人，也使周围的人成了最为悲惨的人"（579d-e）。

暴君无度的权力欲、支配欲、控制欲使他的臣民陷入了被奴役的境地，也将暴君自己和家人置于不幸之中。那么，他为什么不能克制自己？为什么不能停止当暴君？柏拉图是用"疯狂"来回答这个问题的——也就是一个人被自己的欲望牢牢控制，到了不可理喻的智昏地步。柏拉图运用索福克勒斯关于性欲是"发狂的、粗野的主人"的说法，把人的欲望看成"疯狂的主人"，称为"暴民般的野兽"，他说："这个暴虐的人因欲望和情欲而疯狂。"（329c-d）

柏拉图当然不是在主张人禁欲或者无欲，他主张的是要有好的而不是"非法"的欲望。他赞美正义的人，因为他们对勇气、智慧、健康有欲望，这样的欲望来自人灵魂中和谐的而不是狂躁的部分。

如何区分欲望的好与坏、合理与不合理？他认为这是一个非常要紧的问题。他说："我觉得我们分析欲望的性质和种类还不够。

这项工作不做好，我们讨论僭主人物就讨论不清楚。"（572a）他做出这样的说明："在非必要的快乐和欲望之中，有些我认为是非法的。非法的快乐和欲望或许在我们大家身上都有；但是，在受到与法律和理性为友的较好欲望控制时，在有些人身上可以根除或者只留下微弱的残余，而在另一些人的身上则留下的还比较多、比较强。"（571b）

非法的欲望就是坏的欲望，它只是为了肉体的满足，超过了人的身体和精神健康的需要。这种欲望通常被压抑在灵魂之中，但会在人的睡梦中猛烈地冒出来。他说："在人们睡眠时，灵魂的其余部分，理性的、受过教化的、起控制作用的部分失去作用，而兽性的和野性的部分，吃饱喝足之后却活跃起来，并力图克服睡意冲出来以求满足自己的本性要求。"这是非常危险的欲望，柏拉图补充说："由于失去了一切羞耻之心和理性，人们就会没有什么坏事想不出来；就不怕梦中乱伦，或者和任何别的人，和男人和神和兽类交媾，也就敢于起谋杀之心，想吃禁止的东西。总之，他们没有什么愚昧无耻的事情不敢想做的了。"（571c-d）

并不是所有的人都会做这种兽性和野性的梦，柏拉图说："如果一个人的身心处于健康明智的状况下，在他睡眠之前已经把理性唤醒，给了它充分的质疑问难的机会，至于他的欲望，他则既没有使其过饿也没有使其过饱，让它可以沉静下来，不致用快乐或痛苦烦扰他的至善部分……如果他也同样地使自己的激情部分安静了下来，而不是经过一番争吵带着怒意进入梦乡；如果他这样地使其灵魂中的两个部分安静了下来，使理性所在的第三个部分活跃起来，而人就这样地睡着了：你知道，一个人在这种状况下是最可能掌握真理，他的梦境也最不可能非法的。"（571d-572b）

暴君的权力欲表现在，他在白昼放纵一个明智之人在黑夜里也会克制自己的狂野之梦。暴君就是那个胆敢在白昼干下恶德之人，敢在清醒时干下梦里所做之事的人，这就是柏拉图所说的疯狂。他的这个观念深刻地影响了无数后人对独裁者的精神解释，包括弗洛伊德和阿伦特，还有许许多多把希特勒、波尔布特或其他独裁者看成疯子的人们。柏拉图对后世之人思考专制、独裁、极权的影响，不只限于他对暴政和暴君的思考。罗马帝国时代历史学家塔西伦分析暴君提比略（Tiberius，前42—37）的专制，运用的就是柏拉图对暴政的分析——专制制度下，上至皇帝和精英权贵，下至百姓，无人能不腐败，无人能逃避腐败之害。

18世纪启蒙哲人批评君主专制，用的也是柏拉图和塔西伦的理由。阿伦特在分析纳粹德国死亡集中营的恐怖情境之时，描绘的是一幅虐待狂和疯子作恶的景象。纳粹的所作所为是一个正常人在睡梦中都做不出来的、噩梦般的恐怖事情。可以说，为后来各种专制独裁者及其臣民的特殊心理研究开创先河的，正是柏拉图这位2500年前的伟大哲学家。

十四　亚里士多德

1.《尼各马科伦理学》：自制是怎样一种伦理品质

　　本章我们开始阅读亚里士多德的《尼各马科伦理学》（*Nichomachean Ethics*）。亚里士多德是希腊人，但不是雅典人。公元前 384 年，他出生于希腊北部的斯塔吉拉（Stagira），那是位于马其顿境内的一个小小的希腊殖民地。他一辈子都与马其顿有着牵扯不断的关系，也因此，他去世前不久不得不逃离雅典。他的父亲曾任马其顿阿明塔斯二世（King Amyntus II of Macedon）的宫廷御医。他 18 岁时到雅典的柏拉图学园学习，此后 20 年间一直住在学园，直至老师柏拉图在公元前 347 年去世。柏拉图可能对亚里士多德有些不满，而亚里士多德也终于发现柏拉图在重要学说上与他存在分歧，不过他始终对老师充满了敬意。

　　公元前 343 年，亚里士多德应马其顿菲利普二世国王之邀，担任王子的家庭教师。这位王子后来成为名载史册的亚历山大大帝（Alexander the Great）。亚里士多德后来回到雅典，创办了一所哲学讲堂。讲堂位于一座名叫吕克昂（Luceion）的园林之中，他的许多著作都是在这个时候写成的。亚历山大大帝死后，希腊许多地方都爆发了反马其顿的骚动，雅典也不例外。雅典人迁怒于亚里士多德，他因为害怕苏格拉底的命运会落到自己的头上（雅典人第二次对哲学犯罪），便离开了雅典，隐居于黑海的哈尔基斯，不久后去世（前322）。

亚里士多德的伦理学由两部著作组成，《尼各马科伦理学》是其中之一，也是最重要的一部，以下简称《伦理学》。

用来为《伦理学》命名的尼各马科是亚里士多德一个偏房所生的儿子。由此有人推断，这篇东西如果不是他交给他儿子的，就是在他死后由他儿子整理而成，两者都有可能。他还有另一篇《欧德米亚伦理学》（Eudemian Ethics），其名取自他一位名叫欧德米亚的学生，因此一般认为这是由他的弟子编辑而成，但也有权威学者认为，欧德米亚自己或许就是作者。

在阅读过柏拉图之后再阅读亚里士多德，你一定会注意到他们在思考方式和写作风格上的明显不同。柏拉图用的是对话，而亚里士多德不用对话。柏拉图笔下的苏格拉底经常不阐述自己的观点，而是诘问对手，逼着他们说出观点，然后证明他们的观点是错误的。而亚里士多德的论题和论述却都是清楚的，尽管要真正理解他并没有那么容易。

柏拉图也许较亚里士多德更有名气，也更多地受到哲学家们的青睐。在中国也是这样，关于柏拉图的书籍数量似乎远超有关亚里士多德的。可以说，柏拉图用让世人仰之弥高的脑袋写作，与之相反，亚里士多德则用双足牢牢地站立在由各种知识板块结成的地面上。

他的心智十分敏锐广博，使他对各式各样的科目——例如逻辑学与哲学，博物学与地理学，心理学、生理学与解剖学，物理学与天文学，政治学与伦理学——几乎无不研究。他写出的东西很多都已散佚，而流传下来的作品也有许多经不起现代科学的考验，但这都无损于知识在他那里的重要性。就像 18 世纪的知识启蒙一样，当时的知识不少已经过时，知识的启蒙意义和作用却是一如既往：对于启蒙来说，知识不是万能的，但没有知识的启蒙却是万万不能的，而目标明确地善用知识则是最重要的。

在亚里士多德涉及的知识领域中，伦理学、政治学、诗学的影响比自然科学的在后世延续的时间要长得多。他的科学知识已经过时，但他的《尼各马科伦理学》、《政治学》(*Politica*)、《诗学》(*Ars Poetica*)、《形而上》(或《神学》[*Metaphysica*])，却仍然是今天这些学科不可或缺的内容，这也是为什么我们今天还在阅读这些著作。死去的作家已经远离我们，我们看似知道的比他们多，但我们今天阅读的还是他们的著作。

亚里士多德的知识具有重要的人文价值。在他那里，作为人，只有做自己的主人而不是做别人的奴隶的人，才是一个自由的人。同样，一种知识如果服务于它本身以外的其他目的，就必然要受到其他因素的限制，便不能是真正自由的。人只有摆脱种种限制，以知识自身为目的，才能自由地思想，去探求真理。但知识，包括它的目的，都随着时代而变化，需要我们根据自己的需要和目标去把握，这样的知识才能帮助我们达到善的目标。

亚里士多德将知识分为三类：理论的知识、实践的知识、创造的知识。伦理和政治都是实践的知识，康德也把伦理和道德视为实践理性；艺术是创造的知识，也是实践性质的；理论的知识是纯思辨的，因为它以自身而不是以实用为目的。柏拉图追求的是理论的知识，而亚里士多德更关注实践的知识。这是他们之间最重要的不同。

无论伦理还是政治，亚里士多德都在一个与我们迥然不同的世界做出思考。今天阅读他的著作，一定要有我们自己时代的问题意识，不能局限于对亚里士多德文本的理解。

514

在古希腊人那里，人的杰出或优秀（arete）是一个恒久的主题，从荷马的好客之道，赫西俄德的农夫美德，一直延续到亚里士多德对其的看法。但亚里士多德对伦理的优秀、对人的杰出品德提出了许多新的见解，其中最有名的就是"中道"（mesotes）。

亚里士多德指出，伦理品德有这样一种性质，它总是被过度或不足所破坏，这和其他的事情很相似。如果从健康状况来看，锻炼过多或过少都有损体力，饮食过多或过少会损害健康，唯有"中道"，即适中才有益健康。勇敢、节制这类品德也是这样。一个人如果对什么都害怕，都回避，那他就是懦夫；反之，如果他天不怕、地不怕，敢冒一切危险，那他便是莽汉。沉湎于一切享乐不能自拔，那是放纵；但如果摒弃一切享乐，又会成为一个麻木无情的人。节制和勇敢都会被过度和不足破坏，只有"中道"才能保持和维护它们。

亚里士多德因此提出，仅仅说品德是一种品质是不够的，还要说明它是什么样的品质，这个品德能达到哪种善的目标，能完满地完成什么功能，如眼睛的品德就是使视力敏锐，人的品德就是要使人成为优秀的人，能完满地完成人的功能，达到人的存在目的。人的存在目的不是为了积累财富，不是为了成为名流，不是为了爬上高位、扬名立万、权倾一世，而是为了成为优秀的人。这在今天看来是一个了不起的人文主义理念，虽然古希腊还没有"人文主义"这个说法。

人的伦理品德是奔着"人变得优秀"这个目标去的。那些因为其他目的而强迫人去接受的种种"优秀品质"，或者向某英雄或模范人物学习的要求都可能值得怀疑。当政治权力或其他人为我们设定伦理品德的标准或模范时，我们就应该问一问，这些能让我成为一个更优秀的人吗？

在《伦理学》第七卷里，亚里士多德提出，人变得优秀起来，不是从该做什么，而是从不该做什么开始。2000多年后，以色列哲学家阿维夏伊·玛格利特（Avishai Margalit）在论正派社会时，以同样的思路提出，正派社会是以人不该做什么，而不是该做什么来界定：正派社会是每一个人都应该避免羞辱他人的社会。

亚里士多德认为，伦理品德要求人能够避免三类事情：邪恶、不自制和兽性。他说："与这三者相反，其中的两类是显然可见的，这就是我们称为德性和自制的品质。与兽性相反，最合适不过的是超人的德性或某种英雄和神性的品质。"[1] 成为优秀的人，不是要成为英雄或有神性品质的人，而是要成为不邪恶和能自制的人。

人要成为荷马史诗里那种具有英雄或神性品质的人物，既没有可能，也没有必要。同样，要求人成为革命史诗里那种为真理不怕把牢底坐穿，或毫无畏惧地走上刑场，对一般人培养伦理品德也没有实际意义。亚里士多德对人只抱有实际的伦理品质期待，他说，神其实是没有德性的，"有了超人的德性，人就成了神。这样的品质与兽性显然是对立的。神之没有德性正如兽之既没有邪恶也没有德性一样。神的品质比德性更加荣辉，兽性则与邪恶不是同种的。所以，人很少是神圣的"。[2]

在人的世界里，神性和兽性都极少见，而人的伦理品质则体现在他的自制和忍耐上。亚里士多德说："自制和忍耐是好事情，应受到赞扬，而不自制和无耐心不是好事情，应受到责备。有自制力的人能坚持他通过理性论断所得的结论，而无自制力的人，为情感所驱使，去做明知道的坏事。"[3] 也就是说，明知故犯，不是无知的结果，而是不自制的结果。

亚里士多德把人的自制视为理性的体现，自制是用理性来制约人的自然欲望和本能。他说："有自制力的人服从理性，在他明知

1　亚里士多德著，苗力田译，《尼各马科伦理学》，中国人民大学出版社，2003年，第136页。
2　同上。
3　同上，第137页。

欲望是不好的时候，就不再追随。人们认为，一个有自制力的人既能自制又能忍耐。至于对一个能忍耐的人，有些人认为全都是自制，有些人则另有不同的意见。有的人认为放纵就是不自制，不自制也就是放纵，有些人则认为这是两件事情。有人说，一个明智的人是不会不自制的，然而有时候明智的人虽然聪明，但不能自制。此外，有些人则认为在愤怒、荣誉和收益方面是不能自制的。"[1]

亚里士多德在自制与明智的关系上引述了好几种不同的看法，看似寥寥数语，其实内容极为丰富，成为现代心理学和社会心理学研究的一个主题宝库。例如，亚里士多德直接提到并反驳了苏格拉底"人知错就不会犯错"的观点。他认为，苏格拉底的观点与人们可观察到的"诸现象明显背道而驰"。许多做错事、做坏事的人都是明知故犯，因此不能在不自制与无知识之间简单地画上等号。亚里士多德说："如若是无知，那就应该探索是什么样的无知，它到底是受了什么影响。"[2]人因为什么而无知？直到今天，这仍然是我们需要思考的问题。

一个人之所以无知，经常是因为被一己私利蒙蔽了双眼。这时候，即便知识是现成的、公认的，无知的人也不愿意接受甚至满怀仇恨地抵制，也不准别人接触或接受知识。实际上，这些人过不了那道无知的坎不是因为缺乏知识，而是因为不能舍弃自己的利益。

在所有的一己私利中，最难以舍弃的恐怕就是权力的利益。权力欲也是最难自制的，不自制则可能造成巨大的公共危害。一个酗酒而不能自制的人，杀死的不过是他自己，而一个迷醉于权力的人却能够给千千万万的人带来灾祸。因此，人们也就特别崇尚能克制自己权力欲望的历史伟人。

例如，古罗马将军辛辛纳图斯（Lucius Quinctius Cincinnatus，

前 519—前 430）在罗马危急之时受命担任罗马独裁官。他领军保卫罗马，退敌 16 天后，辞职返回农庄。在权力面前他表现出了不起的自制。同样，美国第一任总统乔治·华盛顿（George Washington，1732—1799）拒绝担任终身总统，也是一个在权力面前有极大自制能力的人。

一个不能克制一己私利或者其他强烈欲望和激情的人，其行为是不受知识主导的。按照亚里士多德的看法，这样的人"既具有知识，又没有知识，如一个睡着了的人，一个发狂者和醉汉"。他们因不能自制而饱受其害，完全丧失理智，陷入癫狂。亚里士多德说，有一些事情会使人发狂，"那些不能自制的人，显然也可以说处于这种状态之中"。[1]

2.《尼各马科伦理学》：私人友谊和公民团结

自制是一种能保障正确行为、避免犯错的内在品质。但要保障正确行为，避免犯错，光靠自制还不够。人是自私的动物，往往经受不住各种诱惑，声色犬马、荣华富贵、权力地位、金钱美女，都足以摧毁一个人自制的意志。就算是同一个人，在得势之前能够自制，有所收敛，但一旦得势，便猖狂和嚣张起来，变得无法无天，为所欲为。这种变化是常有的事情。因此，在我们今天看来，个人意志和修为之外的制度性约束也就特别重要。有权的人不仅要戒骄戒躁、谦虚谨慎，更要紧的是把他们手里的权力关进笼子里。所以，我们今天认识的自制不仅是一种私人的美德，更是一种公共政治必需的制度保障。

1　亚里士多德著，苗力田译，《尼各马科伦理学》，第 140—141 页。

当我们讨论亚里士多德《伦理学》中的"友谊",同样也需要强调,友谊不只是一种私人的关系,不仅是个人与个人交朋友,更是公共生活中公民之间必须建立的一种关系,我在这里把它叫作"公民团结"。我跟你也许并不是私人之间的朋友,但是,正如亚里士多德所说的,只要我们有共同的价值观和公共目标,我们就可以成为并非私人朋友的公民朋友。

亚里士多德对朋友或友谊的讨论对我们今天有什么意义?这可以从一个大家都很熟悉的现象谈起。

现在许多年轻人喜欢在网上通过社交媒体交朋友,虽然大多数人之间不认识,但在一起聊天非常愉快。他们很难设想在有社交媒体之前,人们是怎么交朋友的。

以前人们交朋友,都是从相熟开始的,交往多了、志同道合、意气相投,才渐渐成为朋友。现在交朋友可以直接跳过"熟人"这个阶段,一般先是网友,后来若有机会见面或其他机缘,才成了熟人。

网友,尤其是不相熟的网友到底是什么样的"友"?在汉语中,"朋友"经常是"友谊"的同义词,两个互相有友谊的人便是朋友。友谊的内涵很丰富,不只是有好感,相互喜欢,而且有相互的理解、同情、信任、忠诚、宽容等,这些是朋友之"友"的精神内核。而大部分网友的"友"与这些基本没有什么关系。

在中文里,除了"狐朋狗友"这样的反面说法,朋和友都是正面的意思,它们的对立面是"党",这在"君子朋而不党"的说法里就能看出来。在英语里也存在着类似的区别,朋友是"friends",注意,这里是复数,一个人是做不成朋友的;而党则是"clique"(小集团)。小集团是一种关系密切又排外的人际团伙,其极端而暴力的形式就是帮派(gang)。小集团又叫朋党,可见在字面含义上,"朋"又不如"友"来得正面。

　　亚里士多德在《伦理学》里把朋友分为三种：第一种朋友是希望对方过得好（善）；第二种朋友是为了相互利用，也就是利益交换；第三种朋友是为了彼此快乐。他认为，只有第一种是合乎善的目的而结成的朋友，也才是真正的友谊。后两种朋友都不是为了友谊自身，而是为了有用和快乐，他们的友谊都是属于偶然性的，而且是功利的，所以难以持久。因为交友情况在变化，一旦它不再令人快乐或不再对人有用，友谊也就不存在了。

　　在中国儒家文化里，也有类似的友谊观念。《论语·颜渊》里子贡问友，子曰："忠告而善道之，不可则止，毋自辱焉。"《论语·里仁》中子游有"朋友数，斯疏矣"之语，也有类似的意思。朱熹说："友所以辅仁，故尽其心以告之，善其说以道之。然以义合者也，故不可则止。若以数而见疏，则自辱矣。"朋友之道，合则合，不合则离。朋友是以"义"而互相结交的，这个"义"也就是亚里士多德说的"善"或"美德"。朋友之间，除义之外，无其他（如地缘、血缘、利害等）联系，义不合则所以成朋友者尽矣。

　　"义"固然可以理解为志向、道德、操守，但好的爱好、兴趣、学问等，也可以算是义的延伸。《论语·颜渊》里曾子曰："君子以文会友，以友辅仁。"不就是这个意思吗？朋友之间相互切磋，是提高个人道德、修养和人品的重要途径，不也是一种亚里士多德所说的"有用"吗？可见，无论是亚里士多德的"三种朋友"或儒家的"以义为友"，都是一种大致的说法。例如切磋，可以切磋玩蝈蝈、养宠物、足球、韩剧，也可以切磋琴棋书画、美食和炒股，也可以同时切磋古玩、文学或哲学。人的兴趣和爱好是不同和多样的，具体情况还要具体分析。

　　在亚里士多德所说的三种朋友中，只有以善为目的的朋友关系才是完美的品德，这种友谊都是为了朋友自身，不是出于偶然的原因。只要善不变其为善，这种友爱就能永远维持。而且，这种善是无条件的、绝对的，它可以使朋友彼此得益，也可以使彼此得到快乐，所以这种友谊是最大的、最好的。但亚里士多德也指出，这种友谊是罕见的，只有经过长期共同生活才能产生这样的友好和相知。[1]

以这样的分类来看，今天网友的友谊主要是以彼此找寻快乐为基础的。听起来有点像人们所说的酒肉朋友，但也不尽然，因为大家一起旅游、玩麻将、跳广场舞，也都是彼此找快乐。同样，人们互相在网上聊天、交换信息、发泄心情、打发时间、抱团取暖也都是彼此找快乐。但这样的友谊是有条件的，那就是只能容忍同一种声音，容不得不同的或批评的声音。这是社交媒体里朋友圈的一个主要特点，也是网络上"回音室效应"的主要原因。

在这种环境气氛中维持的友情时时都会有"联合自欺"的危险。在联合自欺的集体中，所有的成员都十分渴望相信他们是一个相互一致、意见统一的朋友圈。越是众口一词，就越能在心理上免除孤单和不合群的焦虑，让他们能够在"团结就是力量"的幻觉中，就算自己人微言轻、无足轻重，也能与他人抱团取暖。即使在这个力量不存在的时候，他们也要让自己相信它确实是存在的。谁要是戳破了这个自我欺骗的泡泡，其他的人就会群起而攻之，把他当成内奸和叛徒，恨不得除之而后快。

古希腊人有不少关于什么样的人可以做朋友的争论，例如哲学家赫拉克利特（Heraclitus，前540—前480）认为万物都由斗争产生，只有不同的人才能成为朋友——"异类相聚"。另一位哲学家恩培多克勒（Empedocles，前494—前434）却认为，只有彼此相似的才能结合在一起——"同类相聚"。这有点像人们讨论什么样的一对男女才能成为好夫妻，是习性相同，自然亲近，还是习性不

1　亚里士多德著，苗力田译，《尼各马科伦理学》，第167—168页。

同，互相补充？以现在网络交友的情况来看，恐怕只有同类相聚，而绝不可能异类相聚。

人们在网上为快乐交友，只不过是交友而已，即使方法欠妥，也与他们是好人或坏人无关。正如亚里士多德所说："那些因快乐和有用而做朋友的人，可能是一些无赖之人……也可能既非善良也非邪恶之人。"[1]一个懂得如何做好朋友的人，未必是一个喜欢交朋友的人，亚里士多德自己就是一个不太喜欢交朋友的人。而喜欢交朋友，尤其是交网上朋友的人，却未必都懂得如何做朋友，他们也不了解网友是怎样的"友"。

亚里士多德强调，真正的朋友和友谊是"合目的的善"。如果朋友是一种善，那么它的目的是什么？这个目的就是将友爱和城邦联系起来。他说："友爱将城邦联结在一起，所以立法者重视友爱更甚于正义，因为友爱可以加强团结，消除仇恨和斗争。"[2]他认为友爱和正义一样，是建立和完善城邦所必需的群体品德。因此，他所讨论的范围也超出单纯的个人和个人的关系，而是涉及各种社会关系，如家庭中的亲子关系、夫妻关系、老年人与年轻人的关系、主奴关系、政治上的统治者和被统治者的关系，等等。

因此，亚里士多德所讨论的朋友关系，有些是多重人际关系，不是单纯的个人与个人交朋友，但城邦共同体的团结意义更明确。因此，朋友或友谊是合乎"维护好城邦秩序"这个目的的善。这是一种具有公共政治意义的人际关系，对我们了解古代政治制度，尤其是城邦民主制度，特别重要。这一点，我们在讲他的政体观念时，还要具体讨论。

亚里士多德的友谊观念包含人与人之间的平等，也包含了人与人之间的不平等关系。他坚信不同的人之间有一种自然的等级体

1　亚里士多德著，苗力田译，《尼各马科伦理学》，第169页。
2　同上，第164页。

系——自由人高于奴隶，希腊人高于希腊人以外的民族，成年人高于孩童，男性高于女性。这样的等级观念使他一再强调女性不如男性，这是我们今天所不能接受的。

亚里士多德的男性优越论可以从他与柏拉图的不同看出来。柏拉图的理想国里有不分男女的教育，其宗旨在于培养肩负护卫者职责的男人和女人，他们会一起管理政府。相比之下，亚里士多德则是男性优越论和父权制的坚定支持者，他认为妇女生理上和思想上有先天不足，所以难以为父权秩序提供稳固的基础。他甚至认为，女人的牙齿比男人少两颗，妇女的体温也低于男性，因此，尽管女人能够提供胚胎，但只有男人才能提供灵魂。女子在受孕后，胚胎在子宫内如果缺少热量，就会发育不全，变成女性。因此，女性实际上是不成熟的。他也因此认为，女性"可谓是畸形的男性"。[1] 这不仅是他个人的偏见，也是他那个时代的偏见。伯特兰·罗素打趣道，要是亚里士多德允许他的妻子张开嘴巴的话，他就不会说妇女比男人的牙齿少了。

亚里士多德认为，友谊既是一个用来理解朋友关系的概念，也是一个用来理解城邦公民关系的概念，当然，那只限于男性公民。城邦社会里的"私"和"公"有所区别，但又可以联系起来理解。凡是私的，都属于特定个人，是特殊的、有差异的。而凡是公的，便应该归于共同，并在集团成员中平等分配。

友谊跟"私"和"公"都有联系，联结并支配着这两者。任何友谊实质上都是"特殊的"，属于每一个私人的朋友圈。然而，这个圈子外加圈子的圈子，构成了一个集团，就像是缩小了的城邦的形象。要有城邦，就需要它的成员经由友爱（Philia）的纽带彼此团结在一起，彼此相同和平等。在朋友的私人空间中，一切都在平等

---

1 参见：亚里士多德的著作《动物的生殖》（*On the Generation of Animals*）。

者之间分享，一切均为共同的；同样，在城邦的共同空间里，平等的公民之间也结成这样的关系。友谊就是那个把私与公编织成有机群体的东西，但它也是排斥"外邦人"的。

私人朋友之间可以形成和而不同的关系，在城邦的平等公民之间也是一样。平等在友谊中是最基本的，人们一旦成为朋友，即便彼此存在着分歧和竞争，也是平等的。对公民的整体来说也是这样。友爱有助于整体的团结，用今天的话来说，就是"公民团结"（Solidariy）。20 世纪 80 年代，波兰团结工会对抗极权统治的时候，就是诉诸这样的公民团结，而这正是任何一种专制统治都最最害怕的。

古往今来的专制和暴政有一个共同的特征，那就是对人民进行一种统治，使他们孤立无援，让他们互相交不成朋友，互相猜忌，互相戒备，甚至彼此出卖，彼此仇恨。只要人民之间形不成友谊和团结的关系，专制的统治者就能安安稳稳地维护自己的权力，无须忧虑老百姓会结伙造反或聚众闹事。

亚里士多德的这一洞见在 20 世纪的现代极权国家里被反复验证。例如，举报和揭发成为一种标配的专制统治手段，奥兰多·费吉斯在《耳语者：斯大林时代苏联的私人生活》一书中描绘了无处不在的举报人和空前的举报规模。据估计，在大恐怖的高潮时期，数百万人在举报他们的同事、朋友和邻居，但很难得到精确的数字，因为只有零星的数据和传闻的证据。据一位资深警官说，上班族的五分之一是内务人民委员会的举报人。另一人声称，经常性的举报人占主要城市成年人口的 5%（普遍的看法是比这个比率更高）。监视的程度，因城市不同而悬殊较大。据内务人民委员会的前官员称，在管辖严格的莫斯科，每六七户家庭中至少有一名举报人。

专制的强大，全在于老百姓的软弱和配合。他们没有公民团结，永远不可能变得强大，公民团结是政治觉悟和行动的结果。为了防止人民因团结而强大，专制统治一定会诱使或逼迫人民躲避政治。专制下的人民躲避政治，自觉地免谈国事，这叫作"去政治"。亚里士多德和许多其他有识之士都曾指出，暴政存在的条件是限制公民交往，让他们在政治上老死不相往来，永远像一盘散沙似的处于孤立无援的个体状态。

专制暴政防止人民交朋友、不让他们形成公民团结的手段很多。例如，它可以鼓励个人发财，诱发彼此间的攀比、贪婪和忌妒；它也可以运用暴力来禁止集会和结社；利用鼓励告密和举报来逼迫臣民相互提防，事事小心，以免祸从口出。这能在人群中造成一种慑于恐怖的"心理孤独"。专制统治还可以利用底层民众的生活匮乏和贫困来迫使他们终日忙于生计劳作，无暇多管闲事。但最重要的是压制和操控社会中一切"中间社团"（intermediate associations），如教会、工会、行业联合会、民间组织，使个人直接暴露在专制权力的控制之下。但人是害怕孤独的动物，人需要朋友。没有可能与他人结成真正朋友和公民团结关系的人，其境地是悲惨的，未来是绝望的。

3.《尼各马科伦理学》：什么是幸福

在亚里士多德的《伦理学》中，善与幸福是两个核心的观念，但他的讨论令许多人觉得难以琢磨，引发了一系列令后人困惑甚至苦恼的问题。正因为如此，我们不应该把他对什么是幸福、如何追求幸福等问题的讨论当作对这些问题的终极回答，而应该视其为一种对后人的启发，所以也更需要我们今天根据自己在现实世界里的经验做出自己的思考。

亚里士多德把幸福与善（美德、德性）联系在一起，因此，幸福虽然是追求具体目标，但最终是对善的追求，每个人都想要幸福，但像大多数人所理解的那样，以为追求愉悦、财富、地位和权势就是追求幸福，那是错误的。因为所有这些都可能与善无关，不过是人前显贵罢了。拥有这些的人不一定是一个有德性的人，甚至可能是一个歹徒和恶棍，这些家伙算不上幸福之人。亚里士多德认为，幸福和美德来自符合人性的行为，来自合理的行为。幸福包含对激情和欲望的节制，人应当寻求生活中的均衡，即两个极端之间的中间位置。这听起来有点像老生常谈，不过，正因为如此，我们看到了亚里士多德伦理学的特点，正如彼得·沃森所说，亚里士多德也许是有些"枯燥"，"用罗素的话说，亚里士多德的写作像个教授，不过，即使这是真的（记住，我们拥有的只是他的课堂笔记），他贴近事实、贴近具体以及贴近常识的能力都远远超过了他的缺点"。[1]

在亚里士多德之前，苏格拉底就已经把幸福与美德联系在一起了。在柏拉图的《高尔吉亚篇》（*Gorgias*）中有一场苏格拉底与波卢斯（Polus）的辩论，波卢斯是修辞教师，他向学生传授修辞的技艺，凭着这个技艺就能获得影响力和权势。他对自己的工作感觉良好，他认为，能言善辩的人是城市中最有权势，因此也是最幸福的人之一。苏格拉底反驳了这样的想法，他致力于表明：第一，这种"权力"根本不是真正的权力，因为它这样的修辞几乎总是在迎合民众错误的观念，造成痛苦的后果，实际上不是真的对民众有影响力；第二，幸福与邪恶是不相容的，因为邪恶对行为者来说是痛苦的，不会带来幸福；第三，不公正的错误比受错误之害更可耻，带来的是苦和恶，因此不公正永远不可能成为真正幸福的途径。苏格拉底向波卢斯提供一个更具有启发性或更高尚的幸福概念，他试

1　彼得·沃森著，胡翠娥译，《思想史：从火到弗洛伊德》，第 6 章。

图向波卢斯证明，做不公正的事情，无论得到的是权势、财富或别的"好东西"，都是最可耻的邪恶，也是追求者最严重的错误。苏格拉底要证明的是，最幸福的人不是暴君或有权势的政治家，而是远离不公正，从而避免做坏事或伤害自己的人。最幸福的人并不表现美德，而是"灵魂中没有邪恶"。人之所以幸福，是因为他避免了不公正（478e）。苏格拉底主张"受苦比犯错强"就是这个意思（469b-c）。

亚里士多德和苏格拉底一样，主张用美德去启发正确的幸福观。美国哲学史家达林·麦马翁在《幸福的历史》一书中评价这种启发说，亚里士多德提供的幸福图景一点也不光明："在尘世间获得幸福的前景似乎显得相当黯淡。不仅大多数人从一开始就被拒绝于真正的幸福大门之外——可能受阻于出身背景或生活环境——而且，即使是更上层的少数能够遵循德行生活的精英，也无法进入真正的幸福之门。这些精英所拥有的只不过是'次等的'幸福，这样的幸福在'像神一样'的沉思活动面前显得相形见绌。"[1]

亚里士多德说，沉思可以让人进入幸福的最高境界，然而这样爱沉思的人，即便有也非常非常少，而且也只能是在短暂的时间内体验到这样的幸福，因为人生不可能完全投注于沉思。在和尚和道士都在搞创收、忙着挣钱的当下，亚里士多德所说的这种最高幸福更像是一个理想主义者的梦想。

但是，所有那些忙着挣钱的人，包括和尚和道士，又何尝不是在追求他们的幸福之梦？这不是使得亚里士多德的幸福理论变得更加难以捉摸吗？这是否意味着他关于幸福的思考就全无意义？

不是这样的，因为即便无法追求最高的幸福，幸福仍然是人的最高追求。用麦马翁的话来说："亚里士多德关于幸福的理论虽说

1　达林·麦马翁著，施忠连译，《幸福的历史》，第53页。

难以捉摸，但它却能增强这神秘莫测的目的的魔力。亚里士多德在整个古代世界吸引了众多追随者……他也由此确立了幸福在古典伦理和思想当中的中心地位。自此以后，幸福就成为首要的哲学关切，也是存在的终极目的。随着越来越多的人开始专注于这一令人难以捉摸的目的，也会有以新导师自居的人不断出场，自称能够指引别人达到幸福这个终点。"[1]

幸福可以成为一个有现实意义的目标，但也可以被用作一个诱饵和圈套。麦马翁所说的那种"新导师"就经常用"幸福"来作诱饵和圈套。今天，我们在把幸福当作一个价值观念使用时，需要有三点清醒的认识：

第一，幸福是一个难以把握的观念，因为不同时代的人，即使是同一时代的人，对幸福是什么都有不同的理解，互相说服的机会即便不能说没有，也极为渺茫，不如先搁置起来。但每个人都有追求他心目中的幸福的权利，只要不伤害到别人，就不应该禁止或阻挠。

第二，每个人都需要好好把握自己的幸福。别人即便是好心为你安排幸福，也有可能给你造成许多不幸。著名华裔美国作家哈金（Ha Jin）的小说《等待》（Waiting）中就有这样一个故事。军医孔林在父母包办下与家乡农村女子刘淑玉成婚，淑玉没有文化，裹小脚。孔林不喜欢妻子，为了跟另一个他爱上的女人结婚，他一直在办离婚。由于户口政策的限制，他不得不苦等了18年。等到他最后终于离婚成功并与所爱的女人结婚时，却发现漫长的等待已经使他们对婚姻彻底麻木。孔林陷入了新的痛苦之中，他等到的是无奈、虚空与困惑。

第三，特别要警惕"新导师"对个人幸福观的蓄意误导和利用。

1　达林·麦马翁著，施忠连译，《幸福的历史》，第53页。

那些自称手握真理，知道幸福是什么，并有资格指导人们如何追求幸福的"新导师"，十有八九是骗子和别有用心的人。当你的幸福违背了他们的意愿或利益，与他们的目的不符时，他们就会限制或禁止你的幸福。

在阅读《伦理学》的时候，我们一定不要忘记，亚里士多德对幸福的讨论离我们的现实是非常遥远的。但亚里士多德毕竟还是一个比较务实的哲学家，虽然他认为一个人的沉思和灵魂之善是最主要的，可是亚里士多德又补充说：外在的善也是需要的。他说："赤手空拳就不可能或者难于做好事情。有许多事情都需要使用手段，通过朋友、财富以及政治权势才做得成功。其中有一些，如果缺少了就会损害人的尊荣，如高贵出身、众多子孙，英俊的相貌等。若把一个丑、孤、出身卑贱的人称作幸福的，那就与理念绝不相合了。尤其不幸的是那子女及亲友都极其卑劣的人，或者虽有好的亲友却已经死去了。从以上可知，幸福是需要外在的时运亨通为其补充，所以有一些人就把幸运和幸福等同起来。"[1] 也可以说，在争取幸福的比赛中，少数人因为家庭背景等原因，一开始就赢在了起跑线上，而大多数人则是还没有开跑，就已经输掉了。

但亚里士多德认为，归根结底，幸福还是事在人为，因为"幸福就是合乎德性的现实活动"，是一种行动。牛、马和其他动物都不能称是幸福的，因为它们没有这种活动的能力。主人待它再好，也不能认为它幸福。孩子也不能说是幸福的，因为他们尚未具有这样的能力，只能希望他们将来幸福。他把"品质"和"行动"做了区分：一个人容貌俊美、身体健壮，但如果不参与奥林匹克大赛，就不能赢得竞技胜利的幸福。[2] 同样，出身于优越的家庭，如果自己不努力，没有合乎德性的现实行动，也照样得不到幸福。

1　亚里士多德著，苗力田译，《尼各马科伦理学》，第 15 页。
2　同上，第 14 页。

亚里士多德认为，一个人是否行动，行动得好不好，是高尚还是低劣，都是通过学习、习惯和训练造成的。他说，"幸福是学到的，获得的"，人有接近德性的欲求，"人们有充足理由主张，通过努力获得幸福比通过机遇更好"。[1] 父母给你的只是机遇，不能算是幸福。你自己努力获得的，那才是幸福。

而且，努力获得幸福是一辈子的事情，幸福是一种德行。"德性是完满的，须终其一生。在一生之中变化多端，随机投缘，一些人气运亨通，到老年却陷于悲惨的境地，正如史诗中关于普利亚莫斯的故事那样。没有人把这样的遭遇和结果叫作幸福的。"[2]

这听上去有点像是"盖棺定论"的说法，但亚里士多德声明，这不是他的意思。就算一个人一生从善，死后似乎堪称幸福，但保不齐儿孙不肖，给他丢脸，所以他死后仍不能说是幸福的。他说："死者也会碰到好事和坏事，例如儿孙们是享受荣华还是遭到侮辱，以及一般而论后代是兴旺发达还是日益败落。但这里依然是疑难重重，哪怕一个人一生都享受至福，但从道理上讲，他的后代仍会变化无常。他们之中，有的享受着自己所应得的良好生活，有的却完全相反。而且，用不着说，这些后代和祖先之距离是各不相同的。如若后代的生活变化无常，那么死者就会此时变得幸福，彼时变得倒霉，这是荒唐的。而在一定的时间之内，若说祖先不受后代一定的影响，也是说不通的。"[3]

在亚里士多德的伦理哲学中，好生活的"好"是用"幸福"这个概念来表述的。他在《伦理学》第一卷中就把"幸福"作为伦理的核心问题提了出来，紧接着又在第二卷、第三卷里分别提出了"德行"（善）和"行为"的问题，因为按照亚里士多德的理解，"幸

1　亚里士多德著，苗力田译，《尼各马科伦理学》，第 14 页。
2　同上，第 17 页。
3　同上。

福"或者好生活不是一种静止的状态，而是一种进行中的生活方式，一种以德行为目的的行为，一种完全合乎德行的现实活动。

他把德性分为两类：一类是理智的，一类是伦理的。他认为："理智德性大多由教导而生成、培养起来，所以需要经验和时间。伦理德性则是由风俗习惯沿袭而来，因此把'习惯'（ethos）一词的拼写方法略加改动，就有了'伦理'（ethine）这个名称。"[1] 没有一种伦理德性是自然生成的，而是习惯成自然。如果一个群体里人们都习惯了奴性，习惯于告密和出卖，那么这些坏事就会被当成好事，结果是非不明，善恶颠倒。

好的立法者通过习惯造就善良的公民，而坏的立法者则相反。亚里士多德说："一个好政体和一个坏政体的区别就在这里。一切德性都在这里生成，并且通过这里毁灭。"[2] 坏政体会鼓励享受，但不会鼓励正派的公民美德。

他还认为，许多人满足于生活享受，那是最低层次的幸福。不幸的是，在一个坏政体的国家里，这几乎是老百姓所知道的唯一的"幸福"。

在没有政治自由或公民权利的国家里，人们被迫生活在一个完全被金钱和自然欲望支配的世界，对幸福不能形成正确的观念。这并不是说他们不能感觉到某种幸福，而是说他们的幸福感会被极度扭曲。索尔仁尼琴（Aleksandr Solzhenitsyn，1918—2008）在小说《伊凡·杰尼索维奇的一天》中说了一个有关"幸福感"的故事。斯大林时期劳改营的犯人伊凡·杰尼索维奇·舒霍夫从前一天晚上起就觉得不舒服，有些发烧。他早晨起来，觉得头昏眼花、全身无力，不知道这一天要怎么熬过去。可是一天下来，居然过得非常顺当，没有被关禁闭，他们小队没有被赶去干最苦的活，午饭的时候

---

1 亚里士多德著，苗力田译，《尼各马科伦理学》，第25页。
2 同上，第26页。

赚了一碗粥，砌墙砌得很愉快，搜身的时候偷带的锯条也没有被搜出来，晚上又从别的犯人那里弄到了东西，还搞到了烟叶。没有生病，一天就这样挺过来了，没碰上不顺心的事，"这一天简直可以说是幸福"。

对于像杰尼索维奇那样生活在残酷的统治下的普通人来说，亚里士多德所说的幸福是一种他们想都不敢想的奢侈。逃避苦难要比追求幸福更为迫切和重要，逃避苦难甚至就是追求幸福。然而吊诡的是，就连一个牢犯，一个贱民，也需要有感受到"幸福"的片刻。也许有人会说，一个人是否幸福并不取决于他自己是否觉得幸福，人应该追求真实的幸福。但对他来说，别人规定的那些他应该得到却根本得不到的幸福又有什么意义？在别人眼里生活得再不幸、再悲惨的人，也会给自己制造出一点幸福来。不管这种"幸福"显得多么低贱、多么微不足道，他对幸福的追求，本身就应该得到我们的同情和尊敬。

4.《政治学》：城邦的好坏是由政体决定的

亚里士多德的《政治学》经常被视为《伦理学》的姊妹篇。如果说《伦理学》讨论的问题是何为幸福，人如何获得幸福，那么《政治学》讨论的问题就是好的政体应该如何为公民磨炼品德，为获取幸福创造条件。因此，《政治学》成为《伦理学》的续篇。

《伦理学》和《政治学》实际上构成了一门共同的学问，它们研究的是人类最高级的善的两个方面：在伦理学层面上是人的高尚品格和善；在政治学层面上是政府，因为政府能够帮助实现或毁灭人的高尚品格和善。

亚里士多德把人视为政治的动物，也视为社会的动物，这其实是一回事。他高度重视政治在城邦生活中对公民道德的教育作用，这与我们今天许多人厌恶、躲避和贬低政治是根本不同的。

今天许多人对政治抱有偏见和误解，他们错误地以为，对政治冷漠的人才是清醒和理性的人，只有撇开了政治，人才能有智慧。他们还以为，只有置身于政治之外，才能对事情有中立和客观的态度。这其实是一些自欺欺人的想法，你怎么能置身于政治之外？政治就是城邦（国家）的事情，就是群体和社会的事情，作为国家、社会和群体的一员，政治又怎能与你无关？

在《伦理学》最后一节，我们谈了亚里士多德的幸福观。什么是幸福，谁决定什么是幸福，对谁是幸福，不仅是伦理的问题，同样也是政治的问题。18 世纪伟大的启蒙思想家托马斯·潘恩（Thomas Paine，1737—1809）在他的小册子《常识》（*Common Sense*）的开篇写道："有些作者把社会和政府混为一谈，弄得它们彼此没有多少区别，甚或完全没有区别；而实际上它们不但不是一回事，而且有不同的起源。社会是由我们的欲望所产生的，政府是由我们的邪恶所产生的；前者使我们一体同心，从而积极地增进我们的幸福，后者制止我们的恶行，从而消极地增进我们的幸福。一个是鼓励交往，另一个是制造差别。前面的一个是奖励者，后面的一个是惩罚者。"[1]

按照潘恩的说法，人类因为有幸福的欲望，为了彼此协助，追求个人或共同的幸福，所以形成了社会。但是，人类的天性中有邪恶的倾向，为了遏制邪恶，保障幸福，所以有了政府。社会和政府的功能不同，却有着同一个目的，那就是人类的幸福。

就幸福是政府的目的而言，早在潘恩之前 20 多个世纪，亚里士多德就已经有了这样的观念。他认为，一个国家的好坏不在于它的政府多有钱，而在于它的人民是否有人的尊严，是否能获得只有

1　托马斯·潘恩著，马清槐等译，《潘恩选集》，商务印书馆，1981 年，第 3 页。

人而不是动物配得上的那种幸福。

在讨论柏拉图的时候我们已经谈到，柏拉图认为正义是政治生活的最高标准，因为正义使每个人能充分认识自己，实现他们的真实本性。所以，城邦的存在不只是为了照顾人民的吃喝拉撒，保障他们吃饱穿暖、有房子住，而且是让他们成为在灵魂上能与正义一致的人民。用今天的话来说，人民不仅需要被满足温饱这一类的动物需要，还要被满足精神和灵魂的需要，这才能使人与动物区别开来，成为更优秀、更高等的动物。

亚里士多德同意柏拉图的看法，他也认为城邦存在的目的不是让人仅仅可以把饭吃到嘴里，或可以到处闲逛，这些只是身体的快乐；城邦存在的目的是让人变得智慧和幸福。有了这个目的，城邦才能像人一样，在四肢之外，还有灵魂。

亚里士多德所说的"幸福"不只是身体的快乐，还包含对知识和正义的探索。这种探索把人们带向智慧，只有智慧才能给人们带来自我实现和幸福。亚里士多德的幸福观念将两种不同行动（理性的与不理性的）区分开来，认为理性的行动建立在运用思考的基础之上，是人类独有的。他由此得出结论：人的本性是理性的。人在本性上是理性动物，这意味着人的目标是最充分地运用理性，只有这样，人才能获得幸福。

由于人是理性动物，所以人是政治动物。只有这种理性的存在者才能建立以理性为基础的城邦，而且只有在城邦中，他们才能过上正义的生活。作为理性动物和政治动物的人被完全吸纳进一种有机共同体，个人和集体在其中相互依存。

好城邦从来不会是任由一帮人肆无忌惮地追求私利的场所。由这种人当道，少数人快速发财暴富，看似一派盛世景象，可这样的城邦一定是一个道德败坏和人性堕落的坏地方。亚里士多德认为，城邦的好坏是由它的政体来决定的。好的政体造就好的城邦，坏的政体造就坏的城邦，而城邦体制的好坏又决定了生活在城邦中的人民会是什么样子、具有怎样的品性、会有怎样的人际关系和行事准则、统治者与被统治者会有怎样的关系，等等。用今天的话来说，就是政治制度会造就一个与其一致的社会，而生活则又会造就与之相适应的人民。

所以，在亚里士多德看来，相互对立的是好城邦与坏城邦，而不是社会与政府。这与 18 世纪潘恩的激进革命政治是完全不同的。潘恩认为："社会在各种情况下都是受人欢迎的，可是政府呢，即使在其最好的情况下，也不过是一件免不了的祸害；在其最坏的情况下，就成了不可容忍的祸害。"[1] 因此，国家成为必要之恶。不过亚里士多德认为，政府，也就是政治国家，是自然而有益的，即使人类没有罪性，政府作为达成公共之善的手段也是可取的。但是，应该通过实际观察和分析来把好政府和坏政府区分开来，而这正是他的《政治学》所要做的事情。这是一个了不起的观念，对后世有很大的影响，我们在第三册讲述中世纪晚期托马斯·阿奎那（Thomas Aquinas，约 1225—1274）的国家观和新亚里士多德主义时还会细谈。

亚里士多德政治学的特色可以从他与柏拉图对僭政（即暴政）的不同讨论方式中窥见一斑。

前面提到，柏拉图对暴政和暴君的剖析是一个哲学推导的过程：城邦就像一个健康的人身患疾病，渐渐不治，终于病入膏肓。暴政是从柏拉图的理想国一层层坠落、衰变而成。柏拉图在这里提供的是一种道德和心理的分析，而非政治学的阐述。政治学的阐述要到亚里士多德的《政治学》里才能找到。可惜，在《政治学》里亚里士多德留下的论述不多，他对暴政的政治分析是基于他多年对不同暴政制度的观察，是当时对暴政体制结构和运作的最佳研究。

---

1 托马斯·潘恩著，马清槐等译，《潘恩选集》，第 3 页。

然而，这也成为暴君可以用来学习和参考的实用指南，1500 年后，马基雅维里写了《君主论》，有了一个远为系统的暴政研究，而目的正是为了给专制君王出谋划策，提供简便易行的建议。

亚里士多德曾经跟柏拉图学习了 19 年之久，受到柏拉图很大影响，但在思想和研究方法上却并没有继承他的老师。他把经验和实证，而不是理念作为他的研究基础。他曾与自己学生一起，对希腊 158 座城邦政制的起源和现实进行了实证研究，这些研究开创了政治实证研究的先河。遗憾的是，今天只留下了《雅典政制》的残篇。在《政治学》的第四至第六卷中，亚里士多德抛开了道德观点（这是他与柏拉图的一个不同之处），对城邦的统治术（统治的稳定、危机与革命等）进行了细致的研究。如果没有对各种城邦的实证调查，这是不可能做到的。

注重经验研究是亚里士多德不同于柏拉图的地方。柏拉图只关注在经验世界之外的理念世界，但亚里士多德认为，理念世界不在经验世界之外，而在经验世界之中。因此，他特别重视经验的政治现象，把权力看作政治学的核心，这与柏拉图把正义当作政治思想的核心不同，也是他超越了柏拉图的地方。

亚里士多德用了相当的篇幅，对各种政制的特点进行了研究。在他那里，所谓"政制"就是权力的分配方式。现实中某种政制的稳定性，在很大程度上取决于它的权力分配和构造方式，以及巧妙的政制安排。这是一种相当富有操作性的政治理论，也因此看起来像是一种政治谋略，这个思想被托马斯·阿奎那继承。

对亚里士多德而言，人民被组织成有政府的国家，是为了实现幸福的生活。国家不仅仅是为了人们能够互相保护、进行商品交换或预防犯罪而建立起来的，安全、保护和交换仅仅是国家存在的条件，而非目的。只有这些条件，还不足以构成一个国家，国家应该是一个以美好和幸福生活为目的的共同体。所以他强调，无论政府具有怎样的形式，无论国家是由一个人统治，还是由少数人或多数人来治理，都应该以共同体的幸福为目标。

亚里士多德有句名言，"人是天生的政治动物"，也就是说，人的天性就是在政治共同体——城邦——中生活。他认为最大的城邦最多可以容纳一万名公民，这是一个演讲者一次能面对的人数。只有城邦中的个人才能实现他们的社会本质，并在思想交流中成长。拥有这样机会的往往只局限于一种人：他们是一个可以保证有空闲时间进行思考的社会阶层。巨大的经济障碍使穷人无法参与政治活动，尤其是不靠农耕为业的穷人，这种穷人从事机械刻板的劳动，头脑和身体都因此受到损害，不适宜成为公民。

城邦不应该对公民实行专制。僭政实行专制应该只针对野蛮人或外国俘虏，因为他们不是城邦的公民。对城邦内的自由人实现专制的僭主是变质和变态的统治者，是完美君主的对立面。可见，亚里士多德对不同的僭政（暴政）的看法有所区别：僭主并不都谋私利，也有为城邦谋福利的"好僭主"。

亚里士多德赞扬雅典僭主庇西特拉图，认为他是好僭主的典型。这位僭主在政治上借助平民力量推翻贵族的统治，打破贵族垄断政权的局面。他注重社会生产，鼓励工商业发展，提倡种植葡萄和橄榄，向农民发放低利贷款，大兴土木，建造神庙和其他公共设施，也鼓励手工业的发展，雅典因此变得更加繁荣强盛。庇西特拉图分散而不是独自把持权力和利益，以此缓和不同阶级之间的冲突。所以亚里士多德认为庇西特拉图是希腊黄金时代（The Golden Age）的僭主。他说，庇西特拉图执政时，政制"更像是宪制而不是僭政"。[1]

与"好僭主"相反的是为自己谋私利的"坏僭主"，也就是暴

1　参见：亚里士多德著，日知、力野译，《雅典政制》，商务印书馆，1959 年。

君。亚里士多德把"自由人"定义为拒绝暴君独裁的人："僭主制或暴君制的形成，在于某一个人在不受任何审查的情况下，独自统治了所有与其同等或比他更优秀的人，而且仅仅从自己的私利出发，毫不顾及被统治者的利益；这种独裁统治因而得不到人们的拥护，因为任何一位自由人都不可能心甘情愿地忍受这种暴虐统治。"[1]自由人是为自己而不是为他人生活的人，不受他人辖制，也不听他人使唤。暴政是不义的，因为暴政剥夺自由人的自由。

亚里士多德虽然看到暴政与自由为敌的本质，但他对暴政专制的"客观分析"却并不具有对暴政的批判性。这与柏拉图对暴政的明确厌恶和鄙视形成对比。

柏拉图的《理想国》设置了一个富有批判性的角度：暴政是理想国政治堕落的最低点，它的弊端和邪恶都是从理想国的道德高度来揭示的。然而，在亚里士多德那里，我们看不到这样一个具有批判性的道德制高点，他以科学而中立的立场描述暴政，虽然有时候会有道德评价的暗示，但他的着眼点主要在暴政权力的运作原理、方法和原则上。他关注的只是暴政手段的有效性（也就是合理性），而不是柏拉图关注的那种败坏人心的道德后果。

亚里士多德所描述的是暴政的权力运作机制（"做什么""怎么做"），而不是"不该这么做"。"做什么""怎么做"很容易被转变为"可以这么做""这么做有效"，所以"最好这么做"。因此，这种对权力运作机制的观察的相当一部分可以被暴君或想当暴君的野心家利用，并用作统治的权谋，这就可能成为一种变相的帝王学和权谋指南。

1　亚里士多德著，吴寿彭译，《政治学》，中国人民大学出版社，2003 年，第 136—137 页。

5.《政治学》：僭政的帝王学和驭民术

由于亚里士多德对暴政的运作机制采用了经验的而非理论的分析方法，暴政的成功经验便成为他政治理论中颇有争议的部分。卢梭曾经这样评论马基雅维里的政治学理论："马基雅维里自称是在为君主讲课，其实他是在给人民讲大课。"亚里士多德正好相反，批评他的人说，他自称是给他的学生讲课，其实是在为专制暴君私相授受，提供专制统治的权谋指南。

如果从这个预设的立场出发，要找到相应的证据并非难事。亚里士多德敏锐地看到，"一切政体中最短命的就数寡头政体和僭主制或暴君制了"。[1] 因此，寡头政体和暴政专制就比其他任何政体更需要把持稳定。他说："由于恶贯满盈，就需要处处提防。譬如强健的体格或配备优秀水手的船舶能够多次历经失误和挫折而不受到损坏，而病弱之躯或残败的船舶偏又配上糟糕的水手，即使犯最小的错误也会葬送自身。因此，最恶劣的政体必须最大限度地保持警惕。"[2] 这就可以理解为，他是在提醒，越是恶劣的政体，就越需要能干的人才，唯有他们才会时刻保持警惕，用有创意的权术来防止专制之船的沉没。

现在就来看看在亚里士多德那里可以找到哪些确保专制之船不沉的有效措施。

第一，暴政专制必须想方设法让人们脱离政治，或使他们生活匮乏，不得不忙于衣食住行的需要，为生计终日奔波操劳。亚里士多德说，僭主应该"造成臣民的贫困。他既可以依靠对臣民的搜刮来养活自己的卫队，又可以置臣民于终日操劳之中，使其无暇图谋不轨。埃及的金字塔就是这种僭术的一个例证，再就是库柏塞利德

---

[1] 亚里士多德著，吴寿彭译，《政治学》，第 203 页。
[2] 同上，第 220 页。

家族对神庙豪奢的献祭、佩西斯特拉托之建造奥林匹亚宙斯大神庙以及萨莫斯岛上波利克拉底所增建的建筑物；所有这类营造工程的用意都只有同一个，即使臣民们既不得闲暇又家无斗米"。[1] 只要他们对公共政治没有兴趣，他们就不会对公共事务发问，不会有改变现状的要求。

亚里士多德说，具体的措施是："尽量废除共餐制，禁止结社、教育以及其他一切这类活动，对一切人严加防范，以免有两样事物在民众间悄然形成：高昂的志气与彼此间的信任。僭主们应当明令禁止各种派别的聚会及其他闲谈或讨论各种问题的集会，并且尽最大力量在所有范围内防止人们彼此相识，因为熟识就更有可能助长彼此间的信任。而且，他还应强迫人们总是生活在明处，在他的宫门周围活动（这样人们一举一动就极难逃过他的监视，而且处处受监视，人们也就会形成奴颜婢膝的习尚）。"[2]

第二，必须对人民分而治之，不让他们有机会形成公民友谊，因此也就杜绝了他们在政治上联合的可能。在那些蜕化了的政体中，友谊和公正同样稀少。专制暴政下的人们生活在一起，但不知道为什么要生活在一起。对此，亚里士多德说："一个城邦共同体不能仅仅以生活为目的，而更应谋求优良的生活；倘若不是这样，奴隶和其他动物就也可能组成城邦了。"正是"因为奴隶和动物们不能共享幸福或符合其意图的生活"，所以人民不应该容忍任何人像对待奴隶或牲口一样来统治他们。[3]

亚里士多德又说，雇用密探是一种有效的僭术："（专制君主）还应效仿波斯人及野蛮民族的僭术，这一切僭术所能起的作用是完全相同的。一位僭主不应不知道臣民中有某人碰巧说了什么或做了

1　亚里士多德著，吴寿彭译，《政治学》，第 197 页。
2　同上，第 196 页。
3　同上，第 88 页。

什么，为此必须雇用密探，如叙拉古就有所谓的'女探'，而希耶罗也常派人去有集会或聚会讨论的地方刺听民情。这样一来，由于对这种人的恐惧，人们讲起话来就会有所顾忌，如果直吐心曲，就难保不会泄露出去。另一类僭术是在臣民中制造仇隙，挑起朋友与朋友之间、平民与贵要之间及富人自身之间的争斗。"[1]挑动人民之间互不信任和互相仇恨其实并不难做到，因为人性中本来就有着忌妒、攀比、贪婪、猜忌、幸灾乐祸这样的弱点，所以可以方便地巧加利用。

第三，必须毫不手软地动用暴力。暴力让统治者超然于法律之上，是他们对付政敌和平民百姓，让其不敢有非分之想的"尖齿利爪"。亚里士多德说："法律只应该涉及在能力和族类上彼此平等的人，而对于这类超凡绝世之人是没有法律可言的，这些人自己就是法律。谁要想为他们立法就会闹出笑话。对这种企图大致可以引用安提斯塞尼的寓言故事：当群兽集会时，兔子们呼吁让一切兽类享有平等的权利（雄狮的答复是：'你可也有爪牙吗？'）。"[2]

亚里士多德还讲了一个科林斯暴君伯里安德的故事："据传说，当使者去询问伯里安德（统治权术）时，后者一言不发，只是把黍田中特别高大的黍穗——削平，直到黍田一片齐整为止；使者不解其意。当他把自己的所见回禀僭主斯拉苏布罗（Thrasybulus）时，后者悟出伯里安德是叫他除掉城邦中的杰出之人。这一计谋不仅对僭主们有利，也不仅仅是僭主才这样做，在寡头政体和平民政体中它也同样可以派上用场。"[3]这个故事说的是人才"逆向选择"（negative selection）的道理，其后果便是黄钟毁弃、瓦釜雷鸣、谗人高张、贤士无名。

1　亚里士多德著，吴寿彭译，《政治学》，第 197 页。
2　同上，第 100 页。
3　同上，第 100—101 页。

　　第四，必须让人民人格低下，道德腐败，并鼓励卑鄙无耻的告密和背叛行为，使之成为一种社会风气。这可以从破坏传统的家庭结构开始，亚里士多德说："比如，在家庭中给妇女权力，以便她们告发自己的丈夫。放松对奴隶的约束，也是出于同样的目的（让他们告发自己的主人）。因为，奴隶和妇女都不会图谋反对僭主。由于生活得自在，他们当然要对僭主制及平民政体心怀好感。"[1]

　　亚里士多德还说，僭主们要鼓励人民充当"其卑躬屈膝之仆从，这些人的要务就是溜须拍马。由于这一缘故，僭主专爱恶人，因为他高兴有人奉承，而具有自由人之高尚精神的人无一会如此下流；贤明之人以友爱待人，但不会曲意逢迎。而且，恶人可以用来干恶事，正如谚语所示：'铁钉敲出铁钉'"。也就是，要干恶事，就得先培养甘愿干这种事情的恶人。亚里士多德说："僭主制的一大特征就是不喜欢任何尊贵或自由的人，因为僭主觉得只有自己才配有这类品质，而任何人只要敢于表现出与其相抗衡的尊贵或自由，就会被视为对僭主唯我独尊的地位的冒犯；僭主们对这种人必定恨之入骨，就如同他们剥夺了他的权力一样。而且，僭主们喜欢外邦人甚于喜欢本邦公民，他与外邦人频频共餐、终日相伴，因为一者是他的敌人，而另一者与他无敌无仇。"[2]这也就是传说出自清朝慈禧之口的"宁与外邦，不予家奴"：可以对外国人说的话，有的绝对不能对自己的老百姓说。

　　第五，施行欺骗的手段。亚里士多德说，专制暴政"有一样东西要死死抓住，那就是权力；这必须奉为一项基本原则"。但是，僭主还是应当做出大公无私的君王模样，"至少要让人们觉得自己大有君王风范。首先，他应当表现得留意城邦财政收入，不挥霍国帑，浪赠招致群众责难的厚礼"。他还应该做出清廉的样子，"应申

1　亚里士多德著，吴寿彭译，《政治学》，第 198 页。
2　同上。

报自己的收入和开销，而有些僭主也确实这样做了，这样的话他才能显得更像一位总管家而非一位僭主；他大可不必为有朝一日会缺钱花而犯愁，因为他手里掌管的是整个城邦。对于那些出门在外的僭主来说，这样做比留下大量的宝藏要有利得多。因为在这些情况下留守邦内的人就不大会借机反叛了"。[1] 申报个人收入和开销，亚里士多德的这项建议经常未必有效。

不过他的另一项建议却总是有效的，那就是，专制君王有好事应该亲自来做，有坏事则让底下的替罪羊顶着。专制者该"亲自"做什么事情是有讲究的。他亲自颁授"善良之人以名位，并让他们觉得由公民们自治自决"。他应该避免亲自处罚，"处罚之事须由另外的官员及法庭来实施"。[2]

亚里士多德还建议，专制君王应该在欲望方面"最大限度地保持节制，若是做不到的话，至少也应设法掩人耳目"。他还应该"一直显得格外虔诚敬神，因为只要人们觉得他们的统治者信奉神灵并且对诸神虔诚恭敬，他们对蒙受非法待遇的担心或恐惧就会减轻不少，从而也就较少图谋反叛，因为在他们看来诸神会为僭主助威"。他应该显示自己拥有深思熟虑的信仰，"他的信仰不能显得是愚蠢的"。[3] 欺骗和装假是君主必不可少的基本能力。

亚里士多德认为，一个邪恶之人只要足够聪明，就照样可以活得很安全。专制暴君犯下的罪行如此之大，如此可怕，是他统治下的臣民连想都想不到的，所以他们自然也就没有办法预防了。所有的人都可以提防普通的侵犯，就像他们可以预防普通的小毛病一样。但是，没有人可以对前所未有过的恶行有所提防。对于作恶的人来说，所作之恶越大、越离谱、越疯狂，反倒越安全，越难被察觉。

---

1 亚里士多德著，吴寿彭译，《政治学》，第 200 页。
2 同上，第 201 页。
3 同上。

　　亚里士多德一面看到专制暴政的危害，一面指明"保全"它的途径，我们怎么来看待这样的矛盾？他真的是在为专制君主提供"帝王学"和"驭民术"吗？

　　也许可以理解为，他探讨专制暴政的保全之道，乃是出于对知识的探求。知识本身不能决定其用途，细菌的知识可以用来防病治病，也可以用来发动生化战争。亚里士多德提出的是技术性的问题，这就像医生要想知道一种疾病在什么样的情况下最容易传染、传染得最快，这种知识好奇未必是因为医生想要用传染疾病来害人。

　　这样的知识可以用来防止，也可以用来扩散疾病传染，就像关于身体或心理折磨的知识既可以用来避免制造痛苦，也可以故意用来设计制造痛苦的刑讯手段。专制统治的手法其实不过是对一些权术或常识手段的运用，并没有多少知识含量，之所以能起作用，是因为被统治者精心掩饰起来，不以真面目示人，让这些手段成为不为人知的秘密——这种"保密"手段符合统治者的利益，而只会成为被统治者的又一重桎梏。亚里士多德用看似"建言"的方式揭示这些权术秘密，既然不是以"密函"来献策，那就成为公开的秘密，也就是卢梭所说的"在为人民上大课"。这样的大课是在提醒世人该如何保护自己，如何不被暴君愚弄，如何挫败暴政。

　　亚里士多德向暴君建言，要向臣民表明自己不是暴君，而是仁君，显得自己"不是一位僭主，而是一位总管家或君王；不是为自己谋私利，而是公共利益的监护人。而且，在生活方面他应追求节制，绝不能骄纵失度。此外，他还应与显贵阶层为伍，在群众面前充当平民领袖。具备了这一切，僭主的统治就必定会变得既高尚又令人欣羡。统治者若能这样，臣民们则不受到贬抑或压制，也就变善良，因此也就不再会把僭主当作仇恨和畏惧的目标；于是，僭主的统治就可以维持更长的时间。此外，僭主本人的性情也将被陶冶得更加符合德性，至少是半具良善，或至少已经不是全恶而仅剩半恶了"。[1]

这样的建言未尝不是一种我们所熟悉的所谓的"善意建议"，它诉诸统治者的利益，而不是从一个与他对立的政治立场来批评他和要求他改变政策行为。一个暴君要是能欣然听从并采纳亚里士多德的建言，那就很难说他还是一个暴君了。因此，可以认为，亚里士多德是在巧妙地规劝或哄骗暴君变成仁君。一个为了自己的利益而避免无度作恶的暴君可以说是一种最低限度的"开明暴君"。他的谨慎行事、瞻前顾后、有所收敛，虽然是为了维护自己的权力，但客观上可以减轻套在臣民们脖子上的轭。所以，看上去亚里士多德不抗恶，甚至还在为恶出谋划策，但他未必就真的站在恶那一边。

6.《政治学》：为专制暴政出谋划策的人

在古希腊的哲学家那里，我们已经看到了知识分子与政治之间的紧张关系，哲学家对政治"说什么"和"做什么"之间也经常是不协调的。在阅读柏拉图的时候，我们已经谈到了他与独裁者关系的问题，在亚里士多德这里，我们又碰到了这个问题，只是他们两个之间有一些不同。柏拉图虽然想影响独裁者，但他怀抱的是"哲人王"的理想。在他自传性的《第七封信》里回忆了早年的想法，他那时候就已经明白，人类的邪恶永远不会有终止的时候，除非由哲学家掌控了真正的政治权力，或者哲学家真正对掌权者有影响力（326b）。他自己无法成为哲人王，所以他三次去叙拉古，试图对那里的君王发挥他的影响力。

亚里士多德比柏拉图要务实，他从来没有"哲人王"的想法，

1　亚里士多德著，吴寿彭译，《政治学》，第 203 页。

而只是认为，那些掌权的统治者，也就是独裁者，可以从哲学家那里学到真正的哲学或专门知识，或者用哲学家来给自己当谋士。

亚里士多德自己并没有机会正式当独裁者的谋士，他只是在亚历山大成年之前，当过这位 13 岁王子的老师。亚历山大出生于公元前 356 年，公元前 335 年他父亲腓力二世去世，他 21 岁就登上了王位。亚里士多德在腓力二世去世后回到雅典建立了学园，这样算起来，他在马其顿的时间大约有七八年。有研究者认为，在此期间，他给亚历山大当老师不过 3 年的时间。

不少史书强调亚里士多德对亚历山大的"重要影响"，说是在亚里士多德的影响下，亚历山大大帝始终对科学事业十分关心，对知识十分尊重，等等。但现有的资料显示，亚里士多德对这位学生的影响很有限。

亚里士多德是一位知识渊博的哲人，他热爱科学，而不是像柏拉图那样只钟情于数学。这一点反映了他们两人与知识世界联系方式的深刻区别。凡是有生命的事物都能让亚里士多德充满兴趣，激发他对它们归类的热情。他把自然科学、修辞学、诗学和政治理论作为教学的主要课程，同样的知识冲动也使他在《政治学》里对他那个时代的政治体制进行了分类。虽然亚里士多德很想用政治学影响亚历山大，但弗兰克·凡泰（Frank L. Vatai）在《希腊世界里参与政治的知识分子》（*Intellectuals in Politics in the Greek World*）一书里认为，亚历山大却对亚里士多德的政治学最不感兴趣。

亚里士多德劝导亚历山大要当希腊人世界的领袖，要把其他希腊城邦当朋友和亲戚来对待，但对其他民族则要实行专制，把他们当"野兽和植物"来对待。但这似乎并没有对亚历山大产生什么影响。当时试图影响亚历山大的哲学家不止亚里士多德一个，这些哲学家之间互相攻讦，都要争取他的信任，这和今天所谓的谋士们之间关系紧张、相互忌妒、拆台多于合作差不多。

古希腊雅典著名的演说家伊索克拉底（Isocrates，前 436—前 338）是亚里士多德的同时代人，出生于一个没落的望族家庭。他一生未曾参与政务，为维持生计，多次替人撰写演说词，以此在法庭上为他人辩护。公元前 392 年，伊索克拉底在雅典建立了修辞学校，吸引了不少学生。他在写给亚历山大的一封信（*Fifth Epistle*）里，提醒他要小心亚里士多德的"辩术"（eristics），因为君王的职责是决断和命令，不是论证和说服。亚历山大后来也确实对亚里士多德有这样的看法。有一次他跟卡山德（Cassander，亚历山大死后成为马其顿王国国王，建立短暂的安提帕特王朝，统治时期为公元前 305 至公元前 297）起了争执，生气地对卡山德说："这是亚里士多德学派的老一套诡辩，一件事情两面都能说圆。"可见对他老师的哲学思辨并没有什么好感。

亚里士多德自己也总结出与专制君王相伴的经验体会。他不止一次告诫卡利斯提尼（Callisthenes，前 360—前 328）："对一个舌头动动就能取人性命的人，要尽量少说话，尽量说讨喜的话。"卡利斯提尼是历史学家，也是亚里士多德的亲戚。他曾陪伴亚历山大大帝远征，最后还是被亚历山大以阴谋叛逆罪处死。他的死结束了亚里士多德与亚历山大的师生情谊。

帝师或谋士都可以对独裁者起到一些影响，但是他们的身份和作用毕竟是有区别的。说起为专制君主出谋划策，在西方经典中，人们首先想到的当然是马基雅维里的《君主论》，而绝对不会是亚里士多德的《政治学》。这是因为，马基雅维里本想把《君主论》献给佛罗伦萨的专制统治者朱利亚诺·德·美第奇（Giuliano di Lorenzo de' Medici，1479—1516），朱利亚诺死后，他又把这本书献给他的侄子洛伦佐（Lorenzo di Piero de' Medici，1492—1519）。但是，亚里士多德的《政治学》据信只是他讲课的材料，并没有献给任何专制君王的意图。

公元前 335 年，亚里士多德回到雅典，在城东北部祭祀阿波罗和缪斯的一片小树林中，租房子建立了自己的吕克昂学园。现在所见的亚里士多德的大部分著作都是在那里完成的。20 世纪杰出的古典学者沃纳·杰戈尔（Werner Jaeger，1888—1961）在《亚里士多德：为历史发展奠基》（*Aristoteles: Grundlegung einer Geschichte seiner Entwicklung*）一书里认为，《政治学》是亚里士多德两部不同的独立作品的混合，其中第一部作品（Books I-III, VII-VIII）是他早期的作品，相对还不成熟。那时候他还没有完全脱离柏拉图的影响，因此注重于对最佳政制的论述。第二部作品（Books IV-VI）是他晚期的作品，这个时候他已经转向了务实的研究方法。如果是这样的话，亚里士多德论述暴政的部分是他在自己学园里讲学时的晚期作品，也是他用的教材。

教材与献策自然不是一回事。不同的读者可以从同一部教材学到不同的东西，这取决于学习者自己的目的，并不是写教材的人可以决定的。就像科学或技术的知识被用作什么目的，并不是科学技术本身所能决定的。数码技术可以用来建设信息的互联网，也可以用来设置阻隔信息的防火墙。同样，亚里士多德对暴政运作的分析也可以为两种完全不同的目的服务。

任何一部为专制统治出谋划策的作品，如果要起到这样的作用，必须符合两个条件。第一，它的建言必须被专制统治者接受；第二，它的建言必须对被统治者保密。也就是说，专制统治者必须垄断那种对他有用的权术的知识信息，不能让它泄漏给这种权术要对付的人民。权术建言是一种不足为外人道的统治权术。权术要成功，就一定得是秘密武器，这样才能在臣民没有防备的状态下，收到出其不意的功效。例如，《韩非子》这部书本来就是给帝王看的，而且历朝历代都不提倡老百姓看，因为在《韩非子》里有着被认为不宜让普通百姓知道的统治秘密。

马基雅维里懂得这个道理，因此他生前并没有发表或出版过《君主论》。他想把这部作品当作一部统治秘籍或者仅供君主内部参考的建言献给统治者。但是，这部著作并没有得到他献策的两位统治者的垂青，这也许是他没有预想到的。就统治建议被君王接受和采纳而言，中国古代的"谋士"——商鞅、申不害、慎到、韩非——要幸运得多，他们的建言能得到君王的赏识，但他们当中有的下场悲惨，不像马基雅维里那样得以善终。

古今中外，几乎所有为专制统治出谋划策的谋士都具有两个共同的特点：一、他们都善于修订和总结，都是条理化和系统化的高手，但不是创造发明者；二、他们都谙熟并善于利用人性中最软弱和阴暗的部分。

第一，深思熟虑、计划周全的谋士只需要归纳，不需要独创，因此他们提供的权谋基本上大同小异。例如，《商君书》的驭民五术是：一、愚民：统一思想；二、弱民：国强民弱。治国之道，务在弱民；三、疲民：为民寻事，疲于奔命，使民无暇顾及他事；四、辱民：一是无自尊自信，二是唆之相互检举揭发，终日生活于恐惧中；五、贫民：除了生活必须，剥夺余银余财（即通货膨胀或狂印钞票），人穷志短。五者若不灵，杀之。这些手段，柏拉图和亚里士多德也都有所论述，并非商鞅的独创。

在为暴政出谋划策的时候，谋士一般都不会建议暴君彻底放弃杀戮。放弃杀戮的建议听上去会像是对暴虐和血腥统治的直接批评。他们会提出一些改变统治手段而不是目的的建议，例如：如何让杀戮退居幕后，隐蔽起来，或者避免只是依靠杀戮手段，避免让暴政显得过于暴虐。

中国历史上有名的谋士们给暴君出的大多数都是这类的主意，各自提出不同的权谋理论。例如商鞅重于法、申不害重于术、慎到重于势、韩非则提出了法、术、势相结合的中央集权理论。维护和加强暴政专制的权谋除了暴力与恐怖，没有固定法则，经常是看似相反的权谋，正反都能奏效。例如，把农民束缚在土地上能维护专制独裁，但是允许私有经济、鼓励商人发财同样也能维护专制独裁。

而且，同样的招数也可以有不同的变化形式。例如，把人分等级是专制国家的人身支配权术，但又有许多变化的形式：官与民、贵族与平民、有身份与没身份的、模范标兵与普通群众，高等级享受高待遇。在"利出一孔"的专制利益分配制度里，人们无不想摆脱低等级，加入高等级，高等级里还有更高等级。这样的社会性向上等级流动（social mobility）可能变成极有控制效果的"胡萝卜"。除了维持其政权，专制本来是没有原则的，所以任何能用来维持政权的手段，对它来说都可以采用，都是有用的好手段。

第二，所有的专制统治权术都是通过人性中软弱或阴暗的部分发挥作用。人如果不贪婪，个人的财富就难以诱惑和引导人们不再关心发财之外的公共政治。人如果不忌妒、不攀比、不势利，就不会羡慕别人的地位、金钱，羡慕别人过得比自己好，也不会因妒忌而心生怨恨，干出损人利己甚至损人不利己的事情，不会去告密诬陷，也不会去给统治者当眼线。暴政的帝王学和驭民术都是针对阴暗和软弱的人性，巧妙地加以利用和操控，不断调整和完善，变成了"理论"或"哲学"。商鞅、韩非是这样，马基雅维里也是这样，他们并不是人性恶的发明天才，而只是能对人性之恶巧加利用的有心人和聪明人。

柏拉图和亚里士多德认为，暴政是政制蜕化的结果，而不是由某个天才的暴君设计好了蓝图来实施的。与暴政一样，极权也是一种政制蜕化，也不是单靠天才领袖设计和实现的。暴政和极权都是制度之恶和人心之恶的融合，而这两种恶也都既发生在统治者身上，也发生在被统治者身上，造成了他们共同的道德腐败和人心堕落。

20世纪针对极权主义的批判理论不仅研究极权制度本身，而且越来越多地关注极权文化中的普通人情感、思维、行为、人格、秉性、习惯等特征。柏拉图和亚里士多德要问的是，"暴政"是从哪里来的？是什么力量推动形成了专制？是哪些阴暗的人性因素在驱使政治制度蜕变为暴政？今天我们对极权制度也同样需要提出这样的问题。柏拉图和亚里士多德对他们所提出的问题，做出了关于暴政和奴役心理机制的回答，即导致暴政的是人性中的恶：贪欲、暴戾、残忍、奴性、奸诈、忌妒、仇恨。

而且，一旦暴政成为一种稳定的制度，它就会不断地再生和强化人性中的恶。人们一旦屈服于专制暴政，将此接受为一种正常的社会秩序，他们就会丧失自由意志，沦落为一个受奴性支配的人群，如亚里士多德所说，"一个奴性的人群共同体是不可能配得上城邦这一名称的"。[1] 今天，我们在现代极权中看到的是同样但更可怕的景象：政体的制度恶与国民的人性恶之间有着紧密的联系，邪恶的政体造就了千千万万与体制之恶同流合污、为虎作伥的无良国民，而这样的国民则又无时无刻不在帮助维持邪恶的政体。下一节我们就来谈谈政体与国民性的关联问题。

7.《政治学》："政体"学说是政治理论的核心

当人们强烈地感觉到政治改革的迫切性之时，有的会呼吁改革，也有的会提出具体的行动建议。政治改革要求的意愿动力来自对现有政治状况的不满，这种不满使得一些理论思考者把目光投向用以替代现状的一些不同政治理论蓝图，有的明显是"旧瓶装新酒"，

1　亚里士多德著，吴寿彭译，《政治学》，第123页。

有的则是一些创可贴式的临时补救措施。这类改良主义的政治理论或学说有一个共同的特点——刻意回避政治理论或政治学的核心问题，那就是"政体"（regime）。任何真正的政治改革都不能回避政体的问题。

从古希腊时代开始，政治理论或政治学的核心问题就一直是政体。世界上任何一个国家曾经发生的重要政治变革，没有一个不是从政体开始或者落实到政体变革上的。柏拉图的《理想国》也称"共和国"（Republic），这个说法就是从希腊文的"politea"翻译来的。"politea"就是被称为"宪制"（constitution）的政体。在现代国家里，这样的政体便是由今天人们所熟悉的"宪法制度"（同样是用 constitution 这一词来表述）来规定的国家政体制度。

政体不是某种政治理论（如儒家社会主义共和国）的推理，而是具体的政治制度和与之一致的公民文化。这些虽然与政治理论有关，但并不等于政治理论。政治理论与政治现实可能云泥殊路，人们称此为"挂羊头、卖狗肉"。政治理论单凭自身难以发挥效用，政治强人的统治权术从来就是实用主义和机会主义的，没有原则，当然不受什么"理论"的约束。所以，一个国家必须用宪制的约法来制约人的实际行为。在一个好的政体里，宪制的约法是起作用的，这时候，国家才能实现法治而不是人治。

亚里士多德的《政治学》明确地把政体作为其理论探究的核心问题，他对不同政体的分类和是否优秀的评价，也集中在政体特征上。政治改革的目的不应该仅仅是功利性的（巩固某个政权、维持对它有利的稳定、保住既得利益者的权力等），而且更应该具有道德的目的，那就是，让政体通过改革而变得更优秀、更正义、更高尚。

亚里士多德在吕克昂学园学生的协助下，对不同的政体进行了归类，他是用"谁统治"和"为什么目的统治"这两个标准来划分：

第一个标准是掌权者人数的多寡，以此他区分了三种：一人执政、少数人执政和民众执政。

第二个标准是统治目的，他区分了两种：为了私利；为了普遍利益。其中为普遍利益的政体有三种，分别是君主政制（一人执政）、贵族政制（少数人执政）和立宪政府（民众执政）。

政体如果是为了私利的目的来统治，那么它们就违背了政治的正当目的，分别由君主政制蜕变为暴政，贵族政制蜕变为寡头政体，立宪政府蜕变为民主（多数人的统治，但不是今天意义上的民主）。

亚里士多德后来对这些区分又做了一些修改，增添了相关的细节，但保留了区分的原则，他的这些区分符合当时人们对不同政制的认识。特别重要的是，他除了讨论政体的制度特征，还包括政体的"公民文化"。他认为，政治制度与公民文化之间存在着一种密不可分的关系，一个国家政治上的缺点会变成国民性格的缺点，恶劣的政治制度会营造恶劣的国民文化。

政体不仅是政治的制度，而且是与政治制度相联系的公民群体的生活方式。这样的公民群体的生活方式体现、维持、再生一种可以称作"国民性"的特征。国民性是具有普遍相似性的公民素质、秉性、道德价值、行为规范。政体制度与国民性的联系使得"治理"与"教育"不可避免地结合在一起。一个好的政体能造就普遍优秀的公民素质，而一个不好的政体则是国民道德沦丧的主要原因。

政治制度直接与权力的分配和拥有者情况有关，具体而言便是谁拥有官职谁就有决定官职的权力。亚里士多德对此写道："一个政体就是对城邦中的各种官职，尤其是拥有最高权力的官职的某种制度或安排。政府在城邦的任何地方都有管辖权，而政体即是政府。例如，在平民政体中，平民拥有决定权，在寡头政体中情况正好相反，少数人拥有决定权；所以我们说它们的政体是彼此不同的。关于其他政体，道理也是一样。"[1]

他还说："政体和政府表示的是同一个意思，后者是城邦的最高权力机构，由一个人、少数人或多数人执掌。"[2]他所区分的"一个人""少数人""多数人"执掌权力的形式在今天的世界里有了许多新的变化形式，但政治制度仍然是政体最重要的特征，主要表现为民主与专制的区别。当然，民主有不同的形式，而专制也有不同的形式。

前面提到，政体的公民文化经常被一般化地称为"文化"或"国民性"，它指的是国民共同体的整体生活方式，以及大多数成员所具有的共同特征，如禀性、思维方式、信仰、习惯、传统惯例、价值观、公共行为方式、对统治权力的态度等。托克维尔（Alexis de Tocqueville，1805—1859）在《论美国的民主》（*Democracy in America*）一书中讨论美国政体，先是讨论了美国的政治制度，如分权、权力的制衡、选举制度、联邦与地方权力的关系等。接着，他又详细讨论了美国人的国民性特征，如他们对自由和平等价值的观念和坚持方式、普遍的公民结社、基督教传统的影响和体现、自理和自治的要求和能力等。他得出的结论是，美国的民主制度与美国人的民主价值和文化是一致的，这两个方面形成了具有整体意义的可以称为"民主政体"的"美国政体"。

任何一种展望政治改革的理论都不应该是一个空洞的文字或概念游戏，它必须清楚地表明自己展望的究竟是怎样的政治制度，并要造就怎样的公民文化，而这样的公民文化又以什么为核心价值。政治制度与其核心价值互为表里，相互支持。

在制度方面，政体最关键的仍然是亚里士多德所说的，重要官职的安排是由公民自己选举还是由权力体制一级一级地指定任命，

---

1 亚里士多德著，吴寿彭译，《政治学》，第82页。
2 同上。

这是民主与非民主制度的分野所在。只有在民主政体中，像议员和总统这样的官职，才是由选民主导的选举制度所决定和安排的，也有许多其他官职是任命的。对于政权合法性来说，全民普选所提供的政体合法性来自民意，民意不仅优于君权神授、父位子承，也优于党派内部推举和继承人指定。全民普选体现了政府对人民的重视和尊重以及人民的意愿，也使当选官员拥有更大的权威和合法性。有选举权的公民比封建制度、君主或其他专制下的"臣民"和"顺民"更有尊严，也更有智慧。

在亚里士多德看来，"充分公民"是衡量政体优劣的标准。充分公民就是能够充分享受公民权利并承担责任的公民。"不充分的公民"指的是那些徒有公民之名，但实际上被剥夺了公民权利的"国民"，或者受到更大限制的"臣民"和"顺民"。

亚里士多德对"公民"的定义中包含了两种不同的政体成员概念，大致相当于我们今天所说的"国民"和"公民"。每一种政体国家里的人民都可以称为"国民"，但只有民主政体中的人民才可以说是真正的公民，被亚里士多德称之为"纯粹意义上的公民"。

亚里士多德说："纯粹意义上的公民，就是参与法庭审判和行政统治的人，除此之外没有任何其他要求。"[1] 他解释道："我们的公民定义最适合于平民政体下的公民，对于其他政体虽然也适用，但并不必然。有的城邦没有平民的地位，没有公民大会，只有一些偶然的集会，诉讼案件由各部门的官员分别审理，例如在斯巴达。"只有在国民拥有"议事"和"审判"这两项基本权利的政体中，才有真正的公民，"凡有资格参与城邦的议事和审判事务的人都可以被称为该城邦的公民，而城邦简而言之就是其人数足以维持自足生活的公民组合体"。[2]

---

1 亚里士多德著，吴寿彭译，《政治学》，第 72 页。
2 同上，第 73 页。

　　亚里士多德在这里所说的"平民政体"大致相当于我们今天那种公民有选举权、有言论和集会自由的民主制度。他说的公民大会相当于今天的国民议会，而公民审理职能则相当于今天的公民陪审团。集会、言论、选举、陪审，这些都是公民应有的权利，也是鉴别一个政体是否真正民主的标准。当然，在亚里士多德的时代，公民权被限制在城邦男性成员的范围之内，用亚里士多德的话来说就是，"只有享有各种荣誉或资格的人才最应被称为公民"。[1]

　　政体对谁是公民，谁可以享受"公民权利"，享受什么样的公民权利，都拥有规定的权力。一旦被滥用，这样的权力就会成为非正义的专制和暴政权力。

　　不同政体中的"好国民"标准是不同的。好国民不一定是好人或善良之人，在非民主的政体中尤其如此。好国民与善良之人的道德标准可以一致，也可以不一致。例如，在一些国家，"好国民"是对统治者忠诚的人，这种忠诚允许他们说谎、欺骗、诬陷他人，甚至相互告密、落井下石、六亲不认，所有善良之人不会做的事情他们都可能会做。亚里士多德说："显然，即使不具有一个善良之人应具有的德性，也有可能成为一个良好国民。"[2] 这句话应验在了许多毫无善良道德的"好国民"身上。

　　国民或公民的美德与善良之人的德性越是接近，就越能体现一个政体的优秀。这显示了优秀政体对于优秀公民的教育作用，也体现了优秀公民对政体的道德和价值要求。如果一个政体中，统治者自私自利、专横跋扈、鱼肉百姓，而被统治者则奴性十足、一味顺从、阿谀奉承、胆小怕事，这个政体肯定是有问题的。在这样的政体中，人与人相互猜疑、欺骗加害，凡事功利当先，没有道德是非，也没有正义的原则。

1　亚里士多德著，吴寿彭译，《政治学》，第 82 页。
2　同上，第 77 页。

对一个政体中的不同成员，亚里士多德提出了不同的公民德性条件。对统治者来说，最重要的德性是"明智"，而对于被统治者来说，虔诚、公正、勇敢、友谊、诚实、守信则是一些更具有普遍意义的德性。亚里士多德说："统治者独特的德性是明智；因为其他诸种德性似乎都必然为统治者和被统治者所共有。被统治者的德性当然不是明智，而不过是真实的意见。"[1] 今天，我们期待有好的政治改革，亚里士多德的许多政治见解对此仍然有启发的价值。

8.《政治学》：优秀的政体必须有优秀价值的追求

在亚里士多德的政治伦理中，对于统治者和被统治者，有一个美德都是必不可少的，那就是自由的意志。无论是统治者还是被统治者，都不应当是一个被人强迫的或是受恐惧支配的角色。唯有如此，统治和被统治的角色才可以轮换。亚里士多德说："一个既能统治他人又能受人统治的人往往受到人们的称赞，人们认为，公民的德性即在于既能出色地统治，又能体面地受治于人。"[2] 这两种角色的关键都在于当一个"自由的人"。

因此，当好统治者的一个必要条件是也能当好被统治者。绝对地领导别人，而不被别人领导，这本身就是一种对别人的奴役，而不是自由人的统治与被统治的关系。在一个共和政体中，必须坚持不同权力的分离和相互制衡，不能允许绝对的权力领导和宰制。无论是以个人还是以政党的名义实行专制，都是不能接受的。亚里士多德说："俗话说得好，没受过统治的人不可能成为一名好的统治者。这两方面的德性各不相同，但好的公民必须学会统治和被统

1　亚里士多德著，吴寿彭译，《政治学》，第80页。
2　同上，第78页。

治；他的德性在于，从两个方面学会做自由人的统治者。"[1] 一个优秀的政体，不会放弃让公民"学会做自由人"的基本教化作用。共和政体之所以具有对自由人的教化作用，之所以能对自由、平等的公民文化有所陶冶和支持，首先是因为它把公民的自由和平等确立为它的核心价值，并把这两者落实为他们确有保障的基本权利。

优秀的政体必须有优秀价值的追求，而优秀价值是公民美德的基础。德性是好生活的灵魂，也是好政体的存在的目的。亚里士多德说："一个城邦共同体不能仅仅以一起生活为目的，而更应该谋求优良的生活。"在他看来，谋求优良的生活也就是谋求有德性的生活："倘若不是这样，奴隶和其他动物就也可能组成城邦了，可是至今尚无这种事情发生，因为奴隶和动物们不能共享幸福或符合其意图的生活。"[2]

奴隶们是不可能拥有好生活的，更不用说好的公民社会和好的公民文化了。今天的政治改革要求的一个重要动力便是来自更大、更多、更全面的自由要求：自由思想、自由言论和表达、自由结社、自由抗议，这样的自由也被称为公民权利。自由被认同为一种优秀价值，这与民主被认同为一种优秀制度一定是同时发生的。

优秀政体的存在目的不是单纯实用或功利的，不仅仅是为了国家的防御或经济的发展，而且是为了使得政体内的公民们尽可能地变得更优秀。因此，优秀政体是一种对公民有德性教育目的，并能起到教化、塑造作用的政体。亚里士多德说："城邦共同体不是为了联合抵御一切不公正的行为，也不是为了彼此间的贸易往来以有利于城邦的经济……要真正配得上城邦这一名称而非徒有其名，就必须关心德性问题，这是毋庸置疑的；否则城邦共同体就会变成一个单纯的联盟，只是在空间方面有差别，因为联盟的成员分处不同

1　亚里士多德著，吴寿彭译，《政治学》，第 79 页。
2　同上，第 88 页。

的地方。"[1]一个政体越是接近优秀的标准，对公民美德的要求和教育就越有可能接近善良之人的美德，善良之人在这个政体中也就越会觉得适得其所。

亚里士多德把"共和"看成一种具有"中间"优良性的政体，其本质就是不极端。"共和"，顾名思义，是一种混合政体，包含不同的要素，"整个这种结构既不是平民政体也不是寡头政体，而是倾向于这两者之间的中间形式，人们通常将其称为共和政体"。[2]

但把混合政体简单地等同为优秀政体是错误的，因为"混合"本身并不能自动带来优秀，也不是衡量政体是否优秀的标准。混合可以为优秀政体提供条件，但不能保证政体优秀。亚里士多德认为，考虑一个政体是否优秀，"有两点必须讨论。第一，与完美的城邦相比，每种个别的法律是好还是坏；第二，它是否与立法者为公民所树立的主旨和特定方式相一致"。[3]

第一点涉及"完美的城邦"，其中"完美"指的是普遍的公正和全体公民的共同利益，也就是亚里士多德所说的"政治之善"。政治之善本身是一个目的，它并不是为提高执政者的威信这一类功利目的服务的。用政治之善的标准来衡量一个政体是否优秀，不是看它自己如何包装或吹嘘自己的完美道德目标，而是看它实际上是否腐败以及腐败的程度。

第二点涉及的是政体创立时自己确定的目标，包括其"主旨"和"特定方式"，这是就政体是否按其设计在起作用而言的。如果一个政体偏离了原来的设计目标，不再起作用了，也就成为了没用的、不优秀的政体。许多政体在创建时都有某种"完美城邦"的理想，都想要追求与公正和共同利益一致的政治之善，否则它从一开

1　亚里士多德著，吴寿彭译，《政治学》，第 88—89 页。

2　同上，第 44 页。

3　同上，第 55 页。

始便不可能对民众有政治和道德的号召力，也不可能成功地被建立。但是，即使目标一开始并不是一种欺骗的阴谋，但也并不能保证这个目标能实现。而如果一个政体没有制度来保证它实现自己订立的目标，那么它就不是一个好的政体。

亚里士多德就把斯巴达当作一个失败的政体和失败的公民文化的典型例子。他在批评斯巴达政体时，既针对斯巴达政体对斯巴达人造成的种种腐败，又针对政体本身对设计目标也就是立法者意图的偏离。前者是政体的正当性，后者则是政体的有效性。

斯巴达人相信，他们的政体是伟大的立法者莱库古（Lycurgus，约前 7 世纪）制定的，这就像今天一些国家中的人们相信，他们的政体是由一个伟大的立法者（领袖）所奠定的。斯巴达的政体看起来具有混合政体的形式，"有些人就说过，最好的政体是结合了所有形式的政体，他们推崇斯巴达人的政体，是因为这种政体包含了寡头政体、君主政体和平民政体的因素。国王代表君主政体，长老会代表寡头政体，而监察官则代表平民政体；因为监察官是从人民中选举出来的"。[1] 但是，斯巴达并没有如它的立法理想那样让斯巴达人成为优秀的公民，斯巴达也没有优秀的公民文化。

在《政治学》的最后两卷里，亚里士多德讨论了斯巴达公民教育制度（Agoge）的失败。所有的斯巴达男子都必须由国家来教育，而不是在家庭里接受教育。他们从小接受严酷的军事化训练，冷酷的教育把他们训练成冷酷无情、思想僵化的怪物。这是一种与自由公民背道而驰的教育，培养出来的只能是冷血的杀人机器，他们残忍、顺从、充满奴性。斯巴达人绝对服从军事化的领导，成为既没有个体意识也没有道德感的愚昧之人，这样的愚昧者是最容易腐败的。

1　亚里士多德著，吴寿彭译，《政治学》，第 45 页。

因此，从正当性和有效性来看，斯巴达政体都是不优秀的。这个政体不断滋生腐败，而且根本没有办法对腐败进行自我控制。首先是在监察制方面，在斯巴达，监察官具有最高的决定权，他们从全体平民中产生，"所以十分贫穷的人也可能占据这一职位。这些人身世寒微，为贿赂开了方便之门。早先在斯巴达就有许多这种丑闻，最近在安德利斯事件中，某些受过贿的监察官就在极力危害着这个城邦。他们权倾一时，恣意专断，就连君王也须仰其鼻息，于是政体连同王权渐趋衰微，由贵族政体沦为平民政体"。[1] 亚里士多德对出身寒微者易于腐败的看法虽然可能有偏见，但历史上有许多事例证明他并没有完全说错。太平天国将领的极端物质欲望和补偿性享乐就是众所周知的例子，历史上其他的农民起义最后也都难以逃脱这样的命运。

贪污受贿的腐败当然不是在出身寒微者那里才有。亚里士多德指出，享受长老制权力的贵族精英也一样腐败，因为他们拥有终身制的特权，没有外力可以约束他们。他说："长老们德高望重，且受过充足的训练，所以他们对城邦有益。但是在重大问题的裁决上采取终身制不见得就好，因为思想会随身体的衰老而衰老。人在这样的方式下受教育，以致立法者本人也不相信他们，事情就真正危险了。众所周知，许多长老在处理公务时往往收受贿赂，营私舞弊。"[2] 这些政治特权人物，"他们肆意妄为，终居显要，这都是他们自以为应该享有的荣耀；他们不依成文法规，一味随意专断，是十分有害的"。[3]

政治权威的恣意妄为、专权腐败对普通公民产生了另一种腐败的影响，那就是"民众被排斥在外却又没有怨恨"。民众的冷漠愚

1　亚里士多德著，吴寿彭译，《政治学》，第 59 页。
2　同上。
3　同上，第 63 页。

昧，被动顺从往往被统治者当作拥护和拥戴的表示，当作社会和谐与治理有方的证明。但是，存在这样的愚民，"一点也不能说明其管理有方"。斯巴达的军事化教育看似是培养自由人，实际却是一种培养奴性的教育，"因为整个法律体制只涉及德性的一个部分，即战士的德性，它能在战争中称雄。只要进行战争，他们就能保持强大，一旦其霸权建立，他们便开始衰败。因为他们对和平时期的治理术一窍不通，从来没有从事过比战争更为重要的事业"。[1]

亚里士多德特别强调好的政体对公民的教育，首先要求的是荣誉而不是动物般的凶猛，因为从事高尚冒险之事的是好人而不是狼。按亚里士多德的标准，斯巴达教育培养的是狼而不是人。他写道，斯巴达人"早先的强盛并不起因于训练青年的方式，而是由于只有他们才进行了这种无人匹敌的训练。由此可知，首要的东西是高尚而不是残暴，狼或其他凶残的野兽不可能面临一个高尚的危险，只有善良之人才有可能慷慨赴险。有些人教育儿童过于注重粗野的身体训练，却忽略了必要的教诲，其实际的结果是把儿童变成了低贱的工匠"。[2]

法国历史学家迈洛（Henri-Irénée Marrou，1904—1977）在《古代教育史》（*A History of Education in Antiquity*）一书里评价道："斯巴达的理想是一个军营里军士长的理想。"斯巴达教育不但消灭了个性，而且还把没有个性的人关进了一个由国家权力全面控制的铁笼。斯巴达是个兵营一样的城邦。英国古典学者威尔金斯（Augustus Samuel Wilkins，1843—1905）在《希腊国家教育》（*National Education in Greece in the Fourth Century before Christ*）一书里说："显然，斯巴达人许多年，甚至许多代人，都一直以要塞的城墙（epiteichismos）来对抗它周围的爱琴海城市。"斯巴达是

1　亚里士多德著，吴寿彭译，《政治学》，第 60—61 页。
2　同上，第 272 页。

一个与世隔绝的国家，生活方式只有在铁幕的隔绝和筑墙式教育的保护下才得以维持。威尔金斯还说："斯巴达的纪律只有在所有斯巴达公民都与希腊保持隔绝的情况下才能得以维持。"而这种隔绝只能是非常脆弱的，很难有保鲜和维护稳定的作用，常常是斯巴达的领袖和将军们一旦出了斯巴达，他们所谓的斯巴达精神和道德就一下子变得荡然无存，"斯巴达的将军们一有机会走进外面的世界，他们从小教育中的那种简朴和对奢侈的鄙视就会荡然无存，他们贪赃受贿，对金钱极其贪婪，简直盖世无双"。

斯巴达政体的伟大立法者莱库古的美好愿景遭到了背叛。在西方两千多年以来，不管是民主还是专制，在政体问题上始终有一个共同主题，就是反对"武断任意"（arbitrary and capricious）的统治，因为它最终会导致灾难。从亚里士多德开始到现代法治国家，讲到行政权力的时候，防止"武断任意"必定是首要的考量。政体无非就是一种关于权力分配和制衡的根本制度，集中也好，分散也罢，都能干好事，也都能干坏事。所以，是集权好还是分权好，政体创立不在其名号，而在能否或多大程度上能避免"武断任意"。

而且从亚里士多德起，人们发现，历史上的人造灾难有个共同特点，就是都是"武断任意"决策的结果。有过几次"武断任意"的决策，政体便再也难以支撑，但大多数这种决策的结果并不是一下子就显现出来。斯巴达的政体武断任意地奉行全民皆兵的一系列政策，在相当长的时期里甚至还能显示出制度优势，但日积月累，它的穷兵黩武和国内的暴力统治终于为它自己挖下了坟墓。

政体的蜕变是古希腊哲学家，也是许多现代有识之士关心的问题。一个政体开始的时候一手好牌，结果一手好牌玩到烂；开始时棋局不错，结果却以败局收场，这又是怎么回事？下一节就来谈谈这个问题。

9.《政治学》：政体的奠定时刻和立法者

政体对于制度和公民文化的塑造能起到决定性的作用，那么，政体是如何形成和奠定的？谁是政体的建立者？谁又可能是政体的改造者？对这样的问题有两种不同的看法。

第一种是，政体的形成并没有一个特定的"开创时刻"。政体是在历史过程中自然形成的，无论是制度上还是公民文化上，每一个国家都有自己的特点。托克维尔在《论美国的民主》中对美国政体特点的许多描述就展现了这样的"自然形成"观念。在美国形成共和民主的制度之前，美洲殖民地的人民已经在他们的当地生活中实现民主的自治和治理，自由和平等的价值观就已经在支配他们的日常生活和共同体的运作。美国独立之后，在宪法层面上确立民主共和制度，乃是水到渠成的事情。

但这种"自然形成"观的局限在于它的自然、传统或习惯条件决定论。按照这样的观点，任何一个"人治大于法治"的专制制度都可以看成是在特定历史中形成和维持的，因此是"自然而然"的。这样的观点似乎也可以用来解释，为什么在特定的政治文化传统里，实质性的政治制度改变是如此困难。

托克维尔深刻体会到在法国建立自由民主制度的艰难，幻灭感严重困扰着他。他激愤地说，"在法国只有一件事是我们干不成的：自由政府；只有一件事物是不能摧毁的：中央集权。它怎么会灭亡？政府的敌人喜爱它，而统治者又珍视它。瞻望未来，一切似乎都显得影影绰绰"。在托克维尔所熟悉的那个法国，专制是自然而然的，而自由民主则犹如逆水行舟，就算发生了革命也无济于事，"我在脑子里回顾了过去六十年我国的历史，想着在这个漫长革命的每个阶段的末尾所怀有的幻想，满足了这些幻想的理论，我们的历史家们的深沉的白日梦，以及所有那些试图解释仍看不清的现在和难以预料的未来的新奇的错误理论，我暗自苦笑。立宪君主制代替了旧制度，共和国取代了君主制，帝国取代了共和国，帝国之后是波旁复辟，然后是七月王朝。在每次更替之后，人们都说法国革命在取得了所谓的伟大成就之后，已经结束了：人们这样说了，也这样信了"。[1]

关于政体如何形成的第二种看法是，政体的形成有一个开创的时刻，而且只有经过人们自己的深思熟虑和自由选择来确立的政体，才能体现他们所追求的优秀价值和政治之善。亚里士多德把政治学看成探求政治之善的科学，政治之善便是公正，是全体公民的共同利益，这使得政治成为一切科学之首。他说："一切科学和技术都以善为目的，所有之中最主要的科学尤其如此，政治学即是最主要的科学，政治上的善即是公正，也就是全体公民的共同利益。"[2]

政体的开创时刻早就成为政治经典著作关注的一个重大问题。柏拉图《理想国》所设想的政体，其开创者就是哲人王，哲学家的睿见使得他对政体深思熟虑的设计具有了一种不可替代的权威。马基雅维里关注的政体创建者包括罗慕路斯（Romulus，罗马的创立者）、摩西、居鲁士，他们都是政体的伟大立法者和创立者。美国的建国之父们也可以被视为这一意义上的政体创立者。汉密尔顿（Alexander Hamilton，1755—1804）在《联邦党人文集》的第一篇里，就强调了美国共和的政体创立意义："时常有人指出，似乎有下面的重要问题留待我国人民用他们的行为和范例来求得解决：人类社会是否真正能够通过深思熟虑和自由选择来建立一个良好的政府，还是他们永远注定要靠机遇和强力来决定他们的政治组织。如果这句话不无道理，那么我们也许可以理所当然地把我们所面临的

---

1 Alexis de Tocqueville, *Recollections: The French Revolution of 1848*, Honolulu: Transaction inc, 1987, 66, 170.
2 亚里士多德著，吴寿彭译，《政治学》，第 95 页。

紧要关头当作应该做出这项决定的时刻；由此看来，假使我们选错自己将要扮演的角色，那就应当认为是全人类的不幸。"[1]

政体的立法者和创建者当然也包括像希特勒、波尔布特、卡扎菲这样的人物。他们同样开创了一些打上他们个人印记的政体，并为之立法，以期万世长存。他们比谁都更懂得这样一个道理：政体对于造就一国的"新人"有着极为重大的教育和塑造意义，所以不能把政体当成一件只能听由运气或所谓自然力量来决定的事情，他们都是最最重视政体建设的统治者。问题是，他们所建立的政体是优秀的还是邪恶的？我们应该用什么标准去评判这些政体的性质？如果它们不符合优秀政体的公正和造福全体公民的要求，那么它们又是如何得以保存和加强的？

在亚里士多德之后，这些都是政治学家们长期思考和争论的问题，也都没有明确的答案和结论。这不奇怪，因为政体是一项长期的政治文明的实践过程，而且与具体的国情有着密切的关系。例如英国哲学家对政治文明的解释就与法国哲学家不同。他们发现制度的缘起，不在于人类的发明或设计，而在于成功者的幸存。而法国哲学家则更重视制度建设的重要作用。法国大革命的主要理论家阿贝·西哀耶斯曾力劝参加革命集会的人，"要像刚脱离自然状态的、为签署一项社会契约而走到一起来的人一样去行动"。[2]

古代人对政体创立的条件似乎早就有了相当透彻的理解，西塞罗在谈到罗马的政治制度时，曾引用了卡托的话说，罗马的政治制度之所以高于其他国家，是因为它"不是属于一个人的才智，而是很多人的才智；其建立，不是在一个人手中完成的，而是经历了好几个世纪和好几代人。因为世上从来就没有一个无所不知、无所不能的天才，若得不到经验的帮助和不经过时间的检验，即使生活在

1　汉密尔顿著，程逢如译，《联邦党人文集》，商务印书馆，2007 年，第 1 页。

2　哈耶克著，杨玉生等译，《自由宪章》，中国社会科学出版社，2012 年，第 86—87 页。

同时代的所有人把他们的力量拧成一股绳，也不可能为将来做好一切准备"（西塞罗《共和国》，II, 1, 2）。

古罗马人重实践远胜于理论，因此特别重视历史的经验和教训，罗马的许多政治思想受到罗马充满危机和变化的历史的影响。罗马从早期的由七位国王统治转变成一个具有多种统治结构的共和国。在共和国的不同时期，罗马的政体结构是由罗马头面家族的首脑组成的元老院，代表人民的执政官，以及由几千人不定期地集会辩论和表决公共议题的平民大会组成。随着罗马扩张成一个帝国，近乎拥有全部权力的独裁者统治了罗马，其中包括像尼禄和卡利古拉（Caligula, 12—41）这样的暴君。这些变化促使罗马政治思想去探讨希腊人从未遇到过的实际政治问题和理论上的疑问。西塞罗和其他罗马思想家强调实际事务和应用性的知识，而不是像柏拉图探讨善的理念那样专注于思辨性的政治。

今天，我们也应该与时俱进地面对 20 世纪以后的实际政治问题和理论。从 20 世纪人类特有的极权主义政治经验来看，古代的政治理论的可借鉴性是有限的。例如，在亚里士多德所归纳的三种基本政体模式（分别由一个人、少数人或多数人执政）中，没有一个是完全坏的或完全好的，而最好是将它们加以混合，以获得最佳效果。但是，在经历了 20 世纪的极权灾难之后，似乎已经很少有人会说，像希特勒那样的纳粹统治，或者像《1984》里描绘的那种极权世界既不全坏也不全好。也很少有人会说，添加一些其他政体的好元素，两种政体"三七开"或"去伪存真"就可以了，因为改变一个坏的政体必须从政治理论上加以推翻，也必须在制度和公民文化上进行根本的改造。

局部的政治改革与整体的政体改造是不同的。一个是保守的权宜之计，"头痛医头，脚痛医脚"；另一个则是从根本上进行革新，进行彻底的政体变革。

对政体变革有两种常见的期许方式：第一种是期待出现伟大的变革者或颠覆者；第二种是希望公民能够觉醒和奋起，并以公民运动的形式积极参与变革的进程。前一种的代表是苏联的戈尔巴乔夫，后一种的代表便是 2011 年风起云涌的中东变革；历史证明，前者并未能完成变革；历史或许也会证明，后者虽然能够让许多人发泄对旧政权的仇恨，但却无法消除他们对国家未来的懵懂茫然。

无论以哪一种形式发生，触及政体的政治改革都需要有领袖人物。因此，公民群体中的精英，尤其是他们当中善于思考的那些人，必须担负起应有的责任。他们必须对政体做出深思熟虑的慎重选择。与此同时，普通公民也要有机会参与其中。唯有如此，一旦国家中的某些人选择了一种阻碍大多数人积极参与的排斥性制度，广大的公民群体仍有可能拒绝这样的选择，并以他们自己的方式要求一个公正的符合全体公民共同利益的制度。

在政体创立的时刻，人民往往并不能成为立法者。立法者总是那个历史时刻被人民接受为领袖的政治精英。如果这些立法者扮演了错误的角色，那就会成为一个国家的巨大不幸，因为政体在创立时刻的过失是无法弥补的。

仅仅有一位伟大的"立法者"，并不能保证民主的制度就能有效地被建立起来，孙中山先生就曾经扮演过这样一个角色，但他并没有在当时的中国建立起一个民主的政体。民主政体能否得以确立，建立以后具有怎样的民主质量，在很大程度上还取决于人民是否准备好了。在这一点上，历史也为我们提供了借鉴。在美国改变和建立那个被称为民主共和的美国政体时，美国人已经准备好了。托克维尔在《论美国的民主》里从四个方面论述了美国人接受的那种民主制度，"美国的政治结构，在我看来只是民主国家可以采取的政府形式之一，而我并不认为它是民主国家应当建立的唯一的和最好的形式"。[1] 换句话说，美国人接受的只是他们已经准备好接受的那种民主制度。他们的准备包括四个方面：美国的公共精神、美国的权利观念、美国对法律的尊重、美国各党派在政界的活动及其对社会的影响。[2]

对政治改革的想象有两种不同的方式，各自对当前政体的正当性的缺失有不同的估计：第一种是要把腐败、堕落的政体恢复为它原先"正确"的原状；第二种是认为，恰恰是原有的政体滋生了今天的腐败和堕落，因此必须改变原有的政体，而代之以一种更优秀、更正当的政体。前一种往往被称为"改良"，而后一种则被称为"革命"。

亚里士多德的政治理论中著名的政体六分法表明的便是第一种政治变化的可能。他说："我们把正确的政体分为三类，即君主制、贵族制和共和制；这些政体又有三类相应的变体：僭主制或暴君制是君主制的蜕变，寡头政体是贵族政体的蜕变，平民政体是共和政体的蜕变。"[3] 亚里士多德所说的"蜕变"指的是权力的腐败（不公正、把一部分人的利益凌驾于全体公民之上）所造成的政体变质。他认为，任何一种政体只要发生了权力腐败，都会从优秀的政体蜕变成恶劣的政体。他所说的优秀与政体本身的正当性并没有关系，在他看来任何政体都可能是优秀的，当一种政体向另一种政体变化的时候，它们之间只有好一点和更好一点的不同，而没有正当和不正当的区别。18 世纪的"开明君主"和后来的"开明专制"都是以此来获得合理性和合法性的。但是，我们今天不能同意这样的看法，对我们来说，民主共和与专制独裁之间有着本质的、正当与不正当的区别。

---

1 托克维尔著，董果良译，《论美国的民主（上）》，商务印书馆，2008 年，第 263 页。
2 同上，第 263—281 页。
3 亚里士多德著，吴寿彭译，《政治学》，第 117 页。

今天，世界上有的国家里占主导地位的政治改革观仍然是亚里士多德式的，它的出发点是不质疑现有政体的正当性，或者至少是搁置这种质疑。这样的改革只不过是在现有的政体内的改良，造成一些从不宽松到较宽松从不开明到较开明的体制内差别。

真正的政治改革，它的含义要比这深刻得多，也本质得多。现有政体内的改良可能成为将来更大政治改革要求的诱因，成为一个形成新价值的窗口和一个公民启蒙的机遇，甚至成为一种公民权利的尝试和民主文化的准备。在这种政治改良过程中，如果人民觉得政体本身不可能被充分改良，或者他们不再信任和满足于永远停留在局部的改良，那么他们就一定不会让政治改革只是停留在原有政体的限制范围之内，而是会要求进一步的彻底改造。期待或断言这样的政体改革和改造还为时过早，但是谁又能说这一天永远不会到来？

过去几十年世界的变化为人们期待这一天的到来提供了许多历史例证，许多变化都不是政治理论所能预言的。政治理论为可能的历史变化提供准则，但是准则远不如例证给人以信心和希望。使人们在不可能的时刻看到可能，在希望渺茫时不放弃希望，不是政治理论的推导和预测，而正是发生在历史中的那些出人意料的转机和突变，也就是现在人们已经相当熟悉的"黑天鹅"事件。

结语　人文思考能从古希腊学习什么？

我们在本书中一共阅读了四种类型的文学，分别是诗歌、戏剧（主要是悲剧）、历史和哲学。在古希腊文学里，不同类型的文学并不出现在同一个历史时期，它们提出和处理的人文主题虽有联系，但不相同。大致而言，诗歌传达或表达最基本的东西，悲剧演示超越普通人生活世界的不寻常人事，历史讲述具有长久意义的轶事情境，哲学追寻本质，用苏格拉底的话来说，就是"盯着真理"。倘若我们将这四个类型中的一种误读为另一种，就可能丢失它最重要的东西。

一、诗歌

古希腊文学中有公共的诗，那是史诗；也有个人的诗，那是抒情诗。后者表达的是诗人个人的情感、想法、爱和恨、友谊、怨怼、喜怒哀乐、赞美颂扬、讽刺调侃，对任何人来说，这些都是基本的东西。

公元前 7 至前 6 世纪，希腊出现了一个抒情诗的时代，这与希腊社会的变化是有联系的。在这之前的希腊王政时代，史诗是最合适也最流行的文学形式。普里阿摩斯（Priams）坐在特洛伊的王座上，阿伽门农是迈锡尼的统治者，诗人除了歌唱杰出人物的伟业和光荣，几乎没有别的创作兴趣。再说，还有什么比英雄事迹更好的文学题材？荷马称颂国王是"人民的牧者"，至于那些千千万万被国王养牧的，诗人似乎觉得没有必要知道他们的事迹与存在。

王政衰微后，以前无名无姓的人群中，那些运气或命运特别好的个人有了留下自己姓名和事迹的机会。也许你已经注意到了，古希腊人的名字前总是附带有他出生的地方，例如，莱斯博斯的萨福（Sappho of Lesbos）、底比斯的品达（Pindar of Thebes），这表明了他与某个群体的关系。对这些有了最初个人主体意识的"新时代"人来说，只有史诗已经不够了，他们还要讲述自己的事情，所以发明了最早的抒情诗。

史诗诗人讲述的是过去的英雄和光荣，而抒情诗人讲述的是现在，是活在此刻当下的人生，他们需要一种能直接表述个人真实体验、真情实感的诗歌。史诗是非个人化的诗，我们在史诗里看不到诗人本人。但抒情诗不同，它是个人的咏唱，诗人是诗作的一部分。倘若我们对诗人一无所知，我们就会读不懂他的诗作，不知道那些诗到底要说什么。如果说是这样的诗人"发明"了这样的咏唱方式，那么这样的咏唱方式也创造了这种与荷马不同的诗人个体。

强烈的个体意识是希腊人的特色，与此相关联的是希腊人的自由。但是，这个自由的个体同时也从属于一个传统和一个群体，在个人和群体之间起调节和维系作用的便是具有希腊特色的宗教。希腊宗教没有教义、没有圣典、没有先知、没有启示也没有专门的教士，它只是一种习俗。正如诗人品达和历史学家希罗多德所说的"习俗决定一切"，它的基础是人们共有的那些传统仪式——庆典、游行、舞蹈、合唱、竞技、游戏——人们以此来分享神明的光辉。

培育古希腊群己关系的不是教义，而是酒神庆典上的戏剧表演、奥林匹亚体育竞技，以及后来的公民大会、公民陪审。

希腊人的群己关系与希腊文学和思想的人文主题是联系在一起的，这些主题是虔敬、习俗、自然、友谊、信任、友爱、竞争、宾客之道、荣誉心、爱国心等，这些也是诗歌所传达和解释的最基本的东西。有多基本？不妨以"友谊"为例。"友谊"可以是悲剧的主题，如索福克勒斯的《菲罗克忒忒斯》；也可以成为亚里士多德伦理学的一个核心概念——他的伦理学便是以讨论"友谊"开始的。而在修昔底德的《伯罗奔尼撒战争史》里，雅典瘟疫和科西拉内战的灾难性后果体现了城邦友谊所遭受的毁灭性打击，西西里远征时雅典军人弃自己的伤员和死者不顾，更是标志着雅典人彻底的道德沦丧。

二、戏剧

悲剧在公元前 6 至 5 世纪的创建是一个重要的文化发展。在戏剧之前，无论是史诗还是抒情诗，诗文化始终是口头的。诗人有众人听他咏唱，并有音乐的伴随，有时甚至还要加上几个简单的舞步。诗人永远就在听众眼前，不会消失在他咏唱的人物背后。但在戏剧里，诗人移步，并消失到了舞台后面。

戏剧和史诗都讲故事，但是，史诗的故事发生在有如神话般的陌生往昔，那个陌生时代里的英雄们是一种跟城邦里的希腊人不同的人。史诗构成一个特殊的时空，传递来自遥远时代的对生命、命运、战争、死亡等的感受。

但是，戏剧把神话中的英雄人物搬上了舞台，他们不再是诗人叙述的人物，诗人消失了，那些超越日常世界的人物"自己"如今在舞台上与观众见面，在他们眼前说话。观众虽然可以在戏剧舞台上亲眼看到"他们"和发生的事件，但知道他们属于一个消逝的过去。戏剧呈现的是一种直接扮演出来的虚构，如同柏拉图所说，在史诗中是诗人在讲述事件，而悲剧让我们相信，事件就在我们的眼皮底下发生着。正是基于这一理由，柏拉图抨击戏剧，说它是模仿、是谎言、是假装。也正是这种虚构，让仍然使用诗歌语言的戏剧从叙述变成了表演。

在这个虚构但直观的舞台世界里，人物的命运被一种后来被历史学家修昔底德称为"人性"的力量所驱动和摆布，这和神话里人的命运被神莫名其妙地摆布大为不同。这种"性格命运"让人成为一个"谜"，让人生成为一个"困局"。发生在悲剧人物身上的不幸可以是这样，也可以不是这样，为什么偏偏成为这样？这个出路或那个出路，但没有一个是好的出路。

成为一个谜的悲剧与寻求确定的哲学是一对矛盾，而它们恰恰都成为希腊文化最特殊的艺术和思想贡献。公元前 5 世纪是悲剧的时代，丰富的人文关怀渗透在各种与人的存在境况相关的问题中，包括友谊、信任、背叛、骄傲、自欺、孤独、罪过、惩罚，涉及了道德的人、伦理的人、政治的人、公民的人、法律的人。

悲剧在表达新的人文关怀时，也建构了它自己。悲剧不是苦剧或哭剧，在生活里有受冤屈、被侮辱和被损害的人，但他们身上没有"悲剧性"这个东西。"悲剧"是一种创造悲剧性的文学类型，并不存在于自然的人生之中。只有当具有创造性的文学机制运作起来，我们才可以说，这里有一个悲剧或悲剧性的人物。悲剧人物的意志是属于他自己的，并构成了他自己。因此，古希腊的悲剧包含了最初的人的责任感，这是一个很重要的人文问题。而且悲剧文本中有丰富的语言游戏，称为"悲剧讽刺"，悲剧人物被关在他自己的语言牢笼里，限制了他的心智和眼光，他看待自己的方式与观众不同。悲剧和悲剧语言具有一种固有的模糊性和多义性，与智者对语言和修辞的看法相似又一致。

三、历史

与史诗的故事叙述（narrations）或戏剧的表演（representations）相比，古希腊的历史是一种陈述（exposés）、一种调查（historia）。它用散文写成——这是一个根本性的转变，因为文字书写不仅开创了一种话语和话语逻辑的新形式，还有作者与公众交流的新形式。古希腊的历史不是叙述故事，而是陈述事情发生的原因与后果。

历史陈述告诉我们哪些过去或现在的事件发生了，在这些事件的因果中，最有人文价值的就是具有典型意义的特殊"境遇"。在特殊境遇中，平时不易被察觉的人性清楚地显现出来，因此古希腊的历史陈述从人的性格中去发现改变历史事件的人的行为原因。例如，古代利迪亚帝国的灭亡和波斯帝国的衰落都是因为君王的"狂妄"和"自大"，而斯巴达人和雅典人之间的战争起因则是前者对后者崛起的"恐惧"。这样的历史观未必被今天的历史学家们接受，但对我们解读人文经典著作却提供了思考人性问题的空间，而人性是人文思考最核心的问题之一。

修昔底德《伯罗奔尼撒战争史》里的雅典瘟疫和科西拉内战都陈述了一个让人性扭曲的极端境遇，而这种典型的极端境遇在历史中不断以变化的形式重复出现。2019 年底开始的新冠肺炎全球大流行，就是一个将瘟疫和人类社会内部对抗合而为一的极端境遇。这时，网络成为暴力语言对抗的战场，所有的言论规则被破坏殆尽。对于规则，人性中似乎有一种天然的越轨冲动，越轨行为给人带来刺激和兴奋的快感。在极端境遇里，人破坏规则的冲动会剧烈地增长，因此会做出通常情况下不会去做的事情。今天，许多不端的网络行为也都是在这种状况下发生的，而这种极端状况的出现本身就与人行为中的一些不善动机有关。

古希腊人没有我们今天历史中那种"演化""进步""发展"的观念。在他们的历史叙述中，带有主观性的历史"真实"（或真理）不取决于个人，而取决于群体。古希腊历史对过去事件的观察有两个不同的视野，一个是局部的（如雅典 vs 斯巴达），另一个是泛希腊的（希腊 vs 波斯），无论哪一种视野都是希腊人特有的公共视野，因此也都具有古希腊人的历史意识特征。与古希腊的戏剧、艺术、建筑一样，他们的历史写作也是为当下的城邦共同体而不是为个人而存在的。为艺术而艺术，为历史而历史，这样的事情在古希腊即便有，也并不算光荣。

四、哲学

公元前 5 世纪的悲剧让位于公元前 4 世纪的哲学，这是一个从神话思维向逻辑思维的转变。不能说神话思维遭到了完全的抛弃，但是，像柏拉图哲学中那种"正义与非正义、善与恶，以及其他类似的（复杂）理念"，或是在城邦中建立的政治与法律、政治与社会的关系，很难再用阿伽门农、奥德修斯、俄狄浦斯的神话来体现。在公元前 5 世纪，最早的知识传授人是公开讲课的智者，当然是要收费的。到公元前 390 年，这一模式向更为正式的"学校"转变，开始接收本科年龄或者年龄更大的缴费学生。在雅典，伊索克拉底的学校创建于大约公元前 390 年，柏拉图的"学园"创建于公元前 3 世纪 80 年代中期，亚里士多德的吕克昂学校创建于约公元前 335 年。伊壁鸠鲁（Epicurus，前 341—前 270）在公元前 306 年创建了

"花园"，芝诺（Zeno of Elea，前335—前263）在公元前301年创建了"柱廊"（Stoa）学校。他们的影响集中于一两个入门弟子，但却通过其著作四处扩散。

哲学是为了解决问题而被构建出的一种话语艺术，是一种推理的体系，问题的结论早就寄居于各种前提中。而悲剧却恰恰相反，一切均为矛盾，人们处于混乱中，甚至连神明都互相争斗。智辩与悲剧属于同一个时代，在智辩的视野里，事物是可怀疑的，话语是模棱两可的，世界是不确定的，人身上充满矛盾，并身不由己地处在万物的中心（在欧里庇得斯的悲剧中也是如此）。但当哲学介入进来时，谜一样的人就不再处于中心了。

哲学把对人自身的反思提升到一个更高的存在和本质的层面。在智辩和悲剧的时代，哲学家普罗泰戈拉说："人是万物的尺度。"对智者们来说，人是一个话语者，对任何的话语都可以提出反面的话语。但苏格拉底说，虽然与无知的人相比，智慧的人是更好的尺度，但只有神而不是人才是万物的尺度。而柏拉图说，最好的人不仅仅是有知识和有理智的人，而且是一个公正的人。柏拉图眼中的哲人，无论是作为一个政治家还是教师，会心甘情愿地返回山洞，力求使他人成为明智和公正的人。这样的哲学家不仅仅考察自己和他人以求灵魂的完善，而且还要唤起每一个人去努力完善自己。亚里士多德则认为，善良的人才是尺度，"因为在宇宙之中，人并不是最善良的"。

哲学家寻求关于人的本质的东西：什么是真和善，什么是自由和正义，什么是政治和法律。人不知道什么是善，什么是真，怎么配当万物的尺度？又怎么能当好这个尺度？人不知道什么是正义，又拿什么尺度去衡量政体的优劣，判断政治的是非？以正义为尺度，柏拉图和亚里士多德都把暴君判定为邪恶之人，把暴政判定为最坏的政治。如果人对自己政府的事务没有兴趣，那他们就注定要在傻子或暴君的统治下生活。让暴君成为主宰，成为万物的尺度，是极端危险的事情。希特勒不是我们的政治或道德尺度，戈培尔也不是我们的知识或言论尺度。反抗的哲学是我们在观念层次上抵抗暴政唯一的有效武器，让我们知道为何和如何抵抗暴政，这是我们学习古希腊哲学的重要人文内容。

苏格拉底时代的哲学乐于探索宇宙的形成，为的是决定人类在自然秩序中如何创造生活的根本原则，这是它的形而上特征，也因此让社会和政治领域中的哲学与城邦有非常紧密的联系。然而，随着城邦政治的式微，后苏格拉底哲学放弃了形而上的思考，而转向了几乎纯粹是个人的德行和安身立命的人生伦理。

在大致说明了古希腊诗歌、戏剧、哲学和历史与我们人文思考的关系之后，本书中的经典阅读也告一段落。但我们其实还没有机会涉及公元前4世纪以后的后苏格拉底哲学：新柏拉图主义、犬儒主义、伊壁鸠鲁主义、斯多葛主义，也还没有涉及希腊新喜剧，以及从亚历山大大帝征服世界开始的希腊化等议题。这些我们在第二册讲罗马文学和思想时都会谈到，那时候，我们的人文经典阅读也会进入一个新的阶段。

附录一　一百年前的西方人文经典阅读

我手上有一本胡适于 1922 年 6 月 28 日作序的国立北平大学课本，纸张已经变得又黄又脆，有的部分还有霉迹。在我苏州的老家里，这本书躺在一堆旧书里，已经有半个多世纪没有人碰过了。这是"文革"时两次遭抄家后幸存的一本残书，我十几岁的时候只是拿它当一个英语课本，至于它的编纂意图，我完全理解不了，也完全没有兴趣。后来下乡插队，兴趣变了，也就再也没有翻看过这本旧书。

没有想到，大半个世纪之后，我为"西方人文经典阅读"的音频课程挑选篇目和讲解时重新翻阅了这本老书，这才体会到一百年前启蒙学人筚路蓝缕的辛苦。

1922 年，胡适任国立北京大学教务长兼代理文科学长。他作序的这个课本的中文题目是《英文泰西文学：希腊罗马文选》（下称《泰西文学》），是四册一套中的第一本。另外三本分别是《圣经及中古》《文艺复兴时代》《近代》。我手上只有第一册，"文革"后，家里剩下的一些书也都残缺不成套了，是否有过其余的三册，因我父亲已经作古 20 余载，也无从寻问了。

《泰西文学》共四册，每一册都是八部作品（大部头的则节选了其中的部分），是为一学年 32 周的课程设计的。四册书供学生在大学四年的学习之用，基本上是一个"人文教育"或"普适教育"的课本，虽然当时还没有这样的说法。

希腊罗马这一册里，六部著作是希腊的——荷马的《伊利亚特》和《奥德赛》、埃斯库罗斯的《阿格曼侬》（现多译为《阿伽门农》）、索福克勒斯的《俄狄浦斯》（现多译为《俄狄浦斯王》）、殴里庇德斯（现多译为欧里庇得斯）的《特洛伊的女人们》和苏格拉底的《辩词》。罗马部分只有两部著作——泰伦提乌斯（Terence，前 195—前 159？）的《福尔弥昂》（Phormio）和维吉尔的《埃涅阿斯纪》。以今天的眼光来看，罗马作家和作品选得太少了。论个人作品的分量，希腊超过罗马，但罗马人的文学类型比希腊人更明确且更多样，传世的人数也更多。就对后世文学的直接影响而言，罗马可以与希腊旗鼓相当，甚至有所超过。

《泰西文学》的编者是 A. E. 卓克（Adolf Eduard Zucker，1890—1971），他当时是北平协和医学院助理教授，胡适在书序里对他甚为推崇，这让我开了眼界。按眼下大学论资排辈和专业主义的偏见，一定有人会怀疑，一个在医学院任教的助理教授竟然为北大英语系的学生编教材，那不是自不量力或越俎代庖吗？

然而，在 1922 年的胡适眼里，这样的怀疑根本是多余的。他是一个务实主义者，是一个有眼光的人。他没有我们今天有些大学里那种小门小户的专业主义偏见，他只看作品，不问出身。

还真别小看了这位 1922 年在医学院任教的助理教授。他编的这套《泰西文学》1924 年以后还在美国马里兰大学被用作教材。卓克于 1923 年回美国后，在马里兰、北卡罗来纳、印第安纳等大学任教，1961 年退休。他出版过 45 部作品，有的被翻译成五种语言，美国许多图书馆收藏他的著作，达 3730 册之多。他于 1971 年去世，可以说是一位相当有影响力的教授。

卓克于 1925 年出版过一本论著《中国戏剧》（*The Chinese Theater*），至今还被用作参考书。他最著名的书是 1929 年出版的《易卜生》（*Ibsen, The Master Builder*, New York: Henry Holt & Company, 1929），被翻译成好几种语言。他对易卜生感兴趣这点与胡适很相似。易卜生的戏剧是在舞台上讲故事，与他同时代的剧作家不同，易卜生更在意于讲述那些就像是发生在生活中一样的故事，而不是为舞台表演而量身定制的"戏剧"。胡适在《泰西文学》的序里很自负地说自己是第一个在中国介绍易卜生的，他推崇易卜生和萧伯纳都是因为他们是同一类非典型的现实主义剧作家，他们的剧本更适宜于阅读而不是表演（萨特的剧作也是这样）。在对这类剧作家的偏好上胡适跟卓克可以说是意趣相投。

卓克教授的著作和学术志趣让我们看到了美国人文教育最好的一面。1917 年，他在马里恩·勒恩德（Marion Dexter Learned）教授的指导下，完成了他的博士学位论文，写的是底特律德语周刊《穷鬼》（*Der arme Teufel*, 1884—1990）的主编罗伯特·雷茨（Robert Reitzel, 1849—1898）。这是美国一个著名的德语无政府主义刊物，托洛茨基就曾为该刊撰稿。曾任该刊主编的罗伯特·雷茨是一位著名的激进自由人士。

在今天中国大学里抱有学术成见的专业主义者看来，这样一个"冷门专业出身"的助理教授哪里有什么资格来谈上下几千年的西方文学，还编教科书，岂不狂妄自大？然而，事实胜于雄辩，他那四册《泰西文学》放在那里，说明他有能力做成一件所有井底之蛙都不敢想象的事情。他说，做这个启蒙性的工作，就是为了"把读者们从狭隘的固执和无知的偏见中解放出来"。

卓克把中国学生的西方文化启蒙纳入比较文学的视野，这与胡适的想法相当一致。胡适在书序中清楚地表达了这种比较文学的主张，一再提到用中国戏剧的文化现实去理解西方古典戏剧的必要。

从现有的胡适研究来看，胡适和卓克有相当好的私人关系。在 1922 年的北平，同时对易卜生、中国戏剧、比较文学感兴趣的知识界人士大概不会太多，而胡适和卓克能在这三个领域内有共同兴趣，这应该足以让他们成为志同道合的朋友。

胡适在书序里说，他自己 1917 年回中国，想在国内为他在北大教授的英文班学生找合适的教材，结果非常失望。当时市面上有的英文书无非是奥利弗·哥尔斯密（Oliver Goldsmith，1728—1774）的《威克菲尔德的牧师》（*The Vicar of Wakefield*）或斯威夫特（Jonathan Swift，1667—1745）的《格列佛游记》，还有几部莎士比亚戏剧，"即使英文教授，也都没有听说过萧伯纳的"。胡适意识到当时中国大学的西方人文教育同时存在的两个弊病，一个是缺乏"系统的泰西文学知识"，另一个是"对当代的欧洲重要文学作品认知太少"。他抱怨说，"英语教授们所用的教材都是他们传教士老师教他们时用的"。

放到今天，胡适的话也还是有一针见血的作用。现在有的大学教师，他们所教的不过是他们老师教给他们的东西，口口声声是某人的弟子，一辈子出不了师门。他们的门户之见特别深，特别排斥所有被他们视为"非专业"的知识。这样的专业主义者思想狭隘，特别喜欢把"专家"两个字挂在嘴上，因为他们自己看守的就是一亩三分地的那个小"家"，出了这个家，他们便什么都"专"不起来。在他们眼里，所有与他们不一样的人，统统都是"不务正业""狂妄自大"。

胡适要打破的就是这种小门小户"师传徒承"的偏执和封闭，他的教育改革目标是让学生能把眼光放大，再放大。在他看来，这必须从新教本的编纂开始。对此，他有一个"一石二鸟"的主张：所选的文本应该既有"重要的（内容）信息"，又能介绍主要的文学形式。他认为，教授当代文学尤其重要，因为这能让学生了解

"当代的社会问题和哲学"。因此，"高尔斯华绥（John Galsworthy）比高德史密斯（即哥尔斯密）更重要，萧伯纳比莎士比亚要优先"。然而，从经典阅读的角度来看，我们未必同意胡适一百年前的看法，因为没有人会怀疑，莎士比亚比萧伯纳在人类文化史和戏剧史上都更重要。

胡适这么说是针对他在当时中国文学界看到的实际问题，不是因为他不重视古代经典的阅读。他讲了这样一件发生在他课堂上的事情。有一次，在读了丁尼生（Tennyson，1809—1892）的《尤利西斯》（*Ulysses*）后，"我突然问一问同学，尤利西斯是谁？令我失望的是，我一连叫了三四位学生，才得到一个勉强可以接受的答案。那个学生说起萧伯纳《华伦夫人的职业》和王尔德《温夫人的扇子》来头头是道，但居然对谁是尤利西斯一无所知。学生们也许在欧洲文学史课上偶然听说过《伊利亚特》或《奥德赛》，但偶然得知作者或书名并不等于真的有文学知识。毫无疑问，扎扎实实地系统阅读古代经典是必不可少的。这样可以让学生对悠久的文学传统有所了解"。为此，胡适特别推荐这套由卓克教授编纂的泰西文学。

我在美国大学的英国文学课上也教过丁尼生的《尤利西斯》，我不必问学生尤利西斯是谁这样的问题。因为只要我告诉他们尤利西斯就是奥德修斯，他们就知道了，他们在每个人必修的希腊思想人文教育课上都已读过《奥德赛》。有了这样的知识准备，我就可以直接让学生们比较丁尼生笔下的尤利西斯和荷马史诗中的奥德修斯。丁尼生是 19 世纪维多利亚时期的诗人，他笔下的尤利西斯是一个已经年迈的失去了冒险和进取之心的老人，与荷马史诗中的那个充满活力的英雄不能相提并论。丁尼生是用尤利西斯来作为西方文明衰落和失去开拓精神的象征，如果以为他是在重述荷马的英雄故事，哪怕每字每句都读得滚瓜烂熟，也是隔靴搔痒、不着要领。可见文学知识的储备和联想，以及阅读的导向对于有效阅读有多么重要。

胡适特别要求他的学生在阅读作品之前，先仔细地阅读卓克所写的介绍和导读。他关照学生们说，"在这些介绍里，卓克教授放进了他对过去许多世纪西方世界历史研究的成果"。卓克为《泰西文学》所写的介绍与我们熟悉的《诺顿英国文学》或《诺顿美国文学》有相似之处。每一册有一个总的介绍，然后每部作品有一个单独的介绍，不只是涉及选文本身及其作者，而且还有一些相关的其他文本知识，涉及本文的部分是一个简单的导读。胡适对学生的要求对我们今天指导阅读经典仍然有相当重要的参考价值，是一个有益的建议。

我们必须先知道自己在阅读什么，有了确定的阅读目的，方能发挥阅读的最大效能，取得最大的智识和审美收获。现在有的老师片面地主张"精读"，以为导读只会妨碍学生自己的阅读。这是不对的。学生需要老师是因为老师比他们拥有更丰富的阅读经验和相关知识，通过教授可以减少学生自己在黑暗中盲目摸索的时间和精力。任何一个人如果单靠自己从头摸索和感悟，那么一生所能学到的东西都是十分有限的。有的人甚至一辈子都是在黑暗中盲目地摸索。

胡适对阅读方法的建议很明确，他认为初学者不易为自己确定有价值的阅读目的，因此需要有老师的指导。胡适推荐卓克写的介绍，就是因为里面有这样的指导。在胡适和卓克那里，指导的具体目的是帮助学生有跨文化的文学比较联想。今天我们知道，这只是多种可能目的中的一种，而且不一定是与大多数读者最相关的。然而在20世纪20年代初期，文学比较似乎是胡适他们这代人非常专注的一个阅读目的。

胡适希望中国学生在阅读《泰西文学》时能够关注中国的小说为什么一直不受重视，为什么中国文学缺乏"悲剧性"这种东西，为什么其戏剧情节缺乏情节的统一性。他还希望能引起对中国"史诗"的思考，他写道，"在学习荷马史诗的时候，应该让学生们看到，史诗在古代中国奇怪地缺席了，而在相对现代的史诗，这种叙事诗却兴盛起来。古代中国真的没有史诗吗？还是后来散失了？在《楚辞》的神话名字里是否有史诗的痕迹？保留下来的古老《诗经》抒情诗是否可以补救史诗的散失"？他说的"相对现代的史诗"是指"弹词""滩簧""鼓书"这样的民间文学形式。胡适还提出，在学习悲剧的时候，可以让学生们想一想：元、明两代的戏剧中有哪些可以称得上是悲剧——《汉宫秋》《梧桐雨》？《桃花扇》和《特洛伊的女人们》能比较吗？等等。

以今天对经典著作的人文阅读联想来看，20 世纪 20 年代初的阅读联想要求是非常狭窄的，局限于一些非常有限的文学问题，这大概反映了胡适或卓克自己在当时的文学兴趣和当年英语系学生非常有限的阅读联想能力。这种情况在今天大多数的英语科系里并没有得到根本的改变，甚至还不如一百年前。

因此，今天的经典阅读介绍或导读就更需要从政治、社会、心理、认知、伦理的多重组合去引导学生，形成足够宽广的思考范围，因为人文阅读思考广泛地涉及了人对自身的认识，包括思维、记忆、理解力、想象、价值判断、善恶辨别，这样的阅读与纯文学阅读和联想有着明显的区别。由于篇幅限制，这里只举一个例子：

胡适或卓克都非常重视史诗，史诗部分占了《泰西文学》希腊罗马这一册的八分之三，分别包括荷马的两部史诗再加上维吉尔的《埃涅阿斯纪》。卓克在比较了荷马的口语传统特征和维吉尔的书面史诗特征之后，介绍了奥古斯都时代的罗马文学，称之为罗马文学的巅峰时期，赞美这个时期拉丁诗作的典雅、纯粹和精致，维吉尔就是这个辉煌时代的"诗人中的诗人"。胡适本人对史诗的一系列联想也由这种纯文学史诗引发。

　　但是，这并不是奥古斯都帝国时代真实的罗马文学。这是一个公民自由环境已经严重恶化的时代，它的文学不可能不打上那个时代环境的专制统治权力印记。奥古斯都在漫长的统治生涯中始终非常重视文学的意识形态作用，利用文学来宣传他的帝国合法性、正当性和盛世景象（和平与稳定）。能够为这一目的服务的诗人，如维吉尔、贺拉斯、普罗佩提乌斯（Propertius，前50—前15）都是能够享受特权的典型，他们只在奥古斯都统治前期创作了一些作品。奥古斯都在统治末期还通过王权设立了审查制度，惩罚那些不符合主旋律（如奥古斯都倡导的新道德运动）的文学活动，奥维德的流放就是一个例子。

　　对于罗马人来说，最适合赞美的诗歌形式是史诗。史诗处理的是具有重大历史意义的问题，描写的是塑造了人的意识和文化的英雄、神灵和战争。伟大的罗马英雄是一个政治人物，是具有史诗价值的人物。奥古斯都，而且只有奥古斯都，才配成为这么重要的人物。

　　维吉尔的史诗《埃涅阿斯纪》是奥古斯都时代文学的政治和美学样板。它重新引入传统的罗马道德价值观，并将英勇的埃涅阿斯（奥古斯都的先人和化身）描绘成一个忠于自己民族和国家的高大英雄，成功地完成了一部将皇帝神化为救世主的传世之作。当然，它也涉及了奥古斯都时代罗马人关心的当代主题：命运、领导力、对众神的尊重、爱、义务、共同体、暴力和内战、罗马的价值观，是一部具有时代特征的神话寓言，而非纯文学的作品。

　　我们在细读整个奥古斯都时代的文学作品时，少不了会看到这个皇帝的烙印。奥古斯都的个人身影几乎无处不在：从《埃涅阿斯纪》的关键情节，到贺拉斯的颂诗和书信，再到奥维德被奥古斯都流放之后所写的哀怨和效忠书信。虽然我们不能简单地把奥古斯都时代的罗马文学当作一种所谓"黄金时代"的国家宣传，但这种意向或暗示却构成了明显的时代特征。

今天我们阅读的《奥德赛》还是一百年前的《奥德赛》，我们阅读的《埃涅阿斯纪》也还是一百年前的《埃涅阿斯纪》。如果只是为了阅读古代经典本身，如今可供我们选择的文本已经远非一百年前胡适作序的《泰西文学》可以相比。《泰西文学》这个选本之所以对我们今天仍有意义，全在于它保留了一百年前卓克所写的那些背景介绍和导读，当然还有胡适为我们解释的阅读目的。我们可以从中看到许多留有时代特征的历史痕迹，并可以参照这个读本来思考我们今天需要怎样的人文阅读。

阅读古代经典文本本身虽然重要，但如果没有相关的解释、介绍和导读，很难成为有效阅读，更不要说能显现阅读的时代意识和思想特色了。对于绝大多数读者来说，读什么文本其实没有由谁来引导他们阅读和怎么引导他们阅读来得重要。列奥·施特劳斯（Leo Strauss，1899—1973）说过，对有效的经典阅读来说，老师的引导是最重要的。他本人身体力行，几乎一辈子都在努力当好这样的阅读老师。不同眼界、胸怀、学养和问题意识的老师，可以引导不同智识质量和价值观的经典阅读。在这个意义上说经典著作是顶级拉面，好的引介和导读是美味的调味包，应该不过分吧？

附录二 经典阅读分析里的文本参考

《西方人文经典讲演录》共有四册，在这四册里，我们进行的是一种为"主题阅读"做准备的"分析阅读"，在这样的阅读里，一个需要说明的问题就是阅读分析时的"文本参考"（references）。在"分析阅读"的不同层次上，"文本参考"的作用是不同的，在高层次上比在低层次上的作用更为显著和重要。

莫提默·J. 艾德勒和查尔斯·范多伦在《如何阅读一本书》里区分了四个不同层次的阅读，分别是基础阅读、检视阅读、分析阅读和主题阅读。[1] 这里我只简单介绍一下前三种阅读，对第四种主题阅读，以后会在专门的论著里讨论。

第一层的基础阅读是最基本的，主要是文字理解和会意层面上的阅读，一般是在小学和中学里循序渐进地学习，到高中的时候已经比较成熟。但是，正如两位作者所指出的，高中生的"成熟"还不是对成人阅读者要求的那种成熟，只是指已经能胜任"第一层的基础阅读，如此而已。他可以自己阅读，也准备好要学习更多的阅读技巧。但是他还是不清楚要如何超越基础阅读，做更进一步

---

[1] 莫提默·J. 艾德勒、查尔斯·范多伦著，郝明义、朱衣译，《如何阅读一本书》，商务印书馆，2004 年。

的阅读"。[1]

《西方人文经典讲演录》的阅读要求比这更高，也就是第二和第三层阅读。简单地说，第二个层次是"检视阅读"（inspectional reading），即有目的的略读或粗读。它让读者能够理解一本书的基本内容，决定自己是否有兴趣或必要做更细致、深入的阅读。看上去，这大致相当于人们习惯说的"泛读"，其实不然。"检视阅读"不是指一般人为获得知识、消遣娱乐、满足好奇而对报刊文章、大众读物、轻松作品的泛泛阅读，而主要是指一种判断阅读精力和时间成本的手段，"你并不知道自己想不想读这本书。你也不知道这本书是否值得做分析阅读。但你觉得，或只要你能挖掘出来，书中的资讯及观点就起码会对你有用处"。你想要发掘所有的东西，但时间却很有限。"在这样的情况下，你一定要做的就是'略读'（skiming）整本书，或是有人说成是粗读（pre-read）一样。……你脑中的目标是要发现这本书值不值得多花时间仔细阅读。此外，就算你决定了不再多花时间仔细阅读这本书，略读也能告诉你许多跟这本书有关的事。"[2]

《西方人文经典讲演录》对读者的初步要求就是这样的检视阅读。实事求是地说，能有这样的阅读层次就不错了。如果你能把一本书从头到尾坚持着粗读下来，"略过那些不懂的部分，很快你会读到你看得懂的地方。集中精神在这个部分。继续这样读下去。将全书读完，不要被一个看不懂的章节、注解、评论或参考资料阻挠或泄气。……你从头到尾读了一遍之后的了解——就算只有50%或更少——也能帮助你在后来重读第一次略过的部分时增进理解。就算你不重读，对一本难度很高的书了解了一半，也比什么都不了解

---

1 莫提默·J.艾德勒、查尔斯·范多伦著，郝明义、朱衣译，《如何阅读一本书》，第27页。
2 同上，第31页。

来得要好些"。[1]

比第二层阅读要求更高的就是第三个层次的"分析阅读"（analytical reading）。分析阅读需要对作品有比较细致的分析、理解和诠释，并将自己的阅读体会与他人分享。因此，分析阅读需要在表达自己看法和文本讨论时不断回到作品本身。这样才能把读者自己的理解与特定的原文部分结合起来（当然不需要面面俱到），《西方人文经典讲演录》示范的就是这样的分析阅读。

在这样的阅读里，读者的理解自然而然地成为原作品文本含义的延伸或表述，原作品的部分文字则被用作文本理解的支持和佐证。这个时候，知道如何"引述"文本（citation）是必要的。做分析阅读的读者在这个时候就会需要有一些古典文本参考方面的知识。如果你不觉得有这个需要，那也不要紧，等到你对原著的兴趣进一步增强，慢慢地你也就有这个需要了。

最常用的"references"是书页的编号。我们知道，在人类书写的历史上，最早和早期的"书籍"是不分页的。书页编号最初并不是为了方便读者阅读，而是为那些从事制作书籍的人提供实用性的方便。早在八九世纪，在不列颠群岛手抄的拉丁文手稿中，有时会使用编号，以确保每张羊皮纸都以正确的顺序来整理。有时候，数字同时出现在正反两面的页面上，但有时候只是一面有数字。尽管如此，使用编号仍不普遍。据估计，在1450年左右——在西方印刷术诞生之前——只有不到10%的手稿书籍使用页码。

到了16世纪初，带有页码的印刷作品明显增加，这个变化反映了页码的新作用。学者们开始在自己的著作中述及先前出版物的页码，这是为了方便读者，而不再是出于书籍制作的需要。如今美国大学的低年级学生都会在写作课上学习如何在自己的作文或论文

1　莫提默·J. 艾德勒、查尔斯·范多伦著，郝明义、朱衣译，《如何阅读一本书》，第35页。

中运用"文献处理"（documentation）的系统知识，传承的就是这个学术传统，这可以说是分析阅读和写作的基本要求。对于阅读一般的著作来说，读者只要知道基本的书籍页码运用就可以了。

但是，古代一些经典的"references"光靠"分页"（pagination）还不够。例如，我们在阅读柏拉图或亚里士多德的著作时会发现，讨论者往往会用"5e"或者"1278ᵃ5"这样标识，而不是特定版本的页码。这又是怎么一回事？

相比起页码，专门的参考标识有它的优势，因为像柏拉图、亚里士多德那些作者的经典文本，不知道有多少不同的版本或译本，后面这种参考标识可以让读者在讨论时直接使用他手头的文本，而不必拘泥于某个特定的文本。这就大大地方便了分析阅读的讨论。

专门的参考标识不是任意的，而是学术群体公认的，体现了特定领域中专门学术的系统性和完整性。例如，运用于柏拉图著作的文本参考方式称为"Stephanus 分页法"（罗马历史学家普鲁塔克的著作也用这个方法）。它以 1578 年由 Joannes Serranus（Jean de Serres）翻译，并由法国古典学者和出版商 Henricus Stephanus（Henri Estienne）在日内瓦出版的三卷本"柏拉图全集"为标准文本。

Stephanus 分页法首先将作品分为若干数字，这些数字是 Stephanus 版"柏拉图全集"三卷中每一卷的页码，而每一个页面又被进一步细分为带字母的部分，希腊文与拉丁文翻译的段落是对应的，最常见的是 a、b、c、d、e。现代学术界使用这一系统来引用柏拉图的著作。因此，对于柏拉图的作品来说，一段话的特定参照可以用三条信息给出：一、作品的名称；二、Stephanus 页码；三、表示该段落的字母。例如，"Symposium 172a"指引用了 Symposium（作品名：《会饮篇》，Stephanus 第 172 页，段落 a）。为了避免这一安排中的歧义，必须引用柏拉图作品的题目；若非如此，"第 50 页

"可能指 Stephanus 三卷中任何一卷里的"第 50 页"。这里介绍的"Stephanus 分页法"只是一个总的原则，还有一些细节和变化，一般读者不需要知道。

其他经典著作的文本参考也与此大致相仿，但又各有特殊情况，有的还相当复杂。例如，柏拉图同时代人色诺芬的《经济论》（Economique）里有居鲁士大帝的一段话，"我没有一次不是在战场或田间挥汗如雨之后才用餐的"，这句话的文本参考可以用三条信息给出："著作名称"（Economique）、"卷数"（IV，用罗马数字大写）、"部分"（24，用阿拉伯数字）。这个"部分"又是什么意思？

其实，第四卷是苏格拉底与克里托布勒（Critobule）的一番对话，你来我往，话有长有短，短的一句，长的一段。如果按照短的和长的总段落来说，其实只有 15 段，怎么会有"24"这个数字？原来，长的一段里又分出数个"部分"，如第二自然段里就分出两个部分；而以下两短一长的三个自然段一共分出七个部分。就这样，第四卷共分出 24 部分。至于为什么要这么分，那就要去问专门研究色诺芬的专家学者了。在英语和法语的《经济论》译本里都是有"部分"标号的，而在商务印书馆出版的《经济论》（1981）里却是没有的，所以对中文本的读者来说，通用的"IV，24"标号是没有意义的，并可能会让他们感到莫名其妙。

显而易见，并非所有经典作家的作品都运用同一种"分页"或"文本参考"方法。也许特别需要说明的是，亚里士多德的著作是用"贝克尔编号"（Bekker numbering）或"贝克尔分页法"（Bekker pagination）来作为引用标准形式。它基于普鲁士科学院版《亚里士多德全集》中使用的页码，其名称来自该版本的编辑，古典语言学家奥古斯特·伊曼纽尔·贝克尔（August Immanuel Bekker，1785—1871）。由于普鲁士科学院位于柏林，该系统有时也被称为"柏林编号"或"柏林分页法"。

贝克尔编号由三个有序的坐标或信息组成：一个数字、字母 a 或 b 和另一个数字，它们分别指贝克尔版亚里士多德作品希腊文本的页码、页列（或"栏"［column］；贝克尔版的标准页面有两栏）和行数（贝克尔版的每列或每页通常为 20—40 行）。例如，表示亚里士多德《尼各马科伦理学》开头的贝克尔编号是 1094a1，相当于贝克尔版的 1094 页，第一栏（a 栏），第一行。

面对研究者或学术界读者的亚里士多德现代版本或译本，无论什么语言，都使用贝克尔编号，以补充或取代特定版本的页码。当代学者在撰写亚里士多德的文章时使用贝克尔编号，这样读者就可以检查作者的引文，而不必使用作者所使用的某一版本或翻译。当然也有特例，如天主教或托马斯主义学者经常使用中世纪的方法，即按书、章和句子来参考。

总而言之，特殊的"文本参考"是为了便于读者更快捷、准确地核对作者的引文，或是知道引文的语境（context），增进理解，避免望文生义或断章取义。这种方法对于阅读不同语言文本的读者来说更加方便，可以让他随时能找到对应的文本段落。这样的文本参考可以是灵活的，例如，英语的《伯罗奔尼撒战争》（Robert B. Strassler 编的 *The Landmark Thucydides: A Comprehensive Guide to the Peloponnesian War*）是在每一卷里再按"卷"加"段落"来编号的，卷和段中间不再分章，例如第二卷共有 1—103 段。这样，这一卷的第 21 段就标示为 2.21。由徐松岩翻译的中译本则是在每一卷里还有数章（如第二卷里有第六、第七、第八章这三章），但同样是分为 1—103 段。所以，这两个不同语言的译本还是很容易对照起来阅读的，读者的体会当然就会与只阅读一个文本不同。因为我习惯用 1960 年商务印书馆那个没有段落表示的中译本，所以在引述时就直接用了书的页码。

有关本书中实际使用的文本参考法，还需要特别说明的是，我在本书里引述柏拉图的时候用的是简单易懂的"Stephanus 编号"，但在讲述亚里士多德时则没有用"贝克尔编号"，因为贝克尔编号之外还需要加上"行数"，比较繁琐。所以我用了一种更适合普通读者的文本参考法，那就是直接用中国人民大学出版社出版的亚里士多德译本的分页码，一个数字就够了。这个中译本的书页旁有贝克尔编号，有特别需要的读者也可以方便地找到与其他语言译本通用的贝克尔编号。

在引述希腊悲剧文本时，我用的是现在惯用的"行数"标示法，文本是译林出版社八卷本的《古希腊悲剧喜剧全集》（2007）。美国的大学教科书里也有不用这种引述方法的，而是用某一个权威文本的页数，经常是公认的权威文本，如 Robert Fagles 翻译的 *The Odyssey* 和 *The Three Theban Plays Antigone; Oedipus the King; Oedipus at Colonus*，都属于著名的 Penguin Classics 系列。现在国内的不同译本甚多，是不是也有类似的权威译本，我不太清楚，所以就用了手边现成的这个译林版本。至于《西方文学经典讲演录》中其他的参考引述问题，在此也就不一一特别解释了。